The Oxford Handbook *of*
JURISPRUDENCE &
PHILOSOPHY OF LAW

# 牛津法理学与法哲学手册

（下册）

[美] 朱尔斯·科尔曼　斯科特·夏皮罗 ◎ 主编
杜宴林　朱　振　韦洪发 等 ◎ 译

上海三联书店

“十三五”国家重点图书出版规划项目
国家出版基金资助项目

**本译著系国家2011计划司法文明协同创新中心、**
**吉林大学理论法学研究中心**
**以及国家社科基金项目“乡土社会变迁与基层司法创新机制研究”**
（批准号：12BFX015）**阶段性成果，并受其资助出版。**

**THE OXFORD HANDBOOK OF**
**JURISPRUDENCE & PHILOSOPHY OF LAW**

下册

# 第13章　法律与义务

莱斯利·格林(Leslie Green) 著　李立丰* 译

法的视阈中满是义务、尽是责任。[1] 法律或许会要求我们浴血疆场，或许要求我们放下自己攥紧的拳头；或许要求我们主动缴纳捐税；或许要求我们诚实信守与他人缔结的合约；或许要求我们照顾至亲；或许要求我们揭发犯罪；或许要求我们保护环境；或许要求我们尊重、履行判决，彻底且绝不含糊。法律并不仅限于创制、调整或者执行上述义务规范，同时，法律还负责维护个人权利，限定公共权力，厘定法律概念，等等。虽然说所有法律职能都可以浓缩到义务这个概念范畴多少有些言过其词，但毫无疑问，只有参照义务，我们才可以更为充分地理解、把握法律的相关职能。例如，如果要把握缔约权的本质，我们就必须要认识到与这一权利相对应的履约义务，以及违约情况下支付损害赔偿的义务。如果要理解言论自由，我们就必须要意识到这一权利的前提就是需要承担不得剥夺他人合法表达自身观点的义务。如果准确把握"未成年人"这一概念范畴，我们就需要深入理解这一特定人群无需承担的法律责任范围，以及这些人无权创制、改变的法律现实有哪些。

另外，将义务视为法律的核心特质还存在其他根据。法律义务之间存在种种矛盾，这些矛盾不仅局限于个人间的私利冲突，而且也存在于重要的社会责任当中。例如，军中服役的义务或许会与照顾家人的责任存在矛盾，为子女提供世俗教

* 吉林大学法学院教授，博士生导师，LLM，日本早稻田大学访问学者，主要从事刑法哲学研究。

〔1〕在本文中，笔者将"义务"(Obligation)与"责任"(Duty)这两个概念互换使用。

育机会的义务或许会和促进其宗教信仰的责任相悖，等等。对于义务冲突，法律本身的态度十分明确：在没有例外规定的情况下，某些义务需要被优先履行。问题是，我们是否应该想当然地遵从这一多少有些武断的结论，根据为何？很明显，某些特定的法律义务存在必须履行的理由：如道德优先性、效率优先性，法律谦抑原则，等。但有些学者显然不满于此。在他们看来，除了上述考量之外，如果法律体系本身是合理公正的，由于义务是法律所要求的，因此我们具有履行所有相关法律义务的道德责任。也就是说，这些人实际上所主张的是西方哲学话语中所谓的"政治义务"原则(political obligations)。这种观点是否成立无论从哲学思辨的角度，还是从实际操作的层面，都具有十分重要的意义。套用洛克(Locke)的观点，法律通过包括死刑在内的刑罚手段保证其对于义务内容及位阶的界定得以贯彻。这种代价或者风险无疑十分高昂。

一直以来，学界对于政治义务原则本身是否存在异议不大，争论的焦点主要集中于政治义务原则的正当性究竟应该建立在哪种理论基础之上。唯意志论者(Voluntarist)鼓吹的观点以约翰·洛克所持理论为代表，主张当且仅当行为人认同特定法律规则的时候，才需要承担守法的义务。与此相对，对于洛克观点多有指摘的大卫·休谟(David Hume)一派则坚持个体的意志行为与此无关，依法治理社会的价值可以为个体守法的义务提供合理性。虽然上述两种对立观点并未得到全社会的普遍认同，但一直以来，似乎只有无政府主义者以及否认法治的人士才会对此由衷质疑。从这个角度来看，晚近出现，同时逐渐成为学界通说的第三种观点就因此具有了非同寻常的意义。一部分认同依法实施社会治理的学者通过对于洛克与休谟所持学说的批判与质疑，开始倾向于主张传统学说坚持的概括性守法义务并不存在。〔2〕 笔者在本文中就第三种观点的根据及其对于法学理论可能产生的影响进行分析。

---

〔2〕 See M. B. E. Smith, 'Is there a Prima Facie Obligation to Obey the Law?', *Yale Law Journal*, 82 (1973), 950 – 976; J. Raz, *The Authority of Law* (Oxford: Clarendon Press, 1979); A. J. Simmons, *Moral Principles and Political Obligations* (Princeton, N. J: Princeton University Press, 1979); J. Feinberg, 'Civil Disobedience in the Modern World', *Humanities in Society*, 2 (1979), 37 – 60; R. Sartorius, 'Political Authority and Political Obligation', *Virginia Law Review*, 67(1981), 3 – 17; I. Green, *The Authority of the State* (Oxford: Clarendon Press, 1988).

## 一、义务与法律本质

如唐纳德·里根(Donald Regan)所言,法律的一般概念往往通过对比人们所熟知的"人治"与"法治"这一"范式"加以体现。[3] 这是否意味着法律强调施加义务的特质与其所具有的积极价值之间存在密切关系?对于相关范式进行此种理解的根据是不是因为法律的要求同时具有道德义务的色彩?如果真是这样,似乎就意味着要对于相关法学理论加以限制。菲利普·索普(Philip Soper)曾提出,"真正意义上的义务是法律体系中各种理论必须解决的现象之一。"[4]罗纳德·德沃金(Ronald Dworkin)认为,"法律概念必须能够为国家依法行使强制权提供正当性,为特殊情况下某些法律规范具有优先适用性提供根据。"[5]这似乎可被视为一种过渡性观点。后来,朗·富勒(Lon Fuller)总结,"法律不可能一方面建构道德无涉的行为基准,同时又建构一套守法的道德义务",因此实证主义法学派的观点无法成立。[6]

事实上这种观点属于对法律的义务属性如何限制法学理论的错误解读,因为其规避了三个非常重要的问题。首先,在描述与阐释法律的过程中,如何理解法律的规范性?——规范性法律术语,如"义务"、"责任"等大量存在。其次,法律的合法性依据问题——法律规则,包括法律强制性的正当性是什么?最后,义务的问题:守法主体是否应将法律要求视为道德上的一种义务?虽然上述问题相互关联,常被混淆,但其的确是法理学中三个具有独立性的根本问题。

### (一) 规范性

法学理论应当能够解释下列表述的特征与意义:"加拿大制定的成文法应当以

---

[3] Donald H. Regan, 'Law's Halo', in Jules Coleman and Ellen Frankel Paul (eds.). *Philosophy and Law* (Oxford: Blackwell, 1987), 15 - 30.

[4] Philip Soper, A Theory of Law (Cambridge, Mass.: Harvard University Press, 1984), 4. 在 Robert George 主编的 *The Autonomy of Law: Essays on Legal Positivism* (*Oxford: Clarendon Press*, 1996), 215 - 247 的'*Law's Normative Claims*'一文中,他对于自己的观点进行了修正。

[5] Ronald Dworkin, *Law's Empire* (Cambridge, Mass.: Harvard University Press, 1986), 90.

[6] Lon L. Fuller, 'Positivism and Fidelity to Law — A Reply to Professor Hart', *Harvard Law Review*, 71(1958), 630, repr. In Joel Feinberg and Jules Coleman (eds.). *Philosophy of Law*, 6th edn. (Belmont, Calif.: Wadsworth, 2000), 100.

英文及法文加以公布”，或者“佐治亚州居民不得实施肛交行为”。如果说这所表述的是一种道德义务，显然未能切中要害，有夸大其词，同时以偏概全之嫌。说其夸大其词，是因为人们往往在作出上述表述的时候并未从严格的道德层面出发，甚至根本并不认同自己所说的这些观点。说其以偏概全，是因为这种观点并未解释为何上述观点具有道德义务，而是直接推定其具有道德义务。

承担义务，意味着需要实施特定的作为或者不作为——即在某种程度上行为人必须遵守某种行为规范。何谓“在某种程度上”？法律义务的急迫性显然与法律义务本身重要与否无关：我们并不能因为看似微不足道，就将错误投递给我们，但是本来发给别人的垃圾信件销毁。另外，法院有充分的理由避免作出相互矛盾的判决，但却没有绝对不可以这样做的法律义务。因此，法律义务表征出哈特(Hart)所说的“内容独立性”(Content-independence)：法律义务的存在并不取决于其所要求的作为或者不作为的本质或者意义。〔7〕但如果义务的急迫性不属于法律义务内容的功能属性，那么又应该对此做何种理解？对此，目前学界存在三种较有影响力的观点。

在主张“制裁说”(Sanction-based accounts)的学者看来，所谓承担义务，就意味着行为人如果不按特定方式实施作为或者不作为的话，将极有可能面对有权方面作出的具有正当性的制裁措施。〔8〕历史上，霍布斯(Hobbes)，边沁(Bentham)，奥斯汀(Austin)，密尔(J. S. Mill)，霍尔姆斯(O. W. Holmes)以及凯尔森(Kelsen)等人都曾主张过“义务制裁说”，但时至今日，支持这一观点的学者已经寥寥可数。这一学说存在的问题有目共睹。〔9〕首先，上述观点虽然存在些许差异，但基本上都

---

〔7〕哈特的早期观点，参见‘Legal and Moral Obligation’, in A. I. Melden (ed.), *Essays in Moral Philosophy* (Seattle: University of Washington Press, 1958), 82 - 107. 后期哈特将自己的观点进行提炼，具体参见‘Commands and Authoritative Legal Reasons’, *Essays on Bentham* (Oxford: Clarendon Press, 1982), 243 - 268。

〔8〕对于相关正反观点的总结，可参见 P. M. S. Hacker, ‘Sanction Theories of Duty’, in A. W. B. Simpson (ed.), Oxford Essays in Jurisprudence: Second Series (Oxford: Clarendon Press, 1973), 131 - 170. 哈特对此的回应，参见‘Legal Duty and Obligation’, in *Essays on Bentham*，需要指出，哈特在本文中对于法律义务的阐释，尤其是对于制裁说的强调和他在其他文章中的观点存在不相协调之处。

〔9〕See H. L. A. Hart, *the Concept of Law*, 2nd edn. ed. P. A. Bulloch and J. Raz (Oxford: Clarendon Press, 1994), 26 - 49, 82 - 91.

建立在一个缺乏说服力的广义制裁概念基础上，其不仅包括传统意义上的刑事处罚，还包括民事意义上的经济赔偿，甚至恢复原状。其次，守法主体没有选择履行法律义务与否的自主权。“你有义务不得偷盗”不能只意味着“如果你偷了，就将被惩罚”，因为法官不能不区分“完全没有实施偷盗”与“实施了偷盗并被监禁”这两种情况。第三，法律义务与制裁可能性之间没有必然联系。在行为肯定不会引发制裁，甚至法律义务当中没有规定任何制裁条款的情况下，我们仍然应该遵守法律义务，例如，我们常说司法机构，包括最高法院，有义务适用法律。最后，尽管制裁可以为合法行为提供依据，但也可以为实施错误行为提供借口。行为人会想尽办法规避制裁，加之制裁可能性的存在，都使得制裁说本身的说服力大打折扣。这些变量在很大程度上取决于制裁的内容，以及实施者的目标，而与法律义务本身毫无关系。

基于上述考量，哈特认为，尽管制裁可以通过所谓“有义务”从事特定行为来加以理解，但并不能被直接解释为“承担特定义务”。制裁之所以十分重要是因为制裁是表示法律权威与效力的极端形式，也是执行法律所施加义务的最重要手段，但这并不是说可以用制裁来解释创设义务的原因。相反，哈特建构了所谓的“规范说”(Rule-based theory)，认为当行为人受制于特定社会实践规范的时候，即应承担相应的义务。所谓社会实践规范的存在取决于下列前提：行为存在常态化模式，越轨行为应遭到谴责，对于越轨行为的谴责具有合法性，至少一部分人将行为的常态化模式作为指引、评价行为的标准，并因此建构起相关的规范性表述话语。并不是所有的实践规则都存在与之伴生的强制性义务，其中大部分属于风俗习惯或者约定俗成性义务。哈特认为，义务至少还具有如下三种特征：存在持续、显著的外界压力，迫使行为按照预期模式进行；对于社会生活，或者社会生活的某些方面存在积极意义；义务可能与守法主体本身的利益或者目标发生冲突。[10] 因为实践规范的目标以及行为标准存在多元性，因此需要坚持义务的内容独立性。“实践规范说”鼓吹对于法律、道德以及习俗义务进行概括性解释：在任一语境当中产生义务的原因同质，但具体义务的标准不同。

---

〔10〕Ibid.，pp. 85－88.

尽管相较于制裁说，实践规范说取得了长足的进步，但却无法最终为学界所接受。[11] 在很明显不存在所谓实践规范的情况下，人们也往往会谈论所谓的义务问题，这样就好像在一个全民食肉社会当中生活着唯一的素食主义者那样。所谓实践条件也可以在不存在义务，仅存在合理性解释的情况下存在，如受害人经常被要求在面对劫匪的时候主动交出自己的钱包。更为重要的是，承担特定义务 φ 是从事特定行为 φ 的根据，然而除了某些特殊情况外，社会中存在从事特定行为 φ 的普遍现象不能像实践规范说所主张的那样用来作为必须这样做的根据。哈特在后期观点中将实践规范说限缩在习俗义务的语境当中，在这种情况下，一般性做法可以用来作为遵守这一实践规范的根据。但并不是所有的法律义务都可以被理解为习俗义务——即使在缺乏类似风俗习惯的情况下，某些法律义务，如不得强奸，也必须得到遵守。[12]

相对而言，正当性说(Justification-based account)更具说服力。这种学说认为，义务的特质可以通过正当性的不同而有所区隔：内容独立性与行为的约束性。所谓行为的约束性具有两大特征：首先，义务在效力上存在差别；在适用于守法个体时不考虑其本身的需要或者目标。从康德主义出发来看，有必要强调行为的类型化诱因中并不夹杂任何道德意味："闭嘴！"就属于典型的命令类型。其次，义务的约束性还可以通过霍布斯以及洛克等人对于政治权力本质的讨论窥以一斑。[13] 义务要求行为主体放弃自身对于行为意义的思考，无条件地对其加以遵守。对此特征论述最为充分、也最说服力的学者当属约瑟夫·拉兹(Joseph Raz)。[14] 义务

---

〔11〕 Ronald Dworkin, *Taking Rights Seriously* (Cambridge, Mass.: Harvard University Press, 1978), 48 - 58; Joseph Raz, *Practical Reason and Norms*, rev. edn. (Princeton: Princeton University Press, 1990), 53 - 58.

〔12〕 即使从习俗义务的角度出发，实践规范说也无法成立，因为习俗仅仅具有指向性，而不具有强制性。笔者对此问题的探讨可参见'Law, Co-ordination, and the Common Good', *Oxford Journal of Legal Studies*, 3(1983), 299 - 324; 'Authority and Convention', *Philosophical Quarterly*, 35 (1985), 329 - 46; and 'Positivism and Conventionalism', *Canadian Journal of Law and Jurisprudence*, 12(1999), 35 - 52。

〔13〕 Thomas Hobbes, *Leviathan*, ed. C. B. Macpherson (Harmondsworth: Penguin, 1968), pt. H. ch. 25: 303; John Locke, *Two Treaties of Government*, ed. P. Laslett (Cambridge: Cambridge University Press, 1963), H. s. 87, 167.

〔14〕 See Joseph Raz, 'Promises and Obligations', in P. M. S. Hacker and J. Raz. (eds.). *Law, Morality and Society: Essays in Honor of H. L. A. Hart* (Oxford: Clarendon Press, 1977), 210 - 228; and Joseph Raz, *Practical Reason* and Norms, 35 - 84.

作为一种类型化是由，受到排除义务是由的保护，从而可以抵制相反的原因，确保行为的既有模式不受干扰。也就是说，义务是作为的依据，或者基于某些原因不作为的依据。这里，提醒注意两点。首先，必须假定成立存在排除义务是由。如果事实本身并未给从事特定行为提供正当性，那么就不存在不作为的限制。例如，证据法中的证据排除原则要求即使这些事证和案件本身具有相关性，当事人在某些情况下也不得援引这些证据。但证据排除规则并不能解释为什么与案件无关，或者无效的事实不得作为证据。其次，义务可以消除某些与之相悖的行为依据——通常情况下是指习惯性倾向——但这并不意味着可以排除所有其他行为依据。因此，排除性是由并不具有绝对的说服力，而仅仅属于某种不同位阶的行为依据。这意味着义务的约束性特质并不完全取决于作为义务的正当性，还建立其他排除义务是由基础之上。

对于义务的正当性解读绝非毫无争议，而其当然也存在进一步完善的空间，但不可否认的是，正当性说在很大程度上修正了制裁说与规范说的不足。正当性说可以为义务的很多特质提供合理解释，可以从最开始就准确刻画实践中出现的义务矛盾与冲突——我们可以将正当性理解为从不同视角做出的实践性评估，所谓不同视角，主要取决于义务包纳或者排除的要素。换句话说，“对 φ 承担法律责任意味着从法律的角度，存在必须实施 φ 的理由，同时不存在不实施这一行为的理由。”但从道德角度而言，这并不能代表所有的相关因素——或许某些法律排除的根据恰恰是最具有道德正当性的行为理由。将某种是由视为具有约束力，具有内容独立性的行为根据并不是说这就是义务的根据，因此，不能认为法律义务就是道德义务，尽管在二者不同的语境当中，有可能对于义务做出一致的解释。

### （二）忠诚性

法律的规范性中包括法律如何表达的问题。至少从 17 世纪开始，关注守法主体如何表现其对于发来的“忠诚性问题”（questions of allegiance）就已经开始主导西方政治哲学研究。究竟什么是所谓的忠诚性？首先提出这一概念的休谟认为在“服从政府的道德义务”、“接受统治者的权威”、“统治者的惩罚权”以及法律主体的盲从性之间不存在根本性区别。[15] 换句话说，休谟认为这些表述之间差别不大，意义近似。可以肯定，这些观点都属于对于法律的一般性道德表述，但这是否意味着可以将其互换使用？其他学者显然并不这样认为。例如，洛克认为即使没有权力，只要符合法律的可执行本质，还是可以依此对于他人进行威吓与震慑。[16] 霍布斯认为因为自保权可以消除任何与之相冲突的义务，因此即使对于没有服从义务的人，国家仍然可以威胁对其实施惩罚。[17] 这些可能性意味着至少我们需要区分政府的治权——关乎合法性问题与服从的正当性——义务问题。[18]

合法性问题关乎权力的外延与适用的范围：法律所要求执行的是哪些权利？法律对于哪些主体赋予这些法律权利？义务性问题涉及切实遵守法律要求，确保法律得到执行：将义务作为具有约束性的行为根据，不仅仅需要反思义务，更要从法律角度履行义务。用罗尔斯(Rawls)的话来说，忠实履行法律义务绝对不仅仅是支持、服从法律。行为人或许可以在客观上遵守了法律的规定，但在主观上并不知悉相关的法律规定。类似出现在法律与行为之间的巧合十分常见，因为一个理性、正当的法律体系总是鼓励、希望公民能够具有独立的守法人格。尽管很多情况下，行为人仅仅因为行为符合法律规定而避免了法律制裁，但行为人只有在真地接受法律对于自身行为指导的情况下，才会真正守法。

因此，是否具有忠诚守法的义务可以被理解为行为人是否应该从法律的意义上遵守法律的相关要求。[19] 法律的要求是决定权利、义务、权力以及民主等概念范畴的终极判断标准，同时，法律主体对于法律的服从和与其自身对于法律要求的评价与判断无关。当然，如果法律体系本身是非法的，那么就不应存在这些法律义务。但如果仅仅存在些许的不正当性，法律义务则应依然存在。尽管很难评判负责监督义务执行的官员对于义务产生的根源作何理解，但他们基本上都推定存在

---

〔15〕 David Hume, *A Treatise of Human Nature*, ed. L. A. Selby-Bigger (Oxford: Clarendon Press, 1967), 546, 548, 554.

〔16〕 Locke, *Two Treatises*, II. ss. 8－9; 312－313.

〔17〕 Hobbes, *Leviathan*, pt. II. Ch. 14: 199.

〔18〕 相关区别，详见 Kent Greenawalt, *Conflicts of Law and Morality* (New York: Oxford University Press, 1987), 47－61, and William A. Edmundson, *Three Anarchical Fallacies: An Essay on Political Authority* (Cambridge University Press, 1998), 7－70。

〔19〕 Joseph Raz, *Authority of Law*, 233－249.

某种程度上的法律义务。[20] 法官在审理案件的过程中也会认为除了极特殊的情况之外，当事人有义务遵守法律。在他们看来，司法绝对不是仅仅是一种可有可无的选项，而是用来激发当事人守法意识的工具。[21] 正如唐纳德森(Donaldson)所言，"仅仅通过支付罚金或者接受惩罚，并不能获得违法的权利。在议会制民主体制当中，这根本不可能……"[22]

这种官方看法意义十分重大，因为其实际上已经成为政治义务内容的正当性根据，并已经成为特定社会中的有权话语。如何认定、理解这种观点已经成为"描述法学派"(Descriptive legal theory)的关键性课题。因为对于对象的描述需要对所有相关的事实要素加以遴选，因此任何一种法律意义上的描述都属于对于最相关法律事实的认定。[23] 然而，与此同时需要强调，这种观点并不具有先决意义上的道德或者政治意味。当我们思考如何在道德上应对法律要求的时候，我们所关注的并不是法律希望我们认识到什么，而是法律实际上规定了什么。

德沃金对此一致秉持反对意见。他反对描述法学派的观点，反对对于义务的通常理解，相反，在德沃金看来，法律仅仅在"某种最为松散的意义上"具有约束力。[24] 德沃金认为，这种所谓"松散"是指法律绝对不是只关注让法律主体掌握法律义务的本质，而是希望守法主体能够发现自己为什么希望参与相关法律实践。[25] 对于法律忠诚并不是指行为人单纯地按照法律规定行事，而是行为人和自己内心的一种对话交流，因此，政治义务属于颇具新教色彩的一种概念："忠诚于公民有责任加以了解、从根本上作为其自身所生活的那个社会群体根本原则的义务体系"。[26] 尽管限于篇幅，这里无法对于相关争论进行详尽阐述，但是还是可以做

---

〔20〕 See Mark Hall and George Klosko, 'Political Obligatioin in the United States Supreme Court', *Journal of Politics*, 60(1998), 462 - 549.

〔21〕 *U. S. v. Macintosh*, 283 U. S. 605(1931), at 623. 相关讨论亦可参见 Hall and Klosko, 'Political Obligation and United States Supreme Court'.

〔22〕 *Francome v. Mirror Group Newspapers Ltd.* [1984] 2 All ER 408 at 412.

〔23〕 笔者在此参考了 Amartya Sen, 'Description as Choice', in his *Choice, Welfare and Measurement* (Oxford: Blackwell, 1982)。对于描述法学的批判，参见 John Finnis, *Natural Law and Natural Rights* (Oxford: Clarendon Press, 1980), 3 - 19。

〔24〕 Dworkin, *Law's Empire*, 429 n. 3.

〔25〕 Ibid, 58.

〔26〕 Ibid. 413. 对此观点的批判参见 G. J. Postema, '"Protestant" Interpretation and Social Practices', *Law and Philosophy*, 6(1987), 283。

出如下概括。虽然从事解读的主体是解读者，但这并不意味着解读者可以为所欲为。解读者的个人意愿虽然具有自主性，但却并不意味着解读内容要反映解读者对于法律实践的实际参与。解读者往往并未参与其所解读的法律实践，因此，对于平常人来说，保持特定的行为模式似乎有些语焉不详。即使在一个可以充分保证公民政治参与的民主社会当中，公民作为法律参与者的角色多少类似于市场经济社会中的竞价者：任何人的个人意愿需要取决于社会其他公众的意愿。这意味着法律主体对于法律实践的坚持并无决定权，就好像个体话语者无法决定其所表达语言的意义一样。如果说认定社会个体对于法律要求的认知取决于认定者自身的话，那么这显然与本章开始部分所提倡的道德冲突理论产生了矛盾。和其他很多黑格尔派学者一样，德沃金并没有真正尝试解决忠诚性问题，而是对其采取了回避的态度。

区分合法性与义务性所导致的一个必然结果就是需要探讨二者之间的关系。很显然，对于一个不具有合法性的法律体系而言，不存在任何道义上的服从义务——在纳粹或者斯大林独裁统治时期即使行为人有过十分明确的承诺，也不具任何约束力（当然，这一时期行为人可能基于某种特定的道德层面原因而服从某部特定法律）。尽管合法性是义务性的必要条件，义务性却并非合法性的必要条件。〔27〕换句话说，行为人有正当理由抵抗非法抓捕，但对于实施非法抓捕的政府官员并不享有任何控制权或者指挥权。二战结束后，盟军虽然在惩治纳粹战犯，进行纽伦堡审判等活动时具有正当性，但却不享有对于德国公民的统治权。对此，德沃金并不认同。“国家不能强制执行公民的所有义务。”他认为，“尽管义务并不是国家行使强制权的充分条件，但可将其视为一种必要条件。在某些极特殊情况下，主权国家得针对并不需要承担任何义务的行为人行使强制权。但如果相关法律并不涉及真正意义上的义务，则不能动用国家强制力对其加以执行。”〔28〕

在上述所有观点中，只有一个问题争议较小：有一些道德义务法律不应强制执行，例如，日常生活中的一般承诺、感情上的忠贞，等等。在这些问题上如果法律无

---

〔27〕 See Further, Green, *The Authority of the State*, 71 - 75, 149 - 153, 242 - 243.

〔28〕 Dworkin, *Law's Empire*, 191.

法充分介入,那么就会丧失相关的合法性。除此之外德沃金的其他观点则存在一定争议。例如德沃金认为只有在法律是合理、有效义务来源的情况下才可以对其加以执行。但这种条件的限定显然太过狭隘,因为在某些情况下,尽管某些道德因素的考量不会引发具体的法律义务,但仍需要通过强制性手段捍卫这些道德价值。例如,人们一般都支持保护环境,惩罚污染者,但却往往并不认为这里涉及任何道德义务:或许,这里根本就不存在什么义务性问题,而仅仅是一项具有较高道德说服力的根据,或者说其所具有的义务性特征是法律介入的结果,而非导致法律介入的原因。〔29〕 在任何情况下,认为强制法必须具有合法性并具有道德上的正当性的观点显然不同于坚持认为具有合法性的法律强制必须以存在相关义务为前提的看法,在支持洛克学说的学者看来,前者与后者的可信度毫无关系。一个国家虽然对于另外一个国家的公民无法主张、实施强制权,但却仍然可以对其加以震慑与威吓。如果情况真的如此,那么之前就一定存在某种可以推动公平、正义要求的道德性权力。因为惩罚的概念与理解可执行的惩罚权之间具有密不可分的关系,因此我们是否支持洛克所主张的所谓惩罚的自然权力说就变得无关紧要起来。〔30〕 实质的问题仍然是根据忠诚性理论,合法性与义务性是否属于不同的两个范畴。

### (三) 正当性

法律的观点能够产生实质影响,因此需要从道德层面对其严格检视与审查。如果忠实于法的义务不是原发性的,〔31〕那么似乎可以将其归入到某些耳熟能详的道德原则当中。但法律并不是唯一可以主张义务的社会机制,如果不考虑法律的本质,很难判断法律观点本身是否具有说服力。那么,这是否意味着我们在评价义务的有效性时可以充分依据法律的本质学说呢?

索普曾提出,“对于法律的理解早已经融入了对于义务这一概念的相关反思与

---

〔29〕 关于法律所导致的道德上的“恶”,参见 Tony Honoré, “The Dependence of Morality on Law”, *Oxford Journal of Legal Studies*, 13(1993), 1 - 17。

〔30〕 Thomas D. Senor, ‘What if There Are No Political Obligations?’ *Philosophy and Public Affairs*, vol. 16, 260 - 268.

〔31〕 卡利特(E. F. Carritt)坚持认为,试图从政治话语之外理解政治义务的尝试一般都会导致理解上的混淆,语义上的矛盾以及相关证据的误读等。*Moral and Politics* (Oxford: Clarendon Press, 1935), 2. 但事实上即使是那些最基本的义务,也可以不通过追根溯源的方式得以说明。

结论，"[32]并且我们也知道，富勒也坚持"不道德的标准不能作为义务的基础"。但这些观点无疑太过简单。即便可以简单地将法律理解为这样一种事实状态，那么这种状态也无法解释是否存在相关的守法义务。毕竟行为人是否做出了承诺，以及承诺了什么，需要通过行为人的言行，特别是社会一般民众对于相关言行的看法加以判断。承诺，催生了相关作为或者不作为的义务。实证主义者所坚持的类似情形在某些情况下不属于真正法律问题的看法是不能成立的。相反，法律问题是否存在，以及存在何种法律问题或许取决于某种道德因素，而与是否存在相关义务无关。即使在法律与道德之间存在某种必然联系，这种联系也仅意味着真正的法律体系必须具备合法性，最起码也应该具有某种体系性的价值。但需要肯定的是，富勒及索普等人的观点中也存在一定合理之处。尽管政治义务与法律本质之间不存在必然的连接关系，但政治义务的内容的确受到了法律本质的限制。正如之前所述，承认守法义务不仅仅涉及到对于法律的关注，还涉及到将其视为思想来源，或者有价值的参考的问题。如果我们不知道法律在社会生活中扮演何种作用，那么就无法了解是否具有守法的义务。这是否意味着我们要重新接受索普的学说？不尽然。针对法律本质，存在大量具有说服力、受到学界承认的学说与观点，但对于这些理论却缺乏行之有效的检验与判断标准。

首先，法律应该具有机制性：法律不仅仅是社会结构框架下的人类思维与身体动作，在很大程度上，法律属于一种机制性的思维活动与身体活动。法律的周身上下，每一个细胞都与某种机制相关，如立法机构、司法机构、行政机构、治安机构，等等。社会规范理念或者一般社会习俗并不属于法律，只有那些与特定机制相关的部分，才可以被纳入到法律的范围当中。体制关注的是等级问题，当代法律体系中所谓的集权制或者分权制都只不过是实现等级机制的一种选择。我们无需假设法律为机制性事实所累。围绕这些机制性事实，学界存在大量不同观点：哈特认为法律仅仅是依据其自身实践习惯而必须适用的某种标准；德沃金则提出法律还应该作为司法判决的道德依据。从总体而言，实证主义与当代自然法学派在法律的机制性特征问题上存在共识。

---

〔32〕 Soper, *A Theory of Law*, 8 - 9.

其次，法律的适用范围十分广阔。对于法律的认知中非常重要的一点就在于其不并不仅关乎小团体、小范围的事物，如某个俱乐部，而其也不仅仅关乎社会生活的某一微小方面，如棒球。法律所适用的范围往往包括较高的风险，具有较大的开放性，有能力规范除具体社会互动之外更大规模、更为多元、包括成千上万民众的松散社会组织。至于法律是否愿意实施所有权力则属于另外一个问题。大多数现代意义的法律机制，包括所有具有合法性的法律机制，都在很大程度上具有限缩性。但这种限缩性与法律权力的范围与重要性没有必然联系：法律不仅仅宣称具有规范社会利益的权力，而且也实际调整了其中某些与社会至关重要的利益。

第三，法律可能存在道德意义上的瑕疵。[33] 法律所要求的行为或许具有不正当性，如要求参与非正义的战争。法律所规制的行为也可能是道德中性的，例如同性恋行为。法律当中也可能没有规定道德上本应积极鼓励的行为，如要求人们在情况允许时救助他人等。当然，法律也可能以不正当的方式追求道德上正当的目标，如为社会公众的利益横征暴敛等。道德从来都是作为法律的判断标准存在的，但法律一般不能作为道德的评判标准。对此问题，实证主义法学派与自然法学派再次寻找到了共通之处。没有人宣称法律在道德判断层面无懈可击，即使二者之间存在某种必然联系，也并不意味着法律就一定是道德的。主张法律可能存在道德瑕疵的学说或许形式存在一定差异，但这一理念业已成为任何一种主流学说都必须解释的法律特征之一。

仅仅凭借上述三种特征，并不能定义某种特定的法学理论，事实上甚至都无法区分法律与其他社会规范形式。最狭义的法律实证主义与最广义的自然法学派都可以兼具上述三种特征。但是如果辅之以义务分析，则可以为法律忠诚性说提供根据，摆脱索普学说的窠臼。从关注道德守法义务的角度出发，学者们所追求的是一种具有约束力，具有内容独立性的道德守法义务，这种义务贯穿于法律的方方面面，贯穿于社会生活的始终。从需要遵守法律这一事实出发，可知法律的要求范围极广，存在出现道德瑕疵的可能，并与国家公权力机构具有非同一般的联系。最后

---

〔33〕 H. L. A. Hart, *Law, Liberty and Morality* (Stanford, Calif.: Stanford University Press, 1963), 3－4; and David Lyons, *Ethics and the Rule of Law* (Cambridge: Cambridge University Press, 1985), 66－68.

还存在所谓合法性限制。合法性是义务存在的必要条件，而合法性主要关乎权力的外延与适用范围。尽管瑞典法律可能具备充分的合法性，但加拿大人却没有遵守这一法律的义务。从这个意义上，守法义务仅仅适用于某一特定法律体系下的个体，换句话说，仅仅适用于该国公民或者其他相关的守法主体。[34] 通常意义上的所谓"特定"，并不指守法义务的产生根源具有与行为人相关的特质，而是指具体急迫性或者与行为人无关的特质，例如，从事公益活动的义务或者维护公平正义的义务等。因此，特定性所追求的是行为人个体与具体法律体系之间所存在的特殊联系，从而可以辨识其所属的法律体系与其他法律体系出现冲突的情况。一个高度体制化、适用范围颇广、道德上可能出现瑕疵的法律体系是否可以作为普世且具有约束力的行为根据？这就是所谓的政治义务问题，也是一个无比艰困的问题。

## 二、自愿性义务

### （一）合意

西方政治理论中一个非常独特的命题就是政治义务仅当被统治者对其存在合意的情况下才具有正当性。[35] 在霍布斯、洛克、卢梭以及康德的著述当中都可以发现以某种形式出现、认为法律义务应该通过某种形式的个人合意来加以认定的主张。承诺、合约、誓言等都可以纳入到广义的合意概念当中。从本质概念而言，此类合意不仅是自愿的，而且是具有实践性：合意的产生目的在于改变他人的权利、义务、权力与责任，并在某种程度上朝向此种目的推进。[36]

即便这种合意具有约束力，但也绝不意味着在目前情况就是如此，因为即使对于成年人来说，其在践行自身合意的时候也会面临各种各样的限制。而这，正是洛克所著《政府论》下卷的核心观点。如果行为时缺乏合意的能力或者权利，则无法事后践行该合意。从很大程度上，让别人奴役自己的权利即属于此。从这个意义

---

〔34〕当然，在某些情况下会出现单一主体对于不同法律体系承担法律义务的情况。参见 Simmons, *Moral Principles and Political Obligations*, 31 – 35, and Green, *The Authority of the State*, 227 – 228。

〔35〕对于唯意志论的研讨参见 Patrick Riley, *Will and Political Legitimacy* (Cambridge, Mass.: Harvard University Press, 1982)。

〔36〕Cf. Raz, *The Morality of Freedom* (Oxford: Clarendon Press, 1986), 80 – 82.

上来看，所谓绝对政府一定不缺乏合法性。然而，洛克的观点表明了针对行为人规范性权利的种种限制所存在的一种普遍担忧，这些限制包括认识错误、胁迫与恐吓等。恰恰因为法律的适用范围较广、具有存在道德瑕疵的可能性，因此守法承诺的开放性具有较大的危害性，甚至致命性的缺陷。这意味着即使不像雷南(Renan)所言的"公民每天投票一次"(plebiscite de tous les jours)，也需要不定期地对于合意加以重新确认，以期确保其有效性。除此之外，对于胁迫又该做何种解释呢？在效忠宣誓被证明毫无用处的很多场合，此类宣誓却层出不穷。无论是17世纪英国抑或是麦卡锡时代的美国，胁迫下的效忠宣誓并无任何约束力，其也可以适用于当下难民入籍或者征兵过程中的类似活动。和休谟类似，后来也有些学者认为民众因为无法选择自身所生活的法律体系，因此所谓胁迫或者不自愿问题具有普遍性。尽管对此可以反驳说选择居住本身就代表了一种合意，但这无法说明表达的合意从不具有约束力这一现象。如哈利·贝伦(Harry Beran)所言，"如果某社会团体中的成员有权退出，并对该团体中的异议人士提供生存空间，那么就不得认定该社会团体中的成员是被迫留下。"[37]同时，也不能将一般而言，大多数公民没有选择自己生活的国家这一正确理念与大多数民众没有选择自己承担法律义务的权利这一理念相混淆。通常情况下，守法即可摆脱外来的胁迫压力。

证明政治意义上的合意在大多数情况下成立并不意味着这种合意一定是有效的。一个必须要解释的前提问题在于为什么公民希望让政府获得管理、约束公民的权力。休谟曾对于洛克学说对于守法的道德义务进行过挑战：

你给出的答案是我们应当信守承诺……在我看来，当被问及为什么一定要信守承诺的时候，你应感到羞愧。你无法提出任何解释，更无法直截了当地说明为什么公民需要承担忠诚守法的义务。[38]

和休谟上述暗喻不同，洛克对于相关问题曾提出过某种较为简明的理论解说。[39] 洛克所著《政府论》下册因为与此问题关系不大，并未就其进行过重点研

---

〔37〕 Harry Beran, *The Consent Theory of Political Obligation* (London: Groom Helm, 1987).

〔38〕 David Hume, 'Of the Original Contract', in *Essays, Moral Political, and Literary*, ed. E. F. Miller (Indianapolis: Liberty Classics, 1985), 481.

〔39〕 *See Essays on the Law of Nature*, ed. W. von Leyden (Oxford: Clarendon Press, 1958), 183.

究，事实上洛克所关注的问题在于承诺所需面对的种种限制，而不在于信守承诺的根基及正当性。但是休谟所提出质疑的关键之处在于这间接表明了他本人对于合意的认知。在休谟看来，承诺具有“公共”属性，也就是说需要符合社会利益与需要。[40] 信守承诺的根基在于承诺具有工具性，但是在一个复杂的社会当中，政府所面临的情况与此类似，即如果没有社会组成人员的守法，政府根本无法存在。[41] 因此，无论是否存在合意，公民都需要承担守法义务。因为合意与守法二者之间存在理由相同，因此就像“强制力”与“权力”这两个概念那样，试图通过其中一个解读另外一个无疑是徒劳的。[42]

尽管休谟的观点看似颇为具有说服力，但却存在某种本质上的缺陷。休谟对于理性伦理学的纠缠干扰了他对于实体道德的理解。承认合意的必要性并不仅仅需要证明承诺出自本意，而且还需要证明合意具有在特定语境下的价值。两种具有相同基础的规范性实践不能说明其中一种无法成为另外一种实践成立的必要条件，打个比方，建立在同一地基上的楼房有两个不同的房间，但这绝对不是说可以不通过一个房间进入另外一个房间。合意说的支持者基本上采取两种观点。首先，要求对于义务进行人为控制具有功利性的考量。如果相关义务的承担取决于相关方的意志，那么似乎可以在很大程度上避免不必要的伤害。这样做不仅可以保护法律主体，而且可以在涉及较大风险的情况下通过忠实履行法律来规避风险。不容否认，合法性要求也存在类似的作用，然而，具有合法性的政府仍然存在种种缺陷，在这种情况下，合意可以使得行为人在必要的情况下自我约束。同时，这也允许之前效忠于某一合法政府的守法主体有权转换效忠对象，而不必一味等待相关道德考量的积累与质变。

这也并非问题的全部。这样一种功利性的考量无法解释所有情况下的承诺问题。例如，要求行为人只能在本人同意的情况下才可以缔结婚约显然具有功利上的优势，但是，交换承诺所具有的更为深远的作用在于形成有价值的关系，并作为这种关系正式开始的庄严承诺。但休谟所主张的工具主义显然掩盖了上述功能，

---

〔40〕 Hume, ‘Original Contract’, 481.

〔41〕 Ibid. 480.

〔42〕 Hume, *Treatise of Human Nature*, 481, ‘Original Contract’, 481.

或许我们可以从洛克的相关主张中发现这些功能的踪影。洛克认为,尽管几乎所有享受法律积极作用的行为都可以算作一种“隐性”同意履行法律义务的承诺,但只有“表达”的合意才可以使得行为人成为社会共同体的一员。[43]

这意味着如果社会公众能够做出合意的话,这种合意也是盲目的。但是真的可以做出合意吗?在特殊情况下,政府官员、移民等人会明确表明自己守法的合意,但是在绝大多数情况下,守法主体并未以任何形式表达自己对于承担相关义务的合意。面对适用范围问题上存在的缺陷,合意说的发展历经种种调整与完善、直至最终被抛弃。例如,很多时候在明明没有合意的情况下,试图挽救合意说的学者还是坚持存在所谓的隐性合意。其中,以洛克的观点最具有代表性:

在任何政府的管辖范围内拥有财产或者其他利益的主体因此隐性地做出了服从法律的承诺,这些承诺包括对于土地的占有,对于财产继承人的承诺,对于居住时间以及游历范围等问题。[44]

这种理论最终失败的理由在于实践性合意与特定习惯之间的紧密联系:在特定情况C当中,实施$\varphi$行为可以视为表示同意,而行为人如果想适用这一习惯,就必须有意,至少是明知地从事$\varphi$行为。意外情况不存在合意。拥有财产或者通过守法获益并不意味着相关行为人需要承担忠实于法律的义务,因此,如果上述情况可以催生守法义务的话,也一定不是自愿的。事实上这一点连主张合意说的学者也不得不承认。至于另外一种实践性合意的主要表现方式,即参与政治活动,也未能产生更好的解释。因为参与政治活动本身并不具有普遍性,包括警察与法官在内的大多数人也不认为那些没有参与投票的人就不应该遵守法律。从这个意义上,通常所说的参与政治活动即等同于提供合意的说法十分具有误导性。[45] 在饭店点餐的时候,我会通过给餐馆老板吃完饭会付账的预期获得食物,但同样,那些没有点菜,或者点菜的同时宣称不会付钱的客人也不一定无法获得老板的招待。

---

〔43〕Locke, Two Treaties, II. S. 122:394. 相关评论亦可参见 A. John. Simmons, '"Denisons" and "Aliens": Locke's Problem of Political Consent', *Social Theory and Practice*, 24(1998), 161-182。

〔44〕Locke, Two Treaties, II, s. 119:392.

〔45〕E. g. Peter Singer, *Democracy and Disobedience* (New York: Oxford University Press, 1974), 45-49.

相反，在政治语境中，他人的预期与反应和行为人对于政治的参与程度无关。无论行为人是否参与选举投票，是否参选公职，是否担任陪审员，社会其他成员对其守法的预期并无太大区别。

对于合法政府的认同所产生的效果与传统上的相关守法原因类似：即产生一种具有约束力的，具有内容独立性的守法理由，并建立其余特定法律体系之间的特殊联系基础。这也是为什么连一直坚持合意既无必要性，也不可能存在的休谟也不得不承认在所有可能的义务基础当中，合意是“最有力，最神圣的”[46]。但合意说无法产生出可以排除其他替代学说的义务观。

**（二）表达理论**

即便守法义务必须是自愿的，也并不意味着可以将其等同于意图承担义务的实践性行为的结果。在某些情况下，义务属于自愿建构的某种附带关系的必然结果即可。

本文提出的所谓“表达理论”（expressive theories）主要用来解决非实践性情况下承诺的其他结果。在此问题上最为常见的理论模型即所谓的“友情模式”。[47]尽管人们通常会选择自己的朋友，但这样做的目的绝对不是为了承担什么义务。但一旦成为朋友，就需要对自己的朋友承担相应的义务，如诚实、支持与互惠。无论采取何种形式践行上述承诺，行为人这样做表达了，同时也被认为表达了对于朋友的忠诚。

表达理论从群体角度做出了对于传统义务观具说服力的非还原性说明。[48]根据这种理论，行为人一定会守法，因为守法充分表达了行为人的某种情感：对于法律所赐予的一切充满感激，对于法律规制行为的作用表示尊敬，对于在法律意义上隶属于某一特定群体而具有归属感。约瑟夫·拉兹提出，“人通过生活在社会当中来对于自身加以认定，因为这样可以感知社会的存在，可以获得归属感，并保持

---

〔46〕 Hume, ‘Original Contract’, 474.

〔47〕 Raz, *Authority of Law*, 250 - 261.

〔48〕 See A. D. M. Walker, ‘Political Obligation and the Argument from Gratitude’, Philosophy and Public Affairs, 17 (1988), 191 - 211, and G. Klsoko, ‘Political Obligation and Gratitude’, Philosophy and Public Affair, 18 (1989), 352 - 358. http://www.lygirl.com/ http://azsns.com/thread-htm-fid-59.html

对于这个社会群体的忠诚。这种忠诚往往可以通过尊重相关法律的方式加以表达。”[49]当法律本身具有合法性，当这样的一种情感存在合理性并且较为普遍的时候，是可以作为守法义务的真正源流的。

尽管在某些情况下，所谓表达的义务的确合理，但却无法为守法义务提供正当化是由。表达义务也无法解释为什么守法符合行为人对于法律的忠诚或者感激。就好像在有人问为什么“狗”这个词指的是狗那样，我们不能说，没什么理由，事情就是这样的。除了特殊情况外，某些社会关系具有使得表达行为适当或者不适当的内在必然性，而这种内在必然性又取决于关系的本质及目的。洛克反对将守法义务建立在上述理念基础上，并且举圣经要求孝敬父母的例子来对此加以说明：

先人或者智者需要尊敬；朋友或者子女需要捍卫；失意、痛苦者需要宽慰；恩人需要感激，在表达上述情感的时候，我们需要发自内心，竭尽所能：但同时，所有的情感并没有任何强制性，接受情感表达的对象也不会因此产生某种必然的权利。[50]

洛克主张感恩、重智、捍卫友情，但这种主张的重点并不在于上述情感的惯常性，而在于从关系本质的角度判断，其是否具有符合性的问题。这也是为什么这些情感无法产生权力与守法问题的原因。对于洛克来说，在其他情况下，可能存在服从或者遵守规则的问题，例如，父母与子女之间的关系，创造者与被创造者之间的关系等。孩子无法选择自己的父母，被创造者也无法选择自己的创造者，前者对于后者具有服从的义务，不在于别的，就在于这种关系当中不包含任何自愿色彩。

而且，即使在那些通常存在对于法律感激、尊敬或者效忠的情况，在守法作为表达这种情感一般做法的情况当中，也不一定如拉兹所言，守法就是最佳，或者唯一的表达方式。对于这种情感的适当表达方式并不取决于国家与个体之间的关系。强制表达敬意的情况仅仅存在于某些高度仪式性的非常情况，如对于出席庭审时言行举止的要求等。从文化的层面判断，服从或者遵守的一般含义较为复杂，

---

〔49〕 Raz, *Authority of Law*, 259, See also his ‘Government by Consent’, in J. R. Pennock and J. W. Chapman (eds.), *Authority Revised*: *Nomos* XXIX (New York: New York University Press, 1987), 76.

〔50〕 Locke, *Two Treaties*, II, s. 70:356.

因为西方道德的发源不仅有犹太教义，还有希腊文明。除了认为守法是表达人类奉献精神的适当方式之外，在一个人人自由、平等的社会当中，守法也代表着某种并不适当的奴性。价值或者习惯上的冲突使得个体在思考如何表达自身相关情感的时候具有较大的灵活性。

最后，感激、忠诚以及尊敬等情感一般局限于私人活动，如果将其作为表达主义或者表现主义的根基，并将其扩展到机构领域，就显得有些力不从心了。我们必须牢记哈特的教诲，当代社会中经常存在的一大危险就在于法律与生活的异化，法律并不是道德生活的有机组成部分，或者是国家的魂灵，导致这一现象的原因并不是不公或者腐败，而仅仅由于法律高度官僚化、技术化、机构化，导致人们和法律之间渐行渐远。[51]

**(三) 公平**

唯意志论的一个重要特点在于放弃之前主张守法义务需要建立在行为或者表达基础之上的观点，退而支持守法义务的产生根源在于从遵守法律的互动活动中获益的意愿。尽管不同法律文化的本质存在异化，官僚化的倾向，但此种意愿的要素仍然存在。当今最有力的义务说是由哈特提出，[52]并为罗尔斯进一步发扬光大的所谓"公平说"：

假定存在一种互惠互利、公平公正的社会互助体制，这一体制的福祉必须建立在每个人，或者绝大多数人相互合作的基础之上。进一步假设合作需要合作者做出某种牺牲，至少需要限制部分自由。最后，假设合作所产生的积极成果在一定范围内可以免费获得，也就是说，这种合作机制是不稳定的，因为如果参与者知道或者发现即使自己什么都不做，仍然可以享有他人继续合作所产生的成果。由此可以认为，如果行为人从某种合作体系中获益，就需要基于公平原则承担相关义务，而不能占便宜，搭顺风车。[53]

当然，对于这种概括性的道德原则，也存在不同声音。例如，罗伯特·诺齐克

---

〔51〕 Hart, *Concept of Law*, 117.

〔52〕 H. L. A. Hart, '*Are There Any Natural Rights*?', Philosophy Review, 64(1955), 175 - 191.

〔53〕 John Rawls, 'Legal Obligation and the Duty of Fair Play', in S. Hook (ed.), *Law and Philosophy* (New York: New York University Press, 1964), 9 - 10.

(Robert Nozick)提出了很多反例,试图借此证明在不存在合意的情况下,单纯获益本身不能作为承担义务的根据:"如果每天都由不同人来清扫街道,那么即便你根本不在乎街道是否干净,在轮到你的那天你是否也必须去扫大街?是否必须在横穿马路的时候考虑街道的清洁程度,以及自己不打算不付出,而占其他清扫大街的人的便宜?"[54]除此之外,类似的例子还包括向公共广播机构提供音乐资源的义务,以及为别人强塞给你的书提供价款的义务等。但事实上这些情况都不符合哈特或者罗尔斯所提出的理论条件:换句话说,诺齐克所提出的这些例子或者不属于所谓互惠互助的情况,或者就不属于公正分配资源或者义务的情况。[55] 更为重要的是,上面所说的几种情况当中并不存在较为令人信服的所谓"接受"相关福祉的情况。虽然必须承认罗尔斯并未明确相关条件,但后来西蒙斯(Simmons)所提出的义务承担者必须积极寻求,并成功获得福祉,或者明知或者有意承担相关义务的看法显然符合罗尔斯理论的基本原则。[56]

对于承诺所扮演的角色存在不同看法。[57] 但一般认为如果没有主动接受的合意,根据公平性原则无法建构自愿性义务。当然,承诺不能将公平性原则简化为单纯地具有合意:那些地铁逃票者显然乐于接受公共交通所提供的便利,但却不愿意承担支付票价的义务。但承诺条件却使得公平说或多或少需要面对类似于合意说所需要面对的挑战与质疑:即行为人不够普遍。很多福祉,例如法律与秩序、国家安全、公共健康等,被西蒙斯称之为公共福祉,也就是说,除非发生极大变故,如流放或者剥夺国籍、驱逐出境,否则一般可以终生享有。但这并不能否认某些人希望通过合作带来某种福祉,因此基于公平原则需要承担相应的义务。例如,移民往往会做出类似努力,也为此实际进行了大量的努力,承担了相应的责任。虽然移民往往也会获得某种程度的一揽子福利,但他们当中的很多人显然并未就此满足,而是在积极争取更大的利益——如义务教育以及进入公立大学等等。尽管在此类情况当中,基本道德原则也成立,但其与法律义务之间并不存在全然的一一对应

---

〔54〕 Robert Nozick, *Anarchy, State and Utopia*, (New York: Basic Books, 1974),94.

〔55〕 See Simmons, *Moral Principles and Political Obligations*, 118 - 136.

〔56〕 Ibid. 106 - 108

〔57〕 Richard J. Arneson, 'The Principle of Fairness and Free-rider Problem', *Ethics*, 92(1982),616 - 633.

关系。

最后，与合意说或者表达说不同，公平说不具有充分的针对性，因为人们所希望获得的福祉往往并不遵从法律所设定的界限。美国人可以收听到加拿大广播公司的节目，加拿大人也可以享受美国公立广播公司的节目，如今，人人更是可以接触到互联网。随着人际交往范围的扩大，人际互动的增强，可以享受的福祉范围也必然要扩大。毫无疑问，某些具体义务可以通过合作机制的地方性特征加以解释，但显然这种较为原始的看法无法应对法律的所有要求。

## 三、非自愿性理论

唯意志论存在多种可能的变体，但无论哪种变体，都很难克服针对合意说、表达说以及公平说所存在的种种反对意见，这主要是因为这些变体与上述三种主要学说具有根本的共同性问题。唯意志论的核心根据在于政治活动的意志性，以及法律的管辖范围需要大于与之相关的通过个人选择所建构起来的关系范围。这对于休谟而言，结论显而易见：

毫无疑问，因为每个人都认为应该服从政府的管理，因此就肯定存在服从政府的道德义务；这样一种道德义务也肯定不是产自于某种承诺；没有一个严格遵从某一哲学体系的人试图将其归因于承诺这一要素。无论是管理者，还是被管理者都不会产生如此一种义务观。[58]

因为自愿性义务建立在个人意志基础上，因此休谟对于合意说的反对意见似乎可以推而广之。意外事件不得作为承诺成立的根据——“如果不为其所知，那么行为人就无需承担相关义务，并受相关制裁”[59]——行为人也不可能在不理智的情况下表达态度，或者接受某种福祉。因此，诚如休谟所言，如果不存在相关的认识与意志要素，就不存在自愿守法的义务。但是同时休谟也坚持，如果存在公众合意，即所谓“每个人都这样认为”，也可以作为义务的存在根据。需要注意，休谟第二个观点中对于意志要素的思考显然在逻辑上不同于其第一个观点中意志所发挥

〔58〕 Hume, Treatise of Human Nature, 547.
〔59〕 Ibid. 549.

的作用。如果没有认识到行为人已经从事了自愿行为的话，可以否定其需要承担自愿性义务，但认识到了某种非自愿性义务的存在，却无法因此使得这样一种非自愿性义务生效。事实上，如果说每个人都承认存在义务或许可以表明存在需要提供正当性的某种义务的话，那么其也无法作为义务的正当性依据。但因为非自愿义务与行为人的认知与意志无关对其往往众说纷纭。因此需要建构起某种可以适用于此种情况，并可以作为守法义务来源的道德原则，相较而言，存在如下两种较为有力的学说。

**(一) 关联义务(Associative Obligations)**

和唯意志论最为类似的非自愿义务理论具有与唯意志论相同的核心特质：即都强调与之相伴生的社会联系。唯意志论者对此的解释一般是认为行为人建构社会关系的行为即使不是有意的，也肯定是明知的。但对于关联主义者而言，这仅仅属于某种特殊情况。关联主义所沿用的哲学思路颇为类似于植物的生长模式，强调类似于家庭、宗教以及群体各自的发展，以及之间所产生的重要联系。例如，一般道德理念认为家庭成员之间需要承担彼此忠诚、彼此尊重、互相支持的义务，这种义务构成了家庭关系的核心组成要素，但导致这种义务产生的原因却并不是因为所谓的合意。这是一个十分重要的真理，因为和选择、追求及改变目标而言，人们更乐意去让自己去适应环境，例如，那些选择为人父母的人同时并没有选择这些孩子的性情或者特质。[60] 忠实履行法律义务理论应该可以解释这一事实。

与“社群正义理论”(Communitarian theories of Justice)类似，关联主义当中的义务概念也十分含混，仅仅笼统地指出生活在社会团体当中的个体因为自己的身份而承担义务，但并没有对于这种义务观提出合理解释。[61] 例如，持关联主义的一派学者曾提出义务与社会角色相关。但对于所谓的“角色义务”长久以来一直存在为人所忽视的两个问题。[62] 首先，存在所谓“有效性”问题：是什么使得那些非自愿加入的主体需要承担法律赋予其所加入群体的义务性规定？大多数关联主

---

〔60〕 See Charles Lamore, ‘The Idea of Life Plan’, *Social Philosophy and Policy*, 16(1999),96 - 112.

〔61〕 A. J. Simmons, ‘Associative Political Obligation’, *Ethics*, 106 (1996). C. H. Wellman, ‘Associative Allegiances and Political Obligations’, *Social Theory and Practice*, 23(1997),181 - 204.

〔62〕 Cf. Michael O. Hardimon, ‘Role Obligations’, *Journal of Philosophy*, 91(1994),333 - 363.

义学者过分强调了这一问题，并将角色义务视为解释非自愿性义务具有约束力的答案。但这显然是一个假命题。任何承认自愿义务的人也必须承认非自愿义务，因为信守承诺的义务并不建立在协议存在的基础之上。而且，个体也并非一定要承担其所在组织所需要承担的相关义务，反而可能需要具体问题具体分析。因此，所谓的概括性义务或许仅仅是对依赖他人履行义务等一些毫无关联的因素的一般总结。

第二个问题和义务内容相关。为什么我们可以相信某种角色仅仅承担某些特定义务？关联主义者的论证结论好像认为在解释非自愿义务的过程中可以自动地解释角色对于义务范围及内容的决定性。但事情显然并非如此。对此，德沃金曾试图加以解释。他曾提出，"我们都有义务履行根据那些界定组别、设定角色责任的社会实践所产生的责任。"〔63〕这些义务一般与合意无关，义务的内容与相应的责任取决于群体而非个体，相关的社会实践不仅可以界定义务，而且在某种程度上，如果满足下列条件，还可以为义务提供正当性：首先，相关的群体必须满足社会实践所认定的群体生活的最基本条件。〔64〕其次，群体成员必须肯定自己所承担的义务具有特殊性、独特性、个体性，并且这些义务需要产生自对于群体所有成员福祉的善意解读。而这些考量也被认为可以为关联义务提供正当性："在满足条件的情况下，社会成员需要承担社会群体希望他们承担的责任……"〔65〕

无疑，政治关系具有其他非自愿义务关系的类似性特征：公民很少有权选择自己所居住的国家，也往往并不会认同其所隶属国家所制定的全部法律。国籍建构了公民的身份，政治关系的发展具有有机性，而国民资格在某些情况下也具有一定的内在价值。但与此同时，还存在着显著的不协调性。法律所具有的机制性本质使得法律秩序与社会生活之间往往格格不入。如果父母与子女之间的关系，或者邻里关系属于此种联系的话，那么在某种程度上，这也使得这种关系可以更为贴近当事人的需求。但法律机制的主体与机制本身的关系显然与邻里关系不同。因

---

〔63〕Dworkin, Law's Empire, 198. 作者对于德沃金理论的详细阐述详见于'Associative Obligations and the State', in Allen Hutchinson and Leslie Green (eds), *Law and Community: the End of Individualism*? (Toronto: Carwell, 1989), 93 - 118。

〔64〕Dworkin, *Law's Empire*, 207 - 208。

〔65〕Ibid. 201.

此，这里就涉及到一个义务的范围问题。在经典的关联义务情境当中，存在法律体系中不可能存在的某种密切关系。正如卢梭所言，“社会联系的密切程度越低，忠实的程度越低。”〔66〕难道这还不足以让我们稍微冷静思考一下吗?

德沃金的理论规避了这一问题。他否认关联性义务涉及组织成员的意愿，甚至认为其不涉及任何人的个人意愿。与关联义务真正相关的是其所具有的“可解读性”:“即具有适当关注程度的社会成员会采取相应的实践活动，而不是社会成员中某些成员所具有的一种心理属性。”〔67〕这意味着如果某种复杂的论断为真，那么不考虑其组成人员的态度，一个所谓“裸”的群体将成为真正的社会。不考虑德沃金的修辞，其观点显然与关联性义务或者引发这一义务学说的有机社会生活理论渐行渐远。这种义务学说试图解释意外事件中所包含的道德约束力，因为这种观点缺乏必要的归因机制，并且与个体社会成员的生活脱节，因此关联义务学说的说服力不强。

另外，关联义务的内容问题也没有得到解决。德沃金认为，较为典型的关联是类似于兄弟关系的非自愿联系——最恰当的例子莫过于兄弟会。但兄弟会之类组织之间互相帮助或者互相尊重的责任并非忠实守法的义务。而这，也是为什么通常情况下对于服从或者守法的关联性范例是垂直关系的父母子女关系，而非平行的兄弟姐妹关系。但是，通常情况下父亲对于孩子的管理权与社会关系无关:后者需要通过实践或者明示态度加以表达。或许德沃金理论当中也包括所谓的表达要素，因为作为合法性的前提条件，德沃金要求社会必须具有被其称之为“品格”的特质:即社会所表现出来的平等关注每个社会个体的原则。这种特质十分可贵，并且也影响到了社会本身的合法性。但与此不同的是，尽管某些社会个体也具有可贵的品格，会赢得其他社会个体的尊敬，效仿，但这也绝对不意味着我们可以干涉这些社会个体，也不意味着他们可以要求我们因此承担什么义务。

另外，关联义务说所存在的另外一个问题是不同关联义务之间的冲突问题，例如安提戈涅(Antigone)所面临的两难境地那样，一方面，基于兄妹感情及宗教责

---

〔66〕 *The Social Contract*, bl, II, ch. 9, trans. M. Cranston (Harmondsworth; Penguin, 1968), at 90.
〔67〕 Dworkin, *Law's Empire*, 201.

任，需要埋葬自己的兄弟，另一方面，基于统治者的命令不能这样做。由于社会主体身份的多重属性，因此往往需要面对相互矛盾，相互冲突的不同义务。[68] 因为从各种关系本身无法解决上述冲突，因此，正如邓恩(Dunn)所言，社群理论在解决政治义务问题上显得较为无力：

宗教或者社会关系的紧密非但不是解决政治动荡的灵丹妙药，反而是催生政局不稳的根本性原因。政治义务的作用在于将这种拟制出来的种种限制所可能导致的危险纳入到人类理性控制之下。[69]

**(二) 必要机制**

在以上讨论的所有论说当中几乎都存在主张政治义务无可避免，甚至是必须的倾向。有的学说公开支持这样一种观点。在包括休谟、霍布斯或者康德等人的著作当中，我们都可以发现此类主张，即认为法律是一种必要的机制，如果没有法律，生命的很多重要价值与意义根本无从谈起，守法则属于保证法律存在的必要性条件。这种观点不仅使我们摆脱各种形式的唯意志论，而且还使得我们不去考虑偶然性。正如伊丽莎白·安斯库姆(Elizabeth Anscombe)所言，"如果存在什么必须的事情，例如，人类所必须承担的责任或者使命的话，那么那些担负这些责任的人就可以享有相关范围内的权利。"[70]

在认定必要机制方面，存在司法意义上的难题。霍布斯及其追随者提出了一种理性化的解决方案：如果某种情况可以激发并且推动行为人同意适用这一机制，那么这种情况就是必须的。如果这种观点是正确的，难么其所认定的就应该是我们有理由相信、希望或者从事的事物，而非我们实际相信、希望或者已经从事了的事物。和作为合意理论具体表现形式的实际契约论相对，拟制的契约论建立在理性基础上(尽管相关的理性学说本身十分浅薄、粗陋)。[71] 还有一些学者坚持休谟主张的经验主义：

---

〔68〕对于关联性义务的不同层级问题，详见 Michael Walzer, *Obligations: Essays on Disobedience, War, and Citizenship* (Cambridge, Mass: Harvard University Press, 1970), 4-23。

〔69〕John Dunn, 'Political Obligation', in David Held (ed.), *Political Theory Today* (Stanford, Calif.; Stanford University Press, 1991), 29.

〔70〕Elizabeth Anscombe, 'On the Source of the Authority of the State', *Ratio*, 20(1978), 17.

〔71〕See Amartya Sen, 'Rational Fools', in his *Choice, Welfare, and Measurement*.

粗略的观察与分析即足以让我们认识到社会不可能在没有公权力维持的情况下存在，如果对于此种公权力没有哪怕丝毫的遵守，那么公权力本身即会面临严重的挑战。对于这种十分概括，同时也十分明显的利益的考察已经成为我们所认定的忠实于法律和道德的义务来源。[72]

这里似乎还可以将亚里士多德所主张的目的论纳入进来，在其看来，政治活动是充分发展人类本质的必要条件。

尽管在认定必要机制方面存在不同方法，并且可能产生不同的结果，但大多数观点仍然具有相同的特质。其中较为成熟的代表莫过于乔治·克洛斯科（George Klosko）。[73] 尽管克洛斯科希望将义务建立在互惠基础之上，但却不认为必须僵化地接收法律，甚至简单的合作所带来的福祉。相反，他认为一定存在某种推定意义上的公共福祉，这种福祉为每个社会成员所期待，并且必须通过社会协作才可以获得。后来，克洛斯科采取了类似于霍布斯或者休谟等学说的主张，即强调考察守法主体的主观需要，但是从总体上来看，他仍然坚持对于福祉的客观说，即强调可以适用于每个人，而非考察社会个体的主观认识。因此，被作为法律福祉的不会是个人的私利或者需要，而是公众的需要。

无疑，从这个意义来讲，法律的某些适用效果十分重要——例如可以使得我们免于来自各种危险状态的侵扰。但法律的适用范围显然不仅于此。也就是说，法律所涉及的事项当中还包括大量看似并非必须的问题，如禁止虐待动物、规定生活范围、制定官方语言、设定法定假日、支持文教卫生、鼓励探索太空以及颁发荣誉奖项等。即使在设定所谓强制性的必须事项时，也往往采取某种具有较为灵活性的可能性标准，如对于法定责任年龄的规定、对于自冒风险的条件规定以及设立遗嘱或者缔结婚约的形式性要求等等。需要强调的是，正如阿奎那所言，合法性要求并不能确定法律所许可的事项以及法律所要求的必要事项。

随之而来的一个问题就变成了法律所许可（可能）与法律所要求（必须）之间存在何种联系？科洛斯科认为，国家必须提供必要的福祉，并可以在此基础上公平地

---

〔72〕 Hume, '*Original Contract*', 480.

〔73〕 George Klosko, The Principles of Fairness and Political Obligation (Lanham, Md. : Rowman and Littlefield, 1992).

提供其他可能的福祉待遇。但这并不是真正的问题所在:问题并不是是否可以合法地提供可能的其他福祉,而是是否要像必要福祉那样,对于这一部分可能的福祉规定具有互惠性质的义务要求。可以肯定,并非所有的可能福祉对于必要福祉来说都十分重要:很难说探索太空对于普通的飞行安全有何裨益。但除此之外,更为有力的反对意见在于即使二者之间存在某种目的与手段的联系,也绝对不是说就可以把目的性义务与手段性义务加以混淆。如果 A 承担义务 $\varphi$,而实施行为 x 是履行这一义务的必要,甚至是至关重要的条件,也绝对不能认为 A 因此需要承担义务 x。换句话说,我欠你五美元,而我唯一能够偿还这笔债务的方式就是交出我兄弟作为礼物送给我的五个一美元银币,但这并不意味着我需要承担向你支付这五枚银币的义务。义务适用的理由不能在手段与目的之间任意转换。

另外,法律实现社会必要功能的必要性条件也较为模糊。有些学者认为,法律的设定需要与其所要达成的目的应该完全一致。如克里昂(Creon)在《安提格涅》中所言,"应该服从任何一位统治者!无论事情大小有否,是否公正,都必须服从!没有服从,即将导致无政府状态:这也是为什么城市湮灭、华厦崩塌,军队溃散的原因所在。"[74]休谟的观点与此类似,也认为如果执法官的命令得不到严格服从,那么其存在本身也将成为问题。法律事实上根本无法百分之百地得到遵守,而在某些细枝末节问题上出现的违法行为也不足以引发全局性的毁灭。很明显,法律体系具有抵御某种程度违法情况发生的能力,只要其所产生的福祉大于可能导致的危害,从必要性角度来看,就没有反对的理由。

这与认为合法政府是一种必要的、能够产生福祉的看法一脉相承。唯一的问题就在于概括的守法政策是否是一种必要的政策。在生活的很多层面我们都需要一种行之有效的通常政策,如果允许每个人选择何时才需要遵守法律的话,那么显然无法达成上述目的。在承认上述观点基本成立的基础上,需要注意某种政策是必要的并不意味着对于这种特殊的政策存在任何的偏好。这里所讨论的,将法律的所有要求视为具有约束力的政策只是选项之一。也就是说,对于任何一个具有

---

〔74〕 Sophocles, *Antigone*, trans, Dudley Fitts and Robert Fitzgerald (New York: Harcuourt, Brace and Co. , 1940), 46.

合法性的国家来说，在任何时候，对于所有人都存在某种最佳的政策。国家本身的看法有些类似于功利主义中所谓实际规则派的看法：遵守现实存在的法律义务一般而言都属于最佳选择。在法律具有机制性及存在道德谬误可能性的情况下，这也是功利主义所能提出的最佳解读。

前文曾提到科洛斯科所认为自己提出的“推定公共福祉原则”可以保证公平，但其逻辑结果却显然与此大相径庭。仔细研究这一原则，就会发现如果法律具有的福祉属性真的如此重要，那么似乎不能对于这样一部分规定无动于衷。如果每个人都想得到这种好处，而获得好处的办法需要互相协作，那么不对其加以规定显然也是不对的。尽管公平原则禁止“搭便车”的情况出现，但这并不意味着需要事先对于每一种可能的合作模式加以规定。那些地铁逃票者就属于所谓的搭便车，因此违反了支付票款的义务，但那些选择走路，而不选择搭乘地铁的人显然不需要承担这种义务。因此，科洛斯科所鼓吹的推定福祉的重要性——福祉是社会存在的基础——与公平理论之间关系不大。实施上，这种观点所导致的结论类似于罗尔斯的观点，即放弃公平理念，转而支持基于自然正义的义务：

这一义务要求我们支持并且服从既存的、适用于我们的正当机制。并且在不存在不合理负担的情况下，这也要求我们遵守这一机制未来可能设定的其他限制。因此，如果社会的基本结构是正当的，或者在当时的情况下符合合理预期，那么任何人都应承担履行相应义务的自然义务。任何人都应在不考虑自身行为、意愿的情况下遵从这种义务。[75]

上述观点属于摆脱唯意志论的最大胆理论尝试。然而遵守正当性机制并不一定导致对于这一机制的服从。即使在一个具有合理正当性的国家，即使对于那些公正的强制性法律而言，也可能存在基于自然义务而无需承担责任的例外情况。一个具有合理正当性的法律体系可能会在某时、某地出现不公，假定这些不公的程度还不算严重。仅在可以确保公正的范围内遵守法律又何错之有？

而且，认为我们必须服从任何“适用于”我们的正当机制的看法显然有些太过宽泛。约翰·西蒙斯令人信服地提出，或许某种机制可以适用于我，并且机制本身

---

〔75〕 John Rawls, *A Theory of Justice* (Cambridge, Mass: Harvard University Press, 1971), 115.

具有正当性，但这绝对不意味着我必须服从这一机制所建构的所有规则。例如某个哲学促进会之类的机构，虽然本身的存在具有正当性，但因为对我来说毫无可取之处，因此无权要求我支付会费。[76] 在西蒙斯看来，罗尔斯没有将仅仅指代某人符合某一机制的管理范围的这种纯粹描述性的，较为无力的“适用”概念与另外一种更为强势的，规范性的适用概念加以区分，后者认为所谓实用性不仅仅包括机制义务的适用性，还应该包括义务适用的强制性。作为一名唯意志论者，西蒙斯认为义务的约束力仅在行为人具有合意，起码是接受相关福祉的情况下才存在。

如果我们仅仅从选择性的福祉入手，这种看法具有一定的说服力。但是在杰里米·沃尔顿(Jeremy Waldron)[77]看来，西蒙斯所提出的例子表明了围绕正当性两种含义所存在的两种含混解读。尽管机制的运行具有正当性——如平等分配社会福祉资源、未规定歧视性待遇等——但其也有可能不是一个行为具有正当必然性的机制。相反，这种观点显然具有很大的选择性。但是，我们不禁要问沃尔顿，如果某一机构的宗旨在于救助无家可归者，如果这样做不是因为慈善的目的，而是因为法律的强制性要求，并且如果这一机构在实现其宗旨方面颇有成效，是否我们可以不考虑自身对此所是否具有合意或者从中接受过任何好处，而无需承担帮助这一机构的义务？假设康德或者霍布斯所说的法律规则本身并不是额外的附属物，而是具有直接必要性的观点是正确的，并且假设我们认为这种必要性对于我们平时接触的人，如我们的邻居而言具有迫切性，是否仍然不需要对于可以确保这一必要性与急迫性的任何机构承担合理义务？

尽管区分运转正当的机构与目的在于实现正义的机构十分重要，但同样重要的还应该包括区分实施了公正活动的机构与仅仅实施公正活动的机构。如前所言，认为一个具有合理正当性的国家的所有行为都可以借此解释显然是错误的。因此，自然义务与必要性观点都无法克服同一类难题：合法性条件设定的是法律所允许的范围，而不是法律所强制的范围。例如，在反驳主张限制政府职能的民主派时，证明政府投资登月、设立国家公园、或者举办艺术展览的行为是正当的，绝对不应该将其等

---

[76] Simmons, *Moral Principles and Political Obligations*, 148.

[77] Jeremy Waldron, ‘Special Ties and Natural Duties’, *Philosophy and Public Affairs*, 22(1993), 1-30.

同于证明上述行为是法律所要求的。因此，自然义务学说建立在对于守法义务的狭义解读基础上——即遵守与正义要求和实现紧密相关的法律的义务。[78]

所有主张必要说的观点因此都存在同一类内在问题：试图通过过分强调正义价值的方法最大化地利用合法性理论。尽管一般认为正义当属任何机制或者机构的首要价值，但政治机制还包括其他的优势与弊端。从我们可以在收益大于危害的情况下容忍不正当性的事实来看，在某些时候，正当性或者公正性也应该被暂时让位于其他考量。法律的确应该捍卫正义，但同时法律也应该保护动物与环境，应该捍卫体育道德，应当鼓励人格完善，鼓励人类繁衍。法律在实现上述目标的能力方面具有一定缺陷，甚至只能通过间接的方式加以实现，但在合理范围之内，法律可以适当地为我们设定义务，而自然义务学说则无法很好地实现上述目标。

## 四、怀疑论及其意义

自愿性义务与非自愿性义务理论都无法成立这一事实似乎有力地证明守法义务根本不存在。法学理论如何可以包容此种怀疑论？休谟认为，“证明怀疑论谬误性的最佳证据莫过于其所导致的结果有悖于人类的朴素情感，有悖于所有国家，所有年龄段行为人的实践与理念。”[79]克洛斯科也认为从直觉角度，“认为需要承担政治义务的感觉建立在人们对于政治的最基本情感基础之上。我认为很明显，大多数公民都认为自己需要向政府承担政治义务。”[80]

这是否意味着针对义务所存在的怀疑论根本无法让我们在事实与系统规范性理论之间寻找到一种反思平衡。[81] 我们是否需要接受被罗尔斯称之为“临时确定点”的最基本的“前理论”判断？所谓“确定”，是指这种判断不容丝毫改变，所谓“临时”，是指可以姑且可以以其为根据，推导出具有充分说服力的理论。或许如此，但罗尔斯理论中存在的一致性问题并未在这里出现。[82] 哲学家寻求的确定点一般

〔78〕Ibid. 14 - 16.

〔79〕Hume, ‘Original Contract’, 486.

〔80〕Klosko, *The Principle of Fairness and Political Obligation*, 22, see also 68.

〔81〕Rawls, *Theory of Justice*, 19 - 21, 46 - 53, 578 - 586. Cf. N. Daniels, ‘Wide Reflective Equilibrium and Theory Acceptance in Ethics’, *Journal of Philosophy*, 76(1979), 256 - 282.

〔82〕作者对此观点的详细阐述参见‘Who Believes in Political Obligation?’, in W. A. Edmundson (ed.), *The Duty to Obey the Law* (Lanham: Rowman and Little field, 1999), 301 - 317。

与案件事实无关——就好像我们要求功利主义解释的我们为什么不能惩罚无辜者那样。相反，人们感到确定的是理论，即政治义务的理论。没有人认为怀疑论不能等同于判断何时应当遵守义务的诡辩论。这并不是说怀疑论者不能解释为什么我们应该在某些时候服从不正当法律。一般认为在此类情况当中怀疑论者可以求助于与内容相关的考量，如设定不正确的范例、违反法律预期以及导致法律适用不公等。怀疑论者的观点概括起来就是这种思路无法导致具有内容独立型、普世的守法义务。从这个意义上判断，与怀疑论存在真正冲突的理论认为每个人都应承担此种义务，但是这种冲突类似于刑法中功利论与报应论之间的冲突。承认对抗性观点并不意味着反思平衡。

休谟论中的归谬法因此无法通过上述方式获得正当性，而只能建立在对于道德哲学中常识方法的信心之上。限于篇幅，无法在这里对于这种观点是否中肯展开详述。幸运的是，因为没有证据证明对于概括性义务的确信在某种程度上属于普通道德理性的一部分，而不是官方理性的一部分，因此在这里也无需讨论这种观点是否适当。〔83〕 当然，一般而言，法律主体对于自己所生活的法律体系都具有某种态度，但对于态度的内容却需要仔细分析。在对于哲学方法的论述过程中，托马斯·内格尔(Thomas Nagel)提出，“假设存在一种导致直觉上无法接受结论的毁灭性论断，我们一般的看法都是猜测是否在论证过程中出现了某种难以察觉的错误，而往往不会去假设直觉本身存在误导性。”〔84〕怀疑论对于政治义务的看法属于第二种观点。对于直觉产生的根源总体上存在三种学说，这三种学说都具有合理性，也都符合怀疑论的基本论点：

T1. 通常情况下按照法律的要求行事存在充分根据。

T2. 某些人具有服从法律的道德义务。

T3. 对于某些法律，任何人都需要承担服从的道德义务。

不成立的观点包括：

T4. 任何人对于任何法律都应承担道德义务。

---

〔83〕对此问题较为深入的研究参见 T. R. Tyler, *Why People Obey the Law* (New Heaven: Yale University Press, 1990). 作者的观点参见‘Who Believes in Political Obligations’。

〔84〕Thomas Nagel, *Mortal Questions* (Cambridge: Cambridge University Press, 1979), p. x.

否认 T4，就意味着否认某些主体以及官方认定为正确的观点：始终存在按照法律要求行事的具有约束力、具有内容独立性的道德根据。在适当的情况下，这将导致实践理性的某种差异结果，并可以改变我们对于人与法律之间关系的理解。哈伊姆·甘斯(Chaim Gans)对此表示反对。在他看来，怀疑论否认存在概括性的守法义务的根据在于某些微不足道或者并不常见的示例，如“在凌晨三点不按交通规则乱过马路”，而这些情况显然不是讨论义务理论的学者所通常研讨的问题。[85]相反，恶法时常也得到遵守，从事非暴力不守法运动的活跃分子也承认政治义务建构起了一种特殊的、具有正当性的责任。甘斯认为，在上述情况当中，怀疑论者实际也认同存在守法的特殊根据。似乎人们针对实际问题的解读方式倾向于支持其实际效果，而不是像无政府主义者那样，否认这些看法，却同时承认其所具有的显著实践意义。[86]

然而，这显然属于一种误解。首先，这些理论在外延上并不相当：怀疑论坚持考虑那些被相信存在政治义务的人所排斥的要素，而这就会在某些边缘情况下导致不同的结果。其次，对于非寻常状态的思考因为可以充当理论的检验标准而十分重要。在守法意义不大，甚至有理由违反的情况下，就需要政治义务力量的介入。这种测试不同于哲学其他领域的某些极端假设，例如，那些要求我们在所谓“隐形传输”之后对于对方身份进行推测的实验。荒漠当中的超速标志也绝非凭空而来。我们经历过，我们也知道该说些什么，任何挣扎在不同理论中间的人都会认为这清楚地意味着不存在概括性的守法义务。

认为在非暴力不守法运动中可以展现政治义务的意义的看法也是存疑的。从我们可能接触到的观点来看，任何一位支持守法义务的知名学者都认为其所在的司法区存在导致政治义务的充分根据。洛克就曾极力支持威廉姆斯的观点，休谟则将自己的理论扩大至中国和波斯。很明显，当代支持政治义务的学者一般将自己的研究视角限于自己所生活的国家，或者与自己生活国家类似的国家。(我们或许还记得凯尔森对于自然法理论意识形态流变的阐述，在他看来，任何认为有效的

---

〔85〕Claim Gans, *Philosophical Anarchism and Political Disobedience* (Cambridge: Cambridge University Press, 1992), 90.

〔86〕Ibid. 90–91.

法律存在道德要求的学者一般都认为自己生活的国家即是如此)[87]。认为政治义务通常情况下建构起针对违法的限制的看法是令人困惑的。大卫·里昂(David Lyons)非常正确地提出,“为什么那些本意良善的哲学家会为偷牛贼、种族殖民主义者或者种族隔离制寻找正当性?”[88]实际上,如果认为梭罗(Thoreau)、甘地或者马丁·路德·金相信自己所生活的社会具有合理正当性,因此违法需要存在特别根据的话,显然有违历史事实。同样正确的是,现如今诸如“西雅图捍卫者”(Seattle Protestors)、ACT-UP等民权组织也的确认为美国社会存在种族缺陷,因此没有守法的道德义务。政治义务说在此情况下显然和其他情况一样没有什么适用的余地。

因此,对于富勒所提问题的回答已经逐渐浮出水面。法律是如何具有能够建构守法义务的特殊属性的? 法律没有这种属性。对于如何解释法律具有义务性特征以及这种义务包括哪些内容,存在另外一种解释。规范性理论可以为作为法律核心的义务说提供解释,合法性理论也可以解释法律执行在何时,以何种方式具有正当性。然而,除此之外,应当忽略概括性的义务问题。

索普曾经思索过这一学说是否具有内在连贯性。他曾经提出这样的问题,“如何解释根据这种学说,法律的实践与道德哲学之间如此脱节的事实?”[89]对此的解释,或许是因为法律与道德之间并属于不同位阶,或者法律义务学说没有火力全开。将法律作为道德义务加以执行的事实并不意味着法律一定具有道德义务性。以教皇的权威为例。假设某位怀疑论者质疑教廷所宣称的自己具有永不犯错的能力——假设无神论者或者改良派基督教派认为这属于一种不正当的托词的看法是正当的。是否这可以用来作为质疑我们对于教廷所持信心的根据? 是否这意味着教皇根本没有真的宣称具有此种权威? 很多社会机制的共同特征就在于这些机制的本质受制于操纵该机制的人的言行,而不在于机制本身主张的有效性或者说服力。

---

〔87〕 Hans Kelsen, 'Law and Morality', in his *Essays* in Legal and Moral Philosophy, ed. O. Weinberger (Dordrecht: D. Reidel, 1973), 92.

〔88〕 David Lyons, 'Moral Judgment, Historical Reality, and Civil Disobedience', *Philosophy and Public Affairs*, 27(1998), 48.

〔89〕 Philip Soper, 'Law's Normative Claims', 231.

从这个角度而言，似乎存在否认怀疑论成立，同时抵制其影响的诱惑。以乔纳森·沃尔夫(Jonathan Wolff)为代表的学者就屈从于这种诱惑，“如果说某些人不承担政治义务的话，这也不是政治义务理论本身的缺陷。我们首先需要思考的问题应该是为什么政治义务需要具有普遍性”[90]。这种观点的谬误之处在于这里思考的问题不是希望什么，而是事实究竟是什么。在试图理解直觉特质的时候，概念改良主义就根本没有存在的必要。这样说并不是否认概念本身的改变。历任教皇并非始终坚持自己不可能犯错，这种主张是 19 世纪后才出现的，今后也可能被最终摒弃。但在某种机制在保持自己主体性的同时出现改变却显然存在限度。(教皇难道会放弃自己的选任制度么?)或许法律可以不再主张什么权威，法官也不再坚持守法的义务，我们甚至可以将法律是为一种价格体系。但在这种情况下，法律本身也注定需要加以改变，而我们对于义务的研究兴趣与关注度也势必随之淡化。

## 五、义务的位置

我们应该如何应对法律的种种要求？在某些情况下，我们或许应该支持梭罗大肆鼓吹的“严格主义”(Rigorism)：“并不需要营造尊敬法律，或者权利的氛围，法律无法使得民众变得更加公正，并且，通过尊敬法律，使其成为实施不公的工具。”[91]在一个不公正的法律体系当中，这样的看法显然是正确的。然而，在一个具有正当性的法律体系当中，T3 所表征的混合性理论或许是正当的：针对哪些人应当承担守法义务，哪些人可以选择保持观望，可能存在某些核心的范畴或者问题，等等。尽管和上述核心范畴的内容相关，但这并不是一个挑挑拣拣的策略问题，也不是一个政治义务问题，因此仍然可以做出类似的表述(这或许是哈特的观点)。[92]

除此之外，我们应该承认法律意义上的好公民是一个复杂的理念。其不仅涉

---

[90] Jonathan Wolff, ‘Political Obligation, Fairness, and Independence’, *Ratio* (n. s.) 8(1995), 97.

[91] Henry David Thoreau, *Walden and ‘Civil Disobedience’* (New York: New York: New American Library, 1960)

[92] 承认守法义务需要至少意味着存在某种我们无法判断道德属性，并将自己的守法行为建构其上的规制某些行为的法律。在现代社会，最具说服力的观点是这些法律主要关注抗辩事由与经济福祉，很少关注宗教。Hart, ‘Legal and Moral Obligation’, 82 - 107.

及宗教，而且还涉及到优点、余功以及理想。这是否意味着政治义务概念本身是伪命题？比克胡·帕雷克(Bikhu Parekh)认为，“所谓政治义务与守法义务无关，而更多地关乎积极参与公共事务的兴趣、关乎监督政府、直言不公、捍卫道德、帮助弱者，并从总体上试图帮助建构起一个富庶且充满活力的社会。”[93]

单纯的口水之争毫无意义。守法义务的标准概念范畴即所谓的政治义务，尽管约翰·邓恩认为，这是用19世纪的名号表述一个典型17世纪的问题。[94] 这当然不是一个关于公民美德的理论，也不能完全包括一个具有理性的公民认为自己需要承担的全部法律责任。但是仅仅将政治义务的概念范畴扩大，使其包括公民美德或者义务仍然无法合理解释怀疑论者的质疑，因为任何一种具有说服力的理论都认为政治义务应当包括守法的义务。如果没有守法义务作为核心，那么一个完备的政治义务理论就完全丧失了其存在的动力。

然而，我们或许可以从帕雷克的观察当中发现不同的经验：如果一门心思关注政治义务的话，就很有可能闭塞其余法律的其他重要联系。某些法律所希望达成的观点，特征或者行为并不具有强制性。鉴于同侪斯科特对于汉诺威(Hanovers)的试探性支持态度，詹姆斯·博斯韦尔(James Boswell)提出：

无论我在多大程度上支持认为守法与受到法律保护之间存在互惠的正义观，我的确不认同将法律主体严格限制在义务范围内的冷酷情感。我认为每个人心中都应激荡着忠诚于法律的热情，而不仅仅被动地受制于法律的要求，从而使得通过支付代价的方式来获取自由。[95]

这样的一种憧憬显然颇为可敬。好的公民显然不会满足于僵化地被动服从法律，其还会争取公民美德，在法律允许宽恕的情况下做出宽恕。但是除了守法、具有美德之外，还存在其他类型的义务。[96] 打个比方，繁荣的市场经济绝对不能仅仅拘泥于对于财产或者合同义务的考察，而是还应该包括无法由市场或者法律提

[93] Bikhu Parekh, 'A Misconceived Discourse of Political Obligation', *Political Studies*, 41(1993), 243.

[94] John Dunn, 'Political Obligation', 24.

[95] James Boswell, *A Journal of a Tour to the Hebrides with Samuel Johnson* (London: J. M. Dent, 1901), 189.

[96] 在 *Authority of the State* 一文当中，作者错误地认定如果不是守法义务的话，就一定只是美德问题。

供的习惯性做法——这被涂尔干(Durkheim)称之为合同的非合意基础。因为这些习惯性做法大量存在于政治文化当中,因此就好像苏联解体之后的欧洲那样,完全重新开始十分困难。但是,这些做法当中也包括公民社会的其他特质:对于陌生人要以诚相待,敞开心扉,不能钻法律的漏洞。将这些视为先于市场产生的某种概念多少有些太过激进,因为法律或许可以强化或者支持市场的运作,但却无法无中生有地对其加以凭空建构。

以上考量对于法治而言也大多适用。对于守法义务的过分关注隐藏了至少另外三种支撑法律秩序的义务类型:

1. 促进法治的义务。

主张自然义务的学者虽然正确地提出了这一概念,但却同时错误地将其视为守法的理由。法律本身支持通过守法来促进法治进程,例如,法律规定有举报犯罪的义务、不得干扰警方执行公务的义务、不得蔑视法庭的义务,以及担任陪审员或者证人的义务等。但同时,相比于守法的情况,更多的时候我们是在促进或者妨碍法治的发展。另外,在没有违法的情况下,法治仍然可以受到其他因素的干扰。例如在反人头税运动过程中,苏格兰工党开展了"阻止运动",要求纳税人并不是简单地拒绝纳税,而是在交回相关表格的时候尽量地向税务机关提出问题,从而使得其限于人手,无法有效地征收税款。[97] 尽管法律禁止提出找碴或者无关痛痒的琐碎问题,但任何税收体系的运转都不仅仅依赖于纳税人的主动遵守,还需要纳税人有权提起的质询与反对。

人们倾向于将法治等同于一个存在守法,以及违法发生时公平、严格执法的司法体系。但是看似矛盾的是,法治所面临的问题不仅仅包括很少人主动守法的问题,还包括太多人主动守法的困境。因为如果执法官员不依法执法,而是恣意扩大执法范围,在法律本来仅仅禁止就已足够的问题上强制执行的话,也违反了法治原则:如吸食毒品、违反交通规则以及言行不端等。另外,法律主体在其本来应该抵制法律执行的时候无条件、无原则地守法,也违反了法治原则。也就是说,守法仅

---

〔97〕 See Richard Bellamy, 'The Anti-Poll Tax Non-Payment Campaign and Liberal Concepts of Political Obligation', *Government and Opposition*, vol. 29(1994), 27.

仅是法治的一个组成部分，甚至不是最重要的部分，更不是法治的全部。

2. 知法义务

从逻辑层面，第二种被人所忽视的义务应该先于守法存在。也就是说，如果人们不知道法律规定的存在，根本无从谈及所谓守法问题。当然，大多数司法体系都不承认所谓“法律无知”抗辩，而是推定任何公民都应知法。但是笔者认为，在此问题上应该进行更为深入的反思——即思考是否熟悉最重要法律体制及具体法文化传统。如哈特所言，上述认知并不是法律存在与否的必要条件，法律主体仅仅被要求知道法律本身即可。同时也不需要法律主体个人对于法律有何种特殊情感：公民可以对法律不屑一顾，而只关系自己生活的一亩三分地。但如果每个人都这样做，哪怕都有很好的理由，也不可能推动法治的蓬勃发展。

尽管对于霍尔姆斯提出的我们应当从“性恶论”视角解读法律的观点多有认为其武断或者断章取义的指摘，[98]但很少有人关注他所选择的“恶”的视角有何优势或者裨益。如果法律真的是一个价格体系，那么这种视角显然属于无稽之谈。如果要对此加以理解，首先需要解释法律主体受到法律推动的重要性。大多数人对于美国不同州之间的货物运输条款或者所谓集体诉讼的证明原则知之甚少，但这无可厚非——如果人们想知道相关的知识，大可以询问自己的律师。但反过来，在一个推定案件定验之前被告应当被推定为无辜；在刑事审判过程中坚持排除合理怀疑证明标准；主张适当程序；反对种族歧视的社会，很多人对于推定自身法律体系运行的基本原则、相关要素以及正当化是由一无所知的话，显然存在道德意义上的缺憾。因此，如果存在知法的道德义务，那么法律本身必须具有可知性，而我们也必须像边沁所要求的那样，始终努力达成这一目标。

3. 推动法律发展的义务

最后，很多关于义务的讨论似乎都建立在法律是僵化的基础之上。但是法律

[98] 所谓“断章取义”，或者不连贯，是指因为这样一种观点无法从原则上解释为什么需要关注法律机制——如对于法院的行为加以预测——而不是关注其他的社会机制，在此问题上，我们无法依照霍尔姆斯的思路思考问题：将法律理解为一种概念界限十分清晰的问题。（‘The Path of Law’, Harvard Law Review, 10 (1987), 457, repr. In J. Feinberg and J. Coleman (eds.), the Philosophy of Law, 174). 而事实上对于权力的介入或者干涉的预测就根本不在乎什么界限或者限制。

是一个动态发展的过程，正如凯尔森所言，法律规制着自身的创制与发展。对于法治必要性与价值的思考都表明这些理念必须适应变化着的环境。在此情况下，支持法律稳定的主张，如有助于执法、有助于公民的法期待等等都应让位于法律所追求的实体价值。

社会一般民众承担着发展法律的义务，但立法者与司法者肩上的担子更重。有时，对于司法机构是否能够发展法律存在争论。正如富勒所言，“当法院拒绝执行它所承认的法律时，道德混淆达到最大化……”[99]但这种观点把问题过分简单化了。法院不仅有适用法律的权力，也具有改变法律的权力。法院可以有意为之，如通过衡平法意义上的司法救济，如通过推翻既有判例，如通过使用废止权，等等。更多时候，法院对于法律的改变是无意识的，即通过新规则的逐渐累积实现最终的质变。在此问题上很多法律义务学者保持沉默的原因大致在于其对司法角色的粗浅理解，以及对于分权原则的刻板印象，但不容否认，围绕义务问题长期以来存在的争论也是导致上述情况发生的重要原因。

以上仅仅就义务问题中较少探讨的若干问题进行了简要的介绍：本文的目的并非为了质询其根据或者拓展其概念范畴。但这也多少表明我们之前太过于局限于忠实守法义务这一问题，现在是时候思考更为宏大的法律义务问题了。从对于政治义务的怀疑论出发，可以将我们从既有窠臼中解放出来，并有助于对于法律义务问题的创新研究。

---

〔99〕 Fuller, ‘Political and Fidelity to Law’, 86.

# 第14章　责任

克里斯托弗·库茨(Christopher Kutz)著,杜宴林[*] 译　段卫利[**] 校

## 1. 导论

关于责任的论断各式各样,几乎达到了声名狼藉的地步。哈特(H. L. A. Hart)关于醉酒船长的故事,在这里被稍微修改一下,依然是关于责任的最好论述:

(1)作为船长,史密斯应对他的乘客和船员的安全负责任。(2)但是在最后一次航行中,他喝得烂醉如泥、不省人事,因此他应对沉船及多名乘客丧生负责任。(3)医生们最初认为他可能是萎靡抑郁,所以才借酒消愁,但是后来证明,事实上在整个醉酒过程中,他都应负完全的责任。史密斯起初还坚持认为那场异常的暴风雪应对沉船负责任,但是在庭审中,(4)他被认定应对其玩忽职守行为负刑事责任并且被判十年监禁,此后,(5)他自称任何法律上的惩罚都无法减轻他的罪过,因而他寻求赎罪。(6)然而,这起船舶失事中的一些幸存者却声称他们希望噩梦过去,并且原谅了史密斯。(7、8)与此同时,航线的总裁发表了如下声明:"尽管公司必须对生命和财产的损失承担法律责任,但是由于史密斯向我公司欺骗性地隐瞒了其早期工作中的问题,而且我们的酒精测试屏并没有发现他喝酒的证据,因此对这起灾难我们不应当受到责备。"[1]

---

* 吉林大学法学院、吉林大学理论法学研究中心教授,主要从事法理学、法哲学研究。

** 国家2011计划司法文明协同创新中心、吉林大学理论法学研究中心2015级博士研究生。

〔1〕H. L. A. Hart,'Postscript: Responsibility and Retribution',in *Punishment and Responsibility* (转下页)

这个故事讲述了在我们每天的社会话语、道德话语以及法律话语中"责任"一词的不同用法;各种用法或者区分了不同的责任感,或者区分了承担负责任或者被归责的各种典型情境。以下是哈特的一系列分析:第一种称为"角色"责任:史密斯处于船长的位置,他就具有保护船和乘客安全的具体义务。所谓角色责任就是对行为人将要做出某种职务行为的预期。第二种称为"因果"责任:船长的酗酒被视为沉船的原因。因果责任可以被视为一种解释性责任,因为因果关系通常是对事件的最佳解释。[2] 第三种称为"能力"责任:船长喝酒的决定并不是由病理上的原因或者其它非意志的原因所致,而是反映出他是在具备理性的自我决定能力之下而为的。从这一意义上说,所谓有责任仅仅同行为人是否具有自我控制能力有关。第四、五、六、七种责任都是关于不同种类的个人的"应负"责任,分别是刑法、侵权法以及道德上的责任要求。最后,第八种指的是一种"(由)集体(承担)的"责任,它的突出特征是责任主体是很多个人。

现代很多著述都试图去精确、简化和比较哈特分类学中的各个要素——例如,说明为什么道德责任和刑事责任具有一个共同的基础?为什么角色责任是应负责任(liability responsibility)的基础?或者为什么集体责任无法同个人责任协调一致?举例说来,达夫(R. A. Duff)区分了因果责任、预期责任和溯及责任,认为因果责任是事实性的而另外两种责任是规范性的。预期责任(我上面提到的角色责任)是由指导行为的规范界定的,而溯及责任则是对不遵守这些规范所应负的责任。然后,能力责任被界定为派生性责任,即某个人是不是预期责任和溯及责任适当的承担者;只有那些负责任的行为人才能够被归责。[3] 同样地,斯坎伦(T. M. Scanlon)在实际责任判断和归结责任(attributive responsibility)判断之间做出了区分。实际责任判断是指人们实际上被他人要求去做了什么,而归结责任判断是指某一行为或者事件只是道德评价的适当出发点。[4] 最后,斯蒂芬·派里(Stephen Perry)

---

(接上页)(New York: Oxford University Press, 1968), 210 - 37, 211.

[2] 我略去了一个问题,即疏忽本身能否成为严格意义上的原因。

[3] R. A. Duff, 'Responsibility', in E. J. Craig (ed.), *Routledge Encyclopedia of Philosophy* (New York: Routledge, 1998), R: 290 - 294.

[4] T. M. Scanlon, *What We Owe to Each Other* (Cambridge, Mass.: Harvard University Press, 1998), 248.

紧随 Tony Honoré 之后，在归结责任领域内对行为责任和结果责任做出了区分。[5]

不管我们怎样分割责任观念，显然我们需要相当多的信息来有效地运用这一术语。第一，我们需要知道行为人被公认之责任的对象是什么。是一项任务？一个职位？某些人的福利？行为？或者是某一事件？第二，我们需要要求这一责任的根据——他完成了某种行为、他引起了这一事件、他被课以了某种特殊的义务。他具有或者缺少责任能力被视为他是否负责任的前提条件，但是责任的存在还包括他同行为、情态或者结果之间的关联性，即他是否作出了这一行为、是否引发了这一结果、是否清楚地表明了这一情态等等。

换句话说，我们需要知道行为人是否接受了这一角色、是否完成了这一行为、是否造成了这一伤害；以及行为人这样做时是有意识的还是无意识的，是故意的还是意外发生的，是理智的还是疯狂的。有一种为我们所熟知的并且是极具吸引力的观念认为：责任归结仅仅是立基于有关行为人的事实以及行为人同某种有害（或者有益）事件或状态之联系的事实之上的。为这一观念命名的话就是“报应主义”。报应主义的基本理念是，责任是行为人的道德属性之一，它存在于或发生于有关行为的基础性事实以及行为人同整个世界的联系之中。这些事实独特地决定了行为人道德上的应得；那么，对行为人归以其应得的责任就是我们的道德制度和法律制度的主要任务了。在这一简单的报应主义者的图景中，责任是一个道德事实，它从属于行为人同某一评价客体之间的关系。

报应责任论并没有错。但从根本上说却不完备。因为从两方面说，关于责任的论断比我到目前为止所表明的要更加晦涩和含蓄。一方面，除了行为、能力和因果关系这些事实之外，我们需要知道什么是要求行为人做出的“应对”以及要求对行为人做出的“应对”，还需要知道那些能够证明此一“应对”为“正当合理”的条件：（在可能的范围内）它是悔罪？还是民事责任？又或者是刑事上的惩罚？以及上述每项之恰当适用的标准为何？责任论断的真实性依赖于被要求的“应对”形式。例如，史密斯可能只是在侵权行为方面负责任而不是在刑法方面负责任。如果他的

---

[5] Stephen Perry, ‘Responsibility for Outcomes, Risk, and the Law of Torts’, in Gerald Postema, ed., *Philosophy and the Law of Torts* (Cambridge: Cambridge University Press, 2001), 72 - 130.

过错非常小或者根本就不存在，那么受害人表示愤恨就是不合理的，尽管他本人必须适当地对这起事件表示非常遗憾。

责任的归结并不是发生于法律的真空之中，而是发生于特殊的人际关系和复杂的情境之中的。这样的责任归结从根本上说才是关联性的(relational)：它们是立基于行为人、受害人和评价人之间所存在的道德关系、法律关系和社会关系的特征之上的。因而，我们需要知道那个我将要称之为的行为对方的“处境”或者身份，以及行为人与其对方之间的关系。要求行为人做出某一给定的“应对”，其合理性是立基于行为对方的处境和行为双方之间的关系之上的。行为对方是一个受害者？是一个法院？是行为人他(她)自己？或者是一个旁观者？可资论证的是，史密斯应向他的受害人道歉而不是向国家道歉；然而，是国家而不是他的受害人在公正审判后有权利去惩罚他。那就意味着，基于国家对他的司法管辖关系，史密斯可能仅仅受到其国家公正的惩罚——甚至一个由外国法院对其行为的性质作出的审慎裁判也与其惩罚的公正性没有关系。

关系依赖和处境依赖反映出关于责任论断的许多深层事实。第一，只有在社会、政治和法律关系以及它们的构成性规范的背景下，承担责任、凸现责任以及找出个人及集体并使他们负责的情事中所包含的复杂惯例才能够被理解。第二，责任论断的情境依赖特征和关系依赖特征说明，从根本上说责任是一种社会实践而不是对孤立的道德事实做中立性注明。责任论断就是那些我们所做的事，是对我们能动性(agency)的揭示。所以第三，我们自己或者其他人做出的责任论断既构成了又改变了我们的能动性以及我们同他人之间的关系。因此，关于责任的判断必须在它们所反映并影响着的能动性理想和社会理想方面才能被理解。

关于责任的这一根本的关系性特征在最近盛行的关于道德责任和法律责任的哲学著作中得到了体现，包括上面所提及的著作。尽管有时是含蓄的，有时又是不得已的，但这些文献已经表明，关于这一主题的传统问题——例如心理决定论问题，严格责任的合法性问题，或者侵权责任和刑事责任的区别问题——将不是通过先验论证的方式得到解决，而是通过考察那些给出了有关我们责任实践的要点和结构的社会关系及预期的方式加以解决。实际上，最近哲学论著中的转变与分化仅仅在一点上是有意义的，即它们意识到，不同的理论反映了关于背景性关系的不同见解。当代道德和法律思想中的转变,即从系统的结果论观点转向了一种仅关注个人责任的义务论观点,向我们清楚地表明了晚期现代性核心的社会及政治两难:即在日益巩固统一的社会世界中协调个体意义与个体自治。

责任这一主题显然可以涵括许多相关的法律主题,包括本书中其它章节所讨论的问题。本章将不去试图对这一观念做出全面的处理,它只是对这一主题下的一些重要的次级题目进行概述。第二部分讨论的是道德责任。道德责任为更加制度化的责任形式提供了样板,这样它所预设的责任能力和它评判责任的标准就可以解释其它责任形式。第三部分讨论了刑事责任,尤其是这样一些问题,即去发现一种关于刑事立法、适当的应对和责任标准的恰当理论。我将试着去说明,在管理型惩罚方式和报应型惩罚方式之间的周期摆动反映了一种有关国家-社会关系之性质的深层论辩。在第四部分中我分析了关于侵权责任的典型案例,主要关注了工具主义者的侵权行为理论同矫正正义观的侵权行为理论之间的论争。我的目的还是要说明关于责任的关系性解释是如何澄清侵权行为理论中的相关争论的。

因此,我留下了几个可以进一步探求的问题。特别是我并没有讨论德沃金(Ronald Dworkin)所说的"政治责任"问题,那是一种普遍意义上的国家责任或者是那些尤其要证明其行为的正当性的政府官员的责任——一种尤其是在法理学和行政法中讨论的责任。[6] 尽管政治责任可能被视为角色责任的一种(至少在许多例子中是这样),但是我省略了对于政治责任的讨论,因为它原本属于在本书中大量讨论的法理学问题和更一般意义上的政治理论问题。对这一问题的讨论必将使我过于偏离本章想要集中讨论的个体责任这一主题。基于同样的原因,除非是不经意地提及,我也不会讨论"社会责任"这一主题,因为它将关涉到个人或者其它实体的社会福利责任。最后,关于私法中法律责任的讨论,我将仅限于侵权法,尽管在合同法中责任这一主题也引发了有趣的哲学问题,例如,关于承诺与合同之间的关系问题,以及允诺禁反言原则和显失公平原则的正当性问题。[7] 然而,从总体

---

[6] Ronald Dworkin, 'Hard Cades', in *Taking Rights Seriously* (Cambridge, Mass.: Harvard University Press, 1975),88. 另请参见 Thomas Nagel, 'Ruthlessness in Public Life', in *Mortal Questions* (Cambridge: Cambridge University Press, 1979),75 – 90.

[7] 参见本书第 21 章,另请参见收入 Peter Benson (ed.), *The Theory of Contract Law: New Essays* (New York: Cambridge University Press, 2001)一书中的论文。

上说，关于行为及其补救的相关问题及其预设的社会理想都是在侵权法的讨论中反映出来的。

### 2. 道德责任

道德责任意味着一系列的社会实践，我们的行为、我们所引发的结果以及我们的身份是这些社会实践的客体(或对象)。对于我们的行为、因我们而发生的后果以及我们自身所处的角色，我们自己以及其他相关的人应负道德上的责任。这一论断毫不出奇，但可被看作是讨论道德责任的自然的出发点。但是关于道德责任的哲学讨论经常遭到一种挑战的伏击，该挑战就是要协调一种责任观与对人之审慎及行为的自然主义理解之间的关系。关于责任的哲学问题产生于两个强有力的观念。第一，我们不会对其他人的并非基于自主选择的行为给予赞同或者责备，甚至即使当行为确实出自他们自己的选择时，如果我们发现行为人是由于某种原因而不能够作出其他选择时，那么我们就要收回我们的责备。要是一座不甚明显的冰山导致了沉船，史密斯船长就不用承担责任，要是他的醉酒是因为某种疾病，他也同样不用承担责任(尽管人们可能以其他某种方式，如治疗的方式来回应他)。将这一洞见转换成形而上学的雄心勃勃的论断就是：行为人对一种行为(或者行为的结果)负道德责任要求满足两个条件，行为人本来能够以其它方式去行为却没有，而且该行为的发生是出自行为人自己的选择。第二，关于人类在自然界中的位置的任何令人信服的观念都必须符合如下信念：即像其它现象一样，我们的选择和我们的行为必须服从自然法则。

对服从自然法则的人类行为的自然主义理解与根据人在诸选项间进行自由选择的能力来确定责任的观念相结合，引发了那个形而上学的“自由意志”问题。因为根据人类行为的自然主义解释，人的选择或者是基于先前行为的必然结果，或者是纯粹不确定性的产物。然而无论基于哪一种解释，认为责任是行为人做出其他行为之能力的观念被削弱了。[8] 由这一论争可以推知，道德责任是我们社会生活

---

〔8〕这一讨论显然在很大程度上被简化和缩略了。参见 John Martin Fischer, ‘Introduction’ to *Moral Responsibility*, ed. John Martin Fischer (Ithaca: Cornell University Press, 1986); Fischer and Mark Ravizza, *Responsibility and Control* (Cambridge: Cambridge University Press,: (转下页)

的一个基础性方面，然而它似乎立基于一种在我们生活的世界中根本无法获得的自由之上。

关于这一问题的起源有两个值得注意的事实，这两个事实都与责任的概念有关，而这一问题也正是由这一责任概念所引发。第一，该问题产生于一种关于责任的不确切理解：即将自由选择的公认要求粗略地视为一种来自于直觉的公理。其结果就是，根据反事实的可能性来解释自由选择观，然后将该解释与关于物理必然性(physical necessity)的主张相比较。第二，关于责任的理解基本上是"唯我论"式的，因为只有那些关于行为人、行为人的选择、行为人的行为的事实才是与责任归结相关的事实，而行为人与其他人之间的关系则被认为与责任归结毫不相关。(其结果就是，负责任的状态这一形而上的观念被认为是第一位的，而使某人负责或去承担责任等观念则被认为是派生性的。)如果一个人具有自由选择的相应能力，那么一般说来它就应负道德上的责任，而且甚或某一特殊行为或事件是基于这一选择而产生的，他也应对此行为或事件负道德上的责任。

关于自由意志的形而上学问题已经激起了许多艰难而又有趣的研究工作。[9]但是，仅仅考虑与责任相关的"能力"概念，再加上对那些责任归结问题就深扎其中的社会关系的毫不理会，都意味着这些形而上的争论往往对基础性观念揭示甚少。责任的社会及心理意义被忽略掉了。然而彼得·斯特劳森(Peter Strawson)那极具影响力的《自由与怨恨》一文完全改变了这一切，这是一篇意在改变传统解释方向的论文。斯特劳森并非从责任能力角度去解释让某人负责这一观念，他认为应当把使某人负责这一观念放在首位，然后再从应负责任的角度去理解责任能力意义上的责任。这样就将关于道德责任的抽象观念立基于具体的关于要求我们自己和他人负责任的社会实践之上，而不是立基于关于自由选择的形而上观念之上了。

---

(接上页)1998)；Fischer，'Recent Work on Moral Responsibility'，*Ethics*，110(1999)，93－139；Bernard Williams，'How Free does the Will Need to Be?'，in *Making Sense of Humanity* Cambridge University Press，1995)，3－21；Gary Watson，'Free Action and Free Will'，*Mind*，96(1987)，145－172. Fischer and Watson 著有大量的文献。

〔9〕一些特别有价值的著作，参见 Peter van Inwagen，*An Essay on Free Will* (New York：Oxford University Press；the work by Fischer mentioned in n. 8；Hilary Bok，*Freedom and Responsibility* (Princeton：Princeton University Press，1999)；and Susan Wolf，*Freedom within Reason* (New York：Oxford University Press，1990).

很显然，斯特劳森从我们关于托辞或辩解的社会实践中抽出了无责任能力问题。那么，通过说明托辞或辩解的实践不是从因果决定论中而是从具体情景中推出的，其目的是要将形而上的自由意志问题消解掉。[10]

斯特劳森所指出的是有关责任归结的一个至关重要的侧面。我们关于责任问题的实践是由某种关于情感反应或者叫做"应对态度"的自然方式构成的，这种自然方式是在应对其他人的某种友好或者不友好的态度时做出的，而这些态度是由他们对我们所做出的行为反映出来的。[11] 当我因你拍打我的后脖颈而责备你的时候，我实际上是在对隐含于你行为中的那种敌意发泄我的愤怒；当我因你彬彬有礼地为我开门而感激你时，我实际上是在对隐含于你行为中的那种善意表示愉悦。我针对你的行为所做出的应对主要是源于我对你的行为所表达出的态度所做出的假定，而不是源于我对你的行为的结果所做出的假定。所以，当我发现我所针对的你的态度与我的假定不符时，我的应对自然也就会改变。如果我发现你拍我的颈部是为了赶走一只蜜蜂，那么我就再不会将其视作一种袭击我的行为而对你产生愤怒。或者，如果我发现你是在左右晃动胳膊时不小心碰到了我，那么我就会将愤怒转而集中到你的疏忽而不是你的敌意上。同样地，当你表现出的态度存在某种可疑因素——如也许是受了偏执狂般的错觉影响时，我所做出的应对也会改变。此时我不会对你的敌意表示愤怒，相反我会去试图了解这种敌意，因为这种敌意并不是你有意识表达的态度，而仅仅是你的一种心理健康状态。

这里有两点值得注意。第一，由我们的"应对态度"所预料的有能力和无能力问题是一个实实在在的心理学意义上的问题，而不是一个形而上学意义上的问题。那么"意志"问题也就是一个可以进行自然主义解释的问题。既然对于决定论关于这些能力的性质和运用问题的观点，我们没有明确的理由去判断其真实或虚假，那么关于责任的心理学概念就能够从形而上学概念中分离出来。一旦这两者被分离开了，那个我们通常所面对的形而上学意义的关于动机的问题就很难再被看到了，

---

〔10〕 See R. Jay Wallace, *Responsibility and the Moral Sentiments* (Cambridge, Mass.: Harvard University Press, 1994), for a deep exploration of Strawson's argument.

〔11〕 Peter Strawson, 'Freedom and Resentment', reprinted in *Free Will*, ed. Gary Watson (New York: Oxford University Press, 1982), 59–80, 62.

正如我们同那种固有的哲学兴趣——总是追问我们的行为是否存在终极的外在原因——相分离一样。对这一论断的检验就是:如果我们真的相信决定论的观点是真实的,那么我们在通常情况下所做出的应对是否就会被消蚀掉?然而这一考察是实用的而非逻辑的,而且它是不能由理论探讨加以解决的。因此 Strawson 的论述为独立考察责任实践的内在规范开辟了新的观念领域,而这些内在规范的大部分(即使不是全部)内容都是同形而上学观念相分离的。

第二,与其密切相关的是,对于那些部分或完全无责任的行为人,我们不愿去表达"应对态度",这种不愿并不仅仅是因为他们的意志所具有的特性,而是因为我们同他们之间的关系之性质。因此,那些指导我们责任实践的规范在某种程度上是"社会性"规范,它们来源于并且指导着我们同他人之间的关系。虽然未成年人和精神病患者也确实表示了他们敌意的和善意的态度,但是对于这些态度我们更趋向于采纳一种 Strawson 所说的"客观的"观点而非"参与者的"观点。Strawson 并不试图说明有责任的行为人其意志所具有的特质以及无责任的行为人其意志所缺乏的特质,而是更强调我们应通过什么方式去认识这一现象,即认知和情感上的局限天然地妨碍了那些无责任的行为人参与到具有成人社会特征的关系之中。〔12〕我们不应把他们视作归责的对象,而应视作被了解、被治疗、被教育的对象——即将他们看作是一种治疗关系的准参与者。

通过这一简短的论述可以清楚的是,Strawson 的观点并非主张,在每一种合理性应对所处的情形中,我们必然采取该种应对态度。借用 Jay Wallace 的一个例子来说,一个无耻之徒可能以一种有根据的方式进行了反诉,但是极具魅力的是,我们不能够因此而助长我们的愤怒。〔13〕无论如何,道德责任都是一个规范性概念而不是一个描述性概念:即只有当那些规定了对特定行为人的特定态度的相关社会规范加以认可时,我们说某个行为人是有责任的才是一件合理的事情。正如我可能会对某个我错误地归以责任的人采取了不合理的态度,因此,我很可能无法形成合理的态度。关于道德情感的研究,以下作者在对我们的情感反应进行规范性

〔12〕Strawson, 'Resentment', 66.

〔13〕Wallace, *Moral Sentiments*, 76.

理解方面已经做出了贡献：如 Patricia Greenspan，Jean Hampton，Michael Moore，Herbert Morris，Jeffrie Murphy，Samuel Scheffler，Gabriele Taylor，Bernard Williams，以及 Richard Wollheim。[14] 仅从其影响了悔罪行为、惩罚行为、感激行为以及报答行为方面，我们也可以拓展一种合理应对的观念。在其最一般的意义上说，之所以存在责任是因为存在某种合理的应对，其根据就是一个人做了什么以及他为什么这样做。

认为只有被那些带有控制性的社会规范所认可的"应对"才是正当合理的，这一论断必然包含了某种社会相对主义。社会规范的相对性能够以至少两种无害的方式产生：社会规范界定了有疑问的行为的性质并且规定了适当的应对方式。在一个社会(或社会亚组织)中被视为一句和善的玩笑话，在另一个社会中可能就会被当作一句很正式的辱骂；而且在一个地方一句辱骂必须得到纠正，而在另一个地方可能就会得到容忍。但是作为后盾的责任在不同的地方性的规范中看上去并非彼此认同，而是显得更加彻底的相对主义，对于那些像替罪羊或者宗教祭祀等奇怪的地方性习俗，我们也没有批评的余地。此外，社会规范之间彼此相互冲突，而且即使不冲突，在具体的规范性要求方面也经常是不确定的。因此，Strawson 的进路可能恰恰导致了责任问题只能得到部分的和有限的解答。

然而，对于这些忧虑有两种回应。第一，社会规范植根于这样的人群之中：其中人们的需要、愿望和性情只能受到自然环境和社会环境的部分可塑性影响，而不可能完全由自然和社会环境决定。Strawson 的论述最大的可取之处在于，它意识到了地方性的差异；但是那种差异的程度不应当被过分估计。在每一种发生了事故和损害的文化之中——也就是说责任实践生发于其中的文化——责任实践只有

[14] See P. S. Greenspan, *Practical Guilt: Moral Dilemmas, Emotions and Social Norms* (New York: Oxford University Press, 1995); Michael S. Moore, *Placing Blame* (New York: Oxford University Press, 1977) (esp. 'The Moral Worth of Retribution'); Herbert Morris, *On Guilt and Innocence* (Los Angeles: University of California Press, 1976); Jeffrie G. Murphy and Jean Hampton, *Forgiveness and Mercy* (Cambridge: Cambridge University Press, 1988); Samuel Scheffler, *Human Morality* (New York: Oxford University Press, 1993); Gabriele Taylor, *Pride, Shame and Guilt* (New York: Oxford University Press, 1985); Bernard Williams, *Shame and Necessity* (Berkeley: University of California Press, 1993); and Richard Wollheim, *The Sheep and the Ceremony* (Cambridge: Cambridge University Press, 1979).

在与其它的规范性、解释性观念保持一致时才能存留下来。举例说来，某些实践如果不能与那些像因果关系和相称关系一样的基础性因素相联系的话，就不可能长期兴盛，因为它们不能同其它的基本文化和科学习惯相一致。虽然小范围内的一些有魅力的思想可能在任一文化中真正存留下来，但是它们也不足以保持责任实践的基本原则。因此在任何一个带有因果关系观念的文化之中（也就是说在每一个具有实践可行性的文化之中），都将有足够的余地去批评纯粹的"替罪羊"。此外，就与责任实践相关的一些非关系性的伦理标准（如关于公正和平等对待的标准）而言，在 Strawson 的论述中，也不会有任何阻止我们对其进行否定（或者批评）的因素了。正当性可能来自地方性的情境，或者来自绝对的伦理标准（如果它们存在的话），或者兼而有之；没有更深入的相对主义蕴含其中了。

第二点是关于不确定性：这种不确定性是由 Strawson 的观点所导致的，这一观点即当责任规范冲突时（或者是地方性规范或者是绝对规范），尽管争论的各参与方意见不一致，但是关于什么样的应对才是正当合理的，是不会有一个明确的答案的。但是"相对确定性"才是描述这一状况的更好术语，而不是"不确定性"，因为事实上并不是没有任何应对是正当合理的，而是那些可适用的一套规则如果用来证明任何一个具有唯一性的应对，都是不充分的。而且看上去 Strawson 的论述的可取性之一正是暗示这样一种相对的确定性，因为相对确定性也确确实实是在其论述中试图表现的那种道德生活（和法律生活）的特征之一。此外，当参与者们对不同潜在规则的相对重要性或优先性进行论争时，相对确定性就可以为争论提供余地，而不确定性则不然，例如当一条规则的精神被一项例外给予了最好的体现时，或者当仁慈必须让位于集体安全时。

因此，Strawson 论点的帮助性不仅仅在于其提供了一种使我们免于陷入形而上学困惑的方式，而更是在于其为考察责任的关系性特征和处境性特征提供了空间。现在可以明确的是，行为人的态度和表情仅能为这样一种情势中的应对提供合理性证明：即已经对行为者与应对者之间关系的性质有了某种确定的解释时。在 Strawson 非常粗略的划分中，人们之间的关系或者是参与性的或者是具有潜在参与性的：即我们所应对的那个行为人必须是那个在社会生活中我们将要或者可能与其进行合作的人。我们的态度和表情既表明了又构成了参与关系的特征。一般说来，我们关心同其他人之间的关系，主要因为他们那种能够让我们的生活变好（或者变坏）的方式，既有利于他们自身，也有利于增进我们的利益。因此那些带有责任性质的应对是通过有关“关系”的观点和主张而得到合理性证明的。我们之所以要负责以及要求别人去负责任，是因为我们的实际行为不符合那些由社会相关关系所组成的规范。

正如 Strawson 所意识到的，认识人们之间的关系必然牵涉到一点疑问，即立基于人们之间关系的性质而作出的合理应对具有一种必然的可变性：造成朋友或恋人之间冷酷无情的可能正是那些商人之间的良好规矩。[15] 例如，在一次宴会上跳舞时，我不小心打碎了邻居家钢琴上的一个花瓶，尽管我的邻居不应因此就去打碎我的眼镜，但是他对我的疏忽表示愤怒并且要求我道歉却是合理的。相对地，就我这一方而言，道歉或者赔偿就是正当合理的（可能甚至是必须的）。但是我的责任并不因我和邻居之间简单的配合而结束。我还要面对其它无数的情势，它们来自于其他人对我的行为所作出的反应。例如宴会上的其他客人可能也会感到愤怒，因为我的粗鲁行为已经破坏了他们的美好夜晚，而且即使他们不可能像我的邻居一样合理地感到一种个人的愤愤不平，但是为了自己起见，他们可以期望一种公开表达的忏悔。然而，一些客人可能是我邻居的亲属，那么他们就会比在场的那些朋友和泛泛之交们更加个人化地看待这件事情。我可能还要因这一损害而对我的家人负有责任，因为他们现在在邻居们面前会感到很尴尬，而且我还应该向他们保证以后会更加小心的。最后，对自由民众来说，只有那些受到了规束的反应才是正当合理的。然而任何听到关于这件事的人可能都会认为我是愚蠢的，同样，他们如果对我做出更直接的个人性反应，将被认为是伪善的或者爱管闲事的；此外如果我对在街上遇到的随便什么人都坦白我的耻辱的话，那将是自取其辱的。

责任的这一基本的、显在的事实，责任的关系依赖性和处境依赖性，在报应论的、非情境化的解释模式中没有得到说明。报应主义者仅仅将注意力集中于行为

---

〔15〕 Strawson, ‘Resentment’, 71.

人故意的状态和行为，这就指明了所有合理的应对都源于一个简单恒定的价值：什么是行为人应得的。因此，合理性应对的非情境化解释就仅仅立基于有关行为人的事实，而不是有关行为人同其他人之关系的事实。也可以反对说关于合理性应对的那种可变性同报应论解释模式也是相符的：即行为人"应当"得到来自不同人的多种不同的应对。就这种解释而言，"非情境"只是意味着某种应对（或者某些应对）在某种立场上是正当合理的。然而，关于这一运用没有什么令人反感的，它很好地祛除了非情境化解释模式的那种传统野心，即它本身就为严厉对待提供了正当理由，同时还描述出了对待的边际限度。

很显然，Strawson 本人的论述最成功之处在于，它研究了那些使应对正当合理的基础性参与关系的形式，即我称之为社会责任的那一领域。但是，当我们与行为人之间并没有任何特殊关系时，他的论述将无助于解释我们此时对他们作出的特殊性的道德应对——例如，当我从报纸上读到一个雇主剥削了他的工人时所作出的那种反应。尽管从任何深层情感上说，我都不能将自己界定为属于他们任何一方，但是此时我却为了工人们的利益而对那个雇主出离愤怒了。Strawson 认为此时道德双方的关系仅仅是参与性社会关系中很普遍的一种形式，在这种社会关系的成员之间要求具有一种基本的友善。他这样做是想解释他所说的道德应对所具有的那种"感同身受"性：像道德愤恨这样的"应对"是人的一种基本能力，这种能力就是将其他人对别人的态度看作是其他人对自己的态度一样。[16] Strawson 认为这种感同身受的回应是同参与式的回应"人道地联结"在一起的，尽管他并没有解释这种联结的性质。[17] 的确，Strawson 正确地指出，人们——或者至少是最低限度社会共同体中的成员——有一种总是基于他人是否遵从了社会规范而作出判断的倾向，这是一个深层的基础性事实。[18] 事实上，很难想象如果一个社会的成员不被允许对那些不服从行为进行互相监督和批评，这个社会还如何能够维持它

〔16〕Strawson，'Resentmen'，71.

〔17〕ibid. at 72.

〔18〕大卫·休谟在他的 Enquiry 一文中做出了这样的论述，尽管他将性情建立在一种自我关心的观念的基础之上，而这种自我关心的观念大部分是从我们所具有的同情性判断能力中增长出来的。David Hume，*An Enquiry Concerning the Principles of Morals*，ed. J. B. Schneewind (Indianapolis：Hackett Publishing，1983；1st pub. 1777)，§5，pt. I.

的规范性结构。正是在这一人类的倾向之下，通过文化的方式加以积淀和改进，判决、惩罚以及赔偿的惯例就找到了它们的根基。

有时候我们对行为人做出的应对既不是来自于那些行为人所表示出来的态度，也不是因为他们的行为没有与相应的规则保持一致。有时候仅仅是出于行为人与伤害之间的因果联系就可以证明我们对其行为所做出的应对的合理性。这种以对结果负责为特征的应对还可以单独用来解释组织内部的道德和社会关系，以及对于所涉及的伤害不同行为人所处的不同地位。我们还没有完全了解这种对结果负责所具有的那种很突出的不对称性，这种不对称性就是行为人自己的反应同受害人及旁观者的反应之间的不对称。极为特殊的是，即使受害人和旁观者没有责备行为人，行为人也可能为其所做出的引起伤害的错误行为自责。这种关于对结果的应对的不对称性反映出因果关系所具有的深层作用，这一作用就是它可以影响行为人对其自身（或者与自身相关的社会关系）的理解。与其相对照的是，在非过错行为的情况下，行为人所引发的后果却很少关心因果关系。

以行为为基础的应对，无论行为是否引起了伤害，其合理性都来自于行为人行为的方式，因为行为人尊重、蔑视或者冷淡的态度就反映在这些行为之中，以结果为基础的应对，无论行为是否有过失，其合理性都来自于伤害这一事实。然而独立于行为的因果关系并没有反映出事前行为人是如何看待他们同其他人的关系的。关于因果关系的重大意义，手边现成的例子就是俄狄浦斯。尽管最初显得很难以理解，但是，一旦有关宿命论和亵渎的魔法性因素被祛除，《俄狄浦斯王》中那些人物的反应就可以被现代读者所理解了。造成结果的原因解释了这些反应：毕竟，乱伦描述的是一种状态而不是意志或者某种态度的内容。是俄狄浦斯自己的行为把他带入了（或者是他加入了）这一状态，而且这一偶然的因果关系导致了他的恐惧和自责。[19]

俄狄浦斯对于其自身处于因果关系角色这一事实的回应就是 Bernard

〔19〕参见 Bernard Williams 关于俄狄浦斯王例子的讨论，载 Bernard Williams，*Shame and Necessity* (Berkeley：University of California Press，1993)，56－60。

Williams所说的"行为人的自我遗憾(痛惜)":对这样一种状态的遗憾,即事件的发生是由行为人自己的行为所致。[20] 行为人的遗憾是来自于其对错误行为的无所察觉并且是符合无瑕疵行为要求的,甚至行为人就是这样认识其行为的。[21] 然而,将行为人的遗憾同其罪过完全区分开来是错误的,因为尽管对错误行为的意识是罪过的特有部分,但是只要意识到自己已经做出了糟糕的事情,即使是非故意的,也已经足够了。[22] 俄狄浦斯的回应(即自我遗憾)部分是对其乱伦的耻辱而产生的羞愧。但是他那可怕的自损外形的行为可以被另解释为一种我们所认为的罪过形式,即一种对其错误行为进行弥补的姿态。因果关系本身完全不需要去直接引发罪过。当照看朋友的猫时,如果它即使在我的照料之下还是在户外摔倒且被一辆汽车撞了,那么我对我的朋友就不仅仅感到抱歉而是感到有罪过。尽管猫的死并不是我的错,我也指出了此事的偶然,但是我和她之间的关系已经不同于我和其他富有同情心的朋友之间的关系了。事实上,由于朋友对我的信任,我似乎感到比那个实际撞死猫的司机(假设他也是无过错的)还坏。[23]

这些例子清楚地揭示了因果关系责任的突出特征:在行为没有争议的地方,在伤害结果本身所造成的不同处境之中,其回应具有一种极其根本的不对称性。即使我感到有罪过,我的朋友却未必会憎恨我。更精确地说,如果事情不是因我的过错而生,那么我的朋友就不应因我所处的角色而憎恨于我,因为我没有做坏事,然而与此同时,由于我的因果关系角色和我们先前的关系以及我所假定的对其猫的保护性角色,我的罪过感也是合理的。[24] 同样,俄狄浦斯的同胞们对他的罪行更是一种同情而不是蔑视。这种不对称性的主要原因在于行为人的因果关系必然体现在行为人对自我及自我所处角色的界定之中。相反就受害者而言,伤害的意义

---

〔20〕 Bernard Williams, 'Moral Luck', in *Moral Luck* (Cambridge: Cambridge University Press, 1981), 29 - 30.

〔21〕 正如Williams所指出的,其他有道德的行为人所扮演的角色之一可能就是去坚持行为的正确性,以便消除行为人同伤害之关联性的重要意义。Williams, 'Moral Luck', 28.

〔22〕 Taylor, *Pride*, 91.

〔23〕 当然,司机他(或她)本人此时对于我的朋友也就是猫的主人来说处于一种特殊的规范性关系中,即至少出于礼貌应当向我的朋友尽通知其猫已死亡的责任。

〔24〕 这并不意味着我只是道德上有错而不会感到有任何罪过,而只是意味着我缺乏对相关道德规范的全面理解。并且,自寻烦恼显然是不合适的。

绝大部分仅仅在于事件发生这一事实，而不在于其与某个特殊的行为人之间的关联。

从某种意义上说，行为人与其所引发的结果之间的关系是行为人的身份之一。行为人所造成的后果是其历史和生活的重要组成部分，其重要性同行为人的有意识行为、行为人的信奉和行为人的愿望一样。遗憾本身显示了行为人与结果之因果关系的那种根本上的不幸。因为对无过错事件的遗憾勾画了行为人在世界上的真实（而非理想）进程，而主要在孩子们和极端康德式的人们中才能发现普遍地缺乏这种遗憾，因为对这些人来说幻想的或者理想的世界要比现实的世界更重要。正如哈特和 Tony Honoré 所主张的，正是通过对因果来源的阐述，“个人才开始将其自身看作是达到了任何一种程度的、获得了一种自我尊重感的明晰的个人”。〔25〕然而需要指出的是，“我所做的事”并不构成事件的必然范围：行为人同无穷事件都有因果联系，都处于无穷描述之下，但是只有一部分事件在某些描述之下才是重要的。关于行为人做了什么的概念是通过我们的责任实践和因果关系概念体现自身的。除了行为人的身体运动之外，其因果作用的范围通过一种复杂而深深扎根的规范性观念得到了延展。〔26〕

有关那一概念的模式——应挑出什么样的因果关系来作为应对的合理性证明——是一部巨著的主题。尽管一些作者已经试图将规范性考虑定位在因果关系的形而上学观念之上，但是大部分作者却采纳了一种非规范的、情境中立的观念，进而依赖实用主义去解释其正常的用法。〔27〕就一般观念而言，人的行为是许许多

〔25〕H. L. A. Hart and Tony Honoré, *Causation in the Law*, 2nd edn. (New York: Oxford University Press, 1985), p. lxxx. 也可参见 Honoré 对“结果责任”以及结果责任与身份的关系的讨论，载 Tony Honoré, ‘The Morality of Tort Law-Questions and Answers’, in *Philosophical Foundations of Tort Law*, ed. David G. Owen (New York: Oxford University Press, 1995), 73－95, 81－83。

〔26〕这一点同 Donald Davidson 的某种观点是一致的，他认为：“除了我们的身体运动之外我们从未做过更多的事情；其余的都取决于自然。”Donald Davidson, ‘Agency’, in *Essays on Actions and Events* (New York: Oxford University Press, 1981), 43－62, 59.“手风琴效应”（进而将后果归于我的行为），是以外在于我的因果关系为基础的。但是，正如 Davidson 所认为的，所挑选出的特殊关系深深地依赖于我们的规范性关切。也可参见 Joel Feinberg, ‘Action and Responsibility’, in *Doing and Deserving* (Princeton: Princeton University Press, 1970), 119－151。

〔27〕哈特和 Honoré 的《法律中的因果关系》依然是关于因果关系之道德相关观念的领先之作。也可参见 Joel Feinberg, *Harm to Others* (New York: Oxford University Press, 1984); and Richard Wright, ‘Causation in Tort Law’, *California Law Review*, 73(1985), 1775－1798。对 （转下页）

多共同导致事件发生的因果关系要素和条件中最为典型的一项。正如许多哲学家所争辩的，无论那个行为是否被强调为值得注意的（“原因”），是出自行为人还是其他人，都部分地依赖于其同那些稳固的背景条件之间的关系、其在事件的持久结构中的角色，及其易受干涉和控制影响的状况等等。〔28〕 在猫和俄狄浦斯事件中，由于行为人的介入而产生的相关性是显而易见的。但是我想提出的是，在那些更为疑难的案件中，行为人同其他人的社会关系和道德关系要比行为人认识到其行为同伤害之间的因果联系更为重要。这对于疏忽行为来说更为正确，例如当我没有及时带一个有病的孩子去看医生而造成其痛苦时：我应负责任的性质将依赖于我同那孩子之间的关系。但是我是否视自己为造成他人痛苦的确切原因，也要依赖于我对我们之间相互关系结构的理解。如果我们是商业上的竞争对手，而且并非出于故意，我的低价格导致了你的破产，那么我将认为是你在应对我的价格时的失败而不是我的行为本身造成了你的倒闭。〔29〕 相反，如果我们是朋友，而且我的非故意行为造成了你的痛苦，那么我将为我的原因角色而感到自责并且尽我所能地改进我的行为。

在这些事例中，作为行为人一方，相对于仅仅重申或者重建行为人同受害人之间的关系特性来说，我的补救行为是更为复杂的。当我认为自己应对那个仅由我所造成的伤害负责任时，而且当对伤害进行补救至少还有部分可能性时，我就应当同受害者一样去关注我的补救行为。受害人所关注的补救行为就是试图对我所强加的负担进行赔偿。然而我所关注的补偿行为却为改变我在世界中的轨迹提供了一种方式，消除了我的行为的不恰当之处。这里我们就看到了在行为人和受害人的应对处境之中的那一更为深层的不对称性，尤其在关于无过错行为的事例之中：

---

（接上页）于因果关系之一般观念的其它重要解释，参见 J. L. Mackie，*The Cement of the Universe* (New York：Oxford University Press，1974)；and David Lewis，‘Causation & Postscript’，in *Philosophical Papers* (New York：Oxford University Press，1984)，159 - 213。Michael Moore 开启了一项计划，以证明如下结论：因果关系以及中介性因果关系之程度的通常语言表达，反映了因果关系的真实形而上学特质。See Moore，‘Causation and Responsibility’，*Social Philosophy and Policy*，16 (1999)，1 - 51；and cf. ‘The Metaphysics of Causal Intervention’，*California Law Review*，88(2000)，827 - 877，876 - 877.

〔28〕 Lewis，‘Causation’.

〔29〕 我以这种方式去看待主要说明了我对这一问题的看法：即什么是构成竞争之间的恰当关系的因素？

我的受害人可能并不在乎赔偿来自于何处，但是我却感觉至少从表面上说应该来自于我。[30] 而且即使我和受害者都感觉不应必然由我来提供赔偿，但是还是应当要求道歉或者其它补偿行为，而且这一行为只能由我做出。

因果关系是证明合理性应对之理由的一个来源，这一论断看上去是循环论证，因为如果仅仅指出一种因果性的有关事实作为原因，这要依赖于对双方之间的适当关系的先前认定，那么关于因果关系的相关观念就不是独立地发挥规范性作用。[31] 从某种意义上说，因果观念和合理性应对实际上是独立的而且也因此是循环作用的，但是这种循环并不是恶性的。我们在社会领域中做出了像在物理世界中一样的有关因果关系的贡献；规范和利益决定了社会空间必然要在帮助描绘那些为我们所意识的因果关系方面充当角色。一旦我们将某一给定的行为看作是某一伤害的原因，那么基于在此背景下对适当行为所做出的预期，我们就被指引着去改进对此一背景的认定，而且因此去改变我们对什么是原因以及什么仅仅是条件的未来看法。这次我的朋友原谅了我将猫放跑的行为；或者是司机或者是猫自己被认为是导致其死亡的原因。但是如果更多的猫在我的照看之下死了的话，那么我朋友对我在伤害中所起的因果作用的看法以及随之而来的对我的回应，毫无疑问将会改变。

正如我所说的，受害人的处境以及他们基于与伤害之间的联系所做出的合理性应对，大大地区别于行为人的自我回应，尤其在无过错的因果关系中；而且这些合理性应对还基于受害人对他们同行为人和旁观者之关系的认识方式。对于行为人而言，他们同伤害之间的因果联系就证明了其感到自责是正当合理的。但是由于行为人清楚地表明了不存在过错行为和意志，所以受害人在此基础上的愤恨就不是正当合理的。伤害并没有降低任何先在的道德和社会关系的价值，只是动产的分配被扭曲了。结果是，受害人的回应更像是一种不带有任何责备意味的赔偿性要求。无论这一对赔偿的论断是否被受害人或行为人看作是具有规范力的，总

---

〔30〕Williams 在《道德运气》(第 28—29 页)中也持同样的观点。我并不是想说行为人通常都会这样去认为，在最为悲惨的情境中就可能不是这样。

〔31〕有关循环论证的指控在侵权行为辩护律师们使用“近因”概念时是最为流行的批评：说一方的行为是伤害的近因，就几乎等于是将责任这一问题排除了。《法律中的因果关系》中大量的内容都在试图给出关于近因概念的独立解释。本文第 4 部分将会讨论侵权法中的因果关系问题。

地说来，它本身都是双方关系和社会关系的产物。“那不是我的过错”，当这是事实时，它是一个对行为不负责任的完美借口，但是它却不包括同有关赔偿的道德问题之间的直接关系。给出某种对社会和道德关系的解释，“后果是由你引起的”就足以证明要求给予赔偿是正当合理的。（由一个以侵权法为形式的法律体系所组建的深深扎根于关系之中的赔偿要求，是本文第四部分的主题。）

当一个人直接去伤害另一个人时，我的讨论太过关注事件的模式，这是道德哲学家们最为传统的兴趣所在。但是毫无价值的是，现代生活的许多伤害和痛苦都脱离了直接行为的模式。想一想购买一张由热带木制成的桌子来自于一片被毁掉的热带雨林，或者跟随1000万人之后去使用一台CFC配置的空调，这样就能够联合起来造成臭氧层的空洞；作为一国的公民在不计后果地袭击恐怖分子时去轰炸其它国家的工厂；或者居住在很久以前从土著居民手里夺取的土地上；帮助设计了一辆其燃料系统带有危险瑕疵的汽车并由制造商故意地卖掉，或者在健康关注中心工作却不小心地让染有艾滋病病毒的血液传播开来。所有这些例子都是与伤害有间接关系的实例，在此伤害是由其他人的行为带来的。而且在其中许多事例中任何个人的行为都是无所谓的；只有大家一起，那些个人们才造成了伤害。

这些对于伤害的间接关系就是“合谋”的领域。正如纯粹结果责任检验了意志取向的责任模式一样，合谋责任给结果取向的模式造成了压力。因为即使合谋者们的行为是无所谓的，我们对他们仍要进行责备、惩罚以及要求赔偿，这是为我们的道德和法律实践所熟知的事实。否则银行就会被不顾一切地抢劫，而臭氧层空洞就会形成，战争就会爆发。疑惑产生了，因为如果因果性促成是责任的必备要素的话，那么没有人是有责任的，因为没有一个人是有作用力的。而且甚至当产生了个人性的作用力时，就是说当一个人的行为被视为抢劫事件中的岗哨时，我们关于责备的实践以及惩罚的规则远远超出了因果促成。合谋责任主要是对一项动人的、来自知觉的责任原则的挑战，这一原则即一个人仅应对其所能控制的事件负责任。把它叫做“控制原则”。〔32〕 为了揭示而不是取代这些无处不在的责任实践的

〔32〕“控制原则”被Douglas Husak(《刑法哲学》)和Stephen Perry(《结果责任》)以各种各样的形式支持着。See Douglas Husak, *Philosophy of Criminal Law* (Totowa, NJ: Rowman & Littlefield, 1987), 98; Stephen Perry, 'Responsibility for Outcomes', 82.

责任论述将不得不说明，仅仅在尚未形成为所有人共有的形式不一的实际罪过时，责任是如何胜出因果关系和控制的。

在其他著作中我已经试着这样做了。[33] 简单地说，我所争辩的是一旦我们掌握了关于合作的分析性解释，那么关于合谋的规范性论述就会紧随其后了。那些参与合作的个人共享一种我所谓的“参与意图”，也就是说，意图去完成某种合作行为中他们自己的那部分行为。这种参与意图完全成了在合作情境中的基本行为事实和结果归结的基础，因此，举个例子来说，当我们二人一起写作一部歌剧时，你写乐曲部分而我写文字部分，我们每个人都可以实事求是地说，“我们创作了这部歌剧”。我们每个人都应该被视为这部歌剧的作者，尽管只是一名合作作者，因为我们每个人都合作参与了它的创作。对它的责任——赞扬或者责备——就将是对作者的归因。这是因为每个人的意志都被认为清楚地表明于此一合作作品中了。

因此，特别因果作用的不同改变了特别个人的合理性应对；去祝贺 Mozart 而不是他的歌词作者 Da Ponte 就是有道理的。另外在控制原则中还有一个事实：那些根本无法控制自己是否去参与的个人（例如人质或者受骗的人），不能对合作造成的伤害负责任。[34] 但是在完全确定的事例中，当没有哪个个人确实造成了决定性影响时，责备（或者赞扬）还是公平地存在着的。Derek Parfit 著名的“无害拷问者”为这一问题提供了鲜明的例子，即每一拷问者对其受害者施加一种不能单独发挥作用但聚合在一起却是极其可怕的电磁震动。[35] Parfit 本人就尽力地去提供结果论伦理学去解释这种表面看来很不同于个人结果的责任形式。其他人也已经试图去发展一种可以解释这些事例的因果关系理论了。[36] 我个人却很怀疑这些进

---

〔33〕我对这一主题进行了深入的讨论，参见 Christopher Kutz, *Complicity: Ethics and Law for a Collective Age* (Cambridge: Cambridge University Press, 2000)。

〔34〕更困难的问题来自于那些虽然控制着自己最初的参与行为但却不能控制其最终结果的人——例如那些随大流的人。由于他们参与了这一冒险，所以被假定为是有责任的，而这一冒险正是他们合作参与了的一种潜在的伤害事故。

〔35〕Derek Parfit, *Reason and Persons* (New York: Oxford University Press, 1984), 80. 如果这个例子不太真实，那么想一想二战期间发生在德累斯顿的大规模轰炸海军的事件。没有一架飞机是起决定性作用的，但是每一架飞机都是这一集体性伤害的组成部分。我对德累斯顿事件的详细讨论，参见我的 *Complicity* 一书的第四章。

〔36〕See Alvin I. Goldman, 'Why Citizens Should Vote: A Causal Responsibility Approach', *Social Philosophy and Policy*, 16(1999), 201 - 217.

路是否可行，即使是从它们自己的意义上说。然而，关于合谋责任，无论其最终论述如何，至少部分上都将通过论述行为人的参与意图的方式进行——即他们的意志，独立于它的作用，加入了那一导致了伤害的合作行为。由于没有任何突出的个人性因果作用，那么可以确信是合作本身解释了责任。其含义来自于参与这一行为。

### 3. 刑事责任

关于刑事责任的有效理论预设了一个问题的答案，同时还必须回答另外两个问题。它预设了这一问题的答案：界定刑法范围的标准（规范）应当是什么？同时它还必须回答以下两个问题：第一，构成侵犯那些标准（规范）的事项都是哪些？第二，针对这些侵犯事项，什么样的“应对”才是正当合理的？显然，这些问题必须被放到一起来回答才是可以理解的。如果刑事规范的首要目标在于行为而不是结果，那么责任的标准就会将因果关系的重点放在个人意志的性质方面。如果刑事规范所保护的是非常重大的利益或者是极易遭到侵害的利益，那么比较严格的应对很大可能就是更合理的。而如果那些针对侵犯行为的合理性“应对”非常严苛，那么责任标准就应当是范围狭小的——它还同时假定了其背后的政治原则反对强制容忍或者支持对个人自由的享有。这并不是说关于其中一个问题的理论必然决定了对另外两个问题的回答，它仅仅是一种更为适中的观点，即刑事规范、责任标准、以及“应对”实践三者必须在深思熟虑的平衡之中结合在一起。

传统上刑事规范保护了人们生活中最重大的利益、人身安全、以及财产安全。刑法通过保护这些利益免遭恶意侵害使得社会信任得以可能，进而使得社会生活成为可能。依靠国家力量去制止人们之间的自私自利行为和恶意行为，我们就可以建立起使我们的生活变得更好的合作关系。〔37〕 事实上现代社会刑事规范的范围已经超出了这些核心利益而延伸到许多管理领域。这些管理领域经常仅仅使用

〔37〕 侵权法和合同法有着同样的功能，也稳固社会合作。波斯那对刑法的经济分析认为，刑法规则的目的是禁止市场交易的规避行为，至少能够被认为是使得协调的、合作的关系得以可能。

弱的责任标准，这些标准没有认知和意图方面的要求。尤其当实际处罚不够苛刻时，刑法范围的扩大引起了人们的担忧，因为刑事规范富于感情的、谴责的一面已经不再是重心了。[38] 但是某种给定利益能否得到刑法上的表达和保护仅仅部分取决于该利益内在价值的作用。它还取决于作为表意机构和强制机构的国家所处的特殊的、敏感的位置，以及国家同其它社会组织的关系。对一种具有道德性的刑法的需要——即一种用以惩罚基于非道德性而作出的个人行为和公共行为的法律——在其倡导者们看来，其所反映的不仅仅是要保持(可能是虚假的)规范性的现状，而且是对非强制性社会组织控制人们行为的能力的一种深深的不安。"应该有一项法律!"这一声音并非来自于新规范的发现者，而是来自于一些不满于旧规范之现有功效的人。一种类似的观点也主张将管理事项刑法化：选择依赖制裁的方式而不是税收或者市场导向的方式，常常反映出一种对于相同结果之不同形成方式的有效性所做出的明确判断，同时还反映出一种初始信念：即需要用国家权威弥补社会秩序的私人型构。

正如有关国家-市民社会关系之理想的争论说明了有关在刑事规范和其它规范之间权威之分配的争论一样，它还说明了有关对违反这些规范的合理"应对"和责任标准的争论。

关于合理性应对的讨论已经有代表性地进入了不同惩罚理论的结构之中。关于惩罚的理论可以分成两组。一组认为存在着关于惩罚的真正理论，它们试图证明对刑法的侵犯者施以有目的的、谴责性的严厉惩罚措施是正当的。在这一组中，关于严厉惩罚措施的正确种类问题存在争论，即这些措施是应当包括肉体上的痛苦、死刑、监禁，还是应当包括令人感到羞愧的处罚。但是主要的争论还集中于如何去证明一种假定会令人不快的惩罚措施是正当合理的——即它是由报应主义来证明的，还是由富有感情的术语来证明的。[39] 第二组理论并不强调惩罚本身，而是强调对犯罪者的适当处置，在这里适当的处置根本不应当包括国家施加的痛苦。

---

〔38〕参见著名的 *United Stats v. Dotterweich*，320 US 277(1943)(制药厂的经理因为跨国运输伪造商标和掺杂劣质药品而被宣告有罪，尽管他不是故意的有意识的)一案。

〔39〕See Moore, 'Moral Worth of Retribution'; Morris, 'Persons and Punishment', in *On Guilt and Innocence* (Berkeley: University of California Press, 1976); Joel Feinberg, 'The Expressive Theory of Punishment', in *Doing and Deserving* (Princeton: Princeton University Press, 1970).

所有这些理论都是自我证明式的、工具主义的，而且功利主义理论是最典型的代表。如果严厉惩罚措施能够使人不再犯其它罪或者能够使犯罪者处于社会权威之下，那么它就可以被证明是合理的。较温和的、恢复的、教育的理论也落入到这一组之中，正如修复理论一样——那是针对犯罪所做出的一种试图修复被罪犯所破坏的社会关系纽带的方式。[40] 最后一种理论体现了工具主义和关注本质的混合体。由 Mackie 和 Scanlon 所进一步发展了的哈特的惩罚理论就采取了这种方式：这是一种对犯罪人的意志施加伤害的惩罚体系，其合理性来自于两方面，一方面它是一种在普遍自由的背景下保持社会秩序的手段，另一方面它是一种尤其适用于那些看重能够自主决定其是否将与国家相冲突的人的体系。[41]

比较一下刑事责任和道德责任。由于道德的广泛限制，多样性占统治地位。朋友和家属之间可能会因为一些小毛病而相互责备，而同样情况下社会上的泛泛之交就不会如此。面对背叛情人们所表现出来的愤怒是合理的，然而即使在朋友之间这样的愤怒都是极不合适的。同样，如果仅仅是出于道德上的违反，面对朋友的背叛如果感到一种非常强烈的罪过可能就会被认为是自寻烦恼。社会道德是明确有效的，因为在其连接处有活动的余地。尽管指导合理性应对的标准随着时间和文化的转移有了巨大的转变，而且关键还要依赖国家维持国内和平的热切程度和能力，但是对于适当的应对还总是存在着限制，即使这些应对已经大大超越了当代西方精英社会道德的和平界限。然而在这里我将要说明的是，由于缺乏自我防御的客观条件，道德应对的限度就是语言和感觉上的限度。对个人进行物理暴力

---

[40] See e. g. Barbara Wootton, *Social Science and Social Pathology* (London: Allen & Unwin, 1959); Jean Hampton, 'The Moral Education Theory of Punishment', *Philosophy and Public Affairs*, 13(1984), 208 - 238; Geoffrey Sayre-McCord, 'Criminal Justice and Legal Reparations as an Alternative to Punishment', forthcoming in *Philosophical Topics*, ed. Ernest Sosa and Enrique Villanueva (New York: Blackwells); Steven Garvey, 'Punishment as Atonement', *University of California Law Review*, 46(1999), 1801 - 1858.

[41] See H. L. A. Hart, 'Legal Responsibility and the Excuses', in *Punishment and Responsibility*, 28 - 53, J. L. Mackie, 'The Grounds of Responsibility', in *Law, Morality, and Society*, ed. P. M. S. Hacker and Joseph Raz (Oxford: Oxford University Press, 1977); T. M. Scanlon, 'The Significance of Choice', reprinted in *Equal Freedom* (Ann Arbor: University of Michigan Press, 1995), 39 - 104. See also Alan Brudner, 'Agency and Welfare in the Penal Law', in Stephen Shute, John Gardner, and Jeremy Horder (eds.), *Action and Value in Criminal Law* (New York: Oxford University Press, 1993), 21 - 53.

或者强制性应对从道德上说只能由国家做出。

法律体系所保护的利益就是道德所保护的利益，主要是保护那些能够使理性的和审慎思考的、以事业为中心的个人生活得更好的财富和自由。由于法律体系所做的不仅仅是表达(通常还是很强烈地表达)这些法律规则，由于审判体系或好或坏地以它们的能力去保障这些利益，因此从某种程度上说很有必要将法律实用地、工具地看待。但是这并不需要一个超越了道德观念的愚蠢的、工具主义的法律概念，而是仍要发挥保护那些使我们生活得更好的利益和社会关系的作用。法律是善的，因为它所保护的利益是有价值的；而且法律应对也是因为这些利益的重要性而获得合理性的。如果法律上的自由和福利是有价值的，那么那些损害这些价值的法律应对就是值得怀疑的。然而对道德犯罪的约束以及法律制度所强制规定的“免费便车”并不是它们本身对人们的利益做出了令人厌恶的损害，出于保证这些限制的目的而使用的威胁和制裁，其所真正限制的是个人的自治权。

随之而来的是，如果国家所采取的强制措施从根本上说是正当合理的，那是因为当道德和法律的责任形式无效的时候，就没有其它非强制措施足以用来保护社会利益了。社会的和道德的应对，其语言上和情感上的本质特征决定了仅仅致力于保护那些有价值的社会关系，而强制性应对与此不同，它们关注任何一个自利益(利己)主体。正如Mackie所认为的，当法律体系主要是建立在某一行为的反法律特征的有效性之上时，在激发那些不为试图维持道德上适当关系之欲望所动的因素方面，强制性威胁只是起着基本的辅助作用。[42]

能够证明法律应对之合理性的那些利益，其本身也限制了那些应对的范围。在自由政体之下，如果法律体系的目的在于保护那些有意义的个人自治形式和普遍的社会关系，那么个人自治利益就会像在法律制裁的政府之下一样得到关注。正如哈特(Scanlon紧随其后)所主张的，这种对于个人自治而不是对于纠正道德过错的关注，可以最好地解释惩罚性制裁对于自治行为的普遍约束。[43] 通过将严重

〔42〕 Mackie, ‘Grounds of Responsibility’, 187－188.

〔43〕 Hart, ‘Legal Responsibility and the Excuses’; Scanlon, ‘Significance of Choice’.

侵害了个人自治的法律制裁建立在个人选择之上，国家实现了其确保每个公民之自治权的目的。正当程序同时也有助于防止个人自治权遭到非正当的国家干涉。对于自治权的关注还有助于解释刑法上的“行为要求”，即只有自愿的企图和委托才是可受惩罚的，预备阶段的谋划或者非自愿的行动是不应受惩罚的。[44] 由于行为人是谁以及行为人造成了怎样的后果都与个人选择无关，所以在此基础上的刑罚就更加严格了。[45]

受相关的惩罚实践影响(或者被增强或者被减弱)，惩罚理论之间的争论已经显著地开始强调人的理想标准问题。Immanuel Kant 曾经很著名地公开指责“如毒蛇蜿蜒般的功利主义”，认为它的根本在于将犯罪者仅仅看作是普遍社会控制的工具，因此不把犯罪者当作一个关注自我目的的理性人来尊重。[46] 相反，基于报应主义所主张的确保罪犯遭受痛苦本身就是善的、正确的，Kant 所推崇的报应主义理想的反对者们却很担心，对惩罚的正确性的讨论主要是为了掩盖其欲羞辱罪犯的目的，这种目的来自于愤恨的心态而不是公正的心态。正如 Nietzsche 评价的(带有夸张的特点)，Kant 的“绝对命令散发着残酷的气息”。[47]

极具争议的人的理想标准问题确实导致了关于惩罚的争论，但是仅仅关注被惩罚的个人就会内在地包含了一种伦理学上的唯我论。同样重要的是社会关系和政治关系的理想标准，而不是个人的理想标准。不同的惩罚理论暗示着并且暗含于不同的个人与社会间的正当关系概念。看来，正如在比较宽阔的政治视域中一样，能够影响惩罚理论领域中的学者的一定是，不同的理论在支配与后退之间转换。例如，当哈特开始写作惩罚理论时，当时的哲学状况是改革派和修复主义，而不是报应主义。跟随其他学者之后，他拒绝了修复主义，因为它不去关注将犯罪人

---

〔44〕一个十分重要而且十分不幸的例外是英美法律的“共谋”法，它规定在预谋计划的早期阶段就可能招致责任的承担。

〔45〕值得注意的是刑事审判是十分个性化的，特别是在死刑程序中。惩罚根据宣判有罪的道德价值而被加重或者减轻。

〔46〕Immanuel Kant, ‘Doctrine of Right’, in *The Metaphysics of Morals*, ed. and trans. Mary Gregor (Cambridge: Cambridge University Press, 1991), 331 - 333.

〔47〕Friedrich Nietzsche, *On the Genealogy of Morals*, ed. and trans. Walter Kaufmann (New York: Vintage, 1967; 1st pub. 1887), book II, § 6 (my translation). Nietzsche 用于代替惩罚的理论，至少在道德领域来说，是一种被 Mirabeau 所例证的自信的忘记。See *Genealogy*, book I, § 10, p. 39.

简化到由国家操纵着的心理学体系之中。[48] 同样哈特也拒绝了报应主义惩罚理论,部分原因是由于它们建立在"神秘的道德炼金术"之上的人们熟悉的概念基础,它使得两种通常不被许可的行为变得正当。[49] 但是他的概念上的主张(或者观察——他很难严格地运用报应主义理论来反驳它们)还可以被看作是一种普遍情感的产物,这种普遍情感就是,同启蒙式的功利主义社会政策相比较,惩罚的报应论显得有点野蛮。然而在二十世纪八十年代,在 Michael Moore 和 Andrew von Hirsch 所做得有意义的工作的推动下,报应主义理论开始盛行。[50] 看上去很难巧合的是哲学上流行的惩罚理论已经追随了政治实践中的流行方式,正如美国的刑罚政策很特别地由修复主义转变为凶残的惩罚实践,而且日益强调个人责任而不是社会责任。[51]

这一最近创立的社会学理论不仅仅是要指出这样一个显见的事实:即哲学家既是时代精神的产物又是时代精神的缔造者。它还要论述这样一个分析性的观点:关于合理性应对的理论必须在它们所假定的作为背景的社会关系概念方面得到说明。我已经提及了,对修复主义理论的拒斥是源于他们早先对其预设的治疗性政治的担忧。[52]

由于对国家抱有了一种更为一般的管理性概念,对功利主义理论的抛弃不得不去处理大量的对个人的惩罚措施,就如同其处理财产的惩罚措施一样多。在一

〔48〕拒斥修复主义理想的最著名的观点是由 C. S. Lewis 阐述的,参见 C. S. Lewis, 'The Humanitarian Theory of Punishment', *Res Judicatae*, 6(1953), 224 - 230; see also the essays collected in Sanford Kadish, *Blame and Punishment* (NewYork: MacMillan, 1987)。Isaiah Berlin 对建立在"积极自由"观念上的政治的反对,也反射出其对操纵性状态的关注。See his 'Two Concepts of Liberty', in *Four Essays on Liberty* (New York: Oxford University Press, 1970), 118 - 172.

〔49〕Hart, 'Postscript', 234.

〔50〕See Moore, *Placing Blame*; and Andrew von Hirsch, *Doing Justice* (New York: Hill and Wang, 1976).

〔51〕公众的转变在加州最容易得到发现,通常是国内形式的前兆,一项政策在 1994 年导致一个十分成功的改革,开启了无记名投票,一项"三次罢工"的法律将大量的累犯终生监禁(成文法典,加州刑法卷,1170. 22);同时,在 2000 年二月,大约是 21 号,一项无记名投票表决了一项很大地扩大了对年轻人的起诉范围。它(接前页)以绝大多数票通过。对犯罪实践中的变化的一般讨论,参见 David Garland, *Punishment and Modern Society: A Study in Social Theory* (Chicago: University of Chicago Press, 1993).

〔52〕怀疑——可能是错误的——关于改造措施的有效性可能更多的归功于它们失去公众的支持。

种不够成熟而又为人们所熟悉的功利主义政治理论看来，国家可以被设想为社会工程的专家，其试图将纯粹的社会满意度扩大到最大限度。[53] 这些对于功利主义政治理论的怀疑，既暗含了其对专门知识的依赖，又包含了其没有将单个的社会成员看成是社会合作者而不仅仅是联合起来的消费者，已经导致了其在分配正义领域的被取而代之。[54] 同样地，建立在国家就是社会管理者这一观念基础上的惩罚理论也被这一怀疑暗中消解了。凭着对个人尊严的强调，报应主义理论指出了功利主义观点的缺陷所在。但是报应主义者也因此而无法与一种国家观念相协调，这种国家观念认为施加正当的应得的惩罚是国家的合法目的。[55] 当然在给予应得的惩罚方面，可以将国家设想为人民的代表，既可以是报应主义的又可以是分配主义的；但是这一观念肯定有问题，因为它是建立在对于"应得"这一概念的形而上的强有力的和前设的理解之上的。[56] 就其关注协调个人与社会的关系而言，现在出现的补偿正义理论反映了社会关系的比较一致的理想标准。除非有理由相信某种特别的政治观念会居于统治地位——但我认为没有这样的理由——责任的关系性特征总是意味着惩罚理论之间的争论是无法解决的。

与刑事责任的关系性特征相伴的是它的处境性特征。当检察官代表着"人民"的时候，法庭就代表了公平的正义，这并不仅仅是法律的自负。因为由法律所带来的正义的位置是特殊而又界限分明的。当法律制度假定了其站在受害者一方的立场和其愤恨的态度时，被告一方的权利和自由就会受到严重地削弱，二十世纪对煽动性言论的审判状况是最好的例证。[57] 对于敌意行为受害人的合理反应是愤恨；

---

[53] 这基本上是 Henry Sidgwick 的观点，参见 Sidgwick, *Methods of Ethics* (Indianapolis: Hackett Publishing, 1981; 1st pub. 1874)。这种功利主义的观点，罗尔斯对其进行了批判，参见 John Rawls, *A Theory of Justice* (Cambridge, Mass.: Harvard University Press, rev. edn. 1999), §5。

[54] 尽管功利主义的合作模式是可行的，参见 Donald Regan, *Utilitarianism and Cooperation* (New York: Oxford University Press, 1980)。

[55] 这一批判是由 Jeffrie Murphy 做出的，参见 Jeffrie Murphy, 'Retributivism, Moral Education, and the Liberal State', *Criminal Justice Ethics*, 4(1985), 3-11。

[56] 对于回应，参见 Moore, 'Moral Worth of Retribution', 150-151；对于争论，参见 Scanlon, 'Significance of Choice'; and Samuel Scheffler, 'Liberalism, Desert, and Reactive Attitudes', *Philosophy and Public Affairs*, 21(1992), 299-323。

[57] 甚至当国家是显然的受害者时，如在税收欺诈或叛国时，我们必须记住，对国家而言，没有任何自己的税收和安全利益，而仅仅是它的公民的那些利益。这种非原生性的身份使得它处于了这种位置，至少从规范化角度来说，它总体上不同于非中立的受害人身份。

但是敌意态度如果来自公正的制度就是完全不合适的。刑法所处的位置不仅仅是去整合所有的社会和道德立场，而且法律应对并不代表着针对过错的所有反应。相反，理想的法律应对是来自于国家所处的特殊位置，它代表了许多应对形式中的一种。无论个人应得的惩罚是什么，国家的应对都是导源于个人与个人之间的社会关系，例如行为人与受害人之间的社会关系，而且要受到这些社会关系的内在要求的限制。

提醒一下自己有关国家的特殊位置对于解决惩罚理论的老套问题是非常有帮助的，如为什么未遂的企图应该受到轻于既遂犯罪的惩罚呢？一种观点认为惩罚性责任的正当基础与补偿性责任正好相反，它或者是出于被告行为的社会危险性及其所表现出来的对法律规则的蔑视，或者是二者兼而有之，而且这些基础对于未遂的企图和既遂的企图来说都是同样的。[58] 由于责任的基础是相同的，因此就没有理由在惩罚上有所不同。就这种观点而言，使惩罚同事实上的伤害相协调只能使惩罚性应对和补偿性应对相混淆。相反主张给予不同惩罚的人认为，我们的道德性应对事实上是追随着我们所造成的伤害的。当我们因判断错误而造成了真实的伤害时，我们会更加责备自己；而我们对他人的恶意行为感到更加愤恨也仅仅是由于那些行为给我们造成了伤害。[59] 在这一点道德现象学和国家惩罚之间的联系是一种有关惩罚的报应主义理论，因为据此国家的角色是给予一种只具有单一意义的道德上的“应得”。

机会与责任之间的关系是令人感到深深地苦恼的，而且至少说来，就其特殊的应对基础而言，我们的责任实践是否能够被完全的组织起来或者完全的理性化都是不明确的。[60] 对于道德理论来说，将责任与机会协调起来是一个艰深的问题，

---

〔58〕对于这种观点的代表性阐述，参见 Sanford Kadish, ‘Luck of the Draw’, in *Blame and Punishment*; J. Feinberg, ‘Equal Punishment for Failed Attempts’, *Arizona Law Review*, 37 (1995), 117 - 134; Stephen Schulhofer, ‘Harm and Punishment: A Critique of the Emphasis on the Results of Conduct in the Criminal Law’, *University of Pennsylvania Law Review*, 122 (1974), 1497。

〔59〕See Moore, ‘The Independent Moral Significance of Wrongdoing’, in *Placing Blame*, 191 - 248; Leo Katz, ‘Why the Successful Assassin is More Wicked than the Unsuccessful One’, *California Law Review*, 88(2000), 791 - 812.

〔60〕对于道德运气的更加深入的哲学讨论，参见 Thomas Nagel, ‘Moral Luck’, in *Mortal Questions* (New York: Cambridge University Press, 1979), 24 - 38; and Williams, ‘Moral Luck’。

也许是一个无法解决的问题。但是如果国家惩罚应真正地模拟人与人之间的道德反应和愤怒——不管它是否真的是 Sidgwickian 所说的"普遍化了的愤怒",那么这一问题必须只能由惩罚理论加以解决。[61] 如果对于区分既遂的企图与未遂的企图的争论,不能给出比同人们之间的道德实践保持一致这一点更加坚定的基础,那么就没有必要在社会危险性和反社会意志之外,在考虑惩罚的构成因素中再加上事实上的伤害这一因素。否则就会混淆刑事责任体系的特定目的,这里的刑事责任体系是由我们的道德责任实践所实现着的更具一般意义的基本作用。

关于刑法与哲学偏好之间交叉点的第二种主要观点所考虑的是责任的标准问题。在英美法系,刑事责任标准同道德责任标准相同:在道德要求是正当合理的地方,一般来说法律制裁就是合理的;而且存在道德上的辩解或理由的地方,法律上的辩解或理由就同样存在。当刑法所表达的作用使得道德谴责和刑事罪过之间重叠的部分成为可能时,现代学说与成文法的高度一致是一批刑法学者协同努力的结果,著名的有哈特,Sanford Kadish, Herbert Wechsler,以及 Glanville Williams,他们的目的是限制严格责任理论的侵占。[62] 那就是说,任何特别的法律上的有罪观念都必须意识到法律权威在操作过程中经常受到质疑。将其焦点放在个人意图上的刑法提出了最为严肃的有关认识的问题。意图是由分散的情况推断出来的,原因的解释是由对立双方的利益所型构的。不幸的是,案件的公正解决需要良好的信息;而良好的信息通常又是昂贵的且难以获得的。无论从实践上还是从规范上,没有一个被控有罪的个人能被期望去揭穿自己意志上的有罪状态。预谋杀人同自发杀人之间的区别可能是被处死刑和被处监禁之间的不同。预谋杀人者能够从其之前的计划中得到证明。然而最具主观倾向的法官认为,只要被告具有考虑是否决定杀人的机会,即使缺乏计划的因素的杀人行为也能够被认为是谋杀。[63] 很显然由于没有一个杀人者会承认其有预谋,而且很少会有幸存的杀人目击证人,

---

〔61〕 See Sidgwick, *Methods of Ethics*, 280 - 281.

〔62〕 美国法律制度的"模范刑法卷"是 Wechsler 给我们最后的遗产;Williams 看了他的《刑事法律:主要的内容》(London;Steven and Sons, 2nd edn. 1961)。在这本书里,严格的责任依然可见,在上面提到的规则的范围中,或者在特别的教义中,比如说,公众感受的责任,处罚一般是相对温和的,而责任通常通过起诉的慎重的实践是能够被联系在一起以致不能追究角色的责任。

〔63〕 参见 *Sandoval v People*, 117Colo. 558, P. 2d 423(1948)("它关系到不是在决定杀人和致命伤害的之间的距离有多短,如果有充足的时间给一个人考虑的话")。

法官和陪审员的决定经常在间接证据和心理推论的脚手架上左右摇摆。

尽管到处迷漫着怀疑和不确定性，但是决定还是要作出并且区分还是要被指出，无论它是被命名为报应主义的正义还是可信赖的威慑。因此，毫无疑问证据性事实在刑事诉讼程序中扮演着中心角色。对那些能够被国家获取的并且被带到法庭上质证的证据进行某些限制，起源于一种对于限制警察介入的普遍化关注，例如进行综合调查要求具有正当的权威性证明。但是其他的限制从根本上反映了认识论方面的忧虑，例如排除有关被告从前犯罪记录或者是有关被告人陈述的谣传性报导等证据。尽管从前的犯罪记录明显地同疑难犯罪的证据相关，在许多案件中这样的证据却被正确地排除在外了，这是因为它对陪审团的影响与其说是具证据性的还不如说是易生偏见的。[64] 没有这些保护性的证据规则，刑事责任体系就不可能在审判中得到运用。

比较一下刑事审判的客观情况与道德理论的客观情况之间的不同。尽管自Kant 以来的道德哲学家已经警告过我们，以第一人称的视角与以第三人称的视角看一样，个人意图都具有不可知性，但是大部分的道德理论(包括 Kant 本人的道德理论)都忽略了这些认识论问题。[65] 义务论者们关注行为人的潜在意图和自我概念；而功利主义者却求助于完全知识化的理想虚构，"伦理上的"偏好是为了证明有关正确行为之标准的正当性。[66] 行为人是否已经错误地做出了行为以及他是否应对如此行为而负有责任都依赖于以下有关的深层事实：他们审慎思考的和引发动机的能力，关于故意内容的明确归责，明确的动机，以及对将来后果进行的经验

---

〔64〕 See e. g. *Brinegar v United States*, 338 US 160(1949)("有关真实的和实质性的证明价值的诸多证据排除了许多考量，排除了的那些考量与证据的证明性程度无关，而与陪审团可能存在的对证据的误解和误用有关"。)值得注意的是，给被告人定罪后，在量刑阶段，有关他的犯罪历史的证据会被作为加重处罚的一种因素。

〔65〕 See Immanuel Kant, *Groundwork of the Metaphysics of Morals*, trans. Mary Gregor (Cambridge: Cambridge University Press, 1998; 1st pub. 1785), ch. 2, 407:"我们乐意用虚假的更高尚的动机来迎合我们自己，但是即使通过最严格的自我省察，我们也根本不能弄清我们的隐秘的动机；因为当道德价值存在争议的时候，我们所关注的并不是我们看到的行动，而是我们看不到的行动的内在原则。"也就是说，康德的评价潜在的公理的机制似乎预设了大量的自我认知。

〔66〕 See e. g. Barbara Herman, 'Moral Deliberation and the Derivation of Duties', in *The Practice of Moral Judgment* (Cambridge, Mass.: Harvard University Press, 1993), 132 – 158; Richard Brandt, *A Theory of the Good and the Right* (New York: Oxford University Press, 1979); and John Harsanyi, 'Rule Utilitarianism and Decision Theory', *Erkenntnis*, 11(1977), 25 – 53.

式合理预测。

总的说来，我们所做的道德判断以及我们所给出的应对可能同用以支持其运用的必要证据极其不符。将我阻隔在高速公路上的那个粗野的人可能会因巨大的个人损失而心烦意乱。但是这种可能性并不能阻止我视其为野蛮之人。道德理论和实践能够通过理想化的认识论标准而继续存在，因为在任何特殊案件中道德游戏的赌注都很低。靠社会道德起支配性的保护作用的社会关系，通常能够通过道歉和理解得到修复。对于你没来见我，我可能会产生不公正的愤恨而没有意识到你有一个生病的孩子需要照看。当你有机会解释时或者当我通过其它方式发现你没来的原因时，我们之间所有这一切都会重归于好。

相反，对受到不公正判罪的某人延期宣判无罪就没有任何公正可言，因为无论如何都无法修补以不公正惩罚的形式对人的自治感和价值感所施加的暴力。监禁，公开蔑视，以及剥夺基本的公民权利就是使一个人的政治身份、社会身份和道德身份被削弱或者丧失：它将成为国家权威的客体，而不是授权国家去实施那一权力的主体。〔67〕 由于不公正的诉讼程序或宣判而提出的自由要求和补偿要求可能是有根据的，但是它们不是修复的全部手段。基于错误判罪的道德和人性的成本，它的确说明一种公正的惩罚制度的必备条件就是它几乎不犯错误。法律判决除非得到了事实上的应用和强制实施，否则就是没有意义的；只有当它们作为道德规范的指示器时才是没有价值的。但是为了获得合法性，法律判决必须牢固地植根于事实和政治道德之中。鉴于其成本和局限性，严格区分规范性问题和证据性问题的法律理论家及道德哲学家们冒了可能忽略社会空间的危险，这一社会空间正是法律规则必然深嵌其中的。〔68〕 问题是对于法律在认识方面的有限性的意识，会很快成为傲慢地讥笑答辩和辩解的许可证。由于证明上的困难无罪辩解的原因是有限的，因此法律介入的范围就扩大了。

---

〔67〕当然，一个人由于监禁能够采用一种新的身份，公正的或不公正的。我的观点是一个人不能回到正常的平等公民的状态。一个人变得要么反社会，要么就变得多愁善感。

〔68〕Douglas Husak 是严格区分规范性问题和证据性问题的法律理论家中的典型代表。他认为，证明犯意的困难并不会对犯意要求的正当性造成影响。Husak，*Philosophy of Criminal Law*，59－60. 尽管我同意 Husak 的观点——为了减轻证明的负担，意图上的要求不应当轻易被放弃，但是我并不认为这一立场会从认识论问题中归纳出责任的自治原则。

由于这些认识论上的限制,两种不同种类的标准通常都与刑事责任相关:能力标准和意图标准。概略地说,刑事责任所要求的能力就是道德责任所要求的能力:即通过实践理性控制自我的能力,对所获得的道德因素和事实因素加以回应的能力。很明显,实践理性的必备能力包含了一系列不同的构成成分:认知成分用来建立关于自然环境的特性的认识;意动成分,由此可以发现某些行为作为可欲目标的可能性,而其它行为则是不可欲的;评价—认知成分,用来衡量支持和反对潜在目标;手段—认知成分,用来决定如何实现那些目标;以及意志力成分,由此一个人事实上奉行了那些可欲的目标。[69] 需要注意的是,这一能力的拥有和运用是同因果决定论不相容的,但这并没有什么要紧的。[70] 这并不意味着要求助于自由意志问题,而仅仅是指出,不一致性所要求的以其它方式行为的形而上学的能力是一种进一步的要求,它已经超出了核心的实践能力。[71] 而且即使道德责任的相容性解释最终不被接受,主张存在着这一观点也似乎是合理的:法律责任标准和道德责任标准可能确实存在分歧。因为道德观念可以被认为有益于一种神学的或者形而上学的野心勃勃的责任概念,是关于神的审判或实体论意义的。与此同时,法律的野心可能会与一种关于公平归责的观念相一致,这种观念可以得到实践理性能力的充足支持。[72]

尽管存在着形而上学的争论,那些没有实践推理能力的人还是被明确地对待或者被认为是没有能力的,应被免于惩罚。这就导致了一个在法律和哲学中很有争议的问题,即何种类型的理性无能力最终决定了免受责罚?[73] 传统的 M'

---

〔69〕对于自我控制能力的更加透彻的研究,参见 Fischer and Ravizza, *Responsibility and Control*; and Moore, 'The Legal View of Persons', in *Law and Psychiatry* (Cambridge: Cambridge University Press, 1984), 44 - 112。

〔70〕因为它要求一个人的行为从理智的活动中的程序而来,它的确看起来同任何物理的不确定性的概念具有不相容性,这将使得做决定或行动更加随意。

〔71〕相关讨论参见 Fischer and Ravizza, *Responsibility and Control*, 44 - 51; Stephen J. Morse, 'Diminished Capacity', in Shute, *Action and Value*, 239 - 278; Scanlon, 'Significance of Choice', 61 - 64。

〔72〕这又强调了特别的国家的应对角色,与 Moore 的观点相反,也会否认它将承担一种在无上帝的世界里上帝的角色。

〔73〕关于公司行为者的"实际"受罚问题出现了另外一篇小的哲学文献,该问题通常接近公司是否是道德的人这一形而上的问题。See, e. g., Peter French, *Collective and Corporate Responsibility* (New York: Columbia University Press, 1984); and Larry May, *The Morality of Groups* (Notre Dame, Indiana: Notre Dame University Press, 1987). 对于我来说,这种形而上的讨论 (转下页)

Naghten 要求是，只有当被告人不知道其所作出的行为的性质和特征时，他才会被免责；或者如果他确实知道行为的性质与特征，但是他并不知道这样行为是错误的时，他也会被免责。[74] 显然，这是一种极端严格的限定，因为据此一个知道其行为之过错的被告人，即使恶魔的声音就在他的头顶迫使他去如此行为，他也不会被免责。由此，美国法律制度将纯粹认知的定义扩展为以下要求：被告人应是能够"理解并欣赏其行为的罪过"，而且"完成了法律上规定的行为构成要件"。[75] 其他定义也同样向前迈进了一步，其中较著名的是由哥伦比亚特区联邦巡回上诉法院提出的虽然存时较短但却很著名的定义，它认为如果被告人的非法行为是"精神上的疾病或者缺陷所带来的结果"，那么被告就应被认为是没有责任的。[76]

这些定义并没有完整地概括出陪审员们会当然采纳的无能力观念，但是它们却表明了有关责任标准问题的一般范围。[77] 真正的难题出在能力的边缘，例如一些行为人虽然知道他在做什么，但是他行为时已经受到了某些错觉的影响（正如许多精神分裂症患者一样）；再如一些行为人虽然意识到了其行为的错误性，但是他们看上去对这种错误性缺乏一般的注意。[78] 由于对精神病症的性质普遍缺乏认识，再加上法律诉讼程序对于讨论一些细微差异表示冷淡，认识上的局限在这一领域中是最为严重的。这主要还是报应论者们的问题，他们会发现无论是以要求对应受惩罚之人采取措施的方式，还是以要求惩罚那些需要采取措施之人的方式，有关心智能力的任何操作性的规范都将走入歧途。对于工具主义者来说，在无能力

---

（接上页）在很大程度上忽视了真正的核心问题。既然所有的群体都是人的群体，那么对于他们的群体所做的事情个人的责任是什么呢？比起探讨在何种意义上指责通用汽车公司（General Motors）是妥当的，研究共谋似乎对我来说才是解决问题的更好方式。当然，关于企业组织的不同评价的有效性还有许多重要的问题。其中一个精彩的讨论，参见 Brent Fisse and John Braithwaite, *Corporations*, *Crime*, *and Accountability* (Cambridge: Cambride University Press, 1993)。

〔74〕 *Regina v M' Naghten*, 8 Eng. Rep 718 (1843).

〔75〕 Model Penal Code §4.01.

〔76〕 *Durham v United States*, 214 F. 2d 845,862 (D. C. Cir. 1954).

〔77〕 See Moore, 'The Legal Concept of Insanity', 245，这的确是正确的观察。

〔78〕 See John Deigh, 'Empathy and Universalizability', *Ethics*, 105(1995), 743 - 763; see also Fischer and Ravizza, *Responsibility and Control*, 76 - 81.

应对与惩罚性应对之间做出选择并没有太大的意义。[79]

从意向性活动的意义上说，道德责任取决于行为和因果关系。最为严肃的道德应对，例如谴责和反唇相讥，都是存在于行为和因果关系一起作用的地方：即当行为人出于一种表明了不尊重他人利益的意志而造成了伤害时。刑事责任要经过诉讼。大部分罪的责任都是立基于一种标准的混合体，这些标准指向的是被告人的身体行为及其结果，以及那些引发行为并造成后果的意图、知识或者认识。"主观的"和"客观的"这两个术语分别对应于意图和行为、客观情况，以及后果标准，而且还经常被称为犯罪的主观(*mens rea*)要素和客观(*actus reus*)要素。

不幸的是，"主观的"和"客观的"还被用来指称刑法中一对完全不同的概念，它们被用来区分个别标准和规范标准之间的不同。在这一意义上，主观标准是指建立在行为人所具有的真实能力和信念之上的责任，而客观标准是指建立在具备一般理性的行为人所具有的能够被合理预期的能力和信念之上的责任。[80] 冒着有些违背法律用语标准的危险，我将使用"个别的"和"规范的"这两个术语指称此一意义上的"主观的"和"客观的"标准。这两类标准都是产生哲学问题的地方。

标准地说，刑事责任所要求的是：单个的行为人出于或者是由于一种特殊的心智状态或情形，实施了特定的行为或导致了特定的伤害。例如一级谋杀犯要求具备：要有预谋杀人的意图作为"主观的"要素，当然同时还要有行为人基于此一意图作出了导致他人死亡的行为作为"客观"结果。二级或者"depraved-heart"杀人犯不需要具备杀人的目的，但是要求被告人本人相信其行为可能造成杀人的结果。对于一些犯罪来说，被告人的心智状态必须具有高度的确定性：盗窃罪不仅要求客观上的占有他人财产的行为，而且还要求行为人具有永久剥夺他人财产的主观意图。此外一些犯罪虽然也应受到责罚，但是却不具有有目的的主观心理状态，如因鲁莽或粗俗而导致的疏忽。被告人必须是有目的地从事某种行为(例如驾车)，但是并不必定是抱着以车辆杀人的罪过心态去驾车。只要行为人客观上是在驾车并

---

〔79〕对于工具主义来说，这里将有一个问题，如果被告人能很容易地证明有精神病，然后假装很快的恢复，这样既避免了惩罚也避免了冗长的无行为能力的争论；刑罚系统将显然地被削弱了。或好或坏，这看起来不是一个实际的问题，因为监禁那些刑事上有精神病的人是十分令人讨厌的长篇大论的。

〔80〕See e. g. Hart, 'Legal Responsibility'.

因此而粗鲁地造成了死亡，而且他意识到了其驾车行为的危险性，那么就足够了。疏忽大意的犯罪必须被区别对待，因为此时的问题不在于被告人是否具有任何特殊的心智状态，而在于他是否缺乏其本应具有的心理状态，即是否缺乏对相关危险的注意。[81] 显然，主观标准和客观标准是相互渗透着的，因为客观行为要素本身就是带有目的性的——例如，占有财产或者杀害他人——而且其可能只是附随性的，而不是由相应的主观状态所导致的。因此，主观要素并不构成对行为的通常解释，而是一种同评价被告人道德上的应受责备性相关的心理状态。[82]

责任的主客观标准援引了一些传统的关于描述有目的行为的分析哲学问题，包括身体行为的相关目的问题、各自分开的行为问题、以及有意图的疏忽大意问题，而且刑法理论学者已经去探索这些哲学问题了。[83] 但是，尚未明确的是：一种法律理论需要一种有关这些问题的深入的哲学解释。下面讨论一下各自分开的行为问题：一个行为人扔了一根火柴，由此造成一栋房子失火并导致居住者死亡。这里存在着两种对立观点之间的哲学争论：一方是所谓的细致界定个别行为，例如Alvin Goldman认为行为人完成了几个不同的行为（扔火柴、烧着了房子、以及杀害了居住者），而另一方是所谓的粗略界定个别行为，例如Donald Davidson认为行为人只是完成了一个行为，其扔火柴这一身体行为可以不同的方式加以解释，如可以解释为一种烧着房子行为、杀害居住者行为等等。[84] 然而，在行为理论的这些问题之间，相关的刑事责任问题是中立性的。举例说来，这些问题包括：烧房子和杀人行为能否同扔火柴行为进行因果推论；被告人是否意图烧房子或杀人或者意图粗鲁地造成那样的结果；以及烧房子和杀人是否应当受到各自独立的累加的惩罚。

---

〔81〕 鲁莽的和疏忽大意的都产生了个性化和规范化标准的争论。

〔82〕 这种描述，实际上，仅仅是个性化行为者的范式。在复杂化的案例中，同谋犯有一个主观的恶性，也即一个指向犯罪主要目标的意图，但是他的行为缺乏客观的犯罪成分。更深入的讨论，参见Sanford H. Kadish, 'Complicity, Cause, and Blame: A Study in Doctrine', *California Law Review*, 1973(1985)323—410。就像我们上面提到的无害的精神折磨，责任的正义不得不几乎完全立基于同伙的参与意图，而不是他的因果行为。参见我的《同伙论》，220—236。

〔83〕 See e. g. Michael Moore, *Act and Crime* (New York: Oxford University Press, 1993); and Antony Duff, *Intention, Agency, and Criminal Liability* (New York: Oxford University Press, 1990).

〔84〕 Alvin I. Goldman, Action and Crime: A Fine-Grained Approach', *University of Pennsylvania Law Review*, 142(1994), 1563 - 86; Donald Davidson, 'Agency', in *Essays on Actions and Events* (New York: Oxford University Press, 1980), 43 - 61.

它们不是单纯的形而上的问题或者行为理论的问题。相反，它们更是规范性的，而且它们将通过参考一种惩罚理论得到实际的回答。这些理论中的术语是有关慎思、远见、意图和行为的大众或者公共观念；而且规范性挑战就存在于这些相关的术语之中，因为这些术语是衡量是否应受责罚的尺度。[85] 尽管难题是自动产生的，而且就责任的规范理论和自我控制的标准而言，心智控制问题必须得到回答，这些理论仅仅需要预先假定而不需要去分析关于有理由做某事的基本观念。

更多有关责任的哲学难题都起源于如何看待这一问题：惩罚体系应当有效地使用有关责任的个性化标准还是规范化标准。声称免责的特殊（不是一般的无能力）辩解或者理由是引起个性化标准和规范化标准问题的主要原因，而且尤其当被告人毫无理由地相信其所获得的理由和辩解时，此一问题就会产生。一个出于毫无理由地认为其生命正在受到威胁而实施犯罪的被告人，可能就威胁和自我保护进行抗辩。但是问题依然会产生，因为对犯罪的界定一定程度上在于结果，例如杀人罪。回到上面提到的纵火犯，并且假定任何一个有理智的人都会意识到极有可能有人在房子里睡觉。[86] 但是这个被告人事实上却如此混乱或者毫无理智以至于没有意识到这种危险性。虽然她没有意识到，而且任何有理智的人都应当意识到这一危险性，但是基于此我们就可以判定她应当因其鲁莽杀人而受到惩罚吗？然而——虽然她并不是有目的地造成死亡的，但却是有意识地忽视相关的危险性。如果采用个性化标准即在此例中会被免责，那么无论她的行为多么无法辩护，她都必须表明法律所指定的那种应受责备的特殊心理状态。如果对带有那种心理状态的人进行惩罚的理由是建立在该人的不道德之上的，那么惩罚在道德上就是不正当的；而如果惩罚的理由是使行为人不再鲁莽行事，那么它也没有达到目的，因为

---

〔85〕有关这一问题的讨论，参见 Ripstein，*Equality*，*Responsibility*，*and the Law*（New York：Cambridge University Press，1999），14；and Jennifer Hornsby，'On What's Intentionally Done'，in Shute，*Action and Value*，55－74。

〔86〕这些事实可以轻松地从 *R. v Hyam* [1973] Q. B. 99(C. A)一案中得出（被告点燃房子是想吓唬情敌，但是却最终烧死了情敌的两个女儿）。类似的问题会在某些犯罪中产生，该类犯罪要求具有特定的相信是犯罪定义的一部分，最典型的是强奸罪，该类犯罪的公式是被告人相信受害人并不同意是犯罪的一个构成要件。在臭名昭著的英国 Morgan 案中，被告人有不合理但真实的相信，被告人相信那位妇女已经同意发生性关系，这成为了对强奸罪指控的完全抗辩；但是现在法律要求被告人对于同意的相信必须是合理的。*R. v Morgan* [1976] A. C. 182.（被告人据称被 Morgan 所说服，Morgan 告诉被告人他的妻子十分享受在被胁迫的情形下与他人发生性关系。）

就行为人自己看来她并没有鲁莽行事。同样在辩解和正当理由的相关情境中，对于个性化标准来说有一个强大的道德事实：行为人绝对不具有刑法规范所指示的病态意志。在这些令人苦恼的情形中威慑的观点也同样失败了，因为在辩解的情况下规则并不希望去威慑这种情形，而在正当理由的情况下，规则不应当去威慑。〔87〕

现在，这些考虑仅仅到此为止。尽管她并没有受到来自于惩罚的特别威慑，但是虽然其他人也许会受到威慑，并且其他人更有可能被劝阻不要如此鲁莽行事，因为期望被宣告无罪是建立在错误的个人化标准之上的。第二，大部分考虑都表明因鲁莽杀人而惩罚她是不正当的；但因过失杀人而惩罚她可能仍然是正当的；况且还没有明显的理由去严格区分惩罚一览表上各种惩罚之间的区别。第三，刑事诉讼程序中认识上的局限可能暗示着：一种比较公平的诉讼程序将是能够有效地运用规范化标准的程序，然而如果它试图去识别个别信念，那么就多半会失败。这些主要是出于实用主义的考虑。但是一些人，最近的有 Arthur Ripstein，已经试着提出对规范化标准有利的积极性、原则性论据。〔88〕 刑事规范是分配自治权的手段，在此“自治权”意味着控制人身和财产——正如我前面所指出的，它们界定了社会和道德关系的最小限度的规范性内容。在一个自由社会中，刑事规范的正当体系平等地分配自治权，给予每个公民平等的保护和控制。这里被告人没有考虑他人的利益，并不是因为在其意识到了对潜在受害者的相关危险性的情况下作出了糟糕的行为，而是因为她根本就没有去考虑这些危险性。如果她被宣告了无罪，那么国家规范赋予受害者的自治权就被事实上剥夺了。一个人不需要认为惩罚是对受害人的补偿而应当认为这里受害人有要求国家进行惩罚的权利。因而在必要的富有感情的惩罚尺度考量的前提下，一项无罪宣告可能仅仅被认为是国家对于被告人没有对受害人的利益给予应有的注意而做出的宽恕。正如 Ripstein 所提出的，国家将会以其它方式去宽恕被告人以个人理性取代公共合理性的行为。对被告人

---

〔87〕 威慑规则与辩解规则之间的关系衍生出了针对公民的行为规则与针对裁判者的裁判规则的重大区分。辩解规则是有争议的单独裁判规则，并且其不应在公民的考量中发挥作用。See Meir Dan-Cohen, ‘Conduct Rules and Decision Rules: On Acoustic Separation in Criminal Law’ *Harvard Law Review*, 97(1984), 625 - 677.

〔88〕 See Ripstein, *Equality*, 163 - 170. Ripstein 的论述比我这里所展示的更加精妙和复杂。

来说也就不存在不公平。假设她有能力去注意其中的危险性，那么惩罚她的规则就是对其行为的合理限制，而且因此她也不会获得比其被赋予的自治权更少的保护。[89] 毕竟，只要她不烧着房子就可以完全避免惩罚。

当然正如有关主观主义的争论一样，这一争论相反可能会被用来支持更加有限的观点，即针对被告人行为的特殊缺陷存在着一些国家对其做出的应对，也就是说由于她非理性地忽视了相关的危险性而造成了伤害。这一争论表明应该有一种刑事规则来禁止疏忽大意。对疏忽的惩罚还可以将行为的规范化标准纳入刑法之中，但要以建立独立的刑事规则的方式进行。然而，拒绝将规范化标准融入到特殊的犯罪之中可以较好地服务于清楚分析的目的，正如将关注点集中在如下规范性问题上一样：即针对被告人所作的某类特殊行为什么样的应对是合适的？同样的观点坚信那些建立在非理性信念之上的对辩解和理由的声称：可以确定由一条正当的（而且经常被采纳）中间道路来处理这些"有缺陷的防御"案例，而且它只是减轻惩罚并不是消除惩罚。

在此强调一下，个性化标准同规范化标准之间的争论最终揭示了，将有关责任的刑法标准视为人们之间规范性关系的构成要素是多么的重要。如果不去论述公民之间应有的行为，不去论述因没有遵循这一行为标准而要求的特殊方法和回应，不去论述国家在创制、表达和捍卫这一标准中所扮演的角色，那么这一争论就无法解决。对个性化标准产生的冲动来自于这样一种观点：即认为国家原则上有责任当众指责或者惩罚不遵循标准的行为；对规范化标准产生的冲动来自于这样一种观点：即认为国家原则上有责任确保在公民之间公正地分配自治权。哈特著名的主张是：作为辩解理由的法律应当被了解，其目的并不是为了掩盖有责行为的特定道德观念，而是为了通过最大限度地增进公民控制强制性暴力发生的能力，将其作为最大限度地增进公民自由以反对其背后之威慑体制的一种手段。[90] 哈特的观点提供了一个有益的警示，即在自由秩序之下通过自治权的政治价值而非报应所暗含的道德价值来理解国家与公民之间的内在关系非常重要。但是这一观点太有

---

〔89〕 Compare Scanlon, 'Significance of Choice', 89 - 96.

〔90〕 Hart, 'Legal Responsibility'.

限了，因为我们同时还希望国家表达由我们自己所创立的行为规则的道德力量。我们一定不会使我们对国家作用的理解复杂化，而且当我们意识到刑事责任标准同时界定了我们同他人和国家之间的关系时，我们也一定不会使我们对这些标准的理解复杂化。

### 4. 意外事件的法律责任

在当代的法律理论中，刑法所关注的是对行为负责，而侵权行为法所关注的是对结果负责。正如我们所看到的，这种理论上的差别会导致误解，因为一个人对其行为的结果可能负有刑事上的责任（例如谋杀犯），而一个人也可能基于其行为而负侵权行为法上的责任（例如故意伤害）。侵权法和刑法之间的主要区别在于其中合理性应对的性质：侵权法规定的是国家创制的由行为人向受害人做出的赔偿性应对；而刑法，至少传统上仅仅规定由国家向行为人做出的一种应对。[91] 因此，侵权法和刑法应被理解为互相配合的，不必然针对不同的责任客体，只是包含着不同的应对。即使是在仅能存在其中一种形式的情况下，刑事责任和侵权责任二者所具有的相互配合性也是值得我们牢记在心的，例如某人虽然违反了刑事规则但是却没有造成任何伤害（例如未遂犯），或者某人虽然造成了伤害但是却没有违反刑事规范。其中后者属于意外事件范畴，即当通常被允许的行为被扭曲并且造成了伤害时。

如果侵权法被定义为用以规定由致害人向受害人做出赔偿性应对的法律规范，那么很明显侵权法仅仅是许多用以规定意外事件责任的可能制度之一。例如，国家不是为了规定或者强制致害人和受害人之间的应对，而只是为了确保受害人通过法定的保险基金获得赔偿，正如在新西兰的情况。[92] 或者说是国家能够据此将伤害变成应受惩罚的原因，而同时留给受害人的就仅仅是其看到公正处罚时所

---

〔91〕正如我上面所提到的，刑法实践很可能导致一种补偿性的或者恢复性的要素，由此国家监视着由行为人向受害人做出的应对。例如 Randy Barnett 所主张的纯粹赔偿模式，载 *The Architecture of Freedom* (New York: Oxford University Press，1998)，仅仅是用侵权法代替了刑法；它忽略了那些有关修复被犯罪行为所切断的其他关系的理由，包括同国家之间的关系。

〔92〕关于新西兰在侵权行为体系上的改变的一项最新评估，参见 Bryce Wilkinson，'New Zealand's Failed Experiment with State Monopoly Accident Insurance'，*Green Bag*，2d 2(1998)，45 - 55。

获得的道德补偿。但是世界上的大部分地区都一致将这一制度的主要特征解释为:通过强制实施私人间的赔偿性应对来联结致害人与受害人之间的关系。由此,现代法律理论家为自己设定的任务就是为意外事件之责任的法律实践做出辩护。

现代侵权行为理论的广度和深度是空前的,而且有兴趣的读者可以翻看本书中 Arthur Ripstein 的文章作为参考。然而我所要做的是指出一些理论化的普遍性模式,并且指出在这些模式中进行选择是怎样主要地依赖于这些模式所预先假定了的有关人际关系和政治关系之理想的。现代理论中一个主要的划分就是所谓的分配责任理论和归结责任理论之间的划分,其中每一方都反映了不同的有关个人间以及个人与国家间关系的观念。[93] 分配性责任理论将意外事件的伤害解释为由公共生活所带来的事件,应当首先以集体承担的方式进行处理,而且除非是为了服务于集体利益的原因才可以由个人承担责任。相反,归结理论将伤害解释为个人问题;而且法律制度的任务就是去承认和实施这些个人之间互负的赔偿责任。

以经济模式作为最彻底的解决方式的结果主义理论,是分配性责任理论的典型代表。一旦假定了一个规范性目标,比如效用或者财富的最大化,那么各种各样的原则都会基于以下观点而得到辩护:通过重新调整奖励、扩大影响等方式使得意外事件的成本得以分配,那么效用确实会最大化。[94] 一个经验主义的问题就产生了:是否意味着一项错误的原则却最好地达致了这一规范性目标。此外,追求结果主义目标可能会导致一些与惯常的侵权实践相差甚远的原则,例如仅仅在最富有阶层分配意外事件的成本。那么侵权法律原则是否能够反映有关致害人补偿的比较符合情理的道德范式,就将是极度不确定的。但是非结果主义手段也可能采取分配式结构,例如 Jules Coleman's 早期的侵权行为"无效理论"。根据无效理论,侵

[93] 我借用了这些术语,包括我讨论中的其它部分,是来自于 Jules Coleman; see his 'Second Thoughts and Other First Impressions', in Brian Bix (ed.), *Analyzing Law* (New York: Oxford University Press, 1998), 257 - 322, 301 - 306。但是我从 Coleman 那里借鉴那么多,只是为了跟上近 20 年的侵权法的其余大量理论。

[94] See e. g. Guido Calabresi, *The Costs of Accidents* (New Haven: Yale University Press, 1970); William N. Landes and Richard A. Posner, *The Economic Structure of Tort Law* (Cambridge, Mass.: Harvard University Press, 1987); and Steven Shavell, *Economic Analysis of Accident Law* (Cambridge, Mass.: Harvard University Press, 1987).

权法的目的是为了确保矫正错误的损失和错误的得利，这里“错误的”要由那些规定财产和自由权项之法定转移的规则来决定。[95] 就此一观点而言，侵权法的作用是去维持由流行的分配正义理论所提出的对财产的分配。人人平等理论还提出了其它的分配方式，例如其认为意外事件的成本应按以下方式进行分配：即既要保护对资源进行平等的原始分配，又要显示出对每个个人给予平等的关注。[96]

作为一种选择，分配意外事件的成本是为了最大限度地增进个人自治权，因为自治权被设想为最广阔地促进个人从事其有效计划的能力。[97] 所有这些分配原则可能会产生同样的操作原则——有过错的致害人的责任，无过错的社会保险，严格责任——但是这些原则的出现在每一种情况下都是建立在对意外事件之成本的集体性责任之上的。个人责任的分配则都是派生性的。

相反，侵权法的归结责任理论却将责任的个人归咎居于首要地位。个人责任理论可能是道德性的，这是就其先在于政治制度而言的，否则它就应该是政治性的；但是法律责任体系的任务是要使有关个人责任的基本权利和义务生效。所谓的关于侵权法的意志自由论是归结性责任理论的典型代表。[98] 就一般的意志自由观看来，作为前政治的事实，人被看作是享有自然权利并且从其自身的因果性参与行为中获利的主体。那么正如其享有权利一样，他也应该为其创设性行为的成本负相应的责任，尽管这是不合理的。关于意志自由观的更深层的思考是：伤害减

---

〔95〕See Coleman, ‘Tort Law and the Demands of Corrective Justice’, *Indiana Law Journal*, 67 (1992), 349 - 379.

〔96〕这种方式是由 Ronald Dworkin 在《法律帝国》中提出的，参见 Ronald Dworkin, *Law's Empire* (Cambridge, Mass.: Harvard University Press, 1986), 276 - 312。在他的‘What is Equality? Part 2: Equality of Resources’(载 *Philosophy and Public Affairs*, 10(1981), 283 - 345)一文中，德沃金为一个替代方法打下了基础，根据这一方法，当这些成本在特定的意义上反映了个人的选择时，事故成本应当由这些个人承担；否则事故成本的分配应当保持资源的平均分配。这一方法在 Eric Rakowski 那里得到了进一步的发展，参见 Eric Rakowski, *Equal Justice* (New York: Oxford University Press, 1991), 227 - 243。

〔97〕这一方式是哈特的刑事责任理论所主张的，参见前文的论述。

〔98〕Richard Epstein 的早期观点参见他的‘A Theory of Strict Liability’(载 *Journal of Legal Studies*, 2(1973), 151 - 204)一文，仍然是侵权法责任理论的典范。然而 Epstein 仍然认为自己是一个自由主义者，他的近作 *Simple Rules for a Complex World* (Cambridge, Mass.: Harvard University Press, 1995)致力于为侵权法寻找一个功利主义的基础。无论 Epstein 是否能调和自由主义和功利主义，他的新近观点显然是分配性的——这种观点可能会减少乃至摒弃侵权法的真正自由主义理论。

损了受害人的法定权利，并且以一种不符合法定转让规范的方法剥夺了受害人私有财产的价值(或者某些价值)。[99] 但是其核心观念仍然是：一个人要对其所引发的意外事件负责任，而此责任通过因果关系得以被理解。

现在，将责任建立在因果关系之上的理论遭受了致命性的叛变，从我对道德责任的讨论中就已经熟知了：就形而上的理解看来，广泛的、各种各样的情况和事件都可以被同样地当作某种给定的伤害的原因；只有实用主义的、规范的标准才能够将它们区分开来。正如 Ronald Coase 所指出的，大部分的意外性伤害都来源于原被告双方的某种相互作用——一方行走时另一方却正在驾车，一方使用一种产品时另一方却在制造这一产品等等。[100] 实际上，在这充斥着大量侵权行为和大量产品的现代世界里，因果性标准很难将任何一个人排除在责任之外。考察一下发生于 1984 年的 Bhopal 灾难，当时一家生产杀虫剂的工厂泄漏了毒气，同时杀死了近千个居民。这一灾难看上去是由以下事实造成的：工厂不严格的监督和保养标准，低水平培训的员工，低收入导致的人员不足，缺乏在相关印度政府部门指导下的有效管理权威，美国总部的监测不力，更不用说碳化物联盟的股票持有人的监管不力了；此外还有居民们选择迁入且继续住在工业设施附近，然而其产品确是带有剧毒的。[101] 很清楚的是，有着因果牵连性的不同各方对悲剧承担着不同程度的责任。因此因果关系标准的长处就在于决定了一系列的责任参与方。只有去参考更深层的规范性标准才能够将其中的一方确定为“原因”，或者一方是“致害者”而另一方是“受害者”，这样去称谓负载了一种因果关系指向，而不仅仅是一种对伤害的描述。

其他人也提出了关于法律责任的归结性理论，它们是建立在一种关于道德责任的更充分的观念、而不仅仅是因果关系之上的观念。例如，Ernest Weinreb 仅仅

---

〔99〕作为其必然结论的就是，如果没有行为人对受害人的损失负责任，那么以一种强制性的保险基金去补偿就将是一种非法的举动。

〔100〕Ronald Coase, ‘The Problem of Social Cost’, *Journal of Law and Economics*, 3(1960). 对这一观点的充分发展，参见 Stephen Perry, ‘The Impossibility of General Strict Liability’, *Canadian Journal of Law and Jurisprudence*, 1(1988), 147 - 171。

〔101〕参见《纽约时报》对这起灾难的全面系列报道，‘The Bhopal Disaster: How it Happened’, in the 28, 29, and 31 Jan. 1994 issues, all p. A1。Bhopal 工厂由印度碳化物联盟(Union Carbide India)直接经营，该联盟的 50.9%的股份由美国碳化物联盟总公司(Union Carbide Co.)持有，22%的股份由印度政府直接持有，其余的股份掌握在 23000 名印度公民手中。

认为侵权责任反应了个人对其所侵犯的权利进行补救的道德责任。接着，道德赔偿责任是建立在一种基础性的关于实践理性要求的康德式理解之上的。一个理性行为人，当他做出一种意志行为时必定是接受了对于该行为之结果所负有的责任；无论其是否愿意，将一个人行为的成本强加给另一个人都是对于如下要求的不尊重：即一个人仅仅根据其所可能遵循的原则行事。[102] 赔偿责任是自我归结性的，就此种意义而言它所遵循的是实践理性的操作。[103] Jules Coleman 的居间性著作《危险与错误》，同样地将法律赔偿责任同道德赔偿要求联系起来，这些要求是建立在有关个人行为的规范性概念之上的。[104] 不像他的前人那样主张纯粹分配性的侵权行为"无效理论"——即关注受害者们所提出的有关其错误性损失应当得到补偿的普遍要求，Coleman 的比较新颖的行为中心理论意在指出，行为人具有"去补偿他们对其负有责任的错误性损失"的特殊的道德责任。[105] Coleman 主张，关于矫正正义的这一原则仅仅是内生于我们特殊的、偶然的社会实践之中的。[106] 然而，这一法律责任之道德原则的扩张是间接的。通过带有侵权行为制度特征的一种强制性的、个体化的补救责任，一种法律体系是可以直接地贯彻矫正正义原则的。或者说它不是贯彻矫正正义，而是贯彻某种纯粹的分配性方案，在这一方案中个人补偿责任没有被直接提出来。[107]

最后，一些理论将分配性方面与归结性方面结合了起来。Stephen Perry 立基于 Tony Honoré 的"结果责任"观念提出了一种侵权责任理论，这一理论独立地建立于行为人对由其所造成的并且由其所控制的结果所负有的道德责任之上。[108]

---

[102] Ernest Weinrib, *A Theory of Private Law* (Cambridge, Mass.: Harvard University Press, 1995).

[103] 对于康德的侵权责任观点的启发性发展，参见 Barbara Herman, 'What Happens to the Consequences?', in *Practice of Moral Judgment*, 94－112。

[104] Jules Coleman, *Risks and Wrongs* (Cambridge: Cambridge University Press, 1992), 314－318.

[105] Coleman, *Risks*, 324.

[106] Coleman, 'The Practice of Corrective Justice', in Owen (ed.), *Philosophical Foundations*, 63, 53－72. 说矫正正义原则是偶然的，并不是说在"仅仅"超越形而上学的任何意义上，它仅仅是偶然的。行为人有特殊的理由来弥补他们过错的原则贯穿在机构、关心他人和人格的一系列理念中。换言之，该原则建立在一系列相互联系的实践基础之上。Strawson 的回声依然嘹亮。

[107] Coleman, *Risks*, 386－406. 这种情况可能什么也不能做，但是至少它有可抗辩的分配正义的理念。

[108] See Perry, 'Responsibility for Outcomes'; Perry, 'The Moral Foundations of Tort Law', *Iowa Law Review*, 77(1992), 449－513; Tony Honoré, 'Responsibility and Luck', *The Law Quarterly Review* (1988), 530－553.

这一理论基于行为现象学，还没有上升到一种赔偿义务的高度，正如上面我曾讨论过的关于道德责任的论述一样：从某种程度上说，我们作为永久的、被固封起来的行为人，我们的自我理解是建立在我们将自己视为世界的创造者之上的。[109] 正如Perry所意识到的那样，那些尾随意志自由理论而来的相互作用的情境同时也构成了对其自身的挑战，因为由交叉行为所引起的伤害将会最典型地反映出所有各方的行为及其控制状况。（尽管你用车撞了我，但是我本可以选择不去散步的，因此我也同样控制着这一结果的发生。）因此Perry补充了将责任仅限于未作进一步分析的参与各方的结果责任概念，而代之以一种分配性原则，据此，意外事件的成本应与错误性同时存在，否则行为人就会以其他方式对他人强加特别的危险。同样地，Coleman和Arthur Ripstern最近提出了一种合并了分配性考察和归结性考察的观念。[110] 在他们看来矫正正义还用具体的例子说明了归结性原则：即个人必须承担其自身行为的成本。这一原则内生于一系列偶然的社会实践之中，而不像Perry所说的是由一种行为道德理论派生出来的。但是由个人自己承担成本的问题不应该仅仅被解释为一种社会习惯。然而，成本所有权的问题必须通过参考一种关注合理分配危险与责任的政治理论后而加以解决。[111] 简而言之，Coleman和Arthur Ripstern是以一种政治性的分配原则为重心，然后将特殊的赔偿义务归因于其所指定的责任标准基础之上，然而，Perry是以道德性的归结原则为重心，然后再有效地使用政治性的分配原则。[112]

侵权行为理论家们的争论在一定程度上反映出他们在描述上不同的关注点：

---

[109] Perry, 'Moral Foundations', 498. Perry认为结果责任是以一个人对自己的行为结果作出的回应为基础的。但是作为社会存在者，我们对其他人的行为的反应以及其他人对我们的行为的反应共同提高了因果关系和控制的现象学的重要性。

[110] See Jules Coleman and Arthur Ripstein, 'Mischief and Misfortune', *McGill Law Journal*, 41 (1995), 91 - 130；也可参考Ripstein的独立探究，参见Ripstein, *Equality*, *Responsibility*。

[111] 在Coleman和Ripstein的关于自由政治理论的论辩中认为，适当的分配可以保证一种平等分配的安全，并由此去调动责任的规范化标准，而且反映出一种有关不同行为之相关价值的慎重考虑的等级序列。Coleman and Ripstein, 'Mischief', 126 - 129.

[112] 由于Coleman和Ripstein使归责从属于分配，正如Perry所说的，他们的论证有使矫正正义陷入分配正义之中的危险。Perry, 'Mischief', 154. 但是，通过行为人特定义务的产生，矫正正义区别于分配正义，那么，Coleman和Ripstein就确实提出了矫正正义的观点，尽管矫正正义是建立在分配正义的基础上的。因此，他们的观点必须作如下理解：分配正义必须通过行为人一般的理由和行为人特殊的理由这两个术语来加以理解。See Coleman, 'Second Thoughts', 312 - 316.

一些理论家，如 Epstein 和 Calabresi，他们的贡献主要在于修正，然而其他理论家，如 Perry、Coleman 和 Posner，声称他们提供的论述重在对信条真实内容的敏感，尽管这些论述是为了证明这些信条是正当合理的。但是，正如有关刑事责任的争论一样，其中的关键之处在于这些见解中所表明的关于社会关系的特殊理想。对于这一问题理论家们进一步的关注点可能是，排除压力去发现一种关于能够证明赔偿责任之道德和政治原则的基础性的优先主张。〔113〕我在第二部分曾经主张，某些责任观念明显植根于行为自身的经验之中并且是由公共性的、冲突性生活事实所决定的。但是关于那一观念的精确性应对即责任的内容，将必然取决于特殊的习惯性安排和社会生活。当然，去证实侵权法构成原则的产生和转变是历史学家们的任务——正如英美法中对过错原则的处理显示了，其后来在工作场所和生产环境中的局限性，而这些环境正是对经济压力、社会压力、以及智力压力所做出的回应。〔114〕哲学观点并不是要拒绝接受侵权行为而支持历史理论，而是其意识到了如下观点的重要地位：也就是即使在哲学论述中偶然性社会规则也必须发挥作用。

下面回到纯粹分配性的经济理论和纯粹归结性的矫正正义理论二者之间的中心论争。即使假定纯粹的归结理论能够解决相互作用的问题，在各种理论之间进行选择也主要依赖于在适当政体控制之下的社会安排的规范性观念，在行为的高度制度化领域——例如机动车驾驶、工业雇佣、可能还包括大量的生产和消费领域，以经济手段为前提的体系化社会关系管理模式，看上去既是适当的又是有魅力的。〔115〕换句话说，在这些领域中公共的调节性应对似乎是正确的：他们显示了产生于具有一般价值的公共活动之中的有关管理、传播，以及降低成本等公共性问

---

〔113〕这可能是一个以 Strawson 的"自然的"回应模式为基础的误解，"自然的"存在显然是社会的产物。

〔114〕英国的 *Holmes v Mather* [1875] 10 Ex. 21 一案第一次提出了如下杰出的观点：基于过失或者故意的不端行为是主张法律赔偿的必要因素。Morton Horwitz 认为，美国法律向过失的转向，表达了一项应对日益繁荣的工业的深思熟虑的社会政策。他也指出，在共同碰撞的情况下，法官主要将过错作为认定责任的有用工具，这当然是很常见的。Morton Horwitz, *The Transformation of American Law: 1780 - 1860* (Cambridge: Mass., Harvard University Press, 1977), 85 - 99. See also Lawrence M. Friedman, *A History of American Law*, 2nd edn. (New York: Simon & Schuster, 1985).

〔115〕例如，Roger Traynor 法官在如下案例中的著名遭遇，参见 *Escola v Coca Cola Bottling Co.*, 24 Cal. 2d 453, 461, 150 P. 2d 436, 440(1944)。在该案中，Roger Traynor 法官是以保险和激励效应方面来维护企业责任的。

题，而且，国家可以在其中合法地、有效地实施权威。在这一特殊的领域中，反个人主义与以经济手段为特征的反个人主义的权衡能够被结合起来，同时不会威胁到更为一般的个人主义政治理想。相反，一般行为趋势的分配方式如果不受约束地扩展，就很可能在事实上威胁到社会和道德理想。但是这还主要依赖于法律责任形式在多大程度上被理解为是道德形式的反应；而且由于相关的行动领域以及关于法律和社会道德之关系的特殊的社会性理解，这也必定会呈现出不同。在缺乏这样一种有关社会关系的观念时，关于行为人有赔偿责任的观点就会是空洞的。在某些社会条件下，关于个人责任和个人自治权的理想确实可能会受到来自侵权行为理论的威胁。[116] 在其它社会条件下，即使是在有关相当广泛的行动之分配原则之下的归类，可能也只不过是反映了一种基础性的集体道德观。

再强调一次，我的观点并不是说有关法律责任的哲学思考要受惠于特殊的文化实践。一种特别有价值的哲学活动形式是指向那些可替代的、更可欲的社会及政治理想，而无论这些理想是否真的是法律实践的例证，以及是否又或者是内在于文化之中的。总之，我并不想去评判关于社会及法律实践的那种涵盖了一切情形的相对主义；当然，他们支持任何形式的由元伦理学所提出的具有理性的批判性措施。另一项任务就是去从事有关概念澄清的传统哲学任务，其目的是为了清楚地描绘出那些能够推动特定法律文化的原则和理想，并且说明那些理想逻辑上必然要牵涉到什么。我所要指出的仅仅是对于侵权行为法的关系性解释引发了对于社会及道德理想的相应依赖性，同时还恰当地关注了理论争论中的规范性症结。[117]

### 5. 结论

我是以一连串的有关责任的不同用法为开篇的，但是本文总体上视责任这一主题为一个统一体。我强调了关于责任的论断只有通过将其视为特殊的社会实践的方式作出，才是可以理解的，而这些社会实践则是对那些作为其背景的社会的、道德的以及政治的关系和理想所作出的回应。从根本上说，Strawson 所提出的穿

〔116〕 社会变革一般可被视为是有助益的，正如在那些在工业事故领域中的有争议的案例一样，其中经历了由无过错雇主的无责任转变为无过错工人的补偿的过程。

〔117〕 正如我所指出的，Coleman 和 Ripstein 都分别意识到了有关侵权行为理论的这一特征。

过责任这一迷丛的路径，在我看来是阐明有关责任应对及责任要求之重要特征的唯一正确的方式。但它也同样极具助益地澄清了法律理论中的一系列争论，例如刑法中报应主义和功利主义之间的争论，以及侵权行为中分配主义和归结主义之间的争论。这些争论目前看来正处于一种哲学上的停滞状态，尽管他们从一个十年走向了下一个十年。但是当这些理论的支持者们正面临并试着去证明他们预先假定的理想是合理的时候，关于责任的道德和法律理论向社会观念作出的一般性转向，使我们有理由期望这些争论可以开始有所进展了。重建责任理论的重要性已经超出了它所显示出来的这些哲学争论。因为只有当我们视自己为行为者、创造者、感同身受者以及受害者时，对责任做出解释才是合理的(通情达理)的。一句话，在我们把自己当作人来认识时，才是在真正地认识责任。

# 第15章　普通法的哲学

杰拉德·J. 波斯特玛(Postema) 著　韦洪发* 译

## 1. 引论

普通法是法官制定的法。每位英美法学者都知道这一点。根据*照章办事***(*stare decisis*)的原则,司法判决被认为不止对法庭上各方具有约束力,而且对该辖区内将来审判相似案件的法庭也有约束力,并因此而对这里讨论的法官制定之规则的适用对象都有约束力。在有证据表明法律未作相关规定的新奇案件中,法官用新的有约束力的先例来填补这种不足。当然,照章办事的原则允许法庭"区分"它们面临的案件与乍看起来(prima-facie)似乎相关和有约束力的先例,并允许法庭通过类比适用而"扩展"先例以超出它们明确的适用范围。当法官发现某些先例特别麻烦时,尽管非常不情愿并且要在严格的界限之内,该原则甚至允许法官推翻先例。普通法法院以这种方式修改先例并在此过程中制定新的法律。在这一为人熟知的叙述中没有什么令人感到困惑的。它没有对现存的法律理论提出什么特别有趣的挑战,并且它非常符合各种实证主义理论。(我们也能够不太困难地使其与形成竞争的自然法理论相一致。)法律在本质上是立法的产物——普通法和其他类型的法之间唯一的重大不同在于其立法的机构。

---

* 吉林大学理论法学研究中心博士,吉林大学马克思主义学院副教授,主要从事法理学研究。

** 斜体为原文作者所加,下同。——译者注但这一叙述可能还是让人感到有点困惑。毕竟，似乎法院的*立法*是在*判决*过程中完成的。在将规则适用于要求制定规则（rulemaking）的案件这一过程中，法律规则被制定出来。这至少足以让弗雷德·肖尔（Fred Schauer）相信普通法"非常罕见地令人困惑"（Schauer 1989：455）。并且边沁也无情地抨击它，认为它混淆了这两种不同的职能，并带来了极端的不确定性和戴着面具的司法权力滥用（Bentham 1970：184－195）。我们期待法官遵循规则，但在普通法中似乎是规则在追随法官。当我们考查英国法的历史时，普通法变得甚至有点更加令人困惑。在关于一个15世纪案件的年鉴报告中我们发现该报告主张，"先例和习惯不能支配法律，而法律可以支配它们"（Tubbs 2000：45）。法史学家普遍认为在18世纪之前，英国普通法中没有稳定的照章办事的原则（Simpson 1973：77；Gray 1992：157－158）。的确，该原则直到19世纪的某个时候才告确立。在英国普通法的先例原则固化定型时期出现了实证主义将普通法理解为严格的*法官制定法*（*judge-made law*）这一情形，这不完全是巧合。实际上，边沁首先使用了"法官制定法"这一术语，他用作为一种蔑视和侮辱的这一术语来攻击英国法。对我们生活在当代普通法世界的人来说，该术语显得非常清白无辜并且似乎在描述上也是准确的这一事实表明了我们已与古典普通法学家之法律世界相去甚远了——这一过程始于边沁对18世纪普通法的摧枯拉朽式的批评，以及约翰·奥斯丁为了使普通法与古典实证主义法学相适应而对普通法之理解的重塑。[1]

但如果历史学家是对的，英国普通法在超过500年的时间里运行得足够好，并且根据当前的正统观点，它还缺乏把该实践统合成一种法律（a form of law）的手段。另外，恰恰是这种如17世纪的普通法法律人所理解的17世纪的普通法实践将英国殖民主义散布到了新世界以及更远的地方。因此，当前的实践和历史根据对关于普通法的为人熟知的观点提出了挑战。普通法以及广受赞同的对普通法的各种概念化可能一直（并可能继续）比我们的常识所承认的更为复杂。我们一直视为是普通法之常识的事物可能根本不是知识。我们应该更仔细地予以审视。它典

〔1〕Bentham（1970：152－155，184－195，1977：188－273，1998：123－140）；Austin（1885：ii. 525－533，620－660）；Postema（1986，ch. 8）.

型的运行模式可能为我们对法律及法律推理之本质的哲学理解提出重要的议题。

那么，我们怎样来理解普通法呢？该问题显得非常笨拙，尤其当人们期待从普通法于 12 世纪的诞生到其当下在世界范围的表现形式对普通法理论（common law jurisprudence）作全程考查时，情形就更是如此。为了使这一任务变得更容易处理，我建议我们考查一下 17 世纪的普通法理论，因为 17 世纪对普通法的发展是一个极其关键的时期。到 17 世纪，普通法实践已经成熟并且出现了一群善思的普通法法律人，他们试图表达出对他们所践行的法律的清晰的、有条理的理解，虽然这种表达是以一种分散的、应时的并且有时是以党派政治的方式进行的。他们是他们那个时代法律实践的积极参与者（律师、法官、皇家法律顾问以及议员），而不是哲学家。因此，他们从来都没有表达出成熟完整的、哲学的法律理论。但他们对与法律及法律推理的本质以及法律的规范性权威等有关的问题形成了一个独特的视角，而这些问题现在还是关于法律之哲学思考的核心。在第二节中我将概述普通法理论的关键论题以及主要概念；在第三节中我用当代哲学的语言对这些论题和概念予以转化并考查可能会支持这些论题及概念的论辩。

## 2. 古典普通法理论

对古典普通法法律人而言，法律不是由意志或自然规定的，它是后天获得的，[2]它在权衡（deliberation）和争论中被使用，并且在实践中被遵循：布莱克斯通在 18 世纪中期时写道，“证明这个或那个行为准则是普通法的一项规则的唯一方法是证明一直存在遵循该准则的习惯”（Blackstone 1765：i. 68）。法律不是被看作一组排列有序的、官方订立的、明确的规范，而是被看作隐含在由“传统、习惯做法以及经验”（Blackstone 1765：i. 17）所传递下来的大量惯例及实践思维模式中的规则和习惯。这些规则是权衡推理（deliberative reasoning）之共同实践过程的产物，并且它们构成了在推理过程中使用的基本原材料。普通法是“合理的习惯”（Hedley 1610：175），它在日常社会生活之实践问题得到处理的公共推理过程中被遵循和确认。“习惯”和“理性”是该法律观念的两个要点。这两个要点互为补充、

〔2〕对于这一切题的表达，我要感谢 James Murphy。

相互加强和支持并且相互证明对方是合格的。

### 2.1 作为特定区域内之习惯的普通法

所有关于普通法的一般性讨论都以如下主张开始，即普通法是整个王国（指不列颠王国）内的共同习惯（Hedley 1610：175；Hale 1971：17，30；Blackstone 1765：I，67）。这是自远古以来，自“很久以前”就存在的“一般性习惯”（与封建领主领地内或郡县内的地方性习惯不同）。对有些普通法法律人来说，该事实是普通法之智慧的充分证明。例如，赫德利（Hedley）认为，普通法是“经由时间检验的”共同理性，是“真理的检验者和所有人类智慧的创始者”（Hedley 1610：175；参见 Coke 1628：97b）。其他 17 世纪的学者则更为温和地主张长时间的使用使法律适应了英国人的性格（Hale 1971：30）。对于普通法是古老的这一主张也存在某种异议。柯克（Coke）主张说普通法的大部分关键原则和规则自罗马时期起基本没有变化（Coke 1793，Second Reports，preface），但在这一点上他无疑是偏执的。在 17 世纪的最后三十几年中，马修·黑尔（Matthew Hale）表达了一种更为温和且普通的观点，“法律的效力、约束力以及法律的正式品质并不是基于它是由丹麦人、萨克逊人或诺曼人带来的这一解释，而是（毋宁是）出于这样的原因：它们成为法律并在该王国内有了约束力是因为它们在此地为人们所接受和赞同”（Hale 1971：43）。[3]如果不单从字面意思上来理解，根据黑尔的观点，普通法的古代起源的隐喻表征了普通法的另外三个关键特征。

首先，普通法以历史连续性为特征。它在其历史进程中可能经历过巨大的变化，但在这些变化中，它保持了作为一个单一且连贯之法律体的完整性。尽管数百年来它经历了这些变化，我们可以说它还是同样的法律，就如同阿尔戈号（Argonauts' ship）在其返回故土时与其在当初出发离开时是同一艘船一样，尽管在其漫长的航程中它经常被修补，以至于构成该船的原初的材料几乎都没有了（Hale 1971：40）。并且这艘法律之船上没有什么是不能变化的。

其次，连续性是基于每个部分可以融合为一个整体这一事实。普通法在很久以前就存在这一主张表明，任何法律规则的合法性和约束力都不是基于谁在什么

---

[3] 请注意，我将整章的拼写、大小写和标点都作了现代化处理，且不再另外说明。

时候制定了它，而是基于它们在这个王国内为人们所接受和认同。这种“接受”表现为它们融入了构成普通法的原则和惯例体系。这里的关键是*融合*，而非*起源*(Hale 1971:3,6.8)。这种习惯、制定法或司法判决的融合不仅仅是逻辑连贯或一致的问题。它还是一个实践及历史问题：它是实践的，因为它事关规则是否被(法律主体及必须根据法律来评价该主体之行为的官员)“采用”、实践和使用；并且因此它还是历史的，因为不管一个规则是怎样被引入的，只有时间能够判断该规则是否因此被融合进来并成为普通法的一部分。

最后，对黑尔及很多他的同代人而言，融合包括使规则或准则与该国家的性质相协调，“例如通过长期的实践和使用，规则或准则似乎就能融入公民的气质和性格中，并且在某种意义上成为大英联邦的气质和特质(constitution)”(Hale 1971:30；参见 Davies 1615: ii. 252,255)。普通法被认为是英国的“特质”——英国基本的规范性结构以及英国集体健康的根本。黑尔所谓的特质不只限于政府的特质；它还是*大英民族*的特质。此外，协调的过程以两种方式进行。随着时间的推移，起初粗糙笨拙的法律规则变得精致和温和，以适应该国家总体的日常生活。同时，对规则和惯例的遵循塑造了该民族的性格、信仰和期待。因此，他们认为的社会互动中之问题的合理的和可行的解决方案立基于对当前的实践与过去的实践之间的连续性的感知；另外，什么能被算作与过去有连续性又严重地依赖参与者眼中过去之安排与惯例对当前条件及问题的合理的投射(projections)。这也解释了黑尔的主张，即普通法在该国家中为人们所“接受和认同”。这不是简单地表达同意，而毋宁是经由允许法律融入其生活而表现出的对法律的接受。

但是对黑尔而言，如同所有普通法法律人一样，在法庭诉讼的自始至终，习惯始终拥有其作为法律的地位。但这提出了一个重要的问题，即*谁的*习惯是普通法的习惯，是民族的习惯或法庭的习惯？毫无疑问，到16世纪时，普通法已经变得高度专门化，并且已经不再只是(如果它曾经是的话)该国习惯的一种反映。因此，如边沁后来所称呼的那样，普通法确实是*法庭上的*习惯(custom *in foro*)而非*法庭外的*习惯(custom *in pays**)(Bentham 1977:182－184,217－218)。古典普通法法律

* in pays 疑为 in pais 之误，后者意为“法庭外的，不正式的”。——译者注

人对此不会否认，但他们仍会坚持认为两者之间存在根本的联系。圣日尔曼（St German）在16世纪为表达这种联系奠定了基础。他对*一般习惯*（*general customs*）和*准则*（*maxims*）作了清楚的区分，前者散布在整个王国，法律人和门外汉同样都知道它，而后者是只有在法庭上才出现的专门化的法律规则（St German 1974：59）。准则的效力和根据来自于该王国中存在的一般习惯，它们也通过这些一般习惯起作用。同时，它们与其他准则共同扎根于它们的合理性（reasonableness）中，也即扎根于它们在与普通法其余部分以及它们构成的习惯的连贯性方面的适宜性以及它们对这种连贯性所做的贡献（同上注）。因此，尽管对普通英国人来说法官之法可能显得不可思议，但法官之法的正当性被认为是立基于这一事实，即它与作为该民族之第二天性的习惯相一致，并且与为其独特的推理训练所精练化的作为一个整体的普通法相一致。所以，普通法不能被等同于该王国的习惯，但后者是前者之有效性的根本源泉，不是字面意思上的通过推导或派生得出的源泉，而是源头和完全一致（congruence）意义上的源泉。

### 2.2 作为共同理性（common reason）的普通法

*共同理性与自然法。*古典普通法法律人的典型表述是"普通法只不过是共同理性"（Coke 1628：97b，183b；Hedley 1610：175；Finch 1759：75；Doddridge 1631：242）。但尽管古老的自然法学说的回响不绝于耳，[4]普通法法律人心中所想的却是十分不同的事物。他们虔诚地承认自然法是所有法律的终极基础，但他们很少将该基础带入他们日常生活的世界。对于他们实用的、关注具体对象的头脑来说，自然法过于抽象和理论化；对具体的人类事务而言，自然法通常是缄默的、有争论的或者简直就是遥不可及的（Hale 1956：502－504）。著名的柯克大法官写道，"理性是法律的生命，并且普通法本身只是理性而非其他"。但他很快又补充说他上述说法不是指称"自然理性"（natural reason），而是训练有素的普通法法律人的"人为理性"（artificial reason），"是通过长时间的学习、观察和经验而对理性所作的人为完善，并且不是每个人的自然理性……"（Coke 1628：97b）与此类似，黑尔以一种典

---

〔4〕当西塞罗写下如下词句时，他就捕捉到了后来在托马斯主义自然法理论中得到表达的斯多葛学派学说："法律在人的头脑中被牢固确立且变得完善时，它就成了最高的理性"（De Legibus，i. 6. 18）。

型的普通法的方式坚持认为，普通法的理性是法官具体化的审慎和权衡的判断，通过其对普通法具体细节的再现，法官们精通人类事务的共同语言，并且因此他们最有能力表达“所有理性的人都能认同的……关于正义及适当的观念”——在这一点上他们优于哲学家或神学家，后者试图“超出普通的善恶标准并远离人类交流的普通主题”来完成这一任务（Hale 1956：502，503）。

普通法的这种“人为理性”至少在两个方面与人们一般理解的自然法不同。第一，人们不是以宽泛的一般性原则来考虑它，并且其自身也不会提供评价一个特定法律规则或原则的令人满意的判断标准。它毋宁被认为是*训练有素的推理的实践*（*disciplined practice of* reasoning）。如果“理性”证明某种学说有道理，这只是因为该学说*在推理和争辩的过程中*经受住了批判性审查的考验。第二，当明确的、没有争议的法律（我们现在称其为“黑体字法”（black-letter law）* ）没有给出关于一个法律问题的明确解决方案时，普通法法律人不会像自然法学家那样去考虑法律之外的道德原因，而是更为深入、持久地考查普通法所积累的经验和案例。普通法法律人相信训练有素的推理能力在法律提供的大量经验材料的浸淫下能够给出甚至最为困难和明显新奇之案件的合理的、恰当的解决方案。

*人为理性。* 古典普通法理论认为“人为理性”有几个特征。第一，它是实用主义的（*pragmatic*），它关注实际问题的解决。它致力于具体的情形和问题并尝试以手头现有的材料来造就问题的解决方案。它衡量成功的标准是看相关的解决方案是否起作用；并且其“起作用”的衡量标准是看它是否在将来更多的案件中被“采用”。

第二，人为理性是一种*注重前后关系、注重事件之背景*（*contextual*）的能力。黑尔曾评论说，“人不是天生就是普通法法律人”，“单纯理性能力的行使也不会让人充分了解普通法知识，必须通过阅读、学习和观察来熟悉、习惯这种知识并运用这种知识才能使人对其有完全的理解”（Hale 1956：505）。普通法法官解决问题的典型方式很少只是查阅相关规则并将其适用于其眼前的案件事实。普通法的典型

* 黑体字法：一种非正式用语，用来表示被法院普遍接受的或体现在某一特定司法管辖区的制定法中的基本的法律原则。薛波主编：《元照英美法词典》，法律出版社 2003 年版，第 156 页。——译者注

推理方法既不是演绎法，也不是归纳法，而是类比的方法，即以可感知的相似性和不同为基础，以将当下的案件置于掌握全部普通法资源的法官或法律人所绘制的图景当中为基础，根据一个案件论证另一个案件。

第三，人为理性具有一种自觉的*非体系性*。它不对理论反思怀有敌意——它太过实际而不能进行理论反思，它乐于使用手边的任何工具——但它确定无疑地不是一种理论化或体系化的才能。同时，它又不是当代哲学意义上的严格特殊主义的(particularistic)。普通法法律人不反对根据可普遍化的理由进行思考，并且他们热心于保证他们的判断与其他的解决方案及法律的其他部分的一致性。尽管如此，他们通常追求一种*地方性的*、*局部的*一致性(*local* coherence)。对普通法法律人来说，道德或实践远景的总体一致性在重要性上不及具体的实用性(concrete workability)。因此，古典普通法拒绝被简化为由原理或诸首要原则构成的体系，在其中，构成普通法的其他准则、规则和判决(至少在原则上)能从上述原理或首要原则中推论出来。几个杰出的普通法法律人试图确定贯通普通法之大部分的尤其重要的一般性原则，但这种总结很明显是*非体系化的*。例如，培根很明确地想使其对准则的收集对普通法学者有所助益，但他同时认为下面这一点非常重要，即不让这些学者错误地认为普通法能从这些一般性原则或准则中找到(Bacon 1630：B3)。

第四，普通法的人为理性从本质上说是*商谈性的*(*discoursive*)〔5〕，也就是说，它事关对话者之间的权衡推理及争论。多德里奇(Doddridge)写道，不成文的普通法存在于从业者的经验及记忆中，"从此处它又为关于理性的争论(deceptation)和对话推导出来：而这是当时机来临时，而不是在之前"。他补充说，普通法是"经争论和辩论考验和筛选"的理性。〔6〕柯克将多德里奇思想中很明确但颇含蓄的一个要点清楚地表达出来：他们所想的争论特指*法庭的*(*forensic*)辩论。柯克争论说，在疑难案件中，法庭外的个体自身不可能发现普通法之规则的恰当理由。因为相

---

〔5〕该词汇现在已经废弃不用了，但它在17世纪是通用词汇，它很好地表达了普通法理性的对话(interlocutory)方面以及严格而言的话语(discursive)方面(*OED*)。

〔6〕Doddridge (1631：241，242)."争论"(deceptation)或"分歧"(disceptation)是古代词汇，意指"争论、辩论或讨论"；"产生分歧"("to discept")意指争论、辩论，表达不同意见或观点的不同(*OED*)。我感谢 Michael Lobban，他为我提供了这个注释，并在一般意义上深化了我对古典普通法理论的理解。他的关于十七世纪普通法的作品将出现在 vol. 10 of Pattaro，Postema，and Stein 中(即将出版)。

对于具体案件而言，只有在争论的过程中，在允许合理质疑的公开法庭上，法律才能被发现和形成(Coke 1793, *Ninth Reports*, preface)。

第五，因此，普通法的理性本身是*共同的*(*common*)或*共有的*(*shared*)。在不单是一种个体能力的意义上讲，它不是"自然的"。它是一种智力能力，一种商谈能力，它可以通过参与公开的法庭辩论的实践来习得，该实践置身于对"人类事务和习俗"之有记录的体验的世界中，并在其中四处移动。黑尔争论说，哲学家和神学家不适合该项任务，因为它不是一项通过抽象理性的运用发现一般性实践原则的任务，而毋宁是一项通过掌握编织到普通生活中的诸关系和安排而判决特定案件的任务(Hale 1956:502－503)。在其《历史学》一书中，黑尔追溯了在特定案件中法官寻找判决规则的过程。黑尔认为，该法官首先去找该王国内已确立的普通法和习惯，然后参考过去的案件中的权威判例和判决，最后诉诸"该事物的共同理性"(Hale 1971:46)。当然，这不是霍布斯式的主张一旦法律的来源被穷尽之后法官必须诉诸自己的自然理性的观点，也不是为英国衡平法实践所采用的法官必须诉诸良心的罗马法学者的观点。相反，黑尔所谓的法官再次回到了案件以及案件植根于其中的"人类交往"("human conversations")，并且通过敏感的判断以及对该判断有所助益的对其他相关的类似案件的类比适用，找到一个解决方案。法官所找寻的是该事物的*共同*理性。

这部分地解释了为什么普通法法官愿意仅追求地方性的、局部的一致性，而非一种单一道德远景(moral vision)的宽泛的理论一致性或系统的合理性。该人为理性的目标是汇聚关于共同解决方案的判断，并因此获得有效的实际指导。对更大程度的理论一致性来说，当它没有服务于汇聚判断这一目的时，它最多被看作一种奢侈，并且更为普遍地被视作实现该目的的障碍。但普通法法律人坚持认为，不管任何个体的道德远景看上去多么有说服力，法律都不参与其间，但相反法律却参与更大之共同体的观念及判断的汇聚，并参与塑造和维系一种关于合理性的共同感知。突出的特征(salience)而非远景，实用的汇聚而非理论上的一致性才是普通法的根本目标。

### 2.3 古典普通法理论中的先例与制定法

*先例。* 15世纪的正统普通法法官就已经能够写下："先例和惯例不会统治法

律,法律统治它们……先例并非在所有案件中都对法庭有约束力”(Long Quinto, M. f. 110,转引自 Tubbs 2000:45)。当然,这不是意图要绝对地否认司法判决的法律重要性,而是要从根本上削弱特定司法判决对有约束力之权威的主张。在普通法法律人眼中,一个案例的一般性法律意义在于该判决之论辩的性质和质量。17 世纪逐渐出现的更为复杂的记录技术并没有从根本上改变这一基本原则。沃恩(C. J. Vaughn)在*博尔诉霍顿*(*Bole v. Horton*)一案中写道,“如果一个法庭依法做出判决,另一个法庭不一定要做出相似的判决,除非后者认为之前的判决是依法做出的”(Tubbs 2000:182)。与此类似,黑尔主张,尽管“在司法判决因错误或被宣告无效而被撤销之前,就相关的特定案件而言它对两造像法律一样具有约束力,但这些司法判决不会创制出被恰当指称的法律(law properly so called)(Hale 1971:45)。一个世纪之后,布莱克斯通回应了黑尔与沃恩的观点:“*法律*与*法官的观点*不是可互换的,也不是一回事;因为可能会出现法官误解法律的情形”(Blackstone 1765: i. 71;斜体强调为原文所有)。赫德利补充说:

如果一个以前作出的判决是不容反驳的,并且接下来近乎禁止了所有将来的法官考查与该问题相关的法律或偏离该判决,那么就不能说普通法是经检验的理性(tried reason)……因为如果出现上述情形,那么它就仅仅是立基于三个或四个法官的理性或意见……(因此)没有哪个判决应当被看得如此神圣或稳固,以至于它都不能被修改或改变。(Hedley 1610:178 - 179)

因此,没有哪个单独的司法判决仅仅由于相关法官如此做出了判决而拥有法律的权威[对各方来说超出*已裁决案件*(*res judicata*)的权威],并且将来的法官可以根据该法律共同体共享的对合理性的感知来自由地检验之前的法庭对一项规则的表述或普通法的原则。只有当该判决能够被融入该法律体——连贯的且相当一致的法律体(至少在地方性的、局部的背景中是如此)——*并且*在该法律共同体的权衡和争论中被采用,人们才能给予它法律上的信赖。如果一项司法判决被保护起来并被认为是不容反驳的,就会妨碍接下来对其合理性及其与整体的一致性做出评判(在法庭“争论”的背景中),而仅依靠单独一位法官的判决,总的来说普通法就不再会拥有权威。

另外,黑尔赶紧补充说,尽管司法判决不能创制出被恰当指称的法律,“它们在解释、宣告和公布该王国的法律是什么时却拥有很大的重要性和权威”，它们是法律最好的*证明*（Hale 1971：45）。一个世纪后，曼斯菲尔德（Mansfield）以同样的语气写道，“尽管先例是法律的证明，但它却不是法律本身，更不是法律的全部。”〔7〕古典普通法理论坚决反对将法律等同为以权威形式表达的、彼此毫无联系的法律规则的理论压力。根据古典普通法理论，法律不是一系列的规则或法规，而是实践推理的一个熟练的框架（a practised framework），这种熟练的框架能够带来某种形式的社会秩序。它的规则和规范也许能够被系统地表达，但这种表达不具有最终的权威。在《广学论》（*De Augmentis*）中，培根建议说，“不要从规章（rules）中获取法律，而要从现存的法律（也就是说，被争论的大量意见及判决）中获取规则。因为这里的要点不能从规章的词句中获得，好像它就是法律的条文一样。规则像磁性指针一样，指向法律，但并不决定法律”（Bacon 2000，Book 8，aphorism，85，Bacon 1858：v，106）。另外，在诉讼的公共背景下，一个规则的每种表述原则上都可能在理由充分的争论及辩论中受到挑战或被改变。

那么，说普通法理论承认有约束力的先例，这是可能的吗？回答是肯定的，尽管这与古典实证主义所激发的更为人熟悉的观点非常不同。该观点有三个显著的特征。第一，过去的司法判决值得法庭尊重和关注，不仅由于它们已经被决定了——被规定或设定了——而且是由于它们被后来的法庭所接受，并因此在共同经验体中找到了自己的位置。它们有了这一位置，因为它们是商谈性推理以及特定背景下的反思性判断过程的产物。第二，尽管单个案件不会被认为确立了权威性规则，但它们被用来解释恰当法律推理的运行，来例证经验体中的推理过程。第三，过去的案例不妨碍或排除后来之案件中的权衡和推理，相反，它们能引起这种推理并使其集中。前面法庭对问题的陈述，解决问题的理由以及其判决所依据的规则都不被认为是终局性的，不能变化的。未来的法官总是能够验证任何前面的法庭对其判决之规则的陈述。因此，后来的法庭参与了前面的法庭对该案件所引起之问题的推理，并将其延伸到了它们所面临之案件的推理。但是，对这些问题及

〔7〕Jones v. Randall (1774) Lofft 383, 385，转引自 Lieberman (1989: 126)；另请参见 Coke (1628: 254a) 以及 Blackstone (1765: i. 69)。

规则的司法陈述值得我们应有的尊重，因为前面的法庭拥有专家性权威。

*制定法。* 普通法法律人对待制定法的态度是复杂的和矛盾的，在古典普通法理论的全盛时期尤其如此。但 17 世纪时，否定议会的立法权已是不可能之事。这迫使普通法理论直面英国普通法中议会立法之产物的地位。关于制定法与普通法的关系，黑尔做出了一种精妙的解释，此解释直到布莱克斯通之前一直有巨大的影响，并且现在也还值得我们关注。[8]

请回忆一下黑尔的论述，他争论说对普通法之古老性的争论是判断错误的。不可否认，普通法在其悠久的历史中发生了很多变化(其中有些最为剧烈的变化是皇家立法的结果)。该法律中没有哪个部分(包括授权立法的法律)一直没有变化；但是，像阿尔戈号一样，普通法保持了自己的本体。黑尔坚持认为，这里的关键是连续性而非古老性。普通法的“正式的、要求人们必须服从的效力”不在于其起源，而在于人们合理的确信，即确信普通法是一个彼此契合的整体，并且它适合于英国人民的共同生活。

黑尔在成文法(written law)和非成文法之间作出了区分。按照黑尔的理解，这两个术语不是指称两种法律，而毋宁是指称法律的两种存在样态(或者，我们可以说是法律有效性(legal validity)的两种形式)。有些法律的有效性是基于它们是由经授权的立法者明确制定的；还有些法律的有效性是基于它们被融入了普通法。一个特定的法律被归入哪个类别并不单纯由该法律被订立的方式决定，而是由它当前的有效性样态决定。成文法的有效性是由它是根据已确立的正式的、合乎宪法的规则制定的这一事实所决定的。不管其来源为何，非成文法都从它被融入普通法的习惯和惯例这一当下情形中获得其权威。这种融入或结合的过程对先例及制定法同样适用。只有通过不断的使用、说明、解释和扩展——通过被普通法的从业者使用和利用——一个新的规则或原则才能变成普通法的一部分。通过“相反的使用”(contrary usage)也可能实现相反的结果：该原则可能被严格地限定，例如，从一般性效果上讲，前例可能会因过于“著名”而达到灭绝的程度。最初由立法法

〔8〕我在 Postema (1986：19 - 27)中已经为黑尔关于制定法的效力的观点进行了辩护。我在此总结、概括之前的论述。

案所确立的法律也可能会发生相同的情况。该制定法可能不会被使用并被融入普通法实践，相反，它可能会被作严格解释，因此它的适用范围和法律意义也可能受到限制。只要授权制定制定法的法律还存在，该制定法就是有效的法律，但如果没有相应的融入的过程，它们可能不会对法律有深刻或广泛的影响。另外，最终没有被融入的制定法容易为宪法权力机构或立法权力机构所改变。黑尔推测认为，这可能发生在了许多没有在人们的记忆中存活下来的远古制定法身上。按照这种观点，法律的连续性不是由认为有效制定的规则在没有被废止前都保持有效这样假定的规范保证的，〔9〕而毋宁是基于更为积极的判断标准：它是否融入了普通法法官及法律人的习惯和惯例，以及更为根本地（也更为间接地），它是否融入了该民族的习惯和惯例。黑尔坚持认为，普通法及其习惯是法律的“伟大根基”（Hale 1971：46）。

因为，在黑尔看来，最初可能比先例更能主张被当作有效的法律来对待的制定法的地位可能会发生变化：从依赖被授权之立法活动的正式规则到融入普通法的规范的家族（normative family）中——的确，他暗示说，如果制定法最终想要存活，它就必须变化。这表征着从形式有效性向实体有效性的转变，从对现在被称为“独立于内容的”（content-independent）有效性标准的依赖转变为实质性地融入它给其以结构或体系的共同体法律和共同体生活。

### 2.4 作为一种法律理论的普通法理论

概括地讲，这是古典普通法的法律观。我们甚至可以称其为一种法律*理论*，但我们不得不立即补充说作为理论它是温和适度的。它试图捕捉法律的一般的、根本的结构性特征，但它的关注在很大程度上却是地方性的。它不意欲将其解释适用于所有地方和所有时代的法律，但首先至少要仅适用于人们所践行的普通法。它不力求有贡献于普世的法理学，该法理学试图从概念上表达出世界所有地方存

---

〔9〕基于菲尼斯（Finnis 1973：61－65）的论述，哈特（Hart 1983：16）赞同关于法律连续性的这种解释。请注意不管对哈特来说还是对菲尼斯来说，该规范都是一种解释性假定。为了解释为什么即便在授权制定制定法的“母法”消失后法庭还是自由地赋予制定法以有效性，他们将此假定归咎于法院（哈特说法官“必须心照不宣地接受”它）。黑尔提供了一种备选的解释。它具有能够被证明为假（falsifiable）的优点，这一点在哈特的主张中明显缺失。要想验证黑尔的假设，人们仅需要确定是否法院倾向于承认“母法”已死亡之制定法为有效，即便法院认为该制定法没有符合“融入”的标准。

在的法律的必然特征。这不是说,作为对普通法之界定性特征的解释,如果它是一致的和可接受的,它对普世的法理学就没有任何意涵,这只是说,那些意涵在很大程度上是限制性的和否定性的——其作用的方式与一个反例迫使人们对一个普世的论题进行修正如出一辙。

因此,普通法法学家的理论抱负与自然法传统中典型的理论抱负非常不同。这可以部分地解释为什么普通法思想家很少尝试针对法律的本质发表普世性断言,而当他们确实这样做时,他们又乐于非常不具批判性地倚赖宽泛的自然法概念。他们这么做是因为他们很自信地认为他们自己的地方性法律观与自然法的正统信奉大致一致,但他们却不愿劳神来表明他们自信的根据。他们缺乏对理论的坚持不懈,这部分地是由于这样的事实,即在几乎所有情况下,他们都不是哲学家和神学家,而是活跃的法律从业者,并且也不存在关注理论细节的现实必要性。这可能也是由于这样的事实,这一事实对他们来说也许只是非常模糊的,即如果他们发现他们不能自由地从自然法传统中进行借鉴,他们在表达其观念时将没有为大众所承认的框架,并且他们将不得不亲自去系统地设计一个这样的框架。也许他们最好还是别去应对该问题,因为他们缺乏在更为宽泛的理论阵线上进行战斗的资源。

因此,我们剩下的任务是,思考怎样调和普通法法律观与对法律之本质作哲学反思的悠久传统,或相互重叠的诸传统。我认为,普通法法律观代表这样一种法律观,它在许多重要方面都与正统自然法思想及正统法律实证主义相矛盾。它表征着一种理解法律及法律推理之本质的独特进路,即对现代法律现象进行概念化的第三条道路。现在就排除掉与一种或另一种支配性法学传统的亲善和睦的关系还为时尚早,但我们能从正确评价从古典普通法理论所提供的独特的出发点出发对法律现象做出理论解释所获得的洞见中获益。牢记这种谦逊的理论主张,我提议用当代法学理论的术语来论述古典普通法理论的一些主题,并试着对其最为重要的主题的可信性进行辩护。

## 3. 普通法传统主义(conventionalism)

### 3.1 实证主义的传统主义 vs. 普通法传统主义

普通法理论对普通法的习惯性本质及基础的强调暗示了它与主流实证主义之

间一种可能的关联。与当代实证主义类似，普通法理论将法律视为一种制度化的习惯，或一套复杂的习惯。因此，接下来我将该理论的当代表达称为"普通法传统主义"。然而，它在很多重要方面与哈特所谓的实证主义的传统主义(Hart 19940)以及受哈特理论启发的对法律的其他解释(如 Coleman 1998,2001；Marmor 1998；Waluchow 1994)不同。它在两个关键点上背离了实证主义的传统主义。

第一，它拒绝了许多实证主义理论所采用的法律的模式。[10] 根据这种模式，法律被理解为一套类似规则的命令或命令体系。这些命令的存在、有效性及内容据说都是由诉诸独立于内容的标准来决定的。并且，作为一个整体，这一套命令的统一性在很大程度上也是基于外在于这些命令之内容的命令之间的关系。另外，根据这种模式，这些命令指导法律主体之诉讼的方式是为其提供诉讼的理由，这种理由能取代他们对其可能拥有的潜在地形成竞争的指导诉讼的理由所进行的思考。

但是，正如我们已经了解的，普通法的前例观(至少是一种为人们所承认的法源)与该模式全然不相一致。朗·富勒这位也许是当代最为重要的普通法理论家在其本不该被忽略的作品《法律的解析》(*The Anatomy of Law*)中写道，"一个司法判决总是一件被解释的(explained)事情"(Fuller 1968:90)。也许为了更为准确，他本来应该说，"一个司法判决是一件被详细论述的(reasoned)事情"，但他所要表达的要点是清楚的。在普通法中，一个司法判决的规范性效力和权威超出了特定案件中的事实及参与诉讼的各方，而先例的效力不是仅依靠法官意见体中对一个一般性规则的权威表达。前一个案件中的法官不会通过其判决而单方面地、终极性地确定一个规则的适用范围或含意，不管该法官意见的语言多么仔细、精巧。最终，是推理的质量和力量，而非该推理的公共表达给法庭的推理带来了权威(Chapman 1994:43)。普通法传统主义将人们的理论关注从法律——由立法机构

〔10〕有些实证主义者可能不能与该模式结合，例如那些对作为法律之基础的习惯做法采取兼收并蓄态度(inclusivist，一译"容他主义的")的论者(Coleman 1998；Waluchow 1994)。他们可能会发现普通法传统主义对法律及法律推理的解释(在某种程度上)与他们意趣相投，但他们忠实于对法律的基础作我所谓的哈特的"形式传统主义"("formal conventionalist")的解释。我要补充说实证主义者不是唯一为普通法传统主义所断然拒绝的那种法律模式所吸引的论者。在自然法传统中，有很多尤其是活跃在17世纪的重要理论家也信奉这种模式(请参见 Postema 2001)。

生产的权威性命令——转向了关于法律的，以及法律之内的实践推理过程。根据这种观点，法律是一种习惯或传统，但它是一种特殊的习惯或传统，它是实践推理的一种熟练的规训(practised discipline)。这无疑背离了实证主义法学中为人们所熟悉的模式。

第二，普通法传统主义提供了一种与哈特对法律的习惯基础的解释截然不同的备选方案(alternative)。根据哈特的理论，法律规则不是作为社会中践行的习惯而存在，而是作为具有系统有效性的规则存在，并且系统的有效性(systematic validity)关系着成为一个普通的承认规则所确定的一套规则中的一员。承认规则本身不是一种有效的规则，而是一种完全不同的规则，一种由适用法律的官员所创建的习惯。承认规则是一个社会事实，一个关于官员之常规实践的事实。但是，它也是一个规则；它的规范性(normativity)立基于它被践行它的人当作规则来对待。承认规则保证了法律体系的统一性和连续性。(事实上，哈特支持承认规则的主要根据就是，承认规则本身就能够解释关于法律之持续性及统一性的更为直接且理论上更为根本的事实。)

因此，这种承认的习惯(this recognition convention)必然地是所有法律体系的基础，这种承认的习惯存在于适用法律的官员及他们的同事的集中的行为和恰当的态度中。从概念角度讲，这一规则的存在是特定时空下法律之存在的一个必要条件。作为概念上偶然的但又"自然"的必要条件，以及法律之效力的条件，法律主体总体上的行为方式必须与承认规则所确定的法律相一致。但是，公民自身对法律采取一种"内在的、固有的态度"(internal attitude)就根本不是必须的，甚至可能是罕见的，他们不太可能会掌握起调控作用的承认规则，更不用说赞同、认可该规则了。因此，根据这种观点，不管是从概念的有效性角度看，还是从自然的有效性角度看，作为所有社会确立之基础的习惯的范围，一律都仅限于适用法律的官员及(某些)法律人的实践。

我将此称为"形式传统主义"("formal conventionalism")，以与关涉普通法传统主义所赞同之法律的基础的"实质传统主义"("material conventionalism")相区别。在此"形式的"并不暗示说该提法赞同以下观点：任何特定法律体系中官员奉行的承认的标准必定仅关涉非评价性社会事实，即关于法源的事实。有些追随哈特的传统主义者——即所谓的“容他主义者”(Coleman 1998；Waluchow 1994；甚至包括 Hart 1994:248－9)——争论说这是一个开放性问题，它只能取决于与特定法律体系中适用法律之官员的实践相关的偶然性事实，不管这些法律体系中的承认规则是否包括仅以法律来源为基础的标准，还是也包括某种道德性判断标准。确切地讲，受哈特启发的传统主义是“形式的”，因为它将法律的习惯性基础定位于一个法律体系的狭隘的、结构性的，以及主要是法治性(合宪性)(proto-constitutional)特征，也即主要是适用法律的官员所践行的标准，根据这种标准，可以在法律的有效的规则和无效的规则之间作出区分。相反，普通法传统主义坚持认为，从概念上讲，一种控制结构不能作为法律运行，除非它立基于一个更为广泛的习惯的基础，也即，除非在法律的形式的、制度性的成分与更为广泛的社会实践之间存在一种内容上的实质性重合以及实践推理之诸样态的连续性。

因此，当代普通法理论坚持认为法律在两个方面是习惯性的，在这两个方面它都背离了重要的实证主义原则：(1)法律是一种特殊的习惯，是对实践推理的一种熟练的规训，以及(2)它的存在是基于与共同体中更为宽泛的惯例的实质性重合与连续性。接下来，我将试着更充分地解释这两个重要的论题并使它们变得更为可信。

### 3.2 共同推理的习惯

*普通法的协商性规训。* 古典普通法法律人主张，普通法是共同理性，但同时又是“人为”理性。尽管柯克有时倾向于用神秘感和法律神秘主义来装扮该主张，更为冷静的普通法法律人用这一措辞来表达普通法的实用主义的、非系统的、注重事件之背景的以及从根本上说是商谈性的本质。普通法传统主义遵循了柯克的那些冷静的同行的引领。它主张，在普通法占据主导的司法辖区，法律在公共事务方面为一般实践推理(ordinary practical reasoning)提供了共同协商和推理的一种多层级的、熟练的规训。普通法传统主义重新定位了受实证主义观念及自然法观念主导的关于法律之本质的思考。它的理论出发点不是一套关于法律的规范、规定或提议，而毋宁是共同实践推理的一个实践。它迫切要求一个方法上的论题，而不是一个形而上的论题，一个关于解释和理解之秩序的观点，而非一个关于万物之终极秩序的本体论观点。

普通法传统主义将人们的注意力引向法律规训(规制)实践推理的几个重要方

式。第一,普通法的实用主义精神迫使对实际事务的权衡和争论——这些事务能够触及政治道德性方面及社会生活的很多方面的重大问题——集中于具体的情形以及与这些情形一同出现的相对具体的问题。它集中关注手边的事物,留心案件之外的暗含的意蕴,但同时允许具体的情境及问题来指引权衡的方向。第二,法律实践推理是*历史的*:它将权衡和古典普通法法律人所谓的“争论”的目标稳定地指向了共同体所作出的或代表共同体作出的过去的判决和诉讼——由于该原因,这些判决被认为对共同体及其成员来说都明显是规范性的。明确的制定法律的活动(以及它们所生产的章程、法规和规章)以及设定先例的判决和诉讼(主要是来自官员的,但在有些案件中也有来自普通公民的)指导他们的权衡并为该实践的参与者提供加强其论辩的资源。第三,尽管该规训利用了所有恰当且有效形式的推理和论证,它的核心的和独特的方法却是*类比*思考。第四,这一商谈性过程从根本上说是*协作式的*(collaborative):它是一个同时包含思考、争论、权衡和决定的实践。最后,这一从根本上说是协作式的事业在公共论坛上被从形式上制度化。这为一种实践提供了一个公共的关注焦点、一个论坛和一个范本,该实践有在社会中引起广泛参与的潜力。

对普通法推理之规训的概述需要在其每一个关键点上被展开,但囿于本章的篇幅,我将仅集中关注第三和第四个要点,我认为这两个最需要详细阐述和解释。

*类比思考*。普通法规训的独特方法是类比思考,[11]它在分析上包含两个不同的智力过程(intellectual processes):*类比推理*和*反思性评价*。在普通法推理的特定情形中它们一般协同工作,但在很多情形中,第二个过程(即反思性评价)可能是沉默的(隐含的)。[12] 我们首先来考查严格意义上的类比推理(analogical

〔11〕更为广泛的讨论,请参见:Chapman (1994: 64 - 106), Sunstein (1993). Brewer (1996), Levenbook (2000),以及 Postema(未刊稿)。

〔12〕Brewer (1996)区分了类比推理的三个阶段,其前两个阶段与我所指出的这两个过程颇为相似。此处不适合详细探讨我对类比推理的解释与 Brewer 对“典型推理”(exemplary reasoning)的分析之间的不同。但指出其中几个较为重要的不同可能有助于我们理解本文中的解释。(1)尽管我赞同智力过程是类比思*考*的构成要素或阶段,但与 Brewer 不同,我认为特殊的*类比推理*仅在第一阶段进行。在反思性评价阶段(Brewer:“确认阶段”(“confirmation stage”))起作用的智力过程性质不同。(2) Brewer 将我所谓的严格意义上的类比推理过程视为是一个设证推理(一译溯因推理)(abductive reasoning)过程。我认为该术语没有充分表达该推理的本质或类比推理中包含的智力能力。Chapman (1994:64 - 106)简述了与古典普通法理论相一致的更有希望的备选解释。(3)与我的观点相比,Brewer 更加重视类比推理中对规则的建构。我在文中对此问题会有些许讨论。

reasoning proper)。

类比论证中没有形式逻辑。演绎的逻辑(deductive logic)支配着论证——通向了结论的诸前提的有序结构——并且因此,谈论所谓演绎论证(deductive arguments)也是恰当的,但不存在演绎*推理*。推理经常使用演绎论证,但不能限于演绎论证。在我们的思考从一个命题转向另一个命题时,演绎的逻辑能使我们的思考系统化,但除此之外,它无力做更多事情。即便在规范的意义上,它也不能强迫一个正在推理的人承认一个命题是真的。想实现这一点,我们需要的是*推理*,因为是推理的运行(当然需要演绎逻辑之规则的帮助)使我们接受一个结论,同时感受到该结论之论证的力量,而不是比如放弃它的一个前提。类比思考包含该意义上的一种推理。不存在包含演绎论证的严格意义上的类比论证——不存在推论(inference)的形式规则,不管是*自成一类的*(*sui generis*),还是从演绎逻辑中推导出来的。然而,它也是一种推理,而不是单纯的感觉或特殊主义的直觉(particularistic intuition)。尽管它不自夸有与演绎逻辑的规则类似的规则,类比推理有一个一般性结构并且它要服从重要的限制——其在法律中的应用尤其如此——并且由于这种结构及诸限制,类比推理展现出一种可识别的,实际上是不可或缺的合理性(reasonableness)。

类比推理是一种依靠实例或来自实例的推理,从类似事物推知类似事物(a similibus ad similia)。它从一个特例到另一个特例,不会在任何根本意义上依赖明确表达的、前在的规则(articulated prior rules)(Aristotle, *Nicomachean Ethics*, bk. II, Ch. 24)。该过程是为人熟知的。首先,一个或更多过去的案例(判决及它们所针对的事实情形)被置于一个框架结构中,该框架结构包含对将要判决之案件的或多或少较为详细的事实陈述,并且相关的相似及不同会被注意到。以对相关相似性的粗略评价为基础,一个尝试性的对照组(comparison class)将会被构建。一种对相关性的感知在此已经开始起作用——我们称之为*最低限度相关性*(*threshold relevance*)。在法律之类比推理的典型情形中,这两个步骤相互参照、相互依赖。该案件的事实引领人们重拾大量过去的案例作为粗略的参照组,而对事实的陈述又受这些案件及其例证之范畴的为人熟知这一特征的影响。正如卢埃林曾经说过的,法官"已经习惯于法律了(law-conditioned)……他们……透过法律的眼镜……来看待意义”(Llewellyn 1960:19)。

然后，一种更为*强烈的*对相关性的感知将对照组中的有些案件分类组合成一组“类似案件”(a class of “like cases”)，同时辨别出其他案件。一种模式(pattern)形成了，它使得对某些案件同样对待这一做法显得很有道理；行为的概念性向导被确定了，尽管似乎不可能将其完全表达出来。塑造了这些案件新出现之相似性的合理性压力(rational pressure)来自最初之粗略对照组的*所有*部分：被断定为与当下案件类似的案件，被断定为与当下案件不同和“有区别”的案件以及当下的案件本身。一组类似案件的建构是这三个焦点之间三角互动的结果。

请注意甚至找出不同的过程也前设了某种程度的(最低限度相关)相关的相似性。被认为不同的案件是最初之粗略对照组的成员；否则它们就不会对权衡者(deliberator)形成一种智识挑战。基于这种最初的相关性，被认为不同的案件对那组“类似案件”的形态施加了压力。当前的案件也施加了它那份压力。它可以促使人们重新考量关于之前案件事实之重要性的被普遍承认的观点，并因此重新考量作为他们判决之基础的理由。这是法律规则在适用时似乎总是在变化的一个原因(Levi 1949:3f.)，这也是普通法法律人认为过去的案件对一个“规则”的每种表述都是可修正或可修改的一个原因。

该过程可以产生出一个明确的结果，即一种足以在当前案件中为一个判决打下基础的理解，该理解与先例相一致并且适合指导将来的判决和诉讼。但并不保证一定成功。在有些案件中，类比推理会实质性地限制应对法庭所面临之问题时诸备选方案的范围，同时不会唯一地确定一个解决方案。在其他时候，该指导在很大程度上是没有的。在这些案件中，类比思考就被迫转向反思性评价的阶段，下面我们就来探讨此阶段。

建构粗略的对照组的过程(以对最低限度相关性的感知为基础)提出了有趣的理论问题，但对研究法律中的类比推理的学者来说，对*有力的相关性*(*robust relevance*)的看法是最令人困惑的。权衡者对有力的相关性的感知或这种感知的缺失引领他们将当前的案件归入类似案件的族系中，该族系仅包括最初之对照组的某些成员，并且以此分类为基础，权衡者会对当前案件作出判决。该过程的细节应当得到比此处更为广泛的讨论，但在此我们只需要对该过程的一些重要特征作出评价。

第一，尽管类比推理中对相似性和非相似性的判断前设了，或表明了一种对相关性的感知（判断），但主张说这种判断前设了一个相关性据此被定义的*规则*却是错误的。是某些共有的事实的存在使得一般性规则起作用（Levi 1949：3）。然而，这里的要点不是去主张对相关性的判断在逻辑上是特殊主义的。相似物和非相似物的*可重复的*特征是从被比较的案件的无数其他事实和特征中选取的，并且由此构建的族系作为一个模式必须对将来的诉讼有意义，我接下来会谈到在哪种方式上有意义。类比推理的效力是该模式在规范性强制力方面的一个函数（a function）。因此，法官根据一个规则，或至少是一个类似规则的模式来作出他们在类比推理方面的结论是可能的。但是，该规则不是该推理过程的原材料，而是该过程之产品的一部分（Chapman 1994：67 – 68），而且还不是最为重要的部分。在类比推理中，任何有确定的、明确范围的规则都不能作为原材料起作用。

被明确表述的规则声称能够提供完整的、成熟的规范性范畴，但相关实例却提供了更具开放性的、不完整的事物：不完整的，没有被充分表述的，还能够生长的规范性范畴（Levenbook 2000：202 – 205）。将隐含于一系列案件中的这一规则表述出来可能是有用的，但普通法法官总是对该事业的试探性的、脆弱的本质很敏感。对一个法律原则之路径的地形及终点的理解经常是有缺点的，并且总是要根据进一步的案件来进行重新考量。这一非常谨慎和保守的观点成了列维（Levi）在别样情况下听起来很激进之主张的基础，该主张的内容是，确定一个先例之含义的不是先前法官的意图，而是尝试将法律看作一个相对一致之整体的当下法官认为它应当成为的样子（Levi 1949：3）。

第二，对类比推理以之为基础的有力的相关性的评价不是更为一般性的理论反思的结果，不管这种理论反思是否是道德上的。将这些评价视为下述努力的结果是错误的，这些努力在某些声称能证明其为正当的道德原则下试图在对照组中找出那些实例。找出并评价这些原则是类比*思考*的一部分，但不是严格意义上的类比推理的一部分。正如我们将看到的，这一更深层的智力过程前设了类比推理的结果。这两者必须被区分开来，因为一个先例的“含义”或内容不是严格由遵循该先例这一正当理由所决定的（Levenbook 2000：192 – 196）。

第三，法律中的类比推理有助于*实践的*权衡；它实现了指导诉讼的*规范性*目的。因此，这组类似案件不仅要像切题的比喻一样有趣、有启发性或提醒作用，还必须在事实上是可理解的。换句话说，它必须能投射出一个能被遵循的、可理解的模式，该模式不仅应能为判决作出者所理解，还要为受该模式支配和指导的共同体所理解。所以，该模式对那些期待遵循该模式的人及那些期待将该模式的适用视为基于其上之判决的正当理由的人必须有规范性意义。

在这方面，普通法推理像门神杰纳斯(Janus)一样同时面对着过去和未来，它期望着在对手头的案件作出判决的同时，既向后关照我们从其中走出来的过去的实例及承诺，又向前关照权衡者及依靠权衡者的人将要前往的未来。它关照过去不仅是为了寻求帮助和指导，还为了获得规范性指导，也即与手边之案件的判决及将来之诉讼及判决有牵连的过去所作的承诺。这不仅仅是一种目标，它还是对普通法推理的一个重要制约。

第四，由于法律中的类比推理尝试提供规范性指导，致使并声称要将共同体的一项决定立基于一个有公共重要性的事物，并主张该决定是有约束力的，它进而在某些限度内服务于一个(一种)正义的概念，该正义有时被令人误解地称作“形式正义”(“formal justice”)(Chapman 1994：67)。列维这样描述类比权衡的结构问题：“将不同的案件看作好像它们是相同的这一做法在什么时候是正当的呢?”(Levi 1949：3)。在对先例和从先例中延伸出来的相似物主张拥有的任何规范性力量作出解释时，该概念都是不可或缺的，但该概念却不容易理解。也许从说明它不是什么比从正面说明它的内容要容易些。一方面，它不能是一个关于正义的全称概念或结论性概念。尽管它可能有一些乍看起来有的和可取消的道德效力，它很可能会缺乏正式的道德方面的正当理由，甚或以正义为名义的这种正当理由。另一方面，我们不能将它与一致性的纯粹形式的概念相等同，或将其与根据某种规则(也即，根据这种或那种规则)对类似案件作类似处理的做法相等同。以这种方式来理解，该概念完全是空洞的(Westen 1990，ch. 9)。任何案件都在某些方面与其他案件“相似”，并且这种相似性能以一个规则的形式予以表达。该空洞概念的问题不在于其提供的指导完全是模糊的，而在于它是不加鉴定或区别的(indiscriminate)：它没能获得一个与类比推理相关联的*正义*的概念。由于对该概念而言任何事情都是适合的，因此它不能是一个关于*正义*的概念，因为如果正义在道德上是重要的，它必须有所区别地对待事物，它引领我们远离某些做法而走向其他做法。所以，这一相关的规范性概念必须施加一种实质性约束。它不能在正义的名义下仅仅要求对相似的案件作相似处理，而不管这种“相似”是怎样确定的，因为它要帮助我们确定相似和不相似。我们在我们对法律中的类比推理的有力的相关性进行评价时如何描述其中包含的实质正义之观念的特征呢？我怀疑是否有人能够很有把握地回答这一问题。但是我们对该概念还没有充分的解释说明不应使我们总结认为在这些评价中它在未表达出来的层面上不起作用。在该情形中，任何对正义之运行的理论化的尝试都与我们作出这种评价的直觉能力相符。这里，我们要记住的一个要点是，一种正义感对法律中类比推理的有力的相关性的评价是不可或缺的。

最后，普通法推理的协作性质(Fuller 1968:93)为我们对类比推理中有力的相关性的评价带来了额外的压力。尽管参与法律中的类比推理的总是个人，但他们在参与时强烈地感觉到，正如哈特所言，他们每个人不仅仅是为了自己而权衡(Hart 1994:116)，而是作为一个更大整体的成员而权衡。他们将其感知和判断严格控制在一个共同的视角上，正如我们因为光线和角度失真而调整对我们视野中物体之大小的判断。这种反思性判断的能力是一种社会能力，即从一个应当共享的经历体出发推论得出新的实际问题的解决方案的能力，去判断共同体中的其他人也会认为一个人有理由相信的事物是合理和恰当的能力。人们能够很有把握地作出这些判断，这不是因为人们是自己之行为的好的预言者，而是因为人们理解他们参与其中的具体层面上的共同生活。在“人类事务和交往”的语言中言辞流利就等于获得了作出判断的社会能力，即便是在新奇的情形中，人们也可以自信地相信他们的判断会作为恰当的判断而在其共同体中被承认和接受。这种能力不是植根于共同的一般性信仰或价值，而是植根于在日常生活的具体活动中共同生活、工作和尤其是谈话，为了理解我们共同的世界而对我们的行为和视角作必要的调整，并在该共同世界中智慧地、有意义地行为。

*类比思考的反思性成分。* 通常，从实践角度讲，我们刚才简述的那种形式的类比推理足以成为一个法律判决的根据。对于该过程的结果，判决的作出者可以正当地感到没有必要进一步提问。对判决的作出者和依赖这些判决的人来说，这些

判决看起来与现行法律合理地一致，并且其可理解的程度也足以为未来作出相对明确的指导。但是，在其他案例中，结果可能没有这么令人愉快。该过程可能产生非常麻烦的、不确定的（indeterminate）结果（不单是逻辑上的不确定，还有*实践中的*不确定），并且判决的作出者可能被迫在已产生的诸备选方案中作出合原则的选择。或者当把当下的案件与其最为相似的案件放在一起考查时，实践中确定的结果可能很有说服力，而对法律作更为宽泛的考查时，该结果可能不相协调。这一更为全局性的一致性的明显缺失可以仅有一个专门的法律关注，或者它可能更为宽泛地关注具有道德影响力的重要事物。在这些情形中，那些参与类比思考的人可能会感受到要更为宽泛地对之前过程的结果作出反思的压力。

这种反思过程的方法论已经被用很多方式作了描述，德沃金对法律推理的"解释性"（"interpretive"）说明（Dworkin 1986：chs. 2,3,7）尽管成为了来自各方之批评的目标，但它可能仍是该层面上我们能够获得的对该智力过程最好的描述。简言之，该方法论要求权衡者寻找最能在总体上理解法律之意义的那套一般性原则（理论），这些原则不仅要包含接受检阅的更为具体的规则或判决，还要表明它们是有正当理由的（为了达到这一要求，这些原则必须近似于真正的或有理性保证的道德原则）。备选的原则按照它们"符合"法律特性及"诉诸"道德视角的程度来确定其等级。

德沃金将此过程描述成是对普通法推理之一部分的解释，对此可作很多评论。甚至德沃金法律理论的严厉批评者也承认，他所描述的过程是"法律实践及法律理论中的占支配地位的方法论"（Alexander and Kress 1995：288）。然而，普通法传统主义坚持认为，对类比推理之结果的反思性评价这一过程服从德沃金本人所不承认的制约。首先，类比思考中的实用主义显著地制约着想要实现全局性系统一致性的冲动。正如我们已经了解的，普通法更为关注实际的（on the ground）可行性，而非宽泛的道德远景的一致性。尽管它不能接受与法律的其他重要部分的显见的不一致（这种不一致倾向于破坏法律之大部分的合法性），它能够容忍远景的不完整以及全面系统之一致性的某种程度的缺失。与更为抽象的法律原则的理论一致性相比，它更加关注法律原则与行为、习惯及公民生活（普通法尝试着指导公民生活间的互动）的一致性。它情愿为了法律在其所服务的共同体中引起实质性共鸣而牺牲某种理论上的一致性。因此，尽管在反思性阶段存在实现系统的道德一致性的压力，甚至连类比思考的这一部分也倾向于相对地方性的而非更为全局性的一致性，倾向于实践的一致性，而非理论的一致性。

其次，普通法推理的本质上协作性的、公共的纬度强化了这一趋势。良好的类比推理将倾向于从过去的判决中找出其他参与者，不管是官员还是公民，能够期待或至少能够承认并发现是可理解的原则。因此，德沃金的虚构的超人式法官“赫拉克勒斯”不是普通法推理的英雄。他的理论上的成功（即便这些成功没能完全考虑在公共正当化（public justification）背景下它们对在其他人看来的可理解性的依赖，它们还是成功的）作为评价源自过去之判决的规则或模式的基础是失败的。[13]

### 3.3 实质传统主义

古典普通法理论坚决主张法律的习惯性基础。从边沁（1977）到当下（Waldron 1998）的批评者一直在挑战该主张。而古典普通法法律人会认为这些批评是放错了地方。正如我们已经了解到的，他们是最先出来否认普通法只是社会习惯这一主张的人。他们敏锐地意识到了法庭实践与社会习惯及惯例的不同和差距。尽管如此，按照圣日尔曼的暗示，他们持有更为微妙的观点，即法律的效力和有效性植根于广泛的社会实践中。但他们强调的是法律向共同体生活的融入，实践与实践推理模式的完全一致，而不是法律与社会规范的等同。我现在想要表述和捍卫的就是这种更为微妙但不无争议的观点，即实质传统主义。

哈特的形式传统主义理论将习惯在法律中的必要作用降低到了绝对极小值：法律从根本上说是习惯性的，但像一个倒置的金字塔一样，仅是因为法律将该法律体系的全部规范性重量都压在了官方行为这一个点上。它是形式的，因为法律以之为基础的习惯关乎法律的结构性特征，而与法律原则的内在一致性以及它们与公民生活的一致性无关。实质传统主义主张，只有当制度化地确定和适用的法律植根于更为广泛的社会实践的土壤，法律才能存在并正常发挥作用。推理实践的连续性以及实质性标准的一致性对法律来说是必要的。这不是一个关于法律之外

---

〔13〕法庭面临达致集体一致之判决的压力，即便当其成员为相关法律的非常不同的独特理论所吸引时也是如此，这方面的一个惊人的例证，请参见 Kornhauser and Sager 1993 中对所谓“原则性悖论”讨论。

的“社会规范”在法律推理中所起之典型作用的主张(Eisenberg 1988),它也不是一个关于良好或有效之法律的必要条件的主张;相反,它是关于一些条件的主张,如果一套规则和制度及其所指导的强制性机器想以法律(不管是良法还是恶法)的身份运作,它就必须满足这些条件。这些对比暗示了关于实质传统主义之论述的一个起点。

位于实质传统主义之中心的关于一致性命题的论述立基于两个关键的前提。[14] 简要说来,第一个(“规范性指导”)前提是,依其本质,法律试图为理性的、自我指引(self-directing)的行为者提供广泛的规范性指导。第二个(“相互依赖”)前提关乎作为法律规范适用对象的行为者所生活的社会环境。该社会环境以行为间复杂的相互依赖为特征;它是一个巨大的互动网络。在继续论述之前,我们需要阐明这两个前提。

*规范性指导及相互依赖。* 首先,我们应当注意到,规范性指导这一前提在法律之功能的根本任务这一问题上没有任何立场。它只是主张,不管是出于本质还是出于故意,法律都试图指导行为。规范性指导不是法律的一个功能;相反,它是一个可能有许多不同用处的、界定性的(defining)技术或手段。规范性指导是法律的一个界定性特征,而不是其功能或目的。其次,规范性指导这一前提主张,法律本身*试图* 指导行为,或声称要指导行为,但这不表明它总是或必须成功地完成此项任务。

再次,我们需要简要地探讨规范性指导这一概念。追随着夏皮罗,我们应当区分规范性指导与规范性管辖(normative governance)(Shapiro 1998:472 - 473)。让我们将其行为属于某一规范之管辖范围的行为者称为该规范的行为者(the norm agent)。当规范为有效时,它*管辖着* 处于其管辖范围内的该规范之行为者的举止和行为。它们为评价行为提供了一个基础,并且可以鼓励评价者为适应这些行为而以某种方式行为。因此,即便当它们没有指导其直接的规范行为者时,它们也可以提供间接指导。当规范作为其规范行为者在实践推理中形成意图及基于意图之

〔14〕这里的论述阐释和扩展了为朗·富勒作品之读者所熟悉的一个论证(Fuller 1969:1981)。在Postema (1994:368 - 380)中对富勒的论证有简要的概括。

行为的规则或规范而起作用时，它们就在*指导着*它们的规范行为者的行为。管辖行为的规范通常也被设计来指导那些行为，但情况并不总是这样。

我们可以进一步区分两种规范管辖（norm governance）。对*纯粹规范管辖*（*mere norm governance*）而言，该规范是有效的并适用于规范行为者的行为就足够了。除此之外，当该规范塑造了规范行为者公开的行为方式及其对自己及对他人正当化其行为的方式时，该规范管辖就是*有力的*规范管辖。因此，即便行为者在通向其行为的权衡中不使用特定规范，他们接受该规范的管辖并经由善意地使用该规范来证明或正当化其行为（或试图证明其对该规范的违反有正当理由或免责事由）而含蓄地承认该管辖也是可能的。在这种情形中，他们可能，但不必须是真诚的。在法律的视野中，不真诚并不剥夺其作为有力的规范管辖的资格，因为法律倾向于仅关注行为而非动机。

再次追随着夏皮罗，我们也能区分两种形式的规范性指导（Shapiro 1998：489－492）。一个规范能提供*认识上的指引*（*epistemic guidance*），条件是该规范行为者从该规范那里知道了自己必须做什么——她的* 义务、责任或权利是什么，她怎样继续前进以取得其所欲求的法律结果。即便该规范行为者的动机是去服从独立于该规范的因素，该规范在认识上还是起到了指导作用。如果该规范以这样的方式管辖行为者的行为这一事实使规范行为者至少部分地拥有了遵循该规范的动机，该规范就提供了*动机性指导*（*motivational guidance*）。典型的情形是，在动机方面为一个规范所指导的行为者在认识上也为其所指导。一个规范为行为者提供了动机意味着该行为者会将该规范视为合法的并至少部分地以该评价为基础而行为。在两种形式的规范性指导中，规范都在规范行为者的实践推理中起作用，但所起的作用是不同的。最为有力的规范性指导是动机性（或者是动机性的附带认识的）指导。

复次，试图提供宛如*批量的*规范性指导是法律所特有的。也就是说，法律试图提供指导的方式不是为处于一个个案件形成的具体情形中的个别规范行为者发布命令，而毋宁是通过发布各种规范，这些规范不论对规范行为者来说还是对诸情

---

* 为了体现男女平等，文中的代词不是一律用他（的），而是将他（的）与她（的）交替使用。——译者注

形来说都是相对一般化的。另外，规范性指导这一前提作出的主张所针对的是一般法律体系，而非该体系中的每个构成部分（每个规则或规范）。法律（law）试图借助作为其构成部分的诸法规（its component laws）来指导行为，但不是仅借助这些法规，因为诸法规联结在一起的方式也能够在实践指导中发挥作用。这就为所有具体的规则或规范减轻了一些负担。在没有法律的每个构成部分都参与甚或假装参与的情况下，作为整体的法律也可能在指导方面获得成功。这两个特征表明规范性指导是一个程度问题。法律中之规范的一般性是一个程度问题，一个共同体中法律之规范性指导的普遍性是一个程度问题，并且该法律体系在提供规范性指导方面的成就也是一个程度问题。因此，法律天生就试图指导行为的主张包含了一个被放大的标准或尺度（a scalar measure）。如果对社会行为施加控制的某种尝试*作为法律*失败了，这大概是因为它的规范性指导的潜能降到了低于某一最低限度的程度。

在继续我们的论述之前，我们应该注意关于规范性指导这一前提的两个重要的推论。第一，它有这样一个前设，即规范行为者是明智的、理性的，并能自我指引。也就是说，他们能够理解自己，理解他们的自然的及实践的环境，以及在该环境中他们可做的行为，并且他们有能力依据在该环境中适用于他们的规范或理由来指引自己的行为。如果官员们着手以一种法律的方式来指导或有力地管辖行为，他们必须以承认和保证这些合理的自我指引能力的方式来完成该任务。它必须*针对*理性的、自我指引的行为者。第二，规范性指导这一前提为行为的种类、交流的方式及法律在规范性指导这一事业中可以利用的控制的类型施加了限制。引发行为而没有将规范或规则或理由或规范性实例适用于其*本身*的诸干预可能会获得服从，但没能*以法律的身份*做到这一点。因此，共同体中的多数对其规范的服从（尽管我们对哈特心怀尊敬）不足以表明法律的存在，因为它可能完全是一种附带现象，或者它可能完全通过甚至不尝试将其公民视为理性的、自我指引的行为者的方式来获得服从。

第二个前提，即“相互依赖”这一前提认为，理性的、自我指引的行为者通常在其中行为的社会环境以复杂的相互依赖为特征，也就是说，该社会环境是一个巨大的互动网络。这是关于理性的、自我指引的行为者所在之环境的普遍的和根本的事实。与第一个前提不同，该前提没有表达关于法律的一种概念性真实（a conceptual truth）。但在某些方面它又像一个概念性真实。在休谟看来，在正义的本质及形态方面，它与正义的环境有相同的地位（Hume 1975：183 – 192）。也就是说，下面的说法通常是正确的，即不仅法律试图指导的行为者处于这一环境中，而且在该环境之外法律及其独特的技术缺乏能为人们所理解的含义或意图。这不是说我们能从该前提中得出一个关于法律之必要任务或功能的命题，而仅是说如果存在一个这样的任务，不管该任务是什么，它都必须将该环境考虑在内。假如法律拒绝关注该事实，它的规范性声音就会彻底息声。

于是，我们得出了下面的要点。我们知道法律本身试图提供批量的规范性指导以及有力的规范性管辖所需的资源，并且我们还知道这假定了处于相互依赖行为之网中的公民（及官员），即法律的规范行为者，是自我指引的理性行为者。并且因此，为了实现规范性指导，法律必须针对公民订立，并且它必须具有这样一种品质，以使自我指引的行为者能够理解它们并意识到它们的实践效力，并且在此基础上将这些规范适用于他们的行为。实质传统主义需要确立的结论如下：只有当法律与作为背景的社会习惯及公众对它们的普遍理解相一致时，对该环境中理性的、自我指引的且复杂互动的行为者的批量的规范性指导以及有力的规范性管辖才是可能的。与规范性指导类似，一致性也是是个程度问题。需要表明的不是法律必须达到最高程度的一致，而仅仅是如果它低到某个最低限度以下，它就停止以法律的身份发挥作用。该论证没有界定这一最低限度。它试图为实质传统主义确立一个立足点以对抗它的竞争对手，即形式传统主义，后者否定一致性的重要性并满足于一种“大多数服从”（“bulk compliance”）的情形。因此，如果它能在不界定该最低限度的情况下表明某种实质性程度上的一致性对法律之发挥作用来说是必要的，这就足够了。

一致性不仅仅是法律*之存在*的一个条件。它还是法律的一个*目标*。将规范适用于理性的、自我指引的行为者不仅仅是法律本身试图要做的事情，它还是我们所要求的对其他个体之尊重的一个条件，并且也是他们的自由的一个条件。那么，热爱自由的人经常将法律看作是一个盟友就没有什么好奇怪的了。法治理想地将对一致性的要求扩展到完全超出了法律本身之勉强存在（bare existence）和最低限度的机能所必需的最低标准。但是,从法治之理想的这一天然联系中得出结论认为一致性命题只是一个关于法律之理想(或法律*的*理想)的命题就大错特错了。它首先是作为法律而存在并发挥作用之事物的一个条件。另一方面,断定理想的情形是在法律和社会习惯之间不应有不连续性,这也是错误的。使法律在社会中做有用之事成为可能的部分原因是它的形式性及制度性,它对细节的坚定关注,它在让共同体的现在留意其规范性过去方面作出的承诺,以及它对当前没有希望了结之讨论的终结。这些事情不会总被共同体中的人们挂在心上,也并不总是能深深地鼓舞他们的实践。法律的价值部分地也在于它与实践以及与它试图要指导之人们的价值观及信仰体系之间的距离。

*对一致性命题的论证。*我们以反方立场(counter-position)开始该论证。假定作为一个体系的法律规范在很大程度上与社会实践不一致。该体系要想为其声称要管辖的人们提供规范性指导,它就必须以这样一种方式公布其规范,以使规范行为者既能理解这些规范的含义——也就是说,能够理解遵循这些规范都包括什么内容——又能理解这些规范的实践要义或效力——即,理解为什么有人会认为至少他们至少有遵循这些规范的至少是表面上的理由。另外,由于这些规范批量操作并且所针对的是其行为被编织成浓密的相互依赖之网的理性的、自我指引的行为者,因此其意义和实践效力必须是为公众所理解的。也就是说,必须有可能让人们对与他们互动的其他人怎样看待这些规范有一个大致的了解。离开了实质的一致性,这简直就是不可能的。让我们来看看为什么是这样的。

首先,对一个规则或实例(知晓一个人要去做什么)之含义的理解不能与对其实践要义(知道为什么,即某人必须做某事的理由)的领会相分离。这里的*是什么*和*为什么*是相互依赖的。很容易理解为什么是怎样基于是什么的:只有当存在某种足够明确地去做的事情时,人们才有去做该事情的合理的、确定的和可理解的理由。更为重要的是,在社会互动的环境中,规则的实践效力(为什么)经常严重依赖对一人之行为以之为基础的其他人可能怎样行为的合理预期,并且进而依赖人们对该规则之要求的理解。同样地,是什么也立基于为什么:不管规范是明确的规则还是非正式的实例,它们都确立了超越时间和不同环境的行为的模式。理解一个规规范的含义就是要理解遵循该规范都包含什么。这种理解是基于其实践要义。

可理解性不仅仅是理解语言中之语词这样一个功能，而是要理解这些语词与一个人可能做出的系列行为之间是怎样相联的，并且后一种理解要求有一种赋予这些语词以实践意义的能力。这反过来又要求一个人能够理解以一些方式而非其他方式划分行为世界的意义。掌握一个规范的实践要义对理解遵循该规范都包含哪些内容是不可或缺的。这要求规范行为者能够将该规范或一个诉讼或判决之实例的语言置于对她来说是可理解的和实际的实践性背景中。

第二，假如法律同普通的日常生活及社会习惯相分离，它就不能期望它的含义为规范行为者所理解。如果作为一个体系的法律在很大程度上与普通的社会实践不相一致，那么立法者就不能依赖他们日常生活中已经熟悉的理解来帮助规范行为者理解法律之命令的含义或其实践效力。例如，先例就不会拥有对它们之有意义是必需的，由互动行为的相似实例和模式所构成的丰富环境。对个体行为者而言，不仅在决定如何在具体判决之外进行概括将变得很难，而且甚至连判断与先例"完全一致"的案件可能是什么都很困难。明确订立的、仔细表述的、公开发布的规则也是如此。只有当规范行为者知道怎样将这些规则所界定的一般性范畴适用于具体的案件时，也即只有当他们能自信地确定一个具体的案件就是该规则的一个事例时，这些规则才有意义。这绝不仅是这些规则之语言方面含义的一个功能。因为明确订立之规则的语言只能被理解为是具有特定结构的，在行为和互动背景中的行为的规范性指导。如康德所言，这需要进行一种特殊的判断——他将其称作"天赋的智慧"("Mutterwitz"*)(常识)——该判断反过来要求人们理解适用的背景。与这一背景分离后，该规则就成了离水之鱼。

请注意一种以制裁为后盾的命令或权威性命令体制(独立于内容的、专断的规则)是不能成功的。它们所面临的问题植根于这样一个事实，即它们完全在命令或权威性命令的内容之外为其寻求实践效力。制裁和权威所提供的理由被设计成恰恰是完全独立于它们所赞同之规范而运作了。它们是多用途的促动(motivational)手段。它们完全不尊重内容。另外，权威的命令或行使意图在规范行为者的实践推理中拥有一种专断的影响。因此，人们不能指望从这些指示的实

---

* 原意是"母亲的智慧"。——译者注

践效力的来源那里获得任何关于这些指示之含义方面的指导。这被认为是依赖命令和权威性命令的要义所在。但是,这样一来,决定规范之内容的任务肯定会为对立法者意图的考量所表明的确定含义的语言学资源所承担。但是,如果没有深深植根于普通的日常生活,立法者们的努力就是毫无用处的。离开了对法律主体如何接受被公布之规则的考量,立法者们对这些规则之形态、范围和含义的意向就不能被确定。除非立法者们愿意修改规范以适应每位法律主体的情形,否则他们就不得不依赖我们在上面考查过的相同的资源。

社会理解的支持性环境的重要性为个体行为者需要预料与其经常互动者的理解这一事实所放大。法律规范必须有为公众多理解的含义和实践效力。即便从事管辖的官员单独向公民清楚地表达期望公民们用以指导其行为的规范这一做法是可行的,官员们还是失败了——至少在*经由法律来管辖*方面失败了——因为以这种方式获知规范之内容的个体不能指望他人对这些规范作同样的理解,而这些个体的行为又是以他人之行为为基础的。普通的日常生活中的常规、习俗、习惯和惯例——黑尔会说是共同社会生活中的事务和交往——提供了一个在其中确定对法律实例和规则之公共理解的背景。一旦断绝了与该背景的联系,法律提供规范性指导的努力就没有指望成功。有力的规范性管辖也将遭遇同样的命运,因为法律规范不能提供个体试图公开地向他人证明其行为为正当时所需要的资源。

该论证没有假定公民们必须接受、认可或承诺遵守这些规范。它也没有基于社会中人们对基本价值或一般性原则的背景性共识(background consensus),更不用说罗尔斯所谓的综合的道德、宗教或哲学教育方面的共识了。它所要求的毋宁是实际的理解,也即,对参与者来说具有实践意义及效力的共同的或重叠的活动和习惯做法。实质传统主义主张,法律必须与其试图管辖之共同体的*普通社会生活*结合在一起,尽管法律总是与其不同并在一定程度上与其保持距离。为了实现这一点,法律规范不必融入关于社会生活的所有一般性理论或综合的学说,又或社会生活背后的原则。为法律提供植根于其间之土壤的是"交往"而非信条,是惯例而非原则,是日常事务及活动而非理论和学说。这些资源赋予法律规范以实际的生命。完全没有这些资源,法律的规范性指导和有力的规范性管辖将失去根基。

当然,这不是说不服从普通的社会生活而试图控制社会行为就是不可实施的。

它毋宁是说，如果不满足实质之一致性与推理之连续性的最低条件，任何进行社会控制的努力都必定是对社会生活的严重干预，必定是基于直接的强制以及随情形而变化的、被狭隘地阐述的命令。假如一个法律体系丧失了平衡并陷入了此种情形之中，服从其日益专断之扭曲翻转(twists and turns)(他们必然会有这样的感觉)的人在某一特定时刻会发现自己像棒球运动员一样处在记分员(scorer)的自由裁量之下，只不过这种自由裁量是更大规模的(Hart 1994：141 - 147)。人们再也不可能认为处于控制地位的行政官会与他们试图要控制的人遵循同样的比赛规则了，相反人们会认为行政官所遵循的是其他某种规则或者根本不遵循规则。法律游戏将变成关于行政官之自由裁量的游戏。尝试理解这些规则以将其作为行为的指导，甚至行为的认识上的指导，都将变得没有意义了。相反，人们的所有注意力都将转向行政官在逐个具体情形中所作出的判决。行为主体将变得完全依赖行政官的意志。这里的问题不在于它成本高、行不通或在道德上令人厌恶，而毋宁在于它不能被承认为是正在运行(甚至运行糟糕)的法律。不管是什么在起作用，它肯定不是法律，因为它没有表现出试图提供批量规范性指导这一界定性特征。因此，只有当法律与它试图管辖之共同体的社会生活在实质性程度上相一致时，法律本身才能起作用。

我们现在能够得出我们关于哈特的形式传统主义与实质传统主义之争的论证的结论。形式传统主义主张，就其根基来说，法律立基于一个狭隘的习惯，即适用法律的官员在确定有效之法律规范方面的习惯，除此之外它只要求法律主体对官员们确定并尝试适用的规范予以总体的服从这一简单事实。我们现在看到这是不充分的。与此相反，真正必要的毋宁是形式的、制度化的法律体系融入它试图管辖的共同体生活，这种融入至少要到上文我们为之辩护的一致性命题所要求的程度。另外，法律规范的有效性立基于其实质性融入法律体的程度至少与其立基于对纯粹事实性或道德性外在标准之服从的程度相同。与哈特的承认规则这一假设相比，这一双重的融入(twofold incorporation)至少同样好地解释了法律长期以来的持久性(persistence)，并且它还为法律体系的统一性提供了一种更有说服力的解释。

### 3.4 权威与普通法传统主义中的诸权威

霍布斯在其著作《哲学家与英格兰法律家的对话》中争论说,"制定法律的不是智慧,而是权威",在针对柯克时,他甚至更为尖锐地补充说,"制定法(也就是恰当的法律)不是像诸如普通法及其他可争辩的学科(Arts)那样的哲学,而是命令或禁止"(Hobbes 1971:55,69)。在接下来的一个世纪,边沁将这种质疑更推进了一步,他责难说,普通法只是"毫无权威的法学理论"(Bentham 1970:153)。他争论道,法律诚然事关一般规则,但正统普通法假定这些规则不是在司法判决中予以公开宣布的,而是从这些司法判决中建构出来的,并且司法上的表述都是没有权威的。但是,他接着责难道,这将法律规则仅仅视为了"推论性实体",也即虚假的建构。"从像这样的一组数据(即一组司法判决)中任何自负地认为自己有这方面能力的人都可以推论出一种法律;也许每个人得出的都是不同的法律;这些个体合在一起就构成了……普通法(或习惯法)所谓的规则"(Bentham 1970:192)。霍布斯可能会说,普通法的这些所谓规则不是作为公众都能理解的一般性命令(prescriptions)存在,而是作为私下的臆测和个人的推论而存在——不是作为法律,而是作为"哲学"而存在。因此,作为对法律的一种可理解的、连贯的解释,普通法理论失败了。不管所谓的普通法规则是什么,它们不能是法律的规则。普通法"只是一种想象的和虚构的事物"(Bentham 1977:119)。

这种批评表明了对普通法传统主义的一个重要质疑,不是质疑其对我们刚才考查过的一致性命题的认可,而是质疑它的法律模式及其在实践推理中的作用。该质疑可能是这样的。法律试图提供公共的规范性指导,但它以一种独特的方式完成这一任务,即通过向其试图管辖和指导的公民发布权威性命令。这些权威性命令在规范行为者的实践推理中非常重要,因为它们作为法律之规则的身份是由独立于内容的标准决定的,并且它们在公民的实践推理中以一种优先的(先发制人的)方式起作用。也就是说,这些命令的内容和范围能够由全然非评价性的调查研究和推理来确定。如果它们确实是权威性的,它们就提供了行为的理由和不考虑潜在地形成竞争的道德或实践因素的理由。以这种方式,法律权力机关就掌握了关于法律被用来应对的那些问题的最后发言权。普通法传统主义不能解释法律本身试图要提供的规范性指导,因为该指导之命令(prescriptions)的确定立基于实体性的、与内容有关的权衡之上，并且据说其结果经常被重新评价。因此，它不能解释法律的独特权威或法律体系中制度化权威的作用。它不能指望在正好在下述背景中提供规范性指导，在这种背景中，据它自己承认，法律十分关注应对复杂的社会互动，这些社会互动要求有一些公共标准，以使公民能够据此协调他们的互动。相反，权威性命令消除了行为者对其可能的恰当行为进程进行评价性权衡的必要性。他们可以诉诸公众可接近的规则，这些规则的有效性和内容可由它们的权威性来源的非评价性标准(non-evaluative marks)来决定。

该质疑可在很多方面被精练和发展，但为了当前的目的它已经足够了，因为我在此的目的仅仅是要粗略地表明普通法传统主义怎样能保护自己，对抗来自这方面的质疑。首先，请注意，与其17世纪的祖先类似，普通法传统主义同霍布斯一样对作为法律之一种模式的哲学感到不满，但它同样拒绝接受命令模式(或其精致的变体，权威性命令)。它试图将人们注意力的重心从法律的命令性方面转移到其权衡性方面。普通法传统主义及其批评者都是从相同的前提出发的：法律本身试图提供公共的规范性指导。但普通法传统主义拒绝将法律的规范性指导与权威性命令对实践推理的影响作排他性的等同。它的规范性指导观更为宽泛，在其中包括权力机关的作用及其权威性命令的作用。

普通法传统主义否认权力机关及权威性命令在理论上对法律起到核心作用。在这方面，回忆一下我们所熟悉的关于法律中之强制(coercion)的争论是有好处的。长期以来，法律理论家一直对用强制性惩罚来解释法律之运行的独特方式感兴趣。惩罚理论的批评者正确地责难说，该策略将法律的一个无疑显著且重要的方面拔高到了一个与其不相匹配的理论高度，将本来次重要的问题视为核心问题，结果使我们对法律的重要特征视而不见。例如，对法定义务的论证被简化成对官方惩罚的预测，法定权力未如愿之行使(attempted exercise)的无效(nullity)被视为是惩罚性的，法律规则被视为自上而下的外部的强加物，而法律试图指导行为的复杂方式变得模糊了。批评者认为，问题的解决方案不是要否认强制在法律中的作用，而毋宁是要寻找一种关于法律和规范性指导的解释，这种解释既能包容强制性惩罚的运行，又不致将法律和规范性指导简化为强制性惩罚。普通法传统主义认为，如果我们将法律等同为被视为权威性命令的分散的法律规则，我们也面临同样的危险。此外，法律无疑显著且重要，但却是次要的特征被视为了核心特征，结果使法律的重要方面及其独特的运行样式被模糊了或被赋予了错误的特征。将法律的权威性命令作为我们理解法律的核心强调了它在下述问题方面拥有的最后发言权的作用，如果没有这种最后发言权，这些问题就威胁着要破坏或混淆社会互动。但排他地关注这一点就会使我们对这一事实视而不见：法律不仅将权衡的执行制度化了，而且将权衡本身也制度化了。它也扭曲了我们对法律试图提供的规范性指导的理解。例如，它怂恿我们将规则方面的先例看作起草得很糟糕的制定法，而非实例，并且将类比推理视为发现官方规则的一种形式，该发现的内容和范围早已为之前的判决所确定了。它还强迫我们认为司法方面判决的作出是一种未经授权的、模糊的立法，而源自普通法判决的法律是一种司法立法（judicial legislation）。同时，它还模糊了普通法权衡的协作方面，以及法律使这种权衡所屈从的规训。

普通法传统主义的规范性指导这一概念比权威概念更为宽泛。不是（排他地）将对法律体系的分散的规则或规范的关注作为行为的主要指导者，普通法传统主义视法律体系中的资源为一个整体，即关注其在提供规范性指导方面的过程而不仅仅是结果。作为结果，所提供的指导不限于给一类行为者提供一个一般性原则所代表的行为的具体原因，以某种方式行为的原因，以及事先排除了对行为者可能会考虑之其他原因进行权衡的原因。相反，法律被视为为行为的进程及行为的原因提供了一个共同权衡的框架。法律将单独的、理性的、自我指引的行为者的实践推理和权衡置于一个由三部分构成的框架：(1)由法律官员之行为所示范的（但不限于他们的行为）实践权衡的一种受规训的实践，(2)使行为者能够界定他们所面临的实践问题并努力得出这些问题的解决方案的实例体，以及(3)一个制度化的公共论坛，在其中，这样一种实践被展开，它模仿一种公共的、协作性的推理，并且它对公民或主动或被动的参与是开放的。作为这一被制度化了的过程的一部分，这种权衡的决定性结论（decisional conclusions）在某些方面并且为了某些目的而被认为是终局性的，并且它们还融入到权威性命令之中。因此，规范性指导的这一宽泛策略给权威一个重要的角色去扮演，但它不是最重要的。这种更为宽泛的规范性指导的目的不是为带来公共社会背景中之行为的个体权衡提供一个代替物，而是改变这种权衡的方向并为其提供规训和资源。

当最需要法律的时候，也即当理性的、自我指引的行为者在应付他们每天都要面对的复杂的社会互动之网时，被如此解释的法律不能为他们提供指导吗？存在认为法律能提供这种指导的理由。首先，我们必须记住，这里的问题不是普通法所塑造的法律是否能最好地为社会互动提供规范性指导。普通法传统主义只是主张说，法律所提供的规范性指导采取了这种形式；它是否非常成功地提供了这种指导，甚或在任何特定情形中它对提供这种指导的主张是否通常有所保证或担保，这些都不是我们争论的问题（就像主张法律总是拥有其必定主张的权威这一备选观点不是我们争论的问题一样）。这里争论的问题是它关于这么做的主张在实践中是否是为人们所理解的。如果它在任何可能的社会环境中都无法按其承诺的那样去行为这一点从表面看就很明显，又或者如果某种结构性特征系统地破坏了它在最低限度意义上做此事的能力，那么它在实践中就是不能为人们所理解的。诚然，那些以参变量的形式（parametrically）观察他们所面对之社会世界的孤立个体（并且没有共同经验或共同判断的支撑）的实践权衡极可能会无法满足这一最低限度的标准。但这不是普通法传统主义所设想的法律中制度化了的实践权衡的那种被规训的实践。

其次，在这种更为宽泛形式的规范性指导对权威作了明智之利用的意义上，它分享了它能够期望取得的所有成功。当然，可以想见的是，经由将权威性命令置于制度化的权衡这一更大的背景中，权威性命令的优势会丧失殆尽，但想必在这一点上，上述情形还是不明朗的。另外，似乎最有道理的，将法律同权威性命令相等同的诸观点并不否认，法官和法院经常地、合法地参与大范围的权衡（利用确定的法律规则进行推理，但并不仅限于此），但是它们认为这些活动超出了法律理论的视野（Raz 1995, ch. 13）。不管这样一种观点的一般性优势为何，假如对破坏法律之公共协调潜能的担忧被证明是严重的，该观点甚至更容易遭受这种担忧的困扰。实际上，普通法传统主义可能具有一个优势，因为它对法律怎样尝试规训权衡的解释方式，正如所论证的那样，强化了其公共规范性指导。

最后，一个更为根本的问题是，从任何特定共同体之法律的目的视角来看，而非从道德—政治的（moral-political）视角来看，什么应被算作是成功的公共规范性指导呢？假定最后的结果是，一个在可行的程度上事先排除了个体实践权衡的，更为霍布斯式的(Hobbesian)观念预示了更为平和的社会互动,即一种更有秩序的公共生活。很明显,不能因此得出结论认为这是法律本身必须寻求的。我们可能会和休谟一起要求法律"切断所有分歧及争论的诱因",但我们有什么理由认为这一要求是法律本身之本性的组成部分呢。实际上,我们可以对法律及作为由法律所管辖之公共生活的参与者的我们期望更多。例如,我们可以要求法律帮助作为一个共同体的我们为我们的共同生活寻求更大程度的正义,尽管我们在正义之必要条件方面的意见分歧深刻而且重要。〔15〕使这种事业成为可能的公共论证及权衡的一种制度化实践不会仅因为它承担了没有霍布斯式理想那么有条理这一风险而丧失其作为法律的地位。它的提供规范性指导的主张也不会因此被证明在实践中不能为人们所理解。在《伊里亚特》中,火神赫菲斯托斯为阿基里斯锻造了一块盾牌,上面刻画了一个战争之城和一个和平之城。和平之城由一个婚礼和一场审判代表。有序和有效的规范性指导可能明显存在的前提不是紧张、冲突或纷争的缺席,而是这样一个框架的在场,在其中,冲突能够被表达,并且冲突的解决可以当众经由权衡和商谈而实现。作如此解释的规范性指导拥有某种道德吸引力,但对当前的目的来说,这不是重要的。受质疑的不是该观念的道德吸引力,而是其可理解性。迄今为止,我们似乎没有理由怀疑其可理解性。

*结论*。从17世纪普通法理论中得到启发,我们简述了一种法律理论,它因强调法律的习惯性基础而在重要的方面背离了人们所熟悉的自然法理论,并且它又因为将一种特殊的习惯,即公共实践推理的一种熟练的规训,作为法律的界定性特征而与人们熟知的实证主义理论有重大不同。边沁对待普通法理论足够认真、严肃,他穷其一生的大部分时间试图来驳倒普通法理论并破坏其对英国及他国法律人的吸引力。尽管其批驳失败了,但他在该法律观上倾注其哲学精力却是正确的。这样的时刻到了,普通法理论——或其后代,普通法传统主义——要再次与它更为人熟知的对手,实证主义及自然法理论,进行一场法学理论的赛马会,并通过奔跑来赢取奖金。

---

〔15〕在阐明一个德沃金著作中为人熟知的观念时(尽管是在一个德沃金可能不认可的方向上),我将该事业称为对"完整性"("integrity")的搜寻,我认为,它是在正义广受争议的情形中追求正义这一公共美德(Postema 1997)。

## 参考文献：

Alexander, Larry, and Kress, Kenneth (1995), "Against Legal Principles", in Andrei Marmor (ed.), *Law and Interpretation* (Oxford: Clarendon Press), 279 - 327.

Austin, John (1885), *Lectures on Jurisprudence*, 2 vols. (London: John Murray).

Bacon, Francis (1630), Elements of the Common Laws of England (London; (repr. NewYork: Garland Publishing Company, 1978).

—— (1858), *On the Dignity and Advancement of Learning* (1605), in *Works*, 7 vols., eds. James Spedding, Robert Leslie Ellis, and Douglas Denon Heath (London: Longman).

Bentham, Jeremy (1970), *Of laws in General*, ed. H. L. A. Hart (London: Athlone Press).

—— (1977), *A Comment on the Commentaries and A Fragment on Government*, ed. J. H. Burns and H. L. A. Hart (London: Athlone Press).

—— (1998), *Legislator of the World: Writings on Codification, Law, and Education*, ed. Philip Schofield and Jonathan Harris (Oxford: Clarendon Press).

Blackstone, William (1765), *Commentaries on the Laws of England*, 4 vols. (Oxford: Clarendon Press, 1765 - 9).

Brewer, Scott (1996), "Exemplary Reasoning: Semantics, Pragmatics, and the Rational Force of Legal Argument by Analogy", *Harvard Law Review*, 109:923 - 1028.

Chapman, Bruce (1994), "The Rational and the Reasonable: Social Choice Theory and Adjudication", *University of Chicago Law Review*, 61:41 - 122.

Cicero (1928), *De Legibus*, tr. Clinton Walter Keyes (Cambridge, Mass., Harvard University Press, Loeb Classical Library).

Coke, Edward (1628), *First Institute of the Laws of England* (rep. New York: Garland Publishing Company, 1979).

—— (1793), *The Reports of Sir Edward Coke, in Thirteen Parts*, 7 vols. (Dublin: J. Moore).

Coleman, Jules (1998), "Incorporationism, Conventionality, and the Practical Difference Thesis", *Legal Theory*, 4:381 - 425.

—— (2001), *The Practice of Principle* (Oxford: Oxford University Press).

Davies, John (1615), *Irish Reports*, in Alexander Grosart (ed.), *The Works ... of John Davies*, 2 vols. (Edinburgh, 1876).

Doddridge, John (1631), *The English Lawyer* (London: Assignees of I More).

Dworkin, Ronald (1986), *Law's Empire* (Cambridge, Mass.: Harvard University Press).

Eisenberg, Melvin A. (1988), *The Nature of the Common Law* (Cambridge, Mass.: Harvard University Press).

Finch, Henry (1759), *Law, or a Discourse Thereof* (repr. New York: Augustus M. Kelly

Publishers, 1969; 1st pub. London 1627).

Finnis, John (1973), "Revolutions and the Continuity of Law", in A. W. B. Simpson (ed.), *Oxford Essays in Jurisprudence* (Oxford: Clarendon Press), 44 - 76.

Fuller, Lon L. (1968), *The Anatomy of Law* (New York: F. A. Praeger).

—— (1969), *The Morality of Law*, 2nd edn. (New Haven: Yale University Press).

—— (1981), "Human Interaction and the Law", in Lon L. Fuller, *The Principles of Social Order*, ed. Kenneth Winston (Durham, NC: Duke University Press), 211 - 246.

Gray, Charles M. (1992), "Parliament, Liberty and the Law" in J. H. Hexter (ed.), *Parliament and Liberty from the Reign of Elizabeth to the English Civil War* (Stanford, Calif.: Stanford University Press, 1992), 155 - 200.

Hale, Matthew (1956), "Reflections by the Lrd. Chiefe Justice Hale on Mr. Hobbes His Dialogue of the Lawe", in William Holdsworth, *A History of English Law*, 7th edn., 17 vols. (London: Methuen, 1956; 1st pub. 1670?).

—— (1971), *A History of the Common Law of England*, ed. Charles M. Gray (Chicago: University of Chicago Press).

Hart, H. L. A. (1983), *Essays in Jurisprudence and Philosophy* (Oxford: Clarendon Press).

Hart, H. L. A. (1994), *The Concept of Law*, 2nd edn. (Oxford: Clarendon Press).

Hedley, Thomas (1610), Speech in Parliament on Royal impositions, in Elizabeth Read Foster (ed.), *Proceedings in Parliament* 1610 (New Haven: Yale University Press, 1968).

Hobbes, Thomas (1971), *Dialogues Between a Philosopher and a Student of the Common Laws of England*, ed. Joseph Cropsey (Chicago: University of Chicago Press).

Hume, David (1975), *An Enquiry Concerning the Principles of Morals*, ed. L. A. Selby-Bigge, 3rd ed., rev. by P. H. Nidditch (Oxford: Clarendon Press).

Kornhauser, Lewis A., and Sager, Lawrence G. (1993), "The One and the Many: Adjudication in Collegial Courts", *California Law Review*, 81: 1 - 59.

Levenbook, Barbara Baum (2000), "The Meaning of Precedent", *Legal Theory*, 6: 185 - 240.

Levi, Edward (1949), *An Introduction to Legal Reasoning* (Chicago: University of Chicago Press).

—— (1965), "The Nature of Judicial Reasoning", *University of Chicago Law Review*, 32: 395 - 409.

Lieberman, David (1989), *The Province of Legislation Determined* (Cambridge: Cambridge University Press).

Llewellyn, Karl N. (1960), *The Common Law Tradition: Deciding Appeals* (Boston: Little, Brown Publishers).

Marmor, Andrei (1998), "Legal Conventionalism", *Legal Theory*, 4509 - 4531.

Pattaro, Enrico, Gerald J. Postema, and Peter Stein (eds.) (forthcoming), *A Treatise of*

*Legal Philosophy and General Jurisprudence*, 12 vols. (Dordrecht: Kluwer Academic Publishers).

Postema, Gerald, J. (1986), *Bentham and the Common Law Tradition* (Oxford: Clarendon Press).

—— (1994), "Implicit Law", *Law and Philosophy*, 13:361 - 387.

—— (1997), "Integrity: Justice in Workclothes", *Iowa Law Review*, 82:821 - 855.

—— (2001), "Law as Command: The Model of Command in Modern Jurisprudence", *Nous*, *Philosophical Issues*, 11:470 - 501.

—— (unpublished), "If this keeps up ... : Analogical Thinking in Law".

Raz, Joseph (1995), *Ethics in the Public Domain* (Oxford: Clarendon Press).

St. German, Christopher (1974), *Doctor and Student*, ed. T. F. T. Plucknett and J. L. Barton (London: Selden Society; 1st pub. 1523, 1530).

Schauer, Fred (1989), "Is the Common Law Law?" Californian Law Review, 77:455 - 471.

Shapiro, Scott (1998), "On Hart's Way Out", *Legal Theory*, 4:469 - 507.

—— (2000), "Law, Morality, and the Guidance of Conduct", *Legal Theory*, 6:127 - 170.

Simpson, A. W. B. (1973), "The Common Law and Legal Theory", in A. W. B. Simpson (ed.), *Oxford Essays in Jurisprudence* (Oxford: Clarendon Press), 77 - 99.

Sunstein, Cass (1993), "On Analogical Reasoning", *Harvard Law Review*, 106:741 - 791.

Tubbs, J. W. (2000), The Common Law Mind: *Medieval and Early Modern Conceptions* (Baltimore: The Johns Hopkins University Press).

Waldron, Jeremy (1998), "Custom Redeemed by Statute" in M. D. A. Freeman (ed.), *Current Legal Problems* 1998: *Legal Theory at the End of the Millennium* (Oxford: Oxford University Press), 93 - 114.

Waluchow, W. J. (1994), *Inclusive Legal Positivism* (Oxford: Clarendon Press).

Westen, Peter (1990), *Speaking of Equality* (Princeton: Princeton University Press).

# 第16章　私法哲学*

Benjamin C. Zipursky 著　蔡立东** 译

## 1. 导言

为什么私法要对不法行为人施加责任？当代的法律理论家聚焦于两种类型的解释之一。阻却派，特别是法律与经济运动（the law and economics movement）的倡导者，强调法律施加责任旨在给潜在不法行为人一个具有减少不法行为——社会有害行为之效果的激励。[1] 矫正正义派采用义务论的（deontological）框架，认为施加责任的基础是对侵害原告之被告保全原告利益之责任的确认。[2] 这些历史上根深蒂固之见解间的争论一直存续于今天的法律与哲学学术界。

我将在随后的部分指出，争论双方的错误源于遗漏了一个基本的法律概念，即

---

* 我感谢 Jules Coleman 和 Scott Shapiro 的评价、讨论、编辑、鼓励和耐心。我也感谢 John Goldberg 的有益评论，特别是将我导向 Blackstone，将其作为在自由主义政治学传统内的理论依据源泉。

** 吉林大学法学院、吉林大学理论法学研究中心教授，主要从事民法哲学研究。

〔1〕参见诸如 William M. Landes 与 Richard A. Posner："侵权法的经济结构（1987）"。也可参见 Guido Calabresi："事故的成本（1970）"；Steven Shavell，"事故法的经济分析"（1987）；Guido Calabresi 与 Douglas Melamed："财产规则、责任规则与不可让与性：一个权威（the Cathedral）概览"，"哈佛法律评论"，1972 年第 85 卷，第 1089 页；Ronald Coase："社会成本问题"，"法律与经济学杂志"，1960 年第 3 卷，第 1 页。

〔2〕参见诸如 Jules L. Coleman："风险与不法行为（1992）"；Ernest J. Weinrib："私法的理念（1995）"。也可参见 Arthur Ripstein："平等，职责与法律（1998）"；Richard A. Epstein："严格责任理论"，"法律研究杂志"，1973 年第 2 卷，第 151 页；George P. Fletcher："侵权法理论中的公平与功利"，"哈佛法律评论"，1972 年第 85 卷，第 537 页；Stephen R. Perry："侵权法的道德基础"，"爱荷华法律评论"，1992 年第 77 卷，第 449 页。

私的诉讼权利(private right of action)的概念。疏漏的形成轨迹回归到问题本身的形成:为什么法律对不法行为人施加民事责任?法律并未施加民事责任。法律授权私人(private party)基于他们的自主选择要求其他私人对其承担责任。研究私法中的责任首先应集中于为什么特定个人被授权或被允许根据法律以特定方式行动,而不是特定人需要受到惩罚或承担责任。

聚焦于私的诉讼权利,既有益于解释私法中的责任,也有益于在更广阔的法律体系结构中定位私法责任。对于前者,它将引领我们认识居于私法诉讼核心的基本原则家族;受到他人不法侵害者被赋予向加害人行使民事追索权的管道。[3] 但是从一个更广阔的视角,它可以使我们复兴已经接近毫无声息的私法与公法间区之区分的观念。一旦我们清晰地把握住私的诉讼权利的观念,我们在承认私法学说、法理和政治上的独特特点的同时,能够认同国家在一切法律中的职能。

## 2. 私法的主要理论模式

### 2.1 法律与经济学取向(approaches)

根据当今盛行于私法学术界的法律与经济学观点,诸如 Richard Posner 或 Steven Shavell 等认为,民事诉讼中,作出被告承担损害赔偿责任判决的法院强加于被告的是罚金的等同物。因而,决定法院何时作出判决的法律规则和原则的理性重构将是国家在特定情形下施加的罚金和惩罚体系的理性重构。这些理论家认为,我们的体系当然已经建立,于此体系下,私人启动这种导致施加罚金的程序,而且他们是这些罚金的接受者,有资格接受损害赔偿。但是这些是我们体系的附随性事实。其前提性事实是金钱惩罚的施加随以下情形之一发生:不服从特定的行为规则;不遵守合同;施加人身损害;或侵犯财产权。

私法的经济阻却模式导致了有关私法基本问题的几个值得注意之处。首先,它视私法基本上为国家的规制活动。私法规则旨在调整个人行为以便利可欲结果的出现——通常是资源的有效配置。私法的规制面向是适用于侵权,还是合同、财

[3] 我在早先完全关于侵权法的文章介绍了民事追索权的理念。Benjamin C. Zipursky:"权利、不法行为(wrongs)和侵权法中的追索权","范德贝尔特(Vanderbilt)法律评论",1998 年第 51 卷,第 1 页。

产或私法的其他形式尚无定论。

第二，相关地，私法的规范至少在以下两方面是纯工具性的，一个是有关价值的，另一个是有关内容的。特定私法规范的价值完全要诉诸这些规范实现之结果的价值，相关地，遵守这些规范的价值完全是从长远角度看完全是这些规范实现之价值的衍生物。而且，由于用于这些规范中的公认定型(deontic)词汇，例如"权利"、"义务"等术语具有广泛多样性的意义，只有从最终系于这些规范工具性地拟实现之价值的简约模式的角度，这些术语在规范中的内容才是可理解的。

第三，依此视角，私法诉讼的原告驱动结构是私法的附随特点。遭受作为违反责任规则之结果伤害的受害人是有关违法行为证据的最有效来源。因而，给予受害人推动责任规则实施的激励是有价值的，这种激励源于作为被告责任之接受者的前景。这构成了至少在侵权场合，允许受害人起诉的主要理由。

从经济学的视角，似乎可以说，传统上被称为"私法"者不过只是公法的特例：国家以促进存在于资源有效配置中的国家利益为圭臬设定规则，这些规则通过告知个人特定行为方式的定价而运作。当然，诸如侵权、合同和财产等传统意义上的"私"法领域倾向于调整对私人有更大具体影响的行为，而且倾向于将个人权益(entitlement)置于更中心的位置。但是在内容上，法律的两个领域因同属于公而相似。

我相信，有很多权威理论家的观点总体上与上述立场一致，Posner 和 Shavell 就是很好的例证，但是持不同观点者也大有人在。然而在继续讨论前必须指出，经济视角也可以被理解为刻画私法与公法的完全不同的观点，该观点始自私法，以自己的角度解释公法。该视角由 Calabresi 与 Melamed 作出了著名的阐述，法律的要义是以引导资源有效配置的方式，构造并保护一个私人权益体系。责任规则和财产规则完全或部分是达此目标的私的手段。然而，有很多理由支持社会需要像刑法中的不可让与性规则一样设定为命令和控制模式的行为规范，以及规则制定于其中的背景体系。依此视角，公法也可以被理解为对权益进行私法规制的限度之所在(the limit case)和背景。

私法的经济学模式有很多优势，也有很多薄弱之处。其概念的明确性、服务于私法不同领域的能力、其贡献的可以容纳大量分析的强有力方法论框架都是魅力所在；而且，其更多的韵味渊源于其对构成如侵权与合同、前二者与财产之区别的法律结构的众多独特之处的解释力。尽管如此，作为一个理解私法的基本取向，正如许多学者已经指出的，经济取向也存在严重的明显不足。于其反射的简约主义之中(in its reflexive reductivism)，它使私法失去了学说结构的诸多层面。即使其倡导者也承认，它对效率的强调从规范的角度看明显不足，从解释的角度看更难以置信。就私法的目的而言，它们是更加多样的和拘束性的，而不只是效率。

更一般地，侵权法、合同法和财产法各自表征的是私人权利的独特体系，经济模式不能与这一定型(deontic)观念调和，并不只是从规范角度看拒绝了私法的这一观念，而是没有可能明确该观念的意蕴，以至于这种观念没有可能被视为我们法律的一部分，该观念被拒绝了。固然私人权益的观念和个人偏好的观念在经济学取向中承担重要职能，但是仅就其属于法律试图最大化的更大社会福利功能之组成部分的范围内，法律才保护这些权益、满足这些偏好。就像效率最大化蕴含的公共利益是公法基础一样，其也是私法的基础。

与这一解释缺陷相伴而来的是其他两个缺陷。在我们的法律体系内，私法与公法的区别在某种程度上与规范倾向(normative orientation)的区别有关。将私法作为私人权利场域的直觉理解对应于公法的场域属于公共物品(public good)、公共福祉(public benefit)或者公共权利(public right)。例如，私人财产和合同的法律事关私人间正义的实现，认同个人的权利与义务，而诸如刑法、移民法或福利法调整公共需要的满足和公共物品的供应。经济学模式不能包含这种区分。尽管将这一不足界定为缺陷可能还存有争议(这可能被视为一个重要洞见)，即使不应该将该区别视为当然，我倾向于认为理解这一区别的解释与分析工具的不足属于缺陷。

最后，也是有关的，经济学模式对于理解普通法系法院承担的解释私法的独特制度功能有很大局限。虽然明知先例拘束原则的功能以及当事人的独特性，根据经济学取向赞同的工具主义模式，法院为新案件制定规则在本质上仍被界定为制定满足公共目的的立法。这一认识与私法中的裁判通常具有的一系列特点相抵牾。决定原告在特定种类的假定事实模式下是否有诉讼权利的法院不是在决定规则的构成，进而，即使是新案件，法院决定的是既存规则大厦是否支持原告有权获得法院的救济。私法的规则不是法院兼做立法机关事先设定的普遍陈述,而是法院决定的立基于在私人间谁有权通过法院对抗他人的案例的累积。

众多学者从解释与规范两个角度提出了这些批评。从规范的角度,批评的观点聚焦于揭示立基于权利概念的法律体系的价值和拘束力以及经济学家构想的定价体系的薄弱之处和不正当性。着眼于解释的角度,批评者指出传统上被视为英美私法的内容被前面明确的概念与原则激活。不论正当与否,如果不能容纳这些概念和观念,搜寻法律是什么的努力将是南辕北辙。本章的批评是从解释的视角提出的。

### 2.2 矫正正义理论

矫正正义理论家,特别是 Jules Coleman 与 Ernest Weinrib,至少是从解释的视角,恰当地强调经济学观点存在的学说和结构上的特有缺陷。他们批评经济学观点没有认识到私法中私人原告的基本职能。被告没有被处以罚金,但是要向原告承担责任。责任的关系属性使其区别于罚金。在更广的意义上,这是对于原告的责任,而不是单纯地要求被告给付,这一事实减弱了单纯阻却模式的说服力。我们的制度并非像立基于单纯的阻却模式一样,漠不关心罚金受益人的身份。而是在私法范围内,法律要求向原告承担责任。在一些经济学家看来,私法的私人面相的工具性解释是有说服力的,但是从哲学和非哲学角度却提出了这些解释并不充分的有力理由。

Coleman 对侵权法的解释是把它描述为因损失产生责任的领域。当某人以诽谤或侵犯其权利的方式伤害他人,同时损害系出于行为人的过错,则行为人要对损害负责。矫正正义的理念是对损害负责者有向受害人作出赔偿的义务。侵权法立基于不法行为、权利和过错等法律概念,强制实施这种赔偿义务。私法之为私乃是因为其涉及的是私人间的关系,即行为人对受害人的义务,而不是行为人对国家的义务或国家对受害人的义务。侵权法或者提纲挈领地(centrally),或者通过联系其所调整的不法行为宣示权利。给定默示或明示地体现于普通法的原则,法院的职能居中,因为其强制执行被视为与原则有关的赔偿义务。法院对赔偿义务的强制执行着眼于过去,而非将来。

Weinrib 的观点在有些方面不同于 Coleman,其中三方面特别与其对私法的认识有关。第一，私法之私源于其中的义务和权利。这些义务和权利内在相关：对人或人的集团的义务和向人或人的集团主张的权利。与康德的主题接近，Weinrib 认为：在界定个人彼此间关系之权利义务并构成个人可能行为之领域的框架内，自由和平等是可能的。私法之私存在于它对私人间的个人权利与义务的法律领域的明确。第二，于私法中实现的校正(rectification)或矫正正义不简单地是因损害承担责任，进而恢复事实意义上之均衡的问题。其是恢复规范意义上、而非事实意义上之均衡的问题。第三，法院对于私法的功能与立法机关对于公法的功能有很大不同。法院不是在立法，而只是赋予由私法的正式概念框架设定的私人间的法律权利与义务领域以效力。

作为寻求私法中枢概念的努力，Coleman 与 Weinrib 的理论在很多方面对工具主义者的方法进行了改进。首先，他们开始解释为何诸如侵权等私法的领域，较诸如宪法、刑法等其他领域具有较少公的色彩。自矫正正义的视角，义务和权利指向其他私人，而不是国家。第二，相关地，他们开始寻求至少某些私法领域、特别是侵权法的优于经济学视角的学说结构。第三，通过把自己局限于解释的范围，并且通过撒下围绕校正和矫正正义理念的广阔解释之网，他们创造一个空间，于其中我们可以弄清司法判决是如何被理解为源自内在于某些私法领域的一系列原则，而不是法院像立法者一样强加的一系列原则。基于这些原因，矫正正义理论不仅加深了我们对私法的理解，而且显著地扩展了法理学的视野。尽管如此，还完全有理由怀疑矫正正义理论提供完全有效解释私法之框架的能力。[4]

首先，私法是多样的。这不仅仅是因为在诸如信托和不动产、公司和合伙等众多私法重要领域，律师的工作主要不是诉讼，而是因为即使在诉讼领域，因损失而生责任或修复伤害的侵权模式也非充分。合同在私法中至关重要，但是违约诉讼通常不要求赔偿损害，而是要求强制履行或给付等同物(期望)。财产法是私法的基本部分，财产诉讼系于救济对权利的侵犯，而不以损害发生为必要。

第二，无论事实意义上的，还是规范意义上的均衡概念，都不能提供一个足以

〔4〕一个进一步的说明：Coleman 甚至未主张矫正正义理论更一般性地涵盖私法(他的观点仅仅指涉侵权，他还给出了理解合同的不同模式)，Weinrib 的工作旨在涵盖私法的真正理念。

解释私法运作的校正的概念。正像包括 Coleman 与 Weinrib 在内的几位学者指出的，倘若想用校正来涵盖私法，就不可能在字面意义上采用亚里士多德关于校正的观点。例如，就侵权而言，事故受害人的损失绝非毫无疑问地就是加害人的收益。在一些有关恢复原状和财产法的简单案例中，此一模式可能奏效，但是例外大量存在。因而，人们倾向于认为校正就是恢复受害人的状态（而不必然是返还所得）。但是，由于有许多不发生责任的损害案件（甚至有许多过错与损害并存也不发生责任的案件），受害人的恢复存在无的放矢的问题（highly over-inclusive）。基于这些理由，像 Coleman、Perry 和 Ripstein 等理论家在阐述矫正正义理论时，转向对损害的责任，而不是校正的观点，这凸显了他们的理论在侵权法之外的无力。Weinrib，则不同，从作为与事实意义上均衡有关之概念的校正转向作为与规范意义上均衡有关之概念的校正。但是，基于很多原因，这种转向是有问题的。黑格尔/康德/亚里士多德推理的含义难以究明。在其切断与作为归于完整意义上（as making-whole）的均衡思想的联系的范围内，它损害了自己原初的、将归于完整的救济作为私法之一部分的优势。但是在其坚持均衡思想的范围内，它未能解释容纳多种救济（如惩罚性损害赔偿、禁令救济）的私法的众多领域。更重要的是，规范意义上均衡的思想为私法预设了存在严重问题的目的论，后述其详。

第三，私法之私不能存在于它确认的权利和义务的关系性。大量刑事法律的基本权利与义务在同样的意义上也是关系性的，然而刑法是最典型的公法。免于伤害、强奸、谋杀、抢劫、欺骗或窃听的权利和财产免于侵占和损坏的权利都是受刑法保护的权利。而且刑法规范向每一个人施加不以上述方式对待他人的义务，这是权利与义务具有关系性的领域，却不是私法。更一般地，就个人自由取决于确认受法律保护的、社会认可的自由和安全之领域的框架而言，看不出这为什么不可以通过公法达成。

最后，由于矫正正义论最终给出了私法的目的论关切，从矫正正义的视角观察，私法并没有提供其声称提供的、与经济学家的工具主义显著不同的面向。在亚里士多德学派和 Weinrib 等新亚里士多德学派的眼里，私法便利规范意义上的均衡的实现。依 Coleman 的观点，侵权法将责任置于有过错之人的门阶。在更广的范围内，私法服务于将损失移转给应该承担损失之人。私法的这一目的论面向并未使其成为工具主义的,因为它依然能够承认体系内的基础价值;其价值不只存在于被恢复的事件状态。但是,私法的目的论面向引发三个问题。第一,其消除了或至少模糊了公法与私法的分别,因为二者之区别显著地表征为关键是追求公共目的之领域和不以追求公共目的为重点之领域的不同。然而如果私法被理解为旨在实现某种均衡,进而其似乎最终将指向公共目标。第二,尽管对终极关怀的确认不导致彻底的工具主义,但这意味着需要究问现行制度是否是可以虑及的、达至终极目的的最好体系。但是正如 Weinrib、Coleman、Ripstein 和其他矫正正义理论家指出的,私法中的理由域(domain of reasons)显示出其对结果论派入侵的复原能力。而且,矫正正义理论家——特别是 Weinrib——曾强调无政治之裁判的可能性。最后,自从亚里士多德,矫正正义概念的标志性面相就是其区别于分配正义的独特之处,然而不从包括分配正义的更广视角评估均衡的正义,就难以把握应被恢复的权益均衡的观念。更突出地,特别地从其实现公正的均衡之能力的角度考虑私法的合法性似乎是消弱私法的方案,因为从分配的观点,有强有力的理由怀疑现状即公平。

当然,这些关于法律与经济学和矫正正义的介绍过于宽泛,而且许多重要的限定和可能的回应尚未涉及。但是足以发现当代私法理论中基本问题的轮廓。一个为当今法学界青睐的取向以蔑视的姿态视私法与公法的分别为虚拟,因为所有的法律不过是一系列被设计用来激励私人行动者按照最有利于社会的方式调整其行为的机制。这种观点的问题与道德理论中的激进结果论面临的问题相同:至少从解释的视角,其完全忽视了一个律师和市民都认为合理、且在型构我们的体系中发挥作用的概念世界。对于法律(可能不同于道德,也可能与道德相同),解释的工作非常重要,因为稳定性和法治在某种程度上取决于法律就像其曾经被理解的一样,保持一致性。因此,有充分理由探索理解私法的方式,相比法律和经济学进路,这种方式与公、私法的分别更相容,且能统合私法结构。

矫正正义理论家——特别是 Ernest Weinrib——已经给思考私法带来了新的路线,但是我们已经看到怀疑它们的一些理由。有疑问的是,它们是否适用于所有私法,更具体地,是否适用于侵权之外的其他问题;均衡的思想是否能够令人信服,也不清楚;作为关系性权利与义务领域的私法概念牵涉过广,还裹挟了许多公法,而且矫正正义的目的论也呈现出一些难题。考虑到这些因素，我必须提出另外的路径，以其洞察私法本质和公法与私法之分别的重要性。

### 2.3 两种取向的一个基本难题

两种观点都忽视了私的诉讼权利在私法中的基本职能。它们的不同仅在于对被告负担损害赔偿之要件的分析；法律与经济学学者将要件理解为罚金，而矫正正义理论家则理解为义务。基于这两种观点，原告提起诉讼的功能本质上是启动国家认定上述要件是否适用于被告的程序：被告是否应被处以罚金，或者被告是否须赔偿原告。如此行事的人将负担罚金：如此行事且侵害或侵犯某些权利者有义务赔偿受害人。

但是，对私人施加民事责任的运作却与此大不相同。国家回答的不是此类行为是否应被处以罚金，也不回答下面的问题：居此地位的被告是否有义务满足原告之主张。确切地讲，法院会提出这样的问题：着眼于被告之所为，是否应该支持原告向被告提出的损害赔偿请求？法院决定支持原告提出的请求不是必然地确定标的行为应被处以罚金。也不是必然确定被告有义务向原告承担损害赔偿或任何其他形式的补救。它确定的是支持原告有权利获得救济的请求。肯定地说，这种判决的一种可能基础是规制系统已经批准或授权原告在特定场合获得支持，另一可能基础是被告有义务向原告作出其请求的补救，法律应强制义务的履行。在此意义上，经济的观点和矫正正义的观点都可被用来解释法律为何赋予原告诉讼权利。但是上述可能性揭示：一个更根本的分析层次已被忽视。首先被分析和描述的现象是，如果可以证明特定事实，适格原告享有使其特定请求获得支持的权利。

本章的第一主题关涉私的诉讼权利的分析框架，接下来是如何恰当地解释其规范性基础。我将阐明，在典型的私法案例中，私的诉讼权利的可利用性取决于民事追索权的原则：因特定方式受到民事侵害者有权利获得通过国家向加害人追索的管道。根植于布莱克斯通和洛克，我在社会契约理论范围内提出领会该原则之规范诉求的基础。简言之，我主张私法中的私的诉讼权利代表一个场域，于其中个人可以诉诸国家创造的自助之路。

## 3. 私的诉讼权利

### 3.1 作为附条件法律权力的诉讼权利

私的诉讼权利具有几个突出特点。首先，在霍菲尔德和哈特的概念中，它是以特定方式行事的法律权力(尽管是附条件和媒介性的)。如果获得胜诉判决，提起侵权或合同之诉者将改变其与被告的法律关系。改变法律关系的能力是法律权力的形式之一。[4a]

第二，紧密相关的，在哈特看来，确认私人原告享有诉讼权利的法律规则属于权力授予规则。[5] (没有什么被有意装进相对于"原则"的"规则"术语之下)因此，能够证明妨碍的财产所有人有资格获得要求被告停止妨碍之禁令的规则是授予财产所有人禁止被告从事特定行为之权力的规则。获得损害赔偿成立裁断的侵权受害人原告有资格获得对被告的胜诉判决的规则是授予人们为被告设定对己债务之权力。

第三，授予的权力是有条件的。个人没有只要其愿意就可使他人对其负担新债务的权力。只有满足特定条件之人方可改变法律关系：典型地，就被告是否以特定方式行事、原告是否已经或将要受到特定方式的影响而言，通过特定过程的环节、达到特定证明标准以满足事实发现的要求。

第四，授予的权力是媒介性(mediated)的，而不是直接的。原告的诉讼权利是推动国家改变当事人间法律关系的权力。例如，只要上述条件具备，法院就将作出判决或授予禁令。只有通过作为第三方的国家，法律关系才得以改变。但是，享有诉讼权利的原告拥有使国家改变这些法律关系的合法权力：一旦原告确定地已经满足必备条件，国家几乎就是充当原告的代理人。在这个意义上，诉讼权力属于媒介性权力。

### 3.2 诉讼权利和法院

在特定案件中，私的诉讼权利是否存在至少在两种意义上取决于法院。如上

〔4a〕Wesley Newcomb Hohfeld："应用于法律推理的几个基本法律概念"，"耶鲁法律杂志"，1913 年 23 卷，第 16 页。

〔5〕H. L. A 哈特："法律的概念"，第二版(1992)。

所述,在任何特定案件中,权力媒介于法院给予的救济。但是,法院受任确定权力授予规则设定的条件是否满足。而且这一合法权力存在的真正表征取决于强制执行(调停)制度的存在和司法裁判制度的存在。

其次,在提供特定救济的特定条件具备场合,授予私的诉讼权利的规则本身就是法律规范,如果在特定案件中私的诉讼权力构成诉讼的合法权利,该规则一定要有权威。但是,这不是说该规范一定属于确定的种类,或者必须存在确定的渊源(provenance)(至少在私的诉讼权利概念的范围内)。因而,例如,美国联邦反窃听法第三章(Title III)创设了请求给予损害赔偿的私的诉讼权利,该权利针对的是能够证明已对原告实施电子窃听者。于此场合,规范来自美国国会的明示宣示。相反,一个加利福尼亚人将享有针对不当侵入其住所者的私的诉讼权利,但是这借助的是已经承认此种侵入之受害人向侵入者请求补偿性或(也可能是)惩罚性损害赔偿的规则的加利福尼亚州上诉法院。值得注意的是,作为诉讼权利之依据的法律规范存在的场合也是其权威归功于司法系统的场合(而不是立法机关或其他来源),司法系统对于诉讼权利至少有三重功能:规则权威的创设者、条件的裁断者、救济的执行者。

### 3.3 诉讼和私的诉讼权利

私的诉讼权利是针对特定他人的行动权力。在这个意义上,其是(a)以特定方式行动的权力;(b)本质上关系性的。问题在于原告是否有权力以改变被告与原告相关的法律地位之方式采取针对被告的行动。私的诉讼权利是以特定方式行动的权利的论断明显地源自它的名称,也同样明显地源自关于美国人好讼之公共讨论的持续性。诉讼文化并不受人欢迎,部分因为这引致持续的对抗状态,人们在法庭上持续不断相互对抗。不论好坏,私的诉讼权利这一表达提醒我们侵权行为的这一绝对核心特点。

### 3.4 私的诉讼权利之私

私的诉讼权利属于私,因为它是当事人而不是国家的权力。在其他法律领域,例如刑法、移民法,国家被授权(通过法院)充当改变个人法律地位的角色。在私法中,则不同,是私人拥有这一权力。与此适成对照,国家享有的是创设者、裁断者和执行者的权力,而非主要行动者的权力。当然,法院在刑法或规制法领域不是主要行动者，而国家才是主要行动者，相当于这些领域的原告，在私法领域则不是如此。

### 3.5 作为一种权利的私的诉讼权利

私的诉讼权利具有一个经常被视为权利之重要属性的特点——是否主张权利通常诉诸主体的自由裁量。值得注意的是，过去几十年里，私的诉讼权利的特点被分化或弱化的诸多方式。但在具体案件中，这是基于精心考虑和对诉讼权利性质某些基本重要性被折衷的确认。因此，例如，就其关涉非权利持有人主张原告诉讼权利，集团诉讼必须被捍卫。与保险人的代位权协议一定不能剥夺被保险人的起诉权利，只是在原告未起诉场合分配回复利益或起诉的剩余权利。

私的诉讼权利的另一属性往往使其正适于被贴上权利标签。拥有私的诉讼权利者通常被视为有资格获得针对被告的胜诉判决和救济。当法院确认主体拥有诉讼权利时，它通常确认的不仅是他们拥有系争(in question)的法律权力，而且是他们有资格拥有这一权力。在这个意义上，一个真正持有人拥有的私的诉讼权利就有些像具有选举权公民的投票权；它不仅是权力，它不仅存在于持有人的自由裁量，而且被视为在我们的制度下原告有资格享有的东西。

这不是私的诉讼权利的基本特点。例如在立法机关决定授权特定私人针对特定刑事被告提起诉讼以强化对特定犯罪的追究，并给予私的检控人以奖励场合，可以就此提出此属于私的诉讼权利的观点。当然，一旦存在法定框架，就会产生私的原告有资格获得赔偿或者有资格享有诉讼权利的意识。但这绝不是法院在指出被诽谤为娈童者有针对诽谤者的诉讼权利，或有资格针对其提起诉讼场合的意旨。在某种程度上，原告有资格针对被告提起诉讼的结论是着眼于被告所为原告有此资格的断言。这不单是将案件事实归入更广阔的、针对诽谤案件的权力授予规则中。相反，在某种意义上，权力授予规则是对此等原告有资格享有针对被告行动的权力之原则的已确立的普遍表达。

对私的诉讼权利的肯定关涉到对对抗国家之资格的确认。原告对国家提出请求，他有资格享有来自国家的肯定性支持。一个权力授予规则，如果有规则的地位，就将授权私权利主体针对国家行为提起诉讼，使原告之诉讼成为对抗被告的方式。

我主张，原告享有诉讼权利的观点对于私法理念至关重要。工具主义者和形式主义者一样经常主张私法旨在探究确认被告对原告责任的非公理由；工具主义者还谴责此类观念是不连贯的。在本章后面的几节中，我主张，作为通过法院获得救济之资格的意义上的私的诉讼权利的观念确实是私的诉讼权利观念的核心，在某种程度上，也是私法观念的核心。

### 3.6 私的诉讼权利的三边结构

私的诉讼权利涉及三重关系。原告请求国家帮助改变其与被告的法律关系。须注意，关于获得国家肯定性帮助的请求是旨在生成针对被告行动（通过变更其法律地位）之能力的请求。关于存在的是针对谁的行动权力的问题，通过这是针对被告的诉讼权利得到回答。因此，自然地认为诉讼权利与作为被告的支付义务相关。这是一个错误。如前所述，权利首先是通过国家的行动权力（尽管针对被告）。作为请求被告损害赔偿之私的诉讼权利的持有者不同于依法确定之被告义务的合法受益人。这是因为旨在改变第三人法律地位以使其负担向特定人支付或为特定人利益行动之义务的合法权力区别于作为变更后法律关系受益人的法律地位。即使受益人的法律地位与权力持有者的法律地位重叠亦是如此。确实，在概念意义上，作为损害赔偿救济或禁令救济的受益人既非私的诉讼权利的必要条件，也非充分条件。

### 3.7 私的诉讼权利类似特权（privilege）的意识

在一个重要的实际意义上，诉讼权利是针对他人行动的特权。从作为针对他人行动的方式和相对于禁止强制行为或者未经同意之财产转移的政治和法律文化背景出发分析，诉讼权利提供了一个针对他人的私人行动之禁止的例外。某人不可以私自强迫另一方履行合同，但是它可以获得禁令，亦即某人不能私自从他人那里取走土地和金钱，但它可以获得判决和/或留置权。如果我们相对于此一禁止的背景分析私的诉讼权利，其是以特定方式针对第三人行动的特权。

“私的诉讼权利”这一用语在实践中的使用（相对于哲学分析）附加在揭示引发该权利的不法行为或违法行为性质的具体用语中。进而法院可以提到一个“对于侵犯隐私的私的诉讼权利”（一个侵权行为）或一个“对于证券欺诈的私的诉讼权利”（以违法为前提）。这是私的诉讼权利的概念运用于被认为与被诉被告特定行为有关之法律的部分，于此场合，该行为按照其法律属性被特定化（例如侵犯隐私、违反 10b－5 节）。

## 4. 私法中私的诉讼权利的契约模式

正如惩罚贯穿刑法，私的诉讼权利贯穿私法。刑法理论的一部分探讨的问题是为什么像杀人和严重渎神等如此多样化的犯罪行为都被认为是犯罪；另一部分探讨的是惩罚的性质和规范基础。相似地，私法理论涵盖有关诸如侵权、合同和财产之性质及其相互关系的问题，同时探讨三个领域都存在的私的诉讼权利之性质和规范基础。本章的这一部分通过探索洛克和布莱克斯通的思想回答这一问题。

### 4.1 洛克关于救济(redress)的思想

当今理论家倾向于或者关注功利主义的、亚里士多德的或者关注康德对于私法结构的解释，我认为明确的、闪烁耀眼光芒的社会契约理论观点已揭示于《政府论（下册）》中洛克理论的未展开面相。对洛克理论的讨论大多集中于惩罚不法行为人的自然权利以及将该权利让与国家，相应地国家承担通过惩罚实施刑法的职能。洛克也充满信心地主张个人有救济针对其实施之不法行为的自然权利，但这一认识显然不那么为人瞩目。

构成罪行的，是违法和不符合正当理性规则的行为，除此之外，一个人因此堕落，并宣布自己抛弃人性的原则而成为有害的生物，通常还有对某一个人所施的伤害，以及另一个人由于他的犯罪而受到损害。在这种情况下，受到任何损害的人，除与别人共同享有的处罚权之外，还享有要行为人赔偿损失的特殊权利。〔6〕

依循洛克的观点，寻求救济的自由必须让与，由政治社会享有。

前面已经论证，人们既生来就和世界上其他任何人或许多人一样，享有完全自由的权利，不受控制地享受自然法的一切权利和利益，他就自然享有一种权力，不但可以保有他的所有物——即他的生命、自由和财产——不受其他人的损害和侵犯，而且可以就对他人的违法行为，他判断罪行严重而有此需要时，施以惩

〔6〕约翰洛克：《政府论（下册）》，Thomas P. Peardon (1952；1694 年第一版)，第 7－8 页；请参见《政府论（下册）》，叶启芳、瞿菊农译，商务印书馆 1964 年版，第 8－9 页。

罚。……但是，政治社会本身如果不具有保护所有物的权力，从而可以处罚这个社会中一切人的犯罪行为，就不成其为政治社会，也不能继续存在；真正的和唯一的政治社会是，在这个社会中，每一成员都放弃了这一自然权力，把所有不排斥他可以向社会所建立之法律请求保护的事项都交由社会处理。〔7〕

正如实施惩罚的个人权利已被国家驱动的刑法体系取代，救济不法行为的个人权利被民法体系所取代，就此国家通过法官实现对行为人所实施损害的矫正。

虽然加入了文明社会而成为任何国家成员的人因此放弃了他为执行其私人判决而处罚违反自然法之行为的权力，然而由于他已经把他能够向法官（magistrate）申诉的一切案件的犯罪判准交给立法机关，他也就给了国家一种权力，使用他的力量去执行国家的判决……因此，在任何地方，不论多少人这样地结合成一个社会，从而人人放弃其自然法的执行权而把它交给公众，在那里、也只有在那里才有政治的或文明的社会……借由设置在人世间的裁判者，人们由自然状态进入国家状态，裁判者有权裁判一切争端和救济国家的任何成员可能受到的损害。〔8〕

一如其关于救济与惩罚的对比，洛克关于民法乃救济不法行为之方法的观点也具有坚实的基础。洛克富有洞见地认识到，就国家根据民法行动而言，其是代表个别受害人而行动，而就国家依刑法行事而言，其是典型地代表共同体的所有成员而行动。而且，他正确地坚持国家既能依民法，也能依刑法而行动，既能提供救济，也能实施惩罚。

然而，洛克似乎没有认识到民法的一个极具重要性的特征，该特征在导致我们的法律传统忽视私的诉讼权利这一概念的诸多方式中亦十分重要。前一段提示洛克将法官的职能视为救济侵权，而不是将其视为允许私人将其加害人诉至法庭获得救济。他指出，而就惩罚而言，行政机关是法律的实际实施者，法院居于裁断行政机关和私人间纠纷的地位。《政府论（下册）》并未清楚地表明：洛克是否（错误地）认为行政机关在伤害案件中承担强制执行启动者的职能，但他似乎（正确地）认

〔7〕约翰洛克：《政府论（下册）》，第 48－49 页；请参见《政府论（下册）》，叶启芳、瞿菊农译，商务印书馆 1964 年版，第 53 页。

〔8〕约翰洛克：《政府论（下册）》，第 49－50 页；请参见《政府论（下册）》，叶启芳、瞿菊农译，商务印书馆 1964 年版，第 54－55 页。

为法官(magistrate)是根据私法在个人诉讼中发挥职能的唯一国家权力机关。然而这绝不意味着洛克认为,与寻求惩罚的诉讼不同,救济侵权的诉讼由私人调查、私人追诉。因此,《政府论(下册)》容易被解读为意在建立一个体系,在这一体系中,于适当场合,国家实施惩罚,同时对侵权寻求补偿。加之,由于该书关注的是何种政治和法律制度是正当的(而不是仅仅是描绘英格兰的现存制度),在捍卫这一制度的意义上,洛克可能是合理的。

在社会契约的背景下,洛克关于犯罪和惩罚的观点当然构成了对源自霍布斯的社会契约传统的独特贡献。不同于霍布斯关于对国家的需要源于自然权利之缺乏的观点,洛克提出,即使假定一般人有能力确定是与非,也存在着对国家的需要,原因在于没有权威,关于惩罚不法行为人的个人意向将陷于混乱。在作出自然权力(power)和惩罚意向的假定后,洛克为自己提出了解释国家如何正当地禁止私人惩罚之需要。洛克的答案构成了自由政治理论的突破:国家对私人惩罚的禁止和国家以自己的权力实施处罚实属一枚硬币的两面:国家实施惩罚的特权以公民就其自己实施惩罚之自然权力委托授权给国家的方式存在。只是由于国家代表其公民对不法行为人实施惩罚,国家(1)正当地禁止个人行使其实施惩罚的个别权利;(2)作为国家,正当地实施惩罚。国家实施惩罚的权力因此完全是派生的;个人不实施私人惩罚之义务的前提是国家已承担该职能。

尽管有关此点的证据有限,关于就私人侵权寻求补偿的权利,洛克似乎持有相似的观点。存在就对己之侵权寻求补偿的自然权利和权力。然而,如果每个人都对自行确定的、由他人造成之侵权做出反应,并实施自力救济,这必将导致混乱。但是,如果每个人授予国家确定一种侵权行为是否发生的权力以及通过要求加害人赔偿受害人的方式救济侵权的权力,问题将得到解决。国家有权力如此行事,乃是因为个人授权国家;个人正当地被禁止如此行事,乃是因为国家将代行其责。

抛开事实上这是否是洛克的观点,似乎明确的是,此种观点是可能的。对于探讨私的诉讼权利,基于以下几点理由,洛克式的观点耐人寻味。首先,它在受到伤害或侵害者回应之私权中为私法设定正当性基础。于此视角,民法中通过法院实施救济之制度的正当性基础在于个人寻求救济之权利的派生物。第二,寻求救济的自然权利属于私,而且只是受到伤害者的权利。第三,具体化于社会契约的隐喻，洛克认为，在受到伤害场合，个人事实上不能、也不应该（从规范的视角）拥有广泛的自助权利。相反，在国家行使强制人们救济由其造成的伤害或损害之权场合，自然权利则被让与。抽象自该隐喻，我们可以说，在洛克那里，从国家禁止自助的角度，存在要求国家（其禁止广泛的自力救济）承担并行使为受害人寻求救济的权力。第四，相关地，国家对自助的禁止伴生着为被他人不法行为之受害人寻求救济的义务。在所有这些方面，洛克所理解的救济之权类似于我们体系中的私的诉讼权利：其属于私，是受害人的个人权利，其存在于国家对私力救济的一般禁止，并且该概念是向国家请求此种救济的权利的概念，而且国家有向受害人提供该救济的义务。

有趣的是，然而洛克式的图景与我们事实上的法律并不吻合。在实际的英美法体系中，国家在为那些受害人寻求救济场合通常不承担执行（executive）职能。[9] 私法的体系不像刑法牵涉检察官一样牵涉国家。私法中的行动者事实上是受害的私人。当事人不是像洛克似乎想像的那样，仅仅是自法院获得救济的受益人。事实上，当事人是提起私人诉讼之人。而且原告向法院提起诉讼不仅仅是由法院行动的请求。更需要的是，私的当事人必须在每一阶段启动诉讼。即使原告自法院获得胜诉判决，判决本身也不是救济；判决创设了被告对原告的负债。因此，国家自发主动地（sua sponte）命令不法行为人赔偿受害人的图景是完全错误的。法院判决原告的请求应获得支持，并允其所请。

在洛克的意义上，我们的法律体系型塑了不同于洛克想象的个人与国家间的法律交易。受害人确实放弃了实施自助之暴力行为的权利，但其由此所得不同于洛克的想象。相应地，个人获得了私的诉讼权利。正如上面解释的，这是私人通过国家行动以改变被告法律地位的权力，其前提是当事人可以证明被告行为的特定方面。在洛克式的社会契约框架内，私的诉讼权利可作如下理解。不是禁止个别受害人针对不法行为人行动，也不禁止其为自己利益获得救济，我们的制度做出了更有细微差别的选择。受害人可以针对不法行为人行动以获得救济，但是只能通

〔9〕当然，在英国法的早期阶段，损害赔偿诉讼有时是公共追诉。参见，例如 David J. Seipp，“早期普通法上犯罪和侵权的区别”，“波士顿大学法律评论”，1996 年 76 卷，第 59 页。

过特定的、民法的人为架构。这种私人侵害行为的民事转型是私的诉讼权利的标志。

### 4.2 布莱克斯通关于对私的不法行为的救济

这些准洛克式的冥思并非特异，相反，对私的诉讼权利的类似分析也见诸《布莱克斯通普通法评注》，这一对普通法最权威和全面的分析。在名为《私的不法行为》的第三册中，布莱克斯通写道，法院的产生就是为私人提供一个私的不法行为之受害人行使追索权的通道。

为更有效地实现对私的侵权的救济，每一个文明社会都设置法院，通过解释和实施法律，以保护弱者免于强者的欺凌，由此权利得以界定和不法行为受到禁止。因此，向法院申请，实际上就是通过诉讼程序或诉讼活动，是寻求救济的主要方式。[10]

布莱克斯通明确将通过法院的救济视为三种不同的救济方式之一。较原始的救济方式是以当事人自己的行为实现救济，诸如保护自己或其家庭免受侵犯，或者排除对其土地的妨害。布莱克斯通将这种基本的自助行为对照于救济的纯粹法律形式——仅通过法律之运作的救济，比如未获清偿的债权人当然保有债务人不动产的一部分，因为其已经设定了不动产的执行人，或者在特定情形下财产性利益回复受害人。综合两种对立方式各自的面向，布莱克斯通写道：

我们探索的下一主要目标是通过发生在法院的诉讼对侵权的救济：在那里当事人的行为与法律的行为协同动作；当事人的行为为启动法律运作所必需，而法律的过程通常是唯一工具，借此当事人可能获得特定和充分的救济。(22)

最重要的训令是人们熟悉的陈述，"普通法授予权利或禁止侵权的任何场合，其总是通过诉讼给予救济；进而因此，一种新的侵权行为出现的任何场合，一种新的救济方式必定紧随其后"(122)。该鸿篇巨制的第三册介绍了多种不同法院、当事人在各个此等法院寻求救济的不法行为及人们在各个此等法院对各种不法行为寻求不同救济所必须使用的令状。简言之，布莱克斯通对向法院诉讼的各种权利

---

〔10〕威廉姆布莱克斯通，"布莱克斯通普通法评注"(St. George Tucker 编)(1996 年重印，附有 Paul Finkelmand 和 David Cobin 所作的导言)，第四卷第三册，第一章，第 2 页。

的检视约略与其对各种私的不法行为的检视相对应。通观第三册，我们了解到私人权利被剥夺或不法行为归咎于个人的场合，就是存在有诉至法院之途径并要求法院提供救济的场合。

### 4.3 洛克/布莱克斯通关于私法中实际救济的综合思想

布莱克斯通关于每个私的不法行为都对应一种救济的公认描述性（但某种程度上也是规范性的）宣示使人想起洛克的秉持，即在社会契约的模式内，国家有义务实施惩罚，并对侵权行为提供救济。然而布莱克斯通准确地认识到，民法之内的救济不是以国家执行的方式取得的成果，而是已经开始行动（即诉至法院）的受害人使其请求的救济获得支持的一种资格。这里提出的洛克和布莱克斯通的综合思想是：通过不利于被告的判决改变其法律地位的权力，即私的诉讼权利是受害之私人自国家应得之物。相反地，国家既已剥夺了个人的其他自助方法，就有义务授权个人，给予其通过法院行使民事追索权的通道。承认私的诉讼权利属于受害人权利，法院适用的正是洛克式原理的此一侧面。

正如来自休谟和罗尔斯的同情式批评指出的，洛克式社会契约隐喻不堪重负。这一隐喻经常被作为以下述理由存在为基础的更宽泛观点的替代，这些理由是关于成为一国之人的集合之成员，视受特定规范约束之国家为合法的和权威的、并以该国成员身份行动的理由，也是以该国内其他人具有相似认同为前提的理由。此处不是详解这一隐喻之地，围绕这一论题，已有大量合同主义和反合同主义著作存在。但假定试图以这种方式解读合同主义的论点并非不合时宜，就值得以私的诉讼权利为背景探讨其意味着什么。在洛克式的框架内，存在寻求救济的自然权利，这种权利的让与以国家承担通过法律提供救济之职能的方式获得回报。有了布莱克斯通式的修正，寻求救济的自然权利之让与获得的回报是民事救济的权利，即私的诉讼权利。着眼于推理，抽象自自然权利和社会契约，可以得出以下观点：自事实角度，我们每个人都有救济对己之不法行为的本性，国家禁止我们就该不法行为行动，而且从自卫本能和自我保全的角度看，这一救济不法行为的原生自由框架对于受害人具有某些价值，国家有义务向已经受到侵害之人提供通过法院行使针对不法行为人的民事追索权、也即民事救济权利的管道。那就是“私的诉讼权利”，该权利是私法的核心。

### 4.4 民事追索权(recourse)的理念

我们可以从历史联系中,归纳或抽象出源自布莱克斯通和洛克的框架。居于私法制度基础的是在不同环境下个人有资格以各种方式实施指向其他私人之行为的原则。简而言之,我们的制度任许受害人有资格享有针对加害人行使民事追索权的管道——有资格对他人对待他的方式做出回应。

报复已确定的不法行为或对权利之干涉或侵权不能充分正当化针对他人之侵犯行为,这是政治社会的一个主要面向。因此,一个文明的政治社会禁止针对他人之暴力行为,这些禁止涉及面广到足以涵盖回应性的侵犯行为,并将其认定不法。因此,对鼻子的击打不能正当化对鼻子的击打。一个(过去)对财产权的侵犯行为不能正当化违法殴打或对侵权人财产的非法挪用;粗心大意的侵权行为不能正当化强力夺取财产以为补偿或施加对等的回应性侵权。违反允诺不能正当化对允诺人的威胁性惩罚或私的强迫履行。根据现行法律,这些都将被禁止。而且按照文明政治社会的观念,私人行动在这些场合不被允许。事实上,尽管同态复仇(lex talionis)的观念——以眼还眼——仍对某些理论化国家实施报偿之能力的刑法学家有吸引力,但是作为私人复仇原则的同态复仇之观念却已被普遍拒绝,且此种拒绝被视为走向政治社会宽容的文明观念的第一步。

与粗暴的私人复仇观念决裂导致完全拒绝对不法行为的私人回应是广泛流行于亚里士多德、洛克、霍姆斯等思想家的一个共同错误观念。民法的文明之处确实在于其不容许私人侵犯行为。但是正如布莱克斯通发现的,就惩罚而言,禁止私人侵犯行为被公共侵犯行为之扩张所取代,不是问题的全部。在救济对个人之具体不法行为场合,禁止纯粹私人侵犯行为被授权个人通过牵涉国家于其中在内的民事程序改变不法行为人的法律地位所取代。个人被禁止不文明地回应对其的各种不法行为,但是他们同时得到以文明方式作出回应的授权。个人被授予的权利就是实现救济的私的诉讼权利。

现在回到有关私的诉讼权利在我们实际的普通法中之地位的问题。我们离可能的答案仅一步之遥。社会契约模式提出,国家授权原告文明行为的义务源自其已禁止受害人以其他任何方式回应不法行为及其行为人。既已被国家剥夺侵犯性地回击或取回的自由,受害人有资格自国家接受针对被告行使追索权的管道。相反，既以剥夺个人在受到侵害时回击的自由，国家有义务向受害人提供针对不法行为人行使民事追索权的通途。通过授予个人私的诉讼权利，国家履行了这一义务。由于提供行使民事追索权的坦途是国家对受到侵害但被剥夺侵犯性回应自由之个人的义务，私的诉讼权利就是个人有资格享有的。个人有此资格的原则就是确认私的诉讼权利之基础。有资格享有私的诉讼权利的思想由此可以在自由个人主义的观念内得到支持，这种观念超越所有权或针对他人之权利的“持有”本位（‘holdings’ based）认识，而进入包容个人既拥有对抗被以特定方式对待之权利，也有为保护且维护自己采取对应性行动之能力的认识。

我们通过考察一个有惩罚与补偿制度、而无私的诉讼权利的世界之所失，获得了关于民事追索权原理的更深刻洞见。这倾向于视诉讼权利仅为获得补偿的工具。依此视角，个人有资格享有的就是其所“持有”（‘holdings’），加上对违法之人特定程度的阻却和惩罚。刑法担当惩罚和某些阻却，私法则是恢复持有、附加阻却的工具。但这一图景不包括私人自己之合法地强迫他人行动、选择救济、捍卫其自己权利的资格。我们将完全依赖国家的强制执行和自由裁量权。而且，个人拥有的保护程度完全取决于其是否认为“持有”概念能够容纳个人试图捍卫自己利益的一切方式。

## 5. 重视私法中的问题

以私的诉讼权利的分析框架和民事追索权的规范理念为轴心，我们就找到了解决私法理论诸基本问题之路。

### 5.1 私的诉讼权利之种种

正如 Jules Coleman 已经指出的，法律与经济学取向的诱人之处在于其统合明显不同的法律领域的能力，因而侵权、合同和财产等传统私法的核心领域可以被理解为实现资源有效配置这一目的的不同方式。矫正正义理论尽管在某种程度上确认了私法与公法的分别，但却无法提供包罗私法诸迥然有别领域的框架。对民事追索权、私的诉讼权利和私人权力的强调使我们有可能既将私法区别于公法，又提出更广阔的关于私法的统一理论。

本节至少在与诉讼相关的意义上统一私法，其途径是指出于侵权、合同和财产等领域，一个显著的特点是个人拥有私的诉讼权利。而且在每一领域，因为被告对原告之所为，法院支持原告享有私的诉讼权利。但是在三种场合，私的诉讼权利之产生不同，进而享有民事追索权通道之权利的基础也不同。在侵权场合，私的诉讼权利产生于：根据依法确认的、被告不得以特定方式对待他人的规范，被告侵犯了原告。在合同领域，私的诉讼权利发端于被告已使自己受私的协议约束。在财产领域，是被告对财产权的实际或预期侵犯导致私的诉讼权利的发生。

5.1.1 侵权

基于被告之侵权行为的私的诉讼权利观念很容易理解。侵权是普通法认定为不法行为的行为。进而例如遭受虐待、诽谤、欺诈、非法拘禁或诬告的原告有针对虐待人、诽谤人、欺诈人、非法拘禁人或诬告人之私的诉讼权利。相似的，受到有过失司机伤害或遭受其医生医疗过错、其律师渎职行为损害的原告享有针对有过失之司机、医生或律师之私的诉讼权利。在所有这些场合，都存在体现于普通法的规范，该规范禁止人们以特定方式对待他人，并由此将对待他人的特定方式界定为不法行为，即对以特定方式对待他人之民事义务的违反。一旦断定原告已经确证被告实施了侵权行为，法院就支持私的诉讼权利。从被告对待原告之方式的角度，法院实际上判定原告有资格使其针对被告获得损害赔偿判决的请求获得支持。但需注意的是，法院程序始于原告提出的、针对被告获得损害赔偿的请求。法院面对的不是被告是否应赔偿原告？而是原告关于判决被告败诉的请求是否能得到支持？被告实施的侵权行为构成了授权原告的理由，也即容许原告获得胜诉判决之请求获得支持的理由。

进而贯穿侵权法的中间层次的原则确认遭受某种特定方式对待的原告有资格享有私的诉讼权利——例如，一个遭受诽谤的人有资格享有针对诽谤者之私的诉讼权利。这些原则中的任何一个都可以在某种程度上从民事追索权之观念的角度加以理解。它们各个都把将特定行为确定为法律意欲确定的不法行为之形式与对就不法行为行使民事追索权之资格的确认相结合。这最终形成原告有资格享有通过国家对抗被告的权力。在实践层面，法院事实上通过接受并依照原告的请求改变被告法律地位的方式确认原告的这一权力。

5.1.2 合同

在有关合同的普通法中,私的诉讼权利之前提典型地体现为原告证明被告违反了须向其履行的合同义务。国家要求当事人履行合同的权力,并非不受任何拘束,而是仅在受诺人主张要求实际履行之私的诉讼权利场合,国家才命令允诺人履行。在某种意义上,受挫的受诺人可利用司法程序通过法院获得强制的实际履行之救济就是市民的、对确保向其作出之允诺得到遵守之方法的肯定性权利。

合同场合请求实际履行之私的诉讼权利也可以从民事追索权之观念得到理解。订立合同,给出约因,当事人就不应该被要求消极承受违约。然而文明社会禁止侵犯性的或暴力的自助行为。我们的制度传统上解决这一问题的方式是允许受诺人采取私人行动通过国家强制允诺的履行。合同场合请求实际履行之私的诉讼权利就是授予受诺人合法强制履行的权力,违者国家就以藐视法律论处。同样对于法院提供该救济的解释也非仅仅是被告的履行义务,而是原告根据被告对其的允诺,要求被告履行的权利。

当今英美法系合同法不倾向于将实际履行作为一种救济,在绝大多数违约诉讼中,仅承认损害赔偿的救济。但是,损害赔偿的典型基准是可以被认为体现实际履行观念的期待。作为提供约因的受诺人,原告是获得强制允诺人提供对应履行的对等物(期待)的权力。

有趣的是,在20世纪,法院开始逐渐认同将违约作为不法行为之一种形式的观念。而且,原告通常就违约导致之损害寻求作为补偿的损害赔偿。在这个意义上,违约有时被视为侵权的一种形式。原告能够就受到的不法侵害寻求救济。值得注意的是,私的诉讼权利使不法违约人向原告负担债务,该债务的规模以保全原告利益为基准,这不同于向应该保有履行之人强制履行或其等同物的私的诉讼权利之观念。当代的理解(且也可能是历史上的理解)将确定地需要对于以上合同中的诉讼权利观念作出理解。

无论何种合同的模式或范式被视为主流(我还坚持认为第一种模式是主流),私的诉讼权利的观念都是至关重要的。法院强制实际履行或判定期待或信赖利益的损害赔偿都是源于对私的诉讼权利的确认。它们确认受诺人(受害人)有资格享有通过国家改变被告与其相关之法律地位的权力。这一资格导源于被告对原告已做或未做之事、原告受到影响的程度、原告与被告相互影响的方式。订立和执行合同的权利是自由政治社会授予市民之法律权力的一个基本方式。

### 5.1.3 财产

对财产之排他控制、使用和收益(enjoyment)的权利也是基本的自由权利。财产权受到侵害(通过侵入或妨害)者享有针对侵权人的私的诉讼权利。确实,私的诉讼权利可以被视为存在于财产法中的、对各种自助式救济(包括保卫财产的特权、夺回动产)的文明限制。土地遭受侵入或受到妨害的土地所有人有资格获得针对侵权人的禁令。要求禁令的私的诉讼权利是要求国家禁止被告实施侵犯原告财产权行为的权力,违反禁令者以藐视司法论处。

为什么原告享有要求禁令的诉讼权利?有理由认为,获得国家帮助保护其财产权免受侵犯暗含于财产权作为对财产排他控制之权利的观念中。构成财产权的权利束包括要求他人不干预其权利的权利。但是需注意的是,存在对保护财产权之自助权利的限制,人们不能逾越相应的比例性。没有理由认为对不文明的、侵犯性之自助行为的限制足以保护财产权。在侵权人强于财产所有人场合,这尤其是成问题的。但是如果原告是财产所有人,进而就其本质原告有资格免受这些干预。国家对私的诉讼权利之确认及对享有权力之资格的确认给予了较抽象的免于干预的资格以实质内容,正如对借助国家实现实际履行(期待)之权力的确认给予更抽象的、获得履行(或享有履行利益)之资格以生命。

### 5.1.4 刑事法令

制定法的特定领域显著地揭示了私的诉讼权利之完全不同的意义。一个恰当的例子是在要求取得罚金之诉(qui tam)中,私人享有的要求向欺骗政府之政府承包人施加责任的地位。有法令允许发动对抗欺骗政府违约者的私人诉讼。[11] 制定该法令的立法机关的出发点在于允许私人原告起诉可以增加阻却的水准和责任的程度。没有人会认为在要求取得罚金之诉中私的诉讼权利会被法院当作原则问题确认。也没有人会认为这一问题有关原告享有的对抗以特定方式对待他(她)或

〔11〕参见 Jill E. Fisch:"集团诉讼改革,要求取得罚金之诉和原告的功能",《法律与当代问题》,1997 年第 60 卷秋季号,第 167 页。

侵犯其权利的被告之权力的资格。

一个有趣的反例出现于联邦窃听法。例如，第三章禁止用电子设备偷听他人电话。[12] 该章包含刑事的执行机制，也包含执法官员寻求授权的程序。但是私的诉讼权利同样包含在法令中。尽管法令由立法机关制定，尽管立法机关明确地意在阻却窃听和确认补偿的需要，这并不表明在法令之内不存在资格。完全有理由断言，将对民事侵害之私的诉讼权利纳入其中反映了被秘密窃听者享有对抗窃听者之诉讼权利的立法判断。相似地，《纽约民权法》第51条认许其姓名、肖像、画像或声音未经其同意被盗用于商业或广告目的者要求禁令救济或损害赔偿之私的诉讼权利。纽约议会也认定该行为是可惩罚的刑事轻罪。民事规则的要义是尊重其外表受到不法利用之人采取民事救济的资格。

美国联邦反垄断和商业诈骗法代表了要求取得罚金之观念和私人资格之观念的混合体。反垄断法将限制贸易犯罪化，授权美国(通过追诉)寻求刑事惩罚，授权联邦贸易委员会寻求各种救济。但是它们授权私人寻求禁令救济，并寻求损害赔偿。值得注意的是，私人可能接受三倍损害赔偿。三倍损害赔偿的规定意在鼓励私人提起诉讼。反垄断法的主要目标是保护消费者利益。由于在贸易上共谋不易确证，通常是私人居于辨别和主张违反反垄断法之行为已发生的有利地位。在这个意义上，向原告提供私的诉讼权利的法律规定应该被解释为旨在为公共利益强化法律的实施。另一方面，不像要求取得罚金之诉，而像侵权和私人诉讼，典型的反垄断诉讼之原告主张他们本身是不公平竞争行为的受害人(诸如共谋联合抵制他们、共谋固定价格)，对不法行为受害人(不是其他人)之诉讼权利的确认反映出民事追索权原则的运作也在立法者的意图之中。

依据法令明确之私的诉讼权利应被理解为代表之私人原告的代理观念(如在要求取得罚金之诉)之反映、还是主要为私人资格之事(窃听)，抑或是混合之事(反垄断)，这属于解释的问题。但是在任何场合，刑事追诉资格的主要基础基于规则，因为这些明确的法令规定支持对居于特定地位之人的授权。此与普通法的领域不同，在普通法中，资格作为一个原则问题系由法院自原告证明的其与被告间相互作

〔12〕美国法典第18篇，第2519条以下。

用的事实导出。

**5.2 私法如何区别于公法?**

公的和私的诉讼的基本区别在于,诸如刑事追诉等公的诉讼至为明显地关涉国家针对被告行使其权力的努力,而对于私的诉讼,是私人在试图行使其权力对抗被告。公与私之区别的诸多显著特点都与这一基点一脉相承。近些年,因为似乎预设了将私法视为自我执行的天真理解,这一明显而显著的区别被法学学者所抛弃。私法当然只有法院行动才能达其目的,而法院是国家的一部分。因此,如同 Shelley v Kraemer 案揭示的著名观点指出的那样,〔13〕就像在刑事追诉一样,对于侵权或财产诉讼,国家某些形式的行动是必需的。这似乎暗示,在刑事诉讼和公法中,国家行动更为普遍,不构成其与私法的区别。

前面关于私的诉讼权利和民事追索权的分析指向关于这些观察的更复杂回应。国家在私的诉讼中有其行动,但其行动非常有别于其于公法中的行动,在公法中,国家发动对抗被告的诉讼,是以其执行的地位实施行动。我已指出,而法院认许私的诉讼权利之决定的实质在于这是授权、便利和认许私人个人的行动。国家是在行动,但却是回应性的,并不发动诉讼。而且国家不是以其执行的地位实施行动。这不意味着国家对于其行动没有任何职责,也不意味着关于国家行动之规范不能涉及国家在私法中的司法行动。这意味着赋予国家对此类行动之职责的决定立基的伦理和政治基础有别于在国家充当诉讼的发动者并以其执行的能力实施行动场合的赋予其职责之决定。更明确地,不足以断定原告对抗被告的诉讼是不应该被选择的(尽管在公法中,则足以断定),因为国家不是这一行动者。国家只是做出原告有资格如此行事的决定,并授权和认许这种行动。在法律与政治背景下,一如在非法律背景下,自己应做之事和其应认许或便利他人自主选择之行动间有时存在距离。相反地,在这两个领域,都存在许多种类的案例,于其中,潜在诉讼的不可欲性摧毁了个人原告向国家主张授权或认许其如此行事的任何权利。

因而,例如就像 Shelley 案一样,法院认许种族协议强制执行的决定可能确实牵涉宪法事宜,但这些是有关授权和特许私人强制执行种族协议的宪法事宜。在

〔13〕334 U. S. 1(1948).

许多案件中，也有赋予私的诉讼权利以效力导致不理想，甚至不公正后果的可能性，然而国家并不必然对这些结果负责。相反，根据公法，特别是刑法，国家有责任做出关于行使实施法律权力之适当性的自由裁量判断。

公法中的国家执行权力和私法中此一因素的欠缺所形成的区别可以对侵权法和刑法间的诸多其他基本区别做出解释。至为明显的是，导致民事责任之行为和引发刑事责任之行为在性质上迥然有别。这显然是一个极其广泛的论题，但基本的洞见源于上面的模式。对刑事不法行为的控诉是源于国家之权力和国家行动之特权的行动，是行使追索权之公共通道的享有资格。因此，针对国家的犯罪需要某种特定方式之救济——惩罚式矫正，（通常）其严重性也足以引发该种救济。这一行为通常有较高程度的伦理可非难性，但不需要有特定的受害人：犯罪预备和没有受害人的犯罪都可能承担刑事责任。

足以引发民事责任的行为则与此相对。如果个人有诉讼权利，以下因素是必要的，即标的行为必须是对其权利的侵犯：该行为必须是其指向，且不能是未实施的；另一方面，也不需要实施该行为的行为人有伦理上的可非难性（至少就民事责任的某些分支和一些救济）。对于私法的广大疆域，特别是侵权法，救济方式是丰富的，引发责任之行为的性质在于其导致了伤害，进而在某种程度上引致个人化之不法行为的观念。

最后，刑事责任和民事责任存在明显的程序差别，这些差别经由公的和私的诉讼权利之区别得以凸显。更明显地，本章先前的大部分讨论预示，私的诉讼权利是受害人而非国家的权益。在民法中，受害人的选择是诉讼存在的必要条件。公法中的情况则完全相反，受害人的选择既非必要，也非充分。刑事追诉的权利是国家的权力。

更一般地，民事责任较少包含免除责任的程序保护。这不像通常认为的那样是因为民法关涉私人间谁应该承担损失，而是因为个人易受制于私的诉讼权利的架构伴随着针对他人行动之个人权力的架构。易受制于他人之私的诉讼相应于针对他人行动的资格。我已经指出，一个针对他人行动的特权和资格之充分架构内生于禁止一切回应性行动之自然自由的社会契约模式内。

相反，在我们的宪法架构下，甚至在宪法所由生成的普通法宪法架构下，个人被赋予更有力的保护，以对抗国家作为追诉人提起的诉讼。这不是仅仅因为作为追诉人之国家的权力和力量，也不是仅仅因为国家试图施加的特定惩罚的严重性，而是在个人与国家的关系中，国家实施惩罚的观念执行着完全不同于民事责任观念的职能。在民事案件中，作为执行者的国家没有被赋予诉讼权利以平衡国家权力，这种国家权力已经因来自文明社会之约束的架构而减损。相反，就像我关于洛克的讨论揭示的，作为惩罚者之国家的真正要义揭示其职能超越人们之间相互对抗的交互性权利之领域。国家拥有人民让与的惩罚权力，这是一种作为终极权威的惩罚权力。该权力以诸如有罪证明达到排除合理怀疑之标准的要求等程序性保护为前提，其效果在于限缩和降低个人相对于国家权力的极其脆弱性。这种脆弱性的降低并不附带着个人权力的减损，因为脆弱性与公的诉讼权利领域内的权力并不相关。

### 5.3 私法的传统主题属于一个统一领域的组成部分吗？

本章主要围绕私的诉讼权利和确认私的诉讼权利之私法各领域。但是绝大部分被界定为典型私法的领域并不涉及（至少不直接涉及）诉讼。因而，信托法和不动产法从原型上被视为私法，但是这一归类并未参照私的诉讼权利。诸如商事组织法、知识产权法、财产法和其他法律领域的大部分内容也是如此。纯粹以私的诉讼权利为基础的私法理论至少是不完整的。但是，我主张关于私的诉讼权利的洞见贡献了一个理解私法的更全面的方式。

要记住确认私的诉讼权利的法律规范实际上就是授予个人借助国家对抗他人之有条件权力的规则，这些规则是适用于私人的权力授予规则的一种形式。诸如信托和不动产等不以诉讼为基础的法律实践领域则授予私人改变第三人法律关系的权力。例如，有关私人财产权的法律为财产所有人创设了将特定权利束让与他人的权力；有关遗嘱的法律创设了人们将其财产遗赠他人的权力；有关信托的法律也与此相似。合同法部分地授权人们以合同约束自己和他人；公司法允许私的企业以具有独立法律地位的方式运作，并以多种方式明显地限制和规制企业的运作。私法由此包含无数授权私人（且使其有资格享有）各种各样法律权力的规则。

正如私法不限于私的诉讼权利，公法也并非止步于刑事和规制诉讼。州和联邦宪法授权诸如市政当局、议会、执法机构（the Executive）等特定法律实体多样性的法律权力。法律也以各种方式限制这些权力，例如设定一些政府实体无权染指的民权。法律也指定一些人（例如法官、市长、估税人）作为公共官员，并因而给予他们巨大的法律权力。在这些权力授予规则之外，公法显然包括大量施加义务的规则，这些规则要求人们及拟制实体以不同的方式运作、以不同的方式对待他人。违反这些规则是否引发公的诉讼权利或者私的诉讼权利（或者两种权利）取决于公的和私的权力授予规则。

### 5.4 私法领域之判决的反工具主义

Ernest Weinrib 的《私法的理念》一书的显著特点在于，该书主张对私法领域之裁断不需要从提升具有公共指向之目标的角度做出工具主义的理解。相反，Weinrib 主张，私法裁断关涉内在相关的、独立于关于公共利益主张的理由组成的范型。现实主义者和法律批评运动对私法之评论的两个中心主题关涉在诸如侵权、合同和财产等传统私法诸领域的裁断之性质。根据这些评论，传统模式的私法理论坚持对私法领域问题的裁断是确定的，也是去政治化的。现实主义者和法律批评运动不承认这些主张。〔14〕 我在这里不打算对确定性主题做出评论，但是假定：为了论辩的目的，任何特定的关于确定性主题的强烈表达或者是不真实，或者是不可证明的，由此必须假设裁断包含不完全预先确定或受先例约束之选择的因素。但是我主张，从私的诉讼权利和民事追索权的角度理解私法有助于透视关于政治和道德在私法裁断中之职能的争论。

对私法中立性主张的典型批评是：(1)在多种可能性中，总是存在筛选和选择的问题；(2)选择总是关涉对公共利益的考虑或促进；因此(3)私法领域的裁断不可避免需要考虑或促进公共利益。前述关于私的诉讼权利和民事追索权的分析表明(2)可能不十分正确。即使存在于诸多可能性中的选择，且即使选择是评价性的，也不意味着一定涉及对公共利益的考虑或促进。因为在私法的诸多领域，问题之所在是原告是否有资格被授权以特定方式对抗被告。当然这在许多方面是评价性选择，且其确实关涉的是一个更广泛的规范框架，也许是一个与前面明确的社会契约一脉相承的框架。而且，其肯定涉及对一套基础的行为规范的接受。其也涉及

---

〔14〕 参见 Mark Kelman："法律批评运动导引"(1987)，及其中引用的资料。

特定案件中，其甚至在更广的范围内法院对促进特定分配架构实现的意愿或认许。在所有这些重要方面，政治和道德上的中立性确实没有得到维持。

关于私法领域裁断中立性的一些有影响的观点可能因前面的认同被削弱。但是，仍然可以说，私法领域裁断的一些形式可能是独特的，其独特性在于其指向是非公共的，这其中仍有重要意义。就像我前面已经详细论证的，对权力的确认并不必然以有关原告行使该权力或者该权力行使结果之适当性的观点为前提。确实国家之行动和促进对于私法的运作是必要的，但是法院将自己的义务仅限定在权力的资格，而不是权力的行使或者其行使的结果。国家不是认可权力的行使或其结果，也不是认可自卫权利的行使。国家认许（并促进）自由（和权力），该自由（和权力）的价值经由实施侵犯性行为之更广泛自由的一般让与获得正当性。

从社会契约的隐喻出发，有关私法领域之裁断的要义如下。于私法中，法院做出的关于个人有资格胜诉之场合的选择不必然是、或者根本上不是关于最好之结果的选择。这些选择是确认私的救济之范围的选择，该救济范围是社会生活的一部分，法院在该社会中的作用是以文明方式取代私的侵犯行为。在适用私法时，法院不必然视自己为通向事件的更好状态或更好的社会的通道，而且公正也不需要法院从该角度要求自己。更需要的是，法院可以视自己为人为的、文明的载体，借此个人可以对抗其他人。彼此对抗之诉讼的结果是本身具有价值，还是促进了法院意欲促进的价值是完全不同的问题。因此，即使承认私法领域的裁断需要选择，且选择具有规范品格，也不意味着私法领域的裁断能够从选择法院意欲促进之价值的角度得到准确理解。进而，尽管在价值中立的每一重要意义上，裁断确实不是价值中立的，这不是说即使在私法领域的裁断必然指向法院意欲促成的事件状态。恰当地评价，就特定种类公共目标的取得而言，私法领域的裁断在一定意义上可能是中立的。

## 6. 结论

20 世纪法律理论的基石是法律彻头彻尾是政治的。包括侵权、合同和财产等传统上被界定为私法的领域也已经被这一口号所裹挟，因为它们属于法律，更重要的是，它们是法律的政治部分。但是许多理论家错误地认为法律的这些领域没有特别之私，如同在无可争议的公法领域，这些领域的裁断涉及诸社会目标间的选择。带着这种认识，私法与公法间的全部区别被放逐，并成为保守的 19 世纪法律的遗迹。

我前面已经阐明，把私法领域描述为追求效率等公共目标之特殊场域的现实主义者和工具主义者有同属于原理上和法学上的诸多局限。但是，作为其主要对手的矫正正义理论家已经贡献了一个理解私法的狭窄框架，并急不可耐地认为以义务论代替脆弱的工具主义，他们就重新占领了私法。

具有讽刺意味的是，对私法的重新占领始于对国家无法超然于私法领域之裁断的确认，但是其旨在担负独特的职能。私法本质上由私的诉讼权利驱动。这意味着国家做出的主要是关于授权和特权的决定。法院以赋予对抗其他个人之资格的方式，对待遭受不法侵害或其财产权或合同权利受到损害者。不是这种权力一经创设，正义就实现。而是将侵犯性权力聚集于国家的整个公共体系使私法成为个人可以借此对抗他人的文明渠道。我们视个人有资格在此类诉讼中实施对抗他人的行为。

民事追索权、私的诉讼权利以及私的法律权力的观念可以引导我们在更根本的层面上以全新的视角开始探索私法的理念；这一视角在确认国家在两个领域之职能的同时，使分析公法与私法的区别成为可能；这一视角可以涵盖私法诸领域原理上的分野；这一视角不仅在公法，而且在私法领域，可以有效地将诉讼与非诉讼领域相对照；这一视角贡献了一种理解，我们认识到，即使我们的制度公正地确认存在于个人的权力，也不构成确信其所成就者乃通盘考虑之公正的充分理由。

# 第 17 章　侵权法哲学*

Arthur Ripstein　著　蔡立东**　译

侵权法回答的是任何社会都要面对的两个最基本问题："人们应该如何相互对待"与"情况变糟时谁应负责?"解决问题的方式有很多:刑法和行政规制设定了人们彼此对待之方式的界限,非正式的道德规范也设定了这种界限。社会保险和公共福利的框架提供了应对损失的另类方式,私人慈善机构也是应对损失的方式之一,应对损失的方式也可能是简单地由遭受损失之人自行承担。

侵权法之所以惹人注目,乃是因为其假定人们如何相互对待与情况变糟时谁应负责的问题从根本上是同一问题。如果原告想要从被告处获得补偿,被告一定违反了调整其对待原告之方式的行为规范,而不是有关对待他人之方式的其他行为规范。这一原则本身意味着侵权法将关于谁应负责的问题附从于关于人们如何相互对待的问题。正如卡多佐指出的,原告不是作为针对他人之不法行为的转承受益人而获得补偿。相反,她必须确证针对她本人的不法行为。[1]

侵权责任并非毫无例外地以被告的过错为要件,责任有时是"严格"的,在使用爆炸物或管领野生动物的案件中就是如此。在这些案件中,被告是否采取了合理的,或者甚至是超常的预防措施与责任无关。但是即使在这些案件中,原告也能正

* 本章的先前版本曾于 2001 年 2 月提交于 Oxford-Toronto 法律哲学会议,在那次会议上,Tony Honore 作出了建设性的评论。我也要感谢 Lisa Austin, Dennis Klimchuk, Sophia Reibetanz, Benjamin Zipursky 和匿名读者对先前草稿的评论。

** 吉林大学法学院、吉林大学理论法学研究中心教授,主要从事民法哲学研究。

〔1〕 *Palsgraf v Long Island Railroad*, 169 NE 99 (NY CA 1928).

当地非难被告对其所为，因为那是她有资格免于承担之事。侵权法之标准调整人们相互之所为，而不只是人们的行为方式。

同样的两个问题也可以其他方式结合。例如，Elisabeth Anscombe 在她的《现代道德哲学》一文中指出，人应对其所作的任何错误之事的不良后果负责。黑格尔持有相似的观点。依此观点，人应对违反规范的不良后果负责。侵权法以不同的方式连接这些问题。如果你违反了规定你对他人应尽之行为水准的规范，你就应该对规范明确的、你不能施加的损害负责。两种连接问题之方式的不同显而易见：侵权法连接问题的方式，而不是 Anscombe-Hegel 的方式，在于将对职责(responsibility)范围的限制纳入职责的基础之中。这种区别是重要的，因为侵权法要求人们负责的范围不是无限的。

两个问题的联系在侵权诉讼的结构中得到反映。侵权法在私人纠纷的背景下，明确行为规范、解决冲突。仅在其所受伤害可以归结为被告对原告实施的不法行为所致，原告才有资格获得针对被告的救济。原告不能来到法院说“被告作了可恶之事，瞧对我发生的结果”。与此适成对照，原告之诉请采取的形式是：不允许被告对我那样做。“对我”这一表达是关键的。原告不是无限制地指出被告不能做某事；如果被告行为不当，但是原告并未受害，或者其所受伤害系被告对他人之不法行为的结果，她都没有资格获得救济。〔2〕

居于其所面对的当事人之间，法院必须决定谁对不良事态负责——对于其邻居恼人的行为，是原告自认倒霉？或者是被告实施了可被禁止的妨害？原告所受之伤害是由其自行承当？还是应由被告负责，并承担损害赔偿责任？在每一场合，在当事人的关切中，救济的问题都首当其冲。法院通过探究关于行为的可接受限

〔2〕合同和返还财产都涉及私的诉讼权利，也因此都可以被认为把有关谁承担损害赔偿的问题附从于人们应如何相互对待的问题。在一个合同之诉中，原告的主张采取“那”是我的之形式。把它给我！也就是，原告根据交易条件主张权利。在一个侵权之诉中，原告之主张的形式是“被告不能对我那样做”。原告主张的是免受被告行为影响的权利。原告寻求的救济也反映了这一区别。在侵权之诉中，原告要求逆转不法行为，而在合同之诉中，原告要求允诺得到履行。亚里士多德在其《伦理学》中指出，矫正正义恢复当事人的平等，但是他的例证揭示：通过一方当事人归还另一方某物的方式，平等得到恢复。尽管我们能够有成效地将侵权损害赔偿表征为将损害回归给损害应当归属之人，回归的关键是使回归似乎是当事人已经根据适当的条件互动，也就是好像不法行为从未发生。如果被告不法侵害原告，由被告承担由此导致的损害正是使回归好像他们没有互动，被告只是损害他自己。

度，这一表面上截然不同的问题，应对救济的问题，即谁应负责的问题。整个过程由有关被告对原告的行为是否不可接受的问题以及有关原告所受之损害是否与被告对其的不当行为有适当关联的问题所型构。侵权诉讼的结构因而表达了通过考量人们相互对待的方式回答情况变糟时谁应负责之问题的方式。

在本章中，我的目标是解释侵权法把这两个问题结合在一起的方式。这样做的主要任务是解释侵权法立基于职责设定责任（liability）的意识。被告必须赔付原告，当且仅当她对原告所受伤害的负责。关于职责的相关认知（notion）取决于行为规范，本章的主要内容是强化这种认知，解释为何其具有明显不同于熟知的其他认识（conception）的特点。我将主要集中于因过失中的职责（responsibility in negligence），这主要是因为我认为有关职责（responsibility）的相关概念在这里最为惹人注目。我将解释为何可预见性的问题凸显于职责的问题上，为何判断可预见性的标准为具有通常谨慎的通情达理之人的能力（有两个明显的例外）和为何不是所有的可预见之损害都招致责任。

在转向过失之前，我需要稍微阐述一下它与侵权法其他领域的关系。正像上面说的，侵权法上的责任有时是“严格”的，因而不取决于被告采取的注意程度。对于“反常的危险”行为的责任是严格的，就如同因妨害而生之责任以及因使用他人财产而承担的责任。这似乎是、也很可能就是一个奇异归类，因为在三个责任类别中，责任之所以严格的基础是如此不同。未探究每种责任的细节之前，我将只是强调它们共享的是原告有资格要求被告以其他方式行为。因欺诈和违法殴打等其他形式的侵权承担责任需要故意的要件，也就是要求被告故意伤害原告。毋庸置疑的是，原告主张救济的请求依赖于原告的权利，该权利的内容和效力是被告不能像他已实施之行为一样对待原告。

有些人倾向于过失属于介于严格责任和故意侵权之中间地带的思想。我不追随这一脉思想。与此适成对照，我要主张过失在该概念的几个不同意义上都是中心，其是中心源于它揭示了我们的两个问题以一种特别清晰的途径结合在一起的方式。始自过失，我们能够看清责任有时如何是严格的，也能够看清为何基于故意不当行为（不当行为，其道德性是相对无争议的）的责任受到限制，受到限制的方式明显不同于 Hegel-Anscombe 之模式主张的方式。

我集中于过失，也是因为很多人发现其无论在基本结构，还是特别原则方面都是费解的。费解主要来自没有领会有关职责的认识依赖于行为规范的方式，确切地说，来自关于这些行为规范是什么的混沌状态。这种困惑的结果之一是以其他种类的赔偿框架取代过失责任(或其某些部分)的、几乎一个世纪的呼吁。许多侵权责任的批评者反对过失责任，认为它是武断的，因为它过多地依赖运气——或者因为责任取决于实际造成的损害，或者因为赔偿取决于被告而不是受害人的行为。〔3〕 有些反对者认为：过失责任不经济，因为如果放弃关于义务的讨论，可能更有效地减少事故，受害人可以更廉价地得到赔偿。四十年前，强制社会保险还通常是被建议取消的对象；晚近的建议是人们要为降临到自己头上的任何不幸投保。

对过失责任的批判有时反映了对其分配结果的无耐心，或者关于侵权责任是一种实现诸如阻却、赔偿或惩罚等社会目标之特别不适当方式的信念。然而对过失法此等解释的流行主要源自从调整人们相互对待方式之规范的角度理解它的明显困难。

在某人虐待他人场合，加害人必须对虐待行为之结果负责的观念在私法的其他领域广为人知，并极具说服力。在法律的这些领域，不同之人获得不同待遇的事实，既未招致反对，也未导致混沌。例如，故意的不法行为案件中，相关行为规范与主张的损害赔偿之间的关系一目了然——受害原告要求被告赔偿因被告对其施加之不法行为造成的损失。没有人会认真地热衷于社会或私人保险应该取代基于诽谤、殴打或不法监禁等故意侵权而发生之责任的可能性。这导致没有人主张人们为可能遭遇这些不法行为投保。也没有人倾向于认为这些侵权行为的受害人获得补偿，而以其他方式遭受同样损失的人未获补偿，或既遂的殴打者要比未遂的殴打者承担更重的损害赔偿责任是不公平的。〔4〕 而且，主张社会必须帮助因犯罪行为蒙受损失者的那些人，之所以如此主张乃是基于罪犯缺乏足够的资源以至于原告将自行承担损失之判断，而非立足于即便罪犯有能力赔偿令他们承担其行为造成

〔3〕 参见 Atiyah，“损害赔偿博彩”，牛津哈特出版社，1997 年版；Christopher Schroeder，“矫正正义、风险责任和侵权法”，“加利福尼亚大学法律评论”，1990 年第 38 卷，第 143 页。

〔4〕 有人曾经主张既遂的犯罪不应该比未遂的犯罪招致更严厉的惩罚。但是这些主张无一例外从惩罚和赔偿的对比中立论，当然认为赔偿应取决于结果。参见 J. C. Smith，“刑事责任中的机会因素”，“刑法评论”1971 年，第 63 卷。

的损失也属不公平或武断之假设。[5]

私法中责任的其他基础也是如此。就我所知，即使就非故意违约，也没有人主张保护因违约行为蒙受损失者的社会保险计划。同样不存在遭受类似损失者应以其他方式获赔偿的主张。这里，此类主张的尚付阙如反映出合同中约定之行为规范与因违约而可主张的损害赔偿之间关系的明确性。原告关于被告使其归于"完整"的要求是对原告因被告之加害行为而失于完整之事实的明确回应。这同样适用于因侵占财产而生之责任，于此场合，被告向原告承担责任乃是因为被侵占之物属于原告。由于救济与财产规范之间关系清晰，没有人主张过失地侵占财产者可以保有该财产，而原所有人要为这种可能性投保。与此适成对照，侵占他人财产者被期待通过恢复财产所有人既往、也是其有资格继续拥有的状态维持正当的财产秩序。因错误支付请求返还的案件，也可以得出同样的结论。之所以未出现关于赔偿那些此类错误之受害人的疑虑，原因在于这里明显地存在赔偿损失的适格主体。

因为没有看到行为规范与因过失而生之责任的联系，批评者主张过失责任是武断的。正像我将要揭示的，这种联系有如我提到的其他例证一样紧密。为揭示的确如此，我将解释一种思想，于其中，原告的诉请是因为被告违反了对原告负有的义务，其所受损害应归责于被告。侵权法明确了人际间职责和公平的独特认识。总之，它们提供了一种理解关于人们在正义的基础上如何互动以及为何未按这些条件互动将承担由此产生之责任的方式。

首先，我将阐述侵权法包含的两个基本规范性原则。它们在以下意义上是基本的，即特定的行为和补救规范给出了对它们的具体解释。[6] 第一个是基本的行为规范，或者更确切地是关于行为规范的规范：侵权法要求人们接受对其自由的相互限制。19 世纪的妨害案件从"活并让别人活"('live and let live')之口号的角度

---

〔5〕在 Lamb v London Borough of Camden [1981] QB 625 (CA)案中，丹宁勋爵反对 Chomentowski v Red Garter Restaurants (1970) WN (NSW) 1070 案的判决。于后者，犯罪行为的受害人向其雇主寻求救济，指出刑事伤害赔偿委员会有责任赔偿暴力犯罪的受害人。难以相信的是，即使丹宁勋爵也认为委员会的存在是反对令罪犯赔偿受害人损失的一个理由。

〔6〕它们在以下意义上也是基本的，于特别关系案件中，当事人间的地位不对称，诸如专业人士与其客户的关系，它们设定资质。我在此处不对这些做详细讨论。

提出了这一观念。我将相同的观点明确为一方不能单方设定互动条件的原则。然而原则已经明确，如果想要给出人们互动的特定方式，其还需要细化；抽象公式要求的只是以应共享之利益为基础，一切行为规则的平等适用。但是其没有告诉我们什么利益重要，也未告诉我们它们如何能被计算。抽象的公式依然富有启发，因为它们将限定设定行为规范的方式，也将限制确定(describe)利益的方式。从处在危险之中之利益类型的角度，而不是从该利益于特定场合之重要程度(magnitude)的角度确定自由和安全的相关利益。这导致某人是否需要考虑他人利益取决于是否所有人都需要考虑他人利益，而不是竞争性利益对特定当事人的重要性。

这里发挥作用的有关相互性之认知需要一些细化。人们可能对是否任何被始终如一适用的原则都将产生相互的行为规范存有疑虑。尽管可能存在原则被始终如一地适用而产生的"相互性"意识，但那不是这里有意倡导的意识。我所在意的"相互性"生长于私人追求其各自目标的观念，认为仅在其容许每个人追求各自目标的场合，行为标准是相互性的，这种相互性与他人对他们自己目标的追求同样相容。原告对其所受损害的主张诉诸调整人们被允许如何相互对待的规范。

某人不能单方设定互动条件的原则也给出了第二原则的基础，该原则要求人们承担其行为给他人造成的损失。这一要求从抽象意义上有道理，但是只能与确定损失之所在的某些方式一道给出行为的指引。假定人们都按照应该的方式对待他人，任何由此导致的损失就只能由受害人自行承担(尽管公法提供更大范围的人群将损失作为共同损失的途径)。但是如果某人侵害了他人，后者的损失就应由前者承担。

不法行为和损失的联系以及两个原则之间的联系可以从经济的视角——某人不能将其行为的代价转嫁他人，也可以从人们须为其行为负责的视角加以理解。无论从哪一视角，在适用于具体案件场合，都需要一些途径，以确定哪些麻烦归属于哪些人、哪些损失与哪些行为相关或者应由哪些人负责。从被转嫁之损失的角度观察，侵权法的行为规范确定归属于某些行为之损失。根据职责的习惯用法，行为规范界定了某人之所为与其行为的单纯副产品之间的界限。侵权法兼有这些原则，这体现在除非在初级意义上损害系由某人不法侵害他人所致、不法行为构成单方设定互动条件，否则伤害由受害人自行承担。由此第二原则被理解为第一原则的一个特例：允许某人将他人不能加诸其身的损失加诸他人是让其单方决定互动行为的损失。

我认为，两个原则都是吸引人的，但是我此处的目的是与其说是捍卫它们，不如说是明确它们在侵权法中的职能。无论如何，对于评价或捍卫两个原则，一个首先的必要步骤是考量特定制度如何使它们变为确定。脱离制度性的体现，对于支持或反对人们可能之所为，哪一个原则都不会有太多的作为。以其人之道还治其人之身的需要告诉我们任何行为准则都必须平等保护人们免于相互施加风险，但是其本身并未告诉我们人们应受保护免于什么损失或者这种保护需要他人何种程度的忍耐。为在平等保护人们的同时指导其行为，行为标准必须抽离人们身处之具体场合的差别，集中于将他人视为不相关的那些场合的某些特点。加之，人们必须承担其行为之代价的观念需要向特定行为分配特定代价的方法；侵权法通过考量行为规范回答这些问题。〔7〕

## 风险与规范

过失法设定人们彼此间可以施加之风险的限度。并非所有施加风险之行为都属不适当。正如 Reid 在 Bolton v Stone 一案中阐述的，"在高度关联的现代生活条件下，即使最注意之人也难免制造某些风险，同时接受其他风险"。〔8〕在风险属于不适当场合，施加风险之人是在自己冒险。也即一旦风险导致损害，加害人要对损害负责。在风险并非不适当场合，损失则由受害人自行承担；不同于某人施加于他人的风险，这属于日常生活的风险。问题的关键有时在于风险分配的观念。从其

---

〔7〕同时，制度本身也只能通过明确和捍卫其表达的原则得以正当化。如果侵权法引入的规范和救济的模式可以从直觉上有吸引力之原则的角度被视为聚集为一体，进而正是该模式可以得到辩护。这里还有维系侵权法制度的其他理由，这些理由的范围从事故成本的扩展或者经济效率的提升到允许个人诉诸法院的符号意义上的重要性或对去中心化程序的体验。从前提性原则角度对制度加以正当化占据特定的重要性，只是因为它给出了处在争论之中的特定决定模式的理由。

因为这些是对他人承担的义务，它们的实现内在地易受制于个人控制之外的因素。这种可能性要比想象的容易理解。如果我欠你 100 美元，我履行义务的可能性同样地易受影响。这种易受影响性不涉及我只是真正试图偿还你，或者也许是多次试图偿还。与此适成对照，这意味着我要对不完全在我控制之内的后果负责。侵权法上的义务以同样地要我对不完全在我控制之内的后果负责。

〔8〕Bolton v Stone [1951] AC850 (HL) per Lord Reid.

确定损失负担的意义上，过失法的效力确实在于分配风险。由于其确定容许人们相互施加何种风险，过失法在某些意义上也旨在于此。然而关于风险分配的讨论潜在地引人误解，因为风险通过特定的、以原则为基础的方式分配，其要义在于保护人们免于互相施加风险。

风险适当与否的界限由关于同等自由的规范体系设定。所有人都有追求自己目标的同等自由，这种自由受限于他们不能妨碍他人追求自己目标的要求。关于原告范围和损害类型必须可预见的要求反映了法律对于明确行为标准的职能。只有告知人们其所为，这些标准才能引导行为，不存在告知人们避免不可预见之后果的标准。这些标准旨在同等地保护人们免于相互施加风险解释了注意标准的客观性。

普通法中的合理注意标准和表达这一标准的通情达理之人的熟知形象提供了打造自由和安全之间适当平衡的途径。通情达理之人既非采取最佳方式追求自己目标的典型之人，也非有此种理性之人。与此适成对照，通情达理之人是从他人利益的角度对自我行为采取合理限制之人，是妥善平衡不同利益的模型。为找出这一模型，我们需要确定附加于各种利益的权重。这方面的结论不可避免地引入关于对于一个人过自我决定之生活的能力何为重要的实质判断。尽管多数此类利益——一方面行动和结社自由，另一方面人身安全和财产安全——并无争议，但有时也会存在争议。而且，通情达理之人标准的关键是以对所有当事方公平的方式平衡这些利益。我们设定的代表性的通情达理之人同时对自由和安全拥有利益，而不是超越实际的人聚合这些利益，可以他人之所得弥补某人之所失。合理注意的标准同等地保护人们免于相互施加风险，同等地认许人们追求其目标的自由和免于他人追求其目标之不利影响的安全。

诉诸通情达理之人之应为，目的在于生成相互性的行为规范。该目的型构了其能保护的利益。例如，可以设想，人们对于安全具有普遍的利益，而非过失法保护的免于他人伤害的狭窄利益。但是因为过失法明确了行为规范，它只能考虑通过能够导引行为之规范可以保护的利益。因为特定类型的损害可能以太多的方式出现，某人不能对他人负有防止他人遭受特定类型损害（比如财产损害）的一般义务，由此，不存在人们可以遵循的保护他人（基于同样原因或其本人）免于某类损害的行为程式。一个人只能对他人负有避免以特定方式引发特定类型损害的义务。因此，过失法保护这些利益免受特定种类的侵犯，而不是通过诸如分配和社会保险计划旨在救援这些利益的方式保护这些利益本身。分配计划能够(尽管不必需)集中关注特定需要，而不考虑有关其如何出现的问题。进而健康保险项目给人们的待遇，能够仅以他们之医疗需要为前提。由于侵权法旨在导引人们行为，就不能这样考虑需要，它只能关照其能够让人们考虑的利益。导引行为的可能性为侵权法中心法则所必要。

## 预见

过失法的最基本内容是被告仅对可预见之原告和可预见之损害负责。可预见性成为义务问题的一部分，人没有避免不可预见之损害的义务；可预见性也是近因和远因问题的一部分，在法律意义上，不可预见之损害类型即使其系由违反义务所致，也过于遥远。〔9〕按照对这一要求的貌似合理理解，可预见性系对责任的一个独立限制。直觉的观念如此简洁：如果有理由将行为后果纳入其所为，人仅对这些行为的后果负责，由此潜在地对此后果承担责任。但是行为总是有许多后果，在任何有意义的层面上，其中只有一些可以算作某人之所为。某人之所为的范围由控制的概念确定：如果人本来能够预见，也因此能够避免一个结果，该结果就应计入其所为。否则，就只能视为作为某人所为之结果的偶然发生之事，因为就不可预见之后果无法实施控制。按照这一理解，行为人和结果之间的关系先于、且独立于任何行为规范。事实上，依此观点，联系沿其他路径展开：规范仅能适用于与行为人有直接关系且在前规范意义上人们应负责的后果。人们仅对可预见之损害承担责任，因为其仅对这些损害负责。责任根据职责设定，其可以在不考虑任何一般行为规范的前提下归结。我将这种观点称作“纯粹限制观点”(independent constrain view)。〔10〕

---

〔9〕我并非旨在否认有些关于远因的问题没有被纳入可预见性的考虑之内加以探讨。我在下面对此作进一步的讨论。

〔10〕Stephen Perry 对这一脉思想的发展贡献最大。参见他的“侵权法的道德基础”，“爱荷华法律评论”，1992 年第 77 卷，第 494 页；以及他的“对结果负责与侵权法”，载于 G. Postema 编：“哲学和侵权法”，剑桥：剑桥大学出版社，2001 年版。

纯粹限制观点很有道德上的魅力，因为其表达了一个人仅在其应负责场合才对某事承担责任。但它却不大适于解释侵权责任，因为对侵权责任的解释不能过多偏离已确定的侵权法则。就其使侵权法在某种程度上与道德的其他面向之衔接更为紧密而言，适应纯粹限制观点的法律体系也许是可欲的。但是如果我们想理解侵权法设定职责的方式以及其坚持之道德主张的性质，纯粹限制模式就是一个错误的起点。特别是它必须面对两个严重困难。第一，在控制实际实施场合，也即诸如被告虑及风险且决定忽略风险场合，促成其道德上魅力的控制要件最具合理性。然而过失法不仅不要求被告考虑风险，也不要求特定被告有能力虑及特定风险。与此适成对照，法律讨论具有普通预见能力和谨慎的通情达理之人如何考虑风险。尽管可能主张以这一对必要能力的更抽象说明作为对负责范围的纯粹限制，更难明白的是将动机视为一种限制。如果特定被告没有、也不能预见风险，在别人本已预见风险场合，或者在如果她没有那么疲倦或更为专心，她自己本来能够预见风险场合，为何假定该当后果仅归属于她？

困难部分来自事实上关于某人本来能做之事的议论极端不可靠。Tony Honore 和 Stephen Perry 都主张，关于“本来能”的相关认知应该参照行为人一般能力加以理解，不管这些能力在特定场合是否得到发挥。[11] 不幸的是，关于一般能力的认知比对其拟限制之义务的认知更难以理解：如果我由于疲劳而疏于注意驾驶，相关一般能力是我得到很好休息时的状态？还是我疲劳时的状态？探究义务的问题提供了确定某人本应避免之事的一个简洁方式，他本应避免的正是原告有资格免于承受的伤害。如果我们回避义务的问题，而侧重于有关被告发挥其通常能力本来能做之事，我们需要一些以原则为出发点的确定何种能力方属能力的方法。

纯粹限制模式的另一困难与损害之类型和范围之间的法律区别相伴。如果被告就某特定类型的损害承担责任，他就要对该损害的全部范围承担责任，即使存在其未能预见的部分。如果原告的头骨像蛋壳，进而因对其他人而言仅是微小伤害之事遭受严重伤害，被告要对其全部损失承担责任，正如被告必须补偿受害原告的

---

〔11〕 Stephen R. Perry：“道德基础”；Tony Honore：“过错与义务”，牛津：哈特出版社，1999 年版。

收入损失，即使他未曾知晓原告的收入如此之高。尽管在特定案件中这种区别并非总是容易确定，关于如何确定区别的争议预设了其重要性。然而纯粹限制模式导致这一区别令人难以理解。如果可避免性和控制充当联系行为人与后果的职能，一个本来不能预见特定后果之行为人不能对该后果负责，即使他要为另一相似的后果负责。

两个问题拥有共同的根源。关于某人是否本来能避免某些后果的问题在适用于特定人避免特定后果场合是足够清晰的。法律以对另一问题的回应为基础确定责任：一个通情达理之人本来能够预见对于属于原告类别之人的此种损害吗？我们对特定人和特定损害的抽象越深入，控制的概念就变得越勉强。[12] 这种勉强可能通过假定可预见性、控制和能力都相对于关于风险的特定侧面得到部分缓解。确实，我将指出义务观点(duty account)解释了为何关于风险的特定表达是适当的。但是假设诉讼发生于某一表达之下只是转移了纯粹限制模式面临的难题，因为我们需要确定哪一表达适用于评价在适当的意义上被告是否有控制力。如果存在这种表达，我们适用的是被告在意的表达吗？或者也许立基于应该调整被告行为的规范，我们是在适用其他表达？后一程式为法律所遵循。但是这是因为它接受了关于归责(responsibility)的义务(duty)理解，而不是纯粹限制模式，也即它将

---

[12] 像 Jules Coleman 在《原则的实践》(牛津：牛津大学出版社，2001 年版)中阐明的，也不能将可预见性合理地解释为更一般的关于行为或职责之先决条件的表达。尽管一个没有任何预见能力之人不能是一个可以归责的行为人，行为或归责都以预见或避免人须负责之特定后果的能力为要件。在通常的意义上，一个小心之司机要为撞到其未预见到的行人负责。司机懊悔她是撞到行人者的事实，并因而希望她本应选择其他路线或早些出发。一些补救的规范源于此种归责——也许她有以某种方式求助或者陪伴受害人直到救援到来的特别义务，目击事故者则无此义务。但是她负担的道德义务并不源自其违反行为规范的事实，因为她未违反任何道德规范。行人不能抱怨司机本应更注意。

此外，在 Dooley v Cammell Laird & Co.，Ltd. ([1951] 1 Lloyd's Rep 271)案中，原告起重机操作手遭受神经震扰，当时他操作的起重机上的一个疏于检查的电缆突然折断，起重机的装载物坠落至操作手认为其工友站立的地点。(他的想象是不成立的，下面没有人受伤。)任何人都没有困难理解他的反应以及其反应超出我们期待之目击者反应的方式。原告将牵涉于事故中，即使他没有义务检查电缆。

归责意识的透明和常见给出可以解释直接观念在应对远因问题上对于法律的间歇魅力。直接形成了部分有关行为和归责的常见和重要观念。就直接对于归责(responsibility)的重要性而言，其重要性独立于任何有关义务(duties)的考虑，而且不能与将义务(duties)置于核心的取向调和。在损害是直接的、而不是源于可以要求被告采取预防措施之事的场合，原告不能抱怨本不应容许被告那样对待他，因为不存在原告可以援引的规范。

有关归责(responsibility)的问题附从于有关资格的问题。

这些对纯粹限制模式的批判与其说是结论性的,毋宁只是为替代性的考虑做出铺垫。依据我所谓的"义务观点",因为过失法的规范禁止人们回避某些后果,可预见性是过失责任的要件。这些规范仅适用于其能调整的行为,也即它们只能禁止其能够导引的行为。所以,某规范不能说"不要作某事",除非规范适用之人可以使其行为与规范一致。如果其如此行为,一定存在告知某人是否作某事或使某事更易发生的某些途径。在该事不可预见场合,其可能性不能指引行为,因为作为不可预见之事,没有什么可以具体地用以避免它。因为没有规范可以适用于此种损害,受害人就不能非难被告的不当对待。义务观点居于卡多佐在 Palsgraf 案中观点的中心。正如卡多佐指出的,"在一个矛盾的迷宫,我们将遇到一个不同的结论……一旦过分的预见被接受为行为规范和行为必须遵守的习惯标准,生活将必须改变,人性也将必须变换"。〔13〕 卡多佐所谓的矛盾和对立不涉及本案的核心观点,该核心观点是责任以违反对原告的义务为要件。未构成违反义务就施加责任可能是不公平的,但不是矛盾的。真正可能矛盾的是施加避免不可预见后果的义务。原告败诉是因为被告未违反行为规范,不是因为没有规范正巧调整此类行为,而是因为没有规范能调整该当后果。因为不存在能够视为避免这类行为的、被告可以采用的行为程式,法律不能让被告不实施此类行为。就此一后果而言,没有人对他人负有义务。结果是因为被告行为不能被禁止,原告不能诉请被告不被允许以这种方式伤害她。为使规范调整行为,必须存在可以算作符合规范之事。可预见性要件的关键不在于不可预见之后果没有以恰当方式与被告的作用相衔接。这可能正确,也可能不正确;确定的是,某人会感到被牵连进其无法避免的损害。

义务观点由此提供了关于可预见性之重要性的独立解释。与过失法的特别规范承担同等保护人们免于彼此施加风险之职能一道,它也允许我们理解纯粹限制观点不能容纳的两个特点。首先,它解释了为何相关的预见能力是通情达理之人而不是特定被告的预见能力。它也解释了这一规则的两个例外,即未成年人和身体残障人。其次,它解释了为何损害是按类型而不是按范围归类。

---

〔13〕 *Palsgraf v Long Island Railroad* 169 NE 99 (NY CA 1928).

不可预见之损害为以规范为基础的关于职责之认识设定了边界，因为在不可预见之损害场合，此类损害的可能性未能给潜在的加害人提供任何采取预防措施的理由，原因在于避免此类损害未能向任何人提供作任何事的理由。这导致此类损害总是被认为太过遥远，而不能让加害人承担责任。有时预防不可能是因为风险过于普遍，没有什么特别视为对此类风险采取的预防。例如，一艘船因疏忽损害了另一艘，前者所有人要对损害赔偿和因维修所需时日导致的利润损失承担责任，但是不对由于迟延而遭遇后者本应避免的风暴所造成的进一步损失承担责任。[14]尽管"可预见"一词存在随后的风暴本应被预见的意义——也即风暴不是人们可以排除的可能性，但这不是这里所关涉的意义。与此适成对照，一种伤害是可预见的，仅当其能够为遵循某一行为程式而不是其他程式提供一个理由。在后一意义上，风暴乃是不可预见的，因为最初损害正像可以使船舶遭遇风暴一样，也可能使其避免风暴。在其他场合，损害产生于事件的奇特连锁，或者风险导源于不那么奇特但此前从未遇到的事件组合。在每一类案件中，损害的可能性未能对实施伤害之人提供任何指引。原告不能抱怨被告本应考虑灾难，因为在这些案件中，事前考虑这些灾难对行为人的行为不能产生任何改变。结果是，行为人不对原告的损失负责。[15]

在危险能够提前预见场合，其可以为行为规范提供基础，即使危险发生的可能性很小。救助者介入拯救处于危险之中者提供了采取预防措施的理由，即使其他因素可能导致预防措施变得不必要。如果过失行为的初级受害人没有针对侵权行为人的诉因，也许这是因为救助者的介入防止了它，在试图救助时遭受损害的第三

〔14〕基于同样的理由，在即使被告能够确证如果不是被告的过失，原告本来要遭遇更严重的风暴场合，被告不能要求抵销其所负的损害赔偿责任。

〔15〕可预见性概念在应对某些"义务"问题时发挥稍微不同的功能。通常，如果损害是不可预见的，可能本来就不存在义务，也就不存在违反义务的问题。在某些案件中，问题产生于在所有人相互负有的义务之外或之上的特定类别之人对其他特定类别之人负有的义务。例如，在 Tarasoff v Regents of the University of California (551 P. 2d 334(1976))案中，问题产生于治疗专家是否有义务提醒那些可能受到其病人攻击之人。可预见性是确定是否有该义务的须考虑的诸因素之一，因为此类攻击是可预见的，也即除非治疗评估是可靠的，心理学家不能被要求据此行动。尽管损害是否可预见成为对法律问题的回答，最终仍是事实调查在这些案件中以相同的方式承担限制的职能：无论何种因素参与决定某一类别之人是对其他类别之人负有义务，没有人会有义务预防其不能预防的损害。

人也能够得到赔偿,因为对于潜在救助者的危险提供了一个采取预防措施的独立理由。在承担损害之风险场合,对于试图救助之第三人的风险能被虑及。尽管私法不规定救助他人的肯定性义务,但不能任由被告制造一个危险情境,并主张任何人帮助处在这种危险之中者,都要自担风险。[16]

我主张可预见性的概念在应对远因问题上承担中心职能。但我无意主张诉诸可预见性可以解决所有此类问题。在单一类型后果连续延展的场合,可能存在某些时点,界限必须据此划定。义务观点解释了为何此类划定界限的工作并未出现于每一案件中:原告有免于被告以特定方式施加特定损害的资格是责任成立的先决条件。

然而,在其他案件中,损害在类型上相似,但另一原告受害于针对第一原告的单一不法行为。典型的事例为火灾。尽管存在损害类型(燃烧)和原告类别(火灾延展范围之内的人)都可预见的事实,一些法院提出了限制责任范围的判准。在Ryan v N. Y. Central Railway案中,法院划定了鲜明的界限,被告仅就燃烧的第一栋楼承担责任。同一法院在Rome案中调整了确定的规则,将其最近邻居燃烧之财产纳入赔偿范围。前一规则似乎是愚蠢的;如果火灾在延展至原告财产前,先烧毁了属于被告的几栋建筑,原告就只能自认倒霉。但是第二规则确认被告有将火灾限制在自己土地上的义务。为什么将界限定在最近邻居?

在一种意义上,界限是武断的,划定界限的任何方式都必须有当事人同等权利之外的依据。审理Ryan案的法院在解释其判决时,提到了第一方财产保险的可利用性,但是这种评论没有区分第一栋燃烧的建筑与其他建筑;同样的观点也可以作为消除对财产损害一切责任的基础。某人可以就他人不法行为投保的事实不能解除对不法行为人的归责(responsibility);在Ryan案中,真正的问题在于谁因过失导致的火灾受到了不法伤害。在这一问题上,法院更倾向于主张火灾的延展在某种意义上总是过失的结果。尽管这样认识火灾也许有夸大之嫌,其隐含着一个

[16] Harrison v British Railway Board [1981] 3 All E. R. 679. 通常不能以同样方式预见挽救财产者。但是在有些案件中,尽管不存在保护某人自己财产之义务的事实,他们是可以被预见的。尽管他人可以享受其阴影,我依然可以拆除我的房屋。但是我采取此类行动的方式必须让他人不能合理地认为他们将受影响。如果我在晚上放火,由于有人可能认为有人身陷火中、并因而冒损害之险救助的风险,我的行为构成过失。

核心的洞见，也即火灾延展的风险是我们必须面对的“远景”风险之一，正如犯罪的风险是我们必须面对的一个远景风险（相对于公共权力机构）。因此，必须在我通过我的行为施加之风险与他人已经承担之风险之间划定一些界限。在Rome案中，法院将有些后果视为太过遥远，这些后果取决于过失方不能控制的、偶然和变幻不定的条件之同时发生。不能保护人们免于其邻居火灾是不可接受的；保护所有人免于邻居火灾也不应成为行为规范。

在某些方面，火灾延展的事例是独特的，因为远因的问题单纯是量上的。界限划在哪都只是在数量上可区别，但在质上无法与界限划在下一处相区分。在某些意义上，火灾是否以及如何延展部分取决于中间之财产所有人的财产状况，对于此财产状况，导致火灾之人通常不能采取进一步的预防措施。原告不能主张她本应采取更有效的预防；如果火灾通过中间财产延展，原告的主张只能是她不应自行承担非属其过错的火灾导致的损失。然而她已然面对风险；假如早就知道风险，她本可能会说她本应以不同的方式行为，假定威胁到原告的特定被告的纵火行为只是同一风险的众多潜在根源之一，而不是原告主张公平潜在赔偿所针对风险的所有根源。

源于没有立基于原则的、在特定数目的损害中划定界限之方式的不确定性，如果我们这样称之的话，是寻常的，但这也是在法律中诸多确定界限工作的恒常特点。法院在确定诸如运送的小麦等货物于接收时是否状态良好也面临相似的问题。[17] 一粒不好的谷物不会引发问题，但没有一个确定的数目可以清晰地标志良好与糟糕之状态的分界点。结果导致法院划定一个武断的界限。尽管如此，没有哪方当事人可以抱怨不公平，原因在于没有一方可以抱怨该准确数目不是他事先同意的。

## 客观标准

虑及损害之风险，某人应尽何种注意，也即关于过失的注意标准是客观的，其

〔17〕这方面事例的精彩讨论见于 Timothy Endicott：“客观性、主观性和不完整契约”，载于 Jeremey Horder 编：《牛津法理学论文集》第四辑，牛津：牛津大学出版社，2000 年版。

与特定被告的能力无涉，包括那些仅有有限能力之人在内的所有人都被期待具有共通标准的预见力。客观性直接渊源于法律平等地保护人们免于相互施加风险的目标。如果所有人都享有同等的自由和同等的安全，特别脆弱的原告和只有有限能力的被告都不能要求来自他人的特别对待。非同寻常脆弱之人不能对他人施加额外的义务，因为施加该种义务，某人对他人之约束超出了他人对他的约束，违背了相互性的要求。基于对称的理由，难以达到其对他人负担的行为标准之人也不能简单地要求他人自行承担所受损害。把某人处于安全状态善意的努力作为他人安全的标准就等于要允许前者单方设定互动条件。至少自 Vaughan v Menlove 案[18]以后，法律已经明定，所有人都被要求达到共通的标准。其结果是，某规范是否适用于特定场合不需要取决于某人是否本来能实施其他行为。[19] 只要其属正当化的规范体系之部分，规范就适用。

在其他情境中，即使某人已尽力而为仍可能对未尽其义务负责的意识也属寻常。假设我欠你一辆自行车或 100 美元，也许因为你已经履行了你的合同义务，我现在必须履行我的义务，或者因为我曾经借用或找到你的自行车或钱，而必须归还。在将它给你的过程中，我面临的困难可能与我罹于及时交付的原因有关。但是我面临的困难不能取消我对你的义务，我仍然欠你自行车或钱，即使我没有归还任何一物是完全可接受的。在其是对特定人负担的义务、而不能简单地将履行义务的善意努力等同于履行的意义上，侵权义务与此相似。与侵权法施加的义务不同，我归还自行车或钱的义务可能是自愿承担的。此外，我可能在未预见到我现在面临之困难之前提下承担该义务。无论如何，我依然欠你自行车或钱；我不能仅因为我未预见到情况的可能变化而可以保有任何一种。而且，我如何开始负有该义务与我是否就未履行它而负责是分别的问题。无论如何，我负有义务，我就为失于遵守它而负责。

尽管其与相互性规范有清晰的联系，注意的客观标准依然是困惑和争论的来源，法律对具有超常敏感度之人状况的漠不关心却没有这样的问题。思想脉络的

---

〔18〕(1837)132 ER 490 (CP).

〔19〕正像其他关于自由意志的系列著作主张的，它也不取决于当值行为是否表达了行为人自己的判断力。不伤害他人的义务适用于不认同或承认其据以行动的动机和愿望之人。

走向类似于：如果因为不可预见之损害的可能性不能导引任何人的行为，被告不对该损害承担责任，他怎么对其可能性本来就不能指导具体行为之损害负责？我认为，基于特定被告、特别是儿童和身体残障者被课以较低的标准，迷惑愈加深刻。霍姆斯对此有著名的评价，[20]“草率和笨拙之人的错误与导源于有罪之过失的错误对其邻居而言同样恼人”。然而，儿童和身体残障者的错误也有同样的问题。为什么有区别？

通过回顾侵权法对行为规范的明确，可以发现答案的端倪。对待过失的标准方式是区分注意义务和注意标准，前者是关于原告是否属于其利益必须受到他人关照者之类别的问题，后者是关于被告是否对这些利益尽了足够的注意的问题。但是两个问题都将开启行为规范。“义务”问题开启被告应否预见给原告造成损害的可能性。“标准”问题通过追问被告应否采取预防措施使考量进一步深入，并且通过追问原告的危险是否足以正当化将采取预防措施的采取来解决这一问题。在它们都依赖于人们有资格期待的相互注意程度的意义上，这两个问题都是客观的。义务观点解释了这一双重的客观性——人们有资格要求他人关注其安全，并且要求他们采取必要步骤保护这一安全。

首先考察具有普通能力之人失于预见可预见之伤害的情境。进一步假定在此情境中他尽其所能。受害原告可以主张不允许被告对其做出此类行为，也能主张“你本应考虑到这一损害”。被告不可以争辩没有规范适用于他，因为他已经尽到了最大努力。他不能如此主张，原因在于规范是否适用的问题不单纯取决于被告。其预见程度也有充分理由与其失于预见导致的结果相关——因漠不关心而失于预见者在某些重要方面比因笨拙、疲惫或迷惑而失于注意者恶劣。但是其失于预见还是构成没有尽到对原告的义务。

在某人失于针对可预见风险采取预防措施场合，受害原告可以说“你本应考虑到这一损害”。注意力转移之人与其他任何过失之人一样，即失于对其利益有资格享有相当注意者尽到该等注意。因过于疲劳或因其太不熟悉使用之工具而未注意风险者给其邻居造成损害，后者有权利主张前者本应更注意。加之，像 Vaughan v

---

〔20〕《普通法》，波士顿：小布朗出版社，1881 年版，第 79 页。

Menlove 案中的被告一样，已经尽力预防风险之人理应被视为误解其行为后果。尽管其错误情有可原，但依旧是错误。

关于客观标准的真正困惑是其注意在某种程度上总是被转移之人——他或者不能预见他人可能因其行为受到损害，或者能预见但是在某种程度上不能被损害之实现所导引。这引领我们探讨关于客观标准的第一个例外。不是在他们不能注意任何事务，而是在其注意容易从他们本应注意之事分散的意义上，幼童当然属于其注意几乎总是转移之人。毫不奇怪，因为免于任何注意义务，他们将免于承担责任。法院经常强调儿童于或者冲动或者易于完全沉浸于他们所做之事的情况。部分困难在于儿童缺乏预见力，这种缺乏妨碍儿童察觉其所制造的风险。因为他们不能预见特定危险，考虑这些危险的任何义务都不适用于他们。其他困难在于缺乏法院有时所谓的“谨慎”，即在某种意义上对他们有能力把握的因素给予适当注意的能力。年龄稍长儿童没有困难理解为什么不应该拿着剪子跑，某人可能因此失去眼睛。其困难在于兴奋时对危险之现实化的反应，他们系统性地对危险失于适当的注意。[21] 随着儿童逐渐成熟，他们将被课以更高的标准，既是因为他们有能力预见更广泛范围的风险，也是因为他们有能力使其行为遵守更广泛的义务。在某一特定发展阶段儿童遵守特定义务的能力从本质上是事实而不是规范：希望某一特定发展阶段的儿童使其行为符合特定要求现实吗？像许多事实问题一样，它注定充满争议，在特定案件中，存在偏见和老套型构其接受之结果的风险。在应对有关法律导引行为之能力的界限的问题上，此等争议是不幸的，但是很可能是不可避免的。

此等关于儿童有限能力的描述似乎可能只是重述而不是解决困惑。为何其预见和谨慎能力不超过儿童的能力之人被课以普通谨慎的通情达理之人的标准？我们可以设想，此等人可以被视为只能达到既定的发展阶段。然而，法律坚定地拒绝

---

〔21〕一些关于儿童被告的典型案例，例如 *Mchale v Watson* (1966)115 CLR 199 (Aust. HC)，在我看来确定了正确的界限，但却划在了错误的地方。特别是，他们想当然地认为男孩比女孩更易被风险吸引。在 Mchale 案中，12 岁的被告正应了 Kitto 法官所谓的“道钉与木头片之间自然的密切关系”，并因而忽视他的道钉给原告造成的危险。我不意在捍卫这些老套。但是我却认为我的观点解释了如果这些老套被接受，为何他们导致以其与法律的基础结构并不冲突的方式可能导致的结果。

以较低标准要求此等人。

但是困惑存于对于专属于特定发展阶段的能力与儿童被课以的注意标准相联系之方式的误解。过失法并非仅因为儿童的能力受限制就对他们课以较成人低的注意标准,而是必须对他们课以较低的注意标准以避免与法律自身的核心追求相冲突;一旦标准被降低,它必须根据专属于儿童特定发展阶段的能力被分为不同层次。在任何意义上,新生儿和刚学走路的孩子却肯定居于法律不及之地。没有行为标准可以导引他们的行为。一个完全长成的成年人则被假定有能力将其行为置于与法律要求一致的境地。在两个极端之间,则不存在清晰的界线。与此适成对照,一旦我们考虑到了极端,我们则别无选择只能视极端之间的中间阶段为连续分布。既然是遵守法律能力的连续体,这一连续体的不同之点将被视为人可以将其行为置于与法律一致境地的不同程度。其结果是,对于儿童,其在那一发展阶段被期待的预见和谨慎程度与对特定儿童将其行为置于与法律要求一致境地之能力的评价有关。没有发育出超越青少年特点的预见和谨慎能力之成年人未能被课以较低的标准,因为不存在源自将此等人在婴儿和成年人之间的连续体中置于何处的问题。这一连续体预设了包括该人的成年人属于连续体的一端。因此,我们可以得出结论,在儿童案件中,能力是相关的,不是因为能力总是与一个人对他人所负义务相关,而是因为儿童是居于不负任何义务之婴儿和相互负担交互性义务之成年人的中间情形。

现在来考虑被免于承担责任的第二类人,也就是身体残障人。这里首先被免除的也不是责任,而是避免以特定方式损害他人的义务。理由同上:特定的身体残障使某人遵守规范变得不可能。对一个身体残障妨碍其满足法律要求之人说“你早就应该虑及于此”是没有意义的,因为虑及于此对于其行为没有任何影响。就像一个身体受到限制之人,身体有残障之人属于行为规范不入之地。说一个盲人本应看见危险,尽管肯定是羞辱,但绝不仅是羞辱,而且没有任何意义,因为该当建议不能对其行为作出任何改变。当然也有例外,如果盲人操作机动车,强调其早就应虑及危险就有道理,因为在特定时间存在她本应考虑的问题,即为避免将他人置于危险境地,操作机动车时对视力的需要。

具有特定残障之人因其被免于特定义务而被免于特定责任,即使看重该义务,也不能导引他们的行为。具有有限智力和自我控制能力的成年人不能像具有特定残障之人一样免于承担责任,因为法律仅考虑真正专属于残障人的特定无能力。与一般无能力相关的唯一情境就是儿童为当事人场合,对于儿童的特别对待是适当的,正是因为成年人被课以普通标准。笨拙之人可以被教导在特定场合她本应更注意,即使由于笨拙,她通常难以更注意。一个鲁莽之人也可以被教导他在特定场合采取行动前本应思量,即使他难以抑制此种冲动。假定笨拙之人有时可能采取预防措施,采取特定预防措施的建议总是中肯的,即使存在他们未能采纳这些建议的场合。而且教导鲁莽之人要更加注意也总是中肯的。对于健全之成年人,使自己行为不损害他人的能力通常不要求自觉地虑及安全。与此适成对照,胜任的司机安全驾驶,能够意识到需要格外小心的场合。更一般地,健全的成年人可以使自己行为不损害他人,也即在实施通常行为场合,其采取适当的预防措施;在非常行为场合,能够认知特别注意之需要。这是一个法律假定所有成年人都有资格相互期待的一般能力。草率或笨拙之人被期待可以认知自己的局限。这导致对于成年人,不存在被告在被导引方面的无能与其只是在某一特定场合失于被导引间的分别。因为建议并非像拟议中向盲人做出建议一样,没有意义,规范要求笨拙之人要注意、鲁莽之人行动前要思量。

重提侵权诉讼的结构:受害之原告诉至法院针对(她声称)伤害她的被告行使追索权。原告的诉请采取的形式为:不应允许被告对我做出此类行为。正如我们已经看到的,在原告不可预见或损害过于遥远场合,被告可以抗辩没有行为规范禁止其行为。身体残障者的事例显示:因对行为规范的考虑不能对某人之所为产生影响,行为规范也不能适用于特定人。盲人或行动受限之人就是例证,首次且预想不到的癫痫患者也是如此。不可能导引他们实施与其所为不同的行为。

儿童和残障人与笨拙或鲁莽之成年人会给其邻居一样麻烦。但是由于儿童使其行为符合法律的能力有限,他不受制于规范。这导致原告关于被告不被允许做出此类行为的诉请不能得到支持,因为不存在有拘束力的规范禁止这一行为。

成年人被告因缺乏预见力或谨慎而未对危险给予适当注意的案件则有所不同。在此类案件中,法律假定被告若已经考虑了其行为的可能后果或对他人利益给予适当注意,其本应被导引。当然或者因为其未考虑风险,或者因为其未给予足够的重视,他没有被如此导引。疏忽、疲惫或漠不关心之人大抵如此。在此类案件中,法律未对特殊情境作出区别。但是不管在此场合预见和谨慎为何受到限制,法律对此特定场景无差别地无力作出区别。假定受义务导引之人采取适当的预防措施和给予适当的注意,法律只能施加可以导引行为的义务。但是法律不以某人是否事实上受到导引为责任成立的前提。若如此设定责任成立的前提就将人们的安全置于他人之尽力的控制之下,进而失于同等地保护人们免于相互侵害。

总之,在此场合,法律对失于预见特定后果与无力预见该后果、失于受其已预见之损害的可能发生之导引与无力被如此导引等未作区别。如果某人从来不能预见特定类型的损害,他们将与有知觉障碍之人同样受到区别对待。如果某人从来不能被损害发生之可能所导引,他们也将与少年儿童和精神残障人同样受到区别对待。

值得强调的是,理解客观标准之例外的这一方式不能止步于法律对于处于困境中的那些人提供特别对待的观念。因为以牺牲他人之安全为代价,以此种方式对待这些人有违相互性之基本原则。在对称的背景下,此种对待也需要对原告非同寻常的敏感给予特别考虑。例外的合理性在于该当规范不能被实施。当然在那些违反规范之人可以被要求赔偿的意义上,这些规范是可实施的。但是他们在强制可以被用来保证、甚或是促进遵守规范的意义上是不可实施的。在此一方面,例外与刑法中之非法施加的强迫具有相似的意义,至少在有关抗辩的理解上。对于为挽救自己生命而实施犯罪行为之人,刑法无力规范其行为,因为正像康德强调的,将来惩罚的可能发生在其头脑中总是不如迫近之死亡的可能发生鲜明。你可以对此等人施以枷锁或吊起他,但是此等行为作为惩罚却不能奏效。

同样,一个儿童可能非常清楚拿着剪子跑可能引发的危险,然而在兴奋时却不能抗拒此种诱惑。事实上,这就是为何儿童可能被教唆,却在成年人可以构成共同过失场合,不构成共同过失:一个有能力评估火灾或泳池危险的儿童可能因好奇心而忘记一切。[22] 其结果是规范不能导引其行为。[23] 在对规范的考虑不能改变人们行为方式场合,法律无力要求获得遵守。它至多能做的是:在即使没有规范调整

〔22〕参见 Hughes v. Lord Advocate [1963] AC 837 (HL)。

〔23〕这些有关儿童的主张正确吗?我提到他们的目的不是为他们辩护,只是揭示他们在确立例外方面是如何发挥作用的,如果男孩比女孩更易受到诱惑,这也与他们能否使其行为符合法律要求有关。

被告行为场合，也施加责任。法律未作此种选择反映了将有关责任的问题附从于有关行为规范的问题。

在此类场合，有关责任之无意义的混乱是轻微的，因为任何要求某人负责并无意义的场合，让其负责也不公平。但是反之并不亦然，此两种主张之不同将行为规范和责任规则带入了更尖锐的焦点。让儿童和身体残障者对其引发之损害承担责任、也即将他们视为他人可以预见的他们可能伤害之人的保险人并非没有意义，立基于阻却的视角，正如惩罚在必要情形下实施行为之人并非没有意义一样。但是任何此类惩罚对于应对不法行为都不能奏效。

## 损害的类型和范围

我现在转向法律关于损害类型和范围的分别。行为规范导引人们关注其行为给他人带来的危险。正像我们看到的，规范只能导引人们关注可以预见的风险类型。如果损害是某些行为的可预见后果，就必须通过降低该类损害发生之可能的方式，采取使其行为更安全的措施。

我也应该强调立基于损害类型防止损害不是唯一可能的行为规范。也即义务观点要求过失责任限制于可预见之损害，但是就其本身并不要求区分损害的类型和范围。也可能存在其他承担导引行为功能的行为规范，但是过失法拒绝将其纳入其中，因为它们不满足其他的标准。正像我们看到的，客观性标准要求相关规范保护人们免于相互施加风险。

一个可能成为行为规范的特定范例使我们不关注处在风险中的利益，而关注特定场合中它们的范围。特别是在确定特定案件中预防措施是否值得时，人们可能既考虑特定场合预防措施的预期成本，也算计未采取安全措施场合损害的可能范围。这不只是以对比的方式提出的假设事例，而是侵权法学的一个严肃观点。以理查德・波斯纳为代表的过失法的法律与经济学取向的倡导者主张过失中的责任问题也应该在这些角度中得到解决。[24]

---

〔24〕波斯纳首先在“过失的理论”（“法律学习杂志”，1972 年第 1 卷，第 29 页）提出了这一观点，随后他在不同场合捍卫该观点，既视其为法律的实证考虑，也视其为法律的规范考虑。

直觉的观念与人们关于自己之安全的决定并不相同。尽管人们很看重安全，对安全的任何投入都要牺牲本身有价值的事物。这导致存在合理投入的界线。这些界线受制于三个方面的因素：预防措施的成本及由此引发的不便；试图避免之损害的类型和严重性损害发生的可能性。假定决定是否为换灯泡购买新的梯子，这笔支出是否合理取决于梯子的成本、梯子可能避免的损害以及发生风险的可能性。考虑两个方案，对梯子的唯一替代方案也许是踮脚站在不牢固旧梯子之顶端。由此导致的损害可能性及其严重性（如果坠落，手臂或背骨折）使得额外的支出变得划算。但是如果我非同寻常地敏捷，损害也许不可能，因而支出并无必要。另一可能是旧梯子像新的一样稳固，但是新梯子有一个专门放灯泡的洞，如果使用新梯子，灯泡坠落的可能性更小。由于灯泡较为便宜，购买一个新梯子并不划算，因为其拟避免的预期损失低于预防措施的成本。用汉德自己的术语表示如下：

用以防止导致损害的义务是三个变量的函数：（1）可能性……；（2）导致损害的严重性……；（3）充分预防措施的支出。用代数术语阐明这一观点可能可以使其较为简洁：如果把可能性称为 P；损害称为 L；预防措施的支出称为 B；责任取决于 B 是否小于 L 乘以 P，也即是否 B<PL。[25]

作为关照某人自己安全的方式，汉德公式包含一个重要观念：谨慎之人既不向安全过度投资，也不疏于对安全的投入。与此适成对照，从对其重要性的角度看，他们采取适当的预防措施，避免损害，也避免预防措施的支出和不便。在这些因素可以货币化的范围内，这样做是有意义的，因为适当预防措施的范围是这三个因素的线性函数。

但是汉德公式意在包含更多的内容，因为其也意在揭示一个人应对他人之安全施以何种程度的注意。理由是同样的：我所做的合理之事即为我所做的理性之事，且我采取此类预防措施是唯一理性的，因为其以为收益高于支出的差额所正当化。这里其优势呈现为虚幻。为提升某人自己安全计，某些种类的成本与效益分析适合于确定采取何种措施的事实本身不能显示其适合于确定为他人安全计何种

---

〔25〕United States v Carroll Towing Co. 159 F. 2d 169，173(2d Cir. 1947).

措施为适当。这里的观点是分析性的，也是规范性的：为理解侵权法之所追求，我们必须考量其广阔的结构特点，解释这些特点，而不是当这些特点无论在规范的意义上或解释的意义上不适合某人偏爱的理论，就拒绝他们。汉德验准无法涵盖过失责任的重要结构特点，而且其之所以如此，乃是因为它与一方当事人不能单方设定互动条件的核心观念相冲突。

在其不考虑特定被告遵守规范能力的意义上，我们已经接触了有关过失法客观性的一个事例。法律拒绝考虑极其敏感之原告的特别需要给出了另一例证。在其中的每一场合，一方当事人的自由或安全完全裸露于他方的独有特质之下。汉德公式可以被视为提出了一个替代的取向，因为 B<PL 公式同时考虑了原、被告的利益。但是尽管其考虑了双方利益，它是以视双方均为特质的方式考虑双方利益，因而无法解释侵权法则的重要特点。

先来考虑一个潜在被告决定采取何种程度的注意以避免具有特定发生可能性和严重程度的损害的情形。对注意进行额外投资是否可以正当化取决于成本(汉德公式中的“B”)。但是 B 的大小反过来又取决于机会成本：为对安全作额外投资而必须放弃的被告之利益。考量机会成本，为避免对安全之过度投资所必须。回到有关梯子的事例，如果我需要将梯子储藏在某处并因而导致我没有足够的空间储藏其他有价值的东西，该需要必须纳入我的决定予以考虑。加之，如果我正在运输贵重但易腐之物，例如也许我需要将可以作寿司的金枪鱼在飞机起飞前运至机场，否则其将一文不值，而我运送价值可以保存之物时，迟到的唯一成本只是时间的损失。对我而言，前一场合更少注意其他财产就是划算的。

汉德公式将此种理由移植至他人安全处于危险状态的场合。因此，如果我在运输昂贵且易腐之物，此时较运输其他价值较小之物，就他人安全冒较大风险就是值得的。也即预防措施的成本(汉德公式中的“B”)取决于对我来说处于危险之中的其他事物。在他人安全裸露于因未采取预防措施我之所获的范围内，我在单方设定互动条件。[26]

---

〔26〕严格地说，如果汉德验准在经济上是有效率的，它也要求被告考虑源于未采取预防措施 (转下页)

现在来考虑原告的情境。在确定应采取何种注意，被告需要评价潜在的回避风险的损失以及损害可能施加于原告的损失。我们已经看到这意味着他必须考量他将面对的特别损失。他也必须考虑原告必须面对的特定损失。特定预防措施因其成本被正当化取决于谁最可能受到损害，因为收入的损失在损害赔偿标准项目之内，伤害某些人比伤害其他人更昂贵，被告必须考虑那些可能被其行为伤害之人的可能收入。假定潜在原告属于高收入阶层，其他方面是平等的，汉德公式“L”会比较大，被告必须附加预防措施。假定他们是低收入者，结果就会不同。举个例子，如果其他方面同样，从退休团体驾车通过者比驾车通过其可能伤害之人是青年或收入颇丰者的区域者，就预防措施只需要采取较少的投入。也许退休团体社区的居民会因行动不便而不易避免损害。但是如果是这样，这属于汉德公式中的“P”而不是“L”，因此如果其他方面一致，也不能改变那些如被损害只需支付较少赔偿之人就预防措施只能较少受益的事实。驾驶的事例凸显了这一观点，但是也可以并不困难的假定其他事例。在穷人区附近排放有毒污水比在富人区附近排放只需采取较少的注意。新闻报道令人沮丧地显示，在穷人比富人更易受到伤害场合，也可能仅采取了较小的注意。汉德公式令人惊奇地主张，他们仅有资格获得较小的注意。因而根据汉德公式，潜在的原告和潜在的被告有能力单方面设定有资格享有的注意标准。

如果双方当事人都单方设定互动条件，在两个单方行为相互抵销（也可以这样讲）的背景下，为什么不能将此视为相互性的一种形式？困难在于每个人有资格享有的注意程度是他们碰巧发生互动之特定人的资产和重要性（priority）的函数。或许可以设想，较之使该注意程度依赖于假定的通情达理之人的受保护的利益，某人情愿使其有资格享有的注意程度依赖于与他发生互动之人的特点。但是法律未向人们指出他们最想享有的注意程度。与此适成对照，它试图保护每一个人免于相互损害。为做到此点，要求我的关于身体安全和财产安全的利益与你的同样重

---

（接上页）而对他们自己造成的危险。在本文中寿司的事例中，在道路事故中损失货物的风险需要算进汉德公式中的“L”，在最近的一篇文中，Robert Cooter 和 Ariel Porat 强调了汉德验准的这一维度。参见 Cooter 和 Porat：“对自己的风险增进对他人的注意吗？冲突中的法律与经济”，“法律与学习杂志”，2000 年第 24 卷，第 19 页。Cooter 和 Porat 主张对自我损害的考虑使该验准更易获得捍卫；按照我的观点，它使单方设定互动条件的考虑更突出，而不是相反。

要，不管他们的相对经济价值。

法律未使用汉德公式评估责任。[27] 更确切地，汉德提出的三个因素都与设定注意标准相关。但是三个因素都按有代表性的通情达理之人的角度设定，也即于自由与安全之中的具体利益的重要性。这些利益之所以重要，乃是因为所有人都对能够免于他人干预自由地追求其目的拥有利益，所有人都对其人身和财产安全拥有利益。保护这些利益并不导致有效率的安全状态——在特定案件中，受保护利益的重要性足以正当化超过其金钱价值的预防措施。[28]

即使法律不使用汉德公式，有人可能假定这可能是应予弥补的缺陷。[29] 尽管我在开始说我的目标是明确侵权法的组成原则而不是捍卫它们，我还是要在这里稍作捍卫：侵权法中发挥作用的相互性观念包含对公平的一个重要理解，该理解既包括要求人们根据公平条件互动，也需要在人们失于如此互动场合，不法行为得以纠正。正如我所说的，我关于扩展和阐明他们的目标是解释侵权法则。但是如果以通行和有影响之规范观念的角度解释实践不足以正当化实践，这样做也有益于此。特别是，它揭示实践不是武断的，进而即使实践失于与诸如经济效率等竞争性

---

〔27〕即使汉德之意旨是完全不同的；在他提出该验准的两个案件中，他的关心在于当事人被期待的对于其自己安全的注意程度，在其中一个案件，即 Conway v O'Brien, 111 F. 2d 611(2d Cir. 1940)中，他指出，"即使在理论上"，也不能从量上评估诸因素。

〔28〕可以设想，汉德验准可以被重构，以使其不涵摄这些特质。不考量特定被告的潜在收益和被置于危险状态的原告类别，与此适成对照我们可以考量导源于失于采取特定预防措施的典型收益和损失。这一主张的困难是它将损害汉德验准推理上的合理性，也就是经济效率。在这一角度考虑加害人和受害人为同一人的事例。在确定是否对我的安全采取预防措施场合，考虑对我的成本与收益、而不是对于其他有不同财产和重要性预防措施是否值得是有道理的。加之，在确定非为安全因素计对某物投资与否——比如，出于便利投资自动咖啡机或消费一瓶香槟——我需要考虑我自己预算的细节以及我所期待的收益，即 Wilfredo Pareto 所谓的我之"喜好与障碍"。我的选择非理性，如果我基于具有与我有不同喜好与方式之人可能的选择做出决定。这导致基于通常的收益和损失尽注意义务的体系可能在某些场合导致对安全的过度投资，而在其他场合则投资不足。没有理由认为过度与不足可以被平均，也没有理由认为通过基于多数人之需要分配福利而不是允许人们基于自己之偏好做出自己的选择，从经济的整体角度看可以产生有效率的后果。过度投资从效率的角度会产生严重损失，从长远角度看，投资不足将导致比采取预防措施之成本更大的损害。这种合成的汉德公式确实接近法院实施的标准。但是却与从推理上合理化责任的效率判准不相符合。

〔29〕近年来，经济分析的重要捍卫者已经将关注重点由解释侵权法则转向勾画侵权法的应然状态。参见 Louis Kaplow 和 Steven Shavell，"公平原则与人类福利：关于法律政策的评估"(http//www.law.harvard.edu/programme/olin_center/)。这种在关注重点上的转向是其在解释上失败的一个明显表征。将其作为规范事业振兴的尝试对我而言就是经济学家有时称之"投资过多以至于无法退出"为的策略之典型例证——关于通过将其用于其他用途挽回已经投入的尝试。

的规范标准一致，也没有必要将其视为非理性或不道德的。

## 自由和安全

过失法对可预见性的要求和关于注意之客观标准的例外都可以仅在规范调整行为之能力的角度得到解释。没有规范要求人们考虑无可考虑之事，也没有规范要求人们去作其无力去做之事。注意标准的客观性及其对损害类型而不是范围的关注都可以从相互性之观念的角度得到解释。主观标准可能允许某人单方设定互动条件；从数量上考察竞争利益的标准将使人的自由和安全受制于其碰巧与之发生互动之人的特定财富和重要性。

过失法的其他特点依赖于对存于自由和安全之中的特别利益之重要性的更具体评估。行为标准可能限于可预见的后果，因而特别有益于它们导引行为的要求；可能一体实施，因而特别有益于相互性之限制，但是会过于压抑自由或过于压抑安全。因过于压抑安全而过于松懈之标准的范例是易于想到的：每个人可能允许从事诸如高速驾驶等危险活动。假定所有人都能从事这些行为，认许这些行为不违反相互性，但是这将为相对不重要的自由利益牺牲重要的安全利益。

适用于所有场合、但过于压抑自由之标准的范例也容易设想：要求人们以每小时 2 英里的速度驾驶将使机动车更安全，但是过于压抑人们随其所愿往来的能力。

我现在要指出侵权法则的其他通常特点也能以同样的方式得到解释。考虑对基于过失要求赔偿纯粹经济损失的禁止。可能给他人造成经济损失提供了可能之行为规范的基础：在雾中拖拽驳船之人能够考虑依赖其可能撞击之桥梁的各种人；置火于无人看管状态之人能够考虑到以不同方式依赖其可能烧毁之建筑物之人可能遭遇的损失。而且，此等规范也不需要违反相互性的条件，因为要求考虑所有可能给他人造成之后果的规范可能同等地适用于所有人。但是尽管这一规范是可能的，却是过于苛刻的。这构成了法律假定人们依赖他人、且以不同方式依赖持续可用之物的事实不提供采取特别预防措施的理由。

如果我们集中探讨原告对被告行为的诉请，排除纯粹经济损失的理由就会变得清晰。将其置于中心，考虑一个与对救助者之义务的类比。救助者有资格从危险制造者处获得赔偿，即使危险的初级(primary)受害人基于关于自干风险或与有过失等理由，不能获得补偿。如果救助者抢先行动，例如，通过把某人推出奔驰而来之列车的轨道，并因而受伤，尽管受救助者未受伤，他也可以获得赔偿。在这些案件，施救者之所以获得赔偿，是因为她能够诉请正是第一加害人将其置于这种境地。在被告将救助者置于其应对之危险的场合，这是明显的，但是在其他案件中也正是如此。

将此类情形与纯粹经济损失的情况相对照。如果我的饭店因与其邻近之你的旅馆的客人而生意兴隆，即使你关闭了该旅馆，我不能从你那里获得赔偿，也不能从烧掉你的旅馆之纵火者那里获得赔偿。如果我的工厂由于你的驳船损坏了公共桥梁，这一桥梁是通向我工厂坐落之岛屿的唯一通道，我也不能从你那里获得赔偿，即使我本能够预见加之于你的危险，即使假如你所毁坏的桥归我所有，你本能够预见加之于我的危险。你不承担责任的理由是尽管我失去逐渐依赖之物的可能性可能成为行为规范的基础，但是如果被要求考虑此等事物就会过于压抑你的自由。他人依赖之物会发生特定变化的可能性非常普遍，如果要求人们考虑这种变化，就会几乎将自由的范围缩减为零。与此适成对照，那些依赖不属于他所有之物的可用性之人只能自己承担此类风险。〔30〕

这些事例可能似乎是不一致的分组：毁坏桥梁是附带第三人不便之可预见后果的不合理行为；相反，关闭我的旅馆也有可预见之后果，但并非不合理。事实上，这正是问题之所在：仅在人们在更一般意义上彼此负有此等义务场合，某人行为对他人的可预见影响导致义务。如果你不对我之旅馆的持续存在享有权利，你就没有这样的权利，不论旅馆未能持续存在是由于我拆掉他的决定、纵火者的故意行为，还是由于某人的粗心大意。没有人有义务考虑你对它的使用，即使基于与此不相关的理由他们被禁止实施剥夺你对它使用的行为。你仍然不能主张不能允许“他”对“我”作出该行为，即使他不被允许作那一行为。法律不能要求人们考虑其行为影响他人的所有方式。因为它不能要求人们考虑那些效果，如果人们引发这

〔30〕在某人依赖其配偶或家庭成员的持续供养场合，他们就不法致死拥有一个诉因。于此类案件中，在该权利是可以向任何人主张的权利、而不是可向特定人主张的合同权利的意义上，他们与该人相关的权利是康德所谓的“与对某物的权利同族的对某人的权利”。法律以这种方式保护特定关系。那些关系需要此等保护取决于关于社会生活的实质观点。在康德的例子中，在十九世纪的普通法中，家仆就被这样看待。

些效果,法律也不能让他们负责,即使这些效果的引发是通过基于其他理由应予禁止的行为。

这里有两个关键点。第一,尽管一个规范要求人们考虑所有可预见的、在其中某人依赖于他人提供了可能之行为规范的基础,该规范可能过于苛刻,因为几乎人之任何所为都要冒挫败他人期待的风险。如果旅馆归我所有,你拥有附近的饭店,该饭店从我的入住者中招徕客人,在我开闭旅馆、开一间与你竞争的饭店场合,你在侵权法上没有任何对我的诉因。对我施加此一义务将过于限制我的自由。正是基于同样原因,向第三人施加保障你对我之旅馆可利用性之依赖的义务,对他们的自由施加了过重的负担。损坏旅馆本身提供了对我负有避免烧毁旅馆的义务之基础。尽管对你的利益的进一步义务等同于他的行为在特定情形已受之限制,将你的易受损性作为义务成立的基础也将限制他的自由,因为她被允许之所为总是取决于该行为对你的效果。

加之,这里的重要之点是过失法将责任的问题附从于行为规范。损坏桥梁之人可能被责令赔偿他给由此导致的中断之营业造成的损害,但是他不能负担考虑依靠桥梁沟通外界之营业的义务,此一义务只能通过广泛到使每个人对其行为给他人造成之影响负责的方式得以明确。未违反规范就施加责任与过失法的整体框架相冲突;实施如此苛刻之规范将剥夺人们的全部自由。

第二,可以设想,适当的规范只应该在损失很可能是严重的或实质性的场合才禁止妨碍行为;它将失于平等地保护人们免于相互伤害,因为它使人们有资格享有的注意取决于他们可能遭受之损害的范围、而非类型。但是此一规范可能要面临我们已经探讨的附随于深奥的汉德公式的所有难题。

他人依赖于各种不属于他之物、各种与其没有特殊法律关系之人的可用性的事实不能提供限制某人行为的理由,因为如果真的如此,某人的行为就完全不可能。几乎任何人可能之行为都能冒挫败第三人已确定之期待的风险。问题在于唯一不会构成过失的只能是静静地坐在自己的房间里。一个要求不要做任何可预见地剥夺他人所依赖之人或物之事的规范就几乎排除了任何人可能作的任何事。通过对行为规范更严格的限缩,比如“不要毁坏桥梁,因为人们要通过它们”,也不能挽救同样的假设义务。为究明原因,来考量另一事例:假定被告有针对因毁坏桥梁之过失指控的独立抗辩——也许这是他自己的桥梁，[31]或者也许桥梁由于建造过程中所有人的过失而易受损坏，由此将桥梁置于该风险是被告可能安全过河的唯一方式。或者也许桥梁并未因撞击受到真正损害，但是要关闭检修。在其不对桥梁所有人负注意义务场合，被告不对桥梁使用者负此义务。这导致他不对桥梁使用者负注意义务。该情形非常不同于被告对施救者之损害负责的情形。在后一场合，所负义务是直接的。

评论者有时指出，不存在基于过失的、对纯粹经济损失之责任的理由是认许这种责任将导致与不法行为严重性毫不相称的责任。法院通常确认其判决的财务意蕴，但是也同样经常拒斥它们的影响。而且，正如我们已经看到的，责任类型和范围的分别意味着一个轻微的不法行为如果导致了巨大的损失，将导致巨大的责任。因此，在假定这些因素至关重要时，需要小心谨慎。与此适成对照，在此类场合，附随于责任的真正困难在于其可依赖的、唯一可能的行为规范或者过于苛刻以至于几乎包罗无遗，或者以使行为规范受制于处于危险之中之利益的大小之方式受到限制。因此，核心的难题不是一个关于无限责任的难题，而是一个关于未系于违反可捍卫之行为规范的责任的难题。

## 结论

我在开始时就明示我的主要例证从过失侵权出发。我也指出过失清晰地揭示了侵权法将有关责任的问题附从于有关行为规范的问题之方式，进而试图解释包含在过失法中的行为规范的某些显著结构特点。在结尾部分，我将十分简要地转向侵权法的另一领域，并且解释这里生成的分析如何能扩展于它。特别地，我要指出该分析可以扩展至解释适用于严格责任案件之行为规范的职能。

在诸如使用爆炸物或管领野生动物等严格责任案件中，可能认为没有发挥作用的行为规范，因为该当危险行为是合法的，即使从事此类行为之人要对由此导致的损害承担责任。但是正像我们关于过失的讨论揭示的，此等粗心大意不被禁止。

---

〔31〕财产所有人不对第三方负有保护其自己财产免于损害的义务(除非他通过合同接受了此一义务)。Moorgate Mercantile v Twitchings [1977] A. C. 890。

与此适成对照，被告的义务是避免以原告有资格免于的方式伤害原告。因而我不可以因我的粗心大意导致你的腿折断。同样，我不能因我的爆破作业推倒你的房子或放任我的大象践踏你的花园。我在爆破或管领野生动物时履行这种义务的难易或事实上几近不可能都不能削蚀你免于这些损害的资格，这同你免于过失损害的资格不取决于我困顿时安全驾驶的难易一样。法律不禁止疲劳驾驶，也不明示“只要你赔偿你引发的损害，你尽可以这样做”。与此适成对照，法律明示“不要因粗心驾驶伤害他人”，并授权受到违反规范之行为伤害之人因其受到不法伤害而获得损害赔偿。正是基于同样的方式，法律既不禁止爆破也不将其合法性建立在愿意赔偿由此导致之损害的前提上。与此适成对照，法律明示“不要因爆破作业伤害他人”，并授权受到违反规范之行为伤害之人因其受到不法伤害而获得损害赔偿。不能因爆破作业伤害他人给行为提供了一个真正导向，即使它没有告诉人们如何免于承担责任地爆破。

在所有此类案件——无论责任以故意、过失为要件，还是严格责任——仅在原告能够确证被告不被允许对她作出那一行为场合，她才能够获得损害赔偿。侵权法通过探究认许人们如何相互对待确定谁应对某事负责。

# 第 18 章　合同法哲学*

乔迪 S·克洛斯 著　孙良国** 译

21 世纪初已经显示了对法律经济分析哲学基础重新探索的复兴。此复兴反应了在特定学科中理解法律的哲学和经济理论之间的关系的渐增的努力。这些努力在当代合同学术中最为明显。像一般的私法学术一样，经济分析是当代合同学术的主流范式。但在最近三十年中生产的大量的合同经济分析学术（作品）中，*核心的合同哲学分析作品* 以相对模糊方式稳步发展。尽管这两类学术已经像黑夜中的行船一样大量地交错而行，在最近十年里他们已经开始偶尔相互注意到对方。两个知名的合同法经济分析专家已经进行了最广泛的努力进行合同的哲学分析。在其最近的著作中，米切尔·特里比尔科克（Michael Trebilcock）评估了当代合同学术中这两个主要理论进路的兼容性。〔1〕 绝大多数合同的哲学理论植根于某些自治的观念。

---

* 非常感谢巴里·阿德勒（Barry Adler）、朱尔斯·科尔曼（Jules Coleman），约翰·戈德堡（John Goldberg），斯蒂夫·海切尔（Steve Hetcher）、克里斯·库次（Chris Kutz）、斯蒂芬·佩里（Stephen Perry）、鲍勃·拉斯姆森（Bob Rasmussen）、阿兰·施瓦茨（Alan Schwartz）、鲍勃·斯科特（Bob Scott）以及斯科特·夏皮罗（Scott Shapiro）有益的评论。我也非常感谢加州大学伯克利分校（GALA 论坛）、乔治·梅森大学法学院、范德堡大学法学院、弗吉尼亚大学法学院、以及芝加哥大学法学院举办的第六届分析法律哲学年会举办的讨论会的参加者。

** 吉林大学法学院教授，主要从事民法哲学研究。

〔1〕米切尔·特里比尔科克（Michael Trebilcock），《合同自由的局限》（剑桥，马萨诸塞：哈弗大学出版社，1993）（下称“局限”）。我遵从特里比尔科克（的方法），几乎只是关注于单一价值或者“一元论”的合同理论，而没有考虑多价值或“多元论”的合同理论。多元论的合同理论言及自治、效率、社会规范、政策、经验以及其他解释和正当化合同规则的价值。特里比尔科克最后认可此种方法，这一点与梅尔文·艾森伯格（Melvin Eisenberg）一样。对这些理论的挑战，正像对多元主义规范理论的挑战一样，就是要解释他们的解释和正当性如何能够在没有竞争性价值中存在主要原则的情况下得以捍卫。我这里所考虑的这些理论的目的是要提供源自自治或福利这些单一价值所（转下页）

合同的经济理论植根于某些效率的观念。根据“趋同理论”(convergence thesis),合同法“同时促进个人自治和提升社会福利”[2]。因此,自治和福利理论在合同法实质内容的建议上会趋同。[3] 任一视角都会产生同一结果。特里比尔科克详细地评估和拒斥了趋同理论。如果特里比尔科克正确的话,我们不再能够相信这两只船是为达到同一目的地而航行在不同的航线。其中一个正朝错误的方向行进。

在理查德·克拉斯韦尔(Richard Craswell)一篇非常有影响的论文中,他认为,合同的自治理论是有缺陷的,因为它们没有说明合同任意性规则的内容。[4] 正如克拉斯韦尔对它们所做的解释,最著名的合同自治理论至少是松散地建立在允诺哲学分析基础上的。因为克拉斯韦尔相信,经济理论确实能提出任意性规则的内容,其论题的隐喻是绝大多数合同的自治理论与经济理论相比有重大缺陷。总起来看,特里比尔科克以及克拉斯韦尔的论题通过重新提供自治和经济理论之间关系的问题为当代合同学术确立了议题。为了裁判两个理论的论争,特里比尔科克的命题主张评估每个方法的相对优势。[5] 克拉斯韦尔的命题构成了该论争的揭幕战(opening salvo)。他的命题意味着,就合同的自治理论不能对合同法的很多核心问题提供答案而言,它们劣于合同的经济理论。第三种可能性就是,两种理论可以结合产生一个利用每种理论的各自力量同时能够避免各自劣势的全面的理论。[6]

---

(接上页)界定的解释和正当性。因此,他们的目的是通过据单一解释或正当性原则使其连贯而解释或正当化合同法。

〔2〕同上,第 22 页。特里比尔科克此项主张的主要渊源是米尔顿·弗里德曼(Milton Friedman)的著名论断,即“经由自愿合作协调的可能性基于主要—但经常被否认的—命题:经济交易的双方当事人均从中获利,*如果交易是双方自愿而且知情*。”米尔顿·弗里德曼,《资本主义与自由》(芝加哥:芝加哥大学出版社,1962),第 13 页。

〔3〕以哲学家的说法,趋同理论认为,合同的自治和福利理论在内涵上不可调和但是在外延上又等同。

〔4〕理查德·克拉斯韦尔,“合同法,任意性规则,以及允诺哲学”,密歇根法律评论,88 卷(1989 年),第 395 页(下称“任意性规则”)。

〔5〕但是,特里比尔科克主张,义务论和结果论的理论“它们自身都是有效的”。因为他没有一个“衡量和排列这些不同价值的元理论”,他认为,根据不同制度的相对能力,在不同的社会和法律制度中两个价值都应当追求。特里比尔科克,局限,上注 1,第 28 页。

〔6〕在“协调合同法中的自治和效率:竖向整合策略”一文中,我大致描述一个理论努力可能采取的结构,《理智》(Nous)增刊(2001 年出版);乔迪 S. 克洛斯,“法律理论与合同法:自治和效率协调的基础”,社会、政治和法律哲学杂志(2002 年出版)。尝试在特定的法律语境中提供选择有效规则的有限的罗尔斯的正当性,也可参见丹尼尔 A. 法波(Daniel A. Farber),“经济效率和事前视角”,《公司和商法的法理基础》,乔迪 S. 克洛斯和史蒂文 D. 瓦尔特(Steven D. Walt)编(剑桥[英];纽约:剑桥大学出版社,2000);阿兰·施瓦茨,“产品责任改革的建议:一个理论的综合”,耶鲁法律杂志,97 卷(1988 年),第 353 页,357 - 367 页。

但是为了判断合同的自治理论和合同的经济理论之间的相对力量和劣势，这些理论必须共有同一目标。在其不能的限度内，任一理论都不比另一理论更有优势。事实上，它们是关于不同事物的理论。只有在两个理论试图回答同一问题而且共有相似的方法论许诺(methodological commitment)的限度内，一个理论才可能被判断为优于另外一个理论。

在本章，我确定了一系列能够有助于解释为什么自治理论家(我也将他们称为"义务论"理论家)和经济理论家(我也将它们称为"结果论"理论家)经常发现它们互有成见(at cross purpose)。我考察查尔斯·弗里德(Charles Fried)和皮特·本森(Peter Benson)的理论，两个得到最广泛发展的合同法的自治理论。〔7〕基于对这些理论的分析，我认为，自治理论将试图规则表述(doctrinal statements)作为合同理论要解释和正当化的主要的法律材料，将首要性(primacy)赋予合同的规范任务，而且要求合同理论解释和正当化合同法的概念独特性。相反，经济理论试图将案件结果作为合同理论要解释和正当化的主要法律材料，将首要性赋予合同理论的解释任务，而且渴望消除而非解释合同法的概念独特性。我认为，显然是，合同的自治和经济理论之间的第一层级(first-order)冲突事实上是默示的，第二层级的冲突是方法论上的。作为这些方法论差异的结果，裁判所谓的合同的自治和经济理论之间第一层级的争议有时等同于"苹果和桔子"的比较：这些理论在对不同的事物做不同类型的主张。

克拉斯韦尔的反对观点，即自治理论不能提供合同任意性规则的理论，似乎指出一个合同的自治和经济理论另外的方法论上的差异。依克拉斯韦尔的观点，自治理论忠于裁判的事后视角，因为它们主张合同争议的解决必须源自当事人的协议。但是据定义，属于合同漏洞的合同争议的解决不能根据当事人的合意而裁决。因此，克拉斯韦尔得出结论，因为自治理论忠于裁判的事后视角，它们不能解决(address)合同漏洞的问题。因为经济理论忠于裁判的事前视角，它们在解决合同

〔7〕兰迪·巴奈特(Randy Barnett)也有一个发展成熟的合同理论，但正如其所发展的那样，该理论不能清晰作为纯粹的义务理论。我解释了巴奈特的观点并且评估了其表征此处所讨论的方法论许诺，"合同理论"，载于 E. 匝儿塔(Zalta)编辑的《斯坦福哲学百科全书》(网上)，L. 莫菲(L. Murphy)和约瑟夫·拉兹，法哲学选编(2002 年出版)。

漏洞问题上没有困难。令人惊讶的是,自治理论对裁判的事后视角的忠实使其不能解决合同漏洞问题。是否如此取决于它们对自治道德基础的理解,它们对法律性质的观点,以及对合同法适用范围的理解。因而,我认为,弗里德的理论提供了一个弥补合同漏洞的完美一致的进路,而本森的理论却不能。就弗里德而言,义务论对事后视角的忠实并非如此僵化以至于构成漏洞弥补的结构障碍。不反应是否允许事前视角的不可调和的观点,在漏洞弥补问题上,弗里德的自治理论和克拉斯韦尔的经济进路之间的争议,原来是对正当化通常的意图解释所必要的证据种类和分量上的分歧。为此,我认为裁判上相反的方法论视角只是有时解释了合同的义务论和经济理论之间的第一层级的分歧。

合同的自治理论和经济理论在方法论上的差异的基础,部分在于对法律以及法律理论性质的相反观点。因此,我认为,合同理论不能避免所有法律理论都要面对的更大的法学问题。在拥有同一方法论许诺的合同理论论争中,合同法的解释和正当性真的非常关键。但在任何持相反方法论许诺的论争中,是方法论许诺自身而不是合同法至关重要。至少,这意味着解释和正当化合同法的真正的进步要求合同理论家揭示它们所认可的第二层级的立场并使其明确化。无论如何,一个完美的合同法理论不仅阐明而且会捍卫其方法论基础。

## 1. 合同理论中的四个方法论问题

在本节中,我提出区分当代合同自治理论和经济理论的四个方法论问题。尽管我相信,与每种理论相结合的相反的方法论立场能够合理地被视为不同视角的知识史的自然发展,在任一视角是否为义务论或经济理论的偶然或必然特征的问题上,我没有任何立场。〔8〕 我当下的目的是要论证,我所考虑的效率和自治理论事实上确实证明了我所描述的方法论倾向,而且通过关注这些倾向,明显的是第一层级的争议能够展现为第二层级的争议。

---

〔8〕有讽刺意味的是,就是裁判的事后视角与义务论理论以及裁判的事前视角与经济理论的结合,坚持允诺是每个理论的基础原则在逻辑上所必需的。但这只是一个方法论上的反驳,据分析,反驳是要解释合同的义务论理论和经济理论之间的实质分歧,而该义务论理论限于特定种类的自治理论,如本森(Benson)的理论。对更流行类型的自治理论如弗里德的理论的经济反驳不能溯及到裁判的事前和事后视角的冲突。

## 1.1 作为法律理论的规则(Doctrine) vs. 作为法律材料的规则

经济分析法律理论和义务论法律理论能够被视为对法律现实主义的规则怀疑主义以及批判法学研究规则犬儒主义的替代性回应。广泛理解,法律现实主义视法律规则和裁判意见中的论点模糊而非揭示了裁决的真正基础,尽管现实主义者自身在什么是真正的根据上意见不同:法官的心理特质、政策偏好以及未法典化的商业规范都是不同的现实主义者所强调的因素。[9] 批判法学共享法律规则和意见的怀疑观,但将其所有的决策都化约为"纯粹的政治",忽视了现实主义者强调的其他因素。经济的和义务论的法律理论都认真对待规则。它们认为,法律规则能够通过使其一致的理论予以解释和正当化。确实,两者都默示承认,证明法律规则的一致性和可理解性是它们正当性的前提条件。而且每个理论都主张提供完成这两项任务的解释。得出这些理论在它们所采取的实质的解释性和规范性原则上不同的结论,则是非常有诱惑力的。为解释和正当化法律规则,经济理论依赖效率原则,而义务论理论依赖自治原则。但尽管两种理论均同意法律规则的重要性,它们在法律规则的性质上观点不同。

普通法的方法要求法官基于过去司法裁决的理由和结果解释法律。义务论和经济理论之间的争论涉及法律、法律规则的司法表述以及案件结果之间的最终关系。规则表述和案件结果都是同等的法律渊源。确实,规则表述和案件结果之间的关系似乎是循环的:规则表述是源自此前案件结果的原则的浓缩,而案件结果表面上是这些浓缩的规则适用所决定的。普通法自身似乎就存在此种动态性,而非只是规则表述或者案件结果。尤其是在疑难案件中哪个对另一个更在前的问题真是强人所难。哪个是另一个法律之壳的法律之果?

经济理论采取此种观点,法律在于对案件结果最佳的原则性解释,无论该解释是否构成规则表述的合理解释。[10] 作为此观点基础的默示假设是,法律解释的最

---

〔9〕参见布莱恩·赖特(Brian Leiter),"反思法律现实主义:迈向自然的法理学",德克萨斯法律评论,76卷,1997年,第267页。

〔10〕在此方面,经济分析分享了丹尼斯·佩特森(Dennis Patterson)归结于兰代尔(Langdell)的法律观:"法律规定能够从基本的原则中演绎出来"。丹尼斯·佩特森,"认真对待法律论辩论坛:认真对待商法:从法学到教育学(pedagogy)",芝加哥—肯特法律评论,74卷,1999年,第625,626页。但是,尽管此观点归结于兰代尔首次尝试确认界定合同法的系列原则,该尝试的成功产生了宣布这些原则为法律自身的规则的效果。因此,即使兰代尔将规则描述从属于预测合同法中的(转下页)

终标准是案件结果,而非从它们提炼的规则表述。像法律现实主义和批判法学研究一样,经济分析没有将规则运用(doctrinal invocations)和重述作为要解释的法律材料。而是,其将规则作为仅仅是案件结果的理论。因此,在构成很多上诉法院裁决的疑难案件中,经济分析采取下列解释方法中的一种。第一,如果相关规则表述的语义内容似乎不足决定结果,因为其基本条款是模糊的,经济分析主张通过使用经济原则解释这些条款的意义以系统化条款使用的通常直觉。例如,一些经济理论认为,对允诺的信赖是否合理的平常直觉能够经由不完全和未阐明的分析产生,该分析即:受允诺人依赖的决定是否基于允诺人履行可能性的准确贴现(discount)。第二,如果规则表述的语义内容与根据该规则裁决的案例的效率解释不同,经济理论通常彻底忽视规则表述的语义内容,经济原则将取而代之。[11] 因此,经济理论将审判程序作为"黑箱",而将法律理论视作为黑箱里面的事物提供解释。[12] 根据此观点,法律即为最佳解释结果的任何原则而非司法裁判中的明示推理。规则表述仅是法律存在的证据,而非法律自身的构成要素。因为法律由案件结果构成,法律理论家的工作是对这些结果最有效的原则性解释,毋庸考虑法官捍卫其裁决中所提供的规则表述。[13]

相比而言,义务论理论拒斥此观点,即,法律由任何统一案件结果的最佳原则构成而不考虑裁判案件的法官所提供的明示推理。而且,义务论理论将法院提供

---

(接上页)结果,表明根本原则的行为服务于使这些案件结果而非规则表述居于从属地位。

〔11〕因此,根据第一个进路,经济分析者能够合理地主张,他们的解释提供了一个严格的可操作的但是依然可靠的绝大多数人会认可的对这些条款意思的解释。但是根据第二个进路,经济分析者提供了通常不能作为规则语言的通常含义的合理解释。此分析的清楚例子是下节要讨论的约因协商理论的经济解释。经济理论解释了该要求,即约因作为该要求而协商的:允诺是在协商语境下做出的,即使没有发生任何协商。

〔12〕正如一个义务论理论家所谈到的,"我承认,没有花费时间去证明它,绝大多数法律经济学家较少考虑或者没有对普通法推理进行理论考虑。就绝大多数而言,普通法是为效率工厂生产谷物的黑箱。普通法规则经常似乎是效率的事实依然是一个秘密,而且是一个经济学家很长时间已经放弃试图解释的秘密。"兰迪·R.巴奈特,"……以及合同同意",南加州跨学科法律杂志,3卷,1993年,第421,437页。

〔13〕经济分析确实使用规则表述作为一种机制,即将事实上相似的案件结果类分成可能共享同一原则解释的案件类型。此观点有时由卡尔·卢埃林(Karl Llewellyn)表达的,他是统一商法典第二条的主要起草人,他因为第二条可作为案件的"容易的(easy)和有效的档案体系"的有用性而赞美第二条。卡尔·卢埃林,"为什么我们需要统一商法典",弗罗里达法律评论,10卷,1957年,第367,369页。

的规则正当性作为法律的构成要素。结果作为这些规则表述的合理解释的限制，但是其自身没有独立的法律意义。该观点得到德沃金的法学进路和罗尔斯的政治哲学进路的支持。根据德沃金的观点，法院以尽可能好的方式(in the best light possible)解释法律来适当地裁决疑难案件，条件是其也受到与过去司法裁决推理相一致的限制。[14] 对罗尔斯而言，国家强制正当性的一个正式要求是，正当化理论应是公开有效的。无论多么令人信服(compelling)，这些理论不能正当化国家强制，除非国家公开将它们作为强制的根据。[15] 因此，义务论理论严肃地将规则表述作为法律渊源，而非单纯的证据。不是将它们视作失败的、幼稚的需要重构的案件结果的理论，义务论理论典型地努力寻求确定它们背后的更深刻的的哲学原则。[16] 因此，不像经济理论，当规则表述的平义解释在特定案件中不能决定结果时，义务论理论将它们作为法律的构成要素。义务论理论家要么解释此法律的不能决定性要么采取揭示更加有决定性意义的解释策略。但是，不像经济理论家，义务论理论家从来不采取与规则表述的平义解释分歧的法律观，即使该观点提供了案件结果的最有效的原则性解释。因此，与结果适合的标准提出了对经济分析者法律解释的决定性限制，然而与表明的司法推理的适应性标准对义务论理论家提供了决定性的限制。作为他们关于规则和结果地位不同法理观的结果，义务论和经济理论家各自视他方的理论为错将法律之壳作为法律之果。

### 1.2　规范首要性 vs. 解释首要性

法律理论既是规范性也是解释性的事业。绝大多数当代合同理论家至少默示地同时追求这两种事业。义务论理论家通常认为他们自己既提供了合同规则的解释也提供了合同规则的正当性(尽管他们通常并不认为他们自己提供了案件结果的解释)。经济理论也被解释为既提供了合同法的解释也提供合同法的正当性，合

---

〔14〕罗纳德·德沃金，《法律帝国》(纽约：哥伦比亚大学出版社，1986 年)。

〔15〕参见约翰·罗尔斯，《政治自由主义》(1993)(下称《政治自由主义》)。当然，公共正当性与公共理性的理念比这更丰富。此理念的核心是，公共正当性能够只援引所有通常的人都会同意的规范主张。参见第 6 章文。

〔16〕然而，义务论的理论家拒斥不包含规则通常含义解释的无实质的结果的法律重要性。尽管绝大多数义务论理论家默示认可了规则的通常含义解释，它们与经济理论分歧的实质在于反对没有实质化的结果的法律重要性以及他们的下述观点，即法律在于司法意见援引的规则，尽管规则也已经被解释了。

同法被视为能最佳统一和预测案件结果的原则(无论他们是否构成对表明的合同规则的合理解释)。确实,作为一个分析问题,如果解释是理解的前提条件,那么解释在逻辑上就优先于正当性。理论家如何能够正当化一个根本不能被理解的规则?因此,义务论理论家在能够正当化规则之前必须理解它们。而且经济理论家的解释事业在逻辑上可视作提供案件结果正当化的第一步,无论经济理论家是否最终能够进行为其已解释的结果提供正当性的第二步。

可是,一些经济理论家否认合同理论的解释事业或规范事业。传统的经济分析没有明确主张提供案件结果的自给自足的正当性,相反只主张确定一个效率原则,该原则使案件结果相一致而且提供预测法院会在未来案件中如何裁决的基础。〔17〕 通过否认规范事业,这些理论回避直面众所周知的对结果论正当性尤其是效率正当性的哲学反驳。相反,很多当代经济合同理论只是主张确定传统合同法难题的有效解决方法,而非解释和规范评估现存的合同规则。通过否认解释事业,这些理论避免协调他们抽象的效率分析与适用于具体案件的合同规则麻烦的转换(twists and turns)之间的需要。一些以此种方式提出经济分析的理论家拥护结果论而且拒绝义务论作为正确的规范原则。〔18〕 其他理论都仅仅在效率原则规范力量问题上保持沉默,而且因此成为不可知论者。即使甚至这些理论家也会认为,效率分析必须至少与法律规则的整体规范评估相关。

然而,即使主张要么是纯粹解释性或纯粹规范性的合同理论家,至少也默示地有解释和规范的隐喻(implication)。这些理论试图解释司法裁判,而且法官至少默示地主张施加正当的国家强制。除非法官背信或者系统地对他们的裁决产生了错误,通过将他们的裁决解释为促进效率的努力,经济理论家的意思是效率的目标至

---

〔17〕 理查德·波斯纳(Richard Posner)对法律经济分析的介绍提供了一个解释优先性的经典例证:"与绝大多数作品对法律的强烈规范性强调相比,既包括法律上的也包括经济上的,本书强调实证分析:经济学被用来解释法律制度的原则而非去改变制度"。理查德·波斯纳,《法律的经济分析》,第三版,(波士顿:小,布朗,1986)。

〔18〕 一个知名的最近的例子是刘易斯·卡普罗(Lewis Kaplow)以及史蒂文·沙维尔(Steven Shavell)最近努力捍卫纯粹规范性的法律经济分析,包括合同法。参见刘易斯·卡普罗和史蒂文·沙维尔,"公平与人类福利原则:法律政策的评估",哈佛法律评论,114 卷,2001 年,第 961 页。对该方案的评估,参见朱尔斯·科尔曼(Jules L. Coleman)和乔迪·克洛斯(Jody S. Kraus),"对卡普罗和沙维尔公平与人类福利原则:对法律政策评估(手稿)的评论"(2002 年出版)。

少是正当化国家强制实施的合理基础。因此，尽管传统的经济理论家为避免捍卫效率原则的规范资格(credentials)的需要而否认了规范事业，可以非常公平地认为，她发现效率目标在规范意义上是实施国家强制的合理基础。相似的是，尽管一些当代经济理论家否认解释事业，但他们的规范事业不可避免地预设了既存合同法的解释性和规范性评估。他们提出有效解决方案的难题是根据现行规则来构造的。而且根据暗示，他们提出的解决方案构成了对既存规则解决方案的批评。例如，当代经济合同理论家已经在确认最有效的违约救济问题上取得广泛成果。尽管这些理论家经常没有明确主张已经解释既存的合同规则，他们的课题预设了对一些界定合同义务和违约的规则的解释。因为他们认可将效率的目标作为法律要追求的正确目标，通过证明建议的新规则独特的效率性，他们必然批判既存的规则。当然，很多当代经济分析从证明为什么既存的规则解决方案是无效的开始进而继续设计一个更有效的规则取代它们。

合同的义务论理论和经济理论之间的根本差异，不是一种理论只是规范性的而另一种理论只是解释性的。尽管否认一个或另一个事业的策略努力，所有的合同理论至少默示地都进行了规范性和解释性主张。义务论和经济理论之间的重要的第二层次的分歧是关于解释和正当性之间哪个相对优先的问题，正如作为法律渊源的规定的规则和案件结果的论争一样。义务论理论不仅将规则作为他们主要的探索目标，而且赋予正当化这些规则以首要性。义务论理论的主要目标是要证明，合同法是道德上和政治上合法的制度，而非要解释在个案中合同法是如何决定结果的。相反，经济理论主要关注于解释在个案中合同法是如何决定结果的。这两类理论家都承认正当性和解释的重要性。但是义务论理论家在方法论上首先忠于进行正当化的任务，其后解释特定的案件，而经济理论家在方法论上首先忠于进行解释的任务，其后再正当化合同法的存在。〔19〕 因此，义务论理论家拒斥经济理论，因为他们认可效率原则，义务论理论家认为该原则为不合理的规范原则。对义务理论家而言，没有必要提供没有任何希望正当化法律的的原则来解释它。相似

〔19〕 根据比较制度能力，经济分析者典型地解释和正当化不同法律领域之间的区分。对此种分析的极好的概论，参见尼尔·考麦萨(Neil Komesar)，《不完美的替代：在法学、经济学和公共政策中选择制度》(芝加哥：芝加哥大学出版社，1994 年)。

地，经济理论家拒斥义务论理论，因为他们采用自治原则，经济分析者认为该原则整体上不能充分解释案件结果。就经济理论家而言，没有必要提供没有任何希望解释法律的原则来正当化它。[20]

### 1.3 方法论分歧的渊源

对合同理论规范和解释事业相对优先性的争论简单地反应了义务论理论家和经济理论家不同的理论目标。义务论理论家倾向于是发现内在非常有兴趣的规范问题的哲学家。他们在法律分析中所运用的工具自然最适于规范事业。因此义务论理论家在法律理论中将正当性看得比解释更重要。[21] 然而，经济分析者不倾向做哲学家而是发现内在有兴趣的解释问题。他们在法律分析中运用的工具自然最适于解释事业。进而，很多非经济学家的法学家已经被吸引到法律的经济分析中来，因为其努力提供案例法的精细解释。一些法学家可能对理解法律制度的道德或政治正当性产生过附带性的兴趣。但所有的法学家(以及绝大多数法学教授)有职业义务来理解特定的案件结果。由于法律经济分析在理解案件结果时对法学家和法学教授的工具价值以及经济学家兼法学家(economist lawyers)的内在兴趣推动了法律的经济分析。

这些智识渊源不仅解释了合同的义务论理论和经济理论不同的优先性，而且也解释了它们在法律解释和正当性上的不同观念。例如，经济分析者典型地寻求能产生未决案件可预见性的已决案件的解释。此解释因此是可证伪的(falsifiable)。然而，义务论理论家典型地不试图解释个案结果，更不用说预测未决案件的结果了。但是他们依然坚持他们对案件有解释。考虑一个合同案件，该案中法院适用允诺禁反言允许一方当事人获得赔偿。义务论理论家如此解释了法院

[20] 值得注意的是，经济分析者经常怀疑，自治原则在合同法中有规范性力量，因为绝大多数的交易者是公司而非个人。公司交易中自治的分量至少在以公司代理人身份行为的合同中比在个人范围内行为的人之间的合同更不直接。但这不是说，自治的价值在公司行动时就不至关重要。代理人和由公司代表的个人自治可能至关重要。然而，义务论理论家有责任解释自治原则如何适用于公司间订立的合同。

[21] 义务论理论家统一赋予合同理论的规范事业以优先性。该事业是要评估合同法是否是正当的。原则上，该事业在合同法是否是正当的问题上是中性的。但是，绝大多数发展良好的合同法的义务论理论通过设定合同法正当性的肯定性论证进行此种规范事业。例如，弗里德和本森头提供了肯定性的合同法正当性。但是本质上，合同理论规范事业上的优先性在解释合同法事实上是正当的问题上没有任何必然利害关系。

的决定：通过声称法院发现允诺人做出和违反了受允诺人合理信赖的允诺的行为不当。假定有此认定，校正正义的原则支持赔偿，因为它要求不当行为人赔偿受害人因其不当行为产生的损害。此种对案件的义务论解释认为，法院的裁决基于其努力追求正义，而且就法院成功完成此项任务而言，此解释也构成了正当性。

但是经济分析者会发现此解释是不充分的，因为它没能确认任何决定何时违反允诺的允诺人行为不当以及何时受允诺人的信赖是合理的标准，更毋庸说可操作的标准了。因为案件的义务论解释没有分析重要的不当行为和合理信赖的概念，它不能解释为什么法院认为允诺人行为不当以及受允诺人合理信赖。因此它也没有提供为什么受允诺人在那个案件中胜诉而在另外一个允诺禁反言案件中没有胜诉的解释。义务论的解释只是认为，尽管两个法院都追求校正正义，一个法院发现不当行为和合理信赖而另一个却没有发现。因此，义务论理论的主张是附条件的：如果法院对这些主要问题的判断是正确的，那么其裁判经由校正正义原则而正当化。因而，如果国家在追求校正正义方面是正当的，执行法院裁判的国家强制就是正当的。相比而言，合同法的经济分析者可通过经济学术语“重构”法院对不当行为和合理信赖的认定来解释受允诺人为什么在一个允诺禁反言案件中胜诉而在另外一个案件中却没有胜诉。例如，经济分析者，诸如查尔斯·格茨（Charles Goetz）和罗伯特·斯科特（Robert Scott）已经论证（argue），在胜诉的允诺禁反言案件中，允诺都是在协商语境中做出，而在败诉的案件中，允诺都是在非协商语境中做出的。[22] 协商语境是指，如果允诺人非常清楚允诺在法律上可执行，他做出该允诺。基本的经济理论预测，法院会在前者而不是后者语境下执行允诺，而且认为通过这么做，法院最大化了社会对允诺的整体净有利信赖。执行协商语境下的允诺在没有大大减少基本允诺活动规模的前提下增加了有利信赖。相比而言，执行非协商语境下的与诺，诸如典型的家庭语境下，减少了净有利信赖。非协商语境下做出的允诺典型是如此可信赖以至于使它们有法律上的执行力也没有多少收益，而且法律执行会大大地减少这些语境下基本允诺活动的规模。尽管此经济解释解

〔22〕查尔斯·格茨（Charles Goetz）和罗伯特·斯科特（Robert Scott），“执行允诺：合同基础的检视”，耶鲁法律杂志，89卷，1980，第1261页（下称“执行允诺”）。

释了案件结果,义务论理论家会发现该解释至少有两个理由而有欠缺。第一,其依赖的原则自身不能提供正当化实施国家强制的基础。第二,其通过搪塞法院裁判中表明的正当性而解释案件结果。正像我们看到的,义务论理论家关注于解释法院裁判的明确基础而非特定的案件结果。

合同的义务论和经济理论家默示相信,他们都把握了首要的事情。由于义务论理论家追求正当性,首要的任务是要选择一个合理的正当原则。第二个任务是要决定该原则正当化的合同法能够被理解的程度。由于经济分析者追求解释,首要的任务是要产生分析案件结果的理论。这接下来(in turn)是揭示法院默示用来裁判案件的真实理由。只有在这些真实理由被发现后,才能提出这些裁判是否正当化的问题。如果我们不理解合同案件结果的真正基础,那么我们就不能评估这些案件结果是否正当。但是义务论理论家会回应说,不像经济理论,他们的理论确实确认了法院用来裁判案件的真实理由,对应于法院在所为时所言的。他们认为,并非所有理由都能够赋予可操作性的定义,以促进可证伪的预测。在一些案件中,他们证明这些理由的内容——如,术语"不当行为"和"合理信赖"的语义内容——通过普通法实践的方式发展而且不能预先决定。

因此,合同的义务论理论和经济理论在规则表述和结果的地位以及法律理论的规范和解释事业相对优先的问题上的默示分歧,反映了围绕法律解释和正当性性质的深层矛盾。此种区分有助于解释为什么每种理论都典型地认为另一个理论有严重的缺陷,即使不是一无是处。

### 1.4 规则领域的区分

因为经济分析者不认真对待规则语义内容的相同原因,它也拒斥了传统的明显的不同法律部门的区分。相似地,因为义务论理论认真对待规则区分,其才认真对待法律领域之间的区分并从而寻求解释它们。因此,尽管经济理论和义务论理论都试图在给定的法律领域统合法律规则,经济理论试图根据同一效率原则统合显然不同的法律领域,而义务论理论经常通过强调需要如何不同的原则来解释和正当化不同法律领域来试图解释和保存明显不同法律领域之间的区分。义务论理论家关注于提供法律领域区分的解释,经常源自于该观点:任何充分的法律解释都必须认真对待法律自身所置的地位。如果私法规则区分合同请求权和侵权请求权非常困难，规范合同和侵权的法律的充分解释就必须提供区分合同和侵权的原则解释。如果规定的法律规则显示该区分具有基本性，那么这些法律领域的充分解释就必须确认一个法律原则，根据该原则这些法律领域基本不同。

另外，作为一个历史问题，义务论合同理论寻求合同法独特原则的倾向，来自合同法的形式主义规则渊源。现代合同法核心的组织规则在很大程度上是由克里斯托弗·哥伦布·兰代尔(Christopher Columbus Landell)及其追随者构想的——预先构想的。在组织第一本法学院案例书时，兰代尔试图对混乱的合同法案例施加次序。兰代尔通过数千个案例进行精选并最终选择了那些能够提供看来是合同法公理和形式主义理论最佳证据的案例，施加了次序，而这些案例自身远非是不证自明的。根据吉尔莫(Gilmore)的程式化解释，该理论"似乎已经专注于该命题，理想地，没有任何人应当对任何人的任何事承担责任。由于该理想不能达致，妥协的解决方案就是要对责任进行尽可能的最狭窄限制。"〔23〕霍姆斯(Holmes)其后通过使用协商理论(bargain theory)限制约因的适用范围进一步发展了兰代尔的反责任(anti-reliability)观念，〔24〕而威利斯顿(Williston)随后使意图的主观理论从属于客观理论。〔25〕尽管科宾(Corbin)后来成功地将允诺禁反言规则添加到兰代尔、霍姆斯和威利斯顿所构建的还没有统一和一致的规则大厦，当代合同规则依然引致了形式主义解释和正当性。其表面的内部规则统一性和一致性，与反责任规则的中心性相结合，意味着法律自身所默示的单一的、原则的、个人主义解释。进行过康德(Kant)和黑格尔(Hegel)哲学训练的哲学家会被自然地吸引到形式主义法律部门，这使它们适合源自基于自治和自由的首要原则的道德和政治正当性。〔26〕相比而言，经济分析者所推崇的现代的准科学法学方法，摒弃了支持冷酷事实的形式主

〔23〕格朗特·吉尔莫，《契约的死亡》，第二版(哥伦布：俄亥俄州立大学出版社，1995年)，第15页，吉尔莫在这里可能并非很认真。

〔24〕同上，第22-23页。

〔25〕同上，第47-49页。

〔26〕由于合同法源自兰代尔的形式主义，然而义务论的道德理论的拥护者可能已经被吸引到合同法中来的观点(suggestion)并不意味着，义务论合同理论家会接受兰代尔归于合同法的特定的形式主义特征。例如，弗里德，一个康德式合同理论家，拒斥约因规则，即使其是兰代尔合同法形式主义大厦中的中心支柱。是形式的、内在的连贯性的灵感引起了义务论形式主义的规范制度的适用，并不必然是所有的特定形式主义特征合同法都已经获得了适用。

义规则语言，如案件结果。而且正像所有的科学理论一样，经济分析尽可能寻求最广泛的法律材料的解释。一个将解释领域先验地限于历史上任意的规则类型的界限，是经济分析科学的自我观念所深恶痛绝的。[27]

因此，因为在法律解释的相反观点以及不同的知识史，义务论理论和经济理论每个都包含了另一个认为是失败标准的成功标准。

### 1.5 裁判语境下的事前(Ex Ante)和事后(Ex Post)视角

合同法的义务论理论和经济理论之间的当代区分被认为反应了它们私法裁判观念的根本差异。在裁判中，事后视角与义务论理论结合在一起以及事后视角与经济理论结合在一起，都是非常自然的。该观点在法院应当如何裁决案件上与分析法学的论辩相平行。每人都同意，在裁判简易案件时法院应当采取事后视角。但是在疑难案件中，该观点看来就不同了。义务论理论将普通法裁判认为是适当限于只以既存权利与义务裁决争议。因此，即使在疑难案件中，义务论理论在普通法裁判中关键的法律规则上采取事后视角。裁判受到通过考虑裁决对当事人既存权利和义务的溯及效力的指导。经济理论家相信法院必须通过设立创设未来权利义务的新规则来裁判案件。[28] 由于疑难案件中的诉讼人已产生沉淀成本，没有任何效率目标是通过关注它们而得以实现的。因此，经济理论将普通法裁判尤其是疑难案件的裁判作为新法律规则立法的有效等价物。因此，它通过只关注司法裁判的预期效果从事前视角分析了普通法裁判中重要的法律规则。义务论理论家拒斥经济理论家的事前视角，他们认为该视角侵犯了个人权利以及康德的把人自身当作目的而非手段的基本格言：为以最可欲的未来效果选择裁判规则来裁判两个

---

〔27〕对经济分析的科学性自我观念的讨论，参见布莱恩·赖特(Brian Leiter)，“霍姆斯，经济学，以及古典现实主义“，载于《法律的道路及其影响：奥利弗·温德尔·霍姆斯》，S. J. 伯顿编(剑桥，纽约：剑桥大学出版社，2000)，第 285－325 页(乔迪 S. 克洛斯的回应，第 326－332 页)。

〔28〕这些立场之间的经典辩论发生在二十年前，这时理查德·波斯纳(Richard Posner)和罗纳德·德沃金(Ronald Dworkin)直接对抗。波斯纳认为，法院应当通过创设要最大化未来当事人最佳利益的规则来裁判疑难案件。德沃金认为，此规则是不公平的，因为它不能尊重诉讼人的权利。实质上，德沃金的反对是反对康德将人仅仅作为手段而非目的自身来看待。德沃金承认，波斯纳的立场在立法语境下是完全合理的，其仅仅有未来效力。但是因为裁判的目的是解决争议，其效力首先是溯及性的。参见如，理查德·波斯纳，“财富是价值?”，法律研究杂志，9 卷，1980，191 页；罗纳德·德沃金，“为什么是效率?”，霍夫斯特拉法律评论，8 卷，1980，563 页；理查德·波斯纳，“普通法裁判中效率规范的伦理和政治基础”，霍夫斯特拉法律评论，8 卷，1980，第 487 页；理查德·波斯纳，“功利主义，经济学，和法律理论”，法律研究杂志，8 卷，1980 年，第 191 页。

诉讼人之间的争议，需要将诉讼人作为社会集体目的的手段而其自身不能作为目的。

根据此种观点，普通法裁判的义务论和经济进路分歧的关键，在于他们不同的法律和法律制定程序的观念。以其最简单的形式，在疑难案件中争议是否存在正确答案。德沃金非常好地肯定回答了该问题。确实，德沃金的法律解释理论要求，疑难案件中的司法推理最好被解释为确认努力法律已要求什么，而非法律在未来应当要求什么。当然，正确答案的论题也是矛盾的。其中，其他人中的实证主义者已经强烈反对它。然，如果德沃金是正确的，经济分析者所推动的事前视角直接与尊重个人法律权利相冲突。在任何时候采取未来最可欲的规则也会产生与一方当事人既存权利相反的结果，那么事前视角会支持权利侵害。确实，德沃金如此论证。但是，如果德沃金是错误的，而且在真正疑难案件中没有正确答案，那么案件中的任何裁决都不会侵犯当事人既存的法律权利。根据此种观点，以事前视角会产生侵犯诉讼人既存法律权利结果为根据反对事前视角就不再有力了。

当然，这是引起裁判的事前和事后视角争议的法学基础的非常过分简化的解释。即使拒斥德沃金正确答案命题及其法律解释理论的实证主义者也强烈反对普通法裁判的事前视角，该视角取决于其如何准确予以界定。但问题是这些分析法学的一般论辩支持了该观念，即合同的义务论理论和经济理论从属于同一方法论区分。合同的义务论理论被认为反对事前视角，因为其坚持法院的功能是要确认个人权利而非创造它们。对经济分析者而言，义务论的反对基于一个幼稚的和不成立的法律权利和裁判程序的观念。疑难案件的普通法程序确实是而且必须是立法的替代。因此，合同法的义务论理论和经济理论之间的冲突被认为是源自普通法裁判程序事前和事后视角的内在紧张。

分析法学事前和事后视角的区分是真实的，而且其确实看来解释了经济理论家和本森的合同理论之间的第一层级的分歧。但是尽管主张此区分一般提供了合同的义务论理论的经济理论相互批判的基础，归于该区分的争论典型地证明为不是关于基本法学问题的争论而毋宁是关于通常的合同解释问题的争论。正如弗里德理论的考虑所揭示的，义务论忠实于裁判事后视角完全与在适当情况下允许事前关注一致。这些情形取决于一个人如何理解道德和法律权利的性质以及它们与作为我们通常期望基础的社会习俗之间的关系。[29]

本章的余文展示查尔斯·弗里德和皮特·本森的合同理论。我的目标既非要捍卫这些理论，也甚至不是要确认针对它们的主要的实质反驳。而是，为确认它们潜在的方法论许诺以及阐明这些许诺如何能够对合同法的义务论理论和经济理论之间很多明显的分歧提供系统的解释，我展现了每个理论基本的和各自的特征。

## 2. 查尔斯·弗里德的《合同即允诺》

当代合同义务论理论始于查尔斯·弗里德的《合同即允诺》。弗里德的分析涉及广泛的合同规则。对弗里德著作选择的规则讨论的考察(examination)阐明这些系统发展的合同法义务理论的经典案件如何(1)将首要性赋予合同理论的规范而非解释事业，(2)主要被设计用来建立合同法的独特性，(3)将规则作为要解释的法律材料而且不追求解释案件结果，(4)将首要性赋予事后而非事前视角，但依然包括对合同法经济分析而言很关键的很多同种类的考虑。这些方法论许诺中前三个是弗里德理论的整体特征。

### 2.1 规范首要性，独特性和作为材料的规则表述

弗里德的理论构成了对该主张的明确捍卫，即合同法提供了不同于其他任何法律领域的法律义务的根据。[30] 他认为，他正在针对那些批评捍卫“以意志理论为基础的古典合同观”[31]，该批评否认，意志理论或单以一个原则为基础的任何理论能够统一合同法并能够建立不同于其他私法领域的独特性。[32] 弗里德对合同

---

[29] 参见2.4节。

[30] “我从合同即允诺这个核心概念开始论述。本书是我对古典合同观的认识，该观点以意志理论为基础，而且默示主张：合同提供了独特的和有说服力的债务根据。”查尔斯·弗里德，《契约即允诺》(剑桥：马萨诸塞：哈佛大学出版社，1981)，第5－6页。

[31] 同上，第6页。

[32] 弗里德非常清楚，他的理论首先是对那时合同法作品中三种对合同法内在连贯性和独特性的延伸攻击的回应(攻击人有阿蒂亚(Atiyah)、弗里德曼(Friedman)、吉尔莫(Gilmore)、霍维茨(Horwitz)、肯尼迪(Kennedy)、科罗曼(Kronman)和麦克尼尔(Macneil))。确实，在作品的开始弗里德写道，“我将表述(这些批评观点的主要攻击点)以便读者能够清楚我回应的对象。”(同上，第3页)每个攻击都否认，合同法既不能根据任何原则使其具有独特性也不能根据任何原则使其内在地连贯，包括意志理论的自我施加债务的原则。第一个攻击依赖历史分析来证明在很多问题上集体控制的远期史和近期史，而根据意志理论这些问题应当不受控制的。弗里德通过捍卫合同即允诺的规范资质(normative credentials)而非解释资格，回应了此批评。他没论证合同即允诺的古代血统而是论证允诺原则自身的古代血统。其后，他认为，历史和当代不愿意接受社会的 (转下页)

法独特性的中心观点是，其是唯一的专门关注执行允诺义务的法律部门。〔33〕有时，弗里德似乎要基于其对合同案例法的阅读提出出于单纯确信的独特性命题，即他的大批的同时代人都错误地否认了该命题。但非常清楚的是，弗里德提出的独特性命题的主要动力是要支撑其规范主张，即合同法因为其法律上执行了遵守允诺的道德义务而在道德上是正当的。〔34〕在弗里德的观点看来，遵守允诺道德义务的法律执行对确认作为自由个人主义核心的权利理念非常重要。〔35〕弗里德正当化合同法的策略首先是要说明和捍卫道德允诺原则，〔36〕且其后证明合同法承认和执行的义务是产生于道德允诺原则的道德义务。弗里德因此在著作余章转向其对独特性命题捍卫之前将其第二章的大部分内容都投入到解释和捍卫道德允诺原则上。因此，尽管弗里德著作主要的当务之急是要捍卫独特性命题，此捍卫服务于其

(接上页)允诺原则对其道德有效性没有任何影响。第二个攻击拒斥意志理论，因为它不能解释基于信赖和过去利益的合同救济。弗里德如此回应，他将基于信赖和过去利益的案件归于合同法之外的领域，如侵权法。第三个攻击认为，自我施加债务的观念自身是不连贯的。弗里德通过认可基于信任重要性的康德权利理论进行了回应。(同上，第 83 - 91 页)弗里德的每个回应都反应了他的观点，即合同法能够而且应当被视为一个内在连贯的和独特的法律领域，它只专注于确认由允诺原则产生的道德义务。

〔33〕弗里德在多方面都提出了特定合同规则的解释(如，弗里德写到，合同即允诺"产生了合同规则复杂性的结构以及解释，提供了合同法的道德正当性)如，弗里德认为，允诺原则是"合同法的道德基础"，同上，1 页)，而且提供了合同法中"永久谜题"(perennial conundrum)的解答(同上，第 132 页)。但是他的核心主张是，合同即允诺解释了合同法的"基本统一性"(同上，第 6 页)以及"合同提供了独特的和有说服力的债务根据"(同上)。也可参见皮特·本森，"合同"，载于《法哲学和法律理论参考书》，丹尼斯·帕特森(Dennis Patterson)主编(剑桥，马萨诸塞：布莱克威尔出版社，1996)，24 页(在 37 页"弗里德的核心目的是要确认合同的独特性以及期望利益的首要性)。

〔34〕弗里德的命题认为，合同法，*而且只有合同法*，执行遵守允诺的道德义务。因此其是一种适当形式的独特性命题。但是就激发弗里德的规范目的而言，他只需要提出此主张，合同法执行遵守允诺的道德义务。合同法通过允诺原则正当化的主张的充分辩护丙不必然要求，没有任何其他法律部门执行允诺原则。然而，弗里德主张的是完全的独特性命题。

〔35〕弗里德著作中的第一句表明了他的论辩意图，即允诺原则是"合同的道德基础"(同上)。弗里德主张，"合同法的领域，其尊重个人对其权利做出的处分，可得出自然的结论：自由以个人享有权利为前提。且合同的意志理论，视合同义务在根本上是自我施加的，而且也是自由个人主义的正当含义(fair implication)"(同上，第 2 页)。

〔36〕弗里德将其论辩作为意志理论的捍卫。根据弗里德的论述，意志理论"视合同义务在根本上是自我施加的"(同上，第 2 页)。他的意志理论的观点主张"允诺原则"是"合同法的道德基础"。允诺原则是"人可以对其施加此前并不存在的义务的原则"(同上，第 1 页)。弗里德对意志理论的捍卫首先通过解释做出允诺如何可能入手。他论证，做出允诺可能由于界定允诺惯例的社会习俗存在。根据弗里德的论证，经由允许个人将道德上最佳的活动转化为道德上强制性的活动，该习俗扩张了自治。弗里德通过论证违反允诺构成信任违反解释了这一习俗的道理力量："存在界定允诺惯例及其局限的习俗。此习俗提供了人可在其他人身上创造期望的方式。由于基本的康德式信任和尊重原则，为做出允诺然后再违反它而援引(invoke)此习俗是错误的(同上，第 7 页)。

整体的正当化合同法的规范事业，合同法的正当化以他所相信的构成自由个人主义基础的道德允诺原则为基础。[37]

尽管弗里德清晰地将优先性赋予合同理论的规范任务，该许诺要求他将大部分努力投入到提供一个解释性的合同理论。但不像合同的经济理论的解释，弗里德的解释不试图解释案件结果。为了证明合同法可以根据允诺原则而正当化，弗里德必须检测合同法的渊源——合同案例，合同法重述(第二次)(下称 R2d.)，以及统一商法典(下称 UCC)第二条——来证明它们能够最佳地被解释为努力执行允诺。典型的是，弗里德继续考虑一系列程式化的装饰性的经典合同案件以决定它们是否构成对其主题的反例。就他所考虑的每个案例而言，弗里德默示地将它类分成三种类型中的一种。第一种类型由它认为以合同法为基础适当裁决的案件构成。那些案件都是所适用的合同规则被理解为执行遵守允诺道德义务的案件。第二种类型由他认为不是根据合同法而适当裁决的。那些案件都是所适用的合同规则不能被理解为执行遵守允诺的道德义务的案件，而最好被解释为以作为其他法律领域基础的规范原则为基础的，如侵权法。第三种类型由被弗里德认为是以不连贯的合同法为基础裁决的。那些案件是其所适用的合同规则不能被理解为执行遵守允诺的道德义务的案件而且不能重新解释为根据运行于合同法之外合理的(defensible)原则裁决的案件。总言之，弗里德的主张是，所有的而且只有那些以允诺原则支撑的规则为基础裁判的案件才适格作为真正的合同案件。如果它们不能为允诺原则所支持，它们就要么可作为非合同案件要么因为不连贯而不适合作为合同案件。[38]

---

〔37〕弗里德对遵守允诺道德义务的解释明晰概述，参见本森，“抽象权利和非分配性合同观念的可能性：黑格尔和当代合同理论”，卡多佐法律评论，10 卷，1989 年，1077，在第 1098－1103 页。本森对弗里德自治观念实际上是目的论的观念的尖锐批评，参见上书，第 1103－1117 页。

〔38〕如此表述，弗里德对独特性主张的捍卫是分析性的：依靠其规定的定义(stipulative definition)，任何不能被合理解释为执行允诺原则的案件都不适格作为真正的合同案件。弗里德订立通过论辩法则(fiat)排除了真正反例的可能性。弗里德在捍卫其独特性主张上要避免恶性循环(vicious circularity)的唯一途径是要预先解决，判断一个案例或者据之裁判的规则是真正合同法的组成部分的独立的理论标准。但是弗里德能够通过重新表述其事业而避免此问题。不跟从其同时代人论辩合同法的“真正”性质，弗里德简要地主张，允诺原则能有效解释和并因此正当化很多通常被认为是合同法的东西。然而，在决定不能被如此解释和正当化的那些案件和规则是否构成“真实”的合同法上，很少似乎是利益攸关的。毕竟，弗里德的根本主张是，自由的人主义以及其附属的允诺原则要求并因此正当化现代合同法的很多内容，即使其不能同样地正当化某些被认为是合同法的内容。弗里德解释工程的重新描述使其解除了正当化有关合同法真正性质的无聊的概念主张的负担。

尽管规范性优先，弗里德的理论提供了广泛的合同法解释。但不像合同的经济理论，他的理论没有提供案件结果的解释。两个理由解释此原因。第一，弗里德只关注捍卫独特性命题。他检测合同规则的唯一目标就是要消除那些构成与其合同法是专门关于允诺的主张相反的规则。一旦弗里德已经证明，给定的规则能够被理解为实施的是允诺原则，或者相反能被归入另外一个法律部门，那个规则就不再构成其合同即允诺命题的反例：其要么是满足允诺原则的合同规则要么根本不是合同规则。因此，潜在的反例规则被消除了危险。弗里德没有任何理由进一步提供一个规则如何适用于特定案件的解释。相似的是，如果允诺原则不能解释一个给定的合同规则，而且那个规则不能轻易地纳入其他法律部门，弗里德的单一关注就是要消除作为反例的规则的潜在意义。在此种情况下，他认为该规则因为不连贯而站不住脚。如果合同规则是不连贯的，没有任何理论能够解释它。因此其没有构成其理论的反例。此外，因为弗里德的单一目标是要捍卫独特性主张，一旦反例的规则被解释或消除，其工作就完成了。没有任何理由非得要解释根据那个规则所裁判的案件。

弗里德理论不解释案件结果的第二个原因是，他默示地忠实于规则地位和解释的观点，该观点拒斥现实主义者和批判法律研究对法律规则的批判，并因此拒斥案件结果作为单独的法源。弗里德默示地对待合同规则而非合同案件结果作为主要的合同法渊源，而且同样默示地将可允许的规则解释限于它们的通常含义。这些观点解释了作为弗里德结论基础的推理，即如果合同规则不能通过允诺原则或非合同法进行解释，那么它们肯定是不连贯的。根据合同的经济理论家的观点，一个合同规则不能仅仅因为允诺原则和非合同法的明确原则都不能解释它，就必然是不连贯的。合同的经济理论家会认为，一些其他原则，如效率原则，可以解释根据该规则裁判的案件并因此使规则连贯。但如果合同法的主要渊源是合同规则，那么可接受的合同规则解释就必须基于其通常含义，因此不能提供合同规则通常含义合理的解释的理论就被排除了。即使效率原则能够理解根据特定合同规则裁判的案件结果的意义，该原则也不适于合同法的解释，因为它没有提供这些案件裁判的规则的合理解释。而且，如果规则是合同法的主要渊源，只关注案件结果以及完全忽视规则通常含义的理论，也不能构成在这些案件中适用的合同法解释。根据此观点，根据一个原则简单地使案件结果连贯，自身不适于作在这些案件中适用的法律的解释。按照弗里德的默示观点，案件结果就是结果，而不是法源。案件结果因此不能被用来消除规则的通常含义。因此弗里德的观点拒斥，而经济分析者的观点预设了现实主义者和批判法律研究者对规则批判的解释遗产。

### 2.2 例示(Illustration)：执行规则

这些方法论许诺在弗里德合同执行规则的讨论中得到阐明。根据弗里德的理论，实质上所有的不意图法律上不具执行力的允诺，包括赠与允诺，都应当根据合同法执行。〔39〕 但美国合同法不执行所有的此类允诺。如约因、允诺禁反言、以及过去实质利益规则，都是通常用来否认某些允诺法律执行力的。〔40〕 因此，这些规则中的每个都代表了弗里德独特性主张的潜在的反例，即合同法执行遵守允诺的道德义务。根据这些规则中的任何一个，法院有时认为，尽管允诺都是明确做出的，然而在法律上其是不可执行的。弗里德分别论述了每一个规则。他首先考虑了标准的约因规则。通常，合同法不执行没有约因支持的允诺。弗里德通过解释第二次重述中界定和限定约因要件的两个主要条款开始对约因规则的分析，这两个主要条款规定了约因的协商理论。〔41〕 他其后认为，根据通常含义进行解释，协

---

〔39〕 弗里德的立场是，所有的允诺，包括赠与允诺，应当执行，如果当事人意图这些允诺法律上有执行力，他们是自愿的，理性和刻意的，而且他们没有创造非法的第三人效果："通过实现个人自由允许当事人赠与(我们假设是自由地、刻意地和合理地)实现社会效用。已知前一章节允诺分析，没有任何理由不将该结果延伸到赠与允诺……我的结果是……约因规则没有为合同效力提供连贯的替代基础，而依然将允诺视为合同效力所必要的……我在得出结论的过程中，我已经为我的命题给出或默示了很多限定。允诺必须是自由而且不是不公平做出的……其必须也是理性地、刻意地做出的。允诺人必须足以认真到随后的法律执行是他在允诺时应当考虑的方面。最后，某些允诺，尤其是那些影响不同家庭成员情况和期望的允诺，可能因为第三方的合法利益而要求实质规制。"《合同即允诺》，同注 30，第 37－38 页。

〔40〕 弗里德承认，他的理论不能解释美国合同法的执行模式："我认为合同的生命的确是允诺，但是此结论不是实证法的精确表述。普通法执行允诺存在很多漏洞才允许此大胆的表述。我的结论毋宁是对合同的效力而言约因规则没有提供一致的替代基础，还是将允诺视为合同效力所必需的。"(同上，38 页)。(说明，原文如此，经查证弗里德的原版书，该处应为 37－38 页，特此说明——译者注)。

〔41〕 弗里德用两个命题确认了约因规则："(A)法律中将单纯的允诺提升为合同义务的约因，是做某事或作为交换允诺的做某事的允诺。(B)法律根本对约因的充分性没有兴趣。交换的善只有当事人来判断——法律仅仅是关于交换的"(同上，第 29 页)，第一个命题解释了第二次重述第 71 条(1)(2)款："(1)履行或相对履行构成约因必须经过协商。(2)如果允诺是允诺人为交换其允诺而追求的而且作为该允诺的交换由受要约人给出的，那么该允诺是协商的。"第二个命题解释了第二次重述第 79 条："在符合约因构成要件时，无需考虑下列额外要求：(a)给允诺人带来收益、优势或者利益；或者给相对人带来损失、劣势或者损害；或者(b)所交换的价值的等值性；或者(c)义务的相互性。"

商理论不能对据约因规则裁判的十个代表性案例的执行模式提供一致的解释：

约因的协商理论不仅不能解释为何这种判决是正确的，而且不能提供所有这些判决所遵从的任何内在统一的系列原则。这些案例尤其是不能得到约因规则的两个基准前提的解释：(A)只有作为协商的一部分而做出的允诺是可执行的；(B)是否存在协商只是形式问题。〔42〕

弗里德最终得出结论，“标准的约因规则……没有对我的植根于允诺的合同法观念提出挑战，原因很简单，即该规则内部分歧太大而根本不能作为替代。”〔43〕

弗里德对约因规则的讨论清晰阐明了前文论及的三个方法论许诺。第一，正像其最终结论所揭示的，弗里德分析约因规则的唯一动机是要消除对独特性命题的威胁。弗里德承认，允诺原则不能解释约因的协商理论。但其不承认此不能是其解释理论的局限，弗里德论证约因规则原则上是无法说明的。第二，弗里德提出的论辩默示地依赖该观点，即合同法由合同规则的通常含义解释构成而非对合同案件结果提供一致解释的其他原则构成。就弗里德而言，约因规则的解释需要这样一种解释，即根据通常含义解释的协商理论如何解释经典约因案件的结果。因此，弗里德从论证规则命题 A 和 B 是不一致的开始：“不一致的母体就是命题 A 和命题 B 的联合。命题 B 确认了自由原则，即理性人的自由安排应当受到尊重。命题 A，将协议类型限于协商，认为个人的自我决定不是法律义务的充分根据……。”〔44〕假设弗里德正确地得出这两个命题是不一致的结论，约因规则的通常含义不能给出一个一致的解释。根据他的观点，允诺原则解释了命题 B，可能因为命题 B 主张允诺的执行只是转向(turn on)当事人的意图而不是第三人对当事人交换充分性的判断。但是正像解释命题 B 的任何原则一样，其必然与命题 A 相矛盾。可能是，依弗里德的观点，命题 A 的协商要求意味着，允诺的执行会转向第三人对当事人交换充分性的实质判断。〔45〕 因此，由于法律即为命题 A 和 B，而且当在根据其通常含义解释这些命题时，它们还是不一致的，那么法律自身就是不一致

〔42〕《合同即允诺》，同注 30，第 33 页。

〔43〕同上。

〔44〕同上。

〔45〕就当下目的而言，弗里德对命题 A 和 B 解释(他对重述第 71、79 条的解释)的准确性是无关的。

的。一旦弗里德自己开始证明了协商理论的不一致性，捍卫其理论的任务就完成了。允诺原则没能解释约因的协商理论，因为没有任何原则能够解释它。根据弗里德的观点，糟糕的是约因规则而非允诺原则。若他唯一的关注点是捍卫其独特性命题，没有必要考虑约因规则是否能根据解释很多约因案件的结果而忽视协商理论的通常含义的原则来使其一致。[46]

弗里德没有考虑约因案件结果的替代解释，首先是因为其只关注捍卫其独特性命题。[47] 但是弗里德抵制约因规则的非允诺替代解释部分是因为他默示的合同规则地位和解释的方法论的观点。弗里德从协商理论之通常含义解释的不一致性到约因规则自身不一致性的推理默示预设，合同法即其规则的通常含义而非任何使在合同法特定规则标题下裁决的系列案件结果相一致的原则。根据弗里德的观点，如果协商理论的通常含义不能被给出一致的解释，约因规则及据此裁判的案件必然是不一致的。对合同的经济理论家而言，像他们之前的现实主义者和批判法律研究理论家一样，协商理论没有对约因案件结果提供一致的解释只是证明，根据其通常含义解释的协商理论自身是一个糟糕的关于约因案件的理论。协商理论自身不构成约因规则。因此，就经济理论分析者而言，约因规则的真正语义内容是由最佳解释约因案件结果的规则提供的。因此，就合同的经济理论家来说，所有合同规则的真正语义内容都是由那些解释合同规则的原则提供的，无论这些规则是否正好与规则表述的通常含义相一致。

故，当弗里德讨论称为道德约因案件（根据（重述第 86 条）的实质利益规则裁判）时，[48]变更案件（重述第 89 条），以及债务复活案件（debt revival cases）（根据重

---

〔46〕重要的是，弗里德做出结论，“[协商理论]没有提供*任何*所有这些裁决遵从的一致的系列原则”，同上，33 页。他没主张，任何理论都不能提供解释这些案件的一致的系列原则。

〔47〕确实，弗里德有时似乎要完全回避这个问题（beg the question）：“我的结论……是对合同的效力而言约因规则没有提供一致的替代基础，还是将允诺视为合同效力所必需的。”当然，如果弗里德合同即允诺首先不被认为是正确的，没有任何理由排除此种可能性，即替代理论会提供一个一致的合同效力基础而不将允诺作为合同所必需的。正如我下文要讨论的，没有依赖循环推理，弗里德偏好合同的允诺解释至少部分可通过其关于合同规则地位和解释的方法论观点得以解释。

〔48〕第 86 条：对过去所受利益的允诺（1）一项基于要约人过去得到的由受要约人提供的利益的约定，在为避免不公平的限度内，具有约束力；（2）在下述两种情况下，第（1）项的约定没有约束力——（A）如果由受约人提供的利益是作为礼物给予的，或基于其他原因，受约人没有不当得利或（B）要约人约定的价值与受约人曾经提供的利益不成比例。

述第82、83条），[49]他没有断定，没有任何原则能够解释这些案件。而是，他主张，因为这些案件不能由协商理论的通常含义得以解释，约因规则是不连贯的。他没有考虑这种可能性，即约因规则的内容由一些解释约因案件但是拒绝协商理论通常含义的原则提供。考虑弗里德对两个代表性的债务复活案件的讨论。第一个是寡妇允诺偿还其亡夫债务的允诺。第二个是缔约人做出书面允诺偿还破产中免责和超过时效的债务。根据约因规则，法院拒绝执行前一允诺，因为银行没有给寡妇任何有价值的东西。在后一案件中，法院执行了的允诺，根据是缔约人的先前债务支持了他的后一允诺。根据约因规则，弗里德认为这两个案件是无法调和的：

不论法院在这些案件中给予救济的实质理由是什么，其所主张的理由明显是荒谬的。如果要保持一致性，法院必须证明这类案件没有约因，和寡妇一案同样没有约因一样，因为人没有为已经获得的东西进行协商：反悔的缔约方后来允诺偿还的是他所有支付义务已经完全免除的款项。[50]

因为他相信约因的协商理论是荒谬的，弗里德拒斥自身是荒谬的约因规则。对他而言，法院表明的理由就是约因规则。如果其不能得以解释，那么案例法完全就不能得以解释。

经济分析者会同意弗里德的观点：所表明的约因案件据以裁判的理由是荒谬的。但是对他们而言，法律理论的要点是要提供构成法院要解释裁决所引用的合同规则的通常含义一致的理由而非表述的无用的话（stated gibberish）。例如，查尔斯·格茨和罗伯特·斯科特认为，绝大多数合同执行规则结果能够将执行案件视为最大化净有利信赖的机会而得以解释。[51] 例如，他们认为，寡妇的允诺不应当在法律上是可执行的，因为在此类案件中这么做可能会减少总体的净有利信赖。[52] 很可能，寡妇偿还其丈夫债务的允诺是以道德或宗教确信为动机的。因此，其可能是非常值得信赖的。使该允诺在法律上可执行获益非常小。另外，使该

〔49〕这些都是《合同即允诺》第4－10个案件，同注30，第31－33页。

〔50〕同上，第32页。

〔51〕参见格茨和斯科特，见注22。

〔52〕格茨和斯科特的合同执行的净有利信赖理论对此案件和另外一个案件的适用，是基于“执行允诺”，见注22，而且其进一步的解释参见《合同法和理论》（第三版），罗伯特·E. 斯科特和乔迪·S. 克洛斯编（内瓦克；圣弗朗西斯科；夏洛茨维尔：莱科赛斯，即出）。

允诺在法律上可执行也可能阻止寡妇未来做出此类允诺。若她丈夫的债权人试图强迫她做出法律上可执行的允诺,她可能会拒绝。因为她可能将其允诺视为道德责任外的行为,她不会认为法律执行是合适的。执行她的允诺可能会阻止处于相似境况的当事人未来做出类似允诺。[53] 因此,此种语境下允诺的法律执行较小增加此类允诺的可信赖性,但是会相对较大程度地降低未来此类允诺的质量和数量。故,执行可能会减低整体的可期待的净有利信赖。相比而言,缔约人的允诺,虽然可信赖,不可能像寡妇的允诺那样可信赖。也可能单纯由于自利而做出允诺。缔约人有职业动机偿还(honor)其已被免除的商业债务。通过这么做,他使潜在的未来债权人放心,而这是其未来成功所依靠的东西。如果他决定放弃生意,或者他的自利与他的允诺冲突,他就不太可能遵守它。因此通过执行这个允诺比执行寡妇的允诺获益更多。而且不像寡妇允诺的法律执行那样,缔约人允诺的法律执行不可能阻止处于相似境遇的当事人未来做出相同质量和数量的允诺。如果他过去的债权人坚持,他应当做出法律上可执行的偿还债务的允诺,缔约人为了自己利益而同意。他拒绝做出法律上可执行的允诺就会实质上破坏其未来做出允诺的可能点——即向其未来的债权人保证其诚信。因此,缔约人允诺的法律执行会在不降低未来此允诺质量和数量的前提下增加了此类允诺的可信赖性。缔约人语境下允诺的法律执行因此就最大化了整体的可预期的净有利信赖。

总之,经济分析者同意弗里德的观点:协商理论没有解释约因案件,但与弗里德不同,他们会将协商理论作为需要由更佳的理论加以取代的失败的约因理论。格茨和斯科特将约因规则解释为仅是法院在合同案件中用来最大化整体的可预期的净有利信赖的一种机制并进而解释了该规则。格茨和斯科特的理论就是诸多能够允许经济分析者解释为什么法院不执行寡妇情形下的允诺而执行缔约人情形下的允诺的诸多理论之一。故,弗里德使用案件来检测法院用来裁判它们的规则的通常含义的连贯性。如果规则的通常含义不能通过此连贯性检测,弗里德就拒斥该规则*以及据其裁判的案件*。经济分析者也使用案件来检测规则通常含义的连贯

---

[53] 或者作为一种选择,要求此当事人通过明确表示他不意图使其允诺有法律效力来承担"脱离"任意性执行规则的成本。

性。但如果规则的通常含义没有通过此连贯性检测，经济分析者仅拒斥那个规则的解释但并不必然拒斥据其裁判的案件。根据经济分析者的观点，当弗里德拒斥规则的通常含义解释和案件时，他就是在因噎废食。

最后，因此，经济分析者和像弗里德一样的理论家之间的最根本的分歧是法源方面的。双方都同意，规则表述作为开始分析法律的理论点是有效的。就经济分析者而言，规则表述也是有益的，因为它们能够组织由同一系列原则解释的案件结果提供了突出的和方便的范畴。另外，规则表述的通常含义解释提供了据其裁判的案件中适用的初步的法律理论。但对经济分析者而言，规则的通常含义解释仅仅是理论。像任何理论一样，它也能够被其要解释的法律材料所驳斥。由于规则要解释案件结果，那些结果就是法律理论的材料。因此，就经济分析者而言，案件结果而非规则的通常含义解释才是法律自身的渊源。[54] 相比而言，弗里德将规则仅仅作为类型化案件结果和裁决案件的初步的法律理论。就弗里德而言，案件结果自身仅仅是法律适用的结果而非法源。案件结果的法律意义，对弗里德而言，完全就源自法院用来对它们进行正当化的规则推理。如果案件适用的规则推理是不连贯的，那么仅仅是与法院用来正当化它们的推理相脱离的案件结果，没有任何理论意义而且绝不能作为法律。

弗里德对允诺禁反言的讨论提供了其只关注捍卫其独特性命题的完全证明而且确认了此种观点：他没有赋予案件结果自身任何法律意义。[55] 弗里德对允诺禁反言的解释限于其主张，即其构成一个“过时的尝试填补允诺执行一般领域中的漏洞，此漏洞是任意的和不合时宜的约因规则所留下的。”[56]几乎没对允诺禁反言案例法进行任何分析，弗里德主张允诺禁反言应当被理解为对约因规则创设的允诺

---

〔54〕固然，没有任何理论，包括合同法的经济理论，能解释所有的材料。经济分析者也会由于案件结果与他们的解释理论不一致而拒斥它们。但是经济分析者也会拒绝以核心规则的表面理由不能解释它们而全盘否定核心规则。而是，他们会寻求确定一些替代原则，这些原则能够解释最大多数或绝大多数据此裁判的重要的案件结果的替代原则。

〔55〕第90条：合理引致作为或不作为的允诺(1)允诺人应合理预期对受允诺人或第三人引致作为或不作为而且其确实引致了此作为或不作为的允诺，在只有允诺的执行才能避免的不正义的范围在具有法律上的约束力。由违约赋予的就是应限于正义要求的。(2)慈善赠与或婚姻和解根据第一款是有约束力的，即使没有允诺引致作为或不作为的证据。

〔56〕合同即允诺，同注30，第25页。

执行不足难题的自然的回应，即使是不充分的。弗里德因此认为允诺禁反言只是支撑其主张，即约因规则是反常的。[57] 他的建议是，允诺禁反言的出现提供了该证据，即合同法自身已开始拒斥约因规则，因为它与赋予合同法生命的允诺原则的要求相反。除其主张的优势之外，弗里德对允诺禁反言的讨论说明其只专注于捍卫其独特性命题以及对解释案件结果没有兴趣。[58] 他也没有根据允诺原则以及其他原则进行任何努力来解释根据第 90 条哪个允诺应被执行。[59] 一旦他将允诺禁反言理解为对约因规则的对策以及约因规则是基于合同法与允诺规则相一致来设计的，其对独特性命题就不再是一个威胁。根据第 90 条哪个允诺可执行的解释是不重要的。[60]

弗里德所讨论的唯一的允诺禁反言案件是霍夫曼诉红鹰仓储公司（Hoffman v. Red Owl Stores）[61]。在霍夫曼一案中，原告霍夫曼与被告进行了初步协商以获得超市的特许授权经营。在继续谈判中，霍夫曼信赖了被告的保证，即如果他满足了规定的标准，他就会授予特许经营权。但当他满足了条件，被告改变了条件且没有授予特许经营权。法院根据允诺禁反言理论做出了有利于原告的裁判且判予

〔57〕“约因规则的不规则性已经得到广泛承认。很多制定法都废除了某些最讨厌的方面……”（同上，第 35 页。）

〔58〕一般而论，弗里德的确是正确的，他认为允诺禁反言的发展是要“弥补约因规则创造的执行漏洞”。但是他的主张，即允诺禁反言执行根据允诺原则应执行但根据约因规则不能执行的允诺，是不太合理的。如果此主张是正确的，那么允诺禁反言应为依赖允诺产生损害的受允诺人提供救济。但是根据第 90 条的合理性检测，通常否认给依赖产生损害的受允诺人以救济。因此，如果他忽视合同规则的历史发展，弗里德也只是将约因规则视作对允诺禁反言创造的执行不足难题的制度性回应。

弗里德似乎也默示地提出规范主张，即允诺禁反言作为对约因规则创造的执行不足难题的校正是正当的。此种主张似乎是循环的。弗里德的直接批判拒斥约因规则，因为其是不连贯的而不是因为其产生了允诺执行不足。他的允诺规则产生允诺执行不足的主张预设，合同法应当合乎允诺原则。除非合同法应当合乎允诺原则的主张是确定的，没有任何力量反对：约因规则没有执行依允诺原则应执行的原则。他反对约因规则因此就同样适用于允诺禁反言：两个规则都禁止执行某些允诺原则应执行的允诺。

〔59〕他确实提出，当一方当事人给出“含糊的保证而对其他人产生可预见伤害时”，“侵权原则”能够被用来在没有允诺时施加责任。《合同即允诺，注 30》，第 24 页。尽管弗里德没有这么做，他能够令人信服地依赖这个侵权原则努力解释根据允诺禁反言裁决的案件。但是对侵权原则的含糊援用几乎不能提供允诺禁反言的一致解释。

〔60〕如果弗里德承认这几个案例，在这些案例中根据第 90 条否认给予信赖允诺产生了损害的受允诺人救济，他可能已经感觉到急需检测这些案件以解释为什么在这些案件中允诺原则没有支持救济或者为什么它们不能得到支持。

〔61〕133 N. W. 2d 267(1965).

了信赖损害赔偿。即使在弗里德写书(即作为《合同即允诺》一书——笔者注)时，有很多学术作品讨论霍夫曼案件和初步协商案件中允诺禁反言的适用。[62] 那些学术作品试图解释法院什么时候会或应承认初步协商中信赖陈述的救济。然而，弗里德对霍夫曼案件的讨论限于捍卫独特性命题的唯一目的。弗里德引入这个案件只是为了反驳此主张，即其构成独特性命题的反例。弗里德在其采取合同即允诺要求违约的期待救济的立场之后，就引入霍夫曼一案。由于霍夫曼一案对被告不能遵守允诺而判予了信赖损害赔偿，[63]弗里德的批评者可能认为，它证明合同法不是基于允诺原则。弗里德的回应是，霍夫曼案件不应当被理解为合同案件，相反而其是侵权案件。[64] 弗里德因此通过将霍夫曼案重新归类为侵权案件而消除了该案对独特性命题的威胁，这与信赖损害赔偿的判决一致，而不是根据弗里德的观点要求期望利益裁判的合同案件。一旦他消除了霍夫曼案件的危险，那么，弗里德没有做出任何努力解释允诺禁反言何时存在于初步协商(或其他任何)案件。其唯一要点是，当允诺禁反言存在以及判予信赖损害赔偿时，其是侵权案件而非合同案件。[65] 然而，经济分析者对该案是侵权案件还是合同案件并无兴趣，而只关注解释根据允诺禁反言何时应承认救济。[66]

### 2.3 裁判的事后视角

在其非常有影响的对合同的义务论理论的批评中，理查德·克拉斯韦尔认为，

---

〔62〕参见"最近的发展：合同——合同法重述第 90 条允诺禁反言适用的扩张—霍夫曼诉红鹰仓储公司"，密歇根法律评论，65 卷，(12 月，1965)，351 页；布鲁斯·A·科格索尔(Bruce A. Coggeshall)，"评注：合同：信赖损失：作为违反同意协议救济的允诺禁反言：霍夫曼诉红鹰仓储公司，26 Wis. 2d 683，133 N. W. 2d 267(1965)"，康奈尔法律季刊，51 卷，1966 年，第 351 页；查尔斯·L. 奈普，"合同法重述(第二次)论坛，修改的重述中的信赖：允诺禁反言的扩张"，哥伦比亚法律评论，81 卷，1981 年，第 52 页。

〔63〕因为法院相信，被告的保证构不成一个"确定的"和详细的允诺，它避免将被告的行为描述为"违约"并简单地得出结论："因为被告没有遵守其使原告行动并产生损害的允诺，故若原告不被授予某些救济，就会产生不正义。"(霍夫曼诉红鹰仓储公司，133 N. W. 2d 267，275(1965))。

〔64〕"允诺义务不是责任的唯一基础；侵权原则充分证明，给出含糊保证使其他人产生可预见伤害的人应当做出赔偿。"(《合同即允诺》，注 30，第 24 页。)

〔65〕弗里德的论证不意图预设，允诺禁反言案件的救济限于损害赔偿。作为法律问题，非常清楚的是，这不是实际情况。弗里德的论点只是，当判予信赖损害赔偿时，责任不能基于合同。由于合同即允诺，根据弗里德的观点，要求违约的期望损害赔偿，弗里德必须论证，霍夫曼一案中的责任不是合同责任。

〔66〕例如，参见艾弗里·卡茨(Avery Katz)，"要约何时应发挥作用？初步协商中允诺禁反言的经济学"，耶鲁法律杂志，105 卷，1996 年，第 1249 页；"执行允诺"，注 22，第 1317－1319 页。

诸如弗里德的理论等义务论理论是有重大缺陷的，因为它们不能提供理解法院如何或应当裁判合同漏洞案件相关问题的任何指引。[67] 就克拉斯韦尔而言，在合同当事人要么试图解决但没有清晰解决问题或者没有考虑到问题时，就存在合同漏洞。[68] 他认为，解决任何合同漏洞问题的合同纠纷均需要"创造性解释"。[69] 他的核心论点是，诸如弗里德的理论等义务论理论不能解释或指引弥补合同漏洞所必要的解释。弗里德的理论坚持，在合同案件中法院确实而且应当允诺人坚持允诺的内容。但在漏洞案件中，允诺在相关问题上没有任何明确的内容。正像克拉斯韦尔所注意到的，绝大多数合同纠纷要求法院解决允诺的明示条款所没有规定的问题。[70] 现在就提出几个，当事人经常不规定适当的违约救济；履行免责的条件；每方当事人必须向另一方当事人披露的信息，如果有的话；哪方当事人应当承担运输中货物损失的风险；以及如果有的话，允诺人向受允诺人提供哪些担保。简言之，协议的明示条款一直都对其内容规定得不足。一个充分描述性和规范性的合同理论会提供解释法院确实以及应当如何解释这些协议的合同法的系列背景规则。这些背景规则既包括所称的"任意性规则"，其在当事人没有相反规定时将这些条款订入所有的协议中，也包括"强制性规则"，其将当事人不能规避的条款订入所有协议。克拉斯韦尔认为，义务论理论，如弗里德的理论，缺乏确认和评估合同背景规则所必要的资源，因为它们是"内容中立的。它们给出了为什么允诺要做 X 的人要承担某种形式的做 X 的义务而不考虑 X 是如何弥补的。"[71]结果是，合同的义务论理论必须以独立的理论来补充，它能"几乎做满足合同法需要所涉及的所有工作"。[72]

克拉斯韦尔的批评提供了检测义务论理论限于事后视角程度的鲜明语境。如果合同的义务论理论认为合同责任的唯一根据是当事人过去的协议，那么义务论

---

〔67〕参见前注 4。

〔68〕"在当事人试图要解决问题但没有充分清楚地做到的案件中谈到'解释'，或者在当事人没有意图解决问题的案件中谈到适用任意性规范，都是常见的，而在任一案件中该原则都是同一的。"（同上，第 505 页）。

〔69〕同上，第 504－505 页。

〔70〕正如克拉斯韦尔指出的，"必须找出某些方法*解释* 当事人的协议而且要为规范任何当事人*没有明确解决* 的主题提供规则。"（同上，第 504－505 页；第二个强调是笔者所加）。

〔71〕同上，第 515－516 页。

〔72〕同上，第 508 页。

理论看来是忠于事后视角的。但在协议没有提供解决合同纠纷的根据时，事后视角就失去作用了(run out)。问题是否要引入已立法的任意性规则，诸如统一商法典第二条规定的规则，或者要表述或评估普通法的任意性规则，义务论理论的事后视角似乎不能提供答案。在很大程度上，弗里德会同意克拉斯韦尔的这部分批评，尽管他不会认为这是对其理论的批评。正如克拉斯韦尔所注意的，弗里德明确地否认该主张，即允诺原则涉及漏洞弥补。他欣然承认，外在于当事人及其协议的其他原则，必须发挥作用以弥补这些漏洞。弗里德唯一的目标是要证明*在其领域中*允诺原则的绝对优先性。在该原则不适用的场合，弗里德绝不“纠缠不休”。正如我们所见，弗里德将合同法界定为能够由允诺原则解释和正当化的法律部门。根据其观点，没有合同也就没有合同法。对弗里德而言，合同法和理论回答合同提出的有关问题的答案。有关不是由合同提出的问题当然只能由非合同法和理论解决。

因此，经由概念性的武断之词(conceptual ipse dixit)，弗里德将任意性规则问题逸出合同理论的范围。这非常充分地证明，为什么经济分析者会发现弗里德的理论用处有限。弗里德对界定和捍卫其领域受到允诺原则限定的合同法观念非常有兴趣。合同法的经济分析者对解释和正当化合同法有兴趣。毫无疑问，合同的任意性规则问题对合同法是非常基本和重要的。通过退出了该争论，弗里德明显承认因为兴趣的原因他的理论与其他合同学者无关。但是使问题更糟糕的是(使像克拉斯韦尔这样的经济分析者产生较大困惑的是)，弗里德在其谢幕之后拒绝离开这个舞台。确实，不是通过证明弗里德没有认可任何任意性规则而是通过证明弗里德认可了很多他的理论无法正当化的任意性规范，克拉斯韦尔认为，弗里德的理论与任意性规则的论辩无关。就弗里德支持的每个任意性规则而言，克拉斯韦尔认为，弗里德理论的事后视角使其不能表述和评估任意性规则。而且，克拉斯韦尔认为，弗里德自己陷入与允诺、自治或它们之间没有关系的混乱的论辩中。克拉斯韦尔因此写到：“有时弗里德信赖了人的既存的期望；有时他使用经济论证；有时他依赖‘过错’或‘利他主义’；而且有时……他根本没提出任何正当性。这些任意性规则选择的漫无目标的方法几乎没有推进我们对合同法的理解。”[73]

---

〔73〕同上，第523页。

克拉斯韦尔的核心主张是，合同的义务论理论的事后视角在结构上使它们不能确认和评估合同的背景规则。不幸的是，他对弗里德的例证性批评以两个根本不同种类的任意性规则异文合并（conflation）为基础继续进行。一旦考虑此种区分，克拉斯韦尔的批判看来不再设立对义务论理论的一般化的结构限制。相反，他们揭示了在建立合同当事人是否已在特定问题形成主观意图上不同种类证据充分性的分歧。因此，即使克拉斯韦尔的批判是合理的，至多他们确定了当下弗里德的理论与决定其所讨论的特定任意性规则的内容无关。但是弗里德的理论依然潜在地与所有任意性规则相关，而且目前对克拉斯韦尔所没有讨论的任意性规则的内容有直接的暗示。弗里德的理论与任意性规则的相关性事实上是附随的（contingent）的经验事实问题，而非先验性（priori）的结构不能。

理解弗里德立场的关键是，他的理论要求严格区分解释合同条款的意思与弥补合同条款所没有规定内容的漏洞。克拉斯韦尔在其任意性规则的定义中将这些问题混合在一块。[74] 但就弗里德而言，合同解释理论的局限与规范漏洞弥补理论的局限非常不同。弗里德为决定条款主观意图的意思而保留了术语“解释”。因此，赋予协议特定意思的人应认为他们已经解释了该协议，前提是只有他相信协议的当事人主观上意图使其协议有那个意思。通过提出一个条款的解释，解释者默示地主张通过解释归于该条款的意思代表了当事人主观意图的那个意思。弗里德将解释与“添写”（interpolation）进行对比。添写的任务是对条款增加语义内容，或者在协议中增加全新的条款，这些全新的条款是当事人在缔约时主观上没有考虑到的。[75] 因此，已经赋予协议特定意思的人应当认为自己已经添写协议，前提是只有相信协议的当事人主观上没有意图那个被赋予的意思。解释或添写协议的区分对弗里德的理论非常关键，因为它标志着合同法与非合同法之间的界限。解释条款的任务正好属于合同法和理论，因为它们认为合同即允诺。合同即允诺要求忠实允诺原则而且表述该内容的解释。只有因为当事人没有形成与解决系争问题

---

〔74〕“可能非常普遍的是谈到案件‘解释’，在这些案件中当事人试图要解决问题但没有充分清楚地做到，而且谈到在案件中适用任意性规范，在这些案件中当事人没有意图解决问题，在任一情况下该原则都是同一的”（同上，第 505 页）。

〔75〕“在合同法中，解释协议内容和添写契约当事人在各种可能的情况下会同意但实际上不存在的条款之间的界限很模糊”。（合同即允诺，同注 30，第 60 页）

相关的意图的主观意图从而不能进行解释时，添写条款或协议的任务才产生。只有做出争议的问题属于当事人主观意图的真正漏洞的决定，添写（条款或协议）才必要。因此，添写必然就会由非合同法和理论来指导。

克拉斯韦尔对解释和添写区分的异文合并有助于解释为什么他对弗里德的坚持非常困惑，即允诺原则必须解释某些任意性规则，而它不需要——确实不能——解释其他任意性规则。例如，克拉斯韦尔不能理解为什么弗里德主张违约的期望损害赔偿救济是允诺原则强制的（compelled）的任意性规则，但规范不现实性和错误（规则）的任意性规则不是。[76] 简短的答案是，弗里德相信订立没有规定明确救济条款的合同的当事人主观上意图期望赔偿的救济。[77] 但是他相信，订立没有规定明确免责和错误条款的合同没考虑这些问题而且因此就根本没有相关的主观意图。在前一情况中，为尊重自治和执行他们的道德义务，允诺原则要求法院解释协议。在后一情况中，法院必须适用非允诺原则添写（条款）。[78] 允诺原则（和合同法）在当事人没有达成协议的问题上没有任何意义。当然，弗里德对这些特定任意性规则的具体结论的合理性（plausibility）完全开始转向其决定下列事项的基础，即所有没有明确相反规定的当事人主观上都试图使协议受到期望损害赔偿的规范，但没有明确规定其他事项的当事人没有形成任何有关免责和错误的主观意图。[79]

---

〔76〕“任意性规则”，同注4，第523页。

〔77〕不可否认，在这一点上，弗里德对期望利益救济的正当性远非清楚。弗里德仅仅主张：“如果我对你做出一个允诺，我就应依允诺而为；若我没遵守允诺，要求我移转与履行允诺价值相当的东西就是公平的。在合同法规则中，此观点表现为违约损害赔偿的期待利益。期待利益给受害人正好如果没有违约其会得到的等价物——换言之，得到协商的利润。”（《契约即允诺》，同注30，第17页。）我的主张是，此正当性预设，当事人主观上意图使协议包括受允诺人的期望损害赔偿的选择权。因此，弗里德的主张，即期望规则源自“允诺人应为其所允诺的”以及“他得到协商的利益”的原则，是有道理的，如果我们假定当事人主观上意图要规定期望损害赔偿救济作为非违约方的选择项。其他人认为，如果实际履行不可行，期望损害赔偿在逻辑上或概念上是允诺原则所必需的。参见，如托马斯·斯坎隆（Thomas Scanlon），“允诺与合同”，载于《合同法理论》，皮特·本森编（剑桥；纽约：剑桥大学出版社，2001年），以及皮特·本森，“合同正当性公共基础的理念”，奥斯古德豪尔法律杂志（Osgood Hall Law Journal），33卷，1995年，第273页。参见下文3.2节我的论点：此观点不是对克拉斯韦尔问题的回应，因为该观点使期望损害赔偿为分析性的，而且仅仅是在无关的层次上提出适当救济的问题。

〔78〕“正如我们在错误和不可能规则中所见到的，解释没有确定协议的核心，而且因此有时候我们必须承认，合同不能解决问题。在此种情况下，我们除了求助允诺原则之外的其他原则来解决问题外别无他途。”（合同即允诺，同注30，第89页）。

〔79〕相似的分析适用于克拉斯韦尔考虑的其他任意性规则。例如，弗里德认为，在当事人没有相反规定时，所有的受允诺人应有权撤销合同：“当事人互惠地约束自己。如果一方当事人认为（转下页）

不幸的是，弗里德没有解释其做出这些结论的基础。他也没有提供关于应当如何做出这些结论的一般理论。然而，弗里德的论点驳斥了克拉斯韦尔的主张：他的理论对任何任意性规则都没有相关性。弗里德的理论直接与决定*解释*合同的任意性规则的内容相关。当存在有说服力的证据证明当事人形成了相关主观意图时，弗里德的理论要求法院根据那个意图解释合同，如果也存在其内容的有说服力

(接上页)自己不受约束，另一方当事人也认为自己不受约束。通过违反合同，合同搭档不仅使自己受到损害赔偿请求权的约束而且也摆脱了相对方"(同上，第117页)。克拉斯韦尔将撤销问题只是视为另一个任意性规则。正像他看到的，"我们需要一些做出如下选择的基础，即将合同解释为除非当事人有相反约定就赋予撤销权还是除非当事人有相反约定就不赋予其该权利。根据克拉斯韦尔的观点，弗里德的允诺原则扩张了允诺人的自由，这点也适用于以其他规则作为任意性规则的允诺制度。所引的段落仅仅主张，我们的允诺制度包含作为一种任意救济的撤销权，但没有任何东西正当化该规则。"("任意性规则"，同注4，第520页)。克拉斯韦尔因此就迷惑地发现，弗里德不仅确认了撤销权的任意性习惯规则，而且其这么做了，根据是"允诺约束力的推论"(同上，第520页)。当发现，关于撤销权，弗里德承认"没有明显的先验理由做出这个或那个回应"(同上，第521页)(引用弗里德的作品)，克拉斯韦尔更迷惑了。但是弗里德的立场是非常一致的。他认为，撤销权的任意性规则的正当性是，"任何其他的结果都会打乱合同条款通常设立的期望"(《合同即允诺》，注30，第118页)。弗里德的主张是绝大多数人主观上都试图使协议受到撤销救济选择的规范，而且本事实提供充分的根据，在任何当事人没有相反规定时推断出这个相互的主观意图。*根据这些前提是正确的假设*，随之是，合同即允诺要求合同包括撤销权救济的选择。假设这些前提是真理，弗里德的理论必须将合同是否由撤销救济选择权规范的问题作为*解释而非添写问题*对待。根据其观点，没有任何合同漏洞以填补没有规定受允诺人是否有权选择撤销救济的协议。毋宁是，在这个问题上，合同法必须尊重当事人的实际意图。此分析与弗里德主张是一致的，即对这个或那个规则而言不存在先验的理由。相反，弗里德的论辩信赖利于撤销任意性规则的后验性(posteriori)理由：绝大多数当事人事实上主观上都试图使它们的协议包括撤销权救济选择权。

因此，最后，克拉斯韦尔的反驳不是说，弗里德的理论与正当化规范撤销的合同任意性规则无关。如果弗里德的事实假设是正确的，他的理论确实提供了选择撤销权任意性规则的正当性(尽管弗里德认为是解释性任意性规则而不是漏洞弥补任意性规则)。克拉斯韦尔的真正反驳是，弗里德的论点还没有令人信服地证明：弗里德的理论*事实上*与此任意性规则相关。克拉斯韦尔的谴责(complaint)是，弗里德还没有证明其事实假设的真实性。他有两点理由反驳在任何既定的合同中推论一个实际的包括撤销权救济的主观意图的根据："弗里德没有引用社会学材料支持其主张"("任意性规则"，注4，第521页注77)；而且"弗里德没有谈任何东西来解释为什么社群中的绝大多数人的期望应当在任何个别案件中必然具有决定性"(同上，第521页)。这两个谴责都构成对弗里德论辩中假设真实性而非有效性的反驳。这些批评中没有任何一个证明，弗里德的理论对撤销权任意性规则没有潜在的暗示。第一个反驳正确地要求，弗里德应当支持事实主张，它可能是真实的也可能是不真实的。如果第一个主张是错误的，那么弗里德的理论事实上与其任意性规则无关。但是此事实绝不破坏弗里德理论与任何其他任意性规则潜在的相关性。其与任何特定任意性规则的相关性会是纯粹依随于人们的主张期望。第二个反驳能够轻易地满足，途径是论证特定案件中此主观意图可以从此类一般人群中此种主观意图频度的真实概括推论得出(没有相反的特定证据)。最后，克拉斯韦尔宣称，弗里德的论点与其采取的其他立场相矛盾，因为"在其分析中的其他论点上弗里德将社群的期望的执行视为侵权领域"(同上，第521页)。弗里德会认为，一致性地，社群期望提供了规范侵权法的*行为标准*，只是就社群期望提供了主观合同意图的基础而言，它才与合同法相关。

的证据。克拉斯韦尔的确非常正当地要求:弗里德正当化当事人在不同问题上主观意图的事实推论,诸如合同救济和免责。但弗里德没有提供这一正当性的例子绝对没有提供对该主张的支持,即弗里德理论*必然*与解释或正当化任何任意性规则内容无关。其只是破坏了弗里德的理论与其所讨论的特定任意性规则的相关性的实例。弗里德的理论与决定任何特定任意性规则内容的相关性开始转向系争问题是否是当事人实际主观意图规范的问题。做出此结论是非常困难的,但弗里德的理论要求做出结论。克拉斯韦尔的批评指出,弗里德需要发展一个体系和合理的不回避该问题而应当如何做出此结论的理论。但是此是*任何*合同理论必须面临的难题。背景规则的理念预设了一个形而上学的硬性的协议范围内外的区分,即使明显是软性的。确实,在其文章的开始,克拉斯韦尔精确地做出了此区分,这时他将背景规则的领域界定为需要解决有关当事人没有"明确解决"的论题的纠纷。因此,在我们能够决定是否要求任何背景规则解决争议之前,我们必须首先决定当事人的协议是否明确地解决了系争问题。像弗里德一样,克拉斯韦尔没有提供应当任何做出此结论的理论。

因此,克拉斯韦尔的论证事实上没有支持其论点:弗里德理论必然与确认和评估任意性规则无关。克拉斯韦尔和弗里德都赞同,以弗里德的话说,弗里德的理论与解释合同相关但是与添写合同无关。由于克拉斯韦尔包括了"任意性规则"项下的两种应用(exercises),我们可以说,弗里德理论与决定解释性任意性规则的内容相关但是与决定添写性任意规范无关。克拉斯韦尔的批评是,弗里德采用了一个未阐明的和无论据(undefended)的理论,该理论决定在既定的纠纷中当事人是否共有相关主观意图。克拉斯韦尔的主张是,以弗里德的话说,在我们不知道裁决案件是否要求我们解释或添写时,我们需要一个任意性规则告诉我们做什么。对克拉斯韦尔来说,漏洞案件就是要么我们知道当事人没有形成相关的共同意图的案件,要么是我们不知道他们形成了什么样共同意图的案件。在任一案件中,法院毋庸言及当事人的意图就不得不裁决。弗里德会将这些案件作为要求法院添写的漏洞案件。作为一个实际问题,法院不可能根据允诺原则正当化其裁决,假定它只是有允诺相关内容的不充分的证据。

但是,我怀疑,克拉斯韦尔在这里的真正谴责是,弗里德主观意图证据的主要渊源是创设期望的"背景习俗和理解"〔80〕以及"未完成的意思(inchoate meaning)"〔81〕。当"通常含义"不适用时,克拉斯韦尔看到了主观意图的不可决定性以及相伴随的真正的漏洞弥补者的需求。尽管背景习俗可能弥补因此而生的漏洞,我们需要一个漏洞弥补的任意性规则的理论来告诉我们是否我们应该如此。然而,对弗里德而言,条款主观上意图的意思必然是以背景习俗为基础的(informed)。因此,当条款的表面意义不能解决问题时,弗里德提及背景习俗来决定主观意图是否可能延伸超越表面意思来解决问题。〔82〕如果在其判断中确实如此的话,那么绝不再需求一个真正的漏洞弥补者—格式合同解释自身就可以做此项工作而且该情况由合同法规范。〔83〕只有弗里德相信背景习俗没有提供有说服力的主观协议的证据,因此才需要一个真正的漏洞弥补的任意性规则。因此,法院必须超越协议,而且超越合同法来解决争议。〔84〕因此,克拉斯韦尔和弗里德之间真正的分歧是关于作为主观上意图的意思证据的背景习俗地位的问题,而不是合

〔80〕《合同即允诺》,注30,第84-85页。

〔81〕在语言哲学中这是一个常识,即解释一个人的用词时,我们不是猜测言者头脑中一些问题的隐藏的但已决定的内容。而是,我们的关注指出并使不完全的意思具体化。(因此当一个人提到从10到1000之间所有的数字,他也意图指数字946,尽管该数字可能没有在其头脑的清单中明确列出。(同上,第60页)。

〔82〕此处,弗里德暂时简要讨论了语言哲学、语义学和合同解释的关系。他的观点,以隆·富勒(Lon Fuller)对维特根斯坦的讨论为基础,就是所有的意思都必然是由一系列语境化的背景期望决定的。因此,"像每个人的表达一样,允诺都是依赖未表达的共有的目的、经验甚至是共有的世界观做出的。没有这些共有的背景,沟通是不可能的。"(同上,第88页)。他主张,"背景习俗系统在所有可能的情况之前对事实性的、认知上可确认的规定"不敏感,但虽然如此仍是可知的:"可能将某事称为解释问题,即使其实际结果还没有预先以充分必要条件进行规定……例如不能认为我们已经预先知道所有什么是残酷行为的事实,不意味着我们将新的情况认为是真正残酷的行为是任意的决定。这里存在理解的因素,而且残酷的概念自身决定了我们的决定,尽管我们不能预先完全知道该决定"(同上,第87-88页)。因此,根据弗里德的观点,法院事后能够做出该决定,当事人意图赋予他们协议条款特定的意思,即使在达成协议时,当事人不可能知道该精确的意思是他们意图的一部分。

〔83〕弗里德采取标准的合同诚信解释来提供明确的法律解释而非添写的例子:"所有案件在通常的实践和对交易通常的理解背景下,合理解释当事人约定、最初意图对圆满解决问题来说就足够了。"(同上,第86页)。本译文采用[美]查尔斯·弗里德:《合同即允诺》,郭锐译,龙卫球校,北京大学出版社2006年版,第100页——译者注。

〔84〕弗里德主张,在当事人认为他们已经达成协议但事实上却没有的案件中,"这些案件不能解决的基础是以协议为基础的——就是,合同即允诺。法院不能执行当事人的意志,因为没有相应的意志。因此,裁判必须基于外在于当事人意志的原则"(同上,第60页)。因此,他主张:"而且,法院离解释内容和添加条款的边界越远,就离开允诺的道德基础越多,把协议强加给当事人的事实就越明显。"(同上61页,本译文采用[美]查尔斯·弗里德:《契约即允诺》,郭锐译,龙卫球校,北京大学出版社2006年版,第69页——译者注。)

同即允诺与解释性漏洞弥补的任意性规则之间潜在相关性的问题。他们的分歧是关于熟悉的尽管复杂的语义理论、习俗和解释之间关系的问题，而非义务论及其与任意性规则之间潜在相关性的深层结构问题。[85]

克拉斯韦尔没考虑弗里德关于意思和合同解释方面的观点，是讨论弗里德理论的作品所常见的。例如，不赞赏弗里德的解释观也使兰迪·巴奈特（Randy Barnett）得出误导性结论，即弗里德对责任客观理论的解释与其自己理论的主张冲突，即合同责任不能强加于不愿意的当事人。[86] 合同的客观理论只有以他们的意思表示为基础才能使当事人在法律上受约束。弗里德的理论清楚地要求，合同义务基于共同的主观意图，而且因此拒斥合同的客观理论，因为它在没有此意思时就施加责任。弗里德认为，合同的客观理论源自古典合同法拥护者由错误思想指导的努力，即将没有主观协议时所施加的真正非合同性质的责任掩饰在合同法的标题之下。[87] 但是，弗里德没有一般地拒绝责任的客观理论。其主张是，在以通

---

〔85〕克拉斯韦尔因此详细地写过该主题方面的作品。参见理查德·克拉斯韦尔，"贸易惯例存在吗?"，载于《公司与商法的法理学》，乔迪·S·克鲁斯与斯蒂文·D. 瓦尔特编（剑桥；纽约：剑桥大学出版社，2000 年）。对我的回应，参见乔迪·S. 克鲁斯与斯蒂文·D·瓦尔特，"捍卫契入(incorporation)策略"（同上，第 193 页。）

〔86〕巴奈特主张，"一些意志理论家不愿意通过承认其他'利益'，如信赖可能优先于意志[引用《合同即允诺》，注 30，第 58－63 页]，解决主观理解和客观上表达的行为的冲突。经由个人受他们自身也不意图执行的允诺的约束，这么一个让步使意志理论丧失了很多力量。要求允诺人的主观意志一直或几乎一直屈服于受允诺人对允诺人客观同意表示的信赖破坏了该观点，即合同义务基于个人意志，而且支持了该观点，即合同义务可能被正当地强加给不愿意的当事人"（兰迪·E. 巴奈特，"合同的同意理论"，哥伦比亚法律评论，86 卷，1986 年，第 269 页。下称"同意"），第 273－274 页。但是，弗里德的观点没有"支持该观点，即合同义务可以正当地施加给不意愿的当事人"。极端相反的是，它采取这个观点，*非合同义务*可以正当地强加给不愿意的当事人。弗里德的理论"承认其他'利益'……可能优先于意志"也并不尴尬。当个人客观上允诺而且使另一方当事人信赖正当化，弗里德坚持认为，国家可以保护客观的受允诺人信赖是正当的，即使允诺人主观上没意图做出允诺。此观点与弗里德合同即允诺的观点完全一致。此责任可通过非允诺性的、非合同原则进行正当化。意志理论只是主张，有且只有允诺人主观上做出允诺时，允诺责任才能被施加。合同即允诺没有任何东西可以阻止弗里德或任何其他理论家认为，国家强制违反个人意志而正当实施。例如，意志理论家没有而且不需反对施加刑事责任，即使此责任正当化的渊源不是罪犯的意志。也可参见，"同意"，第 300－301 页（"合同义务立基于有约束力的意志存在的理论"几乎不能正当化没有实际意志下的合同义务。难于看到一个人如何在法律上和道德上有义务履行其没有实际意图使其自己受约束的协议，而且坚持将义务立基于其有意性。再次，巴奈特将弗里德的理论误解为忠实于该命题，即*任何类型的*责任在没有他们意志时都不能被强加。允诺原则意图要解释和正当化合同责任而非所有责任。

〔87〕另外一个避免必然使用非合同原则解决合同失败的古典法是诉诸所称的客观解释标准。（转下页）

常人的意思为基础施加责任时，只有当假设的通常人的意图提供了充分的根据推断出当事人的主观意图时，因而发生的责任能够作为真实的合同责任。在此情况下，意图的客观表示只是作为真实合同责任（如允诺原则正当化的责任）必要的有说服力的主观意图存在的证据，而非一个施加责任的替代性的非允诺责任。因此，如果假设的通常人的意思没有提供当事人主观意图的充分证据，基于客观（而且断然不是主观性的）意图的责任承担是非允诺性的而且因此是非合同性的。[88] 但弗里德不反对以此为基础裁判案件。确实，弗里德准备承认，存在适当的理由解释，为什么法院不允许个人根据他们主观上不意图他们客观上所表示的意思而逃避责任。第一，这些主张可能有理由被怀疑。但是即使被相信了，法院应当施加责任，以保护允诺人要负责的受允诺人的合理期望，或者通过确保当事人未来会有效精确地表达主观意图而保证合同法的效率。第一个责任根据是基于阻止或赔偿不当或过失伤害。第二个根据是基于扩张未来个人承担合同责任机会的结果论价值。根据弗里德的观点，这两个责任的正当性都是正当的，但是没有一个基于合同责任。因此，弗里德支持以客观理论为基础的责任作为非合同债务的正当情况。但，如果法院相信任何一方当事人主观上都不意图他们客观上表示的，其不应当施加责任，除非这会破坏对客观意思的信任。由于破坏对客观意思的信任，此裁决会危及合同法制度以及其所提升的自治和自由观念。再次，在这种情况下是否施加责任的问题取决于竞争性的外在于当事人（主观）协议的关注的平衡。弗里德的唯一要点是，在这种情况下责任的施加不会是合同性的，即使它可能是也可能不是正当

---

（接上页）在面对主张不同的意图时，法院设想，问其他一些人，如普通人，使用这些协议条款会是什么意思。在某些情况下，这是合理的解决方法，但是非常清楚的是其涉及施加外在的标准给当事人”（合同即允诺，注30，第61页）。

〔88〕弗里德已使此点比其所做的还清楚。回想弗里德的主张：“问其他一些人，如普通人，使用这些协议条款什么意思。在某些情况下，这是合理的解决方法，但是非常清楚的是其涉及施加外在的标准于当事人”（《合同即允诺》，注30，第61页）。这样说吧，使人迷惑的是，为什么弗里德自动拒斥法院的主张，即其是尊重当事人的意志。可能的是，当事人主观上确实意图通常人会意图的，即使存在不同意图的*主张*。当事人始终都做出了错误的、自利的（self-serving）主张。该论点有意义，尽管，如果我们修正弗里德的语句并将其解读为，“在面临*可信的*不同意图的主张时”。如果法院相信，双方当事人主观上*没有*就相关事项达成合意，但是依然解决了该问题，那么，决定不是一个适当的真正的合同法问题，正像弗里德设想的。主张该决定是基于当事人的意志是非常错误的。

的。[89] 因此，弗里德唯一的关注是要捍卫其合同即允诺的观念，该观念针对此主张：客观理论证明合同责任是非合同性的。正如我们所见，弗里德的标准回应依赖概念规定。一句话，弗里德就是想要其清楚，施加所称的"客观协议"责任的裁决没有证明合同不是基于允诺，而毋宁是证明此裁决不是基于合同。弗里德确认了责任的客观理论，但拒绝了合同的客观理论。

克拉斯韦尔的批评因此没有破坏合同即允诺与解释性任意性规则之间的相关性。但是，克拉斯韦尔其他的谴责是有道理的（stand）。第一，正像弗里德承认的，合同即允诺对添写协议的任意性规则（真正的漏洞弥补）没有意义。此承认对弗里德而言绝非障碍，他揭示了其合同理论的目标和经济分析者的目标之间的根本分歧。他的计划是要解释和捍卫合同法的独特性，而不是要解释所有的与执行协议相关的"非合同法"。合同法的经济分析者对独特性命题没有兴趣。他们唯一的目标是要解释与执行协议相关的所有法律规则，根据弗里德的理论无论这些协议是否称为"合同"。这就确定解释了为什么经济分析者发现弗里德的理论没有多大用处。第二，弗里德仍然通过建议考虑弥补不同种类漏洞对这些漏洞应当如何弥补发表意见。例如，弗里德援引了公平考虑来正当化漏洞弥补的任意性规则，公平要求在不可能和错误情况下分享（风险等—笔者加），[90]但是依赖"便利"的考虑来正当化规范要约和承诺的任意性"邮箱"规则。[91] 正如克拉斯韦尔指出的，弗里德似乎没有提供理由解释，为什么不援引公平来规范要约和承诺，或者为什么便利与规范错误和不可能（规则）的规则无相关。[92] 清楚的是，弗里德不能通过将合同作为

---

〔89〕"也许不应该准许允诺人主张他使用的词句的意思和一般所指意思不同。但不允许他证明个人化的、特别的意思以便解脱自己的责任，并不是因为我们怀疑有时人们确实有这种特别的想法。毋宁说，我们也会因为其作为对他方的公平问题或现实的便利而禁止此主张。我们怀疑，或者（1）主张者确实使用了通常的意思，拼上了自己的运气，结果却不太好，现在想要从中解脱；或者（2）尽管她没有这样的意思，但她的对方当事人却有，并且合理地认为她也这么认为，所有要是承认某种意外的、没有料到的、秘密的意图从而打乱了对方当事人的期待，是很不公平的。……要让一个寻求让当事人的真实意图发生作用的法律体系运作，这些都是很合理、可行的理由。当我们真的确信没有一方当事人想要涵盖这一情况，且不惧一般合同责任的逐渐消亡，那么得出上述结论时就没有理由再去执行该合同。"（同上，第 66－67 页）。为更加清楚，最后一句应当解读为，"……没有任何理由再去执行该协议"，因为，根据弗里德观点，执行该案件的唯一根据不是基于合同法。

〔90〕同上，第 57－73 页。

〔91〕同上，第 52 页。

〔92〕"任意性规则"，注 4，第 522－523 页。

允诺得出这些结论，因为据假设，这些规则是非允诺性的。什么是弗里德对这些规则正当化的基础，尤其是弗里德在实践中如何能够协调其结果论原则的使用与其理论的义务论基础，诸如为未来的缔约人提供便利？

这些问题的答案存在于弗里德更广阔的对法律和裁判性质的法学观。[93] 弗里德赞同德沃金的法律和裁判理论，在弗里德写作时德沃金已经发展了该理论。弗里德相信，法院在裁判疑难案件时没有自由裁量权，因为对每一个可能的法律问题都有一个正确的答案。正如弗里德理解的德沃金的观点那样，因为法律必然契入道德性，它为每一个案件提供了唯一正确的答案。法律即"理由充分的原则阐释，包括道德原则"[94]，原则上，在每个案件中它们能够充分产生唯一正确的答案。因此，裁判中的当事人存在法院有义务予以确认的既存的法律权利。在此方面，弗里德看到了其一般法学观和其合同理论之间的相似之处(parallel)。合同纠纷的裁判必须只基于当事人先前的主观意图。根据此种观点，当事人先前的主观意图创设了法院有义务执行的道德权利和义务。因此，合同纠纷的裁判要求法院只采取事后视角。相似地，根据弗里德赞同的德沃金的观点，即使在非合同争议中，裁决必须基于诉讼人先前的法律权利。所有的争议都要求法院认可和确认诉讼人的先前的法律权利。因此，所有争议的裁判都要求法官采取事后视角。所以弗里德将合同法视为执行道德权利，他分享了德沃金的观点，即法律自身契入了道德性。在此方面，弗里德合同理论的义务论性质内含了德沃金权利本位的法学理论的义务论基础。

但是弗里德竭力强调，合同法以及正当化合同法的允诺原则，无论如何没有对不能根据诉讼人的主观意图做出的裁决规定任何限制。裁判的义务论性质产生了适用于漏洞弥补任意性规则(如添写)的限制。根据弗里德的论述，包括道德原则的"法律的剩余(residual)原则"弥补了漏洞。[95] 根据德沃金式的观点，所有的裁

[93] 就弗里德法理学与其合同理论相关性的讨论，参见《合同即允诺》，注 30，第 67－69 页。

[94] 同上，第 68 页。

[95] "我们非常清楚如何填补合同的漏洞。可以说解释没有合同之衣来覆盖当事人的关系，也不会有人赤膊上阵。这些关系会为法律的大衣所笼罩。其实，法律漏洞不存在，会令承认合同漏洞更容易。因为当事人之间的关系不是被他们所做的真正允诺所调整的时候，就是被法律的一般剩余原则来调整的"(同上，第 69 页)。

判都受到法院尊重诉讼人先前存在的法律权利义务的限制。弗里德认为，就是这个个人享有权利的理念要求，个人不能牺牲于诸如效率、分配、利他主义等集体目标。权利源自自治的内在价值—它们能使个人做出计划、考虑和追求它们自身的目标。因为个人以社会的背景习俗为基础做出这些计划，尊重个人权利禁止法院不经妥适通告(fair notice)破坏这些期望。此项权利对确保个人自治是非常基本的。没有它，个人就不能计划和追求它们的目标。因此法律内容就必须通过纯粹具有未来效力的立法或司法裁决做出改变。〔96〕 因此，尽管弗里德的理论没有禁止漏洞弥补任意性规则的改变，它限制了变化速度但没有为变化的方向提供直接指引。弗里德基础的法学许诺内置了支持漏洞弥补任意性规则现状的规范性偏爱。

漏洞案件的诉讼人有权利使其合法期望得到尊重，而且它们的期望是基于社会背景习俗的。〔97〕 有时就是这些同一背景习俗提供了当事人实际意图的充分证据。但是在漏洞案件中，这些习俗既指导了也限制了裁判，不是因为它们提供了当事人主观意图存在的证据，而是因为它们形成了当事人合法并因此受法律保护的期望的基础。因此，通过忽视当事人的合法期望，审判的义务论的局限禁止法院采取*事前*视角。这么做会与诉讼人的个人权利相反。法院不能简单地追求效率或任何其他价值，而不考虑当事人的权利，而是相反必须尊重基于此背景理解的期望。〔98〕 然而，因为诉讼人的权利部分由他们的合法期望所决定，他们的合法期望

---

〔96〕“作为惯例，它们确定了预期、方便了筹划、在判案中约束了法院不管是对效用标准还是对利他主义的探究。因为加入我们唯一考虑的就是效用标准或者利他主义，哪就没有理由说如果法院不管既有的惯例，一时心血来潮擅自决定案件为什么不更好。但法院一般不会这样心血来潮，并且假如有的话也从不承认……效率、再分配和利他当然在法律的众多目的之列。通过根据已成立的惯例、并且只能根据这些惯例来追求上述目的—包括法院希望创制的惯例和逐步形成的惯例—社会承认，个人享有权利并且不能仅仅因社会目的而被牺牲。遵循已有的惯例，使个人可以去筹划、考虑和追求自己的目标。而且一旦他们根据这个背景条件做出计划并且开始着手事实，那么计划成功使中途……就是不公平的。改变只能是人们预料的。(同上，第 84 页。本文原文注明是 85 页，但经查证原文应为 84 页，译者注)。同时此处采用了郭锐的译文，特此说明，参见[美]查尔斯·弗里德:《契约即允诺》，郭锐译，龙卫球校，北京大学出版社 2006 年版，第 97 页。

〔97〕可能是，对弗里德而言，如果不是基于适当的理由，期望是不合法的。背景习俗构成形成期望适当理由的一个渊源。

〔98〕法院……想要保持社会和个人之间的信任，必须探究当前案件的基础认识(包括根据已有的判决而成立的)。那些除了改善社会的宏大政策之外对什么都没耐心的人会认为，这种探究徒劳无功甚至愚蠢透顶—对个人的允诺而言则是刻板教条。(同上，第 85 页)。此处原文采用了郭锐的译文，特此说明，参见[美]查尔斯·弗里德:《契约即允诺》，郭锐译，龙卫球校，北京大学出版社 2006 年版，第 97－98 页。

反过来是由背景习俗决定的，如果背景习俗*自身*允许*事前*视角，那么法院在*那个限度上*（to that extent）也只能采取事前视角。确实，在此类案件中，诉讼人不仅缺少控告的根据，而且也肯定有权根据其合法期望不受破坏而要求法院采取那个视角。这里，他们的合法期望是，在裁判他们之间纠纷时法院会考虑决定未来对他人的影响。因此，允许在解决某种类型的问题时运用结果论式的考虑的背景社会习俗允许，事实上是要求法院在裁判纠纷时将这些因素纳入考虑的范围。总言之，弗里德的合同的义务论理论和法学观使其在裁判中采取事后视角。但是，该视角简单地要求法院确认当事人先前存在的权利。裁判中的当事人有权利不使其合法期望受挫。但是如果他们的合法期望基于背景习俗，其允许在解决他们诉讼的纠纷时考虑这些未来的效果，因此尊重他们的权利与使用事前视角解决纠纷是一致的。通过证明事后视角自身如何要求转向事前视角，弗里德为裁判的事前视角提供了义务论正当性。

最后，弗里德的理论认为（contemplate），解释和添写都依赖背景习俗。当背景习俗提供了解释在审协议的基础时，用来执行判决的国家强制得以正当化，因为其执行了当事人守诺的道德义务。作为弗里德自由理论基础的自治观念要求，个人应有权力承担此义务。当背景习俗提供了添写在审协议的根据时，用来执行判决的国家强制得以正当化，因为其尊重了个人不使其合法期望受挫的权利。强制得以正当化，因为胜诉方有先前存在的法律权利保护其合法利益。该权利反过来是个人形成、改变和追求系统目的的权利的必然推论，这些系统目的是作为弗里德自由理论基础的自治观念的一部分。因此，尽管在解释和添写中背景习俗最终得以经由自治的基础价值得以正当化，在前者中自治是以自愿义务为媒介的，而在后者中是以妥适通告和计划的理念为媒介的。在解释和添写中，只有背景习俗与当事人的主观意图一致时，它们才是相关的。在解释中，不同的背景习俗要么被当事人的主观意图取代要么被默示地援引。在添写中，背景习俗会规范不能由当事人的主观意图规范的纠纷。因此，克拉斯韦尔的指责（charge）是，根据弗里德理论的此种解释，“社会学作满足合同法需求所涉及的所有工作”〔99〕听起来并不真实（ring

〔99〕“任意性规则”，注 4，第 508 页。

hollow)。假定语境与任何解释事业的相关性，所有的合同理论最终都必须依赖社会学、其他相关学科以及通常直觉的结合。克拉斯韦尔的指责必须是，弗里德的理论在解释时有点过度依赖背景习俗。但在没有合同解释理论为什么应当以及应当如何避免或最小化对期望的信赖的论据时，绝不存在此主张的基础。而且在任何情况下，非常清楚的是，在弗里德的理论中，无论社会学做了什么工作，其几乎不能做*所有的*工作。事实上，社会学没有做*任何*规范性工作。社会学与合同法相关，只是因为，根据弗里德的法学观，自由个人主义在合同案件中所要求法院尊重的个人权利，有时是以社会背景习俗为基础的。

如此所理解的弗里德的观点，依然要面临克拉斯韦尔这些背景习俗是如何被决定的实际问题，尤其是法院如何决定的问题，以及此一理论如何提供了批判和建议当下任意性规则未来变化的规范问题。[100] 但是我们的关注不在弗里德的任意性规则进路的实际可行性和理论广度，而是他的理论是否以及如何暗示任意性规则的问题。弗里德对其主张有连贯的论证，该主张是：解释和添写任意性规则以背景习俗为基础是正当的。克拉斯韦尔主张证明，弗里德的理论必然是不相关的，因为它必然采取裁判的事后视角。克拉斯韦尔在这方面是正确的，即弗里德的合同理论对真正的漏洞弥补任意性规则没有暗示，在某种意义上，他认为弗里德的理论必然采取裁判的事后视角也是正确的。但是他错误认为弗里德的合同理论对解释性任意性规则没有任何隐喻，而且弗里德没有连贯的非合同理论捍卫对其支持的漏洞弥补规则。在这两个情况下，弗里德对背景习俗作为任意性规则进行了连贯的论证。弗里德的合同理论支持其解释性任意性规则的主张，而且其法学观点支持其添写性任意性规则的主张。另外，弗里德对两种理论如何允许法院在裁判协议时采取事后和事前视角进行了连贯的解释。而且该解释解释了为什么弗里德相信法院有时考虑不同的结果论因素解决协议救济是正当的。在最后的分析中，克拉斯韦尔的主张没有揭示义务论理论的根本特征，该特征将任意性规则和事前考虑超出他们的能力范围(reach)。而是，它解释了，合同解释暗示(implicate)了重要的哲学和实际问题，它们超越了合同的义务论理论和经济理论之间方法论上的

---

[100] 同上，第 505 - 508 页。

差异。

### 2.4 提要

弗里德的合同的义务理论的方法论许诺解释了，为什么合同的经济分析者通常忽视或拒斥它。弗里德将理论的优先于赋予正当化合同法和揭示其与其他法律部门概念上独特这两个目标。这些使他摈弃或忽视而非解释重要的不能由允诺原则解释和正当化的合同规则。他的概念主义也推进其观点，即法律为规则表述的通常含义，而且与支持理由所提供的推理相分离的案件结果没有理论意义。然而合同法的经济分析者主要对解释案件结果而非正当化它们的规则表述有兴趣。而且他们对维护与其他法律部门不同的合同法独特性命题没有兴趣。确实，假设他们的目标是要解释案件结果，有最大解释力的理论，根据他们的观点，会是跨越不同法律领域提供案件结果解释的理论，并因此揭示其潜在的跨越不同法律领域的统一性而非独特性，如合同法和侵权法。经济分析者不寻求解释合同法的独特性命题，而是想要通过解释消除合同法的独特性。

最后，弗里德的独特性命题，其在合同理论和法学以及他未充分阐明有关语义学和解释的观点之间关系上的难以捉摸的观点，引致曲解和误解。弗里德的让步，即他的合同理论没有说到漏洞弥补任意性规则，似乎确认了经济分析者的观点：义务论理论与此重要的论辩无关。但是正如我们所见，弗里德的合同理论对解释性任意性规则有直接的隐喻，而其关于法律和个人权利的一般法学观同等对添写性任意性规则有直接暗示。对弗里德关于语义学和解释的观点的误读使经济分析者和其他人得出结论，他的规则解释是不一致的、任意的或规避问题的。事实上，他的解释反应了其解释方法论和法学观点的一致适用。在每种案件中，他首先决定，语境是否充分显示了纠纷的当事人可能有与解决系争问题相关的主观意图。然后，他决定哪个背景期望与解释他们协议的意思或弥补他们协议留下的漏洞有关。不同的或表面上不一致的结果反应了背景期望的潜在差异，根据弗里德的法学观点，这些背景期望必然通告了(inform)个人权利而且因此限制和指导裁判。

### 2.5 结论

不可否认，弗里德的理论基于很多有争议的假设，并且其说明毫无疑问也是模糊的。该理论建立在弗里德时代几个深刻和复杂辩论的不稳定的基础上：合同法中古典合同法死亡的经典论辩，批判法学研究以及正在出现的社群主义对自由的个人主义的攻击，语言哲学中对立的语义学理论，以及德沃金式权利理论家和哈特式法律实证主义家之间的法学论辩。不可避免的是，弗里德有时误判了这些漂移的大陆的板块构造学说，而且他的理论就掉进去这些缝隙中。但是它第一次持续努力将合同法与规范性理论结合起来，该理论既有广泛的直觉诉求又有深刻的哲学基础(credentials)。确实，对弗里德规范论证最常见的驳斥不是基于其潜在的康德式自治观念的困难，而是其鲁莽信奉幼稚的法律道德论："国家强制性执行所有道德义务是正当的"这个推论。〔101〕 弗里德传统中的合同的义务论理论因此对合同的经济理论没啥兴趣。那些理论立基于结果论式原则，这些原则被广泛地认为是反直觉的而且在哲学上应予驳斥。尽管没人否认结果论推理与道德、政治和法律理论的相关性，只是到最近认真的学术作品才开始评论该主张，即结果论能够为这项事业中的任何一项提供充分的规范基础。另外，因为义务论理论家将优先性赋予法律理论的规范事业(project)，他们认真对待书面法律是否能够为法律达成的决定提供正当性的问题。尤其是根据最近的理论，它们强调政治正当性应当接受公开检查和论辩的重要性，义务论理论家怀疑这些理论，这些理论试图以排除裁决自身提供的正当性的通常含义的潜在的理由为基础试图解释司法裁决。〔102〕 对与明显的正当性相分离的案件结果的解释可能对实务律师、对法学教授在案例书中组织案例，甚或法院试图考虑约束他们的不可调和的先例是有用的。但是他们对义务论理论没有任何内在的兴趣，因为这些理论为经由法治实施的政治强制追求真实的规范正当性。最后，合同的义务论理论和经济理论之间最根本的方法论差异不仅是它们各自不同的对法律理论的规范和解释事业的优先性，还包括它们自身不同的法律解释目标的观念。

---

〔101〕 皮特·本森就是那个认为弗里德自治观念自身就有瑕疵的唯一的批评者。但是本森反对弗里德理论的根据——就是，最终其是一个目的论而非是义务论的观念——使他也拒斥每一个当代合同理论，除了他自己的。而且，不是质疑合同法自治正当性的可行性(viability)，然而，本森的主张是，当代自治合同理论必须予以驳斥，因为它们没有充分保持其深刻解释了自治规范意义的哲学论。本森因此确认了信赖完全自治的义务论观念的黑格尔合同理论。

〔102〕 例如，在政治自由主义中，罗尔斯认为，国家强制只有通过有效的公共正当性才是正当的，公共正当性应吸收公共政治文化中的共享理念。皮特·本森将此理念适用于合同法的正当性。参见"公共基础"，注77。

### 3. 皮特·本森

在皮特·本森对合同理论的第一个重要贡献中，他将首要性赋予正当化合同法的规范事业(project)，并且将此正当性立基于作为权利移转的同意理念(idea of consent as a transfer of entitlement)。[103] 本森认为，合同法的主要规则符合合同的此种观念。同时他也认为，合同的权利理论依赖纯粹的黑格尔式的自治观念，而且只有此观念才能为合同法提供充分的规范正当性。本森的核心命题是，所有的当代合同理论，除了他的，包括公开以自治为基础的理论如弗里德的理论，都提供了合同法的目的论正当性。同样地，它们的正当性不源自真正的自治的义务论观念，此观念认为个人有自由意志。因此，这些正当性中的每一个最多解释了，合同如何创设了一个道德上附条件的义务。只有黑格尔式的合同正当性才能够解释，合同义务如何以及为什么在道德上是附条件的。而且，本森认为，合同法的核心规则和富有生机的原则只有通过此义务论的自治观念才能够解释和正当化。因此，即使当代合同理论中目的论的论点能够为某些法律制度提供充分的规范基础，它们并不能正当化当代合同法的制度。[104]

然而，本森更近的学术意味着，他不再认为黑格尔式的自治观念自身正当化了合同法。而是，本森认为，合同法的正当性应当类似地转入罗尔斯式的政治自由主义。罗尔斯认为，政治的正义概念只有通过根据公共政治文化中的基本理念来建构正义原则，才能得以正当化。因而产生的正当性没有预设任何特定一般道德观

---

[103] 参见皮特·本森，"抽象权利"，同注 37。

[104] 本森在其整个(作品中)除了兰迪·巴奈特的理论之外拒斥每个当代合同理论，包括明显是以自治为基础的理论，如弗里德和科罗曼的理论，其驳斥的根据是它们最终都依赖与自治的个人自由意志不一致的目的论原则，这些原则不能解释或正当化合同法。本森拒斥弗里德的以自治为基础的当代合同理论(参见"抽象权利"，同注 37，第 1092 - 1117 页；"合同"，同注 33，第 37 - 40 页；"公共基础"，注 77，第 288 - 293 页)及约瑟夫·拉兹(Joseph Raz)，安东尼·科罗曼(Anthony Kronman)(参见"抽象权利"，第 1119 - 1145 页；"公共基础"，第 302 - 305 页；"合同"，第 45 - 48 页)以及查尔斯·格茨和罗伯特·斯科特)参见"公共基础"，299 - 302；"合同"，第 50 - 54 页)，詹姆士·高德雷(James Gordley)(参见"合同"，第 43 - 45 页)，米切尔·桑德尔(Michael Sandel)的混合自治和福利理论(参见"抽象权利"，第 1092，1119 - 1119 页)，以及米切尔·特里比尔科克(Michael Trebilcock)(参见"抽象权利"，第 312 - 315 页)，以及隆·富勒的化约理论(reductivist theory)(参见"合同"，第 25 - 29 页)，以及帕特里克·阿蒂亚(Patrick Atiyah)(参见，"合同"，第 22 - 32 页)，它将合同法包含于一般侵权原则的范围内。本森在其"公共基础"一文中的 293 到 299 页和"合同"的第 40 - 43 页中提出和批判了巴奈特的理论。

的真理性(truth),而是容纳了所有合理的一般观点,其中每一个,据定义,都从其自身观点中确认了政治自由主义。[105] 相似的,本森认为,合同法的正当性必须由两方面组成:一般是在我们公共法律文化中存在的基础规范理念,特别是合同法的原则和规则。[106] 这么一个"公共司法正当性"的可能预设,"在普通法—司法裁决中存在一套默示包含整个合同理论的规范理念,而且,此理论能够解决为裁判合同纠纷法律必须回答的那个问题"[107]。因此本森声称,此套理念为合同法的正当性提供了规范基础。尽管黑格尔式的自治确实为合同法提供了真正的道德上的正当性,其真理性(truth)与提供公共正当性的目的无关,公共正当性根据自由的正义观念"使法律强制实施具有合法性"。[108] 黑格尔式的合同观念简单地提供了统一其他不同的默示在普通合同法中的一组规范理念的解释学概念框架。[109] 因此,黑格尔式道德和政治理论,在合同法的公共正当性中没有任何基本的规范地位,除了就其源自或提供了合同法中公共法律文化中规范意义上的基础理念的合理表述。

通过采取罗尔斯式的合同法正当性的进路,本森有效地将合同法理论的正当性事业转化为解释性事业。本森的初始的事业是要正当化合同法,途径是捍卫黑格尔式的自治观念和证明那个概念如何解释并因此正当化合同法的。[110] 但是他

---

[105] 参见《政治自由主义》,同注15。对政治正当性理念的解释以及其自身不需要也不能保持中立性的批判,参见乔迪·克洛斯,"政治自由主义与真理",法律理论,15卷,1999,第45页。

[106] 本森,"公共基础",注77,第305页。

[107] 同上,第306页。

[108] 同上,第306页。

[109] 本森认为,成为普通合同法基础以及统一普通合同法的合同观念"在从亚里士多德延伸到黑格尔的法律哲学长期传统中已经得到非常严格的完整的发展……而康德和黑格尔的作品,在那里此理念得到最充分的阐释,设想一个哲学上深刻的实践理性的观念,他们的论点能够根据广泛共有的法律责任和义务的日常观念得以提出和理解……换句话说,在他们的合同解释中主要的理念和主张能够以脱离更深刻哲学阐释的方式提出。而且,在更高的抽象层次上哲学传统阐释了合同观念的形式和内容,它能为努力展示已被接受的合同法规则中的连贯性和统一性观念提供指引,因为毕竟,哲学也是开始—而且只能以通常的道德经验开始"(同上,第321页)。

[110] 毋宁是,本森理论的任务是要捍卫黑格尔自治和合同观念,也要证实它解释和正当化了合同法。本森的所有合同理论的作品,仍然,简单地预设了黑格尔式观点的真理性。确实,在那个主要的论文中,他提到了黑格尔合同理论,正像其在论文的最后一段中所提到的,本森重复地以该句开始其序言,"如果黑格尔是正确的"。本森,"抽象权利",注37,第1198页。没有直接捍卫黑格尔的观点,本森捍卫此主张:所有以自治为基础的理论家都试图将他们的理论基于自治的理念,该理念只有通过黑格尔(且可能是康德的)的自治观念而不是在他们自己的理论中确认的观念才能够证明。因此,他的论点是直接针对那些人的,他们一致都承认黑格尔自治理念的规范力量,但没有认识到他们的非黑格尔的自治观念最终没有充分立基于黑格尔的自治理念。

的当前方法不再要求他捍卫黑格尔的自治观念。而且，他必须独立地确认默示在合同法公共法律文化中的规范性的基本理念，并从这些理念中建构一致的合同理论作为裁断所有合同纠纷的基础。本森的下述主张并不令人吃惊，即黑格尔式的合同观念是最佳的合同理论，它是根据合同法公共法律文化的基本理念而建构的。但是，根据罗尔斯正当性的方法，黑格尔的合同法观念的规范力量完全源自内涵于普通合同法规范性的基础理念。该主张，即黑格尔式的合同理论源自黑格尔的自治观念而且因此确认了形而上的深刻的自由意志的观念，则对正当性力量没有任何意义。

本森通过确认私法的三个根本规范理念开始对描述合同法的公共正当性，而且其中一个为合同法固定基准(fixed point)。这三个规范理念发现于该原则，即不当行为有责任，但单纯不作为无责任，[111]人的"法律概念"，被界定为独立地有能力追求善以及作为自由的、平等的人有能力为自己以及由自己占有、获得和实施正当占有的能力，[112]而且两人间私人交易的理念：即通过他们的互动，每方当事人要么从其他人处获得了对某物的正当占有，要么替代性地忍受另一人对他或她正当占有的干涉。[113] 合同法的固定基准是，法律原则上应当保护原告的期望利益。[114]本森不试图正当化这些规范理念或者合同法的固定基准。而且，他主张，他们构成了广泛共享的、自然的和适当的起点，从该起点建构一个合同法理论。因此，他们是作为关于合同法公共法律文化的事实提出来的，而非作为合理的合同法的理念和特征。合同法的任何理论都必须从尝试考虑它们开始。假设，正如罗尔斯建构其正义论一样，合同理论都是运用反思均衡(reflective equilibrium)程序来建构的。正当性任务要求合同理论家努力在一个一致的理论范围内理解合同法规范意义上的基本理念和基准。合同法每一个规范意义上的基本理念和初步基准只有在其不能与有效的最大一致性的理论一致时，才能被拒斥。本森的主张是，黑格尔的理论

[111] 本森通过其学术作品主张："在普通法上存在一个基本原则，该原则提供一个可以解释和阐明私人交易产生的权利和义务的基本观点。我是指……该原则，即以其所必需的受到严格限制的责任的理念，不作为没有责任。本原则贯穿于所有的私法领域，而且也经常被明确认为是规制性的。马上，它因此似乎非常适合作为合同正当性公共基础的组织原则"("公共基础"，注77，第315页)。

[112] 同上，第316页。

[113] 同上，第317页。

[114] 同上，第317-318页。

提供了最有效的理论来解释合同法的这些基本规范理论和固定基准。

因此，本森起初的合同理论建立在黑格尔自治和合同理论的合理性上，以及建立本森成功地努力证明了黑格尔合同观念和当代合同法核心原则与规则之间的实质联合上。然而本森的新进路，构成了罗尔斯政治理论与黑格尔自治和合同理论之间的创造性与原创性组合。其最终的合理性，在很大程度上，转向将罗尔斯政治正当性适用于具体的法律制度及其"公共法律文化"的合理性，以及本森成功地努力证明了合同原则与规则与黑格尔合同理念的实质联合。然而，当下检视本森理论的目的，不是要评估其优点，而毋宁是确认其证明我所讨论的方法论许诺与合同的义务论理论结合的程度。

### 3.1　规范首要性，独特性，与作为材料的规则

本森的事业，首要的是，专注于建立合同法的道德和政治正当性。他从拒斥弗里德将道德等同于法律义务开始，而且他将法律义务基于同意而非允诺。本森最初的理论正当化了确认黑格尔自治和自由意志观念道德上所必要的合同法。本森认为，没有要约和承诺的单纯允诺，产生了康德称为"德性义务"（obligation of virtue）的东西。德性义务是真正的道德义务，但是它们不归功于任何特定的人。此道德义务不能解释或正当化使用国家强制要求赔偿给失望的受允诺人，因为它们没有赋予受允诺人对允诺人履行的相关道德权利。但是，当要约人承诺了要约，承诺既产生了允诺人履行的道德义务，也产生了受允诺人对允诺履行的相关道德义务。康德称产生了相关权利的道德义务为"法律的"（义务）。[115] 对康德和黑格尔而言，作为要约一部分做出的允诺将一经承诺就将允诺的道德权利移转给受允诺人。本森认为，此权利对允诺的任何事物都构成了所有权。执行法律义务的国家强制因此就正当化了保护个人所有权。不履行已承诺的作为要约一部分的允诺构成拒绝尊重（允诺履行的）所有权的移转，而该所有权一旦承诺就有效了。根据本森的黑格尔理论，道德所有权是黑格尔自治和自由意志观念所必需的，而且因为

---

〔115〕就"德性义务"与"法律义务"的区分，参见本森，"合同"，注 33，第 40 页。对此区分的进一步阐释和捍卫，参见本森，"格劳秀斯（Grotius）对自然合同法的贡献"，加拿大荷兰研究杂志，1 卷，1985，第 1 页。也可参见，"公共基础"，注 77，第 293 页（"[合同规则]假设了创设可强制的相关权利义务和只是产生伦理性的忠实义务之间的区分）"（同上，第 297 页。批评了巴奈特的理论，因为以受约束为意图做出的允诺没有创设"可强制执行的相关权利义务关系"）。

此点是不可转让的。[116] 因此，为保护被设想为有真实（形而上意义被破坏的）自由意志的个人所享有的不可转让的道德权利，执行已承诺要约的法律义务的国家强制在道德上是正当的（确实道德上也是必要的）。[117] 而且如我们所看到的，即使根据本森的罗尔斯理论观点，黑格尔式的理解自治的框架在合同法的正当性中发挥重要的作用。其提供了统一的理论，解释合同法规范意义上的基本理念如何与另外一个相一致，与期望救济以及合同法固定基准相一致。换言之，本森的观点是，合同法最基本的规范理念和要素最佳地被视为黑格尔自治理论的有限继承（entailment）。

因此，本森的解释议题（agenda）完全服务其主张，即普通合同法体现了黑格尔的合同观念。黑格尔的合同观念立基于公法和私法的清晰区分，而且在私法内部，财产法、侵权法与合同法的清晰区分。因此，像弗里德的事业一样，本森的黑格尔式事业使其捍卫独特性命题。[118] 本森认为，因为其在私法中独特的地位，合同法不同于其他法律部门。本森认为，私法自身建立在单纯不作为无责任的原则上。[119] 该原则将私法作为自治的专门领域。在私法中，法律责任的唯一基础是尊重自治。财产法通过自治所必需的原始取得确认道德所有权来尊重自治。侵权法经由要求对他人财产（也包括他们的身体）的不当伤害进行赔偿来尊重自治。而合

〔116〕根据本森的论述，黑格尔主张，“自由意志可能性的第一个基本条件是，自由意志的活动应当被设想为独立于根据偏好或更一般的任何产生偏好的任何东西的决定”（“抽象权利”，注 37，第 1157 页）。而且，“自我决定实现的第一个方式必须是作为有能力拥有外在事物的人”（同上，第 1157 页）。因此，黑格尔主张，获得自然事物的道德能力是“不可转让的”。

〔117〕“抽象权利所必需的是解释通过与自由理念一致的实证法律秩序实现合同义务的可解释性。而且，其意味着，人个别的拥有自然事物的能力以及通过合同获得或转让的能力从来不能被完全否认过，无论是国家还是另外的个人”（同上，第 1188 页）。

〔118〕本森在其作品中明确认可此独特性命题。参见，如本森“合同”，注 33，第 29 页（由于弗里德理论“没有试图以与私法的独特性命题相一致为基础正当化合同法损害赔偿的通常规则而拒斥该其理论”）（同上，第 36 页。由于拉兹的理论“似乎没有解释合同的核心和不同特征”而拒斥其理论）。

〔119〕“合同法反映了私法的基本原则，即单纯不作为不可能有责任”（“抽象权利”，注 37，第 1083 页）；“‘不作为’，与没有尊重已经正当属于他人的权利的不法行为相比，我意指是没有对他人赋予利益”（同上，注 8）；“在普通法上存在一个基本原则，该原则提供一个可以解释和阐明私人交易产生的权利和义务的基本观点。我是指……该原则，即以其所必需的受到严格限制的责任的理念，不作为没有责任。本原则贯穿于所有的私法领域，而且也经常被明确认为是规制性的。确实，与公法相比，其被认为是私法的基本和独特特征……根据不作为无责任的原则，权利一直都采取对另外某人请求的形式，该人有相应或相关的义务，而且该权利的内容一直与正当占有能被拥有的某物有关……*除非*而且*直到*人已经正当占有某物，他人才不负相应的义务。义务因此就是就其自身所有的某物而向他人负担的义务（“公共基础”，注 77，第 315 页）。

同法通过便利和执行财产所有权的自愿移转来尊重自治。通过确认和保护所有和移转财产的权利，私法中所有的法律责任的施加都是为了确认和保护个人自治。私法之外，正义也要求，个人应当援助他人且另外要考虑他人的利益、欲求和需要。但是在私法内部，“没人因为没有满足另外一人的需求、愿望或目的而承担责任。人不需要帮助他人获得或保存对任何事物的正当占有。人必不能为的是干涉、伤害或不利影响另外一人的正当占有，无论是先天获得还是后来获得的。不作为无责任的原则只是规定了禁止。”[120]有限责任原则，本森将该它描述为私法的“道德观”，[121]构成了私法三个规范意义上的基础理念之首。

私法的第二个规范意义上的基本理念是“人的法律概念”(the juridical concept of the person)。本森主张，私法预设了，“个人应视作而且只能被视作有能力为他们且他们享有、获得和实施正当占有的主体。这些个人特征和活动，只有在他们能够根据此核心和限定性特征得以解释的范围内，在规范意义上才是重要的。”[122]而且，在每个人都同等有权获得私法保护的所有权的意义上，个人被设想为自由和平等的。[123] 私法的第三个规范意义上的基本理念是两人间私人交易的理念。在私法中，只是根据“通过他们的互动，一方当事人要么从另外一人获得了某物的正当占有，要么替代性地忍受另外一人对其正当占有干涉，责任才能转移。只有在互动具备这个特点的程度上说，它才能算得上交易。”[124]因此，本森主张，不作为无责任的原则、人的法学概念以及交易理念共同形成一个统一的和一致的道德责任理论，该理论作为私法责任的基础，而且它也将私法与所有的其他法律领域区分开来。

接下来，由于合同法所施加责任的种类，合同法也区别于财产法和侵权法。然而财产法简单地移转排他性的占有权，侵权法保护这些权利不受不当伤害，合同法转移期望损害赔偿的责任以保护个人的所有权。而侵权责任是对财产不当伤害的责任，合同责任不要求不当伤害。确实，私法中所独有的期望回报(expectation award)揭示了，合同责任是以该观点为前提的，即允诺人在其要约被承诺而非他实

---

[120] 同上，第 315 页。
[121] 同上，第 317 页。
[122] “公共基础”，注 77，第 316 页。
[123] 同上。
[124] 同上，第 317 页。

际履行时，他即移转正当的所有权。根据此观点，履行自身没有实现所有权的移转。毋宁是，为尊重*先前*在要约被承诺时移转给受允诺人的所有权，履行是必需的。因此，由于信赖允诺产生损害的证据与合同责任无关，正像伤害的证明与偷盗返还诉讼有关一样。在这两个情况中，原告的救济要求，他获得了已经属于他的价值。正像小偷不当干预了所有人对其个人财产排他性的使用权，违约的要约人不当地干预了受允诺人对允诺履行的权利。〔125〕

本森因此通过进行一般原则的抽象分析和揭示期望救济与黑格尔合同观念之间的概念一致性，而维护了独特性命题。他对要约和承诺规则的解释还是抽象的，从来没有降低到规则细节的水平（例如，他从来没有试图解释和正当化要约和承诺的细节，诸如邮箱规则）。而且，本森的理论几乎从来不试图解释规则是如何适用创造案件具体结果的。本森的理论以此理念为前提，即合同法的解释必须解释合同法的语言和概念，不仅仅是合同案件的结果。他最初的黑格尔式理论以及随后的罗尔斯—黑格尔理论，都采取的规则表面的通常含义而且追求自身能统一和正当化这些规则的理论。尤其是，本森的观点是，法律领域，如合同法，必须以作为规则语言通常含义证明的法律自身的观点予以解释。〔126〕 确实，本森非常明确拒斥只是试图解释与法院用来裁判它们的规则的通常含义相分离的合同案件结果的任何理论，这些理论并非是合同理论。事实上，这就是本森对合同法经济理论的核心批评之一：

---

〔125〕“在成立时，而且因此在履行之前和独立于履行，原告在法律意义上必须被表述为已经从被告那里获得了对某物的实际正当占有，而违约干预了该占有，在救济阶段期望判决回复了该占有。在保护期望利益上，法律认为原告应该获得允诺的履行。我们可能从这点推论出，在法律意义上，原告必须被认为在成立时已经获得的是正当的或对履行的法律占有。只有合同才能够以此种方式解释，违约才能构成归入不当行为的不法行为的类型。”（同上，第 319 页）

〔126〕本森写道，“从*法律观点看*［合同法的理论必须］维护合同的基本特征”（“合同”，注 33，第 37 页；强调是后加的）；他将自治理论描述为试图“解释*法律观点*”（同上，注 33；强调是后加的）；他认为，格茨和斯科特以及科罗曼的理论没有“在设定当事人的权利与义务上采取溯及性的*法律观*取向”（同上，注 52；强调是后加的）；他声称，“*合同法*自身呈现为由阐释某些基本规范理念的一套原则和范畴构成的*法律观*”（同上，第 54 页；强调是后加的）；他主张，当代合同理论预设了一个公平的分配理论，即“实证法*没有*以再分配的术语设计而且*表面上其似乎*包含了个人自治和自由的价值”（“抽象权利”，注 37，第 1081－1082 页；强调是后加的）；他声称，“*表面上*，这些法律原则假定了创设可强制的相关权利与义务的允诺以及仅仅产生伦理上的忠实义务的允诺之间的区分”（“公共基础”，注 77，第 293 页；强调是后加的）；他声称，合同法的公共正当性“意味着*在普通法和司法决定中*存在一套默示的包含整个合同理论的规范理念”（同上，第 306 页；强调是后加的）。

经济分析绝不使具有规范理念的法律观作为其分析的即时目标……而是,它以兴趣和偏好开始,而且其唯一的规范原则是福利最大化。至多,经济分析就是将此框架*直接适用得到了合同规则空洞的结论,这些规则从法律观点看与赋予它们生命和意义的规范理念相分离*。它希望证明,这些结论与从*自身观点看*经济学所要求的东西一致。即使经济分析自身变得完美了,它能够合法地主张成为与交易经济学相对的合同法理论也是可疑的。[127]

本森不考虑案件结果反映了其将规则语言和概念作为法源的方法论许诺。根据此种观点,结果就是其解释在于阐明规则通常含义的结果。本森表明其没有任何激情解释他所讨论的规则在具体的事实语境下如何适用产生确定结果。这在其对要约承诺、约因和意图的客观理论的解释中可以看出来。[128] 在每个案件中,他唯一的关注就是解释该规则的通常含义如何与黑格尔的合同概念一致。例如,他也没有做出任何努力解释,为什么法院在一些案件中发现约因而在其他案件中却没有发现。一般来说,本森的观点似乎是,一旦合同规则的通常含义统一在了黑格尔的标题下,合同理论的巨大提升(heavy lifting)就完成了。也存在此观点,即提供了合同法完美的公共正当性的理论内部将包含所有裁判任何合同纠纷所必要的资源。[129] 但是本森广泛的理论努力目前为止还不得不产生合同案件结果的解释。

本森对独特性命题的关注源自其合同法在于规则通常含义的观点。对本森而言,合同法的解释和规范理论的任务是要提供内在地将责任限于自愿移转的规范原则。因此,本森对合同法的经济理论的一个主要批评是,他们所认可的规范原则是“内在地解释性的”:其单独不能解释合同法基本的对责任的规则限制。[130] 例

---

[127] “合同”,注 33,第 54 页(第一个强调是增加的)。本森也写到,“一般来说,福利最大化的讨论,要么作为法律的解释要么作为法律的规范目标,关注法律规则和司法决定的*结论*事实上是否是可以福利最大化为基础阐释”(“公共基础”,注 77,第 307 页)。

[128] 参见,如“公共基础”,注 77,第 307、326 页。也可参见皮特·本森,“合同法的统一”,载于合同法理论:论文集,皮特·本森编(剑桥;纽约:剑桥大学出版社,2001),第 118 页。(该论文还没有被及时吸收到对本森作品的分析中。然而,其对要约承诺、约因、和不公平的对待说明了其非常有兴趣解释这些规则的结构性特征如何与其合同的概念相一致,而非这些规则表述在个案中如何决定特定结果。)

[129] “公共正当性试图证明,公共法律文化,即使是默示地,包含连贯的和确定的合同概念,该概念以能解决绝大多数合同关系中产生的正义问题,即使不是所有的问题。”

[130] 这也是欧内斯特·魏因瑞伯(Ernest Weinrib)《私法的理念》一书对侵权法和合同法经济理论所提出的核心的、系统的批评。《私法的理念》(剑桥,马萨诸塞:哈佛大学出版社,1995 年)。

如，福利最大化的原则自身不能解释，为什么不允许最大化预期福利而强迫进行非自愿的移转。经济分析典型地将合同法的自愿性要求解释为最有效的制度机制，该机制确保财产转移能够最大化预期福利，如果不存在福利扩大的移转的附随的和经验的困难。但是福利原则自身没有内在地禁止强迫性移转。相比而言，本森认可的黑格尔式自治的义务论概念解释了为什么自愿性要求是合同法道德上必要的而非经验上附随的特征。[131]

本森对自愿性要求的经济解释和正当性的驳斥反映了两个方法论许诺。第一是，只有自治的义务论观念才能提供国家强制的充分正当性。因此，根据其观点，证明合同法如何是一种提升最大化预期福利目标的制度变量，根本没有提供任何正当性。最大化预期福利的目标在规范意义上不是合理的正当化国家强制的基础原则。[132] 第二，任何合同法解释的充分条件是，解释原则阐明为什么合同法的基本特征对合同法而言是基本的。经济理论解释了为什么合同法的基本特征附随地具有正当性，而真正的义务论解释，诸如本森的解释，解释了为什么这些基本特征必然是正当的。本森的观点是，只有合同法的此种解释和正当性，才能解释明示或默示在合同规则通常含义中的合同责任的概念。充分的合同法解释和正当性，因此，就必须解释为什么合同法责任基本而非仅仅附随地与侵权责任不同，而且为什么私法责任通常是基本而非仅仅附随地不同于私法领域之外的责任。福利最大化的原则精确地提供了相反类型的解释和正当性。它解释了概念上不同的法律部门如何能够被解释和正当化为专门最大化预期利益的制度变量。对经济分析者而言，福利原则的“内在扩张性”是肯定其解释力的优点。对本森而言，作为附随而非必然正当化的概念上不同法律部门之间界限的经济观点，证明其没有为其要试图解释的法律部门提供充分的解释。简言之，义务论理论解释，而经济理论解释消除合同法明显的独特性。

本森对依赖帕累托以及卡尔多-希克斯效率的合同的经济理论的批评也说明

---

[131] 或者，根据本森的罗尔斯理论观点，黑格尔的自治观念构成了包含在合同法公共法律文化中的最深刻的道德观念。

[132] 或者，根据本森的罗尔斯理论观点，本森的批评是，福利最大化的原则与嵌入在合同法公共法律文化中的深刻的人的道德观念不一致。

了，源自每个理论所赋予的合同法的规范和解释目标上不同优先性的合同的义务论理论和经济理论之间的分歧有多大。本森认为，帕累托和卡尔多-希克斯效率的概念内在地就不是充分的解释工具，因为它们两个都能适用于评估事前或事后交易的效率。[133] 例如，因为每方当事人在其同意协议时愿意选择它，因此一个合乎事前帕累托效率的交易不能在履行时就合乎事后帕累托效率。帕累托效率自身不能解释，赞同执行协议的事前帕累托效率应优先于反对执行协议的事后帕累托效率。一些规范意义上的先验原则对正当化指出事前和事后视角的帕累托调查是必要的。依赖帕累托标准的效率理论家因此在规范上就是不完全的。但是效率理论家典型地没有理由地偏向事前帕累托结果，且继续证明不同的法律规则如何能够经由将它们视为提出了事前帕累托效率的交易而得以解释。这些经济分析者对规定事前帕累托结果首要性非常满意，仅仅是因为这么做它们能够解释案件结果。他们对捍卫帕累托标准自身兴趣不大，更别提事前帕累托结果的规范首要性了。诸如本森等义务论理论家从开始就拒斥帕累托标准，因为该标准在规范上是不充分的，而且他们对检测其解释力也没有表现出任何兴趣。对他们来说，进行此训练也没有意义，因为它不会提升对合同法规范正当性的理解。对关注解释合同结果的经济理论家而言，这是显而易见的。有且只有帕累托标准解释和预测了案件结果，它才是有吸引力的。帕累托原则证明帕累托标准如何统一了一套看似任意的结果，对法律人是有用的。而且，它潜在地有助于合同法的正当性，因为其证明合同案件结果被认为是连贯的而且相互之间是一致的。可能这就是最小限度的合同法正当性所要求的。

本森的理论在哲学上比弗里德更复杂。他的主要目标是要阐明，所有的当代合同理论，这些明显以自治为基础的理论，在性质上最终都是目的论的，而且因此不能维护作为自由意志实践的自治的概念。他拒斥作为目的论的弗里德的理论，因为它最终将遵守允诺的道德义务立基于附随的最大化个人自由的欲求上。[134] 而且他有效证明每个其他的当代合同理论最终如何将合同责任建立在目的论的基

---

[133] 本森的批评与朱尔斯·科尔曼(Jules Coleman)和米切尔·特里比尔科克的批评基础相似。参见“公共基础”，注 77，第 284－288 页。

[134] 本森，“抽象权利”，注 37，第 1103－1117 页。

础上。[135] 在它们的替代中，他认为黑格尔的理论是一个真正的合同法的义务论理论。黑格尔的理论提供了一个明确的合同法道德必然性的论点，合同法体现的是自治、维护的是真实未确定的自由意志。尽管本森对当代合同理论规范基础的把握是坚实的，而且他的黑格尔式的批评非常有效，只不过解释合同规则如何在特定案件中产生特定结果则不是他的抱负。同样和明确的是，提供合同规则通常含义的真实义务论解释和正当性，也不是经济理论的抱负。

### 3.2 事后视角

本森认为，一般私法，特别是合同法，证明了“解决法院面前的特定过去交易当事人权利义务的法律观的溯及性取向”。[136] 正像我们见到的，克拉斯韦尔声称，此溯及性取向使自治理论不能解决关于合同漏洞的纠纷。[137] 记住，弗里德允许漏洞弥补将未来效果考虑进去，因为漏洞弥补脱离了合同法的领域而且由非合同法的一般原则规范。因此，弗里德认为，促进未来缔约的目标有资格作为采取特定漏洞弥补规则的可接受根据。然而，本森似乎明确拒斥任何合同法的目的论推理，而且拒斥合同案件基于其未来效果而做出的所有的司法决定的正当性。因此，本森拒斥弗里德和巴奈特的观点，即合同漏洞应当根据经由降低未来合同预期漏洞频率而减低缔约预期成本的规则来弥补。此推理在性质是目的论的，而且因此与合同义务的解释不一致。故本森必须要么否认合同漏洞的存在，要么解释法院应如何

---

〔135〕本森既证明了当代合同理论的目的论性质，也证明了他们如何没有作为与私法基础的规范意义上的基本理念和合同法的独特性相一致，如期望损害赔偿。尽管他所证明的这些理论的目的论性质是令人信服的，他对某些合同的经济理论的描述并不一直都同样令人信服。例如，本森同意特里比尔科克的主张，即格茨和斯科特的净有利信赖理论支持在当事人没有法律上受约束的同意下施加合同责任。因此，他拒斥与规范意义上不作为无责任的原则不一致的理论（“公共基础”，注 77，第 300－303 页）。但是格茨和斯科特的理论没有支持在缺乏受约束的同意时施加责任，而且他确实在此情况下拒斥责任。毋宁是，他们的理论有效地为此意图提供了解释规则。他们赞同协商语境下的执行，在此语境中，受法律约束的意图比没有此意图更可能得到执行；且在非协商语境下反对执行，在此语境中，如果没有特殊情况，受法律约束的意图比没有该意图更不可能得到执行。他们的理论只是为决定当事人没有明确的受法律约束意图的证据时提供是否执行允诺提供“解释性”的任意性规则。

〔136〕“合同法”，注 33，第 52 页。

〔137〕特里比尔科克也提出了克拉斯韦尔对自治理论的驳斥。本森如下表达特里比尔科克的观点：“我们不应当忘记，规则是在裁判语境下予以阐释的。因此，规则会被作为他们之间纠纷的解决方法而施加给一方诉讼人，即使他们将没有任何机会就它们进行缔约。然而，这违反了它们的自治，不可避免地制造了福利和自治价值之间的紧张。”（“公共基础”，注 77，第 283 页）。

只根据自治的事后考虑来弥补漏洞。

本森的第一个策略是论证，像弗里德一样，克拉斯韦尔相信构成合同漏洞的案件事实上不是真正的漏洞案件。本森声称，克拉斯韦尔援引了广泛不足信的理论才产生漏洞案件，该理论将解释限于明确的意思而且不考虑语境所默示的意思。〔138〕 例如，本森认为，一旦默示的语境意义被考虑进去，不披露、错误和受挫规则能够根据实际同意而正当化，并且因而，正如克拉斯韦尔所声称的，不能构成漏洞弥补的背景规则。〔139〕 本森声称，当“一个人以如果他知道现在所知道的就不会订立协议为根据，而试图免除其履行义务”，那么这些规则中的每一个都可以适用。〔140〕 根据本森的观点，他们是否应予免责，取决于他们在相关情况下是否明示或默示免除履行。在没有明确的语言规定特定的免责条件时，本森认为，当事人应当被认为已经默示同意作为合同义务基础的一般原则。尤其是，当事人应当被认为已经默示(但依然是实际的)同意不作为无责任的原则。因为在当事人有意承担合同责任时，他们默示同意合同法的背景原则，而且不作为无责任的原则是这些原则中的一个，所有的合同当事人应当被初步解释为已经“承担了此损失的风险”。〔141〕 此初步解释能够被证据推翻，即一方当事人明示或默示地使他方的合同权利和义务“以没有某些信息不完善为生效条件”。〔142〕

法院如何决定，当事人是否默示同意特定的不披露、错误或目的受挫构成免除履行？本森认为，法院必须决定：

---

〔138〕“公共正当性不将能够产生合同义务的意志行为的类型限于当事人的明确语词。任何种类的行为或语词可以提供意志表示的基础，该意志表示能够合理被解释为互为相关的自愿行为。而且，正像任何有意义的行为或话语一样，此行为或语词必须在给定的特定语境中予以看待和解释。”(同上，第 323 页)

〔139〕“公共正当性将风险分配植根于当事人的实际同意……实际同意可能是明示的也可能是默示的。核心观念是，分析完全转向了当事人实际做了什么。以这种方式，其完全是溯及性的而且对动态考虑漠不关心。”(同上，第 328 - 329 页)

〔140〕同上，329 页。本森继续认为：“在不披露案件中，问题是，拥有信息的当事人应当已经披露给现在要求免责的当事人。在存在错误或受挫时，典型的是，在进入协议时任何一方当事人都不拥有此信息。”(同行)

〔141〕同上。

〔142〕同上，第 330 页。本森持续认为：“当事人使履行附条件的共同意图，不仅可以从当事人明确语词也可以从他们交易的“实质、语词和情景中”推断出来。简言之，此共同意图可能也被发现默示在其协议中，正像在特定的语境中做出的解释一样。在两种情况下——明示和默示——应予强调的是，此决定是从当事人已经实际所做的推断而得出的。“(同上，第 330 - 331 页)

当事人的共同意图，溯及的基础是他们明确表述的行为或意志，该意图应当根据客观标准合理进行解释。标准是：根据其周边环境看待合同的条款和标的，我们才能推断，作为通常人，当事人考虑或应当考虑，履行义务明显取决于不发生意外事件，如果意外事件引起他们的注意，他们会认为没有必要明确规定在他们的协议中？如果这样的话，法院发现使履行义务取决于没有意外事件发生这个默示条件，就是正当的。〔143〕

本森的分析有效地将不作为无原则的原则作为“解释性”的背景规则，依该规则在没有相反证据时当事人的意图会被如此解释。他的观点是，此原则是大家所知的，而且因此构成了解释合同意思的客观渊源。合同当事人不能表明相反意图就正当化了此推论，他们意图由背景理解来规范。除非语境证据证明了相反的意图，所有的当事人实际上，尽管默示地，同意法律上受约束来履行，毋庸考虑任何不披露、错误或目的受挫。因此，本森的理论，像弗里德的一样，依赖了解释模糊性和真正的合同漏洞之间的不同、弗里德解释和添写之间的差异。本森主张，每种不披露、错误和受挫免责的情况都能够被简单的解释而非添写解决，因为当事人一直都默示受到履行的约束，除非明确的条款或语境有相反规定，在此种情况下他们默示地意图履行是有条件的。无论任一方式，问题是决定合同意图而非弥补合同义务不存在时的漏洞。本森的合同理论因此能够解决不披露、错误和受挫的问题，而不必采取考虑未来效果的事前视角。相反这些案件都唯一转向对当事人合同意图的事后调查，虽然是默示的或默许的(tacit)。因此，这些规则不要求本森的理论牺牲其独有的目的论性质。

现在，像克拉斯韦尔一样的经济分析者可能发现因为两个理由此回应不能令人满意。第一，尽管这些规则观确实证明这些纠纷是如何适用事后视角来解决的，本森对法院决定或不决定允许这些免责的情形没有提供任何指导。根据本森的观点，其取决于法院对当事人实际意图的决定，该实际意图反过来可通过回答以下假设问题而发现，即如果当事人已经引起注意免责，他是否会同意。本森对法院肯定或否定回答该假设问题的情况没有提供任何解释。相比而言，这些规则的经济分

〔143〕同上，第332－333页。

析试图确认当事人情形的结构特征，该情形使法院免责或要求履行。因为一些经济解释通过精确地问本森所问的同一假设问题开始，因此将本森的观点与经济分析提供的更细致解释结合起来是可能的。这些经济分析经常坚持认为，在他们确认的特定情况下法院发现免责事由，因为这些情况是，如果当事人已经考虑到它们会同意免责。但是经济分析没有做出进一步论证，即此假设协议提供有说服力的证据：当事人事实上实际同意此免责，尽管是默示的。根据免责可能允许当事人在未来最大化合同的预期共同价值，在这些情况下它会正当化免除履行的实践。但是本森主张，这些情形是纠纷当事人确实同意履行会被免除的情形。对经济分析者而言，此推论是没有必要的，因此本森的分析对解释事业没有增加任何价值。然而就本森而言，实际意图的推论对维持合同裁判不允许事先考虑，是非常重要的。

经济分析者可能发现本森解释不能令人满意的第二个理由是其规定而非证明了，在没有相反的明确或语境性证据时，所有的当事人实际上都意图使他们的合同不包含免责。克拉斯韦尔的直觉是，至少在一些案件中，当事人就是没有考虑，默示或另外地，履行是否通过特定的条件免责的问题。本森主张，不作为无责任的原则对合同法是基本的，而且因此，其他都一样，所有的当事人都沉默地同意它。但是本森从不作为无责任原则到针对假设的推断回避问题。不作为和不当行为的区分预设逻辑上先验地决定当事人的义务。如果一个合同包含免责，不履行构成不作为而不是不当行为。据定义，如果当事人的履行被免除，他没有履行的义务。免除履行责任因此就完全与不作为无责任的原则相一致。确实，在面临有效的免责时责任的施加自身会违反不作为无责任原则。因此，不作为无责任的原则，使责任的施加转向对逻辑上先验地和独立地决定当事人的义务。该原则自身只有在当事人义务已经被决定时才能被适用。故，首先该原则在逻辑上与做出那个决定是无关的。从而，本森的主张，即当事人默契地意图使他们的合同不包含免除履行条款，依赖一个回避问题的论点。假设不作为无责任原则没有为推论出免责问题上的实际意图提供根据，那么本森的主张就归结为至多是基于直觉的断言，而克拉斯韦尔并没有这样。

并不令人吃惊的是，本森的论证没有证明合同漏洞逻辑上的不可能性。即使有某些理由相信绝大多数当事人都默契同意不能免除履行，依然可能的是，在某些情况下，当事人不可能同意任一方式（作为主观或客观意图问题）。弗里德强调，实际意图，即使只是默契或默示的同意，只能走这么远了。根据他的观点，原则上合同漏洞一直都是可能的。通过否认合同漏洞的可能性，本森避免其义务论承诺受到检测。但是他该观点的论证没有成功。本森主张，在合同法的公共法律文化中存在其他一些原则，这些原则是当事人是默契同意的而且因此避免了合同漏洞。此方法使人想到弗里德求助法律的一般原则弥补合同漏洞的策略。但是因为弗里德承认合同漏洞，他主张，这些原则不是合同法的一部分而且避免需要主张：当事人默契同意它们。因为本森忠于发现合同法的此类原则，而且在合同法内拒斥目的论正当性，他被迫认为，每个人必然都默契同意作为合同法基础的所有原则。通过坚持该主张，本森冒了淡化同意的规范意义的风险。

本森对期望损害赔偿的讨论证明了通过将合同漏洞界定出去（by defining them away）而回避合同漏洞问题的同一趋势。克拉斯韦尔认为，当事人有权对违约获得什么救济的问题在合同中经常没有规定而且因此构成了必须予以弥补的漏洞。本森主张，期望损害赔偿，正像不作为无责任原则一样，仅仅是合同法的一个构成部分。但是不像其对错误、披露和受挫规则的分析，本森没有提出，期望规则因此构成了“解释性”背景规则，这些规则在没有当事人相反的意图表达时创设了期望损害赔偿的初步情形（prima-facie case）。反而，他好似主张，最佳的合同法公共正当性必然在所有的合同中包括期望损害赔偿，因为其是与作为合同法基础的规范意义上的基本理念相一致的唯一救济方式。根据此观点，期望损害赔偿对维持和解释合同法的独特结构是不可或缺的，因为任何其他救济都会与独特的合同理念不一致，即所有权的移转发生在成立阶段而非履行时。[144] 本森对期望损害赔偿计算方法的捍卫等于此主张，即承诺要约的受允诺人必然有权得到允诺的履行或其等价物。本森的主张，因此就是，克拉斯韦尔误解了作为合同漏洞的合同救济

---

[144] “合同成立在协议时发生非物理性占有移转的理念，接下来，原则上意味着一个违约期望损害赔偿的权利。期望损害赔偿，我认为，适合此合同的观念而且可以从该观念默示出来，与不作为无责任的原则一致……如果原告限于信赖损害赔偿，合同不能被视为赋予与原告已经对交易享有的事物不同的任何占有，或者除原告已经对交易享有的事物之外的任何拥有。合同不可能被设想为一种取得模式，而且被告的履行义务会适用于先于且独立于被告允诺原告所拥有的某物。违约诉讼与针对在自愿义务的成立和履行中没有尽适当注意的被告的侵权的请求权一样。但是，要约承诺或约因不需要进一步的法律要求。我们不能解释此法律观”（同上，第 324－325 页）。

问题，不是因为当事人默示同意期望救济，而是因为期望损害赔偿的救济是分析性的：其是合同理念所必需的。没有回避克拉斯韦尔问题，通过将期望救济解释为分析性的，本森就是在不相干的层次上再次提出该问题。

本森的主张是，当 A 向 B 允诺"去做 X"，那个允诺使 B 对 A 做 X 履行的权利成为必要。任何其他救济都会与该理念不一致，即合同在成立时就将对 A 履行 X 的权利从 A 移转给 B。但是克拉斯韦尔的问题能够重置于本森的分析框架。克拉斯韦尔的问题是，如何解释 A 对 B 的允诺。可能的是，A 的允诺是"做 X"，从属于这个默示要求：在他没有做 X 时，其唯一的义务就是要补偿 B 因为信赖 A 的允诺遭受的任何伤害。作为选择，也非常可能的是，A 没有考虑到 B 是否因为其不能履行 X 而应有权获得期望损害赔偿或信赖损害赔偿，就做出了允诺。在这两种情况下，本森的主张，即期望损害赔偿是分析性的，没有规定购买违约时 A 必须支付的数量（的赔偿）。如果法院决定，A 的允诺是"做 X 或支付信赖损害赔偿"，于是，以本森的话说，法院通过要求 A 支付 B 的信赖损害赔偿而不是 B 的期望利益（即如果 A 已经做 X，B 会获得的价值）来判予期望损害赔偿。如果法院决定 A 完全没有考虑到，默契或另外地，不能做 X 的适当救济，那么要求 A 支付 B 的期望利益不能根据期望对合同是分析性的而正当化。如此界定，期望仅仅要求允诺人给受允诺人他的期望利益。但受允诺人的期望转向什么是允诺的。在真正的漏洞案件中，允诺在已经允诺什么救济的问题上保持沉默，因此本森所设想的期望救济不能为要求 A 支付 B 什么赔偿提供任何指引。期望只是要求 A 支付 B 其允诺的价值，但在决定 A 的允诺的内容上没有提供任何协助。因此，本森的期望分析的难题与他对不披露、错误与受挫的分析的问题是相同的。在两种情况下，他所援引的原则预设了他使用它们要回答的问题的答案。正像不作为无责任原则预设并不能决定先存的当事人义务一样，本森依赖的期望的分析概念预设了先前决定而且因此不能决定允诺的内容。因为允诺能包含规范一旦不履行允诺人义务的条款，期望救济的判予，正像本森所设想的，要求先验决定受允诺人有权得到的允诺救济。简言之，本森期望的分析性概念是内容无涉的。其指引法院执行当事人的协议，但是其不能为解释协议的内容提供任何指导。而且正好就是该决定致克拉斯韦尔搜寻解释性的任意性规则。本森只有通过规定一个空洞的、分析性的期望概念来回避该搜寻，该概念将真正的合同漏洞假定出去。

因此，本森对克拉斯韦尔批评的回应坚持维护事后视角，但其是经由不解释案件结果和忽视解释法院如何会或应会如何解决真正的合同漏洞这么做的。然而不像弗里德，本森不能利用不同的采取漏洞弥补规则的目的论正当性。大概，本森感觉被迫拒斥弗里德漏洞弥补的理论，如最大化个人自由，最小化未来当事人主观和客观意图差距(gap)的相似目标，因为这两者都是典型的目的论。一旦承认真正的合同漏洞是可能的，而且不能通过分析技术将其存在通过界定予以消除，随着将根据转移到目的论观点，本森将面临弗里德要面临的重大抉择(crossroad)。但是一旦承认真正合同漏洞的可能性，难于看到他如何能够采取该立场(不像弗里德的观点)：漏洞弥补必须发生在合同法内而且没有任何目的论的观点能够被用来正当化漏洞弥补。如果同意不能解决问题，其他某物必须取代它。但不是非常明显的是，从裁判事后视角看，和当事人和他们交易有关的什么其他事实与弥补漏洞相关。除非本森最终赞同弗里德，真正的漏洞超出了私法领域，他理论对事后视角的忠实看来使其不能提出合同漏洞难题。

## 4. 结论

当代合同理论共享发现合同法内部连贯和一致的抱负。此发现既提出了律师业、法律设计和裁判的实际目标，也提出了正当化经由合同法实施的强制的规范目标。尽管有此共有的抱负，合同的经济理论和义务论理论似乎处处有分歧。合同的经济理论和义务论理论很多明显是第一层级的分歧，事实上反应了在下列问题上默示的第二层级的分歧，即规则表述法和纯粹案件结果法的地位，合同理论的规范和解释事业的相对优先性，以及合同法、私法的其他领域以及公法之间概念界限解释的性质和意义。我已经提出，合同的义务论理论倾向于将规则表述而非案件结果作为合同法的本质，赋予合同理论的规范事业以首要性，而且相关将与其他法律部门相比的合同法必要的独特性作为合同法的基本特征，任何充分的合同理论必须解释此点。相比而言，合同的经济理论倾向于将单纯的案件结果作为合同法的本质，赋予合同理论的解释事业以首要性，而且试图积极解释消除而非解释合同法明显必要的概念独特性。

然而，我不认为，这些方法论倾向中的任何一个自身是合同的义务论理论和经济理论必要的许诺。我的主张是，每种最成熟的理论都证明这些倾向，而且注意它们有助于理解经济理论家和义务论理论家经常互有成见而非相互争论。令人吃惊的是，看似需要相反许诺的合同的义务论理论和经济理论的方法论问题，结果不是解释这些进路的任何系统性差异。因此，义务论理论和事后视角以及经济理论和事前视角的强烈结合没有解释这些理论提出的不同的规范和解释立场。而本森针对合同漏洞表示了义务论许诺，因为他依赖否定合同漏洞可能性这个失败的论点，他对合同漏洞是否可支撑的立场则是不清楚的。通过跟从弗里德的(方法)以及将漏洞归入非合同法等，他可能最终被迫允许考虑目的论。但是非常清楚的是，对弗里德而言，看似是哪个视角最适合于裁判问题上的深层的第二层级分歧，在绝大数多情况下被证明是，如何解释特定合同问题上真正的第一层级分歧。义务论理论家倾向于满足将解释问题留给语境变量以及“共有的背景理解”，而经济学家倾向于要求更坚实的、更加具有可操作性的合同解释标准。在此方面，通过努力阐明明示条款的意思以及不同的共同商业语境下的特定背景理解，它们都很好地服务于两项事业。义务论理论家和经济理论家在此方面的差异可能通过以下两个方面得到最好的解释，法律经济分析历史上都渴望成为准科学，而法律的义务论理论历史上是作为纯粹哲学理论的适用而发展的。因此易于理解的是，为什么经济分析者以可预见的有效可操作性的检测努力取代模糊的解释调查，而熟悉和习惯于语言哲学永久难题的义务论理论家，不会看到任何理由和方式避免该结论：使法律从属于意思的深刻复杂性和最终的不确定性。

作为当代合同理论分析基础的方法论许诺在逻辑上不是强迫的，在不同的程度上，在我考虑的主要理论中它们都是显而易见的。通过注意这些差异，合同理论家能够以对协议真正的分歧点的丰富调查来取代无意义的论辩，而且开始根据最适合它们的标准来评估相互的理论。最终，希望是，通过暴露这些方法论上的差异，一个更完善的合同理论才能得以发展，该理论清晰地阐明和捍卫其方法论许诺而且为合同法提供更广泛的解释和正当性。

# 第 19 章 财产法哲学*

Peter Benson 著 蔡立东** 译

## 1. 导言

本章探讨作为私法理论之一部分的财产权(the right of property)。总的看,关于财产理论的晚近研究将其作为基本问题关注、也必须关注作为分配源于社会合作之利益与负担的诸主要社会制度之一的私人财产正义。[1] 视其为社会、经济和政治制度的复杂体系之一部分场合,私人财产可能从政治的、也就是分配的正义的立场被评价,也可能与分配财物(holdings)的其他方式相比较。如果一个社会承认私人财产,首要问题就是,如果在多大程度上允许财产持有的不平等。[2] 而且,完全着眼于实现社会和政治正义之目标,理论上必须确定何种物(例如,自然资源、生

---

* 我要感谢 Daniel Batista、Joshua Getzler、Katie Sykes、Sophia Reibetanz 和本文的匿名读者对本章早期版本的有益建议。我特别感谢 Jim Harris 和 James Penner 细心的书面评论和建设性的对话,这使我于 2001 年 2 月在牛津大学提交作为牛津大学 Toronto 法理学会议一部分的论文时,受益良多。

** 吉林大学法学院、吉林大学理论法学研究中心教授,主要从事民法哲学研究。

[1] 就以下著作的确如此,如 J. Waldron 的"对私人财产的权利"(Oxford: Clarendon Press, 1988); S. R. Munzer 的"财产理论"(New York: Cambridge University Press, 1990)以及 J. Christman 的"财产的神话"(New York: Oxford University Press, 1990)。两个著名的例外是 J. W. Harris 的"财产和正义"(Oxford: Clarendon Press, 1996)以及 James Penner 的"法律中的财产观念"(Oxford: Clarendon Press, 1996)。后两本著作和我的工作间的区别在于本章明示私法明确的规范思想,研讨在将其视为严格地且完全地在这种思想的要素之内场合有关财产的权利存于何处。

[2] 这一表述取自 Munzer 的"财产理论"第 191 - 192 页。通过对这一他所称的关于分配公平问题的回答,Munzer 提出了统合关于功利与效率、正义与平等以及劳动与应得之各自规范的多元正当理由。参见该书第八、九、十章。

产资料等等)能够被私人所有和转让及其必须遵守的限制和限定。

对财物分配专注明显与私法关于财产所有和取得之原则的内在指向相对立，后者表面上似乎与上述关注无关。事实上，关于这些原则在私法内如何被理解和应用的最浅显掌握都会揭示有关分配的问题甚至不会作为一个相关的考虑被提出。无论基于政治和社会正义的立场分配问题多么紧要和核心，关于财产所有和取得的原则就好像它们不存在一样发挥作用。进而似乎是财产理论必须首先关注私法中有关财产的、明显与分配无涉的思想。首要的是要对此做出解释，这也是当代的财产理论研究所未应对的。在几个世纪以来、主要的发达法律传统不仅视财产权利为私法之基本和实质元素，而且认为财产权最纯粹、最原始的表达源自由其提供统筹性术语之私法的背景下，此种解释更显必要。加之，着眼于分配正义的角度对财产制度的评价以及立基于此的合理界限的确定，预设了个人排他地所有物和以引发个人权利和义务的方式处分物在道德上是可能的。对这一问题的探讨不仅本身是必要的，也是基于分配正义的立场进行任何其他研究的前提。

我们的主题进而是私法中财产的理念。而且我提出的规范的正当理由就像其属于且在私法范围发挥作用一样，将财产作为其主旨。我要(即使只是有条件地)假定，私法作为独特的原则、法则和因素构成的整体能够在其自己的术语被合理地分析，它具有规范的性质和其自己的完整性。依此观点，私法设定了其自己的关于针对性、合理性和公平性的明确要求——这些要求并不必然与那些政治的和分配的正义的要求一致。尽管私法是、而且最终被解释为包括且超出私法的法律体系的一部分，当前的研究并不立即涉及私法和其他法律领域的关系。为确证私的财产法尽管其明显与分配问题无关，但能够事实上成为正义的自由体系之一部分，有必要提出激发了这一与分配观念无涉之合理性的认知，揭示其表达了性质上妥帖地属于自由主义的自由和平等意旨。我试图在罗尔斯意义的概念上通过提出一个旨在立基于公共的基础上的正当理由来完成这一工作。〔3〕我以导言的方式总括

〔3〕参见约翰·罗尔斯："政治自由主义"(纽约：哥伦比亚大学出版社 1993 年版)和"重思公共理由的观念"(载于 S. Freman 编的论文集，麻塞诸萨：剑桥：哈佛大学出版社 1999 年版)。我相信我在本章中构建正当理由的公共基础观念的方法与罗尔斯的理解一致。当然，作为解释的问题，有人可能不同意这一主张。在任何场合，我采取的取向都必须是自立的——或者根本不是。这里，我必须指出，大概在最近关于财产理论的贡献中只有 Harris 的"财产和正义"(注 1)第十章探(转下页)

性地揭示我全文预设的“私法”思想以及我将正当性基础视为“公共”的意义。

我所理解的“私法”以特定的、且事实上独特的我称之为“法律”的(juridical)权利意旨(conception)为特点。为给讨论定向,我在本章开始就提出这一意旨。然而它不应该被视为随后内容的先验基础和解释原则。更确切地,这一意旨旨在在更概括的层面明了表征私法不同领域之最基本法则的普遍特点和要求,就如同大多数普通法法域已经基本确定的一样。本章中,我要以更具体的方式试图表明法律意旨如何反映于财产权利。[4] 基于这一介绍性表述的目的,我明确权利的法律意旨的三个基本特点。

第一,法律意旨预设了为确证一个针对被告的有效诉请,原告必须持有某些独立于且先于被告之不法行为的、来自其针对被告之绝对权利的理由。我们从以下事实抽象出该特点,即在侵权或合同中,法律视基于对原告权利的损害而取得之损害赔偿或特定救济为被告应向原告给付的补偿,通过给予这些救济法律旨在将原告置于其先于被告之不法行为的境况。因为在法律世界中,救济被理解为对损失的补救,而不是授予原告新的东西,法律必须假定:先于且独立于不法行为,原告已经基于其自己的(suum,应得)、被告基于义务不得侵犯的权利拥有某物。而且,既然被告应给予原告救济,后者必须持有某些来自其针对被告之绝对权利的理由:某些种类的所有者利益。就法律意旨而言,个人受保护的利益是、且必须是以这种方式被界定为正当。除非且直到某人拥有此类所有者利益,其在权利的法律意旨范围内欠缺提出一个针对他人之有效诉请的基础。进而,诸如某人想要或需要某物的事实不能为其提供任何针对他人的有效诉请。基于这一角度,于权利的法律意

---

(接上页)讨了财产正当理由的公共基础之可能性,尽管他未这样称之。他评价了财产制度的合法性,他的评价是从关于他所谓的用以进行关于社会和政治制度的公共辩论的合法人类组织的最低限度思想的角度出发的。这是他主张的“事实上被现代社会公共文化接受的”(前注,第180页)思想。这接近立基于公共基础的正当理由问题。正像我对它的研究,我们各自的正当理由之间的主要区别在于我所提出的完全建立在内在于和专属于权利的法律意旨的意义上,因而私法被理解为一个独特的规范领域,而Harris的主张则不限于此。

〔4〕在先前的文章中,我试图揭示这一法的思想如何反映于合同法和侵权法的法则和原则中。参见P. Benson:“合同法的协调”(以下称“合同法”),载于P. Benson编:“合同理论:新论文集”(纽约:哥伦比亚大学出版社2001年版),第118－205页。以及P. Benson:“侵权法中排除对经济损失之责任的基础”(以下称“侵权中的责任排除”),载于D. Owen编:“侵权法的哲学基础:论文集”(纽约:牛津大学出版社1995年版)。

旨中关于受保护利益的认知明显不同于通常将合法需要视为提出针对他人之请求的适当基础之政治思想的相应观念。不具备必要的所有者利益,法律意旨不能确认个人间的任何权利义务关系,也不能确认责任和不法行为的可能性。由此被告仅受制于禁止损害源于所有者权利的物:在普通法的结构中,不作为不产生责任。〔5〕

第二,法律意旨假定受保护的所有者利益、也就是原告的权利乃是这样的事物,其受损的唯一途径正是通过当事人间的外在互动。且还依次假定原告所拥有的是外在地受被告外在的明确选择影响之事。我们暂时假定,利益的客体可能是身体的完整性,也可能是可以合理地视为外在于原告的某物。〔6〕完全相关的问题在于是否被告在与原告相关意义上实施的选择(行为或疏忽)能够算作对原告受保护之外在利益的妨碍,不考虑被告的特定目的或内在意图,也独立于被告的选择可能给原告的需要、愿望或优势造成的影响。我已经指出,十分明显的不关心需要是权利的法律意旨区别于权利的政治意旨的标志。且此与普通法中不作为不产生责任之原则相符合。不能存在救助的一般义务,因为这将导致即使在被告未以影响原告受保护之外在利益场合,后者的需要能够成为针对前者之诉请的基础。但是这与法律意旨不相融合。

---

〔5〕不当作为和不作为的区分是私法一个基本的、事实上也是一个统筹性特点。正如 Francis Bohlen 所言,"没有什么区分更深地根植于普通法,也没有什么更为根本"。参见 F. Bohlen:"作为侵权责任基础的帮助他人之道德义务","宾夕法尼亚大学法律评论",1908 年第 56 卷,第 219 页。为避免误解,我有必要强调不当作为和不作为间的区分,像我认为的对其的最恰当理解一样,与行为和懈怠之间的区别并不相同,也不表现为事实上因果关系的存在与否。一个懈怠(比如违约中的未履行)可能是一个不当作为,而行为(比如截断渗透的水流)可能是不作为。在我们之间不存在特定关系场合,我失于救助你——一个不作为的事例——根据"如果不是"验准,可能是一个由此对你之损害的原因。不作为存在于被告的行为或懈怠妨碍或影响之事并非源于原告针对被告的排他权利的任何场合。如果被告不实施此类行为,在法律世界中,这等于授予原告利益。相反,不当作为是一个损害原告合法的、源于针对被告排他权利之物的行为或懈怠。关于此区分清晰而有益的司法评论见于 Diplock 勋爵在 Home Office v Dorest Yacht([1970] A. C. 1004)案中具有影响力的演说以及卡寞佐首席法官 1928 年在纽约对 H. R. Moch Co. v Rensselear Water Co. (N. E. 896)案的判决。

〔6〕在行文的此处,我简单地假定外在利益的客体只能或者是某人的身体,或者是某些外在之物。我将在本章的其余部分解释这一观点。需要提及的是即使在此处,我也不假定某人以其所有外在之物的方式所有其身体。正像本章所虑及的,这两种权利在特定方面是不同质的。我应该提醒读者通观全章我区分居于一方面的所有权和居于另一方面的财产。正像我将在适当位置解释的,财产权利只是所有权的特定方面,或者更确切地,一个取得所有权的特定方式。合同是另一方式。所有权由整个私法广泛地预设,而财产仅是私法的一部分。

第三，也是最后，权利的法律意旨假定自其自身立场内，在仅确立在上面提到的规范因素的基础上场合，也就是在局限于内在于当事人间的、影响他们受保护的外在利益之外在互动的因素，而不考虑一般福利和共通利益（common good）之要求场合，关于责任的决定能够是完全的和自足的。如此限制其范围，法律旨在从他们特定的互动以及自始至终将他们视为自由和平等之人的角度，明了当事人间公平与合理的条件。

始自以下这些广泛分享的观点，财产是对物的，通过特定种类的行为取得，既不同于对于身体完整性的权利，也不同于合同权利。正像开始一样，我们将要探寻反映权利的法律意旨的主要特点之普通法财产观念。进而像权利的法律意旨构想的一样，该观念一定是明确取得样式的观念，该取得样式的特点是适当地外在于且符合于对交易的分析。假设我们已经发现了规定此种取得之充分必要条件的原则，接下来的问题是其是否能够从规范的观点被正当化。更具体地，以下事实如何与人的自由与平等相融合？人们可能通过其单方行为、且未经他人同意，有权利主张他人不能取得某物，而在取得之前，该他人有平等的地位使该物为其所有。这把我带到了关于正当理由之公的基础的观念，该观念将导引本章的全部论述。接下来的简要说明，只能抽象且不完整，但必须充分。

首先是什么使一个正当理由为“公共”？一个“正当理由”之为公共指的是意欲被正当化之事的直接来源和该正当理由的条件。进而公的正当理由始于原则、法则和价值，这些原则、法则和价值是普遍的、且分布于一个既定社会之法律和政治文化的不同部分的——例如，在构成该社会私法和公法的原则、法则和历史权威著作中。[7] 这使这些公的可接近之观念成为深入反思的确定基点。

进一步的思索探讨是否这些公的可接近之原则和价值共同形成易理解且合理的整体，如果是，如何形成。因为公共正当化的基点是公共的法律和政治文化本

〔7〕进而在此类正当理由中关于“公”的认知不是指相对于私法的公法。与每一场合反映组成构成正当理由之主题之场域的原则、法则和价值的独特特点之正当理由一道，能够同时存在私法正当理由的公共基础以及公法正当理由的公的基础。罗尔斯已经给出了政治场域公共正当理由——以配置权利和义务以及分配社会合作产生的利益与负担，这些正当理由附属于他所谓的“社会基本结构”（前注 3）。我也在“合同公共正当理由的理念”（“奥斯古德学院法律杂志”，1995 年第 33 卷，第 305 - 334 页）一文中讨论了其运用于私法时正当理由公的基础的特点，并且在“合同法”（前注 4）一文中尝试详细考虑对合同法的此一正当理由。

身，不存在外在于正当化得以展开和据以建立此种文化的参照和标准。正当化之路必须完全内在于公共文化。进而公共正当化试图将法则和原则联系到某种内在于它们的统筹性意蕴，并试图从联系这一意蕴的角度表明为何它们对于该思想完整表达的阐明是必要的，且相互支撑。我们试图寻找的这种组合是概念性的和规范性的。

为在公的基础上尽可能地生成既定法则和原则的统一性和合理性，正当化要更进一步，达到更高的抽象程度，这使在对这些原则和法则的公共理解中暗含的特定基本规范观念更为明了。我们将要看到基本的规范观念包含关于人、社会关系等等的思想。这些观念提供了一个框架，它潜在地呈现于公共法律和政治文化中，并使我们能够更为清晰而全面地看到规范的意蕴以及该文化的原则和价值的一致性。在自由民主的公共法律和政治文化中，自由而平等之人的规范意旨对于该框架发挥至关重要的职能。只要该框架提供给个人一个解决源于他们各种法律与政治关系的正义诉求和问题之共享的论理基础，公共正当化就实现了其主要目标，而将确证关于它所运用的规范观念的更深入和深刻之最终真理的任务交给哲学。

更准确地，因为正当性之公共基础认真对待生发关于法律和政治文化不同领域之法则、原则和因素公的理解的论理，它必须关注文化在诸多法律和政治关系中生发差别的方式。进而，本章的讨论将主要取决于一系列性质上之对立的说服力，我认为这些对立源于公的文化本身，包括私法与公法的对立、在私法之内的财产与合同以及财产与责任的对立。导引的观念是除非我们细心考察每一类别的独特特点和限度，我们不能获得一个关于对象的清晰而满意的理解，也不能（至少从公共角度）为其提供一个适宜的正当理由。

带着正当性公共基础的观念，我们将通过考察公共法律文化本身以及（更具体地）普通法已确定之法则和原则开始探讨，以确定它们是否包含一个可能合理地属于我们正在寻找的那种财产观念：严格地内在于私法的财产观念，具有权利的法律意旨。如果普通法真的为我们提供了表面上似乎符合这一标准的、已牢固确立的原则，它应该是我们的起点。随后两节的任务就是主张存在这一原则，而且这一原则不同于、但同时又与填充法律意旨的其他两个基本类别——合同和责任相结合。我主张这一原则体现且事实上代表私法中财产的观念。在第四节和第五节，我试图通过勾画这一观念的内在合理性理由完成正当化。这一目标在于揭示它反映人们的自由和平等的自由理想。

为避免误解，我关注的最后关键之点在于本章研讨的内容与作为法律研究主题之一个的财产法之间的关系。[8] 可以想见，怀有宣称内在于私法的财产观念，某人应该能够直接应用该观念于，因而解释取得、转移、分割以及丧失不同种类之物（土地、货物、有形的动产、货币、基金等等），无论在现代社会的实践层面，还是在标准教科书之分析的层面，这些物通常认为由财产法调整。否则，人们可能有疑问，它怎么能够成为对于私法而言属于内在的和基本的财产观念。尽管在合理限度内财产理论应该能够对财产法的很多方面提供解释实属当然，它不、也不应该首先志在于此。更确切地，理论的首要任务必须是确证和明晰最基本和最普遍的预设（比如对物权和对人权之间的对立），这些预设使我们能够识别附属于我们可能称之为"财产"之独特法律关系的某些事务，理论也应该阐明将这些预设聚合成统一整体的思想。我主张，这就是财产的观念要最终达到的。这里特别重要的是，需要记住通常在财产法教科书中讨论的很多主题代表复杂，或者（用 James Penner 的术语[9]）结合不只一种基本法律关系特点的混合法律制度，例如，财产和合同。而且，这里讨论的原则、手段和制度可能结合了超越权利的法律意旨、且体现可以通过立法合法实施之社会和经济命令的因素。但是，像我试图强调的，公共法律文化本身需要我们关注各种法律关系的独特特点。如果财产理论妥帖地适用于任何方面，它必须因此首先将这一要求置于核心。我主张，如此的效果是对于私法而言财产观念是内在的。

## 2. 财产的私法原则

本节的主要目标是论证先占原则符合私法固有的财产权标准。为达此目的，我首先试图通过提出这一原则显然符合关于权利的法律意旨，以明晰其必要特点。完成此一工作，我要确证和阐明界定通过先占取得之权利的基本"财产权能"

---

〔8〕这种研究始自诸如 F. H. Lawson 和 B. Rudden 的"财产法（第二版）"（牛津：克莱伦登出版社，1982）等标准著作。

〔9〕前注 1，第 93－97 页。

(incident of property)。不同于"权利束"(bundle of right)观点,我主张尽管每一权能都有其独特性,但它们作为反映法律意旨单一基础观念之个别必要表达而相互结合。我的诉求是这些、只是这些权能内在于通过先占确立的权利,而且每一权能具体呈现这类权利。然而缺少任何一个权能,我的主张是财产的基础意旨都将不完全圆满。根据我的观点,使关于财产权能的这一认识突出出来的是其试图严格保持在有关将财产视为取得原则之观点的因素范围内,做出与权利的法律意旨一致的理解。事实上,我的观点是,像它们传统上被理解的一样,解释和正当化财产权能的明显困难乃是由于未从此一视角加以考察。为凸显这一观点,我将我意欲的取向与对所有权权能做出当代主导分析的 A. M. Honore 的取向[10]作一对比。在本节中,读者已经明了的是我明确区分财产权原则与合同和责任原则。因为这对于我关于财产权的归类至关重要,我要在第三节对此继续探讨这种对立,这要诉诸于关于在权利的法律意旨之下,财产、合同和责任是完全独特的类别,然而同时完全整合并相互联系的明确且更为详细的讨论。通过这一讨论,我希望揭示不仅先占体现私法固有的财产观念,而且甚至它可能是具有这一特点的唯一原则。它代表了私法中的财产观念。而且正是通过对先占的这一理解,我将在第四节和最后一节探讨其合理性。

为考察普通法如何理解先占原则,一个自然的起点是 Pierson v Post[11] 这一重要案例。该案事实是 Post 带着他的猎犬在无人居住、也没有所有人的一片土地追逐狐狸,Pierson 明知狐狸被追逐和捕捉,在狐狸无处躲藏时介入其中,并抓获了它。法院面临的唯一问题为:通过以其主张的方式带着猎犬追逐,Post 是否对狐狸取得了支持其在针对 Pierson 杀死且将狐狸拿走的诉讼获得胜诉的权利,或者财

---

〔10〕 A. M. Honore:"所有者权利(ownership)",载于 A. G. Guest 编:"牛津法理学论文集"(牛津:克莱伦登出版社,1961)。

〔11〕 3 Cai R. 175; Am. Dec. 264;1805 WL 781 (N. Y. 1805). Young v Hichens, 6 Q. B. 606. 在诸多对此原则的现代讨论中,我提到了 Harris,前注 1 第 213 - 220 页,具体但更一般整个第二章;R. Epstein:"作为权利根本的占有","佐治亚法律评论"1979 年第 13 卷,第 1221 页;Waldron,前注 1 第 284 - 290、第 386 - 389 页;以及 S. R. Munzer:"财产权利的取得","圣母玛丽亚法律评论",1991 年第 66 卷,第 661 页。最具原创力的讨论还是见于属霍姆斯的"普通法"第五讲(M. Dewolfe Howe 编,波士顿:小布朗出版公司 1963 年版)。霍姆斯对占有的分析是作为正当化公共基础之一部分的先占原则概念化的不可或缺源泉。

产权。

争议中的基本和关键问题是：在两人之间，一个先前的无主物归谁所有。法院和异议法官都认为要成为先前无主物的所有人，某人必须实施某些行为。对于先前无主物的财产权只能取得，而非固有。不言而喻，仅是想要或需要某物或者认为某人与某物有特定联系并不充分。根据任何既定的标准衡量——无论是优秀、需要、对共通利益之贡献等标准，还是其他，某人更应该拥有的事实，不能像上面的衡量一样为某人提供一个更有力的诉请。独立于且先于行动，每个人都对物居于相同的法律地位：物不属于任何人，也可能由任何人取得。为取得对物的财产权，某人必须实施何种行为？对于此一问题，法院和异议法官给出了不同的回答。

异议法官认为必要行为应作为提升消灭诸如狐狸等"有害且不可救药"野兽之目的的手段，以更有利于"农夫，任何共同体中最有用之人"。〔12〕 为促进和支持该利益，异议法官意欲将对动物的财产权赋予已经发现且开始实施抓捕行为、同时有合理可能得到它之人。财产权甚至在动物被实际制服、捕获之前即被授予。如果人在发现和抓捕动物的技能和劳动可能基于偶然的情境而一无所获——受益于第一人努力的"无理妨碍者"将坐享抓获动物之利，异议法官质问"谁还会豢养猎犬或者……吹着号角、整天窥寻……骑着马且一连好几个小时……绕圈抓捕狡猾的四足动物？"〔13〕相应地，满足具有即刻捕获之可能性之猎人享有针对任何后来者的财产权。

不同于异议法官，多数意见不断定任何需要促进的实质目的，也不断定需要服务的共通利益，而主张被采纳的规则必须有助于社会中的确定性和秩序。与此适成对照，规则提供的取得财产权之前提条件呈现为居中的合理要求："财产权由表明明确的、其个人享用动物的意图，且剥夺了动物的自然自由而将动物置于其特定控制下"者取得。〔14〕 Post 对狐狸的追逐也毫无疑问表明其个人享用动物的意图，但是该行为没有剥夺动物的独立性而将动物置于他的特定控制之下。基于这一理由，多数意见认为 Post 的追逐未满足取得对狐狸财产权所必须的条件，他针对

〔12〕 前注 11(经由 Livingstone 法官)。
〔13〕 前注。
〔14〕 前注(经由 Tompkins 法官)。

Pierson 杀死并拿走狐狸的诉讼败诉。

先占原则，像 Pierson 案中多数意见一样，反映了权利的法律意旨吗？为回答这一问题，我们必须更认真检视先占原则确证之权利的性质、内容和含意。

首先，先占强调居于法律意旨之中心的权利的外在面相。现详加检讨。

在根本上独立于意欲占据者之目的的意义上，先占适用于"外在的"物。〔15〕某人希望、期望和需要对客体的占有(possession)的事实本身并不充分：已如前述，他必须实施某些行为。更具体地，占据(occupancy)要求的是某人对客体做出了可以被理解为已经有效地将客体置于其目的之下——是他本人、而不是他人在控制客体。某人是否实际地将外在客体置于他的控制由其行为对他人的合理意蕴决定。而且这依次取决于物的相关特定特点、它与人的物理联系等等。在野生动物场合，诸如 Pierson 案中的狐狸，只有在动物失去了移动自由场合，才能构成占据。在客体不活动或不能逃脱场合，才足以构成抓住它或标识它，将其纳入某人的财产，这依赖于客体的具体特点和其与行为人本人及他人的物理联系。无论如何，某人通过以某些方式影响物、将物视为附从于其有意的能力之下——通过实际上从外部触摸它且对它施加随机的、绝非对它自然的和必要的条件。

在讨论占据的要件时，我曾经假设其存在于有意地使某物受制于某人特定的控制和权力。如果出于分析的理由我们坚持区分附从行为的物理维度与通常被称为"占据意图"(animus possidenti)的意图方面，我们应该视第一要素为以刚刚讨论的方式剥夺物之独立性的纯粹物理影响，而意图因素则应视为通过如此影响物表达出来的有意性之存在。但是为避免误解，应该记住两个因素并非互相独立；它们中的每一个仅在与另一方结合场合才在法律上是关联的。进而，重要的是必要的意图不应该等约于需要、希望、愿望或有意占据某人尚未占据之物。更确切地，它明示了现在已完成的、剥夺物之独立性且对物施加显示其已附从某人之效果的行为的有意性。

---

〔15〕为了随后讨论的目的，且事实上为了处理本章中的财产权，我仅考虑对外在有体物的财产权。这是一个简化的机制。相对于无体物的情形，有体客体归入先占原则的方式是清晰的。如果我们不能给出对于有体物之财产权的适宜且一致的认识，我们就不能指望对诸如知识产权等更为困难的事例做出类似的认识。后者提出了一系列特别的问题，这些问题必须从其自己自身的头衔加以应对，我不能在本章的参数范围内进行讨论。

除非且直到某人以这种方式控制了客体，其对客体的关系只能是某人的需要、愿望或意图意义上的，因此也只能具有某人需要、愿望或意图的地位。它不能以反映权利的法律意旨的形式外在化。为明了起见，假定某人急切地追捕狐狸但尚未给予其致命的伤害、捕获它或者以其他方式使其不能逃脱，尽管某人想要、需要或意图拥有狐狸，但狐狸一如其先前继续不受控制。某人以追捕、但非征服野兽显示于他人的只是某人想要、需要和意图取得它。某人对狐狸的关系只能参照这些内在的因素，并且因此必须诉诸猎人个人。任何不能满足剥夺动物自主性的行为都会如此。〔16〕 相反，一旦某人降服狐狸，且将它置于其当下和有效的控制下，就在人和狐狸间存在一种实际关系，这种关系能够提示作为客体的狐狸，而无须将这诉诸人的此类内在安排。也即剥夺动物自主性之行为的要件对于人与动物之间存在外在关系之可能性是必要的，这种外在关系不是作为人内在状态之反映意义上的。

如果单纯的追逐狐狸至多表明猎人的内在状态，则降服动物的行为如何？通过剥夺狐狸的自主性且将其置于某人当下且有效的控制之下，某人已经使狐狸顺从于他的目的，或者更确切地顺从于他有意为之的能力。占据，也即有意地使外在客体顺从，确证了利用客体之直接的充分必要条件。也就是说，通过占据某物，某人已经且即时视其为可用。事实上，就使用可以被解释为存在于某物为某人所用而言，占据本身可以被视为利用物。基于该理由，以必要方式占据某物表明的是一个利用它的明确意图，使用则不只是希望或需要的结果，而是某人通过使客体为其所用而即时达成之事。

尽管在没有他人参与场合，因先占而取得就会发生，但必要的意图必须为他人合理易见。此外，关于此类使用意图的推断是他人、事实上其他任何人可以合理地从其外在的、事实上占据行为的物理性质得出的。这是一个原则上可以合理地对

〔16〕 洛克持有追捕构成了赋予猎人对动物之私人财产权充分理由，原因在于“任何付出诸如发现和追逐动物之类劳动之人，由此已使动物脱离自然状态，在那里它属于公共的……”约翰·洛克：“政府论(第二卷)”(纽约：剑桥大学出版社，1988年版)，第290页。基于权利的法律意旨之立场，某人开展其努力和劳动的事实仅在这以必要方式引发客体附从性的范围内是相关的。也就是说，重要的不是某人从事此类劳动，而是其将客体置于与其自己的外在关系中。Post付出劳动发现且追逐狐狸以及Pierson受益于Post的努力且如果没有这一努力就不能抓到狐狸的事实处于法律上不相关因素的状态，就其本身也是这样。就法律意旨而言，劳动或仅作为某种必要外在行为而重要，或者没有任何意义。

抗一般之他人的结论。以这种方式,因先占取得所需的行为是公示的,能够以我们通常设定的对物的权利的方式对抗任一人。

如果假定在一般意义上确证权利场合,法律意旨视公示(publicity)为正义的必然要求,指出后面的观点是重要的,即先占原则满足这一要求的特别方式——也即意图必须合理地公之于众——反映了先占使某个人没有他人参与或同意而单独实施的单方行为构成了取得的充分必要条件的关键事实。因为与他人之互动在确证此一权利时不发挥任何必要的职能,使用意图只能以不依赖于或不体现与给定之人互动的方式显现于他人。进而使用意图必须仅以占据者对物之所为或利用为基础合理地显现于一般意义上的任何人。

应该强调,权利排他地对抗其他单独且独特之人。[17] 对物的性质反映了占据的公示性是针对一般意义上的任一人而不是仅以特定某人有关。但是这并不排除个人的个别性和单独性。因为先占原则规定,是原告没有他人的参与和合作且无关于所取得的任何好处之单独的单方行为确证了财产权,它视个人间彼此相互分别且独立,在罗尔斯的意义上承认它们是对抗他人之“有效诉求的自我确证渊源”。[18] 个人被认为具有向他人提出诉请的资格,这种资格具有自身的重要性,而不是以任何方式导源于任何意义上的他人之权利或主张、对社会的义务、基于共同利益的考虑或需要的诉请。诉请有效性之渊源存在于实施必要行为之人本身。在使某物附从于人们的目的场合,个人被认为按照其自己目标行事、且不必要通过援引无论是个人或集体的他人之目的正当化这些目标。

某人必须表明将某物为其所用之意图的需要不意味着使用必须是“自私”的。更确切地,先占原则与是否既定用途是自私的或无私的无关:原则上,原告的目标是否是仅为其自身利益或为他人之利益或者是否将某物为既定目标所用,如原告履行对第三人之义务的行为,并无意义。目的,依然是他自己的选择,必要的仅是,它是合理地显示为原告的目的、也即合理地归属于作为个别而独立之人的原告的目的。正是因为它作为被如此看待之人的目的,其构成了排除他人之意图。至少,

---

〔17〕Penner 没有在他对 Hohfeld 关于对物——对人之分别的观点的批判中充分认识到这一点。前注1,第 25 - 28 页。

〔18〕参见罗尔斯:“政治自由主义”,前注 3,第 32 - 33 页。

任何原告明示排除他人之意图的要求[19]仅此而已。

而且正是因为个人以其诉求的自我确证渊源之资格确证了基于先占而取得，如此取得之财产在法律世界中必须视为私的财产，财产权的内容和行使归属于个人自己的决定，与他人之愿望或目的无关。事实上，除非某物被单个人如此地排他地占据，它就不能成为特定人的财产。[20] 更准确地，什么是私的财产权的内容？这向我们提出了界定和阐明先占原则下的财产权"权能"的重要任务。

首先，以必要方式占据之人享有占有(possess)某物的排他权利。更确切地，他有随时物理性地控制客体和将客体置于其物理控制下的排他权利。一方面，我们必须视占据为确证财产权的行为。只有当事关已成为自己所有之物场合，某人才能够行使这一权利。然而，财产权据以取得之行为本身必须是合法的，本身必须与取得所导致的占有者和他人间法律关系之变化相融合。进而在某种意义上，确证财产权的行为本身必须同时构成财产权的行使。但是这仅是说必要行为的内容和因此取得之权利的内容是同一且相同的。既然确证对某物之财产权的占据行为伴随着占有该物。相应地，财产权被界定为排他地占有外在客体的权利。而且由于创设权利行为可能被视为只是占有某物，占有的权利与此等财产权同一。

其次，占有权的全部法律重要性存于它在以下意义上绝对排他，即他人相对于权利持有人被置于相关的法律上(相对于事实)无资格状态：他们不再能够通过其单方行为引发导致某物属于其自己的法律后果。更具体地，那些处于已经占据某物者之后顺位者不再享有将某物置于其控制之下或为其所用的权力，进而改变占据者与他们自己间关于该物的法律关系，也没有单方采取行动消灭或甚至限制占据者财产权的法律权力。然而他们这种无资格仅在他人以物之所有者身份行事的范围内，也即他人以其行为(通过行使财产所有者权利(owership)的权能之一)外在地显示其使物为其所用的当下意图。而且相应地正是先占者实施该行为的事实

---

〔19〕参见霍姆斯，前注 11，第 174－178 页。

〔20〕例如，根据英国法，不是在特定管道渗出的地下水不是任何人的确定财产，因为其不能被以必要的方式占据。参见 Mayor of Bradford v Pickles [1895] A. C. 587 (Eng. H. L.)。早期的论者普遍持有此观点，并给出例证。参见 A. Smith："法理学演讲"(牛津：克莱伦登出版社，1978)，第 25 页。W. Blackstone："英国法评注(第二卷)：关于对物的权利"(芝加哥：芝加哥大学出版社，1979)，第一章第 14 页；以及 G. W. F. Hegel："权利哲学"，T. M. Knox 译(牛津：克莱伦登出版社，1952)，第 52 段。

使他人陷于此种无资格。在此范围内,我们可能谈及所有者对物有与施于他人之无资格相关的权利或受保护之利益。既然此种权利和无资格的意义与范围是相关的,占有权利不包含关于权利持有人个人的境遇和条件或者周围外在境遇能够事实上随其所愿将物置于其占有的保证。而且其完全无关于权利持有人的偏好、愿望和需要等等是否因他能够作此等行为得到满足如果。占有权利的所有功能在于确保基于不能依据权利使该物为其所有的法律上无资格,他人被排除于该物之外。

值得注意的是,截至目前在我的论述中,我将无资格而非义务界定为权利的直接相关项。[21] 权利——无资格关系是先占的最佳界定。唯一的问题是关于取得的问题,也即某人通过其单方行为是否取得对某物的排他财产权。再次强调,就某物处于无资格状态的重要性完全在于某人不再有通过其单方行为取得对该物财产权的权力。正如我试图在下一节更全面解释的,权利——义务关系附属于不同的法律类别,责任关系也是如此。尽管后一类关系预示、且我也主张完全与权利——

---

〔21〕我承认,在他主张无资格的相关项是豁免、而不是权利(其适当的相关项是义务)的范围内,对关系的这种总结不符合 Hohfeld 的分类。将我提出的分析置于 Hohfeld 的措辞,我实施占有首先代表权力的行使(他人责任的相关项),行使权力置他人于无资格(我之豁免的相关项)。初看时,我们当中的任一人都有关于外在之物的这一权力,然而一旦我们其中一人行使了该权力,就在他人之行使行为与首先行使权力者之行为不相融合的范围内消除了他人的权力。

如此说,我并不认为如果在广义上理解"权利",将财产权关系解释为权利——无资格关系是不合适的。(Hohfeld 本人区分"权利"的两种用法,一个是以义务为相关项的、狭义和严格的权利,另一个是能够不以义务为相关项的、广义和一般的权利。参见 W. N. Hohfeld:"应用于法律推理的基本法律概念",康涅狄格西港:格林伍德出版社,1923 年版,第 36 - 38 页。)称关系的一方为"权利"提出了基本观点,即我有关外在之物的行为能够成为我可以向他人主张且他人有义务给予之尊重的要求的客体。使用"权利"抓住了关键点,即在 Hohfeld 的意义上,实施任一财产权权能绝不是仅运用自由,而总是有其他的事情,由于不论某人是否实际地物理控制其物,他人都不能合法地使该物为己所有。尊重的要求以下面的方式被具体化。在财产权和取得的论题下的第一环节,要求采取了他人无资格的具体形式,否定了他们通过其单方行为使某物为其所有的权力。我将在下一节提出该要求的下一环节——在责任的论题加以考虑——别人实施伤害或侵害作为所有者的我的任何行为。在这两个环节,所有者就他人对他相关负担的方面有针对他人的权利(诉请)。另一方面,我选择使用无资格而不是义务,原因在于在任何有意义的意义上,关于义务的认知暗含某人应该或不应该做某事(不遵守在道德上是应受非难的或至少是不正当的),在先占下的财产权场合,严格意义上讲,不存在必须的或禁止的行为,而只是否定了非所有者单方行为产生权利的性质。因而即使在宽泛意义上在这里谈及义务也不适当。而且在确证权利同时必然确证无资格、反之亦然的意义(在某种程度上可能偏离、但亦可主张与 Hohfeld 的措辞相融合)上,权利和无资格是相关的;权利仅与无资格相关才能被理解,反之亦然;最后如果某人明确权利的内容,某人必然而同等地确定无资格的内容,且反之亦然。依此观点,权利和无资格只是对尊重之要求同一明确的两个方面。就所有这些理由,我选择关于财产法律关系的权利——无资格归类。我感谢 Jim Harris 建议我需要区分我关于财产关系的归类与 Hohfeld 的重要归类之间的关系。

无资格关系相结合,然而它却是独特的。关系的这两种形式不仅是独特的、分析事实之基点,它们也在由构成它们的相关和必要标准方面不同。它们被型构用来应对不同的问题,以至于它们筛选出不同事实作为作为相关和必要的全部事实。权利——义务关系不仅限于取得的问题。责任应对的问题不是是否被告取得某物——确证过程预设因为受制于无资格,他未能、也不能够取得——而是是否被告损害已经属于他人之物。在某人行为影响了处于他人所有者排他权利之下的物场合,责任关系明确当事人间互动的合理条件。

既然确定可能的是:实施占有的既定环节可能只涉及直接控制(grasp)客体。若的确如此,占据——随其而来的权利和相关之无资格——随着对物的物理占有同时发生,中止了使该物不再居于此种占有之下的状态。尽管这妥贴地满足了实施占有的定义和要求,不过从法律的视角看,它在分类上还是模糊的。因为他人仅在某人与物之物理联系的范围内被排除,不以某种方式影响某人身体的完整性,他们就不能触及物。进而排除能够被视为根植于有关身体完整性的权利,并不必然将其视为对外在之物、也即能够与身体分离并不同于身体之物的权利。然而如果存在不可化约地区别于有关身体完整性的权利,这样指称它一定是必要的。结果是即使在他们不再实际地物理性的占有某物场合,存在视个人已经以满足先占的定义和要求之方式已经占有某物的可能性,对于独特的、有关财产的法律分类之存在是必要的。[22] 在实施占有仅由直接控制某物构成场合,此点尚未被提出而处于纯粹隐含状态。然而即使在客体未在某人即时的物理控制之下场合,以合理地向他人展示某人已经并将持续地使某物为其所用的方式(例如作标记于其上)实施占有是完全可能的。在这些场合,占据确证的权利能够在时间上持续。尽管存在即时物理占有的中断,一个先占者不能仅因为他或她不再置客体于其实际的物理控制之下而当然地中止占有的权利。[23] 实施占有可以通过下面的方式实现,该方式

〔22〕此点由康德首先提出。参见伊曼纽尔·康德:“道德的形而上学:权利法则”(下称“权利法则”)第一部分第一章,载于“实践哲学”,M. Gregor 译(剑桥:剑桥大学出版社 1996 年版),第 401－404 页(6:245－250)。

〔23〕“每个人都同意总是握有对某物的即时权力是不必要的,否则人只能占有其手中之物……在授予权利的特定事实已经明显场合,除非某些事实的显然状态与其存续不一致,不存在法律需要确认权利终止的一般理由……”霍姆斯,前注 11,第 186 页。

使在即使未使某物处于某人物理控制之下场合，也一定可能合法占有某物这一基本观点变为明晰。

更一般地，只要以对某物之所为为基础，使用客体之意图可以被他人合理地意识到，他人必须视此意图为持续存在。因为法律上相关之意图是客观的，不论权利持有者的实际意图可能为何，必要意图的持续性需要的只是特定外在、也即公共可得之事实的持续性。这里我们清楚地看到，尽管通过单个人的单独行为取得权利是先占的一个基本特点，该行为为何以及是否其被视为必要之行为取决于它对于一般之他人所呈现的面相。事实上，正是因为像它表现出来的一样，行为之真正存在与他人相关，在其未将某物置于其物理控制下场合，某人能够被视为即时且持续地占有某物。着眼于某人自己，其实施占有之行为的物理迹象代表的仅是其已实施之所为以及其可能之所为，后者取决于其未来的决定。

如果物理占有的权利是因先占而取得之财产权的第一"权能"，第二权能就是排他的使用权利，也即决定某物为何目的所用以及实际地为这些目的所用的权利。从这一立场出发，占据某物可以被视为使该物附从于某人有意为之的能力之下，也被视为构成朝向使某物为特定目的所用的直接必要步骤，这导致占据是使用的前提，而非使用本身。同时，就其影响该物以实现某人目的的范围内，占据也可以被视为本身就是使用的一种情况。因为使用在一般意义上是指在追求某人目标时或作为实现某人目标之方法场合视某物为客体之任何行为。既然确证财产权之行为本身必须是使用某物，财产权被进一步明确为排他地使用某物的权利。〔24〕 而且既然创设权利之行为可以被视为就是物之用途的确定，这一使用权等同于此类财产权。

与占有权相似，使用权不能确保权利持有人事实上能够使用某物，或通过使用其偏好或目的将得到满足。权利的全部意义包含于确定某物用途之排他权利的观念。权利确保的只是由权利持有人而不是他人确定物之用途。使用权的直接相关项是他人被置于法律上无资格状态，后者他们不能单方实施任何表现为对某物合

〔24〕这里的论证采用了与用于显示占有权是财产权的一个附带权利同样的形式。参见前文第 765 页（英文版页码）。

法使用或者导致第一占有人丧失对该物使用权的任何行为。而且该法律上之无资格能够施加于一般之他人，因为确证财产权之行为是以规定方式公示的。

一旦以该角度观察使用权，它应当以具体有力的方式被解释为开放的。这里为避免误解，关键是要牢记根据我的观点，在财产权有争议场合，唯一相关的问题在于某人是否实施了向他人显示其必要之使用意图的行为。该意图的意义仅在其与取得问题相关以及其施加于他人的只是后者可能处于不再有决定物如何被使用的法律权利之法律上无资格状态的范围内。既然对物的任何使用都成为将某物为某人所用，进而显示必要的意图。但是就人与某物的关系而言，不能按其性质本身，将某物的使用限制在特定用途。进而占有人和他人间关系的唯一法律维度牵涉一关键点，即占有人独享〔25〕确定用途的权利——他人在这方面处于无资格状态——他们也没有资格决定利用该物的具体目的。相应地，如此取得的财产权并非内在地受限于任何特定用途或特定系列用途，而包含未决的、开放的多样性用途之潜力。因先占取得的有效性不取决于原告追求特定目的与否。追求或失于追求任何特定用途或特定系列用途都不能影响原告取得、或者一旦取得持续拥有某物(当然必须是无主物)的资格。

而且，使用权不内在地包含任何对浪费性使用的禁止：〔26〕某人能够毁掉或破坏其自己之物。他人需要某人之物的事实是不相关的，因为联系权利的法律意旨，需要不构成人们据以建立针对他人之所有者诉请的基础。即使某人以损害另一人权利的方式(比如，通过构成妨碍)行使其财产权也不因此从财产权的角度不再作为物之所有者。因为权利只能因抛弃或通过互相同意之交易转让这两种方式之一而丧失。但是损害他人利益的使用并不能构成两者中的任何一个。更确切地，以这种方式使用，尽管会有相连的责任之观念，突出了所有者，就此我已经做了十分简单的讨论，并将在下一节进行全面的解释。

---

〔25〕这里必须提及的是决定某人财产用途的权利不能排除某人受他人影响，或者事实上在确定某物如何使用时某人视他人为必须追随的权威。权利不假定权利持有人把他们自己看作最有能力、或即使是道义上有权利自己做出该决定。它不把权利持有人视为原子式的、孤立的个体。而是即使在某人基于宗教或道德上的理由自愿屈从于他人权威场合，这种屈从在法律上视为其自己决定或选择的表达。

〔26〕就像其在洛克的观点中表现的一样，前注16，第290页。

因先占取得之财产权的第三个权能是让渡(alienate)的权利。正如先占原则首先不假定个人有义务将任何物置于其权力之下——是否如此行为的决定完全出于个人的选择——该原则也不强迫他们一旦开始以必要方式占据某物就要继续占据它。第一占有人与物之间的关系没有向其施加任何义务。因而,通过将某物置于我的控制和占有之下,我能够对该物实施某些显示取消我自己占有或恢复物之独立于我的状态之即时意图的行为,由此消除就占有和使用施加于他人的相关之无资格。只有合法占有某物者才能够对该物实施被理解为让渡该物的行为,当然它只是能够被让渡之物。进而占据可以具体地通过将某物置于特定用途而以积极的方式表现出来,也可以通过使某物回归自在状态消极地表现出来。在每一情况下,第一占有人总是实施某些显示物为其所用的行为,以此方式分析,让渡本身就是占据的具体化,因而让渡权是财产权的进一步确定。事实上,倘若让渡是对某物的全面而完全的占据,让渡权等同于财产权本身。该让渡权在以下意义上是排他的,即他人处于不再有使某物无主的法律权力之相关的无资格状态下,他们不能单方实施任何行为恢复物的自在性,并进而剥夺权利持有人的合法占有。正如正是合法占有确证了财产权,也同样是这一行为能够取消它。

就财产权而言,这里重要的是,强调让渡的唯一直接和必要后果,正是让渡者对物不再享有财产权。换句话说,物变为无主。这是让渡引发的所有后果。如果处于无主状态之物要成为任何人的财产,某人必须实施为先占所必需的行为,将财产置于其占有之下。从此发生之取得乃是基于从法律上讲完全不同且分别于先前让渡的有效事实而出现。这里的让渡只是单方放弃对物的财产权,消除他人相应的无资格,它既不创设,甚至也不有益于任何新权利的创设。在这方面,正像我试图在下一节澄清的,在先占原则之下的让渡与转让(包括转让权力)权利间存在基本的、质的区别。让渡是导致某物无主的单个人的单方行为,而以合同为主要范例的转让权利由两个人的联合行为构成,保证了物总是在他们其中一人的合法占有之下。[27]

当代学者大多认同,解释财产权之权能的适宜方式为视其为诸如自由、权力以

---

〔27〕进一步的讨论见以下第三节,第 778 - 790 页(英文版页码)。

及不受侵害(豁免)等等的权利束。[28] 该观点立基于两个假设:第一,形式上,权利束的设想主张权能只是从外面看结合在一起,而不是内在地互相结合;不存在它们处于结合状态的内在必要性,它们也不是单一观念的表达。由此,某人原则上能够向权利束增加权能,也能够从中抽离权能。第二,实质上,权利束观点预设了财产权在规范意义上是异质的,因为它包含了诸多独特的基本法律意旨和关系——不只是权利,而也包括自由、权力、责任和不受侵害(豁免)。

按照我的观点,这两个假设都是误解。像我将要描绘的,先占之下的财产权的三个权能或具体表达——也就是占有权、使用权和让渡权——尽管是独特的,但却是完全结合在一起的、且相互连通的关于同一财产意旨的表达:因先占而取得财产权,某人取得的、且能够取得的正是全部这三项权能。而且尽管这些权利相互区别,它们在基本的法律术语中都是权利。尽管某人可能将财产权的面相具体明确为自由、权力等等,这些都根植于且派生于占有权、使用权和让渡权。在本节中,我将通过简要主张三个权能不仅是分别可区分的、而且是财产权的同一观念完全结合在一起之面相挑战权利束观点的第一假设[29]——除这三项权能之外,没有其他基本权能。目前,我将继续假定这些权能采用权利的形式。在最后两节,我将试图更全面地揭示为何视权能为只是权利既是可能的也是合理的。

我曾经主张,在财产权的三项权能——也就是占有权、使用权和让渡权——被在高度抽象观察场合,它们其中的每一项都只是单方使某物为某人所用一种模式。在反映权利的法律意旨之方式中,这种单方附属是外在的。从这一角度,三种权能反映的正是同一观念,且是不可分的。就这一点而论,这些权能之一可能理解为内在于因先占而取得之财产权。

但是此外它们以质上不同之方式表达这一观念。实施占有和使用可能是可区分的,因为前者单方使某物受制于某人权力,也就是某人有意为之的能力,而后者

---

〔28〕关于这一观点的有益而彻底的讨论见于 J. E. Penner:"财产权的'权利束'图景","加利福尼亚大学法律评论",1996 年第 43 卷,第 711 页;关于这一观点的最具影响力的论述当属 Hohfeld,前注 21,第 96 - 97 页;以及 Honore:"所有权",前注 10。

〔29〕将财产权的附带权利解释为所有权的一致观念的核心因素的近期努力之一当属 Richard Epstein 提出的富有启发意义的讨论。参见"收益:私有财产与征用的权力"(马萨诸塞剑桥:哈佛大学出版社,1985 年版),第 58 - 62 页。

存于单方使某物受制于特定目的。通过将占有之客体置于的特定目的，使用揭示了实施占有之意图。至于让渡，在某种意义上，可以被视为一种对某物的使用，这种使用存在于有目的地、特定地对某物实施某些行为——让渡不是物理占有的单纯缺乏，因为物理占有的单纯缺乏不必然与合法占有与使用的持续性不相融。然而，让渡是单方有目的地使某物附从，在它表明将某物置于某人占有和使用之外的范围内，这种附从与实施占有和使用不同。

最后的要点是三种权能以保证完整性的方式在观念上结合在一起。始点是实施占有。因为就权利的法律意旨，唯有通过此类初始行为，人与(无主)物间的必要外在关系才能够确立。实施占有将某物置于某人有意为之的权力和能力之下。因而它在观念上先于使用，并使使用成为可能，因为只有其权力之下的物，某人才能够将其用于特定目的。基于其职能，使用以明示地置某物于特定目的的形式完成占有之实施的必要行为，因而在观念序列里居于次席。既然使用代表的只是积极地实现占有之实施——人与物间通过特定目的之施加而生的纯粹积极联系，因为使用不明确地突显：即使作为所有人，某人完全不需要占有某物以至于丝毫不需要某人持续地占有某物。让渡代表使明确以上事实的、对某物的一种使用。一方面，让渡与实施占有和使用之在先权利相结合，因为可以理解为让渡的行为一定实施于某人占有之物，且一定包含有目的地对该物施加影响。但是通过代表显示某人不需要占有的事实之对某物之所为，让渡完成了使用。它以通过权利的法律意旨表达人与物间外在关系之基本特点的方式结合占有与使用之实施：个人绝对不需要占有某物、与他人建立合同关系等等。在这三项权能中，让渡是财产权的行使，因为如我所强调的，正是作为某物的所有人，某人让渡该物。让渡最全面、最明确地展示了法律意旨中该权利的标志性特点。

我认为占有、使用和让渡三权囊括了内在于因先占而取得之可能的基本权能。如果我们始自某物未成为财产的状态、终于其不再成为财产的状态，占有、使用和让渡代表了对所有可能的、质上不同的使某物为其所用之独特模式的最高程度的抽象。对于无主物，让渡停止于占有开始之所在，该循环也因而是占据之形式的观念序列是完整的。这一结论与普通法和大陆法所采纳的传统观点一致，回归到罗马法关于占有权、使用权和管理权的三部制区分。

行文至此，我的主张占有、使用和让渡的权利囊括了内在于因先占而取得的基本权能。在第三节，我将进一步论证先占是界定财产权的唯一私法基础范畴。因而我最后要捍卫的是这些权利、且只有这些权利是私法中财产权的基础权能。这一观点不同于那些主张更宽泛之权能范围的学者的观点。我认为，其中的不同根源于以下事实，即更宽泛的范围表征的是混合物，该混合物是在现代法律体系内通过于诸多法律关系中适用于所有者的、在经验上聚集到一起之不同的权利、自由、义务、不受侵害和责任等等达成的、不同质的法律范畴和关系，而在既不同于合同、也不同于侵权之权利的法律意旨范围内，本章采纳的观点把财产权视为取得的具体模式。然而，追随法律的视角，正当化的公共基础要求明确在财产权的权能或者合同的基本特点时，我们需要留意此类关系间的各自区别。如果我是对的，非属占有、使用和让渡权利的权能就一定或者化约为三项权利之一，或者外在于先占原则本身，并引发其他种类的法律关系，二者必居其一。为揭示此点，我现在要简要讨论被广泛接受为最具影响力关于所有权之权能的解释，也就是 A. M. Honore 的观点。[30]

Honore 明确了十一项标准的所有权权能，在如果制度不承认这些权能且不规定它们结合到单个人，我们就认为该制度不承认自由的所有权概念的意义上，他认为这些权能是“表征所有权的必要因素”。[31] 这些权能包括占有权、使用权、管理权、收益权、毁灭权、对安全的权利、永续且无限制的权利或权能、有害使用之禁止、可被执行以及保留之权能*。其中某些权能对于因先占而取得事实上是不可克减地基本的和内在的；其他权能可以化约至这些权能或者是这些权能的具体表达；还有一些权能属于其他的法律关系（属于合同、责任原则、公法等等），我认为超出了取得的这一概念、因而使其对权能的解释过于宽泛。

例如，占有权被 Honore 界定为对某物实施并保持排他控制的权利，在本质上与前面讨论的占有权一致。Honore 提出的基本内在权能是整个所有权概念结构的基石。[32] 类似地，受限于重要的前提，Honore 所谓的使用权、管理权和收益权

---

〔30〕前注 10。

〔31〕前注，第 112 页。

* 所有者可以将权利的权能分离，但分离之期限届满，则财产权复归于所有者——译者注。

〔32〕前注，第 113 页。

共同构成了上面分析的使用权。尽管他区分这些权利，但他本人指出在广义上解释，使用能够结合管理和收益。[33] 前提是通过将从允许他人使用自己之物获得诸如租金、利润涵盖在收益权的内容之下，Honore 超越了严格意义上因先占而取得引发的财产权参数。这反映在 Honore 提到的对租金和利润的权利是对人、而不是对物的权利。正如我将在下一节主张的，此种权利立基于关于取得的如下认知，该认知通过双方当事人的交易、不是单个主体的单方行为而生效。就这一点而论，它们拥有合同上的，而非先占上的渊源。

同样的讨论适用于第五项权能——毁灭权。这一权利包括让渡某人之物以及消费、废弃或毁损该物全部或部分的权力。内在于因先占而取得的使用权肯定包括消费或毁损该物的权利。除此之外，先占包括本质上仅由抛弃的权利构成之让渡权的延伸内在权能。相反，由于牵涉某物由他人取得的交易而不是仅使该物无主的单方抛弃，生前或死后通过赠与、买卖、抵押、遗赠等方式转让某物的权力超越了这一让渡权。

Honore 的第六项权能，由一般地免受他人侵占构成的安全权逻辑上包括在三项基本权能之内。不受侵害仅仅反映了正是权利持有人单独通过其显示于外部的选择有权利确定财产利益期限的事实。无论国家或公共当局征用的负担与对因先占取得之财产权的认知是否一致，如果一致，何为此等征用的公平条件不能在权利的法律意旨之立场范围内分析，而应该从一个界定财产权与国家权利双方间适当关系的完全不同的视角进行分析。因此，再一次这些问题超出了关于先占中财产权之内在本质和性质的确定。

永续性、无限制性以及保留性质[34]的引入反映了占有、使用和让渡权等三个标准权能。在它们不能被化约为其中之一的范围内，它们就引发了并非本来或内在地属于先占中的财产权概念的法律关系：例如它们设定转让关系，由此他人从权利持有人那里取得有限或完全的所有者利益。由此，所有权的保留性质只是表征尽管所有权破碎，仍然有人——所有者——被授予得以对抗他人的实施占有的权

〔33〕前注，第 114 页。

〔34〕在 Honore 的解释中，这些分别是第七、第八和第十一项权能，关于它们的讨论见前注第 120 - 122 页以及第 126 - 128 页。

利:“最终”,所有权一定保留给该人,因为只有在这种方式中,才存在对抗他人的排他权利。[35]

Honore 阐述的最后两项权能,即有害使用之禁止和可被执行也在先占确证的权利之外——但是出于不同的理由。伴随有害使用之禁止开始的是由 Harris 恰当提出的起点,[36]即该禁止不取决于造成他人损害之风险的工具是否为某人所有。即使假设某人真的所有具有潜在危害的工具,关于其使用是否以及以何种方式受到限制以保护他人权利的问题也不同于先占应对的唯一基本问题:何为取得(或失去)无主物财产权的充分必要条件?基于这一分析,权利的相关项乃为置于他人的无资格。正像我已经提到但要在下一节更全面解释的,我区分相关无资格之观念以及相关之不干涉或侵害的义务之观念。损害及补正原则肯定假设原告有以受保护利益为客体的所有者权利——缺乏该权利将导致原告不适格——它们确证的是权利和相关义务的关系,而不只是相关的无资格。

我们通过例证的方式,考察有关妨碍的法律。妨碍解决两个或多个土地所有人关于土地使用的冲突诉求。[37] 我们假设每一土地所有人都是因先占取得其权利。尽管原告有必要证明被告干扰了附属于其排他财产权的使用和利益,但这不构成诉讼成功的充分条件。法院必须依据“本地大众标准”确定当事人的使用是正常的还是异常的,只有原告的使用是正常的,而被告的使用不正常,原告才能胜诉。但是即使对该标准的纯粹立基于权利的解释,该解释旨在从独立于对一般福利之考虑的、对平等的认知型构这一标准,该标准需要分析“正常使用”,这是对关于财产使用人彼此互动之平等意识的具体化,已经超出了两者之间谁对某物享有有效的主张。关于妨碍的分析目的不在于确定被告是否享有或已取得对原告土地的诸如地役权之类的所有者利益,而在于被告对自己财产的使用是否损害了原告的所有权(proprietary right)。

同样的基本观点适用于有关疏忽的诉讼。为证明未尽到注意标准,原告提出针对被告的排他所有权尽管是必要的,但却是不充分的。原告必须同时确证在该

〔35〕 Honore 指出,最终表明保留性只是所有权的标准权能之一。前注,第 128 页。

〔36〕 前注 1,第 32-33 页。

〔37〕 我所谓的“土地所有人”是指有最低限度的、对土地的必要所有或占有利益的任何人。

情境下被告的行为不合理。进而这需要确定调整双方间互动的公平且合理条件：原告对某物的排他权利与被告享有之行动自由的独特利益相对。尽管公平性与合理性要求被告限制对原告所有权之客体施加可预见之实质且不平常风险的行为，而不考虑此种限制给被告带来的成本，〔38〕该结论并非立基于取得的原则。被告关于行动权利的主张不能与对被毁损之物财产权的诉求相提并论。取得原则，无论先占还是其他，确定在两人之间谁享有对物的排他财产权，进而解决两个人就某一物的冲突诉求。相反，有关妨碍及疏忽的法律的责任原则解决就两物之间合理界限的冲突主张。不同于先占，引发责任的有效事实必然包含双方当事人的互动。〔39〕

先前关于财产所有权权能的讨论凸现了我主张反映于先占原则的财产权理念的关念参数。论证的一个基本前提是该财产权是纯粹的取得原则，且也必须像这样严格理解。即使承认这是先占原则的恰当表达，还存在就私法而言财产权是否被恰当地视为仅限于该原则包含之内的重要问题。将权利限于此难道就不是武断的吗？从有关先占的权利之权能的讨论中出现的是在因先占而取得和转让所有权及责任原则之间可能存在区别。对于我将继续的讨论，下列情况必须为真：(1)在私法范围内，先占、转让和责任的范畴确实不同，且三者完全涵盖了私法的基本结构；(2)财产权完全属于先占的范畴，而不属于转让或责任。尽管我不能指望在本文范围内展开所有需要的论证，我还是希望勾勒应如何理解这些范畴，并解释为何由此而来的三重分类是完全的和周延的，而先占独自表征私法中财产观念。下一节探讨这些问题。

### 3. 财产、合同与责任：分别但紧密相关

本节中，我首先要揭示先占与合同都是取得对某物所有权的模式，但同时作为取得模式，它们有质的不同。我强调，先占与合同是取得所有权的基本模式。而

---

〔38〕这是英国及英联邦法院适用的标准，该标准由 Bolton v Stone (A. C. 850)（英国上议院，经由 Reid 勋爵）这一重要判例作出了最具影响的确定。

〔39〕我在第三节要对作为独特的法律类型之责任的观念作进一步讨论。见 791 – 799 页（英文版页码）。

且，我主张作为区别于所有权的私法中的财产权观念由先占，而不是合同恰当地确证。我将继续简要解释私法中的责任观念，揭示财产和合同的关系。对此，我只能详细而完全勾勒必要的理由，我的观点是财产、合同和责任穷尽了私法的基本范畴和因素，以后者体现有关权利的法律思想。

在讨论先占与合同间关系之前，应进一步明确关于先占的范围和重要性。该原则可能被认为仅适用于将要被取得之物是（没有为任何人所有）无主物。但是情况并不如此。更确切地，无论何时就与他人相关的意义上，基于其先于他人占据某物，个人诉请已取得某物，先占原则就被援引，无论某物在绝对意义上是无主物与否。重要的仅在于联系其他人，某人是否在时间上先于他人取得。这里值得一提的是在对抗之人非为基于先占比我有更有力的诉请之另一人的意义上，我的权利是相关的这一事实不改变其作为对物之权利的性质。[40] 依照我目前主张、且不久要稍加阐述的观点，它是对物的，因为假使我占有某物的模式针对任何人而言是公示的，被置于相关无资格状态下之人就是一般之任何人。而且，正如我在前一节解释的，由于占有是我的单方行为，没有他人的介入和合作。

就合同权利而言，相对十分明确的是它们是对人的，也即作为合同当事人之间的权利，它们在其真正意旨上是相关项。同样，合同成立的客观验准秉持某人行为的意义和重要性不是取决于它们合理如何呈现于一般之任何人，而是处于周围环境下在特定关系的背景下的相对方。在随后关于合同与先占关系的讨论中，我将视法律的这些既定特点为暂定的确定点。

相反，这里存在关于我将挑战的合同权利之性质进一步观点。跟据这一观点，尽管取得之事实针对另一人具有排他性，并受私法中责任原则全面保护，基于合同成立和先于履行取得的对人权利不是完全和真正的所有者权利。以此观点，只有通过履行，一方才能取得对物的所有者权利。对人权性质上是暂时的、导向对物权的，对物权表征着其完结和确定的终点。对人权因此必须被置于非关于所有权取得之认知的名目下，诸如允诺的道德性，权利必须被理解为与对某物之所有权不同的、要求履行的权利。基于履行，受让人所有允诺之物的事实被解释为与以下理解

〔40〕Penner 强调了这一观点，前注 1，第 147 - 149 页。

一致，即在时间上，受让人的单方占有行为附随于转让人相似的初始单方抛弃行为的结果：除先占原则外，没有引用其他原则。"交易"由先占权行使的两个独立环节构成。基于这一取向，因先占而取得是取得对物之所有者权利的单一模式。对物权而不是对人权是真正的所有者权利。

表面上，关于合同可被理解为引发可通过私法责任的一般原则取得或抛弃之权利、但不能化约为对物之所有者权利的认知从权利的法律意旨之立场看是不可理解的。而且，正如我将要详细讨论的，如果基于合同的取得只可以从来自先占原则的两个分别之行为的角度加以分析，解释合同基本的、无争议原则和特点即便不是不可能，也是困难的。我将提出一个不同的分析，先占并未穷尽所有者权利取得的可能方式，只是取得所有权本质上不同之两种模式之一，合同（或者从一方转移给另一方的任何其他形式）构成了另一模式。事实上，不同于以上观点，我将试图解释为何对人的合同权利表征着最全面且完整的私法中的所有者权利观念，因而满足了先占的法律重要性。我们开始试图考虑如果合同被理解为类别上不同于先占的所有权取得模式，如何理解合同的基本性质。

既然一般意义上，可能取得无主物，也可能取得属于他人所有之物。在无主物场合，取得通过、且必须通过先占原则。如果存在第二种情形，即真正不同的取得所有权模式，其因而一定包含于取得他人所有之物如何不同于取得无主物的分析当中。该第二种取得模式一定置某物已为他人所有的关键事实于中心，并一定内在地参照这一事实。在一方当事人放弃某物、另一方占有该物场合，从两个分别的单方行为的角度理解取得已为他人所有之物则不必如此。抛弃行为导致某物无主而可为任何人取得，在物纯粹无主场合，，由占有行为占据某物取得的权利对原所有人及未曾占有该物的任何人都是相同的。取得不能被解释为某人从他人处取得占有。简而言之，此种形式之取得不是内在且必要地援引他人的初始所有权。很明显，考量与该事实相结合的取得模式，我们必须可以构造在某物已被他人所有的条件下，某人取得该物的取得形式；换句话说，在占有之际，视某物仍为他人之物必须是可能的。当此之时，某物以并非无主状态被占有。现在让我们更专门地考察如此之取得将要引发什么。

首先，此种取得须由两个有关意志的行为发动：必须有所有者的让渡——否则另一方将持续处于法律上无资格状态——且必须有另一方的占有——否则至多仅构成抛弃,而不构成新的所有权之取得。然而,仅通过明确存在对该两种行为的需要,我们尚无法从类别上将该种形式的取得与紧随先前的抛弃而实施的占有相区分,后者不需要我们超出先占原则。为确保系从他人处取得,并不可将取得在任何情景下化约为先占,存在进一步的要求:两个行为必须以以下方式互相关联。

从他人处取得要求让渡与占有行为是单一关系的两方面,除非在与另一方相关的意义上,任何一方都不能被界定,也不能有法律后果。进而,当且仅当存在另一方的占有场合,让渡行为必须昭示视为让渡的意图,反之亦然:每一方只有联系另一方才能被界定。[41] 如此理解,这些行为已经区别于被实施占有附随(该行为是不直接引发他人参与和合作的纯粹单方行为)的抛弃(该行为导致物处于无主状态而可为任何人所有)。

更具体地,在两个独立面向下解释当事人间互相关联的行为无疑是可能的,每一行为都为完整解释从他人处取得所必需。首先,某人之取得与他人的所有者权利相融,占据必须有后者的同意,因而必须是相应于后者表示于外且无保留的让渡决定,且在该决定之后。两个行为必须在时间上有接续关系,也就是前一行为招致后一行为,反过来后一行为是对前一行为的回应。第二,然而,达至二者之间不存在任何间隙的、关于两种行为间关系的解释也一定是可能的:一定不存在物已不为前一当事人所有但也未为后一当事人所有的时点。因为如果存在尽管很小的这一间隙,在这一间隙间物变为无主,则后一方在这一条件下取得——就与先占原则一致。简而言之,我们必须能够将相互关联的行为解释为绝对同时发生。[42] 如果存在在观念上不可化约为因先占而取得的第二种取得模式,因此,以下情形一定可能,即即使在前一方让渡而后一方占有该物时,视前一方仍是并继续是该物之所有人,而且相似地即使在后一方占有而前一方让渡某物时,视后一方为所有者。吊诡的是,每一方必须在其不再为或将要成为所有者之际被表征为存续之所有者。只

〔41〕用黑格尔的话说,"我让渡的意志同时也是另一方的意志"。前注20,第73段。

〔42〕正是康德首先明确了同时性的要求——他称之为连续性原则——此为从他人处取得之可能性所必须。参见康德:"权利法则",前注22,第一部分第二章第二节第424页(6:274)。黑格尔关于这一观念的阐述见于"权利哲学",前注20,第72段。

有在这一条件下，才能在他们之间存在观念上无间隙的转让。

从他人处取得——让我们称之为“继受取得”——似乎因其术语不同于且不可化约为因先占而取得。它们间的基本区别如下：在继受取得场合，有效事实是双方当事人行为的联合，而满足先占原则的有效事实为单个当事人的单方行为。仅仅一个人就可以完成为因先占而确证权利所必须的充分必要之行为；而只有通过两个人意志的联合，继受取得才为可能。

然而，正是因为先占源于单个人的单方行为，在该原则内存在尚未籍此完全的紧张关系。财产权的全部法律意义毕竟在于其对抗他人之排他性：财产的与他人相关性不是可有可无的或第二面相的，而是绝对必要且内在于此类财产权。确实财产的与他人相关性反映于单方行为一定以必要方式被公共认知之要求。而正是通过没有他人参与和合作的单方的孤立行为，个人因先占取得财产权。加之，尽管与身体完整性的权利不同，取得外在之物的观念必然含有某人合法占有未在他人物理控制下之物的可能性，先占需要将某物置于某人物理控制之下的初始行为；在占据通过握有（相对于标记、形成或使用）某物实现场合，某人之占有与物理占有同步，并在该人不再物理控制该物时终止。我主张，一定存在物理占据之初始行为的事实确定地附随于某人通过独立于他人参与的单方行为占据某物的事实。进而，满足先占要求的有效事实好像不在其表面上展示其真正特点，也即与他人的关系，而这为其作为所有权所必需。

在先占原则之内存在进一步的紧张，该紧张源于满足先占之有效事实的性质。在任一特定场合，该原则全面而完整的运作，某人排他地取得某物：就有关被占有之物，享有权利之人非处于无资格状态，而其他人正处于无资格状态，没有权利对抗处于占有状态下的前者。我们关于原则的理解暗含着作为权利问题那些被禁止者中的任一人都可能已经在不同条件下取得了同一物。〔43〕 在法律上每个人都有平等的取得资格是在公共法律文化中解释该原则的基本假设。在最基本的层面，这一假设存在于相互性的观念，该观念是每个人仅在其享有对抗他人之权利且反之亦然的范围内受制于相对他人的限制。然而先占原则的运作并未明确相互性成

〔43〕 就这一表述，我要感谢 Daniel Batista。

为引发权利的有效事实。

像前文揭示的，因为继受取得要求相互联系的选择行为，其不受这些紧张影响。不同于先占，在继受取得中，确证权利的行为从表面上展示了关系的性质。马上进入脑海的继受取得例证是即时且完全实施的所有者权利转移。但是，像我在其他地方主张的，合同是最能完全且明确显示此种取得之独特性质和特点的继受取得事例。[44] 这里，我将简要地彰显关于合同的普通法的特定基本点，以揭示合同如何完整地实践了因先占而取得之权利的法律性质，这使合同不同于但又连续于先占，关于所有者权利的认知揭示了这二者。

首要一点是法律本身揭示合同是、且必定被视为取得的一种模式；且更具体地，尽管因合同取得之权利是对人的，不过在取得对某物之合法的排他占有的意义上，该权利为所有者权利。下面对此加以解释。

在违约场合，原告有权利获得期待利益的损害赔偿或者赔偿不充足场合有权利要求实际履行。法律给予这些救济旨在置原告于被告如约履行场合其应处于的状态。法律视此为补偿量度的公正原则。既然期待利益的损害赔偿与实际履行在性质上是补偿性的，像法律对它们的设定一样，原告就某物一定先于违约享有依救济被维护之对抗被告的绝对权利。在法律世界中，违约表征的不是或者失于给予原告利益或者失于满足原告的需要或愿望，而是对原告受保护利益的损害：它剥夺了原告在约定的履行期限之前对基于因合同成立而享有之权利已经属于他（她）之某物的物理控制。违约是不当行为，而不是不作为。因为该受保护的利益只能源于合同中的意思一致本身，视原告在合同成立之时且通过合同成立自被告处取得某物必定是可能的。从被解释为补偿之一种形式的可以获得的、对期待利益的救济之角度，合同可以被恰当地解释为继受取得的一种模式。

而且，尽管因合同取得之权利通常被定性为要求他人履行的权利，该权利在最

---

〔44〕关于此点的更详细讨论，参见“合同法的统一”，前注6，第132页。这里我应该提出关于遗赠的权利是否像合同一样来自继受取得和转让之观念（像Harris和康德主张的）或者其是否应被视为社会和家庭政策之产物（像黑格尔主张的）的问题是我在本章中无法讨论的问题。然而，我不认为我关于财产权、合同以及责任的分析会因此受到影响。关于Harris的观点，参见前注1，第249页；康德的观点见于前注22，第440－441页（6:294－295）；黑格尔的观点见于前注20，第80段。

终的分析中是所有者权利。[45] 连同救济旨在置原告于其权利得到维护场合其应处于之状态的观念，原告之取得反映于救济的内容。期待利益的损害赔偿给予原告表征履行期限到来之际标的物(无论物还是服务)价值的金钱。加之，此等损害赔偿给予原告以在市场上购买某物之等同物的途径且由此取得对其的物理控制。在不能取得等同物场合，金钱损害赔偿不能执行双重职能，且因此可能被认为不充分。于此场合，只有实际履行才能实现这些目标，原则上成为适当的救济。合同成立之际授予原告的合同权利因而包含对合同标的物物理占有的权利以及对其价值[46]的权利。相关地，在合同成立之际，被告对标的物没有对抗原告的此种权利。[47] 但是对排他物理占有以及物品或服务价值的权利性质上是属于某物所有者(owner)的所有权。在双方当事人之间，原告是合同标的物的所有者。

其次一点是因合同取得由两个相互关联的意志行为完成，基于这种方式展示了其作为继受取得的性质。这存在于合同成立的基本原则中，合同成立需要要约和承诺——两个意志的表达。就其本身，一个要约授予的根本不是权利，而只是承诺的权力。除非且直到要约被承诺，合同才成立。合同关系是不可化约的双边关系。进而，像上文提到的，每一边的意义由其呈现于相对方的面目确定。也即导致合同成立的同意——进而权利的取得——在当事人之间必须是公开的。是这些表现于外部的同意本身，而不是作为实际内在同意的表征或替代物，直接自行导致合同的成立。相似于要约与承诺的法则，约因的法则也确保存在双边而不是单边。这反映在关于平等交换的基本要求中：欲可强制执行，允诺必须对应于允诺或其他行为之实施，而允诺之物与作为对应之约因的物质属于质上不同之物。既然每一方都要放弃有用之物以换取接受其他有用之物——在双方合同场合的确如此，单方合同也是如此——每一方可能均被视为让渡且取得其能够享有所有者利益之物。

---

〔45〕我对这一问题的更全面分析见于“合同法的统一”，前注 6，第 134 - 137。

〔46〕正如我简要解释的，对因合同取得的分析揭示了在某人拥有某物场合价值才是其所有的实质。

〔47〕贯穿关于合同的讨论，我假定作为取得的一种模式，合同成立在当事人间就外在之物确立一个先前不曾存在的新的权利——无资格关系。然而在责任观念下分析，合同会在权利——义务关系的标题被考虑。违约因而能够以两种途径归类：第一，它不能给予被告对其已经承诺原告之物的权利，也不能剥夺原告在合同成立之际就被赋予的权利；它也属于侵犯原告对某物之合法占有的不法行为，该合法占有由当事人间之协议条款确定。

此一合同的双边性进一步地反映于普通法的显失公平原则，该原则本身被视为附随于合同成立的法则。尽管存在争议，关于显失公平的广为接受的解释为：以存在于交换中的同等性为基准衡量合同。[48] 每一方当事人表面上都有权利因其让渡从另一方接受同等的价值。同时，没有人有义务接受同等价值。基于其被合理理解的言语或行动，当事人可能表示改善双方境遇或承担相应损失之风险由此事实上放弃处于均等状态之权利的意图。然而在价值上不同等显系当事人破坏性的谈判能力所致，则通常将否定赠与意图或风险之承担的存在。以这种方式，给予且接受同等价值成为至高调整原则，该原则提供了评价合同有效性的基准。

既然，一方面价值是必要且明显是关系性或双向的：在立基于它们各自独特之特点和用途，对比之物有质的不同场合，某物之价值表现于与他物的关系中。只要出发点仅是单个人先占或行使使用权的立场，我们可以谈到某物相对于他物对该人的用途，而不是物的价值。在物能够被作为可交换且进而由选择将它们视相当为之人所有场合，它们有价值。另一方面，价值是存在于以下区别的同一性：在价值的面相下，物之间的质的不同不被关心；作为价值的表达，每一物表征的都是同一物（的某些量）。且就每一方当事人都有权，尽管无义务从他人处接受同等的价值而言，每一方自他人处取得的内容绝对等同于其所让渡的，也等同于由此他方取得的。让渡我之物（也就是其价值），我继续拥有同一物，相似地，你占有的也只是你已经享有的。因而，我们每一方始终是同一物的所有者，即使我们如此让渡或占有——必须如此假定，我前面提到，如果伴随继受取得的观念，存在从一人处向他人的无间隙转让。

第三一点，合同从表面上展示了非物理但却是有效且合法之取得占有的可能性。依据合同，合法占有能够非基于对权利标的物之物理占有而取得。事实上，除非的确如此，可强制执行但尚未执行的合同就立即变得不可能。这是因为正是独立于且先于当事人物理占有对方承诺之物的合同成立确立了当事人全面而完整的

---

〔48〕近期对显示公平性的不同理解的梳理和精心讨论，见于 S. M. Waddams：“显示公平合同：争鸣视角”，“萨斯切万法律评论”，1999 年第 62 卷，第 1 页。反映前文提出之观点的英国及英联邦的主导案例为丹宁勋爵在 Lloyds Bank v Bundy[1975]1 Q. B. 326（英格兰上诉法院）同意的意见。我关于显示公平性的更详细讨论见于“合同法的统一”，前注 6，第 184－201 页。

权利。在违约场合，期待利益的损害赔偿或实际履行维护的正是这些权利、也只是这些权利。履行本身没有授予任何新的合同权利：通过履行，一方当事人只是给予——或者更确切地未阻止——他方自合同成立之际对已经合法属于他之物的物理占有。物理占有的时刻完全取决于且附随于合法占有：合同成立在先，且确证了合同关系，而履行被缩减为一个单纯的结果。

从依合同取得之双边性的角度，完全独立于物理占有的取得是可能的。合同预示了承诺之物已经处于一方当事人之合法排他占有之下。在他们之间，所有者权利能够仅通过联系其后占有决定的让渡决定被移转。只要这些决定在当事人间表征完全具体化且显示于外的选择即为已足。我们已经看到，在他人之参与不相关场合，无主物必须被首先置于某人物理占有之下的理由在于通过这种方式，即时且有效的占有才能显示于他人。依合同取得则并非如此。无论是先占还是合同，在权利的法律意旨范围内，权利来源于个人显示于外的选择。

第五一点牵涉关于对物及对人的独特性以及两类权利之关系的解释。始自就外在之物（即物而非人之身体）的权利源于取得而非固有的观念，对物与对人权利的区别反映了据以取得这些权利之行为在类别上的不同。对物的权利，在无主物场合，由没有他人参与或合作的单个人的单方行为确证。〔49〕没有他人参与的事实转化为针对一般人的公示性要求：因而可能成为对世权。而且权利行使的方式取决于单个人的独立选择，因为这些已合理地明示于一般之他人。只要个人持续地实施此行为，就期限和使用内容而言，对物权的行使是内在无限的。

相反，对人权由两个单个人的联合行为设立。此类权利仅可向确定的另一人主张，反映着对人权系通过仅在交易当事人间公开之行为而取得的事实。进而权利内容不是由抽离于他方的任何一方当事人确定，而是基于且通过他们的互动确定。不同于对物权，对人权具有性质上完全是交易性的特点。由此权利的内容可能在既定的限度内由当事人间的协议确定（因而被限制）。例如，原告是否针对被告取得为特定目的使用合同标的物的权利取决于假定于合同周围情境的背景下合

〔49〕身体完整性的权利，尽管不是就外在之物的权利，从其对抗一般人的意义上，也是对物的。这种权利和对物之所有权共享的否定性特征是它们的充分必要条件都不牵涉他人的介入。就身体完整性，其由固有权利确证；而财产权则由单个人单方取得之权利确证。

理解释协议条款，在合同成立之际该目的是否为当事人合理预见。[50] 类似地，原告取得物理占有的条件也取决于合同条款。原告可能直到合同成立之后某个特定时点，甚至是只能基于特定方式才有权利取得物理占有的事实仅表征由合同确定的原告取得物理占有以及初始地行使其权利的形式。[51] 权利的最终交易方式并未使其不适于作为所有者权利，而只是构造了其成为所有者权利的方式。不管权利可能（但不必）有的有限范围，只要原告有权利对某物实施占有，有权利（虽然该权利有限度）决定其用途——通过对约因的要求由双方当事人保证——权利的所有者权利特点得以保存。

我们继续分析，对人权与对物权一样是所有者权利，它们间的区别在于决定所有者权利内容的具体方式。我已经提到，通常认为对物权比对人权是更全面的所有者权利：据信，对某物的对世权是所有者权利的典型。至多，对人权是部分且不完全的所有者权利，其只能对抗特定个人以及经由实际履行通过取得承诺之物的对物权才能圆满。我已提出的分析颠覆了这一归类。

对人权，而非对物权代表了对所有者权利的最全面表达。决定权利对人而非对物的因素仅在于引发权利的有效事实具有交易性的。但是所有者权利的法律维度不是人与物的此等关系，而是就某物某人与他人的排他关系。因而对人权、而不是对物权源于全面反映所有者权利之法律维度的行为。

而且着眼于具体地表现为同等约因原则的对人权的交易性品格，双方当事人让渡且占有某物，仅就他方也如此行为而言，具有一方当事人能够占有之后果。双方当事人平等取得资格之行使是单方取得的必要条件：仅在他们受制于无资格的范围内，当事人享有权利，反之亦然。事实上，给定源于显失公平法则对同等价值的权利，每一方能够占有与其所让渡的因而也是其被排除的相同之物（作为同等价值）。人们拥有取得与他们被排除的相同之物的法律资格的事实，该事实作为先占

---

〔50〕这一观念深刻地体现在基于阐发于 *Hadley v Baxendale* (1854)9 Ex 341 案中的原则，对违约责任的分析。*Hadley* 主张在确定被告对由其不法干涉原告意欲通过承诺之物所实现之目的而造成之损失的责任范围，原告有必要证明损失是当事人于合同成立之际可以合理预见的类型。

〔51〕进而，因将某物售予第三人而违约场合，被告的获利行为是否与原告的权利相容取决于他们的合同：若合同权利仅是于特定时点占有某物，则占有对于原告的价值而非被告的节约或获利是权利的相关尺度。尽管这一结论与效率违约理论的结论一致，但导致该结论的论理却仅立基于有关权利的法律思想。

原则运行的前提，但未实现于先占原则的运行，在这里被作为取得之有效性的明示条件。需要牢记，即使根据先占原则，权利与法律无资格归属于在他们是独特且分别之人意义上的个人——以至于个人间的权利—无资格关系全面且完整例示了财产中的法律关系——容易得出因合同而取得（或因其他涉及双方参与的继受取得种类）表征着以揭示主体平等的方式表达了先占中的法律关系的取得模式。合同关系以及由此而来的对人权仅存于双方当事人间的事实，反映的正是存在于财产中、更一般地权利的法律意旨中的法律关系之必要形式。如果我们要表达在其法律关系之间人们所有者权利的平等资格，其一定要通过因二人间相互联系之行为、进而因于其中每一方都让渡且取得同一物的单个统一互动行为而生效的取得形式。也是在这一方式中，对人权接续于且完成对物权。

最后，我们也能得出如果取得外在之物是不同于身体完整性的权利基础，必须存在非物理（尽管合法且完全有效的）占有之可能性是必需的。但是只有在取得为交易性场合，它才能独立于已实施之物理占有而生效。当事人的权利和相应的法律上无资格在合同成立之际已全面且完整地确立以及其与履行之时刻相分别的事实意味着合同上的，也是对人的权利全面反映的正是被认为存在于、且仅能部分地实现于对物权之取得之事。

如果我们采取由 Hohfeld 最有力主张的观点，〔52〕即内在地考虑两种权利拥有相同的一般品格、它们仅在量上不同：在对物权场合要比对人权场合存在更多的权利关系，关于对物权比对人权更广泛、更完整的对立通行假设可能显得有道理。然而，我曾试图揭示它们没有相同品格，而是具有质的独特性的权利种类。一个种类对抗的是（不确定的）任何人而另一种类的权利对抗的是（确定的）某人的事实只是反映了取得模式上的不同。〔53〕

---

〔52〕 前注 21，第 77 页。

〔53〕 因为 Hohfeld 并不将对人——对物之区别限制在从取得面相考虑的法律关系，而是将其作为纯粹形式上量的区别应用于任何法律关系，他只能采取这样的观点，即对物权，虑及其像这样的品格，应与源于对前者的侵犯之（对人）次级权利或请求严加区分。参见前注 21，第 101 页。为避免思想上的混乱这是必要的，否则这种混乱将出自以下广泛流行的假设，即在初级权利的特色与关于因损害前一权利之责任与适当救济之分析的特色之间存在某些基本的认同。前注，第 102 页。我关于在其被视为不同取得模式之反映场合对人——对物的分别得以凸现的主张，正像我在讨论责任时简要解释的，在坚持于权利、责任和救济的性质中存在根本的同一性之观念的同时，避免了可能的混乱。

尽管存在循环的风险，这里重要的是，不同于合同仅设定单一的权利——无能力关系，确立先占能够设定多重的此类关系之事实的法律重要性。尽管由于立基于公示于任何一般人的同样单方行为，每一对物关系均具同一性，但同时每一关系从其本身看又都是全面而完整的独特关系。占据者的权利在每一此类关系中被完全具体揭明。从法律的观点看，完全没有存在越多的此类关系、占有者的权利就越充分而全面地实现的问题。与关系的数量无关，权利的价值持续存续，因为其全面实现于既定的关系中，且每一关系就其本体是完整的。将对物关系理解为由一方之权利和对方之多重的无资格（或义务）组成显系误解。贯穿这一讨论，我试图强调根据权利的法律意旨，法律关系总是个人化的，总是成立于两者之间且仅在两人之间。这就是为什么权利持有人能够限制其相对于他人的权利，而完全不影响对他人继续有效的无资格。这也是为什么严格意义上讲有关对物权的任何主张总是与另一个人有关。既然每一对物权都是个人化的，又完整且全面地如此实现，从法律的观点看，在既定场合可能存在多少此类关系并不会具有内在的意义。进而，合同由两人间的一个权利—无资格关系构成的事实本身不能被视为对物权的缩减或不完全实现。相反，像我主张的，由于对他人关系的特点、纯粹的非物理占有以及享有权利的平等资格只能实现于需要不只一人参与的取得，反映该取得模式的对人权内在地且在质的意义上构成对权利—无资格的所有者权利关系之更妥贴表达。

更进一步，假如对人权圆满且实现于对物权的观点正确，其应附随于履行，通过履行，原告取得了对合同标的物的物理占有，原告对抗合同相对方的初始对人权转化为其他的类型。但情况并非如此。原告对物的物理占有的事实使得基于先占原则对抗第三人成为可能。如果我们假定第三人在原告经由合同相对方的履行取得对物之物理占有之际或在此之前没有对物的财产权，相对于第三人，原告首先取得占有。与第三人不同，原告基于先占取得了对物之排他的财产权。然而相对于合同相对方，由于不存在其无条件抛弃起初归他所有之物、且使该物无主的时点，先占不能适用。该当事人被排除于原告之物（现已占有）之外的缘由必定是在合同成立之际其已移转该物；唯如此，才能阻却其取回的主张。该方当事人之被排除及原告对抗其权利的确立确定于合同成立，且直到并包括原告因对方履行取得物理占有之际保持不变。[54]

我曾主张先占与合同是取得所有者权利的两种模式。通过使与他人之关系及权利独立于持续的物理占有成为取得之明确且必要特点，合同可以被视为接续于先占且构成对先占的完成。置于其他视角，合同如此表达了先占中的所有者权利观念，即其从表面展示了界定对外在之物排他权利的真正特点。完全可以理解，合同完成法律上的和思想上的先占之观点并非形而上学的。其反映于诸如享有对某物财产权者也拥有该物的价值的通俗命题。像我解释的，尽管存在联系合同而非先占其得到说明的事实，价值仍被视为任何所有权的基本内容。由于仅仅价值是其中(更具体地，于使用权的内容之中)固有的，且由于合同接续于它(通过作为双边关系之部分构成这一内容)，价值能被解读回因先占而取得之财产权。

先占与合同(或者一般意义上的继受取得)穷尽了私法中的所有者权利取得的基本模式。我们始自先占，因为独立于立法、习惯或法律条款和规则，其阐明了适用于关于当下于任何二人之间无主物之任一取得的原则；合同通过明确适用于关于当下于任何二人之间已为某人所有之物之取得原则建立了取得模式。就取得的基本形式而言，这些必定是个人间的两种——且仅有的两种——取得物之所有者权利的模式。[55] 于此两个类型中，只有先占设定对物权，且这些权利在品格上与合同中的对人权有质的分别。[56] 相应地，如果我们假定财产权必定是对物权，先占是私法中能被算作财产取得的取得财产权的唯一基础形式。这就是我主张于其

---

〔54〕关于对人权与对物权的这一分析也适用于不涉及合同义务履行的财产权即时转让。此类交易与合同的基本区别在于对于后者而非前者，取得对人权因交易被分为合同成立与履行两个时点而变得明确。然而，即使在非基于合同移转财产权场合，受让人对抗让与人的权利也源于后者之让渡行为，且因此基于不能对抗第三人的基础而对抗让与人。

〔55〕这似乎曾经是霍姆斯的观点。他主张占有和合同是主要的、特别权利和义务源于其中的特别关系。前注11，第130页。康德主张第三取得类型，他认为此是类似于对某物权利对某人的权利，它给人以占有(尽管不是使用)作为某物之某人的权利。按照康德的观点，人取得对他人的权利，更特别地，对其配偶、子女或仆人的权利。参见前注22，第一部分第二章第三节。前文中，我的主张是财产权与合同穷尽了取得外在之物的模式。关于康得的第三类型超越了本章的内容，尽管应该指出，这里存在当代私法视占有他人之资格的观念为有问题的证据。这反映于法律不情愿确认或扩展对经济损失或对配偶源于对某人配偶或仆人损害的损失过失诉讼。例如，参见Best v Samuel Fox & Co., Ltd., 2 All E. R. 394(英国上议院)。

〔56〕我应该强调，贯穿本章，分析展开于纯粹私法(权利的法律意旨)的立场，且由此假定除法律程式和立法条款之外，这些作为合理性的问题适用于互动中的个人。我的主张是从这些视角观察，先占与合同必定各自引发对物权与对人权。

中表征内在于私法的财产权原则的意识。而反映于先占的财产权之基本观念为就某物之权利的观念，该权利能够在没有他人介入的前提下因个人的单方行为取得，且能够排他地对抗没有占有此物之在先权利的一般意义上的其他任何人。如果立基于法律视角，法律关系可被界定为所有权关系，这是必定被提出的观念。且再次指出，就此一观念的适用，在绝对意义上，无主物不必然属于没有主人之物；更确切地，无主物的要件只是在双方当事人之间该物即时无主。处于无主状态的意旨，想所有者权利本身的意旨一样，在个人间具有相关性。

在讨论了财产权与合同的区别及连贯性之后，我将扩展这一对比以容纳责任原则。随后，以简要解释作为第三独特然而却为私法中相连类别的责任结束为本章目的对有关权利的法律意旨的分析。

着眼于其仅适用于双方当事人间之非自愿互动、且暗含权利及相应义务、而非权利及单一的无资格之法律关系的事实，私法中责任的观念，正如其反映于责任的各种实质基础，〔57〕既不同于财产权，也不同于合同，属于独立的法律类型。我将以例示的方式参照故意侵权和疏忽，在一般意义上讨论责任的观念。

作为分析责任之充分必要条件的前奏，法律要求对以下问题的肯定回答，即原告对被告以某种方式影响之物享有对抗被告的所有者权利吗？除非能够证明必须的所有权(proprietary right)，责任分析永远不能脱离这一基础，即源于不作为而非不当作为遭受的任何损失都是合理的。〔58〕 明显地，如果原告享有对物的所有者权利，该权利也能对抗特定被告。然而，谈到通过要求原告享有对抗明确被告(被视为独立与分别之个人)的所有者权利，责任分析接续于权利明显呈现于合同的方式。包括对物权在内的任何权利都只能在责任的观念下完全得到维护，因而得到确认，后者设定权利于合同权利具有之形式中的事实进一步揭示在法律意旨中这一形式表征了权利之真正且最终的形式。加之，这与我曾经主张的、对物权与对人权间关系被适当构想的方式一致。

〔57〕 本章中，我认为普通法中有三种主要的、分别的责任基础，也即不当得利、侵权与违约。我同时区分民事违法行为与刑事违法行为，且集中谈论前者。

〔58〕 我曾经在他处试图详细证明，这是在疏忽导致纯经济损失(于此场合普通法传统上否认补偿)的情境下，原告面对的问题。参见P. Benson："侵权中的责任排除"，前注4。就这一基本区别的进一步讨论，参见我在前注5的评论。

然而,关于所有者权利问题的肯定答案没有应对,更不用说回答责任的核心问题,即某人是否以与原告所有者权利不相容的方式行为?如果是,何为于此情境下法律的恰当回应?这不再是决定谁享有所有者权利的问题,而是确定何种行为因与权利不相容而为权利禁止的问题。尽管这将我们带出关于取得(无论是财产权还是合同)的议论,但正如我们将要看到的,答案却接续于先前的分析。

我已主张,与确证对某物之财产权直接相关的是向未享有对该权利之人施加一种无资格。无论其他事实出现与否,这种无资格出现于先占之要件被满足之际。这只是意味着被占据之物不再可能为他人取得,更直白地,他人不能有所作为以改变权利持有人对物之财产权。他们的所为无关紧要:无论其为何,不可能是就该物设定权利,因为该物已不再可供他们占有。无资格因而未明确何种行为与所有者的权利不相容。正如权利—无资格的分析未确认自被告角度与原告权利不相容的确定行为,它以像纯粹潜在性一样的、类似的不确定方式表征原告的权利:只标明是原告而非被告可能合法使用、让渡该物,但未揭明何时原告针对被告已经实现其权利。且自就不作为不产生责任的基本观念,这一进一步的明确化约为关于经由确定行为行使原告权利何时被他人妨碍或干扰的问题。尽管无论是基于先占还是合同设定权利—无资格关系要求存在由一方或双方实施的确定的实际行为(包括所有者权利三个权能至少之一的行使),着眼于权利及无资格的分析不能将这一要求贯穿于其对享用权利的处理。但是除非相对于他人,权利能够行使、实现及享用(在法律意旨中权利的纯粹外在品格的参数之内),它就不是权利。双方就此之进一步面向之行为的确定因而是必要的。而且,与在有关合同取得之分析中被明确提出之权利的相关项相伴,此关于法律关系各方行为的进一步明确必定以同时涉及关系双方之方式方能完成。关于被告被禁止行为的界定因而必定从同时决定行使和享有原告权利的范围及内容的方式得以明确,反之亦然。正如我要解释的,这要在责任之观念的论题下作出,该论题既区别于又接续于有关以财产取得和合同的分析。

类似合同,我已明确责任观念假定双方当事人的互动为设定他们之间相关法律关系所必需。始自被告一方,必定存在某一特定选择(我将称其为“行为”)的表现。这种必要行为通过对关于财产权利与合同的分析得以明确。首先,其必须是表现于外部的选择行使。更具体地,其必定存在于有效且实际将原告之物[59]为被告所用:被告一定被认为对该物有意实施了某些行为。是否存在被告表现出来的对某物的控制根据当事人互动情境下的客观验准确定,也就是由该行为如何合理地呈现于居于原告地位的理性之人。不法行为映衬出设定财产权所必需的行为。然而因其为单方,所以不法。[60]

被告有意使原告之物为其所用的性质可能有两种类型。第一种类型,被告明知某物属于原告或至少不属于其自己,却故意控制该物以排除原告。在某种意义上,被告表达了为取得财产权所必需的完全有意占有,但区别在于故意排除的主体为合法所有人。这里,被告面对原告的所有者权利,故意主张对物的控制。这是故意的单方占据,导致犯罪行为或恶意不法行为。第二种类型仅导致民事不法行为,被告为实现自己的目的对或就原告之物实施某些行为,但是不同于前述情形,针对原告权利或他人权利,其未表明控制该物的意图。这里关键的是,被告并不实际知悉某物属于他人,未表现出对原告权利的明确无视。就这类不法行为,至多被告作

---

〔59〕为行文的简单化起见,我这里仅提到原告之物,而不是其个人(也就是其身体)。关于责任的解释则适用于二者。

〔60〕在疏忽法中,过错之要件确保了在被告应该合理地认为某物不属于其场合,只有被告外在地明示合理地表现为对原告之物施加影响的选择,才须承担责任。只有在行动之际,被告能够合理预见其影响对原告之物造成之风险,这些行为及由此导致的损害才能够视为其可避免或其选择的结果。不存在合理的可预见性场合,影响的施加不可能是有意的,并由此与所有者的财产权不一致。严格责任与私法中的财产观念不一致。这一结论与以下似乎合理的观点不一致,即严格责任只能在如果某物是我的财产,而你被排除在外,且如果没有我的同意,你对该物所实施的、损害我占用、使用或让渡该物之能力的任何行为(无论是否预见),这将损害我的所有权之基础上得以正当化。据信,严格责任严肃对待所有权。然而,这一主张是错误的,原因在于其忽略了关于取得的分析与关于责任的分析之区别。尽管从取得的立场出发,的确不存在可以赋予你对我之物财产权的行为,但这并不意味着你对我之物的任何行为同时是不法行为。财产权,其成立需要一个选择的外部表达,也只能因一个选择的外部表达受到侵害,该选择与限制原告行使所有权的影响有关。按照这一方式,类似关于合同的分析,关于责任的分析不同于财产权之取得,明确地视当事人为平等,使实际的互动成为相关法律关系的基础。而且,因为责任的互动基础,类似合同解释与合同成立的标准,疏忽中的过错标准是客观的:被告因他人在他们互动的情境下合理地假设其拥有的、对这些种类风险的预见力而被归责。最后,为区别合理地与不合理地施加风险,与权利的法律意旨一致,过错标准不能考虑需要、能力、特定目的或福利。进而,就其本身,被告为避免施加可预见的风险而必须付出成本的事实不应该影响禁止。这也是为英国——英联邦国家广泛采纳的观点。然而,这些法域考虑诸如共同生活于现代生活的拥挤条件下,我们我们不能避免制造或接受风险的普遍事实。这些是源于任何个人都不能负责的社会事实。每个人都被认为接受这些背景风险,施加这种风险并非不合理。参见 Leid 勋爵在主导性案件 Boulton v Stone([1951] A. C. 850,第 867 页)中具有影响力的观点。我需要附加的是,在妨碍法中,一个以关于正常与异常使用土地之对比形式出现的类似的界限,该界限着眼于当地共同体标准确定。

为合理之人本应知悉于特定情境下该物属于他人。[61] 根据我采取的观点，民事不法行为的类型更具体地包括不当得利、疏忽、故意侵权和违约（它们更明确而完整地共同构成了表达民事不法行为之概念及次序序列）。在下面关于责任的简要讨论中，我要把我的论述集中于民事不法行为，且在疏忽之内，尽管不时地将后者与民事不法行为的其他例证相联系。

进而，例如引发疏忽的情境典型地存在于为追求自己的独立目的采取某些行为对原告之物施加影响，进而减损物的价值或影响了原告对物的使用。不同于诸如非法侵入或非法剥夺等故意侵权，疏忽的独特特点是被告不直接实施对物的物理占有[62]但对物施加影响并产生前述后果。在故意侵权场合，被告于应该合理（但不实际）知悉物属于他人情境下，仍将物置于其控制下，以排除他人。侵权的故意面相，就其是民事不法行为而言，就是引发占有之实施的有意行为这一因素。相反，至于疏忽，被告间接地使原告之物为其所用，进而实际地利用它。但是这里其只是实际或间接地利用的问题，因为不同于构成故意侵权的行为，不存在占有之实施，也就没有故意占有。于疏忽行为中，被告表明的选择仅在责任面相下具有法律意义，而不是因为其明确表达了属于取得之前提的某类意图。它实际如此行为已为已足。正是就是等于间接地利用原告之物的行为干扰了原告就该物之所有者权利的行使。在我们从故意侵权及违约等民事不法行为类型出发达至刑事不法行为之观念的过程中，构成不法行为的行为越发明确而完整地表达了为设定所有者权利所必需的意图品格。

如果根据权利的法律意旨，被告的行为构成了不见容于原告所有者权利的民事不法行为，其一定具有干扰权利之外在表达的效果。正如惟有通过外在行为，才

---

〔61〕严格地讲，在侵权和违约中，被告本应合理知悉其影响之物属于他人是必要的。相反，不当得利责任假定，被告本不能合理地知悉此情形。在不当得利场合，法律要求被告不能或者从原告处以赠予的方式或基于其他法律确认的基础取得原告之物（该物导致被告的利得）。这使得当事人间的问题不是“谁为物之所有人？”——原告是——而是“在被告不能合理知悉某物属于原告场合，需要何种要件，被告才能享有源于拥有、使用或让渡原告之物的利益？”这是有关适用于当事人间互动的特定形式之责任的问题。

〔62〕正是疏忽不涉及被告直接对物的物理占有使其区别于故意侵权和违约。进而故意侵权和疏忽的区别不在于前者要求对干涉原告权利的表达。损害他人的意图——于这一特定场合，即当某人知悉其为所有者时，将所有者排除在该物之外的意图——导致刑事且可惩罚、而非民事的不法行为。

能设定和行使权利，惟有通过干扰权利之外在表征的行为，权利才能外在地受到侵害。外在侵害的观念是符合权利之法律意旨之损害的认知，这正与双方当事人间互动的外在性有关。既然财产权的外在表征不只是物本身——因为这将忽略物被取得并因而即时归入所有者表达于外部的意志——而是原告占有、使用或让渡该物的合法资格。如果被告之单方行为施加于物的影响限制了原告行使所有者权利这三项权能之一的过程中本来能就或对某物之所为，[63]就存在对权利外在面相的损害。任何此种限定或限制被计算为损失。

损失要件接续于并反映只有某人根据对抗他人之排他权利拥有某物，其才能向他人主张的事实。这完结了就不当作为而非不作为产生责任的法律意旨之基本假设。只有我拥有某物，我才享有请求权；且只有他人影响我对该物的拥有，才会有不法行为。基于这一理由，损失也只是被告相关行为的后果。被告的行为和原告的损失构成了引发责任之互动的两方面。事实上，除了在系于他方的范围内，任何一方都没有法律意义。除非导致损失，被告的行为无论在积极意义上还是消极意义上都只是没有法律意义之选择的表达；且在原告使其物为其所用的能力受到不是行为或施加不影响该物之限制的某物限制时，也是如此。在这两种情形，在法律意旨中，都不存在构成对所有者权利外在损害所必需的那种互动。

从这一角度理解，损失为不法行为成立所必需。如果没有损失，就没有不法行为。按照我采取的这一观点，在损害所有者权利的任何场合，有且一定有损失："每一加害行为必定引发损害"。[64] 如果我们希望把侵犯所有者权利界定为"规范的"，而将损失界定为"实际的"，责任则以在分析所有者权利本身时反映规范和实

---

〔63〕根据 Austin，财产权由两个独特的、内在分离的因素构成：第一，排除他人干扰所有者之使用者行为的无限使用的权利；第二，排除他人自行使用物的权利。参见 J. Austin：《法理学讲义》（伦敦：John Murray 出版社，1879 年版），第 836－837 页。就存在差别的范围内，置于本章的表达，这是存在于被作为取得模式、且权利的相关项为无资格（Austin 的第二因素）考察的财产权与根据责任面相、且权利的相关项为不干涉之义务（Austin 的第一因素）考察的财产权间的区别。然而，有必要强调，除非被告的单方行为影响了原告使用的能力，不存在不法行为、不存在外部损害——不存在侵犯权利。简言之，就对权利的法律意旨之完整解释而言，某一因素只有联系另一因素才能得到解释。

〔64〕Webb v Portland Manufacturing Co. (1838)，3 Summer's Rep 189 第 192 页。（经由 Story 勋爵）。（以下称"Webb"）。关于同一效果的陈述广泛见于判决中，最早的之一是大法官 Holt 在 Ashby v White (1703)2Ld. Raym. 938 案中富有创见的意见。各种此类陈述在 Constantine v Imperial London Hotels, Ltd. [1944] 2 All E. R. 171 (K. B. Eng)案中都被提到。

际不可分性的方式假定两个维度的不可分性。即使不法行为导致不确定量的损害，就像在被告妨碍了原告的合法占有但是以未影响物的价值及原告意欲的使用场合，也是如此："如果没有其他损害成立，受害方有权获得名义损害赔偿"。〔65〕且因为损失表征被告行为对原告占有、使用或让渡其物能力的影响——也即对一定立基于作为分别且独立于被告之主体的原告的物的影响，这是被告直指原告之行为的后果，并反映了法律关系双边性。

不同于故意侵权及违约诉讼，普通法要求必须证明损害才能维持基于疏忽的诉讼。这如何通过我所主张的取向加以解释？在疏忽案件中，不法行为非存在于对原告之物的占据，而至多只是存在于间接地对某物的单方利用。在存在责任场合，这是疏忽合理地呈现于居于原告地位之人的面相。然而在疏忽情境下，基于假设，当事人间不存在规制且解释他们之间互动的合意，且被告为处于属于原告财产权相关物的无资格状态下的任何人。相应地，原告可以合理推导被告已经间接地使用其物的唯一基础为被告是否物理性地以消极地影响其使用或价值的方式侵害该物。由此导致的加害行为可能限制原告对其物实施占有的能力，任何此类对占有之妨碍都与构成诉讼要旨的、对使用或价值的负面影响不可分。相反，在故意侵权和违约案件中，不法行为存在于单方实施占有，在不法行为对使用和价值的效果之外，还可能存在对占有权利的妨碍。名义损害赔偿适用于故意侵权和违约而非疏忽的事实可以从这一基础得到解释。我应该进一步指出的是，尽管不同于疏忽，故意侵权可能存在于不法实施占有，类似于疏忽中的加害行为，这种占有只能因被告物理性地影响该物而发生。就此方面，两种侵权区别于违约，无论被告实际物理占有允诺之物与否，除对使用或价值影响之外，单纯的不履行本身是对原告合法占有之妨碍。着眼于拟议中的分析，单纯的未履行可以合理地被视为不法留置该物，也即不法占有该物。正是合意的存在，允许原告合理地认为怠于履行属于被告不法留置其所有之物，且该解释持有自合同成立之际，先于且独立于合同履行。因此，合同责任的分析反映了合同取得明确的交易品格的事实及其独立于物理占有之际，使得违约本身构成可以适用名义损害赔偿的不法行为。

〔65〕Webb，第192页。（加以强调。）

相对于对某物享有财产权之人，他人负有不实施呈现为单方外在地对该物施加效果之行为的义务。且须注意，不同于正直和仁慈的伦理义务，该义务只是禁止。这里在分析权利的法律意旨时，我们第一次触及了私法的标志：权利和相关义务构成的法律关系。[66] 进而，所有者权利排他性的全部意义不仅表现于施加于他人的无资格，也表现于对特定互动的禁止。财产权的法律意旨全面表现于这一权利——义务关系的视角，财产权三项权能的任意一项在这些术语中是自明的。同时，必须强调，即使与无资格相关的财产权是权利而不只是自由：其向他人施加了限制其从法律的视角之所能成就的有关条件。[67]

我已指出，被告行为与原告损失为外在互动的两个侧面，该互动为权利的法律意旨调整的社会关系的形式。作为两个独立且内在相连的侧面，它们能够从价值的角度加以比较。我们注意到，在财产权社会品格得以全面实现场合，价值是财产权于其中孕育的模式。根据责任的观念，损失被视为对原告权利的外在损害，[68] 体现且设定行为的价值。被告不法之所为有其价值，该价值构成其“所得”。价值之所以归属于行为，不是因为从被告的视角行为有此价值，也不是因为其表征对被告的、可以与原告受保护之利益对原告之有用性相比的特定有用性，而只是因为该价值仅从对原告受法律保护之利益的影响的角度表征行为的品格：对他人的外在关系属于其据以被考虑的排他面相。在关于显失公平的讨论中，我们已经注意到在法律世界中没有人会无对价地放弃其所有物；相反，适用的是价值严格同等的规

---

〔66〕关于这一关系之相关品格的最清晰且最详细明了的法律陈述仍属卡笃佐大法官在 Palsgraf v Long Island R. R. , 162 N. E. 99 (N. Y. 1928)案中所作的陈述。

〔67〕相对于 Hohfeld 采取的观点，我主张因而财产权自始地且必要地只是权利，一点也不是自由，除了在这已为权利的表征所暗含的范围内。进而，通过享有对某物排他地占有、使用或让渡的权利，人也且必然地拥有如此兴旺的自由(与他人无资格相关的允许)。而且，与 Hohfeld 相反，权利和自由并非共生；自由不像权利是基础的法律关系。单纯自由的类别在其适用于他人没有权利作为赌注的任何场合的范围内似乎是基础的。但是实质上且自然地，权利的纯粹缺乏属于非法律场景。只是因为个人能够且实际享有权利且因为假设于法律意旨中的基准是权利的可能性，自由，在相关于权利不存在的意义上，才是有意义的法律类型。否则，我们可能必须说自然力量在法律意义上自由地影响其它物。权利在观念上由自由设定，且先于自由。当然通过限制其排他的所有权，所有者可以给予他人占有或使用其物的许可(这是自由)，而不授予他人排除他自己的任何权利。(Hohfeld 将此可能性作为权利和自由为独特且基础的法律关系。参见前注 21，第 41 页)然而，源于这种方式的自由也预设所有权作为权利的先存性，因而并不与所有权同等基础。

〔68〕“在任何意义上，所遭受之损失可以度量，一边叫做损失，另一边则叫做利润。”亚里士多德：“伦理学”，T. Irwin 译(印第安纳波利斯：哈凯特出版公司，1985 年版)，第 126 页。

范。被告以损害原告利益为前提的非法所得必须置于权利的标准之下，也即必须与同等价值一致。这引发了所谓的补偿的次级权利。

通过以补偿救济损失，法律明确地将不法行为和损失表征为对等物：[69]它们是从法律关系不同侧面观察的同一物。这是作为独存于法律观点之相关性的真实意义和最终表达。通过它，所有者权利的行使和享用以及被权利排除的行为同时明确于确定的术语。这完结了关于法律基本类别的洞见。关于责任的分析使互动（涉及两个人的法律关系）及价值（涉及两个物的一致性）面相成为中心的事实揭示了其与合同的连续性。这也确认了先前关于对物权与对人权关系的理解。尽管关于价值的类别首先在合同、而非财产场合发挥作用，就救济对某物之财产权的侵害之目的而言，某人被视为价值的所有者。责任从合同的视角理解财产权。补偿的需要设定了对物权的法律意义由对人权的法律意义完结。最后值得注意的是，我试图为补偿之需要设定的合理性反映了权利的法律意旨的基本品格，因而不是指对个人或社会福利的关心。根据这一拟议中的取向，对损失的补偿为法律上对民事不法行为之必要且适当的反映。在民事不法行为的确如此场合，被告没有显示其损害原告权利的意图，被告假设仅以实现其自己独立目的的角度看待其行为，而不以这样或那样的方式参照原告权利。为回应此类民事不法行为，弥补损失的要求明确地凸显了被告疏忽行为的与他人相关之重要性，这种重要性对民事不法行为施加了限制或妨碍。这设定了反映禁止或不许可与他人权利不相融合行为之观念的界限。[70]

### 4. 财产权的合理性

在前面几节，我已经试图揭示先占是适合权利之私法法律意旨的财产权原则

---

〔69〕我必须揭明，在有关损失之意义的主题下提出的请求——法律的目标一定是弥补损失——不意味着法律从不参照被告由于违法义务所获得的利润或利益。相反，如果在特定情景下后者构成了衡量原告损失之价值的适当方式，法律就可能参照被告之所得。参见，诸如 Livingstone v. Rawyards Coal, 5 App. Cas. 25(1880)案中损失的确定。但即使在这里，法律的目标也是补偿损失，而非矫正此类所得。

〔70〕我应该强调这一结论仅适用于民事不法行为，而不适用于刑事不法行为。只是在被告未表明侵害原告权利之意图场合，弥补损失的要求才明确凸显被告行为与他人相关之引入，且表征对其行为的限制。在刑事不法行为场合，被告行为已经在否定意义上明确地与他人相关，仅是补偿损失的要求设定了损害许可的条件，而非表征对被告有罪意图实施压制。它强加原告一个交换，而非标明对被告行为的禁止。对这种不法行为的法律回应因而必须直接阻止不法行为人追求其目的能力的实施，而不只是要求赔偿。

(且事实上是唯一此类基本原则),进而财产、合同及责任是这一意旨在观念上内在相连的部分。先占不只是一个原则,也可以被视为私法中财产权最基本和通行的观念。揭示先占与权利的法律意旨间的契合是正当化之公共基础的一个主要任务。这里存在的问题是:该原则合理吗?正如其他人已经观察到的,判决(这方面Pierson案[71]是典型)只是承认给予在时间上首先占有某物之人财产权的原则之合理性。他们应对的问题只是占据如何构成以及哪些条件具备就可以满足它。当有关合理性的问题出现在学术著作中时,当代绝大多数学者认为其合理性的理由值得怀疑——或者至多先占可能是合法的,不是基于其本身内在的道德可接受性,而是因为在受制于保障机会公平平等及福利平等的特定手段之其他原则场合,它是可行的。该原则的倡导者Richard Epstein主张,引入这一原则的理由是制度性和历史性的:假定我们在过去已经采纳了它且它已成为绝大多数社会制度与权利基础的枢纽性原则,他强调,说服的真正负担归于那些青睐其他原则而须揭示为何该替代为必要且合理的人。[72]

然而为了应对自由公共政治和法律文化之正当理由的目的,我们希望有支持它的更多理由。我们想要检讨先占及其体现的财产权观念内在地适于作为弘扬个人作为独立且平等之人之法律与政治秩序的一部分。问题在于,在明确与关于个人的这种认识相一致、事实上就是作为其表达之规范的意义上,该原则是否具有内在合理性。在试图回答这一问题的过程中,尽管我们必定要超越法律决定所明确讨论的范围,我们也应该小心避免在我们的回答中涉及异质于该原则呈现于法律上之方式的因素。为以适当方式公共化,正当理由必须与原则的公共法律表达相接续并完结它。最后一节的任务就是勾勒这样一个正当理由。

正当理由的公共基础进而首先专注于先占原则,自成体系地,继而追问如此考察这些条件是否合理地反映对受其调整的所有人之平等和自由的尊重。在正当理由的公共基础中,正是先占原则本身有条件地设定了何为必须被正当化的以及何为能够或不能够成为正当理由之一部分的因素。既然该原则假定仅依某人的单方

〔71〕前注11。

〔72〕Epstein,前注11,第241-243页。

行为，该人就能够合法地未经他人同意而将任何人置于先前并不存在的法律上无资格状态。这如何能与那些受到影响之人的自由与平等相融合？这是关于正当理由之公共基础的首要的、也是最基本的问题。

为全面评价该问题引发的挑战，这里我们应该回想先占原则之适用不需考虑其对其排除之人的福利、需要、目的及道德适格性的影响。其不调和于通过基于诸如洛克式的限制条件、对被排除者存在其他同样好的取得机会的确保。[73] 它根本不包含或需要任何补偿或抵销的措施。该原则也不以使结果顺应分配平等思想之方式限制其适用。相反，机会、情境以及道德上不应得之利益都相对自由地对于结果之确定发挥作用。没有理由视先占为应得的原则。这里应该强调，该原则在单一案件完全而彻底适用，因而其在每一此类情形中的最终结果可能为某人的福利得以增进（因取得财产）只能通过他人境遇的恶化（因被施加此前不存在的无资格）。在既定场合，关于那些被排除者（通过对其施加无资格）的需要、利益、能力、相对资源或道德上应得都没有价值。在视那些被排除者为与所有者同等的自由且平等之人的意义上，这样的原则合理性何在？

为探讨先占是否与平等、自由相融，有必要型构一个自由平等之人的适当规范的意旨。在诸如正义和公平等原则受到威胁场合，总是要对个人承担尊敬的要求。正如罗尔斯所言，[74]我们必须公平对个人，而不是他们关于善的意旨。我们通过型构在正义对人之要求方面突出出来的、人的适当意旨具体使这一观点在理论上明确。然而，伴随一个公共正当理由的观念，我们寻求契合被正当化之原则基本品格的、有关自由与平等的解说。所有属于自由政治和法律秩序的规范与原则都完美地说明了一种关于自由与平等的通常意旨，尽管它们还是以不同方式说明。在先占场合，关于自由与平等的表征不能把需要的满足或者资源的平等作为规范层面的相关因素。如果先占在公共基础上被正当化，它一定是处于一个关于自由且平等之人的特别意旨的视角之下——该意旨即使在其自己的视角下是合理的，当

---

〔73〕根据 Sidgwick，仅“假定他人取得相似之物的机会并未因此实质降低”，先占作为取得之原则可能基于功利主义基础直接被正当化。这一限制条款的引入明确参照了关于福利和机会的考虑，否认了先占原则的直接功利主义正当理由可以成为正当理由的公共基础。H. Sidgwick：“政治学元素”，第四版（伦敦：麦克米伦，1919），第 71 页。

〔74〕约翰·罗尔斯：“从公平到善良”，载于《论文集》，前注 3，第 285 页。

诸如源于政治和分配正义之内的其他原则和规范问题被考虑时，就不必然是合理的。在后一场合，追随罗尔斯，人被视为享有获得特定社会福利的利益，以使他们能够行使且实现作为自由且平等之公民的权力。关于作为自由且平等公民的人的意旨与合法需要的表征相结合。权利的法律意旨则并不如此，人的相应意旨也反映了这一点。

为避免误解，重要的是强调现在于正当理由之努力的起始限度。主要目的在于考察私法中财产权观念是否实质且自行地表达与我们的自由公共法律及政治文化一致的、有关合理性的表征。如果其不反映道德上合理的自由与平等意旨，就不能(即使在表面上)属于自由的法律秩序。但是正当性仅限于确证其属于这一秩序的范围。争论在于：不是财产权及事实上权利的法律意旨本身就足以实现社会及政治正义。相反，正当性清楚地揭示法律意旨至多构成部分而不是全部正义。例如，对需要的中立性不仅是法律意旨的标志，从任何合理的、关于自由正义的彻底理论之立场出发，也表征其限度。该主张并不排除在彻底的正义理论之内包括取得和责任原则的法律意旨将受制于保证机会平等以及社会合作的利益与负担公平分配的社会正义原则之可能性。事实上，可以合理地假定必须如此。随后关于先占合理性的讨论因而不试图设定法律意旨及正义的其他部分的合理关系。借用 J. W. Harris 的概括，其仅试图揭示，财产权的私法理念如何获得作为自由的法律及政治价值之一部分的表面正当理由。[75]

我关于财产权之合理性的主张经历两个阶段。首先，我们追问在从法律意旨之内观察场合权利是否合理。更具体地，我们确定财产权是否能被从与其他在法律意旨范围内相对无争议之权利的道德基础相一致的角度得到解释。我们暂时假定这些其他权利的有效性，且考察它们与财产权是否拥有共同的规范基础。我将首先联系身体完整性的权利，进而联系我所谓的、于其中免于妨碍地使用物的权利、只要物理占有持续就不中断的“财产权的狭义意旨”考虑财产权。对这些权利的确认——特别是身体完整性的权利——在公共的法律与政治文化已无争议。我

〔75〕前注 1，第 13 章。正如 Harris 正确地观察到的，这也是黑格尔对其给出的“抽象权利”中财产权之正当理由类型的认识，“权利哲学”第一节。

希望揭示，从权利的法律意旨之内观察，财产权与这些其他相对不变的权利具有同样的规范基础。在法律意旨范围内，没有理由接受后者而拒绝前者。通观这部分主张，我持有前述的法律意旨中立于需要、福利及利益的立场。事实上，我的观点是只有在此类规范框架内财产权才能以我主张的方式被正当化。

在论辩的第二阶段，我不再简单承认这一框架，而是追问法律意旨对需要的漠不关心是否与对自由且平等之人的尊重一致。分析从法律意旨范围内对财产权道德适宜性的考虑迁移至对作为自由与平等的自由理性之合理例示的法律意旨本身的评估。在此，我要，即使简单地参照关于人的法律意旨——或"法律人格"——且讨论其与人的政治意旨的关系。这里，我的目标是凸显有关人的法律意旨的内在合理性，同时从更全面的视角关注其限度。

始自个人对其身体享有内在的对世权利这一确定的信念，我们能够在权利的法律意旨范围内揭示因单方行为取得对外在之物的排他财产权立基于与身体完整性权利同样的道德基础吗？为回答这一问题，我们必须首先廓清在法律意旨中身体完整性权利的必要品格和基础。

身体完整性权利首先是一项权利，它是指相对于其他任何人，每个人都有对其自己身体占有和使用的排他权利。这一权利暗含着他人处于没有权力取得合法占有或使用我身体之无资格状态下。而且，正如在对于外在之物财产权场合，排他是禁止他人将我的身体为其所用之行为的责任基础。重要的是，注意到身体完整性权利在品格上与财产权同一的另一方面：它只是排他的，身体完整性权利不迫使他人帮助、保存或改善我身体存在的条件或情境。对此，不存在拯救的一般义务。他人所一定不能做的是有意以或者妨碍我对身体的排他占有或者限制我对身体的使用的方式影响我的身体。与就不作为不成立责任之法律意旨的枢纽观念一致，责任规则在品格上是否定性和禁止性的。

然而，身体完整权利不同于对外在之物之财产权的基本方式在于：前一权利总是被认为是固有的，个人被认为独立于且先于任何行为享有这一权利。尽管我的确占有我自己且通过发展我的精神和身体力量使我的身体为我所用，然而，就在我是一个活着的人的范围内，我被视为且必定被视为存在于我的身体——至少这构成了他人对我的、必须的合理对待。存在于我的身体，我有立即将我和他人区分开来的外在存在；且因为我的身体可被他人外在选择直接或间接影响，在权利的法律意旨之意义的范围内，它是外在之物。不过，一定要强调的是，我的身体不是在被占有之前属于无主物的外在之物：它一直是独立于且先于我的行为处于我的合法占有下。它根本不是可被侵占或让渡之物。由于是固有的，与一切取得的财产权不同，我对我身体的权利也是不可让渡的。

在自由民主的公共文化中，最坚定确定的且绝对重要的道德信念是奴隶制度的内在不法性。人绝对不能被视为仅为他人使用的客体，也即他们绝对不能受制于他人的目的。如果这都不是正确且有拘束力的，就没有什么是了。无论从宗教、哲学或其他角度可以如何理解它们的关系，奴隶制是针对人之罪行的信念必然预设从权利的立场人与其身体不能被视为分别之存在。因而我不能对你说：虐待你身体，我只是触及外在于你之物，而不是你自己。事实上，只是通过触及外在的、但同时又体现你之物，我才能侵害你。就某人的内在自由而言，它是不可为他人触及的：即使在枷锁中，我们仍能够是自由的。在他们以必要方式体现于或联系于外在之物的范围内，〔76〕人可以向他人提出诉求。

就他人而言，我的身体不被触及以及对我身体的虐待构成了对我（不是对我身体享有受保护利益的某些主人）的罪行之事实是关于我被确证为有效诉求的自证来源之事实的首要且最基本表达。可以回溯，在他们被视为有资格向他人提出诉请场合，无论如何构想，个人被确证为具有其自己的重要性，该重要性不是以任何形式源于他人的权利或主张、源于对社会的义务、源于对共通利益的考虑和要求。诉请有效性的渊源存在于提出诉请之人自身。相反，奴隶属于根本不被确证为有效诉请渊源的人。〔77〕 就身体完整权，我活着的事实完全且自行地提供了针对他人有效诉请的内容：存活于我的身体，我以外在地相对于他人之个性化我的方式存在着且像这样它能够成为渊源于作为独立且分别之人的我之诉请的客体。

---

〔76〕我们不必视此结论为形而上学的。其暗含于支撑公共法律文化的、最为坚固的基础信念。关于这一信念的有影响力之陈述见于布莱克斯通的评注（前注 20，第一卷第一章第 125 页）："因为正如只有通过侵害或缩减这些重要权利（也即身体完整权和私有财产权）之一，而没有其他已知的强迫或缩减人之自由意志的方法，保全这些不受侵害正是在它们最大且最广泛的意义上可能被说成已经包含了对我们的民事豁免的保全"。关于同一观念的哲学阐释，见于黑格尔："权利哲学"，前注 20，第 90－8 段。

〔77〕这一表述以及将人作为诉请之自证渊源的界定来自罗尔斯。参见"政治自由主义"，前注 3，第33 页。

既然身体完整权属于在公共法律文化中被普遍确证之对立的一个侧面：人之间的差别，这些人从道德角度讲绝对不能是使用的纯粹客体和可以成为纯粹客体的物。物不享有法律人格和地位——它们不能享有权利或负担义务，且它们不是针对他人有效诉请的渊源。在关于物的规范分类中，不存在排除它们用于任何种类目的的问题。当然，物——人的区别没有解决哪些存在是或不是物的问题，且于特定场合在有关适当分类的公共法律文化中可能存在不确定性或冲突。也就是说，在绝大多数场合，有关适当的分类，存在广泛且无争议的一致。就这些场合，公共法律文化确证人与物之间存在类别上的、不可化约的区别，进而某对象必定确定地属于这两类之一种，而不属于另一种。

人之不可用性与物之可用性比肩而立的事实是在处理身体完整权与财产权关系时不可须臾忘记的关键之点。事实上，我将主张，它提供了二者间的观念联接以及从前者转换至后者的途径。我的主张是如果个人被确证为具有身体完整权，他们就不能被一般性地禁止支配且使用外在之物。身体完整权和此等占有及使用的容许性如影随形。在铭记根据权利的法律意旨，需要、偏爱、美德以及分配因素既不能确证，也不能排除人际间的相互诉请的同时，这一容许性源自刚刚讨论的物之可用性，正如我将要解释的，在法律意旨的框架内立基于身体完整权，个人使用物不可能构成针对他人之不法行为的事实。

通过其身体，个人不可避免地被定位于时间和空间。总是独立于我们选择，我们处于某处且与某物发生交互作用。这是我们存在的唯一模式。只要身体完整权不是虚幻的，它一定包括于某处在某一时段与外在之物交互作用的权利。或者更精确地，处于此种状态，我们没有对他人实施任何不法行为，且在他人与我们的交往中，他人必须像他们遇到我们一样接受我们——这意味着：像这里在某处并影响某物。而且，于保护身体完整性，我们必然保护个人行使和发展其精神和身体才能的资格，与此同时，保护他们的选择能力。这些才能，不论是潜在的，还是已发育的，都来自对抗他人的排他权利。伴随他们权力的受保护行使和发展，作为其选择和目的的结果，个人居于某处，且与外在之物交互影响。然而，我选择处于某处或利用某物（当然假定我不以妨碍他人身体完整的方式行为）的事实不能完全且自行地改变我处于那里及我影响物的容许品格，且不解除他人像于他们与我交互作用情境下我的状态一样接受我。我不能抽象于选择的资格，或者换句话说不能选择不去选择：这是于其中我认知自己的条件。如果他人必须像他们遇到我时一样接受我，他们必须像我是一个实施选择的、有意的行动者一样接受我。

我们有意影响外在之物不仅不为身体完整权所禁止而且是启用该权利保护之下之资格的必然结果的事实，没有赋予我们对于这些物之针对他人的排他财产权。就我们与外在之物（这里包括我们生存和行走的土地）的物理关系而言，身体完整权的最外限度是于某一时段处于某处的权利：也即他人不能主张在任何既定时点我们处于我们恰好所在之处是不法的，也不能主张他们以影响我们身体完整的方式移动我们并不侵犯我们的权利。[78] 但是仅在我们的身体实际被触及或影响范围内，权利才受到冲击。如果他人能够不影响我们身体地使用与我们有联系之物，他们被容许实施此等行为。关键之点在于尽管身体完整权不禁止有意地支配和使用物，但也不将其确认为不同于某人身体存在的选择行为。它不能确认选择之实施自身系针对他人有效诉请的可能基础，也不能将其确认为关于作为诉请自证渊源的我们之地位的表达。因而，因为实施占有、使用及让渡的等行为类别是关于外在之物的外在的已明示选择，它们在身体完整的议题下没有法律上的存在。然而，如果这些影响外在之物的方式能够被理解为表达我们就超越身体完整权之权利诉求之自证渊源的地位，后者中就不存在先验地排除此的问题；相反，在身体完整权确保此类行为可能性场合，否认它们能够具有内在的、规范的重要性可能是武断的。与身体完整权相容，这一扩展可能表征我们自我意旨的连续性及进一步实现。这种自我意旨构成该扩展的基础。

这正是先占权利的品格。基于这一原则，个人之行为被确认为对于设定人际间诉请具有潜在决定意义。只要它们作为使外在之物为个人所用的三种模式之一合理地呈现于他人，这些行为能够具有任何内容。通过以这种方式明确行为，先占原则在普遍性的最高层面完成了人与物的区别：它们尽管是观念上互相连接的、视

---

〔78〕像康德强调的，在关于先占的分析中，我存在于地球表面非为不法的事实承担关键职能。在我占有居于地面之某物场合，他人不能主张因为我尚未占有物所在的地面，我未取得该物，而他人仍有取得地面及物的可能性。每个人都有同样的、居于某处（偶然或不可避免的选择决定的其所在）的固有权利，且我们每个人都必然要占据其偶然所在的土地。关于康德的观点，参见前注 22，第一部分第二章，第 414－415 页。

物为可用客体的模式，但却是独特的。某人实施的全部行为，尽管复杂而丰富，都可以完全在这些术语中得到解释。而且，伴随权利的法律意旨，必要行为与这些行为之客体的界定都是外在的。行为通过其如何合理地呈现于他人得到界定，行为客体是可被任何人、因此也可被他人影响的某物。因为必定可能把行为理解为视某物为可用客体的可能模式，从法律视角看，行为和客体的统一和结合对于何为行为是必要的。此相同结合反映于只要其作为对物的有意控制行为可能具有任何内容的事实。行为的内容中立及其开放性与物之无限制可用性相应：既然它们的内在规范地位为可用性，物没有抗拒被用于无论何种目的的地位。

因视此行为为确证对他人之诉请的充分必要权利，法律确认个人为有效诉请的自证渊源。我们注意到在身体完整权场合，个人之身体，作为与他人相关之个人化的外在模式，是表达个人作为诉请之自证渊源的工具。个人的行为也同样如此：就他人而言，只有我，才能够完成我的行为；也只有我，才直接地体现于它们。[79]且因为就可以被以其特定化的形式占有的特定外在物而言，行为被界定——因而仅就对它们的占有、使用和让渡能够排除既定的个人——行为彻头彻尾地属于作为诉请自证渊源之行为人的个性化的表达模式。最后值得注意的是，尽管关于财产权的这一观点视行为(仅相对于身体)为个体化的工具，它并不包含优劣或功过的认知。[80] 在公共基础上关照需要、偏好、美德、个人及社会福祉或分配因素，可能与先占的法律上正当理由的真正可能性不相融合。

财产权视每个个人具有通过其行为确证与他人相关之诉求的资格。为表达个人为诉请之自证渊源的事实，这些行为是，且自始只能纯粹是单方的：它们来自、且

---

〔79〕行为的这一重要性由 Alexander Kojeve 凸现于其重要著作：*Esquisse d'une phenomenology du droit*(巴黎：Gallimard 版)，第 477 页。"基于并通过其行为，A 区别于所有其他社会成员，因为正是其行为通过将存在立刻转换为 A、通过不同于他人的界定，现实化了其人的权利"(著者的翻译)。

〔80〕依据我倡导的观点，聚焦于行为不应该因此被认为反映了财产的劳动理论，按照通常的理解，该理论包括对功过和信赖的认知。我认为，旨在立基于权利的劳动理论已经遭到恰当地批评，被认为基本是谬误。关于对此理论的先前、但我认为是决定性的批判，参见康德在"权利哲学"中的讨论，前注 22，第一部分第二章第一节，第 413 页。关于晚近的重要批判，参见 Epstein，前注 11，第 1225-1230 页。Sidgwick，前注 74，主张立基于功利的劳动理论，该理论在其本身的概念体系下不易受到这些批评的攻击。对于目前的目的，像我前面提到的，Sidgwick 之取向的困难在于其不能作为正当理由的公共基础，尽管这里我不能对此作进一步的讨论，我认为，洛克的解释，或至少其解释的走向，能够沿着我在本文中提出的走向得到合理解释。

由被视为分别而独立的单个人自我实施。且正如至少只要某人活着，其身体完整权就存续，只要某人被他人合理地视为以表达必要意图的方式行动，其财产权就存续。财产权的内在无限品格又一次反映了通过它我们被视为诉请之自我生成渊源的事实。如果我们失于尊重财产权的排他性，我们就失于确认个人能够通过他们的行为表达他们诉请之自证渊源的地位的可能性。

如果的确如此，且自身体完整权的公共认知的角度，否认对外在之物的类似[81]财产权之可能性或合法性必定是武断的。我们发现身体完整权本身捍卫行为之资格。通过表征行为（区别于单纯之存在）能够成为某人在与他人相关场合提出诉求之基础的观念上最基本且最一般的方式，财产权将这一资格之行使结合于同一道德框架。事实上，从被视为个体化之模式的角度观察，身体和行为间的区别只是权力及其现实化间的不同。从公共法律文化的视角观察，人之身体被视为受保护之利益的理由在于其属于一个有资格行动之人。因为只有一个具有有意行动资格的人才会被赋予责任，才会承担义务；且只有至少具备成为承担责任之单元的潜力的人，才能被公共法律文化确认为具备享有权利的资格。但是只有行动之资格能够通过其于特定条件下的行使而实现，它才是真正的潜在性。相应地，如果存在内在于某人行使其有意行动之资格之事而就其本身不能成为诉请之渊源，那么某人拥有身体的事实也不能成为对抗他人之权利的基础。从这一角度观察，不仅财产权圆满了身体完整权，而且二者同其命运。

那些被排除于已经置于他人权利之下之物者不再能够就该物单方行使其行动资格的事实可以与他们的平等性相容，其相容性要高于身体完整权与那些被排除者的平等性的不一致。在这两种场合，至少基于特定道德的观点，限制不必然表征对他人权利的损害。尽管每个人都有基于其行为提出诉请的平等资格，除非且直到他们以规定方式完成了必要行为，他们没有针对他人之诉请。就财产权的适用而言，必定存在一个已以身体完整权仅适用于既存之身体同样的方式完成的行为。必须要强调的是：没有权利确保个人将在事实上享有或者将在事实上有机会取得

〔81〕在这一点，于类似财产权的题目中，限制条件是必要的。它表征我还要主张相对于我所谓的财产权的狭义认知而言，反映于先占原则的全面展开的关于财产权的认知。我将在第 809 - 811 页继续探讨这一对比。

其保护的利益。如果以某人行为确证诉请之资格的单纯单方运用与他人的平等性一致，所必须的就只是仅就后者尚未取得之物行使其资格。我认为，那些因某物已根据先占被占有而被禁止取得该物者在法律意旨的意义范围内不能作为私人权利的问题主张他们遭受到任何损害。而且，再一次在这一框架内，基于其他某些规范的财产权分配一定必须取得已经合法排他占有财产之人的同意，且一定必须基于与合同原则一致的系列协议而实现。

被作为取得的模式分析，财产权反映了人——物对立的直接规范意蕴，在中立于对需要、福祉及特别利益的考虑场合，这种规范意蕴实现于被视为有效诉求自证渊源的个人间。立基于这一结论，仍可能遭到反对的是：该主张不能在更准确的层面回答什么是可以此为基础被正当化的财产权之品格。也许能够被正当化的至多只是与物理占有并存的财产权。由于存在关于即使在所有人未实际占有场合也能存续的全面展开之财产权的合理性之争议，很少有人拒绝包括短暂使用物及免于妨碍实际使用的权利之狭义意旨。〔82〕根据狭义观点，一旦某人不再物理占有某物，他人就有权对该物实施占有。我要主张狭义观点事实上必定让位于关于因先占而确认的财产权的无限制意旨。以下情形并非如此，即前面关于对外在之物的权利是身体完整权之延展和圆满的主张使前一权利的品格悬而未决。正如我现在要解释的，是无限制的意旨，而非狭义观点，明确而全面地反映了对外在之物的私人财产权的观念，该观念既接续、但同时有完全不同于身体完整权。

首先从狭义观点考虑财产权的首要特点。如同先占原则，狭义观点预设某人能够仅通过对或就某物实施以显示其使该物置于其权力控制下意图之方式合理地呈现于他人的行为，就能使该物为其所有并能使他人无资格。该行为算作个人自己的行为——它不归属于其他任何人——物被认为完全归属于它——一旦归属，物就没有分别的地位。即使财产权的狭义意旨可以被视为将个人作为有效诉请的自证渊源，该个人能够通过归属于作为独特且分别之个人的他们的行为确证诉请。

〔82〕这是 Sidgwick 的概括，参见前注 73，第 67 页。亚当·斯密提出狭义意旨是确认财产权的第一步。参见前注 20，第 18－23 页。相反，在我看来，康德正确地根本不承认这是一个关于财产权的意旨。根据康德，某人的权利与其对物已实施的物理占有同其命运的事实显示了权利明显仅是所有人的、且事实上与身体完整权不相区别。参见康德，前注 22，第一部分第一章第 6 节。我相信正文随后的主张主要是康德的观点。

且正如我的行为是我自己的，而不是你的，在该行为是我的且不是你的场合，物也完全基于财产权有所归属。关于我们自己的这一观点，由即使财产权的狭义意旨也承认的排他品格引发，且在我们采取法律的观点的范围内有效。某人被禁止使用已处于他人物理占有之下之物的事实因而不能被作为对其拥有物的平等权利的限制。平等权利仅存在于确证针对他人诉请的资格，只有且直到某人实施特定行为——归属于作为独特且分别之自我的行为，其才能享有此类诉请。相应地，在所有人没有物理占有场合，先占通过适用排除而置他人与无资格状态的事实不必然与即使狭义意旨预设的平等权利相冲突。它取决于先占是否以与狭义观点中其职能和意义一致的方式设定行为要件。

既然虽然要求某些种类的物理占有以确证对无主物的对世财产权是合理的——因为这是在此情境下唯一可以满足公示性要求的行为种类——它不接续于只要权利持有人继续对物保持物理占有权利就能够持续。对通过使无主物为某人所用的单方行为提出对他人诉请之可能性的确认，唯一必要的是在任何既定的时点无论某人是否对物保持物理占有，物都持续地处于某人权力之下的事实合理地显现于他人。但是我先前曾主张这在很多场合是确定可能的——例如在某人以作标记或对物施加某种形式的方式实施占有。而且，从某人自己的立场出发，为何其应该同意自始地排除(依旧可能确证对他人之诉请)源自其自身且表达其理性及行动能力范围的使用某物之模式，即使这些模式不要求持续的物理占有？一旦公开的宣示和有意的控制某物被视为不必然的要求持续的物理占有，即使在此类持续的物理占有不存在场合，取得的平等权利也可以被视为在运作。由此对他人施加的更广泛的无资格仅因为应受尊重行为的更宽泛界定因而并非与他们的权利不相容。更宽泛的界定只是明确了具备确定针对他人的所有者之诉请的必要品格之行为内容。由此而来，就权利的法律意旨而言，施加于他人的无资格要重于狭义观点的事实并未使无资格成为有问题的。当然，在考虑需要、特定目的、优点、相对资源和一般福利等因素场合，[83]附加的无资格则可能是有问题的。但是正如我已经强

---

〔83〕这关涉一个直接的功利主义的正当理由且通过包含洛克式的限制条件或其他限制原则得以应对。参见 Sidgwick，前注 73，第 70 页以下。

调的，至此为止整个讨论是在权利的法律意旨之内展开的。在评价狭义的以及全面展开的有关财产权的意旨时，我们假定，即使是暂时的，此等因素是不相关的。

先占中财产权的无限制意旨表征狭义意旨暗含地预设但仅模糊地实现的财产权观念。[84] 如果财产权被认定为真正独特且基本的法律类别，其必定依赖于使其有别于身体完整权的必要充分条件。财产权系对外在之物、即不同于某人身体之物的权利的事实对于它本身成为法律类别显而易见是关键的。同时，两种权利都预设必要类型的占有：如果某人就身体或物享有针对他人的诉请，该人必定要占有其身体或占有外在之物。正是基于我占有的状态，我才与客体发生联系，进而我才因他人触及客体而受到影响。如果对外在之物的财产权是权利的独特类别，必定可能的是可以不同于我对我身体之占有不同的方式表征我对物的占有。然而，如果我处于对物的物理占有状态对因你触及物而影响我是必要的，我的排他权利就只能针对影响我之身体完整权的行为。进而完全且毫不含糊地独立于对我身体之占有的唯一占有种类是对物的非物理占有：即使物不在我的实际物理占有之下，表征我置物于我的占有之下必定是可能的。对物的非物理占有属于将其作为外在之物的占有。如果采用财产权的狭义意旨，占有物不能被表征为对外在之物的占有，因而根本既不能完全、也不能正确地表征为财产权。基于如果财产权被明确为权利的独特类别，必须预设的真正前提，财产权的狭义意旨是站不住脚的。

这完成了我从权利的法律意旨的立场，也即从其内部出发对财产权合理性的论证。迄今为止，全部论证立基于关于需要、优点、个人或社会福利等等在规范意义上之不相关性的假设。重要的是廓清该假设的含义，不只是某人任意的愿望或需要不能成为针对他人之诉请的基础，也不只是某人被期待能够使其愿望服从权利的要求。这一愿望和需要之不相关性的弱式表达一定为任何规范的意旨所预设。作为一专门规范观念，法律意旨假设更强的前提，该前提为需要、愿望、对福利的考虑等等诸如此类本身不是针对他人之诉请的基础，且对于决定诉请的内容没有意义。例如，法律意旨不同于对正义的政治意旨，甚至不考虑合法需要的观念。面对这一极端的、中立于需要必定不合理的批判，从法律意旨内部揭示任何原则和

〔84〕本段的主张由康德首先阐述，对此我已在前注 82 提到。

规范的合理性是不够的。我们必须采取进一步的行动，考察法律意旨本身是否与个人作为自由且平等之人的观点相融合。更具体地，我们必须确证使这种对需要的漠不关心具有道德合理性的、归属于作为此等人之他们的道德权力或才能。

我们已经认识到，财产权视个人具有且行使选择的资格，因这一资格，个人作为针对他人之有效诉请的自证渊源。既然如果个人被作为有效诉请的自证渊源，他们被赋予使诉请之有效性不依赖对此前任何目的或考虑的满足：个人被确认为，本身且当然地、并非通过他人，也非基于对愿望、目的、善的意旨或他们偶然具有之特点的考虑，而具有该地位和价值。换言之，他们能够提出此类诉请，无论从内部或者外部，该诉请意义都不须仰赖任何赋予他们的特定因素的先前有效性，且独立于他们的选择。事实上，我们可以说，如果人从根本上被视为有效诉请的自证渊源，他就被认为有摆脱任何区别于其自己的力量对他自己的完全控制的资格。因而只有人被认为实施仅源自其自己的行为。相应地，通过确认个人为有效诉请的自证渊源，我们赋予他们以认为他们自己区别于且不受限于可被视为他们诉请之在先渊源(真正的“所有者”)的任何具体因素的道德权利。这接续以下判断，即对个人作为有效诉请之自证渊源的确认包含关于他们并不必然地系于其需要、偏好等等、而是在形成和实现其目标时有选择地采纳或拒绝其需要、偏好的认识。且这指向另一道德权利：个人被确证为有设定和实现其目标的资格——也即具有且行使选择某物的资格——以反映目标属于他们自己的且不归属于(就权利及义务的分配之目的)任何物或人之事实的方式和内容。我们可以说，个人在通过他们的行为行使道德权力时享有合法利益，任何该利益的满足都能够成为针对他人有效诉请的基础。

在公共法律文化中，享有这两个道德权力在个人影响他人诉请的范围内至少是确认他们拥有道德人格(伴随提出该种人格需要之诉请的绝对平等地位)以及将他们通过他们行为产生的效果归属于个人的充分基础。再一次地，关于道德权力的意旨是规范的而不是形而上学的。[85] 在我们的判断中，不论日常中还是法律

---

[85] 我在这里提到，基于道德的观点，多样的、事实上对立的哲学观点确认这些道德权力至少是暂时有效的。康德和黑格尔明显确实如此。这一观点也为 Sidgwick 所秉持。参见 H. Sidgwick：“伦理的方法”，第七版(印第安那波利斯：哈凯特出版公司，1981 年。初版于 1907 年)，第一卷第五章第三节，第 65－70 页。

上，在我们要求个人被视为对他们的行为负责时，我们都援引这些权力，或者至少暗含地假定它们，即使面对他们最强动力的力量、他们个人历史和情境的分量或者他人可能已经批准或者甚至要求他们行为的事实。我们只有以这一方式观察或有资格观察我们自己，才能够理解我们的公共法律文化。

既然管在正义的自由政治意旨的范围内，可以充分合理地假定个人有对外在之物的、满足其发展和行使其道德权力的需要，在此基础上他们能够针对他人提出关于公平分配必要利益之诉请也是完全合理的，我们不能够直接始自此种以需要为基础的主张。如果存在需要的意旨，该意旨对于个人作为诉请的自证渊源而言是合适的，其必定与像这样之人的绝对独立协调一致。为达致需要的这一意旨，我们首先必须就能够引发并非立基于任何种类之需要的诉请的外在世界，明确人际间的关系。首要的步骤因而必定存在于两个道德权力的行使，该行使就外在世界得到内在地界定，然而却保持了人相对于它的独立性。且此一步骤构成了自由与平等之观念上的独特表达。通过视任何种类的需要——且事实上某人可能回应的任何具体特点——不构成人际间诉请的基础，此一首要步骤表征的是仅作为人而没有资格条件或任何进一步限定的个人。基于所有人都仅在两个道德权力的角度而不参照任何可能区分他们的因素和考虑得到界定这一简单理由，每一个人都与其他任何人等同。个人的平等性存在于他们作为诉请之自证渊源的绝对等同。

此一关于自由且平等之个人观念上的基本观点是人的法律意旨（“法律人格”），也反映于财产权中。将财产权、更一般地权利的法律意旨凸显为特别规范意旨的是，归属于个人的唯一合法利益存在于通过对待外在之物的行为行使其道德权力，也即外在之物不构成他们有效诉请自证渊源之地位且只是可供使用的物。进而，一方面，必须强调的是，个人是且始终是诉请的自证渊源，无论他们是否占有任何物。在法律意旨中，人不因为他们需要外在之物，以实现自由和平等，而被视为对于道德权力之行使拥有利益。不论他们在外在世界之所为，他们本身神圣且不可亵渎。同时，然而作为人，他们无论如何被认为（至少作为一种潜在性）有选择的权利以及实现自我选择之目标的资格。因而仅在他们尚未行使其权利和资格范围内，秉持人神圣且不可亵渎可能武断且不合理。他们在其行动中也必定被如此对待。既然基于假设，物只是可被使用的而人被授权使用它们，每个人都同样被授权将物用于他们选择的目的。当他们将物为其所用(通过占有、使用或让渡行为)时,此一目的的宣示无论如何与对此等人的尊重一致。然而直到个人实际地使某物服务于其目的,他们才有针对他人之诉请的事实反映了个人相对于物的独立性:除了使用物的一般授权,完全因为我们被视为不需要任何物,宛如我们和物之间不存在初始的联系——不内在地将物视为我们自由状态之一部分。我们因而必须实施某些能够引发作为针对他人之诉请的基础的、与物的个性化关系的行为。在道德观点纯粹且完全被在独立的人与可使用的物间之基本对立的视角塑造场合,这必定且只能基于占有、使用或让渡的行为而完成。换言之,财产权可以合理地被视为支撑在人们的相互关系中禁止奴隶制、尊重他们对外在之物有意之所为的道德观念的延展。

当个人排他地占有某物时,他并未特别地或者以使他区别于他人的方式,而只是作为一个人有其重要性。因而这是该个人而非谁是所有者的事实是完全中性之事。所有者权利表征被一切人同样分享的道德权利的行使。权利的排他性只反映在任何既定事例中这些权力的完全行使。所有者权利的每一方面仿佛表征法律人格的完全体现。如果每一个此种方面都不必受到他人尊重,没有人在任何方面能够合理地主张此种确认。排他权利的规范重要性在于:每一个人都同一的法律人格以展示普遍且平等地被授权使用物能够作为人际间诉请基础之事实的方式获得尊重。仅当自由存在于我们在外在世界表达我们相对于需要的最基本独立性之资格之外,某人之个人需要得到满足而他人之需要则否之事实可能是错误且不公平的。但是须重复的是,于我们对自由的理解中,中立于需要在观念上是基本的,且必须被预设的,如果我们意欲达至明确以对合法需要的认知作为针对他人之诉请之基础的观点(诸如关于人的政治意旨)。以这种方式加以理解,财产权就是一个归属于关于自由的自由主义(a liberalism of freedom)的法则。[86]

---

〔86〕我从罗尔斯关于黑格尔的演讲中撷取了此精美表述。见于B. Herman编:“道德哲学历史演讲录”(马塞诸萨,剑桥:哈佛大学出版社,2000年版),第330页。

# 第 20 章　刑法的哲学

拉里・亚历山大 著　杜宴林、王立峰* 译　段卫利** 校

对于刑法的哲学基础这个问题，有很多可能的理论切入点和恰当的组织体系。我的研究方法比较特殊，但我希望读者能看出刑法研究领域所阐明的主要哲学问题和它们之间的关系。

本文以刑罚为切入点，因为我认为它界定了刑法的主要研究领域。刑罚是因为违反了法律的禁止性规定而被法律权威所强加的某种不友好待遇。我以之来组织材料的基本问题是：什么样的行为或其他事实能够证明刑罚的正当性？

当然了，就刑法哲学这一广泛且充满争议的论题而言，有许多可能的切入点和合适的组织结构。尽管如此，我认为我的理论切入点——根据什么来正当地惩罚某人——以及由此而自然引出的组织结构是最清晰明了的。本文切入点问题——如果一个人应当受到惩罚，那么对其的惩罚就是正当的，而如果一个人在行为时（或在某些情况下不作为时）对其有义务关注的他人利益没有给予足够的关注，他就应当受到惩罚——对此问题的回答可以自然地分为以下三个部分。第一部分是刑罚的理论，我把惩罚的正当性归为应当受到的惩罚。第二部分——刑法：概论——关于注意义务不足的行为的一般特点。第三部分——刑法：特论——探究应受惩罚时所考虑的各种利益和什么原因使罪犯甘心冒险去侵犯这些利益。因第

---

* 吉林大学法学院、吉林大学理论法学研究中心教授，主要从事法理学、法哲学研究；吉林大学行政学院教授，法学博士，主要从事政治学研究。

** 国家 2011 计划司法文明协同创新中心、吉林大学理论法学研究中心 2015 级博士研究生。

三部分不可避免涉及一般规范性理论的广大领域，所以我对此部分的阐述相当简略。刑法哲学的核心明确地存在于前两部分，即刑罚的理论和刑法的概论。

## 1 刑罚的理论

我的基本问题直接导致刑罚的理论这个问题。刑罚的理论主要说明什么是违反法律禁止性的规定而受到刑罚的正当依据。这里我把这一部分分为报复刑主义理论、结果论主义理论和以威胁为基础的理论三部分。

### 1.1 报复刑理论

#### 1.1.1 报复刑理论的分类

所有的报复刑理论都认为刑罚的正当性基于人们有罪过的既遂或未遂行为和因道义过错而应受惩罚的不作为行为。报复刑主义者根据是否认为应受惩罚性是惩罚正当性的一个充分条件，还是一个必要条件而分为两类。“弱势报复刑主义者”认为负面的责罚是刑罚正当性的一个必要而不是充分的条件，而另外一个必要条件是惩罚能带来好的结果，例如制止犯罪、改造罪犯和剥夺罪犯资格。[1] 换言之，对于弱势报复刑主义者来说，违法者承担的负面的责罚有一个最高的上限刑罚数量；但是如果刑罚没有带来预期的良好结果，就有理由不实施刑罚。

另一方面“强势报复刑主义者”则认为负面的责罚本身就提供了刑罚正当化的理由，对做恶的行为人的惩罚只考虑他们的负面的责罚而忽略其预期的良好结果。强势的报复主义者在对报复的程度上有所分歧。有些人认为负面的责罚是允许的但不要求受到刑罚，然而另一些人则认为道义义务上要求应受惩罚的人接受刑罚。后者对于应受惩罚的道德义务的程度也产生了分歧，或者说，惩罚的程度如何能够弥补道义上损失。没有人认为惩罚这些应受惩罚性的人的强度会大到要求整个社会的资源都作为其代价。

#### 1.1.2 应受刑罚的根据

报复刑主义者不仅对于负面性责罚的义务程度认识不同，而且对于其他许多

---

〔1〕这些我把它标为“弱势报复刑主义者”，其他人称为“混合型理论”（指结果论主义和报复刑主义的考虑的结合）。见 Michael S. Moore, *Placing Blame* (1997), 92 - 94; H. L. A. Hart, *Punishment and Responsibility* (1968)。

问题也持不同意见。争议之一就是应受的惩罚是否是具有犯罪心理的行为本身的一个功能，或者是否可反过来说，应受的惩罚是应受惩罚性行为背后行为人性格上所具有的一个功能。换言之，是应受刑罚的选择本身还是在选择中所揭示的性格构成了它的基本根据？更多关于这个问题的论述会在谈到应受处罚性的条件和可宽恕性的条件时涉及。

### 1.1.3 道义上的责任

应受刑罚性不论是基于何种根据，报复刑主义者都必须面对自由意志论与决定论之争的问题，这是因为该问题影响着道德责任。如果我们的选择——包括性格的选择——它们是由我们不可选择的性格所造成的，而这种不可选择的性格由我们的基因和环境决定，这种情况构成道义上的责任而因此受到负面的惩罚吗？显然，这一哲学问题超出了刑法的范畴并且是一个指涉自身的形而上问题。

### 1.1.4 个人的同一性

报复刑主义者的另一个争议是个人的同一性随时间而变。有时经过长期的监禁，也可能偶然在一定时间内，如从他犯罪之时到他站在法庭上之间的时间内，犯罪人的价值观和性格发生激变，而不再是先前犯罪时他的"自我"。这样的一个"新人"是否也应当对先前的自我的所为而承受惩罚呢？[2]

### 1.1.5 应受惩罚的裁量

应受刑罚的裁量是报复刑主义者所关注的最实际也是最重要的一个问题。事实上，这也是争议的核心。

**比较与非比较的判决**

首先，负面的惩罚本质上来说是比较性还是非比较的判决呢？换句话说，对于被告人的刑罚仅仅是依据同类被告人的判决，或者说是不考虑其他被告人的惩罚，每个被告根据其应受惩罚而设定特定的刑罚？

假设我们持后一种观点，并假设我们的结论是非比较性（最大程度）的负

〔2〕见 Rebecca Dresser, 'Personal Identity and Punishment', *Boston University Law Review*, 70 (1990), 395。

面的责罚是 10 年监禁。[3] 然后假设 A 犯持械抢劫被判 10 年监禁，而持械抢劫犯 B 在道义上没有相关的考虑而被判了 5 年监禁，A 这里得到了公平的对待吗？他受到最大程度的惩罚，尽管他同 B 相比没有受到公平的待遇。如果，换个形式，A 和 B 都判了 5 年的监禁，那么两者在比较上是公平的，而对于非比较的处罚来说是不公平的。非比较的不正义对任何人来说是不正义吗？那么如何对它进行估量？（即持械抢劫非比较性而言——内在秩序上——应受多大惩罚？）

另一方面，如果我们拒绝非比较判决的存在，那么我们只要让二者的处罚一致，使应受较重处罚的人受到较轻的处罚——也就是说只要处罚是应受处罚的一部分，就可以设定对于 A 和 B 的任何处罚。

当然，如果我们要求不仅公平地惩罚能够公正地实施，而且使应受较重处罚的人受到的处罚重于应受较轻处罚的人，我们就不能站在亲近非比较性判决的支持者的立场上。如果我们要求不仅对于违法行为来说惩罚的相称性，而且对于行为人对待也是相称的，还有如何对待无辜者和品德高尚的人，比较性的判决比较于非比较性判决来说缺乏更大的设定刑罚的裁量空间。

**报复刑与分配的正义**

一个相关的问题是报复刑主义者所关注的负面处罚是如何适用于分配正义的一个广泛的构想。如果一个人认为每件事——好的或坏的——应当根据其应受处罚来分配；积极的和消极的，报复刑的处罚仅是根据责罚的分配机制的一个部分。另一方面，如果处罚是根据某种功绩而不是应受惩罚来分配，问题于是产生了，报复刑惩罚是如何与分配正义相符合的。举例来说，设想 A 和 B 犯了同样的罪，且应受同样的惩罚，然而 A 比 B 富有——不仅仅在金钱上——仅归功于好运，不是积极的惩罚。对于 A 来说处罚是否公平，在 A 与 B 的处罚一致——何种情况下，A 处罚重于 B——或者与 B 一样受到严厉的处罚，即使 A 比 B 富有？从另外一种情况来看，B 的恶劣生活或先前所受的不公正能作为报复刑判决而降低处罚吗？或者适用处罚而不受过去的不幸、不公正和现在环境的影响？这些问题可用以下

〔3〕显然，非比较的应受刑罚是如何符合任何特别的犯罪行为是非常困难的问题。综合分析这些困难，作者结论是非常难以做出的。见 Russ Shafer-Landau, 'Retributivism and Desert', *Pacific Phiosophical Quarterly*, 81(2000), 189。

的例子说明:A持械抢劫应受到X刑的处罚的痛楚。如果A此时离开犯罪现场,突然遇雷电袭击而最终受到与X处罚一样的痛楚。他是否能因为遇雷电而把他因犯罪而受到的刑罚降低至零呢?[4]

当一个人对报复刑主义加了一个道义性的限制时,一个与之相关的问题产生了。例如,如果A受刑法中规定的道义上限制的保护,被迫去帮助或花费金钱去拯救B的生命,如果C违反了道义上的限制和刑法的规定去强迫A献出自己的一份力或者为了挽救B的生命而在没有A同意的情况下使用A的财产时,那么C的报复性惩罚是什么?C应当受到处罚吗?如果应当的话,如何处罚呢?在这个我们假设的写实的道德的案子中,C已经严重违反了刑法的禁止性规定。但是C值得应受到严重的(或任何的)处罚吗?

1.1.6 报复刑主义强度的限制

弱势报复刑主义者认为应受惩罚性仅仅作为一个单向限制或封顶处罚,它必然是由产生良好的结果来判定,刑罚中可以被避免的原则性的错误是明显地处罚或冒不公正的风险处罚无辜者,或者为了追求好的结果而对罪犯的处罚大于他应受的处罚。换句话说,弱势的报复刑主义者认为刑罚的应受惩罚的单边限制仅指向为明知的或轻率的犯罪而不是无意的或非过失的情况。人类的刑罚机制不能避免对无辜者处罚或处罚超过应受处罚的可能性。[5] 问题是冒多大的风险这么做是可允许的?由国家来证明被告人有罪的举证责任承担会使许多无辜的人会到起诉(或轻微犯罪受更多起诉)将处罚超过应受的处罚限度。如此的话将有更多的犯罪和抗辩被法定化。如果一个国家必须证明仅仅一条应受刑罚性的低标准——或没有惩罚性标准——对于整体犯罪而言,或仅对于特殊部分而言,轻微的应受惩罚的行为和无辜的行为将会同严重的应受惩罚的行为一样受到处罚。这显然触犯了报复刑主义,无论当法官意识到或认为可能犯罪人应受到处罚轻于他犯罪而受到

---

〔4〕对此类问题讨论见 Douglas N. Husak, 'Already Punished Enough', *Philosophical Topics*. 18 (1990)79。

〔5〕更多讨论见 Larry Alexander, 'Retributivism and the Inadvertent Killing of the Innocent', *Law and Philosophy*, 2(1983), 233; David Dolinko, 'Some Thoughts about Retributivism', *Ethics* 101 (1991), 537; David Dolinko, 'Three Mistakes of Retributivism', *University of California at Los Angeles Law Review*, 39(1992), 1623; David Dolinko, 'Retributivism, Consequentialism and the Intrinsic Goodness of Punishment', *Law and Philosophy*, 16(1997), 507。

处罚。因此很不确定的是在举证责任下或一些个案中风险性很强的犯罪的特殊因素要求的应受惩罚性情况下，报复刑正义是否被违反了——而对这些案子确定性的是——对他们的惩罚大于应受的处罚。〔6〕

对于强势的报复刑主义，问题是什么样的考虑会超越惩罚的许可（对于"弱化"的强势报复主义者）或惩罚的责任（对于"强化"的强势报复主义者）。侦查、判决以及对有罪的人科予应得的相应惩罚，其代价是相当昂贵的。它们消耗了稀有的资源。它们伤害了这些罪犯的家庭和朋友。在某种层面上说，它们剥夺了罪犯在社会中的创造性才能。在何种层面上，这些代价超越了给予冒犯者应得的刑罚的责任和允许呢?〔7〕

最后，尽管报复刑主义者通常把惩罚与负面的责罚比较为一种单向的限制或一种责任，可能二者都不是而仅为一种理想目标。如此可能在案子中对一些人的处罚超过其应受到的处罚，而对其他人处罚过轻，长此以往下去，对人们处罚就会超出在个案中追求的与应受处罚一致的目标。更令人欣慰的是，如果我们牺牲罪犯的利益，在不应受到惩罚时而处罚过重，那么不应受到处罚最小化的目标会要求在一些案子中，惩罚超过应受到的处罚。显而易见，这种形式的报复刑主义与把应受处罚性作为分配基础的结果论主义相一致而脱离从道德观角度认为应受惩罚性是道义上的单向限制的原本思想。

### 1.2 结果论主义理论

在这一部分，我简略地介绍一下结果论主义刑罚的理论。原因在于:结果论主义刑罚理论是结果论道德系统的一部分，其中包括了由产生的结果所评判的各种行为、动机、规则和本能。功利主义依据相关利益的最大化来评判刑法与刑罚，如

〔6〕一个相关性问题是关于刑法禁止性的类似规则的形式。犯罪通常有意地被定义为类似规则的方式，主张一些对法律或法不规则的治理的忽视，好的或坏的信念的怀疑定性为犯罪行为。典型例子就是法律对帮助自杀的禁止，行为本身在一些情况下不会有犯罪心理，但是如果法定化了，可能会引发各种批评和误解。对于报复刑主义者来说，类似规则的问题是由其结果来判定的，结构上类似于举证责任负担、支持和抗辩的资源分配等问题，见 Larry Alexander and Emily Sherwin. *The Rule of Rules*: *Morality*, *Rules*, *and the Dilemmas of Law*(2001), ch. 4。

〔7〕见 Louis Kaplow and Steven Shavell, 'Fairness versus Welfare', *Harvard Law Review*, 114 (2001), 961, 1225 - 1304; David Dolinko, 'Retributivism, Consequentialism, and the Intrinsic Goodness of Punishment', *Lawand Phiosophy*, 16(1997), 507; Douglas N. Husak, 'Why Punish the Deserving?', *Nous*, 26(1992), 447。

幸福与福利。平等主义结果论主义者依据能否产生福利的平等分配，福利或资本的机会，等等来评价刑法和刑罚。它仅是一个偶然的情况，是否任何给定的犯罪和抗辩，任何严格的或证据责任的分担，对特定犯罪的惩罚——或防范犯罪的奖励——能够产生相关的后果和分配。尽管结果论主义者有很多理论说明犯罪是如何定义的，证明的和处罚的，最后，刑法和刑罚已不是结果论主义理论的显著部分了。[8] 结果论主义除了下列几点以外，没有为刑法理论提供更多的东西：(1)其他条件平等的话，重刑比轻刑更能阻止犯罪（受虐狂和殉道者除外）；(2)一些刑罚——如死刑和监禁——通过使可能犯罪的人不能犯罪而减少犯罪；(3)一些刑罚通过罪犯的改造减少犯罪；(4)犯罪的本身成本，侦查、起诉、处罚和对无辜者的威慑及其他有益活动的成本都是，尤其是犯罪和辩护的定义，处罚的级别，举证责任分配和侦查犯罪的技术的一项功能。

### 1.3 以威胁为基础的刑罚理论

最近，一些人认为，刑罚的理论前提既不是建立在犯罪的应受惩罚性上，也不是建立在刑罚的一般社会结果上。这种理论的前提是个人有各种各样的权利，而其有权利在自己的权利受到他人侵犯时去威胁他人。更具争议的是，威胁的权利意味着当一个人的权利受到侵犯时，他有充分行使威胁的权利。基于此，从而得出刑罚是基于威胁而产生的结论。[9]

这个理论与报复论有两点不同。首先，根据报复论，一些由于行为具有应受处罚性而受到刑罚的行为在这种理论下可能不会受到处罚，因为他们没有首先受到威胁。其次，在报复论下的某些应受轻刑的行为在这种理论下可能会处较重的刑罚，因为他们受到严重刑罚的威胁而没有注意到威胁的存在。

由于后一点与报复论的区别使以威胁为基础的理论备受争议。因为它可能得出如下结论：只要在罪犯犯罪前就对其实施了威胁，那么即使犯罪很轻微，对其进行严厉的惩罚也是被允许的。这种观点能够得到我们广泛支持，我们本能上会使

---

〔8〕See e. g. Kaplow and Shavel, 'Fairness Versus Welfare', 1225 - 1304.

〔9〕See e. g. Daniel Farrell, 'The Justification of Deterrent Violence', *Ethics*, 100 (1990), 301; Warren Quinn, 'The Right to Threaten and the Right to Punish', *Philosophy and Public Affais*, 14(1985), 327.

犯轻微罪者承受巨大的危险，只要罪犯已被事先警告了（只要危险对于无辜者来说非常低）。如果我拥有艾沃来斯特山，假设我为了防止珠宝被偷而把它放在山峰上使窃贼注意到危险而不敢冒险。同样，假设为了防止未经授权折我的玫瑰，我在玫瑰周围挖了一条充满鳄鱼的壕沟，只要我设了标志并用说各种语言的喇叭广播说明逾越壕沟将是致命性的。[10]

使轻微犯罪显然更加危险和以威胁为基础的严格刑罚的唯一区别在于后者要求行为人在罪犯无视威胁后能充分利用威胁作出选择。在艾沃来斯特山和鳄鱼案中，一旦罪犯没注意到危险，他的命运就握在制造危险者手中。是否这种差异有道义上特性，当然这也是威胁基础理论的重要的问题。[11] 如果我们依据报复的明灯，可以实施威胁但不能强加惩罚重于应受惩罚，威胁基础理论就不攻自破了。

## 2 刑法:概论

在这儿我可以说应受惩罚性是刑罚正当性的关键，它引导出一个问题，即凭借什么来判定人们应当受到惩罚。根据传统我把这个问题分为两部分。第一部分称为刑法的概论，除了实施和冒险实施而致的伤害外，是关于一个人应受惩罚的实体要点。第二部分回答了凭借什么来判定人们应当受到惩罚这一问题，作为刑法的特论，辨析了受惩罚的人实施、企图实施或冒险实施的伤害和过错行为。在这一部分，我将开始讨论刑法概论的问题，并将特论的问题留在第三部分。

### 2.1 罪刑法定与溯及力

美国刑法已经规定了如果一个人在没有由法律规定为有罪或经过合法的审判就不能适用刑罚。[12] 同样联邦宪法也有案例规定，没有人会因如下行为而被惩罚，该行为在实施时并不被认为是犯罪，而在稍后的时间里则被刑法所禁止。[13] 这两个原则——罪刑法定原则要求犯罪的制裁法定化和禁止溯及力原则（没有溯

〔10〕 See Larry Alexander, 'Self-Defense, Punishment, and Proportionality', *Law and Philosophy*, 10 (1991), 323; Larry Alexander, 'Consent, Punishment and Proportionality', *Philosophy and Public Affairs*, 15 (1986), 178; Larry Alexander, 'The Doomsday Machine: Proportionality, Prevention and Punishment', *The Monist*, 68(1980), 199.

〔11〕 See ibid.

〔12〕 See Joshua Dressler, *Understanding Criminal Law*, 2nd edn. (1995), 20, 29 – 35.

〔13〕 US Constitution, Art. I, § § 9, 10.

及既往的刑法)——紧密相连,共同设计来确保行为的犯罪性在掌握犯罪事实之前所了解。

法定性和可预见性是应受惩罚性的必要条件吗?许多人同意这种观点,这就是二战后对于纳粹领导人的纽伦堡审判为什么使那些认为纽伦堡审判的被告人违反的法律是在事实后产生的人感到困惑的原因。但是如果纽伦堡审判是有建设性的意义的话,它说明了法定性和可预见性不是应受惩罚性的必要条件。种族灭绝法定化只是使此种行为受到惩罚的非实质性因素,因为应当使他受到惩罚的一个充分理由是一个人应当认识到种族灭绝行为的恶性,而不依赖于它的法定化。对于一些严重的犯罪——杀人、殴打、强奸、盗窃等等——其恶性几乎对每个人都是显而易见的。法律的事先没有规定并不能免除或减轻他们的应受的惩罚,即使,作为一部成文法来说,也是宪法性地予以禁止。〔14〕

**2.2 有意识行为的要件**

传统上一般认为无意识就无犯罪。〔15〕有意识的行为是指身体的有意识的运动——或试图的身体运动(一种意志上的行为)——人能够控制其意愿的行为。〔16〕可以说不惩罚单纯的思想和动机。前者不诉诸意志,并且这二者都不涉及身体的运动。〔17〕同样对于单独的身份也不处罚,只要这种身份与有意识的行为无关。〔18〕

围绕有意识行为的基本问题是什么条件下行为不属于有意识行为;有意识行为完全是应受刑罚性所要求的吗?一个人在何种情况下、为什么、如何对其不作为而不是作为负责?关于不作为这个问题将在第三部分谈及,因为它实际上是刑法

---

〔14〕在此意义上反之亦然:行为的刑法禁止不足以支撑违反了法规而应受到惩罚的观点。行为必须是一种恶,违法本身不是恶性的充分条件,就像历史上有过的邪恶的刑法。尽管无恶性的行为可能成为刑法禁止性规定如果这种规定是程序性的一部分,能特定化和综合个人对国家道义性义务的贡献。因此尽管我没有现存的义务去支付收入的37%给国家,但我有义务去承担我的相当的份额;税法和刑法的强制是特定化和分配我的份额的方式。税法制定出来后,我有义务去支付37%份额,不去做就是道义上的恶。

〔15〕See Joshua Dressler, *Understanding Criminal Law*, 2nd edn. (1995), 71 - 74; Model Penal Code,

〔16〕See generally Michael S. Moore, *Act and Crime* (1993). On mental acts, see ibid. at 95 - 112. 我基于以下原因对意志行为发生兴趣:我可想象行为人在身体上有意识的行为情况下,这种身体运动是有罪过的,但他没有做出举动。(想象某人的手指按在炸药的引爆器上,而有意地按在引爆器上,但手指没有移动。)这个人会试图去实行有恶性的行为,我将在下面2.5.1中应受惩罚性行为中讨论。

〔17〕See Douglas N. Husak, *Philosophy of Criminal Law* (1987), 93.

〔18〕See Dressler, *Understanding Criminal Law*, 80; *Robinson v California*, 370 US 660(1962).

法定责任的一部分和应受惩罚性的判定基础。如果刑法规定了有作为的义务，事实上责任是依据怠于作为而不是作为(有意识的身体运动)，只要不存在阻却有意识行为的情况。换言之，只要非意识支配的行为发生了，由法律规定的不作为的责任当然也就不存在了。这一点将在第三部分来谈。

回到第一个问题——什么情况下会产生非意识行为——主要有以下几种情况，梦游、催眠、本能行为。[19] 理论上，行为人处于无意识状态而不负道德责任，因为他不具有行为意识或不能控制自己意愿。[20] (身体运动完全无意识，或完全是条件反射；根本不是行为，缺乏意识的行为)另一方面，基于习惯而行为，即使无意识也被认为有意识的行为，基于此行为人通过他的注意能够控制行为。[21]

冲动严重到超出了正常的机制也会看作一种无意识的行为。这种病理学也一般归于精神病的抗辩中，他表现为一种精神病症或缺陷。[22] 然而没有原因说明为什么极端冲动的证据不能用来否定意志因素和犯罪而仅仅作为一种辩护对待。[23]

另一方面，犯罪人做出一定抉择而不是犯罪的情节是非常困难的，尽管这些情节会减轻他的道义上责任而宽恕其罪，通常来说不会阻却他犯罪行为的选择，在一定意义来说，考虑了有意志性在内。在实施犯罪时，行为人的审慎的或者与行为人相关的道德动因(例如，他的小孩受到了威胁)远远战胜了他抵制犯罪的道德动因，以至于我们不会认为他因其选择而应受到刑罚，即使他的选择反映了他的理性动机。这些情节适合被作为可能的辩护而不是来否定审判。

在这些排除有意志行为因素中——改变了的意志状态和冲动——暗含这样一种观点就是如果他的理性能动性在一定时期受到损害，没有人因为他的行为受到

---

〔19〕 See Robert F. Schopp, *Automatism, Insanity, and the Psychology of Criminal Responsibility* (1991), 71 - 75, 132 - 159; Model Penal Code, § 2.01(2).

〔20〕 See generally Schopp, *Automatism, Insanity, and the Psychology of Criminal Responsibility*.

〔21〕 See Model Penal Code, § 2.01(2)(d). 我认为习惯性行为最好联系到"模糊的轻率"的观念来分析。See text at n. 32 below; Kinberly Kessler Ferzan, 'Opaque Recklessness' *Journal of Criminal Law and Criminology*, 91(2001), 1, 46 - 47.

〔22〕 See Model Penal Code, § 4.01(1).

〔23〕 因为我认为控诉必须证明认为被告人有罪过的所有必要的事实——包括无正当事由和可宽恕事由——它作为一个实际的事实与是否极端的冲动否定被告人的有意识无关。(被告人当然有承担证明有可宽恕事由，正当事由和条件义务，如梦游，身体反射行为或催眠行为都无意识。)因此，我不关注是否冲动行为否定或豁免有意识行为。

责难。这种损害可能作用于他的意志以至他不足以做出他在道义责任上所能做的。或者可能作用于他的理性,使他丧失能力做出基于一般的原因他能做的或不去做一些特殊的行为。[24] 无论哪种情况,他是不足以控制而被认为成一个有意志的行为人。

这使我们进入第二个问题,也就是能否把有意志行为与犯罪的心理要求分开来谈。我认为不能这么做。为了构成一个应受惩罚的行为,这种行为必须是有意志的;任何情况下,只要行为没有意志也是必然没有犯罪心理。如果这种情况不是一个事例的话——如果举例来说,梦游者在梦游时因为他的所为而有犯罪心理——就没有理由把他们排除于刑事责任之外。对于有意志行为的证明的分开的要求是包含在有犯罪心理的行为的证明之中的。

此外,有理由把意志行为的考虑放入犯罪心理的追问之中来清除有意志行为的分离的因素。[25] 每一个可能的犯罪会把"犯罪人"有意志的行为作为整个犯罪的部分。以催眠作为辩护的人会有意识地把自己置于催眠状态。以梦游辩护的人有意识地不锁上房门而去睡觉。有癫痫病的汽车司机会在发病时驾车。汽车司机有意识的驾驶被卡住油门的汽车。这些例子中,我们能够说犯罪描述中都含有意志性行为。当然,这种行为也可完全是无罪的,而这只是一点。如果出现有罪过的行为,这就需要惩罚。如果没有,仅表现为有意识而无犯罪心理就不会受刑罚。

因此,根本问题是哪一种设定的因素要求有意识的行为满足于犯罪心理。例如,人能因为他的思想而受到处罚吗?这可能确实存在各种各样的思想——思想行为——至少具有犯罪心理符合性。如果试图数出前100个质数对于我来说对他人具有某种伤害,但我这么做了,我被认为有罪过并可能受到刑罚。另一方面,我可能不会仅仅因为一个特殊的想法进入我的大脑而受到处罚。后者,不像智力计算,不受我的直接控制(尽管它可能是我能控制的并且因此具有罪过的某些其他行为的产物)。

---

〔24〕 See generally Schopp, *Automatism, Insanity, and the Psychology of Criminal Responsibility*.

〔25〕 See generally Larry Alexander, 'Voluntary Acts: The Child/Davidson Trilemma', *Criminal Justice Ethics*, 11 (1993), 98; Larry Alexander, 'Reconsidering the Relationship Among Voluntary Acts, Strict Liability, and Negligence in Criminal Law', *Social Philosophy and Policy*, 7(1990), 84.

如果单纯的思想不能成为应受惩罚的基础，那么意图呢？意图实施的行为是超出了我的控制吗？我将在谈到未完成的未遂中对此的处理做出区分。

基于同样的理由，对有意识的行为有影响的其他因素，对犯罪心理也有影响——它们削弱了理性和控制。因此争论是以这些方式行为的人会因此受到处罚但以一种改变的意识状态行为的人是不应受处罚的。如此这些人也不能够控制他们的冲动。犯罪心理的追问包括一切而有意识的行为的追问，这毫无例外。

### 2.3 犯罪心理

犯罪心理标准地分为三种有罪过的意识状态：蓄意（purpose）、明知（knowledge）、轻率（recklessness）和两种无意志的状态：疏忽（negligence）和严格责任（strict liability）。[26] 当犯罪的相关要素能带来特定的结果，如死亡，蓄意的罪过形式定义为有意识造成结果发生。[27] 因此蓄意杀人指能够导致他人死亡的行为而行为人实施行为时意识到死亡结果的发生。当犯罪的相关情节仅仅附随于行为时，如杀人罪的受害者是警察或夜盗罪的地点是一个住宅的情节，蓄意对于这些因素的考虑通常与本就存在的信念是一致的。[28] 因此，一个人杀死被害人时知道他是一个警察，就是构成“蓄意地”杀死警察，即使他不希望受害人是个警察。（当然，情节性因素要求蓄意是在有意识的目标的意义上来说，尽管它可能是不寻常的犯罪）同样地，在犯罪的构成要素关注于犯罪人的行为本质而不是行为的结果或它的附随情节时，“蓄意”的行为通常就是意识到行为的本质而意图作为。因此蓄意地陈述谎言就是犯罪（如在伪证罪中），行为人意图陈述他所认为是谎言满足这种犯罪的构成要件。

明知的罪过心理状态指的是当犯罪要件是行为人的行为所导致的结果时，相信犯罪要件存在的一种信念，或者相信行为结果一定会发生的实践确定性的信念。[29] 明知并不要求任何对于行为、结果或环境的特别态度。另一方面，蓄意至少要求这种要件是行为人的“意识目标”，是一种行为人的态度而不是信念。如果

---

〔26〕 See e. g. Model Penal Code， § § 2. 02(1)；2. 05(1)(b).

〔27〕 See e. g. Model Penal Code， § 2. 02(2)(a)(i).

〔28〕 See e. g. Model Penal Code， § 2. 02(2)(a)，(ii).

〔29〕 See e. g. Model Penal Code， § 2. 02(b)(i)，(ii).

犯罪要件是行为人的意识目标，即使他相信犯罪要件极不可能存在或者极不可能会被带来，他在实施行为时仍可以对犯罪要件持蓄意的态度。（无论如何，他的确认为行为人的行为增加了犯罪要件存在的可能性，即使可能性很小。）

蓄意和明知都没有考虑行为人认为其行为合法而为之的原因。轻率把行为人行为的理智嵌入到犯罪心理之中。行为人在轻率的犯罪意识要件下，意志上忽视犯罪要件所描述的、所附随的或可能由行为导致的高度的不合法的危险。[30] 即轻率的行为人必须意识到作为犯罪要件的危险既是实质性的又是不正当的。

围绕着有罪过心理的轻率来说有很多问题。[31] 一类是关于如何在主观上表现为轻率。举例来明析，如果行为人仅仅出于及时回家看他喜爱的电视节目而冒了他认为有 80%杀死他人的危险，是否他会把这种危险描述为“实质性的”和“不正当的”是不重要的。这样的描述仅仅是法律的客观要素。

另一方面，如何看待因为行为人事实认识错误而认为他在制造危险的情况？（他认为他不是以安全速度驾驶，但是他的仪表坏了，他实际上驾驶得相当缓慢和安全。）这种情形下，行为人构成轻率吗？（假定他的理智不能判定他在制造危险而他认为自己在制造危险）或者说行为仅是未遂的轻率？

这个问题的最好的答案是行为人应被认为是“轻率”。首先，如果有人像我认为那样，一个未遂犯罪同既遂一样应受到刑罚——这个问题在 2.5 中谈到——那么“未遂的轻率”与“轻率”应等同对待。其次，“未遂的轻率”与“轻率”之间的差异在于行为人对他的行为所制造的“实际”危险的估量。但是，“实际”的危险的观念而不是某些人对危险的评估是非常令人困惑的。危险是一个认识的而不是本体的观念，它总是从一个特殊而非正式的角度来估量。只有无所不知的上帝才知道行为的“实际”危险，危险之形式，危险之后果，危险之有或无。因此，未遂的轻率，依赖于既不是上帝也不是行为人的危险的观念，必然是武断地定义化了。

轻率的主观性的另一个问题是行为人是否必须有意识地预见到或是他的行为所制造的特定的危险，或是他认为他制造的实际上的高度危险。如举例来说，行为

---

〔30〕 See e. g. Model Penal Code, § 2. 02(c).

〔31〕 更多关于轻率的讨论见 Larry Alexander, ‘Insufficient Concern: A Unified Conception of Criminal Culpability’, *California Law Review*, 88(2000), 931。

人闯了红灯，他心里可能想到"真危险"，但他不会想到"这产生了10%的死亡机率，20%的身体伤害的机率，40%的财产损害的机率"，等等。出于对其后果的考虑，行为人仅想到"真危险"构成轻率吗？我提出这个问题，但不在这里进行分析。[32]

轻率的主观性的最后一个问题是对于行为人认为他制造的危险来说，高度危险的要件是否独立于其不合法性的要件。我认为不能，而且所有一切由后一要件来满足。如果某人出于无情或邪恶原因强迫他人甚至处于一种轻微的危险中，前者也必然构成轻率。没有他人同意就对他进行轮盘赌，在一个有一百万枪膛中放入一粒子弹。这种百万分之一的危险机率必然是一种强加的轻率，即使机率很小，可能低于其他无罪过心理的危险。这是行为人对危险的程度的理智发挥了作用。不要求特定的危险程度的标尺。

我认为这三种犯罪心理——蓄意、明知和轻率——都表现为单纯的道义上对于他人利益的注意义务的不足。[33] 当行为人意识到他人利益会受到损害目的（蓄意）或者认为他们的利益有将要受损的实际必然性（明知），就事先构成了注意不足。如果行为人行为时事实上有理智地判断自己行为，证明指控的注意义务不足，他应当把这种理智用来辩护。

不同于对伤害的渴望，至于缺乏实践确定性以及行动理由的对他人利益的危险，注意义务不足的存在和缺乏是行为人证成其行动理由的原因。这就是为什么正当性辩护理由的缺乏对于轻率是内在的，而对于蓄意和明知则是外在的原因。

---

〔32〕 See ibid. at 954 n. 62. See also Kimberly Kessler Ferzan, 'Opaque Recklessness', *Journal of Criminal Law and Crimology*, 91(2001), 1.

〔33〕 See generally Larry Alexander, 'Insufficient Concern: A Unified Conception of Criminal Culpability', *California Law Review*, 88(2000), 931; Dan M. Kahan, 'Two Liberals Fallacies in the Hate Crime Debate', *Law and Philosophy*, 20(2001), 175, 180-182. 尽管怠于对他人的关注确实是一种性格的缺陷，不意味着以犯罪心理为基础的报复刑，在基础层面上，它是以性格为基础。对于选择背后隐藏的性格缺陷，表现出来的怠于对他人的关注仅为——性格缺陷——隐藏其中的选择。性格缺陷没有如此隐藏不应成为报复刑反映的基础。See Heidi M. Hurd, 'Why Liberals Should Hate "Hate Crimes Legislation"', *Law and Philosophy*, 20(2001), 215, 224-232. 我也指出有些情况下，刑法规定反映了道义的限制（如防止杀一个无辜者去拯救十个人），或恶意扩展结果论主义（例如，防止道义上合法的残酷的杀戮），怠于对他人的关注可能与法律的罪过分道扬镳。See Larry Alexander and Emily Sherwin, *The Rule of Rules: Morality, Rules, and the Dilemmas of Law*(2001), ch. 4.

逻辑上假定蓄意或明知的行为能够被证明，那么这三种犯罪心理可被看作对于强加于他人利益的危险，基于各种原因而无法判断危险的程度的道义上过失。

犯罪心理的统一概念理论上的权宜是出于多种原因。[34] 这可以让我们认识一些其他的不规则的罪过形式，如“故作糊涂（wilful blindness）”。故作糊涂指有理由认识到犯罪的要素存在但为了使自己处于无知而有意地阻止进一步的调查。法院有些时候把故作糊涂看作为“明知”，尽管它可能并非如此。行为人阻止明知的取得是与已经的明知是不一致的。然而，他对作为产生不合法的危险的犯罪要素存在是有罪过的，意味着他构成技术上轻率而不是明知。但有些情况下，他的罪过大于普通的轻率的行为人，这就是法院为什么更愿称其为明知。一旦我们把明知和轻率都作为犯罪心理统一概念的内容，对于把故作糊涂归类于明知或轻率的必要性会使我们感到宽慰。

如果蓄意、明知和轻率作为犯罪心理，即注意义务的不足的组成部分，而疏忽就不是。首先，无可争议的是，疏忽的行为人在实施争议行为时，没有特定的心理状态。疏忽是指行为人能够预见到而没有预见到实质的不正当的危险。[35]

其次，相当具有争议地，我认为疏忽的行为人对没有预见无罪过而不应对其疏忽承受刑罚。[36] 此结论有两个原因：首先，对于早先提到的“未遂的轻率”，如果我们摒弃了行为人的估量和上帝的估量（经常以有或无的方式存在），那么就没有非任意的方式来使行为人创造的能够带来犯罪要件的危险特定化。疏忽的行为人没有亲眼所见“现实”的危险——这种危险是“有理智的人”会看到的——然而有理智的人不是上帝。当然，有理智的行为人，从谁的角度来估量“现实”的危险，他是一个设计师，对实际的行为人而不是他人有一定的限制。但设计师能采用不受限定的方式，没有理由限定他选择哪一种方式。

再次，无人对没有预见有罪过，因为无人在他或她已经没有预见情况下能够控制超出预见的事实。当然，没有预见在相关的时间内可能由于先前的有罪过的选

---

〔34〕See generally Larry Alexander, ‘Insufficient Concern: A Unified Conception of Criminal Culpability’, *California Law Review*, 88(2000). 931.

〔35〕See Model Penal Code, § 2.02(d).

〔36〕See generally Larry Alexander, ‘Insufficient Concern’, 949 - 953; Larry Alexander, ‘Reconsidering the Relationship’.

择所致，行为人因注意义务不足而选择了危险导致他后来的没有注意到或认识到危险。即先前的注意不足的选择可以导致疏忽大意，疏忽大意本身没有反映出注意义务的不足而因此无罪过。如果注意不足表现出来的选择不会导致疏忽大意，即使它导致对他人危险的疏忽大意，那么这种有罪过的注意义务不足也无罪过。

最后，严格责任指把无犯罪心理要求作为犯罪的构成要素。[37] 无犯罪心理的要素不能表明行为人应受到刑罚或者因此加重刑罚。

因此，疏忽和严格责任无犯罪心理，不应受到惩罚，本身也不能提供刑罚的合法根据。当然，对于疏忽和严格责任的处罚不要求行为人证明他基于不适当的原因而预见到产生的危险，使得对他的真正罪过进行的审判——行为人在注意义务不足下而行为——更加容易把握。强势报复刑主义者的处罚有犯罪人的义务会因此更好地贯彻，尽管不惜违反禁令去避免惩罚大于应当受到的处罚。

基于疏忽或严格责任的刑罚当然提升了结果论主义者的理想。它不仅使审判降低了成本和增加了确定性，而且威慑有真正罪过的行为人，这些人行为缺乏注意义务而认为通过证明自己注意义务不足而逃避审判。同样基于此的刑罚也有其消极的后果，如过度的威慑(对无辜者和社会有益活动的威慑)。因为行为人无法控制他们是否构成疏忽或严格责任，如果危险出现，他们会远离这些行为，甚至展示了对他人利益的适当关切的社会性有益活动也可能会招致刑罚。例如，即使卖方行为无罪过，出卖无标签的药品也是犯罪，卖方因而可能对此超出合理性的注意——即过分的高成本警惕——避免销售无标签的药品，必然使有益性的药品变得更加昂贵和无人问津。

因而，结果论的数量分析方法出现了，疏忽和严格责任的犯罪心理将导致刑罚适用于当局认为真正无罪过的人，从而刑罚不是其应当受到的惩罚。不像偶然被法官和陪审团认为有罪而判决的无辜的被告人，因为疏忽和严格责任而判刑的被告人经常被认为行为时对他人有适当的注意而无罪过心理。法官和陪审团因而也明知对被告人的刑罚重于他应受的处罚。

### 2.4 免罪的事实和法律认识错误

免罪的事实和法律认识错误仅作为前面犯罪心理的分析的一个逻辑上的推

〔37〕 See Dressler, *Understanding Criminal Law*, 125.

论。如果犯罪要求以行为人知道事实 F 或法规 L 的存在作为构成要素，那么行为人错误地认为不存在 F 或 L 就不构成犯罪[38]。因此，主张免罪的事实和法律认识错误在广度和深度上等同于否认行为人有被指控的犯罪心理。

一个值得探讨的问题就是有关刑法本身内容的认识错误。我们应如何看待那些主张“我不知道 X 行为是一种犯罪”的人？

对于绝大多数犯罪来说，意识到犯罪的存在或甚至于对犯罪的存在的疏忽不是犯罪的构成要素。[39] 这是完全正当的，行为除了表明其违法性外，还表明了其道德上的罪过，因为上文所提到罪刑法定原则已说明这个原因。一个人有罪过，对于蓄意地、明知地或轻率地杀人、伤害、强奸或夺取他人财产行为应当受到刑罚处罚，至少以上行为缺乏可宽恕事由或正当事由，即使行为人没有意识到这类行为为刑法所禁止也要受到刑罚。

另一方面，多数的犯罪行为是不道德的仅因为它们为法律所禁止。尽管对我来说不付给相当份额的税给联邦政府是道义上过错，但是除非到目前为止有法定的税率，不将全部收入的 37％给联邦政府上税对于我就没有道义上的过错。同理，我因添加房屋而损害环境有道义上过错；但这种道义过错仅仅是我没提交环境影响的声明，并且这种声明是法律要求作为保护环境的工作的一部分。

这些事例说明行为的道义上的过错取决于法律的禁止性规定，那些无罪过的对法律规定的无知不能证明犯罪心理因而行为不应受处罚。刑法因而一般拒绝承认对刑法的无知作为阻却刑事责任事由，除非意识到法律明确规定了犯罪的构成要素，如果对这类违法行为应当处以刑罚，刑法必须对有些犯罪进行改革。

关于认识错误还有最后一点说明。有时候，认识错误的举证会表明被告没有犯指控的罪，但如他所原以为的那样，他可能有罪过地犯了另一个不同的罪。如一个猎人以为他在禁猎期狩猎，开枪打死了他以为的是一只鹿，但实际上是一个人，他不构成有罪过的谋杀，但他构成非法狩猎的未遂。换言之，谋杀的免罪的认识错

---

〔38〕一个人当然能在考虑到 F 或 L 情况下蓄意行为，即使他错误地认为行为不会产生 F 或 L，如果行为人的意识目标是行为时 F 或 L 能产生，他也认为他增加了 F 或 L 产生的机率，尽管显然不会超过 50％。而轻率仅要求有危险足够满足不合法的信念，而不是考虑强度正确的信念。

〔39〕See Model Penal Code，§2.02(9).

误竟成了未遂的非法狩猎的有罪的认识错误。现在转到未遂的话题上来。

### 2.5 完成的未遂是应受刑罚性的独有的试金石

完成的未遂发生于以下实施犯罪的情况：当行为人对于发生的禁止性结果持蓄意（有意识目标）而行为，以为结果在其行为下非常可能发生而没有采取进一步的行为；或当行为人认为其行为导致的禁止性结果几乎一定会出现；或当行为人认为他正当实施的行为是被禁止的。更简明扼要地说，完成的未遂发生于实施行为中，如果事实如行为人所认为或希望的那样就构成了完整的犯罪。〔40〕完成的未遂有别于既遂是由于没有发生意图的或预料结果或者对犯罪行为的认识错误。如被告人对受害人开枪，希望杀死他，如果受害人死亡他成立谋杀，但受害人没死他成立未遂。如果被告人在受害人的水杯中投入他认为足以致命的毒药后离开现场，期望受害人喝水，不管他是否希望受害人的死亡结果如何，如果投入的不是毒药而是无害的物质，他已构成未遂的明知的杀人。如果被告人偷窃了他认为值＄10,000的油画，但这个油画仅值＄100，被告人构成未遂的重偷盗罪和既遂的轻偷盗罪。

在所有完成的未遂中，被告人行为都有罪过。是否他试图进一步行为，他已然足以有罪过。实际上，因为他会对既遂有完全的罪过如果他希望的结果出现，或如果知道犯罪行为的本质，它的影响，和附随情况的出现，因而既遂在这一点上超出他的控制，不能因而影响他的罪过心理，他因而对于完成的未遂必然有罪过。

轻率与完成的未遂一样。轻率行为的犯罪心理在实行行为时消耗殆尽。它不受被告人认为他制造的危险级别是否低于实际的危险影响——这些情况下，行为导致禁止性伤害的出现——或者是否高于实际上的危险——在这些情况下，轻率行为没有造成伤害。

完成的未遂定义后，转向四个核心性的理论问题。1. 既遂比完成的未遂应受到更重的刑罚吗？2. 未完成的未遂应受到刑罚吗？如果不应该，如何看待各种未完成的犯罪？（如共谋、教唆和企图犯A罪而实际上构成B罪。）与之相关的，如果未完成未遂无罪过，其他犯罪中的共犯如何界定？3. 如何看待涉及对法律规定的

---

〔40〕See e. g. Model Penal Code，§5.01(1)(a),(b).

假想的完成的未遂问题——术语上所谓的“法律不能犯未遂”？4. 如果既遂比完成的未遂受到更重的刑罚，对于平衡未遂和既遂的刑罚，哪些理论问题是必然面对而又必须解决的？

2.5.1　是对既遂的事实处罚吗？

完成的未遂而不是既遂在行为人主观上认为或希望的情况与客观上发生的事实之间出现了分歧。一些未遂理论把它主观化，过分依赖于行为人认为所为行为而不是他实际上所为行为。然而我持的未遂的客观说——要求除了行为人的意识状态外，未遂的犯罪性有某种“显现性”——是不连贯的而不能模糊地辨明的。〔41〕

刑法理论的另一分歧是既遂是否比未遂应受到更重的刑罚。如我所说，反对持未遂客观说的人，我认为所有的完成的未遂如我所定义那样，表现出的罪过应受到刑罚——我下面将谈到只有完成的未遂而不是未完成的未遂才应受刑罚处罚〔42〕——我认为完成的未遂就足以应受到刑罚，在此意义上刑罚不应低于对他们企图的完整犯罪的处罚。

此立场的论据相当直截了当。〔43〕行为人完成的未遂的结果——它是否转变为既遂犯罪—— 一旦完成了这种企图，行为人无法控制。完成的未遂和既遂的区别因而在于运气。运气不影响犯罪心理。而犯罪心理才作用于刑罚。

两个独立的被告人，D1 和 D2 蓄意杀害 V1 和 V2 而向他们开枪。D1 不知道 V1 口袋里有本圣经或硬本的宪法吸收了子弹，而 V2 没有这种情况。V1 没死而 V2 死了。D1 的未遂与 D2 的既遂的区别是运气而非罪过。同样的例子，D1 和 D2 认为他们超速驾驶，但实际上 D1 的仪表坏了而 D2 没有，只有 D2 实际上超速了。又一次，D1 和 D2 的区别仅是运气而非罪过。

一些人认为既遂犯罪比未遂应受到更重的刑罚，至少认为既遂应受到更重刑罚，不否认既遂和完成的未遂有同样的罪过。然而，他们认为恶行本身而不包括犯罪心理导致应受刑罚。他们承认缺乏犯罪心理的恶行（无罪过的事故为例）在适用

---

〔41〕See Larry Alexander, ‘Inculpatory and Exculpatory Mistakes and the Fact/Law Distinction: An Essay in Memory of Myke Bayles’, *Law and Philosophy*, 12(1993), 33, 65 - 67.

〔42〕See Sect. 2.5.2 below.

〔43〕本部分的论述来自于 Larry Alexander, ‘Crime and Culpability’, *Journal of Contemporary Legal Issues*, 5 (1994), 1。

刑罚上是消极的。但存在罪过时,他们认为恶行(既遂)增加了应受的刑罚。

如我所见,对于此他们有两种论据,一种是积极的,另一种是消极的。积极的论据是道德强制我们不去做恶而不是不要试图做恶,也不是行为时认为我们在做恶。因而只有恶行违反了道德信条。

我认为这个论据即使是真的也与此绝对无关。因为其承认了缺乏罪过的恶行不应受到刑罚。而且,关于道德信条的服从,我们的罪过反映了我们的控制能力。如果缺乏罪过的恶行在应受刑罚中是消极的,很奇怪它如何通过运气被激活的而与罪过共同存在。

消极的论据是即使恶行是一种运气,罪过也是如此。行为人的性格,这可诱发他企图犯罪,可能是基于基因和环境下的(构成性)运气。同样地,行为人发现他所处环境能诱发他的犯罪的意向,这是一种环境下(构成性)运气,如当一个(可能将来会成为)准窃贼发现自己身无分文而恰好另一个人的珠宝就在面前的情况,而另外一个准窃贼中了彩票是不会被引诱去盗窃的。

性格和环境是运气因素的重要组成部分。然而,性格性运气与环境性运气的不同是一方面,未遂结果运气与既遂结果运气的差异又是另一方面。犯罪心理的前提受到了限制,一个人有能力控制并负道义责任去抵制个人性格的意向和来源于环境的诱惑。当然这个话题的核心是自由意志/决定论的争论。但不排除道义责任也就无法排除罪过心理和应受刑罚性,这样报复论主义者假设的内在性格和环境就不是决定性因素,即使这些选择通常具有可预测性,一个人可能选择时不考虑性格和环境的诱惑,因而可恰当地认为是一种道义上责任。

结果性运气不同。因为它不是我们所能选择的,是否我们的选择成功了是超过我们的控制的。

#### 2.5.2 未完成未遂和未完成之罪[44]

未完成的未遂发生在行为人企图将来实行完成的未遂犯罪而采取各种步骤,朝这个方向努力而没有实现完成的未遂的情况。这些步骤本身可能或不可能完成

---

〔44〕更多论述源于 Larry Alexander and Kimberly D. Kessler, 'Mens Rea and Inchoate Crimes', *Journal of Criminal Law and Criminology*, 87(1997), 1138。

犯罪。如某人潜伏等待他人，蓄意伤害或杀死他人，就构成了未完成的未遂伤害罪或杀人罪。某人未经允许进入住宅蓄意盗窃财物，应构成了未完成未遂的盗窃罪。后一案中，实行行为（未经授权进入建筑物）本身就是一种犯罪（非法侵入住宅罪）。此外，这种犯罪行为与未完成未遂的结合就是一个独立的罪（夜盗罪）。我反对把未完成的未遂犯罪化，就像夜盗罪这样的犯罪是一种“企图犯A罪而构成B罪”的形式。

我的案例在这里是反对把未完成的未遂作为有罪过的行为而应受到刑罚处罚。实行犯罪行为的目的的形成，甚至朝这个方向采取了步骤，本身也不是犯罪行为，尽管它经常反映出行为的性格瑕疵。它看来更接近于邪恶的思想而不是罪过行为，前者行为人无法控制，后者行为人能为之。它可能由各种程度的决心形成。它可能以明确的或模糊的各种行为时的现场环境为制约条件，从非常可能到非常不可能。（“如果今晚中了彩票，明天就不去抢银行了”；“如果发现我的配偶对我不忠，我将把她痛打一顿”；等等。）这种可能性总是在目的形成和实行行为之间徘徊，行为人可能放弃犯罪目的。直到未完成的未遂成为了完成的犯罪，行为人才完全控制行为而没有（他可能认为有）增加受害人伤害的危险（尽管他认为他将来可能这么做）。

相关的一点关于环境因素，完成的未遂和未完成的未遂在时间上二者的环境因素很不明确。假设亚当意图与洛莉塔发生性行为，他不知道洛莉塔低于法定年龄。假设亚当把洛莉塔带到了汽车旅馆，假设为了与洛莉塔性交而带她去汽车旅馆的行为作为性交的未完成未遂的一个充足的步骤。亚当成立对洛莉塔的法定的强奸罪的未遂吗？可能他不会在他进入汽车旅馆和与她性交（或性交的未遂）之间这段时间，发现她低于法定年龄。另一方面，这段时间内亚当可能会知道她的年龄，他可能决定实施或不实施法定强奸行为。在这种假定的未完成的未遂下，他会被逮捕，而这如何判断很不确定。所有的未完成的未遂同样如此，包括蓄意犯罪作为未完成未遂的部分的情况如夜盗罪。（假设亚当闯入洛莉塔的房子，企图盗窃她拥有的毕加索的画，尽管他认为她可能没有，但如果她当时穿了一件红裙子，他就意图强行性交的情况。）

如果要求行为人在未完成的未遂中表现出注意义务不足或许就可消除这种不

确定性。然而，因为对于将来犯罪的企图是很难仅从欲望来辨别的，它的存在不服从于行为人的控制；加之各种程度的决心的支持的原因；以可能性程度作为事实条件的原因；实行行为时环境的不明确性；全部来说，实行行为仍服从于动因的操纵，我认为未完成的未遂本身不是有罪过的行为。（如果未完成未遂是有罪过的行为，他们也不会像完成的未遂那样，他们会比既遂受到较轻的刑罚。）未完成的未遂不是犯罪。如夜盗罪这类把未完成未遂作为定义一部分的犯罪应当取消。

类似的原因，涉及他人行为的犯罪或犯罪形式的犯罪化——教唆、共谋和共犯——这些通常基于行为人有对他人将来犯罪的目的，〔45〕这里也需要反思。〔46〕如果某人的其他犯罪涉及其中——通常为教唆和共谋，有时为共犯——行为人犯罪责任的基础是对于他人会实行犯罪而产生的不合法的危险的轻率。〔47〕他犯罪的蓄意通常由现行法所规定，仅证明产生的危险是由于缺乏合法原因而不具合法性。假设将来的犯罪的环境是不明确的，行为人基于他促使的犯罪各种可能性的估计被认为是轻率。他的刑事责任取决于他人实际上的所为，但是完成于他提供帮助或鼓励这一点上。这一点上他构成轻率。（合法的商人怀疑他的顾客企图用他的商品或服务去实行犯罪，他不会在法律上被认为是轻率。）

如果共谋中的计划是由行为人本人实行合意的犯罪，行为人在那一点上不会有责任。行为人没有增加他将来犯罪的危险因为他牢牢控制着它，不像他引诱他人去实行犯罪的情况。

2.5.3 法律不能犯未遂〔48〕

我已经定义了完成的未遂，把它作为所有应受刑罚性的基础，行为如同行为人认为或希望的一致，他会成立既遂犯罪或制造恶性危险。那么如何看待行为人防止既遂发生的认识错误是出于对实在法的理解错误的情况？

我认为对于实在法的认识错误不会带来困难。假设行为人对财产法理解错误，窃取了一件法律上为抛弃物的财产而行为人以为它是前一任主人的财物。尽

〔45〕See Model Penal Code, § § 2.06(3)(a); 5.02(1); 5.03(1).

〔46〕See Larry Alexander, 'Insufficient Concern', 944 - 947.

〔47〕See ibid.; Sanford H. Kadish, 'Reckless Complicity', *Journal of Criminal Law and Criminology*, 87(1997), 369.

〔48〕更多论述见 Larry Alexander, 'Inculpatory and Exculpatory Mistakes', 43 - 70。

管出于法律错误，行为人就已构成了盗窃的完整犯罪。当行为人指控为对法律而不是刑法的认识错误时，它仍不成立未遂。

法律不能犯的问题最好还是由常用的那个假设来阐明。两个猎人在10月15日（狩猎期的第一天）这一天一同去猎鹿。事实先生（Mr Fact）知道狩猎期开始于10月15日，但他以为他没有在狩猎期内打猎，因为他看错日历了以为今天是10月14日。而法律先生（Mr Law）知道今天是10月15日，但以为狩猎期开始于10月16日。二人都认为他们违法了。但大相径庭的是，只有事实先生构成未遂罪。

问题是如果我们惩罚了法律先生，我们显然允许他不仅想到他正在违法而且想到他违反了的法律。但是如果这样的话，他的行为的犯罪心理是什么？违反了假定的10月16日狩猎的罪过与违反了事实上的10月15日狩猎的罪过是一样的吗？那么如果某人误以为周日晚上跳舞是种犯罪而去为了。这个人的罪过如何？当违法跳舞不是犯罪也无刑罚时，他能被认为构成“违法跳舞未遂”吗？

我们能看到为什么法律不能的未遂不受刑罚。另一方面，法律先生会显现与事实先生一样的罪过。进一步说，因为法律认识错误能转化为事实认识错误——对于构成法律的事实的认识错误，如法规包括的语句，语句的涵义，等等——法律认识错误和事实认识错误之间的界限就消除了。假设有这样一个例子，狩猎法规定渔猎总部悬挂绿旗时允许打猎，悬挂红旗时不允许打猎。事实先生——或是法律先生？——是色盲把绿旗看作红旗。他去打猎了以为他的行为违法。这是法律不能的未遂还是事实不能的未遂呢？或者说每个事实认识错误可转化为法律认识错误。事实先生（错误地）认为“今天打猎非法”。某人以为他的枪上了膛而向他人开火，事实上枪未上膛，他（错误地）认为“我所做的是违法的”。每一个未遂都是如此。

这非常令人困惑。一方面，我们不想把行为人想像的产物即他错误地认为他正在违法看作未遂。另一方面，所有涉及认识错误的未遂可以作为法律认识错误来看待。那么世界上所有法律先生因而与事实先生一样有罪过而应受到刑罚。

可能与我们假定的法律先生会嘲笑法律而在周日跳舞的事例作为区分的是后者的法是存在的（10月15日才允许狩猎），而且它是法律先生想像的法（10月16日才允许狩猎）的“近邻”。这很牵强，仅从程度上而不是从种类区分。但这也是我们所能做得最好的了，如果我们想在未遂的法禁止的犯罪和实际上存在的犯罪的罪过保持这种联系的话。

我的同事迈克尔·摩尔极不同意这种主张。[49] 摩尔区分法律意义上的事实和事实本身的扩展。如果一个人犯了事实意义上的有罪过的错误，不存在未遂的责任。一个人认为他构成犯罪的行为方式是不违法的，即使他认为——因为事实错误源于法律的含义——它是违法的。事实先生认为他实行犯罪的行为方式违法——10 月 14 日打猎。法律先生不违法——10 月 15 日打猎，即使导致法律先生认为它是违法的认识是事实上的错误（例如，法规上的 10 月 15 日的数字 5 是个 6）。

摩尔的论据重点放在区分法律意义上事实的责任和事实扩展上的责任。在绿旗对红旗这个假设中，摩尔会把这种错误——绿旗看作红旗然后以为自己在非法狩猎——作为事实上的扩展，把这种行为方式——在悬挂红旗的日子打猎——看作是违法的。但是法律能被描述为"今天狩猎违法"，而把旗帜的认识错误看作法律意义上的错误而不是事实扩展的错误吗？还有能否把这种猎人以为他在实行的行为方式描述为"在禁猎期狩猎"？

考虑一个类似的案件，拉尔金诉格兰德尔兹·登有限公司案。[50] 在这个案中，法律最终授权教堂有权在他事先声明的一定距离内禁止设立酒吧。假设地产主人错误地认为隔壁的一家教堂反对他开酒吧，但他还是这么做了。他构成法律意义上的认识错误吗？（在这个教堂旁开酒吧不违法）或仅仅是事实上的扩展的认识错误呢？法律是仅包括立法上制定的事实还是包括了它所授权的事实，这个教堂可以主张吗？相关的行为方式是"在教堂旁开酒吧（不违法）"和"在反对开酒吧的教堂旁开酒吧（违法）"两种，那么酒吧主人能描述出这两种行为吗？

最后，摩尔的方法要求法律的个体化理论，尽管很多人认为个体化理论是用来清晰地阐述问题的而不是用来大量暗示涵义的。看一个相反的案件，雷吉纳诉史密斯（戴维）案。[51] 被告人对他的房东非常生气，把他早先安装于房间的镶板扯了

---

〔49〕以下来源于同迈克尔·摩尔的谈话。

〔50〕495 U. S. 116(1982).

〔51〕2 Q. B. 354(1974).

下来，被指控为恶意毁损房东财物罪，他辩护成功了，理由是他不知道法律的附着物包括房东财物的镶嵌物因而认为他在损坏自己的财产。假设我们把这个案子从一个免罪的认识错误转换为有罪的认识错误。被告人以为镶嵌物是房东的(他学过财产法中的附着物的类别)。但是他不知道立法机关已经修改了法律，镶嵌物现在是他的财产了而不是房东的了。因而他不成立他企图损坏房东财产的既遂犯罪。他构成犯罪未遂吗？

依摩尔来看，被告人可把他的行为方式描述为“毁损他人财物”(违法)或“毁损安装在他人财物上的财物”(不违法，但以为违法基于对法律意义上的认识错误)。他的错误是刑法意义上的错误还是仅是事实扩展上的认识错误？刑法上的盗窃包括财产法还是不包括呢？为什么应当这样呢？

2.5.4　拒绝把未遂与既遂等同和近因问题〔52〕

我的立场是犯罪心理是衡量的报复刑罚的全部内容，刑法应仅关注于企图和主观上的轻率行为而不关注这些行为是否客观上是恶的或导致伤害。如果抛弃这个立场，刑法典和许多刑法理论家也要一道抛掉，然而那些抛弃这个立场的人必须面对近因理论的问题。即，一旦既遂而不是犯罪心理被认为是报复刑主义的要素，他必须分清在那些能造成禁止性后果的有罪行中，哪些在造成结果的方式上增加了他们的应受刑罚性。

通常所说的事实原因不是主要的理论问题。事实原因仅仅探求当犯罪人没有做他所为的行为时，禁止性的结果是否随之发生了。答案十分直接明了，除非在超出意志的情况下，被告人的行为是结果的充分原因而被认为足以应受额外的刑罚。(为什么充分原因而不是必要原因增加了行为人的应受的刑罚通常没有说明。)

近因问题要探究已造成禁止性结果的有罪过的人中，哪些人事实上不被认为造成这种应受惩罚性结果。后者没有近因地造成结果，因为从罪行到结果的因果链条是他们对结果负责的错误形式。

---

〔52〕我避开因果问题是因为对于蓄意的刑罚评估的未遂和既遂的等同在‘Placing Blame’一文已作为大量的研究，See also Michael S. Moore，‘Causation and Responsibility’，*Social Philosophy and Policy*，16(1999)，1. 摩尔当然认为涉及到未遂时，既遂应加重刑罚。因果关系因而对他来说而不是我是一个必须解决的困惑。

关于近因问题有两个原则性的因果链条。一条是不正常的因果链条。例如,艾德想杀死艾德娜,在她床边的水杯中下了毒药。艾德娜被雷声惊醒,引起晃动导致毒药洒了一地。艾德娜跳下床后当场滑倒,头部受撞后死亡了。再比如,艾德向艾德娜开枪企图杀死她。子弹没有击中,打进了支形吊灯里,吊灯砸在艾德娜身上导致她的死亡。或者未被击中后,出于恐惧艾德娜从屋中冲到了街头,被汽车撞死了。或者子弹重伤了她,几年后她由于体质太弱而死于伤口感染。

另一条与近因问题有关的因果链条涉及其他违法者无预先计划的介入。艾德向艾德娜开枪企图杀死她,然后把她丢弃在一个危险的城镇里任其死亡。她实际上没有死,但她后来被附近的一个野蛮的罪犯杀死了,或者她在医院里由于医护人员的疏忽而死亡了。

何时行为人因其带来结果而受到或不受刑罚,我认为这问题没有令人满意地解决。所有答案过于武断。原因在于问题导向错误。结果不能增加罪过,罪过才是应受刑罚性的实质,这个理由前面说到未遂/既遂界限时已讨论过了。因为结果不影响刑罚,追问结果是否为因果主张的产物是无意义的,因而受其他因素影响的结果也不会影响刑罚。

**2.6 犯罪的个体化**

我主张应受刑罚性的关键在于有罪过的行为,而不论它是否客观上是恶行或导致伤害。试考虑以下的例子。艾尔想杀死鲍伯,周一开了一枪未打中。周二又开了一枪也未打中。就这样一直到周六。艾尔构成六次谋杀未遂。与艾尔相比,卡尔企图杀死丹,六发的子弹一连串发射出来。卡尔构成六次谋杀未遂还是仅成立一个呢?

或者考虑艾德的例子,周一他强迫弗兰与之性交,周二强迫菲丽舍尔口交,一直下去。艾德构成多次性犯罪。假设他诱拐弗兰然后强迫她在一个很短时期内多次与之发生性行为。他构成多个性犯罪还是仅成立一个呢?

最后考虑乔治的例子,乔治每天从哈里的钱夹里取 20 美元,取了十次。他构成了十次盗窃罪。假设他一次性取走 200 美元。如何看待这个 200 美元盗窃和十次 20 美元的盗窃呢?如果他在几分钟内以每次 20 美元方式取了 200 美元时,又如何来看呢?

这些例子提出了犯罪行为的个体化问题。[53] 如果我们看有多少有意愿的身体举动发生了，会发现艾尔和卡尔已构成六次谋杀未遂，不计间隔时间和受害人的个数，艾德成立多个性犯罪，而不管十天还是几分钟，乔治实施了十次盗窃，但是如果他一次性把钱拿走却仅成立一个盗窃。

如果我们认为艾尔比卡尔应受更重刑罚，艾德如果行为涉及多日和多个受害人就应受重罚，乔治如果行为数日而不是几分钟内就应受重罚，那么如何解释我们的动机呢？我们认为罪过和因而的刑罚满足于一种“数量折扣”吗？[54] 如果是，为什么？我们可能会认为应受刑罚性的真正基础是性格，有罪过行为仅证明应受刑罚进程的特性吗？这可能解释在例子中为什么卡尔一次开六枪不能看作比艾尔开一枪主观上坏了六倍。

我认为犯罪行为的个体化问题使我这样的人面临困难，我们把有罪过行为作为应受刑罚性的基础，而反对把性格作为应受刑罚的基础，除非性格在行为中有体现。在这我没有解决办法，诚邀与鄙人对刑罚持同样观点的学者来解决它。

### 2.7 正当事由

对于正当事由辩护，学者和法院一直争论不休：什么是区分正当事由和可宽恕事由的标准？当被告人应构成犯罪时，他以正当事由作为抗辩理由时他的主观意志是什么？正当事由的存在（或缺乏）是犯罪定义的一部分吗，或正当事由能概念化以明显有别于他所排除的犯罪吗？“多害择一”和“自我防卫”这一类的正当事由的道义基础是什么？

尽管没有足够的支撑性论据，我仍将对这些问题进行回答。希望回答的连贯性和清晰性能足以弥补论据的不足。

第一，正当事由仅作为犯罪的例外是毋庸置疑的。换言之，可把犯罪想成以下模式，“不要做 X，除非在 Z 或 Y 情况下”。Y 和 Z 限制了不得做 X 的一般禁令。Y 的例外可能指在这种情况下，与 X 相关的通常的伤害不存在。而 Z 的例外出现时，与 X 相关的通常的伤害存在但是小于为防止 X 的伤害。尽管 Y 和 Z 都是犯罪

[53] 仅见犯罪的个体以行为的个体为前提的讨论，See Moore, *Act and Crime*, 305 – 390。
[54] 这种表述来于 Leo Katz。

X的例外，Z型的例外被认为是“正当事由”。尽管像Y一样，正当事由(Z型)能写入刑法作为犯罪的例外而且通常如此。即使当它们与刑法分离开表述，它们本身在功能上与刑法法定的例外等同。[55]

第二，当行为人在正当事由出现时实行犯罪行为，他无恶行也没有产生法律禁止结果。如果行为人没有意识到正当事由存在，那么行为人实际上在企图犯罪但没得逞，更不用说他没意识到使其行为从有害转化成无害的阻却事由存在的情况了。[56] 此外，因未遂与既遂罪过相同应受同等报复刑罚，不应置疑不知正当事由的行为人是否被认为构成未遂。(我怀疑不可避免的认为不知正当事由的人是成立未遂还是既遂这种论点的出现，一部分原因是基于对伤害(尽管是不纯粹的伤害)存在的考虑，部分是基于既遂和未遂应适用不同的刑罚的观点。)行为人意识到正当事由的存在，但不是受它驱使——他会实行犯罪在缺乏正当事由情况下——他应被认为不构成(未遂)犯罪。他已经得到了环境性好运(以他的观点来看)，能够做到他在通常情况下被禁止做的事情。就像有盗窃性情的亿万富翁有不用去偷就能赚钱的好运气，或喜爱杀人的人得到了刽子手的工作，合法的行为人在没有正当事由或利用正当事由进行的不光彩的行为不构成犯罪行为，不管他们性情如何残酷。

第三，因为正当事由是犯罪的阻却——功能性地嵌入于犯罪的定义之中——行为人，错误地但无罪过地认为正当事由存在，不构成犯罪，仅因为他缺乏犯意(mens rea)。[57] 因为他已进行了禁止性行为或产生了禁止性后果，他不是一个正当行为人。当然，他与可宽恕事由的人一样。它可作为一个重要的理论问题，因为它避免了正当行为人间的冲突。正当行为人可能与可宽恕事由人或无罪过行为人

---

〔55〕因为这种理由，我赞同《模范刑法典》中把(有无)合法抗辩作为必须超过合理怀疑的证据事由，基于此被告人仅承担否定罪责的证据。See Model Penal Code, §§1.12(2)(a); 1.13(9)(c), (10). See also n. 23 above.

〔56〕关于不知合法事由存在的行为人的争论，See Heidi M. Hurd, 'Justification and Excuse, Wrongdoing and Culpability', *Notre Dame Law Review*, 74(1999), 1551; Paul H. Robinson, 'Competing Theories of Justification: Deeds vs. Reasons', in *Harm and Culpability*, ed. A. P. Simester and A. T. H. Smith(1996); Paul H. Robinson, 'A Theory of Justification: Societal Harm as a Prerequisite for Criminal Liability', *University of California at Los Angeles Law Review*, 23(1975), 266; George Fletcher, 'The Right Deed for the Wrong Reason: A Reply to Mr. Robinson', *University of California at Los Angeles Law Review*, 23(1974), 1269.

〔57〕即，对于事实上存在的正当事由的无罪过的认识错误否定犯意。对于是否存在足以使违法正当化的理由的认识错误等同于法律认识错误。

冲突，但不会与另一个正当行为人冲突。

第四，可宽恕事由，不像正当事由，不阻却犯罪。当然他们削弱犯罪心理，或者基于行为人无理性因素而无道义责任，或者基于行为人个人原因，从公平性的角度无法适当地判断其行为，普通人也会受这些原因驱使，因此减小其罪过心理。显而易见，可宽恕事由的因素具有个人性，仅能免除这个行为人的责任。另一方面，如果一个行为是正当的，那么它对任何人来说就都不是犯罪。

最后，阻却犯罪的多数原因与符合犯罪的多数原因相一致。因为后者属刑法特论内容，正当化的原因也应放入特论而不是总论中进行考虑。尽管如此，我将在这里考虑两种基本的正当事由，一种适用于所有种类的犯罪——多害择一——另一种适用于系列犯罪和杀人罪——保护自己、他人和财产免遭侵犯者的侵害。

### 2.7.1 多害择一

多害择一是一个随意性和空间余地都很大的正当事由，适用于所有犯罪情况(尽管在一些审判中不适用杀人罪)。如果犯罪行为所避免的伤害大于犯罪行为导致的伤害，行为人应允许选择犯罪行为(或所谓必然是一种犯罪行为)。[58]（这种正当事由是从事犯罪行为的一种允许而不是一种要求。这与刑法一般不处罚不作为行为相一致。）

什么情况可看作“多害择一”立法上无法特定化而只有留待个案的分析。存在两个抗辩方式，这也可作为一个有趣的理论问题。首先，不管如何措词，多害择一不必然地代表为了防止较大伤害总是实行较小伤害的功利哲学。这种抗辩相当符合道义上的限制，把重点放在如何防止更大的伤害上。因此以一个经典的假设，以牺牲一个人的生命换取五个人生命为例——电车问题和医师问题。在电车问题中，主干道上有五个正在工作的工人，他们没有意识到电车，这时电车司机把电车转向了只有一个工人在工作的轨道上。一致的意见认为，即使在道义论主义者之间，这种情况允许把电车转向。在医师问题中，一个外科医生从一个健康而毫无戒心的病人身上摘除了五个器官移植到五个必然死亡的人身体上。道义论主义者否定医生可能这么做。对于道义论主义者来说，这两个案子不同之处在于，在医师案

〔58〕 See e. g. Model Penal Code, § 3. 02(1).

中，受害人是被迫“被使用”去挽救那五个人。[59]

那么多害择一的抗辩定然与道义上区别相一致。所有人会认为在医师案中，杀死病人对于五个人的死亡来说在一定意义上并不适合“多害择一”，即使它是一种“相对较轻的伤害”。

对于以多害择一作为抗辩的另一个有趣的理论问题就像它所规定的那样，如果立法明确规定不存在伤害类型的例外情形，那么多害择一理论就不应适用。[60]因此，如果立法上把违法阻却作为杀人罪，明示地或默示地反对它，那么把电车转向的行为人就不能以此抗辩。

默示地拒绝例外的观念比明示的具有更多问题。刑法的禁止性体现为规则，同其他规则一样，他们具有简洁性——广义或狭义地包括了其与之相关的背景事由。当立法机关颁布“禁止杀人”的规则时，它假定已经知道这个规制是或者可能是广义上的或狭义上的。当被告人因此以多害择一抗辩，主张规则或能广义地适用该案时，能否公开地通过发布一条简单的规则，说明立法上已默示地拒绝把他的主张作为阻却事由吗？考虑到基于此道德背景下规则与默示例外的适宜性，这是一个深奥的哲学问题。[61]

### 2.7.2 自我防卫、防卫他人和防卫财产

防止窃贼对于财产的侵犯而对他施加伤害是很普遍的情况。同样为了防止对于个人或他人的暴力侵害而杀害施害者也是很普遍的情况。

对于暴力性防卫的有哲学意味的方面是，首先，什么程度上他们被限制去满足退避，相称的暴力，和临近的危险等要件，其次什么程度上被视为正当事由而不是可宽恕事由。[62]

尽管在此我不能说出全部的论据，我认为有两个交织在一起的哲学困惑。简

---

〔59〕 See generally F. M. Kamm, *Morality, Mortality*, ii(1996), 143 - 171.

〔60〕 See Model Penal Code, 3. 02(1)(c).

〔61〕 See Larry Alexander and Emily Sherwin, *The Rule of Rules: Morality, Rules, and the Dilemmas of Law* (Durham: Duke University Press, 2001), ch. 4.

〔62〕 The issues in this section are discussed extensively in Larry Alexander, 'A Unified Defense of Preemptive Self-Protection', *Notre Dame Law Review*, 74(1999), 1475, 1476 - 1486, 1494 - 1505; Larry Alexander, 'Self-Defense, Justification, and Excuse', *Philosophy and Public Affairs*, 22 (1993), 53.

洁一点来说，在有些案件中，攻击者无罪过——缺乏犯意，有可宽恕事由，是个未成年人，等等——防卫性的暴力可概念化为一种可宽恕事由因而归于被迫行为。此外，如果被告人采用暴力时，为了获得宽恕，被告人不必退避或放弃保护相当于攻击者损失更轻的利益的权利。因为它不是多害择一——适用所有正当事由的模范——无罪过的攻击者受到伤害是为了避免对采用防卫暴力的人（或他所保护的人）造成较轻的伤害。即使当防卫人别无选择只有剥夺无罪过的行为人的生命去挽救自己的生命时，这就不是多害择一的选择，而是可宽恕的悲痛的选择。

另一方面，当攻击者有罪过——假如攻击者人数超过防卫人——伤害或杀死攻击者作为一种多害择一的观念看起来能得到更多认同。实际上在有罪过的攻击中，争议不在于行为人是否合法地使用了暴力去防卫自己或他人。反过来说，争议在于使用合法的暴力所要求的标准是什么：退避已不可能，防卫性的暴力与伤害威胁相称。（因为退避和相称的暴力要求防卫人放弃自己的权利：如果防卫人退避，他放弃了所保留的场所；如果他必须耗费精力，忍受关节的痛楚而不能用枪，他放弃了不应被强迫去耗费精力，忍受痛楚的权利；如果相称的暴力是徒劳的，他必须放弃攻击者违反的权利。后者的典型例子是离主人有一定距离的盗窃和非法侵入，行为人能用枪阻止他们，或施加轻微的伤害，即，一个壮汉对一个弱女时，弱女必然可用致命性暴力进行防卫。）在攻击者有罪过的情况下，对于防卫性暴力的限制就问题重重了。当然它会使有罪过的行为人的甚至很轻微的罪都面临极大的危险——例如，用充满鲨鱼的壕沟把一个人的苹果树围起来，并设有适当的警告标志。针对无罪过的攻击者，暴力的抵抗不是“多害择一”而是忍受伤害，退避，或使用相称的暴力，这明显作为一种可宽恕事由而不是正当事由。〔63〕

我应当指出，如不相矛盾的话，“有罪过的攻击者”与我所说的未完成的未遂紧密相关。我认为后者无罪过因为行为人尚未对他人利益产生危险而仍控制着危险的产生与否。尽管行为人的现实意志状态可能表现为“注意不足”，他的行为尚未如此（他至少知道他的行为和其行为对于他人的危险）。

---

〔63〕关于防卫暴力的论据当然转向了大量的价值而可能更恰当地在刑法特论部分的背景下来谈。我在这的讨论仅因为自我防卫通常作为总论的内容。我把这个观点归功于 Mitchell Berman。

所有防卫性暴力具有预先性：它是在行为之前采取的预先反应。因此，“攻击者”所意图实施的行为几乎构成了未完成的未遂。（如果他已构成完成的未遂，对他的使用的暴力就不具有防卫性。）

如果有罪过的行为人没有构成完成的未遂，或未完成的未遂不是有罪过的行为，那么在什么意义上他是有罪过的呢？他可能具有坏的性情也可能意图伤害，但他不是有罪过的行为人。

如果被迫在未完成的未遂和对“有罪过的攻击者的反击”之间选择一个立场的话，我会选择后者，把所有的预先防卫性暴力视为可宽恕行为而不是正当性行为。另一方面，有人会试图调和这种立场，指出有罪过的攻击者是有罪过心理的，不必考虑其意图实行的犯罪，仅关注于他们非法造成了受害者或他们的防卫者对攻击的恐惧。

最后，当攻击者的攻击发生时，如果不是基于攻击的可能性、退避的方式和防卫手段的选择，防卫就无相关的预先性。紧迫的伤害也就没有独立的联系了。

### 2.8 可宽恕事由

一个人要为被认为有罪过的行为主张可宽恕的事由，他要么说，他不是一个理性的行为者，因而在道德上没有责任，他要么说，阻却犯罪或未遂的选择是非常困难的，从而减损或消除其罪过。这里将考查三种可宽恕事由的抗辩，精神疾病、醉酒和被迫行为。第四种，未成年，它类似于精神疾病，因为它等同于主张冒犯者是无道义责任人基于一个条件——年龄不成熟——妨害了他的理智认识或控制能力。

#### 2.8.1 精神疾病

精神病抗辩通常要求冒犯者证明在他行为时，他患有精神疾病或缺陷而影响他对于行为本质认识能力或控制能力。[64] 这种抗辩的中心问题是认识能力加之其他的因素能否满足普通犯意的要求（尤其是不存在疏忽时），控制能力是否指向于实际的事物，是否存在“不可抵制的冲动”。[65]

第一个问题是行为人具有蓄意、明知或轻率的意志时——我所统一称为的

〔64〕 See e. g. Model Penal Code，§4.01(1).

〔65〕 See Stephen J. Morse, ‘Rationality and Responsibility’, *Southern California Law Review*, 74 (2000), 251, 256 - 258.

"注意义务不足"——然而基于精神疾病无法辨别行为的本性，就能使他不具有罪过吗？[66] 如果不能，那么在犯意要件下的精神病抗辩的认知性就是多余了。我不考虑这个问题而是指出即使行为时可能有犯意但对于认知上也是无罪过的。把认知因素与精神疾病绑在一起的要求纯粹是无稽之谈。即使认知的障碍可能与此相连，为什么把它作为一个要件呢？可能精神病用来证明认知障碍是货真价实的，无精神病就不会引发无障碍的令人信服的假设。

关于意志方面，可以提出类似的问题。行为人如此的冲动以至于不能被认为有责任，因而没有罪过，真的有这样的行为人吗？如果真是如此，那么除了支持冲动行为主张的证据，精神疾病要件究竟加入了什么呢？

最后，因为有意识的罪过行为的存在通常是控方举证责任的一部分（超过合理怀疑），为什么精神病作为一种抗辩而不仅仅是对审判的否定？[67] 尽管我们希望患有精神病的被告人以举出肯定性事实证据来削弱其罪过——我们不希望原告反对像精神病这类不被提起的主张——这个"举证责任"有别于说服责任。后者是由原告控诉犯罪的要素，和有罪过的行为应作为所有犯罪的一个要素（依我看来，它是唯一的要素。）

涉及到精神病抗辩的最后一个问题是心理变态者是否应被认为是无道义责任的，心理变态者在一定意义上相当清楚其犯罪行为的性质，也有控制其冲动的正常能力。[68] 这个结论的基础是心理变态者从道义原因上不清楚道义因素，而这种清楚知道是罪过的根本要求。这种立场的支持者们不仅要表明心理变态者缺乏这种知道而这种知道是罪过的必要要件。他们也必须表明心理变态者与普通犯罪人的区分是在种类上而不是在程度上，或者不知道道义原因是作为原因的典型类型而有别于不知道道义原因与其他原因的轻重。我把这个问题留待他人去证实。

### 2.8.2 醉酒

在此我简明扼要一点，尽管醉酒传统上作为免罪的可宽恕事由，而它并不是如

---

〔66〕 See Schopp, *Automatism, Insanity, and the Psychology of Criminal Responsibility*, 27 – 70.

〔67〕 See n. 55 above.

〔68〕 See e. g. Peter Arenella, 'Convicting the Morally Blameless: Reassessing the Relationship between Legal and Moral Accountability', *University of California at Los Angeles Law Review*, 39 (1992), 1511.

此。当然,醉酒的功效在刑法中作为有罪过的因素,而不是免罪过的因素。无意识地醉酒对犯罪心理无关紧要,尽管它可能导致行为人没有意识到他在制造非法的危险,因而解释了行为人缺乏犯罪心理。

另一方面,有意识地醉酒仅能增加犯罪责任而不是消减。通常来说,如果行为人实施行为时没有意识到他因而正在强加了一种非法的伤害或恶行的危险,而导致他处于无意识的原因就是有意识的醉酒行为,法律认为他构成轻率地伤害或作恶的犯罪。换言之,他有意识地醉酒行为因为无进一步的伤害,尽管不受惩罚,然而当它将导致进一步伤害或恶行时就构成了这种实际上的轻率。[69]

理论上倾向于从结果来适用刑罚的人会把有意识的醉酒在某些情况下视为一种轻微的犯罪(他很可能导致进一步的伤害行为)。那可能表现为不可克服的实际困难,但它至少会摆脱把醉酒是否构成犯罪依赖于运气的结果的现行理论系统。(有些人会采用同样的方法去行为,他们认识到了制造的危险将来会导致无罪过的伤害——邪恶的催眠师进行的催眠,明知易发癫痫病而驾驶,或把自己置于明知能够引发伤害的无法控制的情况下。)

2.8.3 被迫行为

精神病的可宽恕事由在于行为人的障碍而减损其道义责任。被迫行为的可宽恕事由则在于行为人的情节,在于他是否很难选择避免犯罪行为因而这种选择去犯罪的罪过部分或全部地消减了。在被迫行为的案例中,行为人的情节不能证明他的犯罪的选择是正当的。至少不是从公平的角度来看,这种选择不是多害择一。(如果是,就用多害择一的正当事由包容它了。)当然,这种选择,尽管从每个人的利益公平来考虑(或者,从每个人的道义权利进行考虑)的话不是多害择一,但从行为人的角度来看,是一种多害择一。如不从给定的公平角度来看,行为人把他的生命、肢体和家庭成员视为重于他人的利益。被迫行为宽恕行为人对"他人"利益的注意义务的不足因为过分看重于他们自己的利益是可以理解的,无罪过的。

被迫行为的一个哲学问题是,从个人的视角来看,什么样的个人利益如此重大,以至于为了保持道义的平衡而可以宽恕行为人的失误行为。支持可宽恕事由

---

〔69〕 See e. g. Model Penal Code, § 2.08(2).

的一个明显例子是行为人违反了道义的限制但联系到他会受到伤害而强加了一个轻微的伤害的情况。因而，除非从药店偷药出来，否则行为人将面对即将来临的死亡威胁的情况无疑满足于这种抗辩。（是否按现行的抗辩所要求的那样，死亡威胁来自于第三人，或者来自于无关的自然原因，这一点理论上争议很大。）可能外科医生应有权抗辩如果他挽救的五个垂死的病人是他的孩子。

另外一个含有可宽恕事由的类型是无道义限制的情况，行为人对受害人所施加的伤害大于行为人或他的家庭所受到威胁的伤害以致他通过伤害受害人来避免，但是后者的伤害如此巨大以至我们不能期望除了英雄外，任何人不会屈服于它。如果死亡的威胁来自于个人或自然原因，行为人为避免这种威胁必须把车转向两个无辜的儿童，即使它在道义上不是正确的选择，我们也希望他会这么做。我们不认为在这种情况下的选择恶行是有罪过的。

如上所述，我认为对于非法的但无罪过的攻击者的防卫性暴力的案子——不论何种原因他们是无罪过的——这种程度的防卫暴力是无罪过的，应被概括为可宽恕行为而不是正当行为。[70]（我假定多害择一的正当事由是不适用的。）实际上，我认为这种暴力的使用符合被迫行为的信条。[71] 某人认为他将被玩枪的孩子击中，孩子太小无道义责任，或将被精神病人，或是缺乏犯意的人（即，因为他们接到了行为人要炸掉大楼的错误信息）击中，他面临的威胁就使他的暴力的使用具有可宽恕性，但从公平的角度来看，攻击者或攻击者们的死亡比起行为人的受伤或死亡就不是一种多害择轻。

这些要求强迫防卫人放弃一定较轻的利益去避免使用暴力或致命性的暴力——退避和相称性的要求——作为在无罪过的攻击的案中对于可宽恕的被迫的限制，尽管他们不符合对有罪过的攻击者的防卫性暴力的使用上。因为防卫人在伤害攻击者中不是正当的，而仅是可宽恕的，他应受到像他施加给别人的伤害一样严重的损害。

最后，如我描述那样，被迫的抗辩关注的是理性，而不是精神的冲动的驱动力。

---

〔70〕 See text following n. 62.

〔71〕 See Larry Alexander, ‘A Unified Defense’, 1494 - 8149.

即，被迫下的犯罪实施是高度的理性选择，即使不是道义上正确的抉择；它不是特定情况下的不可抵制的冲动。然而，某些人的确把被迫行为等同于不可抵制的冲动，在此规范性的问题是被告人是否无力抵制冲动而去犯罪，而表现出一种性格缺陷因而他能被责罚（如非常怯懦）。显然，对被迫行为持这种观点的人把性格而非有罪过的选择作为应受刑罚的方式。对于像我这样认为有罪过的选择才是应当受到刑罚的人来说，完全的不可抵制的冲动不是罪过，无论这种冲动是否反映了一种坏的性格（过分怯懦或贪婪），尽管像由于醉酒而实施的无罪过的伤害一样，它可能反映了可能导致对冲动失去控制的先前有罪过的行为。

## 3 刑法：特论

这一部分简单地联系了前几部分。刑法特论所追问的是，一个人因其行为没有对他人的哪些利益尽充分注意义务而应遭受刑罚。回答这类问题需要研究规范性理论，它已超出了这个切入点的范畴。关于这种规范性理论的形成的许多问题必须与上面的刑法知识联系在一起来说明。

### 3.1 应受刑罚性的特性

如果一个规范性理论无应受刑罚性的栖息之地——果然如此的话，例如，在一个彻底的福利主义理论中——那么它难以符合刑法把应受刑罚性作为其中心的组织特点。换言之，如我所说，刑法的独特之处在于它关注其负面的应受刑罚，那么规范性理论告诉我们刑法在特论中应保护哪些利益来符合以应受刑罚性为基础的刑罚。这种对于规范性理论的范围的典型限制可用于刑法特论。

### 3.2 特论中的自由主义理论与完美主义理论

可能在上个世纪试图对于刑法特论理论作出的最重要的发展就是J·范伯格（Joel Feinberg）的权威性的四卷本的著作，《刑法的道德界限》一书。[72]范伯格认为刑法在立法上仅适用于导致伤害和严重冒犯的行为。（更多是关于下面的

---

〔72〕Joel Feinberg, *The Moral Limits of the Criminal Law*: *iv*: *Harmless Wrongdoing* (1988); Joel Feinberg, *The Moral Limits of the Criminal Law*: *iii*: *Harm to Self* (1986); Joel Feinberg, *The Moral Limits of the Criminal Law*: *ii*: *Offense to Others* (1985); Joel Feinberg, *The Moral Limits of the Criminal Law*: *i*: *Harm to Others* (1984).

严重冒犯行为。)这种意义上的“伤害”指的是“利益受阻碍的状态,它是他人的恶行或不作为的后果”。[73] 因而,“短暂的失望,轻微的身体和精神上的‘受伤’,和不满的情绪”,尽管也是邪恶的,但对于范伯格来说不是伤害,因为他们不涉及到利益的阻碍。[74] 利益的阻碍也不是由道义允许的行为所致(如商业竞争或法定的自我防卫),或者他人同意的利益受阻的行为所致。[75] 此外,不正当的伤害的危险行为属于伤害原则,能够被合法地惩罚,因为当无害的行为聚合一起也能引发伤害。[76]

不是所有由恶行导致的伤害都适用刑罚。例如,由模仿行为导致的伤害不应放入到被模仿的行为的刑罚处罚中,因为其缺乏极端的罪过。[77] 此外,有害的行为也不必须被犯罪化:犯罪化本身能导致伤害而不能正当化,除非它导致的伤害轻于已被犯罪化的行为导致的伤害。[78]

范伯格明显承认不道德性是违法性(犯罪性)的必要条件。他反对刑法对自愿从事危害自己的行为的禁止(法律家长主义)(因为他们无过错)。[79] 但是他反对把不道德性作为刑罚的充分要件。如果不道德的行为对他人无伤害,或者对他人的伤害过于轻微难以适用刑罚,那么它可以在立法上通过刑法不去处罚。[80] 范伯格的立场与弱式的而不是强式的报复刑主义相一致。

范伯格的道德的法律强制的立场争议颇大。许多人发现问题出现在他否认导致伤害的他人模仿行为,至少缺乏高程度的罪过的有害行为应适用刑法的禁止性规定。(范伯格允许对那些“引诱”他人实行犯罪的行为人施以刑罚;[81]他显然同意即使是有害的模仿行为也可适用民事责任。)尤为争议的是范伯格否认不道德的行为对行为人性格的不良影响应作为一种伤害而适用刑罚,即使养成一种恶劣的

---

〔73〕 Joel Feinberg, *The Moral Limits of the Criminal Law*: i: 215.
〔74〕 Ibid. at 215 - 216.
〔75〕 Joel Feinberg, *The Moral Limits of the Criminal Law*: i: 215.
〔76〕 Ibid. at 216.
〔77〕 Ibid. at 244 - 245.
〔78〕 Ibid. at 217.
〔79〕 Joel Feinberg, *The Moral Limits of the Criminal Law*: iii.
〔80〕 Joel Feinberg, *The Moral Limits of the Criminal Law*: iv.
〔81〕 Joel Feinberg, *The Moral Limits of the Criminal Law*: i: 240.

性格对行为人本身是有害的，或即使行为人希望防止她养成这种性格(自我家长主义)，或即使有恶劣性格的人更可能恶意伤害他人。[82] (范伯格显然不反对把仅造成他人邪恶性格的伤害行为犯罪化的原则；但他相当怀疑刑法那样做的实际功效。)[83]同样地，范伯格反对把能公然引起恶劣影响的无害的不道德行为看作对他人的伤害而适用刑罚。[84] 最后，联系到 P·德富林(Patrick Devlin)与哈特(H. L. A. Hart)的论战，他不同意那种观点，社会共同体可在立法上把无害的不道德行为犯罪化，因为不处罚这些不道德的行为可能损害社会共同体所定义的道德信条，因而威胁到共同体的生存。[85]

范伯格从一个相当宽泛的不道德观念出发，包括了范伯格意义上没有对他人造成伤害的行为，例如道德败坏和伤害尊严的行为。他概括的伤害原则没有定义不道德行为，而是在刑法上作了立法上的限定。这为攻击范伯格的立场留下了口实。

首先，人们可能接受范伯格广义的不道德行为和伤害原则，但拒绝对于后者的限制性观点。因而，人们可能对伤害和刑法有更宽泛的理解。或者他们可能在不道德行为如何导致他人的伤害的观点上比范伯格采用一个更广泛的观点。因而，他们可能会支持德富林主张社会共同体定义的道德信条的崩溃应作为一种伤害而适用刑罚。或主张公然的恶劣影响也是这种伤害，或主张不道德性、恶性的形成与对他人的伤害的因果联系必然足以对非道德行为进行刑事强制。

人们可以选择性接受范伯格反对的哲学立场——法律道德主义，认为不道德性足以对其犯罪化——但通过抛弃范伯格的宽泛的不道德行为的观念而得出与范伯格类似的结论。例如，R. 德沃金在他反对德富林关于犯罪化的立场中指出他不反对德富林的法律道德主义，而是反对德富林未加批评的所谓不道德的观点。[86]

---

〔82〕Joel Feinberg, *The Moral Limits of the Criminal Law*: iv: 285.

〔83〕Ibid. at 132.

〔84〕Ibid. at 128.

〔85〕Ibid. at 133 - 140. John Kekes 最近认为这是对德富林立场的误解，德富林仅认为对道德信条的部分的强制是用来保护少数好人的根本——可能范伯格把每个道德信条都予以了强制。John Kekes, 'The Enforcement of Morality', *American Philosophical Quarterly*, 37(2000), 23, 27 - 28.

〔86〕Ronald Dworkin, *Taking Rights Seriously* (1977), 248 - 253.

德沃金的立场有点像范伯格或密尔的伤害原则，其功能不在外部限制什么样的不道德行为能在立法上被犯罪化，而是内部限制不道德行为的定义。与之类似，迈克尔·摩尔主张法律道德主义，其原则是做恶的人应当受到刑罚。[87] 无论如何，摩尔的“做恶”的观念没有德富林的宽泛，而操作起来更接近于范伯格允许适用刑罚的伤害原则下的行为。[88]

最后，某人可能像范伯格一样认为不道德的行为的种类包括很多像范氏无伤害产生意义下的行为，但摒弃范氏的伤害原则。对于一个纯粹的法律道德主义者来说，即使不道德的和有损尊严的行为无任何伤害，它们也可以作为犯罪受到处罚。

范伯格对那些应当适用刑罚的人对他人的伤害的大致轮廓的丰富讨论涵盖了许多话题，尽管从他们自己的角度看是相当重要的，对于本章节则无关紧要。这些话题有，人们死后能否受到伤害；剥削行为能否作为伤害；怠于防止伤害是否为伤害；其他相关的利益能否作为恶性伤害的基础（根据范伯格，如果不是恶意的或虐待性的）；胎儿、未成年人、极端弱智、老年人和动物能否受到恶性伤害；某人能否被生存必须的行为所伤害（如具有德克瑞克·帕费特（Derek Parfit）的“个人影响”原则的身份）。（对于怠于防止伤害能否作为伤害的问题——即，在范伯格的伤害原则下坏的慈善家能否受到刑罚——范氏给予肯定[89]——这个问题将在下面对不作为的讨论中解决。）[90]对我们的目的而言，这里最重要的就是范伯格反对道德家长主义——刑法能在立法上保护人们免受伤害自己的道义性格——和他反对法律道德主义，它认为即使不道德性是“无害”的，也必须由刑法来强制。道德家长主义最好作为家长主义这个宽泛命题的一部分。道德家长主义哲学的中心问题不是自我腐化的不道德行为能否适用刑罚，而是对自己的伤害能否适用刑罚，如他接受家长主义的刑法下的这种伤害包括对自己道义性格的伤害和导致死亡、身体受伤和贫穷的伤害。这就是范伯格为什么反对道德家长主义——反过来也反

〔87〕 Moore, *Placing Blame*, 68 - 78.

〔88〕 Ibid. at ch. 18.

〔89〕 Joel Feinberg, *The Moral Limits of the Criminal Law*: i: ch. 4.

〔90〕 See Sect. 3. 3 below.

对法律道德主义——最好在家长主义这个一般话题下来考虑而不在这进一步探讨的原因。[91] 因此，我们将思考下列支持和反对法律道德主义的例子。

在研究法律道德主义之前，重要地是考查一下范伯格从伤害原则角度而不是从刑法合法权威的角度排除的行为的类别。这类行为是能导致严重冒犯他人的行为。范伯格用了整整一卷来阐明冒犯的涵义。[92] 他指出这种冒犯，不管多严重，不属于范氏《对他人的伤害》的定义下的伤害。范伯格指出这种行为是一种立法上能作为犯罪的严重冒犯性的行为（冒犯原则）。[93] 现实中的严重冒犯行为的例子是公然的通奸、手淫、兽奸、便溺和公开污辱尸体行为。[94]

范伯格把这种公开发生的严重冒犯限制为伤害原则的例外情况。仅仅知晓私下发生的行为，不管反响多大，不能把私下发生事件犯罪化。[95] 必然地，如范氏承认的那样，冒犯行为的犯罪化可能会陷入法律道德主义。（范氏对公开冒犯行为的犯罪化的限制的观点能否牢不可破，因而当范氏对冒犯行为适用刑罚时能否避免法律道德主义，我会在下文进行研究。）

关于法律道德主义，重要的是明确哪类行为是法律道德主义者认为应受刑罚，而像“范伯格”这样的自由主义者作为免罚原则的行为。行为必然是不道德的。同时，它不会恶性妨碍他人利益（否则就陷入范氏的伤害原则中），也不会具有公然性（否则它可能严重冒犯他人而基于此在立法上犯罪化）。

这里有些例子是关于一些行为被认为不道德的而没有伤害性：兽奸（同动物性交）；剥削行为（利用他人处于劣势而从交易中抽取大量利润）；出于下流和卑劣动机制作和消费赤裸裸的色情作品；举行和参加角斗比赛，作为观赏性运动这种比赛的参赛者自愿战死，这个例子是由欧文·科瑞斯托（Irving Kristol）提供的。[96] 如果兽奸行为实际上没有妨碍其利益，兽奸不属于伤害原则，即使动物也受到保护因

〔91〕我指出如果一个人对高度不慎重的行为应受到刑罚，这种刑罚会增加这种不慎重性。那么能增加应受刑罚性而因此处以刑罚吗，反之亦然吗？

〔92〕Joel Feinberg, *The Moral Limits of the Criminal Law*: ii.

〔93〕Ibid. at 1.

〔94〕Ibid. at 10 - 13.

〔95〕Ibid. at 60 - 71.

〔96〕Irving Kristol, 'Pornography, Obscenity, and the Case for Censorship', *The New York Times Magazine* (28 March 1971).

它们也有利益受到妨碍。剥削行为也不属于伤害原则因为“受害者”没有受到伤害只是没有适当地受益。淫秽物品也不属于伤害原则除非它“导致”了消费者去伤害他人。[97] 同样原因，角斗比赛也不属于伤害原则。不管怎么样，这些行为都是不道德的。

范伯格承认这些例子中的行为的不道德性，但他否认缺乏伤害或冒犯性的行为能在立法上受刑事处罚。他对角斗比赛的例子有点模棱两可，部分是因为他怀疑角斗比赛是否能避免对他人的伤害——例如，他们能避免吸引角斗士的这种“同意”是否是真正的自愿，[98]或者他们是否能避免使观众变得粗暴而导致暴力犯罪的增加。[99] 在最后的分析中，范伯格显然承认防止邪恶而不是伤害他人可能成为犯罪化的正当理由，这就是人们可能高估了伤害的犯罪化而低估了角斗比赛的例子。

当涉及到“无受害人的犯罪”如卖淫、赌博和吸毒行为时，范伯格用什么来反对法律道德主义？答案不是很明了。公开的卖淫教唆可能属于严重冒犯原则而适用刑罚。在这一范畴内的行为也可能会包括对他人的伤害（例如，通奸行为，私自使用合伙基金）。尤其是赌博和吸毒的情况可能有对他人造成伤害的恶性危险，比如可能失去了维持家庭生计的金钱，在身体受损时驾驶，或毒瘾发作不能履行法律义务。因此，范伯格尽管反对法律道德主义，至少他可能会主张这些行为的犯罪化。

科瑞斯托的角斗比赛的例子魔法般地削弱了像范伯格这样反法律道德主义的主张，除此之外，什么能更系统地代表法律道德主义呢？法律道德主义的一种方法是由迈克尔·摩尔提出来的。

摩尔主张刑法的一个观点就是恶行（有罪过的未遂和恶行的危险）才应受到刑罚。[100] 这种恶行不仅仅包括密尔和范伯格的伤害和冒犯原则下的行为。对摩尔来说，如果行为在道义上是恶的，就总有理由通过刑法去起诉和处罚它。

不管他的法律道德主义如何，摩尔很可能在刑罚性上得出与范氏相类似的结

---

〔97〕 Joel Feinberg, *The Moral Limits of the Criminal Law*: iv: 22, 132.

〔98〕 Ibid. at 330 - 331.

〔99〕 Ibid. at 132, 329 - 331.

〔100〕 Moore, *Placing Blame*, 70.

论。摩尔认为行为的不道德性总是刑法禁止的原因，刑法的延伸总是由三种相互弥补的道义考虑来进行调和。首先，如德沃金一样，摩尔拒绝把不道德实际是什么与立法上的多数，或大众的多数认为的不道德等同。对于摩尔来说，只有当刑事法规所禁止的行为确实是不道德的，该刑事法规才是正当的。行为是否为真正的不道德是一种道德现实而不是道德信条。[101] 例如，摩尔本人认为不管民主多数的观点如何，大多数的相互同意的性行为包括同性恋行为不是不道德的，因而不应犯罪化。[102]

其次，摩尔认为行为犯罪化的成本——这些成本涉及到资源、误审、隐私丧失、腐败和对法律的不敬——这些因素足以权衡反对对此犯罪化，很多情况下宣告不道德行为可不受处罚。[103] 此外，摩尔所谓的"自由推定"指的是，将刑法中自治的减少和出于美德的行为的减少视为一种对抗犯罪化的道德恶。[104] 因而，许多轻微的不道德行为——如违约——不受处罚，因为犯罪化的道义成本远远超出不道德行为应当受刑罚的报复刑原则。

再次，摩尔主张一种自由权利，把许多不道德行为从刑法中豁免出来。[105] 摩尔反对以密尔和范伯格的伤害原则作为其权利的基础，而把这种权利表现为对一种"自我定义的选择"的保护。[106] 这种自我定义的选择由自由权来保护，这种选择包括那些是不道德的而立法上受刑法法令和刑罚制约的行为的选择。因而，摩尔主张了"一种做恶的权利"。

摩尔把他的自由的权利适用于吸毒的犯罪化的问题上。[107] 他举出各种论据说明吸毒的影响是不道德的——它违反了禁欲主义的观念；它产生做恶的危险；它降低了生产力；它阻碍经济繁荣；它能导致自我毁灭。摩尔反对在生产上、人类信念和经济繁荣上附加道德义务。[108] 摩尔的确认为在一些情况下，行为是不道德

---

[101] Ibid. at 662 – 663.
[102] Ibid. at 756.
[103] Ibid. at 663 – 665.
[104] Ibid. at 76 – 78, 747 – 748.
[105] Ibid. at 763 – 777.
[106] Ibid. at 775.
[107] Ibid. at 779 – 795.
[108] Ibid. at 780 – 781, 783 – 787.

的，因为它虽无罪过行为的涉入也可具有伤害他人的危险。但是吸毒通过增加吸毒者将来犯罪的可能性而具有伤害的危险，摩尔反对把吸毒作为可能带来不道德行为的不道德行为的观点。[109]

然而，我们作为道德行为者，摩尔接受一种使我们的行为能力免遭损害的道德义务。[110] 在这点上，摩尔的自由权利难以自圆其说，因为自我毁灭就是一种自我定义的选择。因而尽管从自我毁灭这一点上，吸毒是道义上恶的，对于国家它也是道义恶的而处罚这种恶行。[111]

约瑟夫·拉兹(Joseph Raz)同范伯格一样认为令人厌恶的不道德行为在范氏的伤害意义下没有伤害他人。[112] 与许多自由论主义者相反，他也反对为了尊重自主权而忍受所有无害的选择。[113] 拉兹认为，只有当自主性的选择指向有道德价值的目的时，自主性的选择才有价值。[114] 因此去除道义基础的选择作为一种抉择不会损害自主性的价值。[115]

尽管在以道德基础(无害的)的目的为导向的自主性选择上，拉兹的发现没有多少价值，他还是主张像范伯格的伤害原则一样把一些无害的不道德行为排除于刑罚之外。[116] 拉兹明确界分了刑法禁止的无害的不道德行为与轻微强制措施的使用如税收和补贴，去鼓励道德上善的行为而去抑制道德上恶的行为。拉兹说通过刑法的强制是对"自主性的粗暴的侵犯"。[117] 这是因为"监禁一个人就遏制了他对自主性的所有追求"。[118]

如果没有其他轻微的法律强制手段，拉兹是反对用刑法来强制道德的。但是正如许多拉兹的批评者所指出的，他对自主性价值的抨击的论据显然有利于法律道德主义。然而，在对无害的不道德行为的刑罚中，对自主性的威胁不是来源于刑

---

[109] Ibid. at 782 - 784.
[110] Ibid. at 787 - 788.
[111] Ibid. at 792 - 795.
[112] Joseph Raz, *The Morality of Freedom* (1986), 397.
[113] Ibid. at 380 - 381.
[114] Ibid. at 380, 412.
[115] Ibid. at 380 - 381, 410 - 412.
[116] Ibid. at 418 - 422.
[117] Ibid. at 418.
[118] Ibid.

罚方式，如监禁，而是来源于对不道德选择的实际禁止。监禁仅是刑罚的一种历史性方式。罚金也是如此，然而他们被课税时就给他们留下大量的自主性。同样地，如果对无害的不道德行为适用电击或鞭笞的刑罚，人们会出于对刑罚的恐惧而对不道德的选择感到威慑，但刑罚本身不会阻碍自主性。假设自主性的价值仅通过有价值的选择来被了解的话，拉兹显然否认使无价值的选择无吸引力或无法实现在一定方面能损害自主性的价值。

因而，尽管他主张伤害原则，拉兹为支持法律道德主义和反对范伯格的伤害原则提供了一条强有力的论据。如果存在无害的不道德行为，不管其自主性如何，对它的选择是无价值的，那么拉兹主张它们的犯罪化是缺乏对这么做的过多成本的考虑。

现在让我们转到对严重冒犯行为的犯罪化的支持能否与对法律道德主义的反对相一致的问题上来，如范伯格所认为那样。对此存在很多质疑之处。

因为范伯格和法律道德主义者都主张对具有冒犯性的无害的不道德行为犯罪化——前者基于其冒犯性，后者基于其不道德性——因为多数的(绝大多数?)无害的不道德行为会冒犯那些意识到它的人，操作上留有何余地为范伯格去对抗法律道德主义呢？一个领域是无害的不道德行为没有严重冒犯就足以确保其犯罪化。对这类情形一个法律道德主义者可能会得出与范伯格同样的反犯罪化的结论。这是因为行为人的利益存在被犯罪化妨害的情况，犯罪化可能超出对这些不道德行为的处罚的利益，在这种情况下不道德行为如此轻微以至不会导致严重的冒犯。尽管不清楚法律道德主义者如何权衡惩罚不道德行为的抽象价值与各式各样的大量的犯罪化所妨害的具体利益的轻重，没有理由认为她会忽视或严重轻视后者。

范伯格和法律道德主义者明确分开的领域是发生于私下的冒犯性的不道德行为。这就是范伯格所称的“纯粹知晓的问题”。[119] 假定艾尔弗雷德受到了严重的冒犯，这仅仅作为知晓贝蒂和克莱拉(女)同性恋关系结果后，这种亲密关系发生于他们公寓的封闭房间内。假定艾尔弗雷德不是非正常地被冒犯了，这种同性恋冒

〔119〕 Feinberg, *The Moral Limits of the Criminal Law*, ii: 61 - 71.

犯是广为人知的和严重的。而假定仅仅为了论证的需要，同性恋关系尽管无害但是不道德的。范伯格的冒犯原则对于自由论主义来说，能把同性恋关系在立法上作出刑事禁止规定吗？

范伯格极力否认刑事上的这种规定。他在冒犯性犯罪行为中划了一条明确的界限，区分艾尔弗雷德在公众场合直接的亲眼目睹情况和艾尔弗雷德不是通过直接的目睹而后来知晓的情况之间的不同。在这里恶行的观念在冒犯原则下与在伤害原则下一样发挥了作用。能受到刑罚，行为不仅要具有冒犯性；而且它必须使受害人受到委屈。按范氏所说，这要求受害人的不满是个人性的。艾尔弗雷德不能主张他因贝蒂和克莱拉的不道德行为受到委屈，尽管他自认为自已受到冒犯。

在范氏早先的观点中，他主张一个人能忍受较低级的秩序，非“严重”的冒犯行为，如背叛行为或令人厌恶或不安的景象和气味，当他如能直接目睹他们而不是仅知晓他们时。[120] 当他的确目睹他们因面才被冒犯，他感觉到的不满是个人的感受，使目睹者受到委屈。

一个人遭受的因为违反了道德规范的冒犯——用范氏的术语来说，“严重”的冒犯——不依赖于对违法行为的目睹或知晓。艾尔弗雷德受到的严重冒犯是否因为他亲眼目睹还是仅仅知晓了行为。但在他不是亲眼目睹了行为而是后来知晓了行为，他的不满就不具有个人性因为他不能主张行为使他受到委屈。那么如果行为没有被亲眼目击到，就没有使任何人受到了委屈，它就不能在冒犯原则下受到禁止。

我完全同意范伯格对于严重冒犯行为的分析，除了其得出的结论以外。[121] 这有两匹马范氏可驾驭，但哪一匹也不会带他去他想去的地方。一个是区分亲眼目睹的行为与后来知晓的行为。另一个是区分了因违反道德规范的冒犯行为与因冒犯性而违反道德规范的行为。下面依次分析这两个区分。

范伯格立足于区分亲眼目睹的行为与后来知晓的行为。他想说如果艾尔弗雷德不情愿地被迫去目睹贝蒂和克莱拉在做爱，即使考虑到他的严重冒犯性（他忍受

---

[120] ibid. at 57 – 58.

[121] See Larry Alexander, ‘Harm, Offense, and Morality’, *The Canadian Journal of Law and Jurisprudence*, 7(1994), 199.

的这种冒犯是对道德规范违反的后果)，他有受冒犯原则保护的个人性的不满。如果艾尔弗雷德仅仅后来知晓贝蒂和克莱拉的行为，那么他缺乏个人性的不满。

什么是范伯格区分亲眼目睹和后来知晓的根据呢？存在两种可能性。一种可能性是亲眼目睹和后来知晓的冒犯二者存在质上的不同。另一种可能性是亲眼目睹而不是后来知晓，把冒犯行为个别化，因此使结果性的不满能具有使个别人受到委屈的这种特性。

第一种可能性忽视了我们处理严重冒犯行为的事实，冒犯行为受到道德规范被违反的事实的影响。艾尔弗雷德是否亲眼目睹还是后来知晓贝蒂和克莱拉的行为，这部分的冒犯作为严重冒犯是恒定的。至少范伯格没有论证它不是恒定的。艾尔弗雷德的亲眼目睹对他来说只是知晓贝蒂和克莱拉的严重冒犯行为的一个方式。在这些情况下，只是他对道德规范的违反的知晓才导致了对他的冒犯。

假如阿格尼丝认为婚外的性行为，包括过分的亲昵，是不道德的(无害的)。她了解到芭芭拉和查尔斯没有结婚而发生了关系，她因而受到严重的冒犯。在舞会上，她看到另一对夫妇，比尔和坎迪，过于亲热。她首先认为他们已结婚了，尽管这种行为不太雅观，而她没有受到冒犯。当她被告知他们没有结婚时，她受到严重地冒犯。很明显这两个案中的冒犯行为仅仅是她对于道德规范的违反的知晓的产物。亲眼目睹在第二个案中仅提供给她这种违反的证据。

范伯格区分目睹的和知晓的不道德行为的另一个可能的基础是只有目睹而不是知晓在某种程度上使冒犯行为个性化，因而使得我们确证受到委屈的特定的人。这也有很多问题。考虑以下两个不道德行为的事件，一个被成千上万的人所目睹，一个发生于私下仅为少数人所了解。不存在观念上的界限主张少数人受到了委屈。(“如果你的行为不道德，别人发现了，你就使他们受到了委屈：这是在你行为不道德时产生的危险”)也不存在观念上的界限主张成千上万的人每个人在第一种情况下受到委屈。单纯的数量是无关紧要的，尽管他们与其有关联，他们会既不支持也不反对，单纯的知晓的。

我得出的结论是范伯格在对于亲眼目睹而致的严重冒犯与后来知晓而致的严重冒犯区分没有给出令人信服的原理。

此外，范伯格从道德主义刑事禁规上去强迫从事无害的不道德行为的人只能在暗地里如此行为，这会在一定意义上削弱他自由论下的自由。因为他不重视他们参与的这类肮脏和邪恶行为的利益，如果他们没有试图去交流思想的话，除非他们退出公众领域，他们在冒犯原则下会失去平衡。但为什么我们在前门驱逐法律道德主义，而为了防范严重的冒犯行为在后门却迎进了它呢？这种防范使不道德主义者无家可归，成为不能有自己的消遣和娱乐的二等公民。

在严重冒犯的情况下，如果我们摒弃了范氏对于目睹的和知晓的不道德行为的区分，那么看一下防止冒犯原则滑入法律道德主义的另一个可能的区分：因冒犯性而违反道德信条的行为与因违反道德信条而具冒犯性的行为的分野。尽管范氏最终没有依赖这种区分去反对把私人领域发生的不道德行为犯罪化，但考虑使用这种区分是有用处的。毕竟，联系到对法律道德主义的对抗，这种区分显然比对于目睹的和知晓的行为的界分联系更密切。

范氏认识到了这种区分（因冒犯性而是不道德的行为与因不道德性而具冒犯性的行为），甚至在一定程度上基于此在冒犯原则和法律道德主义之间划出了一条明确的界限。而最后，他赞成禁止冒犯行为，因为它是不道德的，只要它发生在公共场合。

但是假设他反对这样而要求在行为可被冒犯原则禁止前，它的冒犯性独立于它的不道德性。这会得到他想要的结论吗？一定不会。如果我们从冒犯原则的适用中除去因违反道德规范而具冒犯性的行为（而不是因冒犯性而违反道德规范的行为），冒犯原则将掏空了内脏。它可能会适用在所有文明中具有冒犯性的见到的、闻到的和听到的行为——如硫酸的气味或粉笔在黑板上划动的声音。那么范氏希望犯罪化的大多数严重冒犯行为将在冒犯原则下不适合予以禁止。〔122〕

〔122〕 它是个很有趣的问题，可能妨碍我们的研究，美学主义的法规是否会抨击冒犯性的所见、所闻和所听的这条边线或者因规范的违反而冒犯这条边线。对丑恶现象的判决有别于对规范违反的冒犯性行为的判决；但是前者最终也依赖于隐藏在潜意识中的社会规范。在私人谈话中，米奇·伯尔曼（Mitch Berman）建议在规范违反而可能导致的冒犯行为的两种方式间有明确的区别。他写到，“我怀疑范伯格是否成功地划定了界限（大概性地），考虑到了违反规范的行为这种信念是否作用于实践了冒犯行为这种认知过程。因而，例如目睹了公开便溺的这种冒犯可能文明特定的而没有依赖于规范违反这种意识，这与阿格尼丝由通奸行为而致的冒犯不同。看另一种方式，即使可能大多数使我们冒犯的行为藐视了规范，而有一些冒犯我们的行为却没有这样。”E-mail from Mitchell Berman，9 May 2001.

大多数的冒犯我们的行为都蔑视了道德规范。这类行为确实如此，如公开地打嗝。同样可能这类行为如公然的暴食行为和食粪行为，然而，许多文明都不会认为这类行为令人憎恶。那么公开地裸体和通奸也是如此。

范伯格显然在一定程度上认为并非如此。他指出只有公然性而不是私下的裸体或通奸才冒犯了我们。[123] 因而，是对行为的亲眼目睹而不是对规范的违反导致了对我们的冒犯。反对公然裸体和通奸的规范仅仅是他们违反的规范，他们不能解释这些，也不能由导致的冒犯行为来解释。

他对于规范的分析是不正确的。公然的裸体和通奸不是在任何地方和任何时候都具有冒犯性的。当他们违反了关于公共性行为的规范时，他们具有冒犯性，但这种规范不是绝对的。

当然他正确指出私下的裸体和通奸没有违反我们的道德规范而没有冒犯我们。因为也同样正确的是这类行为的公开性导致了我们惩罚公然的裸体和通奸行为。但如果断言仅仅亲眼目睹(无隐含的打算)而不是道德规范的违反是这类情况下使我们冒犯的来源，那么就是错误的。关于公开性的适当行为的道德规范在被违反时就成了冒犯的来源，但事先存在的规范本身不能防止冒犯行为。抛弃这些道德规范也就抛弃了冒犯行为。

联系以下的例子进行思考。比尔和坎迪在二十个热心旁观者面前公然通奸。现场没有人受到了冒犯因为没人主张反对公然的通奸的道德规范。艾尔弗雷德，他不在现场，如果他在场他会受到冒犯——他赞同反对公然的通奸的规范——他听说了比尔和坎迪的事后，他会因为他们所做的事而受到冒犯吗？如果会的话，为什么呢？

我认为艾尔弗雷德可能会受到冒犯(严重意义上来说)即使现场没有人受到冒犯。这种冒犯的来源不必然是他想像中比尔和坎迪在当时的所作所为。艾尔弗雷德受到冒犯只是因为比尔和坎迪违反了他赞同的规范的事实，至少来说，如果我们假定规范不承认例外，在当旁观者没有受到冒犯时。(反对公然通奸的规范可能实际上不承认这种例外：我们可认为公然的通奸是不适当的，即使现场没人注意到。)

[123] Feinberg, *The Moral Limits of the Criminal Law*, iv: 15 - 16.

范伯格必须承认许多冒犯公众的行为也是如此，因为他们先于冒犯之前违反了规范。这种承认以及先前的论证[亲眼目睹与事后知晓的区分和因违反规范而造成的冒犯(严重冒犯)无关]将会造成威胁，这种威胁或者会使冒犯原则几乎完全陷入法律道德主义之中，或者会通过使冒犯原则仅适用一小部分令人憎恶的所见、所闻和所听的行为而挽救冒犯原则。

为了保存更有活力的冒犯原则和避免法律道德主义，范伯格可能会求助于以下论据。他会说可被处罚的多数冒犯行为是涉及了规范的违反作为冒犯行为的来源的。但是所提到的规范，而不是反对法律道德主义所涉及的规范，被理解为关于公开的适当行为的与文明相关的惯例，因而这种规范是关于对在场的他人如何表现为尊重(不尊重)的惯例。每一种文明都需要这种惯例，因为在每一种文明中人们需要知道他们是否受到了不尊重(而因此感觉受到冒犯)。这些规范的内容是多变的，因而其内容是相对不重要的。即，内容的相对不重要同样导致关于走哪条路的规范的内容也相对不重要。

这必然存在符合这种描述的规范。它们的公然违反导致对在场的他人的冒犯(至少他们赞同这种规范)。它们的私下的违反不能导致冒犯，因为它们不能私下地被违反。(它们仅适用他人在场的行为；这些在场的人必须主张这种规范是表现出尊重的适当手段。)

这种论证的策略存在几个问题。首先，它奇怪地使纯粹的惯例性规范优越于普遍适用的规范。前者在冒犯原则下能通过刑法来强制；后者在法律上没有强制性(至少通过刑事制裁)。

其次，范伯格自由论者假定可处罚的冒犯性的行为中，很多行为包括了公然蔑视规范的行为，这类规范被认为是普遍适用的道德规范而不是那种尊重/给予冒犯的惯例性规范。思考一下公开的同性恋的拥抱和接吻行为。所提到的策略显然会排除刑罚的适用，即使它导致的冒犯(通过亲眼目睹)是恶劣的、广泛的，等等，不会超过言论自由和行为人的其他利益所致的后果。因为除非存在一条惯例性的规范认为公然的同性恋的接吻对在场的人是不尊重的——而不是道德规范通常谴责同性恋行为——目击者感受的冒犯具有严重的多样性，或如我所认为，与他们知晓而没有看到而感受到的冒犯无多大差别。

当然,可能存在一条惯例性的元规范认为公然性蔑视道德规范是对在场的人的不尊重,违反这种惯例性的元规范可能合法的适用刑罚,即使没有违反根本的道德规范。但是这种合法性的刑罚路径对于我描述的策略,暴露出另外的我认为具有毁灭性的弱点。这个弱点就是,原则上没有了防止我们拥有规范去监督如何表现出尊重(和冒犯),对于非惯例性道德规范的公开蔑视如何被认为是不尊重的。因而当我们希望把公然的不道德行为犯罪化时,它甚至对我们来说是很不明确的,我们将其犯罪化是因为它是不道德的(法律道德主义)还是因为它因具有冒犯性而违反了我们的规范。此外,原则上没有阻止我们把私下的不道德行为作为对那些了解到它的人的不尊重,至少来说,如果摒弃了对亲眼目睹与仅仅知晓这类的行为的界分。(如果没人知道私下的不道德行为,它不会受到任何处罚,即使在法律道德主义下。)假定私下的不道德行为会导致那些知晓的人受到严重冒犯,我们事实上可认为它对它所冒犯的人是不尊重的。这种情况下,冒犯原则与法律道德主义的界限就荡然无存了。在任何我们考虑的这种论证的策略情形下,私下的不道德行为总是这种关于如何表现出尊重和冒犯的惯例性规范内容的附属。

最后,一旦亲眼目睹/后来知晓的界分崩溃了,范伯格处罚的这些通常不是规范违反的后果的冒犯行为的事实会导致冒犯原则控制的大部分领域被法律道德主义所占领。范伯格不能接受这个结果,但他也无力避免这种结果,除非他在可处罚的冒犯行为的正当来源中摒弃规范的违反。那么,他的选择徘徊于一种变性的自由主义(通过冒犯原则包括了大多数法律道德主义所没有的行为)和一种无活力的冒犯原则(仅涵盖绝对有害的所见、所听和所闻的行为)之间。

### 3.3　不作为

我在刑法的特论中研究的最后一个话题是不作为的刑事责任。尽管通常把它放在刑法概论中,我把不作为放在特论中是因为作为一个规范性的理论,它的特点在于一个人是否或何时有救助的强制性道德义务而实际上没有救助使得他应当受到刑罚。如果一个人有救助义务,对于概论来说,其言外之意就是相当多余了。

让我们先讨论最后一点。如果一个人在刑法下确有救助处于危险中的他人的义务,那么如果他没有施加救助,他具有潜在的刑事责任。一个人是否承担刑事责任取决于许多因素。一个因素就是一个人是否具有犯意,在考虑到受害人是否处于危险之中；他的救助是否是排除危险的必要条件；排除危险所需的努力和冒险的程度；附于受害者危险之上的救助义务的理由（下面讨论）等情况。因此，如果一个人没有认识到以下各种情况的极端可能性，如受害人处于危险之中（他不希望受害人处于这种境地）；他最终会拯救他，而他人会或不能这么做；这种拯救是很安全和容易的；或者实施义务的其他理由存在，那么他对于没有救助是无罪过的因而不应受到刑罚处罚。同样地，如果一个人的确认识到这些因素的存在，但是他不能去作为，因为他恐惧得不知所措，因为如果企图救助就会有死亡的威胁（被迫行为），或者因为这种救助会使许多他人处于危险之中（多害择轻），那么他又一次地对于没有实施救助而无罪过。

反过来说，如果一个人错误地以为救助义务的条件都具备，且没有不去救助的可宽恕事由和正当理由，他就对于试图的一个犯罪的不作为行为具有罪过。如我前面所论证那样，一个人的应受刑罚性在是否他构成犯罪的不作为还是仅仅的未遂形态下，二者是一致的。因此，我认为就像一个人不必担心未遂（或轻率行为）是否"趋近于导致"一种伤害，他也不必担心不作为是如何导致伤害的这一形而上问题。有罪过地不去作为足以导致其应受刑罚性。[124]

这些就是概论如何考虑的不作为。如我所说，不作为在概论中研究无特殊之处。什么使得不作为具有意义是在于它与刑法特论的联系。在什么样的情况下，一个人有救助义务但没有履行义务而应当受到刑罚？

英美刑法对于不作为的考虑反映出了一种以自由主义为重心的规范理论。因为英美刑法通常没有强加一种救助义务，不管受害人面临的危险多么巨大，不管受害人数量多少，也不管排除危险所要求的救助如何容易和安全。[125] 缺乏下列条件之一，一个人可不必拯救十个即将溺水的未成年人，即使他不费任何力而实际上没面临着对安全的危险，即使他充分意识到危险和拯救的必要性、容易性和安全性，也即使他不具有不去拯救的可宽恕事由和正当事由。（这种情况下，一个自由论主

---

〔124〕 很显然，"有意识的行为"的要件适用于不作为是毫无疑问的。如果一个人认识到作为义务的理由存在或可能存在，他无论如何避免有意地去作为，他这种有意识不作为在一定意义上也与有意识作为的要件有关联。

〔125〕 See Dressler, *Understanding Criminal Law*, 86.

义者可能会说，不是说一个人没有救助而不应受到刑罚，而仅仅是他人对于强加的刑罚而受到道义限制的约束。换言之，这可能就是报复刑无法与自由主义的规范理论很好地协调的领域之一。）

英美刑法的确承认了三种类型的救助义务。[126] 第一，行为人导致受害者处于危险之中时，他有救助义务。第二，行为人自愿从事这项职业时，他有救助义务。第三，行为人对于受害者有身份上的责任时，他有救助义务，如受害者是他的孩子或配偶。我将依次说明。

当危险的起因是有形的时候，起因对于救助义务毫无疑问是其相对存在的理由。因而，当A把B推进池塘里时，A就有救助B的义务（当然假定不存在可宽恕事由和正当事由，救助也很容易和安全）。在这唯一的争议是A有形地造成B的危险是否本身是有罪过的，或者反过来说，如果A无罪过地把B推进池塘中，A是否有救助义务。[127]（权威性观点偏重于在缺乏罪过心理时也有救助义务。）

问题更多在于有些情况下，A造成B的危险是通过非有形的形式导致的情况。这些情况通常是B自己处于危险之中而信赖A有救助他的意愿——而A也意识到了这点——或B处于危险中，其他人不去救助因为他们依赖A去救助（而A也意识到了这点）。通过信赖的诱因（多种方式）所致的危险在规范理论中是个令人底气不足的话题，值得在本文之外做更多的关注。

自愿从事的救助是毫无疑问的。在这里，真正的问题是自愿从事的救助是否本身导致了刑法在义务上强制，或者当被害者或其他人依赖于自愿从事的救助而使受害者处于危险中时，这些人是否有救助的义务。换言之，问题在于自愿从事的救助是否是救助义务的一个独立的理由或者它们是否仅仅包含于危险起因的理由中。

身份责任在严格的自由主义规范理论中也很难解释清楚。因而，除了缺乏一般的救助义务外，不奇怪的是身份很难予以界定，尤其如果这些身份责任不能化约为自愿从事的救助或由信赖而处于危险时。当我们把这种配偶和父母的身份转换

---

〔126〕 See generally Larry Alexander, 'Criminal Liability for Omissions: An Inventory of Issues' (forthcoming in British anthology, 2001).

〔127〕 这也存在一种如何使行为人的行为的因果链条偏离或远离受害者的危险的观点。

为一些冒风险的新身份如精子提供者，借腹生子的母亲，等等，对于这种例外情形，进行令人满意的理论解释的需要将变得非常明显。

最后是关于不作为的刑事责任问题。即使法律强加了一种救助的义务，这种义务也仅限于容易的和安全的情形。换言之，即使当一个人导致受害人处于危险之中或从事了一种救助的义务，他不必花大力气或花费大量资源或面临伤害或者死亡的风险，即使在对于受害人不理会其可能性的危险大于对于救助者不理会其可能性的危险/牺牲的情形下。

这既是理论问题也是实践问题。理论问题是缺乏整个的损失最小化时如何考虑对于救助义务的任何限制。[128] 这个问题实际上与那些自由的道义论主义者所面临的是同一个问题，如果受害者的数量或他们面临的危险达到了“道德崩溃”的临界点，他们就会强加一种救助的义务，但没有达到，他们是不会强加的——这是“道义论的起点”特定化的问题。[129]

实际的问题是如果没有理论界定什么是一种“容易”的救助，被告人对刑法下的他们义务的程度就缺乏明确的注意。考虑到核心的刑事义务如防止杀人、伤害、强奸和盗窃的义务，尽管我已经贬低了这种注意的重要性，但这种救助义务的范围是与众不同的。因为如果法庭决定对于被告人救助溺水中的受害人的义务限制是，即，有一种10％的被告人溺水的机率，我们能说一个被告人以为这种限制是9％而对其认识错误存在罪过吗？尤其是如果法庭不能对其决定给出理论上的正当理由时。

---

〔128〕 See generally Larry Alexander, ‘Affirmative Duties and the Limits of Self-Sacrifice’, *Law and Philosophy*, 15(1996),65.

〔129〕 See generally Larry Alexander, ‘Deontology at the Threshold’, *San Diego Law Review*, 37 (2000), 893.

# 第21章　国际法的哲学

Allen Buchanan David Golove 著　王彦志* 译

## 一、奇怪的疏忽

当代的政治哲学家往往忽视国际关系。当代的法哲学家则通常甚少谈论国际法哲学。罗尔斯的著作主导政治哲学长达四分之一世纪以上，但是，直到最近他才将其理论延伸到国际领域，而且还只是以一种相当粗略的方式。[1] 主要的当代法哲学家从事他们的著述，在很大程度上，仿佛根本不存在有待予以理论化的国际法律体系。[2]

对于这种普遍的疏忽，存在着一些值得注意的和相当晚近的例外。在当代政治哲学中，存在着对于国际分配正义的重要讨论，但是，就其绝大部分而言，其所提供的原则充其量仅仅是与制度包括国际法制度有着薄弱的联系。[3] 然而，如何将

* 吉林大学法学院副教授，经济学博士，主要从事国际法、国际经济法、国际商法与国际私法的实证法学、社会科学与人文哲学研究。

〔1〕John Rawls, *Law of Peoples* (Cambridge, Mass.: Harvard University Press, 1999). 这部著作不是而且也并不声称是一部全整的国际法哲学。

〔2〕在《法律的概念》中，哈特包括了一章国际法的内容，但是，仅仅处理了分析性的问题，即"所谓的国际法真是法律吗?"而没有发展甚至没有提及国际法的道德理论的问题。哈特也没有提供一种国内法的规范理论；他仅仅是处理了分析性的问题。参见 H. L. A. Hart, *The Concept of Law* (Oxford: Clarenon Press, 1961)。罗纳德·德沃金或者约瑟夫·拉兹也没有将他们的理论扩展至国际法。

〔3〕Onora O'Neill, 'Justice, Gender, and International Boundaries'，载于 The Quality of Life, ed. Martha Nussbaum and Amartya Sen (New York: Oxford University Press, 1993)以及 Charles Beitz, 'International Liberalism and Distributive Justice: A Survey of Recent Thought'，载于 World Politics, 51(1999), 260-298。

其所建议的原则予以制度化,这是重要的;那些原则对于做出一次性决定而言看起来是可行的,但是,作为制度规则却可能是不合适的。

即使当制度在实现国际分配正义中的重要性得到承认时,也几乎没有谈到国际法应该起到什么样的独特作用(如果有的话)。[4] 相反,在实证的自由主义国际关系理论中,已经涌现出了大量有价值的著作,包括对于国际法在整体国际体系中的地位的重要探索。[5] 但是,在实证的与规范的理论化之间几乎没有什么明确的关联。非常可以理解的是,实证的自由主义国际关系与国际法理论家致力于发展一种挑战主导性国际关系现实主义范式的解释框架,而且,作为社会科学家,他们不能因为回避发展规范理论而受到指责。更成问题的是,就其绝大部分而言,政治哲学家中少数试图将其规范观点延伸到国际领域的人,一直没有明确实证理论在其研究中的地位。[6] 我们在后文将论证,一旦国际关系现实主义理论——至少是其更加极端的形式——的弱点被认识到,致力于国际关系道德理论研究的道路也

---

〔4〕参见 Darrel Moellendorf, 'Constructing the Law of People', Pacific Philosophical Quarterly, 772 (1996), 132 - 154; Liam B. Murphy, 'Institutions and the Demands of Justice', Philosophy and Public Affairs, 274 (1998), 251 - 291; Thomas Pogge, Realizing Rawls (Ithaca, NY: Cornell University Press, 1989); 'An Egalitarian Law of Peoples', Philosophy and Public Affairs, 23 (1994), 195 - 224; Henry Shue, Basic Rights: Subsistence, Affluence, and U. S. Foreign Policy, 2nd edn. (Princeton: Princeton University Press, 1996); Charles Beitz, Political Theory and International Relations, (Princeton: Princeton University Press, 1979); and Review Essay of Law of Peoples, by John Rawls, Ethics, 110(2000), 669 - 698。

〔5〕参见 Thomas Risse, Stenphen C. Ropp, and Kathryn Sikkink (eds.), The Power of Human Rights: International Norms and Domestic Change (New York: Cambridge University Press, 1999); Andrew Moravcsik, 'Taking Preferences Seriously: A Liberal Theory of International Relations', International Organization, 51 (1997), 513 - 554; Anne Marie Slaughter, 'International Law in a World of Liberal States', European Journal of International Law, 6 (1995), 503 - 38; 'International Law and International Relations Theory: A Dual Agenda', American Journal of International Law, 87(1993), 205 - 239; 'The Liberal Agenda for Peace: International Relations Theory and the Future of the United Nations', Transnational Law and Contemporary Problems, 4(1995), 377 - 420。下文予以详细讨论的实证的自由主义国际关系理论认为,国家具有单纯权力最大化之外的偏好;国家偏好被国内选民所型塑,在一些情形下,这些国内选民本身与国际的和跨国的群体与行为体具有联系;国家偏好随该国家所嵌入其中的社会种类的不同而有所不同;在国际关系中,存在着真正合作性交往的重要的、稳定的范型。

〔6〕在这点上,查尔斯·贝茨是一个例外。参见 Beitz, Political Theory and International Relations, 11 -66. 也参见 Allen Buchanan, 'Recognitional Legitimacy and the State System', Philosophy and Public Affairs, 28(1999), 46 - 78. 另外一类将规范与实证考虑更加紧密地联系起来的文献是那些关于民主和平假设(即,认为民主国家往往并不彼此发动战争)的文献。参见 Michael Doyle, 'Kant, Liberal Legacies, and Foreign Affairs, Part 1 and 2', Philosophy & Public Affairs, 12 (1983), 205 - 235, 323 - 353。

就清晰了。

也有大量丰富的和迅速增长的规范理论文献论及自决、分离和群体权利，正如我们将表明的，这些主题是国际法哲学的核心。[7] 然而，除了少数的例外，这些领域的著作并没有从它们所宣示的道德原则中引出任何制度意涵，或者当它们有所制度意涵时，也只是集中在国内制度上。甚至那些表明其关于分离和自决问题的观点可以纳入国际法理论的少数理论家，也往往假定，他们用以支持其所青睐的原则的道德推理并不必考虑这样的事实，即，这些原则将被通过国际法律制度予以实施。最突出的是，关于自决和分离的观点，通常并没有涉及现存的国际法律学说和实践，也没有考虑到其所提供的道德原则如何可能纳入国际法律体系。

国际法哲学的这种相对不够发达的状态至少可以归于三个因素。首先，它仅仅是当代道德和政治哲学更加普遍存在的失败的一个例子：忽视了制度性的道德理论化。太过经常的假定是，试图将那些原则制度化的努力，甚或在现有制度约束下按照这些原则而有效行事的努力，都与证成这些原则的任务完全无关。如此进行研究的结果就是，其所支持的原则并不适合制度化，因为这些原则与既有制度安排是不一致的，而这些制度安排的放弃即使可行，但在道德上也是不被允许的，或者因为这些原则的制度化将产生损害其他重要道德原则的激励。

其次，直到最近，国际关系的现实主义理论一直是主导性的，而且，根据现实主

---

〔7〕参见 Harry Beran, The Consent Theory of Obligation (New York: Croom Helm, 1987); 'A Liberal Theory of Secession', Political Studies, 32(1984), 21-31; Lea Brilmayer, 'Secession and Self-Determination: A Territorial Interpretation', Yale Journal of International Law, 16(1991), 177-202; Allen Buchanan, Secession: The Morality of Political Divorce from Fort Sumter to Lithuania and Quebec (Boulder, Colo.: Westview Press, 1991); 'Theories of Secession, and the Morality of Inclusion', Arizona Law Reivew, 37(1995), 53-63; Jocelyne Couture, Kai Nielsen, and Michel Seymour (eds.), Rethinking Nationalism (Calgary: University of Calgary Press, 1998); Hurst Hannum, Autonomy, Sovereignty, and Self-Determination: TheAccommoation of Conflicting Rights (Philadelphia: University of Pennsylvania Press, 1996); 'Rethinking Self-Determination', Virginia Journal of International Law, 34(1993), 1-69; Chandran Kukathas, 'Are There Any Cultural Rights?', Political Theory, 20(1992), 105-140; William Kymlicka (ed.), The Rights of Morality Cultures (New York: Oxford University Press, 1995); Robert McKim and Jefferson McMahan (eds.), The Morality of Nationalism (New York: Oxford University Press, 1997); Margaret Moore (ed.), National Self-Determination and Secession (New York: Oxford University Press, 1998); 以及 Wayne Norman, 'The Ethics of Secession as the Regulation of Secessionist Politics', 载于 Self-Determinatin and Secession, ed. Margaret Moore (New York: Oxford University Press, 1998)。

义理论，对于国际关系以及由此对于国际法的道德理论化是无用的。尽管，近些年来，现实主义一直受到有力的挑战，它的关键前提逐一受到批评，而且，它又受到实证的自由主义理论的更加系统的挑战，但是，它对于规范研究的悲观影响却可以延续下来，尤其是在那些不熟悉现实主义观点的严重弱点的政治哲学家和法哲学家那里。〔8〕第三，许多人对于国际法持有一种相当轻蔑的看法，认为它充其量只是我们一般认为的法律体系的一个微弱影像。于是，一位评论家声称，“国际法之于法，就象职业摔跤之于摔跤”，言外之意就是说国际法在很大程度上就是炫耀性的和姿态性的，而且，其结局多多少少是由支配性的国家所编排好了的。〔9〕这种观点的最极端形式——法律虚无主义——干脆否定所谓的国际法是法律。

随着我们继续勾勒国际法哲学的一些核心问题，制度性道德推理的重要性在本章将在多处得到强调。但是，鉴于我们相信，在当代道德理论化中，未能认真对待制度是普遍存在的，而不是国际法哲学所独有的（或者相对缺乏的），所以，我们将主要探讨现实主义的挑战和法律虚无主义的否定，即，认为不存在国际法哲学的研究对象。

我们的讨论的一个重要限度必须予以强调。本章处理国际法的规范维度（即国际法律学说和制度的道德理论），而非哈特所谓的分析维度（即什么使得一个规范成为国际法的一部分，什么是国际法？），也非国际法的认识论维度（即什么是认知国际法的法律事实的方式？）在回应了现实主义和法律虚无主义对于国际法规范哲学研究的挑战之后，我们（1）发展一种关于国际法规范理论化与当前国家中心主义国际体系的现实之间关系的概念；并且（2）阐述国际法规范理论所必须处理的大部分主要问题，指出理论家所面临的关键选择，进而提出一个未来研究的议程。只是由于篇幅所限，国际法道德理论领域的一个重要问题在此将不被明确处理，即正义战争理论。传统上，正义战争理论包括两个部分：对于诉诸战争的正当理据的说

---

〔8〕关于明确批评现实主义的实证自由理论的一些最主要的著作，参见如下作品：Moravcsik，'Taking Preferences Seriously'；Slaughter，'International Law in a World of Lberal States'；'International Law and International Relations Theory'；'The Liberal Agenda for Peace'。

〔9〕Gerhard Von Glahn，Law among Nations：An Introduction to Public International Law（New York：Mcamillan，1986），2；Von Glahn 将这个对于国际法的描述归于 Stephen Budiansky，U. S. News & World Report，20，Sept. 1993，8。

明，和一套可以如何进行战争的约束条件。尽管我们将不会明确论述任何这两方面的问题，但是，我们对于人权、人道主义干涉以及政府合法性的条件所不得不做出的解说，将会对这些问题具有直接的和相当明显的意义。[10]

## 二、现实主义的挑战和与之竞争的自由范式

根据现实主义，国际关系的性质排除了在这个领域的道德因素。而且，因为道德在国际领域不起作用，所以，国际法的道德理论纯属徒劳无用。[11] 现实主义理论有几种不同的变种，而且，在一些情形下，并不清楚所谓道德在国际关系中不起作用的说法确切所指究竟为何。这可能意味着(1)道德上的"应为"(oughts)并不适用于国际关系，亦即，关于任何人应该(在道德上)做什么，并不存在真实的或者正当的论断；或者(2)在国际关系中事实上没有人按道德行事(将来也不会如此行事)，或者(3)道德的行为在国际关系中根本是非理性的，因此也是不常见的(即假定国际关系领域的当事人并不经常以完全非理性的方式行事)。就这些解释的任何一项而言，现实主义都没有给国际法的道德理论留下任何余地。如果第一项解释是正确的，那么，就不可能存在真正的或正当的国际法道德理论；如果第二项解释是正确的，那么，国际法道德理论在实践上将是无关的，因为，没有人将会努力实施它；而且，如果第三项解释是正确的，那么，国际关系道德理论将只对完全非理性的行动者(他们被假定为将构成国际行为体中的少数)有关。

这些论辩中的最后一项为如今绝大多数现实主义者所共同主张。典型地，现实主义者将国际关系描述为一种霍布斯式的自然状态，并具有如下特征：(1)不存在全球主权者，没有能够执行和平共处规则的最高公断人。(2)存在(大致的)权力平等，因此，没有一个国家能够长久支配所有其他国家。(3)国家的根本偏好是生存。(4)鉴于条件(1)和(2)，每个国家的理性行为就是不择手段支配其他国家，以

---

〔10〕 Michael Walzer, Just and Unjust Wars (New York: Basic Books, 1977).

〔11〕 George F. Kennan, American Diplomacy, 1900 - 1951 (Chicago: University of Chicago Press, 1951); Thucydides, History of the Peloponnesian War, trans. John H. Finley, Jr. (New York: Modern Library, 1951; 1st pub. c. 400 BC); Kenneth Waltz, Man, the State, and War: A theoretical Analysis (New York: Columbia Press, 1959); 以及 Theory of International Politics (Reading: Mass.: Addison-Wesley Pub. Co., 1979).

免被其他国家所支配(根据霍布斯所谓的"预期原则")。(5)在每个当事方都理性地预期对于其他国家来说支配(不节制它们如此行事的手段)乃是一种理性行为的情形下,道德原则就是不可适用的。[12]

在其纯粹的实证形式上,现实主义就是一种对于国际关系性质的描述性——解释性的说明。然而,如同我们已经注意到的,从他们的描述性——解释性理论,现实主义者典型地得出了一项元伦理意涵,即宽泛地讲,道德不适用于国际关系。然而,即使是在否认道德原则一般性地适用于国际关系领域的同时,大部分赞成现实主义描述性——解释性说明的人确实从中得出了一项重要的道德意涵,即如下这项原则:各国领导人应该为了他们国家的利益而行事,而不必考虑道德约束。因此,在实证现实主义(它将国际关系描述为一种霍布斯式的战争状态)与可以称之为受托现实主义(Fiduciary Realism)的之间做出区分是有用的。根据后者,考虑到国际关系的(霍布斯主义)的性质,负责任的国家官员应该仅仅如此这般行事以便最大化他们国家的生存前景,而不必考虑任何道德约束。[13] 受托现实主义者并不是道德虚无主义者或怀疑主义者:他们相信国家领导人对于他们自己的人民确实具有道德义务,但是,他们相信履行这些义务则要求拒绝在对其他国家的行为上施加任何道德约束。为了根据一项至高无上的道德义务(即服务于他们国家的利益)行事,受托现实主义无视所有其他的道德原则。[14]

受托现实主义应该区别于所谓的法律虚无主义。法律虚无主义声称,没有国际法规范理论的研究对象,因为根本就没有国际法这回事。在支持其没有国际法的论断时,法律虚无主义者指出,所谓的国际法律体系缺乏(1)一种对其规则的执

---

〔12〕参见 Charles Beitz, 'Justice and International Relations', Philosophy & Public Affairs, 4(1975), 360 - 389 以及 Lea Brilmayer, *American Hegemony: Political Morality in a One-Superpower World* (New Haven: Yale University Press, 1994)。

〔13〕参见 Edward H. Carr, The Twenty Year's Crisis, 1919 - 1939: An Introduction to the Study of International Relations (New York: Harper & Row, 1964); George F. Kennan, American Diplomacy, 1900 - 1951 (Chicago: University of Chicago Press, 1951);以及 Hans J. Morgenthay, Politics *Among Nations: The Struggle for Power and Peace, 6th edn., rev. by Kenneth W. Thompson* (New York: Knopf, 1985。)

〔14〕汉斯·摩根索持有一种有趣的受托现实主义观点的变种:他声称,即使有原则上适用于国际关系的道德原则,国家领导人最好也是排他性的考虑他们自己国家的利益,因为试图创造人类福祉(good)的结果一般是导致巨大的人类苦难。参见 Morgenthau, Politics Among Nations。

行机制；(2)一种国际立法机构；(3)具有强制管辖权的法院；(4)哈特所谓的承认规则，即界定在这个体系中何者为法律的定义性标准。[15] 此外，一些否认存在国际法的人的否认理由是，恰恰是国家主权这个概念是与约束国家的法律的观念是不一致的，因为，作为一个主权者就是法律的最终制定者，因此，就不受制于任何更高的法律。构成大部分法律虚无主义版本的基础的是这样一种主张，即，所谓的国际法不是法律，因为它缺乏有效性，而有效性则是一种规范体系成为法律所必须具备的条件。

尽管现实主义和法律虚无主义的观点很流行，也很牢固，但是，它们并没有对国际法道德理论的研究构成难以克服的障碍。实证现实主义是由一套对于国际领域的可疑的经验概括(generalization)所构成的，而受托现实主义则在假定这些经验概括为真的前提下得出结论：鉴于这种现状，负责任的国家官员在追逐自己国家利益的时候将忽视道德约束。对于一个法律体系存在的必要条件，法律虚无主义预设了一个站不住脚的、简单化的概念，它夸大了国内法与国际法之间的差别，而且极端地曲解了国家主权的概念。

首先考察一下构成现实主义之核心的总体性的经验概括。大部分过去二十年来最有趣的国际关系著作都暗示，国际关系事实上并不是一种每个人反对一切人的霍布斯式的战争。根据许多近期的研究，存在着稳定的和平合作范型，而且，存在着超国家的机制，一些是双边的，一些是区域的，一些在范围上则真正是全球性的，包括防御性军事联盟、金融机制、贸易协定、科学合作结构、环境协议，以及对于人权、经济发展和灾害救援的国际支持。此外，如同对于个人一样，做出和平合作的可靠承诺的能力对于国家来说是有价值的资产，而且，建立信任的技术也是多种多样的和无所不在的。[16] 在国家交往的许多情境下(例如，不妨考虑一下英国和美国在至少过去一百二十年间的关系，或者大部分西欧国家在过去五十年间的关系)，生存不是一个问题，更不是唯一的问题。在权力以及由此而在脆弱性上，各个国家也并非(即使是)概略的平等。大国能够担当得起甘冒努力建设合作的风险。

---

〔15〕参见 Hart，The Concept of Law。

〔16〕Robert H. Franck，Passions Within Reason：The Strategic Role of the Emotions (New York：Norton，1988).

当合作行事的时候，它们也面临着更少的风险，因为，对其他国家来说，背弃信任的成本可能非常高昂。

或许最重要的是，与现实主义者相反，自由国际主义理论家已经论证了，不同国家的国家偏好既不是固定不变的，也不是整齐划一的。实证的国际关系自由理论提供了大量的证据表明，作为国家内部不同群体活动(特别是当这些群体与跨国的和国际的政府性的和非政府的实体交往时)的函数，国家偏好(更确切的说是国家领导人在官方政策中表达的偏好)随着该国内部特征而不同，并且随着时间而变化。〔17〕 最后，根据自由主义理论的一个重要分支，民主化有望扩展和平的、合作的交往范围，与此同时，又更加充分的实施人权原则，因为发达的民主国并不彼此发动战争，也因为民主提供了基本人权得到尊重的最可靠的保障。〔18〕 总之，实证现实主义已经受到了有力的挑战，因为它否认国际合作的存在，也因为它没有充分的证据但却认定合作的程度没有而且将决不会为伦理行为并且由此为国际法的道德理论提供余地。既然现实主义理论已经受到了严肃的挑战，那么，作为更加广阔的国际关系道德理论的一个组成部分，发展一种国际法的道德理论的研究，看起来是可行的。最低限度来讲，道德理论家不必再觉得为了推进道德理论化的研究而需要被迫进行系统的努力来反驳实证现实主义的前提预设。

**道德最小主义。**有一种相关的观点，尽管它不否认国际法规范理论的可能性，但却暗示任何这样的理论在范围上都必须是极为有限的。根据可以称为道德最小主义的学说，国际法的一个本质的和独特的特征就是，它是一个为了一些并不分享共同目的的实体之间的交往而提供的规则体系。〔19〕 这意味着，共享目的的缺乏严重地限制了国际法的规范内容并且由此也限制了国际法道德理论的范围。然而，

---

〔17〕 Moravcsik, 'Taking Preferences Seriously'; Slaughter, 'International Law in a World of Lberal States'; 'International Law and International Relations Theory'; 'The Liberal Agenda for Peace'; and Risse et al. , The Power of Human Rights.

〔18〕 参见 Doyle, 'Kant, Liberal Legacies, and Foreign Affairs'; Bruce M. Russett, Grasping the Democratic Peace: Principles for a Post-Cold War World (Princeton: Princeton University Press, 1993); 以及 Amartya Sen, Poverty and Famines: An Essay on Entitlement and Deprivation (New York: Oxford University Press, 1981)。

〔19〕 Terry Nardin, Law, Morality, and the Relations of States (Princeton: Princeton University Press, 1980).

这种观点却存在着一些困境。首先,至少在其某些版本中,这种主张的基本前提看起来是,道德诉求只能在规则适用于其间的那些实体之间的共识基础之上得到证成。尽管我们在此不能处理这个问题,但是,这个元伦理的前提本身却是极其有争议的。

其次,即使我们接受这种元伦理前提,至少构成国际共同体的大部分社会确实分享着一些共同目的:和平以及一种稳定的、可预测的交往框架的创造与维系。也许可以说,任何提出看似合理的合法性主张的国家也必须分享实现国内正义的目的,而且,也有一些证据表明,关于正义的某些实体内容的共识正在扩展之中,例如,通过决议和条约赋予大部分基本人权以越来越具体的内容。这样,道德最小主义者就必须否认这种不断扩展的共识的范围,而且也必须否认这样的可能性,即,国际共同体在将来会享有更加浓厚的共同目的。最起码,道德最小主义者必须具体指出哪些是共享的目的而哪些不是共享的目的,这样,我们才能够评估共享目的的缺乏对于国际法道德理论化的研究施加了多么强的限制。

这最后一个问题是特别尖锐的,因为道德最小主义者声称,将国际法与国内法区别开来的就是,后者是由那些具有共享目的的人所构成,而前者则不然。然而,通常所说的自由国内社会,除了那些安全和正义的目的之外,其公共秩序并不建立在共享目的之上。因此,为了论证几乎不存在国际法道德理论化的余地,道德最小主义者就必须或者放弃她所试图做出的国际法性质与国内法性质之间的广阔区分,或者明确指出为什么共享的实体目的的缺乏就排除了国际法的而非国内自由法律制度的有意义的规范理论化。

罗尔斯的理论,正如在《政治自由主义》和《万民法》中所发展的,可以被看作是对于这后一个问题提供了答案:尽管自由社会的成员并不共享实体的目的,但是,他们确实共享一种核心的正义概念,即,作为一种自由的和平等的人们之间合作的公平体制的社会的观念,而国际秩序则包含了并不共享这种概念的诸多社会。[20]这种为诸自由社会所共享的核心正义概念为一个道德上更有力的法律体系提供了基础;它的缺乏则意味着国际法的道德内容,至少就其涉及人权的内容而言,必须

〔20〕 Rawls, Law of Peoples 以及 Political Liberalism (New York: Columbia University Press, 1993).

是最低限度的。注意，这里最后一句中的“必须”是含义模糊的：它可能意味着，如果没有一个全球共享的核心正义概念，一种道德上有力的国际法体系就不可能是有效的，或者，它也可能意味着，这种国际法体系在道德上就不可能是正当。前者是关于可行性的声称，而后者则是，至少对罗尔斯来说是，关于合法性的声称，亦即，声称在什么条件下实施这些原则在道德上是正当的。在罗尔斯看来，强迫其他国家遵守那些它们能够——从它们自己的（合理的）正义或者善的概念角度——合理拒绝的原则，这在道德上是不正当的。对于罗尔斯式的道德最小主义者而言，诸非自由社会人民并不分享作为一种自由与平等的人们之间合作的公平体制的基本社会概念，这样的事实意味着，他们能够合理拒绝那种能够包含在自由法律体制之内的实体原则。相似地，诸非自由社会的法律体制能够正当地包含一些实体道德原则，而将这些实体道德原则施加于自由社会就不具有合法性，而且，鉴于其共享的正义概念或其共享的实体目的，诸自由社会能够合理地拒绝这些道德原则。因此，一种全球共享的正义概念的缺乏意味着，将会约束所有社会（无论是自由社会还是非自由社会）的国际法的内容必须是最低限度的。

认为没有核心正义概念能够为一种道德上有力的国际法理论提供基础，这是一种关于国家之间道德分歧程度的经验性论断。然而，可以认为，存在着一种正在扩展的全球人权文化，它反映了对于一种基于承认所有人的平等和自由的正义概念的不断增长的共识。（例如，《世界人权宣言》第 1 条宣示：“人人生而自由，在尊严和权利上一律平等”。）[21]根据这种观点，主要人权公约所表达的平等和自由的概念可以为一种具有大量实质内容的国际法道德理论提供基础。

最后，道德最小主义者本末倒置。一种关于实体目的的共识在国际共同体中是否可能，这部分地取决于国际法如何演进以及国际法道德理论是否能够以一种可以获得广泛支持的方式予以表述。国际社会目前也许真的缺乏制度性资源来产生类似许多（尽管并非所有）国内社会那种程度的对于共同实体目的的共识。但是，不能排除这种情况是可以改变的这种可能性。

---

〔21〕 Burns H. Weston, Richard A. Falk, and Anthony A. D'Amato (eds), Basic Documents In International Law and World Order (St Paul, Minn.: West Publishing Co., 1980), 161.

实际上，国际法律体系已经包含了有助于就人权规范形成广泛共识的原则、实践和制度。例如，据以监督人权遵守情况的各种多边过程，包括对侵犯人权之申诉进行回应的国际人权委员会的功能，并没有让我们对于人权规范内容的理解停滞不前。相反，这些过程有助于就各种人权的内容形成更加确定的共享信念。

当然，不能认为国际法既有资源足以达成一种关于人权国际法律规范的道德上可以捍卫的、确定性的内容，也不能认为它足以产生一种规在整体上足够一致而且足够有力以至于可以解决所有问题的规范体系。通过表述基本原则，并且通过为发展新的制度资源提供理据，道德理论化可以做出自己独特的贡献。最终，用以确定国际法道德理论的范围的最好方式就是，致力于这样一种过程，即，建构一种理论并且看看这种理论是否为完善国际法律体系提供了实践指导。

**法律虚无主义。**有两种理解法律虚无主义的方式。一种是作为一种分析性的论断，即，如果一种规则体系要想构成一种法律体系，那么，它必须具备一定的特征，同时断言，我们所谓的国际法并不满足那些条件。一种是声称，一种规则体系不是一种法律体系，除非它的规则有效地约束了或者决定了这些规范所指向的那些人的行为，同时主张，国际法并不是实际有效的。这两种对于法律虚无主义的理解都提出了关于法律的性质的根本问题，在此，不能彻底分析这些问题。相反，我们只是就其试图对于国际法规范理论的可能性或一致性提出挑战的范围内，简要地处理一下它的分析性论断。

作为关于法律的性质的一种分析性论断，法律虚无主义与我们讨论的问题是无关的。虚无主义者指出，国际法体系缺乏一个公认的机构合法垄断暴力使用以实施该体系的规范，它缺乏有权制定新规范的立法机构，它也缺乏具有强制管辖权解决争端的法院系统。虚无主义者也可能断言，国际法缺乏 H. L. A. 哈特所谓的承认规则。但是，这些国内法体系的特征是否是法律的概念的一个必要组成部分，而且，虚无主义者是否正确地理解了国际法律体系的特征，这在很大程度上与国际关系的规范维度是无关的。因为，即使我们所谓的国际法就算真的不是严格意义上的法律体系，它也肯定与所谓的无可争辩的法律体系具有很强的亲和力。此外，因为这个国际法律体系在其领域范围内主张它的至上性，而且它还包括了制裁条款甚至还有武力使用条款以强行使其规范得到遵守，所以，如同虚无主义者认定的适当意义上的法律体系一样，它适合作为一个道德理论化的主题。

法律虚无主义者集中关注国际法律体系的实际有效性，这就更成问题了。虚无主义者指出的国际体系的特征很可能是一些限制国际法有效指引国家和其他行为体行为的缺陷。但是，基于我们在讨论现实主义时所解释的理由，尽管存在这些缺陷，现存国际制度事实上已被证明是在许多领域有效支持了和平的、规则导向的合作。即使是在国际法经常被违反的具有难度的人权领域，人权规范也依然对压制性政府具有重要影响。例如，正是由于人权公约被绝大多数国家所签署这个事实，对那些压制性国家施加了压力，使之在事实上违反了人权公约的情形下不得不试图否认它们正在践踏人权，为压制性国家内部和外部的各种力量配备和提供了对这些国家施加压力的强有力的机制，并且影响了国际领域规范话语的性质。更为重要的是，存在许多其遵守情况相当不错的国际法领域，例如，在贸易协定、海洋法、外交豁免、外层空间和南极条约、国际邮政和电信规章以及其他许多领域中的情形。此外，没有理由排除这些制度的能力将会随着时间而成长的可能性，实际上，它们有可能呈现出或多或少的那些因其缺乏而令虚无主义者困扰的特征。在拒绝这种可能性方面，虚无主义者表明，他的观点在很大程度上是依赖于现实主义的。因为国际关系是一种受到大规模保证问题(a massive assurance problem)所困扰的霍布斯式的自然状态，虚无主义者可能声称，各国将决不会允许一种具有将真正约束它们的特征(包括一个执行机制，具有强制管辖权的法院，等等)的体系出现。然而，如果如同我们所论证的那样，现实主义不再能够被认为是理所当然，那么，法律虚无主义者就更加没有说服力了。就像现实主义的挑战那样，它并没有对国际法规范理论施加难以克服的障碍。

一些法律虚无主义者提出了另外一种概念主张。他们认为，不可能存在国际法，因为国家主权否定了其被任何法律所约束。但是，正如哈特所令人信服地论证的，这种主张没有理解到构成主权的那些权力、权利和豁免其实正是由国际法所界定的。主权国家的概念是一种关系性的、制度性的概念，成为主权者，就意味着成为由那些被国际法所界定并且受制于国际法的实体所组成的体系的一个成员。[22]

---

〔22〕Hart, The Concept of Law.

国际法所界定的主权权力已经发生了变化并且在将来肯定还会变化。例如，至少自从 1945 年以来，国际法的一个独特特征就是，主权国家不再有权侵犯其本国公民的人权或者从事侵略战争。[23]

我们这里的目的并不是对于各种法律虚无主义关于法律是什么的分析性论断提供结论性的否定。因为，正如我们所论证的，严肃地致力于分析性的论辩，就意味着向法律虚无主义者做出了太多的让步。即使我们所谓的国际法律体系真的不是严格意义上的法律体系，它也肯定与所谓的无可争辩的法律体系具有更强的亲和力。此外，因为这个国际法律体系在其领域范围内主张它的至上性，而且它还包括了使用武力制裁条款的条款以强行使其规范得到遵守，所以，如同虚无主义者认定的适当意义上的法律体系一样，它适合作为一个道德理论化的主题。

**国家体系的道德合法性。**对于国际法道德理论化研究的最后一个挑战值得认真对待。国际法主要由国家间交往规则所组成。由此，国际法的规范理论必须预设各个国家的存在。但是，国家在制度上却被定义为在国家体系内。在这种程度上，国际法的规范理论化看起来可能预设了国家体系的合法性并且由此预设了国家的支配性。然而，通过预设国家的合法性和支配性，国际法的规范理论化帮助合法化了国家体系，并且由此永固化了国家犯下重大道德罪恶的能力，进而阻碍了道德进步。[24] 毕竟，从事战争（最具毁灭性的人类冲突）的正是国家，而且，最频繁而且最惊人的人权践踏者也正是国家。进而，国家体系作为一种主权要素赋予国家的资源控制权，也许是对于根除我们这个世界中最令人痛苦的分配不公平的一项单独的最大的障碍。

---

〔23〕Charter of the United Nations，1945 年 6 月 26 日通过，1945 年 10 月 24 日生效：重印于 International Law：Selected Documents（Boston：Little，Brown and Company，1995），1 - 28；Universal Declaration of Human Rights，联合国大会于 1948 年 12 月 10 日通过：重印于 International Law：Selected Documents，381 - 386；International Covenant on Civil and Political Rights，联合国大会于 1960 年 12 月 16 日通过，1976 年 3 月 23 日生效：重印于 International Law：Selected Documents，387 - 403；International Covenant on Economic，Social and Cultural Rights，联合国大会于 1966 年 12 月 16 日通过，1976 年 1 月 3 日生效：重印于 International Law：Selected Documents，410 - 418；Convention on the Prevention and Punishment of the Crime of Genocide，联合国大会于 1948 年 12 月 9 日通过，1951 年 1 月 12 日生效：重印于 International Law：Selected Documents，419 - 421。

〔24〕Brilmayer，American Hegemony，177.

这种反对意见错误地认定，国际法的道德理论化在现存国际体系的国家中心主义特征方面必然是保守的。致力于国际法的道德理论化而并不承认现存体系在很大程度上依然是国家中心主义的体系，这只能产生一种几乎没有什么实践价值的理论。然而，通过将这个体系的国家中心主义的特征看作是临时给定的，规范理论家不必支持现存国家或者国家体系的合法性。〔25〕 在此，一个熟知的关于理想的和非理想的理论的区分是有关的。理想的理论具体规定了最终的道德最优状态，它假定它所表述的原则将会得到完全的遵守。非理想的理论则表述了那些存在严重的不遵守状况下的原则，包括旨在帮助转变到理想理论的原则能够得到全面实施状态的那些原则。〔26〕

最全面有力的理想的国际法道德理论是否将会包括正如我们所知的国家的突出地位，这是一个复杂的问题，而且，也是一个可能在我们具有了比我们目前所具有的更加发达的道德理论之前所不能回答的问题。但是，很明确的是，一种对于我们的世界具有重要实践意义的非理想理论必须认真对待国家的存在及其目前的突出地位。

事实上，存在一些理由可以认为，即使理想的规范理论也将会预设一些诸如国家这样的事物，尽管其在某些方面的主权权力被大大削减了。首先，需要假定许多建立在领土之上的单位，每个都拥有大量实质的自治权力，以避免世界政府所可能易于导致的无效率和不正义。〔27〕 其次，把对于全球的各个部分的主要责任分配给不同的政治实体，这给它们提供了保护资源的激励，减少了全球"公地悲剧"的风险。〔28〕 第三，根据某些政治哲学，一种关于公共秩序或者社会正义概念的不可化约的多元主义，将会赞成存在许多政治单位，在这些政治单位内，不同的价值能够得到有效的表达。〔29〕（注意：这种主张与对于道德最小主义的拒绝之间没有矛盾：

---

〔25〕 Allen Buchanan, 'Recognitional Legitimacy and the State System', Philosophy and Public Affairs, 28(1999), 46－78.

〔26〕 关于比较理想的和非理想的理论的进一步讨论，参见 John Rawls, A Theory of Justice (Cambridge, Mass.: Belknap Press of Harvard University, 1971), 8－11, 245－251。

〔27〕 Immanuel Kant, Perpetual Peace, trans. and ed. By Lewis White Beck (Indianapolis: Bobbs-Merril Educational Publishing, 1957; 1st pub. 1975)以及 Rawls, Law of Peoples.

〔28〕 Rawls, Law of Peoples, 39.

〔29〕 Walzer, Just and Unjust War.

多元主义可以足够深化，这将使得具有许多以领土为基础的政治社会——这些社会拥有某些我们目前归于国家的自治权力——更有吸引力，但却没有深远到排除了国际法的任何实质性道德内容的程度。）第四，可以认为，民主在其中能够得到蓬勃发展的政治单位在规模上是有限度的，而且，一个真正的民主全球国家是不可行的。鉴于所有这些理由，将这个世界的领域分割成为类似于各个国家的实体可能在道德上是站得住脚的而且甚至是具有吸引力的，这与如下事实无关，即，在可以预见的将来，我们将可能仍然纠缠于一个以国家作为其主要成员的体系。〔30〕

国际法的道德理论不仅应当对国家主权的范围和限度应该是什么提供批判性的说明，而且，也应当对国家体系本身在什么条件下具有合法性提供批判性的说明。因为，如此构思的规范研究并不假定国家或者国家体系本身在道德上是具有合法性的，所以，它不能被认为本质上是保守性的。

例如，假设一下，最好的国际法道德理论被证明是支持如下结论的：(1)目前的国际法在分离权方面限制性太强；一个道德上更加有力的国际法律体系将承认比目前情形更多的单边分离权；(2)国际法应该转型，以包括为现有国家内部的特定群体（例如土著人）设立自治机制的国际授权，并且，应该对国际共同体施加明确义务来监督和执行这些安排；进而设想一下，最好的道德理论也认为(3)为预防系统性的践踏基本人权而进行干涉不仅是可允许的而且在一定情形下是义务性的；(4)国家有更强的义务为了全球穷人的利益而对资源实施再分配；以及(5)国际法律和制度体系要想具有合法性，它将不得不比目前更加具有民主性，亦即，少数大国在型塑和适用国际法方面具有不成比例的影响力，这剥夺了该体系的合法性。一种具有这五个特征的道德理论将对我们已知的国家体系提出非常严峻的挑战；然而，它可以将现存体系的国家中心主义特征作为临时给定的而予以接受。

## 三、国际法道德理论的性质

**结构。**作为理想理论，国际法规范理论的基本结构将由下述要素组成：(1)对于国际法制度的道德涵义或者道德目标即它应该服务的最根本道德价值的描述；

---

〔30〕这段内容摘自 Buchanan，‘Recognitional Legitimacy’。

(2)对于支持把国际法制度作为手段以实现这些目标或服务这些价值的道德理由的阐述;(3)具体说明国际法律体系在什么条件下是具有合法性的,至少是在该体系规范的创立和执行过程具有足够的正当理由的意义上的合法性;[31](4)阐明并证成这个体系的最根本的实体原则(包括规定人权、少数人权利和自决权利的范围和限制的原则,规定国家和国际组织的武力使用——正义战争和人道主义干涉——的原则,规定承认作为该体系成员的实体的标准的原则,以及规定贸易关系、全球资源分配、环境保护和国际金融机制的原则)。所需的论证主要在于表明,这些原则实施将会如何促进这个体系的基本道德目标或根本价值,并且表明这些原则将会以道德上可接受的方式达致此种目的。

为了表明国际法的道德理论化是多么具有根本争议性,我们只需指出就第一项内容——国际法体系帮助实现或者服务的目标或价值的性质——所存在的分歧就足以了。直到晚近,主导性的观点一直是,该体系的至高无上的目标就是和平,或者,相反,甚至是程度上更有限的国家间和平(它与国家内部的大量暴力可以并行不悖)的目标,而且,只有在对其追求将不会危及损害和平的范围内,正义才成为一个合法性的目标。一个更加雄心勃勃的道德理论——而且是一个我们相信在道德上也是合乎情理的目标——则认为国际法律体系的主要目标是和平(不仅是国家间的,而且是国家内的)与正义。[32]

在下面两节,依据对于两种类型原则即跨国正义原则和国际正义原则的区分,我们构造国际法规范理论所必须处理的最基本问题。跨国正义关涉到在同一国家内部的成员之间的或者在一国政府与其成员之间的权利和义务,这些权利和义务应该被国际法承认为普世性的,亦即,可以适用于所有国家的。换句话说,跨国正

---

〔31〕在最低限度的意义上的"合法的"将与政治哲学所通常使用的"得以服从的权利"(right to be obeyed)意义上的"合法的"形成对照。得以服从的权利(有时也称政治权威)意味着一种服从政府的相关义务;而正当执行意义上的合法性则不然。

〔32〕David Luban, 'Just War and Human Rights', Philosophy and Public Affairs, 9(1980), 160-81 以及 Buchanan, 'Recognitional Legitimacy'. 这种国家间和平是国际法律体系主导性目标的观念体现在人们对于《联合国宪章》的普遍理解之中,这包括它对于维持国际和平与安全的强调,以及它看似绝对的禁止"武力威胁或使用武力侵害任何国家的领土完整和政治独立",(《联合国宪章》第2条第4款)。比较晚近的趋势已经挑战了这种理解,例如,北约(NATO)在科索沃实施干预以防止种族灭绝。Independent International Commission on Kosovo, Kosovo Report (New York: Oxford University Press, 2000).

义原则表述的是国际共同体应该坚持的为所有国家在其内部事务所遵守的正义原则。国际正义关涉的是就其不是同一国家内部的成员而且并不参加一国内部政府与其臣民之间关系而言的那些国际法主体的权利和义务。国际正义包括国家彼此之间的权利和义务，但并不限于此。它也包括全球公司、诸如环境和人权群体等非政府组织、国际金融机构以及贸易机制的权利和义务。最后，国际正义也包括规定为了支持跨国正义原则而进行跨国干涉的可允许性及/或义务性。

跨国正义与国际正义的区分既适用于理想的也适用于非理想的理论，至少如果认为，理想理论将包括许多主要的以领土为基础的政治实体即类似我们所说的国家这样的实体。在第四节，我们识别了两种类型原则必须处理的一些主要问题，无论是在理想理论中还是在非理想理论中。在此，我们简要考察一下非理想理论的一些突出特征，主要是为了澄清国际法道德理论化的实践功能。

**一种适当的现实主义：设定道德可准性约束下的道德目标。**非理想理论必须在两个方向之间掌握航程：一方面是没有意识到现有国际制度限度和现存国际法性质的无用的乌托邦主义，另一方面则是不为重大改革提供指导而且对于既有的不正义懦弱投降。理想理论的任务是，为未来设定能够就此时此地的行动提供有用指导的道德目标，与此同时，提供可以在道德上评估目前国际法律与法律过程的标准。

在此，区分可行性（feasibility）、可接近性（accessibility）和道德可接近性（moral accessibility）是有用的。当且仅当其原则的有效实施与人类心理、自然法则及人类可得的自然资源的限度相匹配时，一种理想的规范理论才是可行的。很明显，一种不能满足可行性要求的理论只有微小的或者干脆没有实践价值。除了必须是可行的之外，一种理想理论还应该是可接近的。如果它不仅是可行的，而且，此外，如果它还指出了一条从我们当下处境通往至少是合理近似于满足其原则的事物状态的可实践的道路，那么，这种理论就是可接近的。换句话说，如果理想理论要想对我们有用，那么，它所确定的这种理想就必须是我们可接近的，而不仅是与人类心理、自然法则及自然资源的限度相匹配。这种区分是重要的，因为并非所有可行的事物状态都是可接近的。例如，我们已经选择的历史道路却可能阻碍我们实现对于具有不同历史的人类而言可接近的某些事物。

最后，可以认为，理想的理论化还应该受到一项进一步的限制：道德可接近性。假定其他一切条件不变，那么，一个理论应该不仅规定一种从我们目前处境所能达到的理想事物状态（尽管可能只有在经过一个实验性的和扩展性的变迁过程之后），而且从我们目前处境达到那种理想事物状态的转变又应该是在没有不可接受的道德成本的条件下可以实现的。一个道德可接近性要求旨在表明，非理想理论应该做出令人信服的论证表明，相应的理想理论的原则能够通过一种过程得以实现，这种过程从我们现有的制度起步而且在转变过程中又不涉及不可接受的道德罪错（wrongs）。这种转变的道德成本是否可以接受，这部分地取决于目前事物状态的缺陷如何（而且也取决于这样一种可能性，即，改革的努力事实上将会避免这些成本而又不代之以其他的、程度相当的罪恶）：假定其他一切条件不变，那么，如果需要避免极大的罪恶（evils），那么，更大的成本就是可接受的。然而，根据某些道德理论，我们为了产生道德可欲目的而可以做出的是有限制的。非理想理论任务的一部分就是说明什么时候转变的道德成本是不可接受的。[33]

最后，我们想对这样一种过分简单化的观念提出警告，这种观念认为理想或者非理想理论的结论产生了能够直接转换成实际法律规定（prescriptions）的原则。即使当我们手边现在有了最为坚实牢固的道德原则，对于把它们实施成为法律规范也总是存在着复杂的实践问题。政治哲学的目标是提供那些能够而且也应该指导立法者的目的，但是，当涉及到评估如何将那些目的实施成为任何的实际法典的时候，政治哲学的比较优势大大减少了。在此，除了所有其他考虑因素之外，对于其他学科的熟知、对于所有各个层次的系统动力的理解、对于政治与法律文化的认知，以及对于政治时机的感觉，都是至关重要的。

**转型的道德性。**深入探讨作为非理想理论的一个关键要素的所谓的转型的道德性的复杂性，这将大大超出本章的范围。然而，我们将简要提及目前存在的国际法律体系的一个特征，这个特征可能使得转型的道德性问题复杂化。这个特征就是，国际法律体系目前只有非常有限的资源来实现大规模的道德改革而又不违反

〔33〕我们把这种可行性与可接近性之间的区分归属于乔舒亚·科恩（Joshua Cohen）。我们并不清楚他的可接近概念是否意味着我们的道德可接近亦即没有过分道德成本的可接近性。

法律。由于国际法如何制定的独特性与国际法的制定方式如何限制了改变它的可能性,因此,为了实现国际法内容的重大的道德改进,非法的行为有时可能是必要的。[34]

国际法的两个最重要的渊源是条约和习惯。如果这个体系是十分腐化败坏的,即,如果大多数国家恰恰是这种改革意欲消除的罪恶的作恶者,那么,通过条约实现国际法的重大道德改革可能是极端困难的和漫长的过程。因此,这种改革看起来更可能会通过确立一种新的、更加文明进步的习惯国际法规范的方式。然而,开启构建一个新习惯规范的第一批行动就将构成对现有习惯规范的违反并且因此而是非法的。[35] 这是缺乏立法机构的习惯法体制的一个独特特征。三个实例可以用来说明这个问题的性质,我们把这个问题称为习惯法的悖论。

在19世纪,英国政府使用无可匹敌的英国海军舰队系统地和有意地摧毁了国际奴隶贸易。外国船舶被强行登船,它们的人货被没收并被释放,在一些情形下,这是在没有双边条约授权的情形下采取行动的。国际奴隶贸易的摧毁,伴随着在美国和英国国内的各种各样的废奴主义运动以及美国内战中北方的胜利,这一切都促成了奴隶制的最终废除以及现代人权运动的兴起。然而,在当时,许多人声称,英国海军的一些行动是违反国际法的。(英国政府抗辩说,这些奴隶主是海盗,海盗国际法使得这些海军行动在法律上是可允许的,但是,无论是当时还是现在,并不是每个人都认为这种抗辩方式是令人信服的。)[36]类似地,纽伦堡战争罪法庭在确立人权规范和禁止侵略战争——这两者都是国际法律体系的重大改革——方面无可质疑地发挥了重要作用,然而,许多人会认为,这个法庭所实施的一些处罚事实上是违法的。最后,近期北约(NATO)对于科索沃的干涉可能被证明是通向一个新习惯国际法规范运动的开始,这个规范允许在没有联合国授权的情况下对

---

〔34〕 Allen Buchanan, 'From Nuremberg to Kosovo: The Morality of Illegal International Legal Reform', Ethics.(即将出版)

〔35〕 达致一个新习惯国际法的过程看起来并不比条约过程更加容易一些。原则上,习惯国际法要求整个国家共同体支持或者至少是默许。另一方面,更少形式主义的习惯法过程将会使得一些虽不会签署一项条约但却更容易默许一项新的习惯法规范。

〔36〕 James A. Rawley, The Transatlantic Slave Trade (New York: Norton, 1981)以及 Alfred P. Rubin, Ethics and Authority in International Law (New York: Cambridge University Press, 1997)。

于涉及种族灭绝或群体灭绝的内部冲突进行干涉，只要这种干涉是由一个区域性集体安全组织所实施的。然而，能够提出一个强有力的论辩认为，不管北约干涉的道德性如何，它都是违法的。

为了道德进步而有必要实施违法行为的可能性并不是国际法律体系所独有的。公民不服从人士故意从事非法行为以此激发现存法律的道德改革。然而，这种合法律性(legality)和道德性之间冲突的频率和严重程度在国际法律体系中可能更大，因为国际体系缺乏发达的国内法律体系所具有的根本法律改革机制(诸如宪法修正条款)。如果，正如许多人将会认定的，国际法是一个相对不发达的体系，其法律改革的能力具有严重的局限，而且，与此同时，如果从道德视角来看它也是一个非常有缺陷的体系，那么，可以预期，为了法律改革而出现的非法行为问题将不会罕见。

然而，将习惯法的悖论描述为合法律性与道德性之间的冲突，这是令人误导的。这种冲突实际上是存在于如下两者之间：一方面是承诺实现法律变迁从而使法律在道德上更加完善，另一方面则是通过忠诚于法律现状而兑现支持法治的道德承诺。国际法的非理想道德理论应该把这个问题作为一个重要要素来阐明转型的道德性。

值得注意的是，在英国海军反对奴隶贸易商的行动、战胜方盟国在纽伦堡的行动或者北约(NATO)在科索沃的行动与典型的公民不服从的事例之间，存在着重要的不对称。为了创立道德上更好的法律，公民不服从人士可能预期将会遭受并且也愿意遭受违反现行法律而引起的惩罚。但是，这三个国际事例的独特之处却在于，那些从事非法行为者能够从事这些行为但却不受惩罚。特别是当涉及到通过实施与现行习惯相反的行为而创立新的、更加文明进步的习惯规范时，国际体系道德改革的动力引擎经常是霸权或者至少是国家间权力的极大不平等。随后，我们将探讨这样的建议，即，国际体系本身要想具有合法性，它就将不得不比目前更加具有民主性，亦即，国家共同体成员之间明显的政治不平等严重损害了执行国际法的道德理据。如果真是这样，那么，就将对于转型的道德性的非理想理论研究提出额外的复杂性，即，存在这样的可能性：通过实现国际法创立和执行方面的国家间权力的更大的平等性，来努力使得国际体系更加具有合法性，这在一些情形下可能会削弱非法的但道德上具有建设性的变迁的条件，因为它减少了有时为了成功改革而需要的权力不对称。正直的改革者可能面临这样的困境，这个事实意味着需要一种元改革以便丰富国际体系合法完善的能力。

## 四、跨国正义

跨国正义原则规定了适用于适合作为国际法律规制内容的各国内部关系的那些正义要求。这种表述并不认定跨国正义包括了在一个特定国家内部可能有效的所有正义要求。除了跨国正义原则之外，其他的正义原则也可能适用于各国内部的关系。它也不排除这样一种可能性，即，在正义问题上存在着很大程度上的不可化约的多元主义：一旦跨国正义的要求被满足了，那么，在一个国家内部所要求的正义可能不同于在另一个国家所要求的正义。跨国正义仅仅是由那些在其内部事务方面对所有国家都有效的原则所组成的。[37]

跨国正义理论至少包括如下几个主要问题。(1)人权是什么，哪些权利是人权，以及人权主张如何是正当的？(2)规定个人人权的原则足以囊括跨国正义的全部内容吗，或者，对于国家内部的某些类型的群体例如全国少数人或者土著人来说还需要群体权利(例如自决权)的原则？

从19世纪中期到1945年《联合国宪章》的通过，国际法主要是由国际正义范畴的原则所组成，这么说可能并不算夸张。就其内部维度而言，国家主权被认为事实上是不受限制的。这样理解的后果就是，跨国正义原则的国际法几乎没有什么存在的余地。在过去半个世纪中国际法的最重大的道德进步主要就是在于，主要通过发展个人人权规范而扩展了跨国正义的领域。

正如我们将在第6节更加明确的，人权在跨国和国际正义中都起到了根本作用。首先，根据某些规范观点，包括罗尔斯《万民法》中的规范观点，只有那些满足跨国正义原则的国家，亦即那些尊重个人人权的国家，有权享有作为国际共同体良好成员的权利和特权。在这种理论中，跨国正义的要求限制了根据国际正义原则所赋予的主权权利，与此同时，也经由提供承认标准而规定了作为国家体系中的成

---

〔37〕我们感谢斯科特·夏皮罗(Scott Shapiro)对于跨国正义与国际正义之间的一般区分的建议。

员的资格条件。[38]只有满足最基本的跨国正义原则的实体才应当被赋予那些构成主权的充分的权利、特权和豁免的观念是有吸引力的，这部分地是因为，这种在规范意义上要求严格的承认实践将会对正当行为提供激励。然而，对于这种实践的充分捍卫将不得不处理消极外部性的问题：通过拒绝承认而惩罚一个政府，这可能具有剥夺其公民的国际代议的不可欲后果，尽管他们不应该因其政府的恶劣行为而受责；反之，拒绝赋予不正当的国家以参与国际制度的能力，这在一些情形下可能严重破坏国家间合作关系以至威胁到作为整体之国际共同体的重要价值。这些问题在什么程度上可以通过创立能够为此类国家的公民提供独立发言权的国际制度而得到改善，这尚不确定。结果，作为一个非理想理论的问题，这表明有必要将施加于不正当国家的无能力(disabilities)限制在那些不承认(non-recognition)将最有效促进其内部正义的个别领域。

其次，人权在规定规制跨国使用武力方面以及在人道主义援助、人道主义干涉和正义战争理论——所有这些都是国际正义的重要要素——中都具有核心的地位。根据某些观点，只有为了阻止严重的人权侵犯，干涉才是有正当理由的。人权学说也为被理解为正义义务而非慈善义务的双边或多边援助义务提供了基础。最后，人权诉求也为限制作战手段、非战人员的待遇等等提供了理据。

**人权的性质。**根据定义，人权是指那些自然归于所有个人的道德请求权(entitlements)，而不论这些人是否是特定政治体、种族、族群、宗教或者任何其他社会群体的成员。人权被理解为是请求权(claim-rights)：它们对其他人(others)施加了义务。在人权运动的更早阶段，政府被认为是主要的或者甚至是唯一的被施以义务的其他人(others)，因为政府被认为是首要的潜在人权侵犯者。然而，人们越来越多地认可，非政府行为体，包括"敢死队"(death squads)、全球公司和滥权的父母与配偶，都能够而且也确实侵犯人权。而且，随之而来的就是承认，政府不仅有责任抑制自身侵犯其公民的人权，而且也有责任确保其他人不得侵犯人权。[39]

---

〔38〕参见 Buchanan，'Recognitional Legitimacy and the State System'。

〔39〕Jack Donnelly，Universal Human Rights in Theory and Practice (Ithaca，NY：Cornell University Press，1989)；The Concept of Human Rights (London：Croom Helm，1985)；International Human Rights (Boulder，Colo.：Westview Press，1998)；以及 Rhoda E. Howard，Human Rights and the Search for Community (Boulder，Colo.：Westview Press，1995).

**人权的正当理据。**几种不同的伸张个人人权的理据已经被提出来了。尽管在一些情形下这些理据据以提出的道德基础可能是不一致的，但是，在大多数情形下，这些不同的理据大体上趋同于相同的人权清单或者至少是有着大部分重叠的不同的人权清单。在此，我们只能粗线条地勾勒一些更加突出的理据，以便表达一种对于它们的多样性和趋同倾向的理解。个人人权被认为是：(1)其有效制度化最大化了总体效用的原则；[40](2)为实现其他重要权利的有效性所需要的；[41](3)为满足所有人类普世基本需求所需要的；(4)为发展那些构成了或者工具性地有助于福利或人类繁荣的根本人类能力所需要的；[42](5)为尊重人类尊严所需要的；[43](6)作为据以计算每个社会成员的善的"共同善的正义概念"(common good conception of justice)的体现；[44](7)为最根本的道德原则、平等考虑和尊重每个人的原则所需要的；[45](8)那些将被代表"无知之幕"背后"全球原初状态"的个人的当事方所选择的原则；[46]以及(9)作为政治原则之主体间正当理据的必要条件以及由此作为政治合法性的要求。[47]

某些权项应该包括在个人人权清单之内还是应该排除在外，不同理据可能对此产生分歧。然而，可以认为，所有这些理据都至少支持一套核心的人权，包括生命权(被理解为免受任意杀害或者伤害的自由，免于被剥夺正当的法律程序，等等)、自由权(被理解为至少包括免于奴役、非自愿劳役以及强迫性职业的自由)，良

[40] R. M. Hare, Morality: Its Levels, Method and Point (New York: Oxford University Press, 1981).

[41] Shue, Basic Rights.

[42] Amartya Sen, 'Well-Being, Agency and Freedom', The Journal of Philosophy, 82(1985), 169-221, 200-221; Inequality Reexamined (Cambridge, Mass.: Harvard University Press, 1992), 39-42, 49; Commodities and Capacities (New York: Oxford University Press, 1999); Martha Nussbaum, Women and Human Development (Cambridge: Cambridge University Press, 2000); 以及'Aristotle, Politics, and Human Capacities: A Response to Anthony, Arneson, Charlsworth, and Mulgan', Ethics, 111(2000), 102-142.

[43] Donnelly, Universal Human Rights: The Concept of Human Rights; International Human Rights.

[44] Rawls, Law of Peoples.

[45] Ronald Dworkin, Taking Rights Seriously (Cambridge, Mass.: Harvard University Press, 1977), 180-183.

[46] Beitz, 'Justice and International Relations'; Moellendorf, 'Constructiong the Law of Peoples'; 以及 Fernando R. Tesón, A Philosophy of International Law (Boulder, Colo.: Westview Press, 1998)。

[47] Joshua Cohen and Joel Rogers, On Democracy (New York: Penguin Books, 1983).

知自由权(被理解为至少包括免受宗教迫害的自由)以及生存权(基本物质需求的满足)。

**社会伦理相对主义者对人权的挑战。**社会伦理相对主义持此观点,即,伦理原则只有结合一个社会的具体的社会惯例(practices)和传统才能够得到证成。因此,不存在人权,不存在所有人仅仅因为他们是人而具有的人权。相反,所有的权利(和义务)归属于每个人,这仅仅是由于他们与他们的特定社会的其他成员形成了特别的、具体的关系。而且,如果没有人权,那么,就不能基于存在人权的假定而主张有一些人权包括在跨国正义之中。

如果前述所列第一至九项理据中的任何一项是有正当理由的,那么,就存在一些人权,进而,极端形式的社会伦理相对主义就是错误的。然而,就我们所知,在国际法规范理论的讨论中,以及在真实世界的人权政治讨论中,极端社会伦理相对主义几乎没有什么接受者,如果有的话也极少。相反,争论往往不是集中在是否存在人权而是集中在哪些权利将被包括在人权清单之中。例如,有时,有人认为,民主治理权不是一项人权,而至多只是适合于某些特定种类(自由的、西方的)社会的权利。或者,有人抱怨道,反对性别歧视的权利,至少就其在西方法律体系中被理解的意义上而言,并不是一项人权,因为,它不适合于存在明显的男女差别的社会。

注意:即使极端社会伦理相对主义是真的,但是,也不清楚它可能会对国际法道德哲学产生如同许多人所推测的那种激进影响。首先,即使不存在人权,也可能会证实存在着一套恰好事实上为所有社会所承认的一套权利,而且,这些权利能够为跨国正义提供实质内容。[48](我们的社会可能支持旨在实施跨国正义的国际法律制度,以便确保我们有效服从我们所承诺的原则,使用人权条约作为"自我约束的机制",而且确保其他国家遵守我们认为的真正的人权原则。)其次,极端社会伦理相对主义与存在着一套适合体现在国际法中的正义原则是可以协调的,如果国际共同体是或者在相对的意义上正在成为一个单一的(single)社会。而且,在此,我们触及到了社会伦理相对主义——无论是其极端形式的还是其节制形式的——

〔48〕Michael Walzer, Thick and Thin: Moral ARGUMENT AT Home and Abroad (Notre Dame: Notre Dame University Press, 1994).

实践意义的严重局限:如果伦理原则在社会意义上都是相对的,那么,作为一个社会其意义又是什么呢?一个人群要想具有在某种重要意义上特别的而且是专属于那个群体的道德,那么,这个群体在社会意义上又得达到什么样的一体(integrated)程度呢?

即使目前我们的世界真的存在着足够的社会多样性以至于某些特别的推定的人权例如民主治理权现在可能不适合作为包括在跨国正义领域的候选项,但是,如果"全球社会"这个短语成为一种准确的描述的话,那么,这种情形在将来就可能不再是真的了。事实上,在不同社会之间已经存在着大量的价值和信仰的相互渗透了。在各个社会内部也不存在着任何在价值上接近于完全一致的事物;在这种意义上,说及一个社会的价值,这已经是一种粗糙的简单化了。此外,(除了许多其他的之外,)国际法是帮助建立全球社会的一种工具。实际上,当人权倡导人士在他们自己社会的国内法院诉诸国际人权标准的时候,他们帮助培育了一种对于目前尚缺乏的基本价值的国内共识。

通常,看起来好像是在否认某项权利是一项人权,其实最好对此做出相当不同的理解:它或者是一种告诫,以此避免对其他社会的人们做出激烈的道德谴责,或者是一种拒绝,拒绝为了执行有争议的权利而进行的干涉(或者更激烈的干涉形式)。例如,有时,有人会说,西方社会的人们无权指责某些非洲和中东国家所施行的割礼(clitordectomy)做法。这可能仅仅是一种适当的警告以避免诉诸自以为是的(self-righteous)修辞,因为这种修辞没有区分两种不同情形的人权侵犯:一种是涉及到故意的和恶意的罪错,例如政府对于异议人士实施酷刑;一种是深深根植于并不包含故意罪错的文化习俗。或者,它也可能是一种警告,用来反对为了终止这种有争议的(割礼)做法而可能采取的极端不具有建设性的强制干涉。然而,非常重要的是做出如下区分:(1)是否某种事物是一种人权侵犯以及人们按照人权侵犯来认定这种事物是否是正当的;(2)是否那些卷入这些构成人权侵犯做法的人们在道德上是有罪责的;以及(3)是否为了阻止侵犯而实施的干涉是合适的。

困难在于:不够严谨地谈论诸人类社会的多样性,这经常把所有这三个方面搅和在了一起。割礼是否是一种人权侵犯,这取决于证成人权主张的最好理据(或一套理据)是否证明了这种做法侵犯了人权。如果割礼是一种人权侵犯,那么,西方人(或者任何人)把那些参与这种做法的人们与蓄意作恶者(例如那些下令进行政治谋杀的纳粹死亡集中营的指挥官和独裁者)归入一类就可能是冷漠无情的和自以为是的,但是,这个事实并未改变割礼是一种人权侵犯这个事实。类似地,为了废除这种根深蒂固的文化惯例而实施的干涉可能既是不成功的又是有破坏性的,但是,这个事实并不否定割礼是一种人权侵犯的主张,而仅仅是表明了,人道主义干涉理论并不能仅仅简单声称无论什么时候发生了人权侵犯则干涉都是正当的。

**文化帝国主义的指控。**社会伦理相对主义也应该区别于另外一种反对试图依赖于人权概念作为国际法规范理论基础的观点。有时,据说个人人权的诉求有助于强化和扩展西方国家在国际关系中的支配地位。这种文化帝国主义的指控的首要问题不在于它是错误的,而在于它充其量是真相的一半。毫无疑问,西方国家(而且也包括非西方国家)有时为了推进它们自己的议程而指责其他国家侵犯人权,而且,毫无疑问,大国(大多数是但并非都是西方国家)有时以道德上站不住脚的方式随意选择其批判目标。然而,同样真实的是,在许多情形下,非西方集团在与西方国家之间的冲突中已经成功地使用人权概念推进了它们的利益。[49] 然而,问题并不在于人权或者人权学说在型塑国际法中是否起到重要作用。相反,真正的问题在于合法性,即,在国际法和政治中人权得以表述、援引和适用的方式是否具有合法性。

当有许多国家不成比例地影响了人权规范的表述、人权的监督以及首要的是不成比例地影响了对于被指控侵犯人权的国家的制裁的适用时,整个体系的合法性就受到了质疑。然而,适当的回应不是把整个体系的过程合法性问题与是否存在人权或者哪些权利是人权的问题相混淆了。在第 6 节中,我们探讨体系合法性的问题。

**群体权利。**在万国联盟时期,在两次世界大战之间,国际法包含了群体权利——主要是以特定的国内群体的文化权利的形式——条款,但是,却缺乏规定个人人权的明确规范。部分地是因为国联没有能够阻止法西斯的侵略,部分地是因

〔49〕 Hannum, Autonomy, Sovereignty, and Self-Determination; 以及 Risse et al., The Power of Human Rights.

为希特勒把声称德国族裔在捷克斯洛伐克和波兰受到虐待用来作为发动入侵的借口而使得国内少数群体的概念名声受污，所以，在1945年之后联合国缔造的新国际法律秩序中，少数人的权利充其量被赋予了一种不重要的地位。[50] 相反，在《联合国宪章》时代，跨国正义领域几乎排他性地是由个人人权所构成的，只是同时规定了承认那些被限制在去殖民化情形下的"人民自决权"。然而，一些迹象表明对于少数人权利的更大关注正在兴起，尤其是在土著人权利领域。[51]

国际法道德理论的主要问题在于宪章时代几乎排他性地关注个人权利是否能够站得住脚，或者，除了在去殖民化语境中援引的有限自决权之外，跨国正义是否也应该包括赋予群体权利以显著的地位，以及，如果是这样的话，那么，又应该如何理解这些权利类型之间的关系。更具体而言，如果群体权利被包括在国际法之中，那么，它们应该被理解为是与个人人权同等地位而且因此也是在概念上是基本性的，还是应该被看作是在某种意义上是派生性的呢？

一个初步性的困难在于"群体权利"术语的含糊不清。为了挑选出来有时落入"群体权利"名下的权利项目，我们得先从与之比较的概念入手。个人权利是归属于个人的权利而且是作为个人可以代表自己的利益支配（亦即在个人的基础上放弃、行使和伸张）的权利。在我们理解为强意义上的群体权利则不能如此被个人所援引，而只能由代表群体的人们或者一组人所援引。（还有一种弱意义上的"群体权利"，可以被称为双重地位的权利：这些权利，只要他们是相应群体的成员，就能够被个人作为个人自身所援引，但也可以由该群体或者其代表所援引。）[52]在强意义上的群体权利是最有争议性的：它们包含了土地或者其他自然资源的权利，或者

〔50〕 Partrick Thornberry, International Law and the Rights of Minorities (Oxford: Clarendon Press, 1991)以及 John Packer and Kristian Myntii (eds.), The Protection of Ethnic and Linguistic Minorities in Europe (Abo/Turku: Abo Akademi University Press, 1993)。

〔51〕 S. James Anava, Indigenous Peoples in International Law (New York: Oxford University Press, 1996); Hannum, Autonomy, Sovereignty, and Self-Determination; 以及 Benedict Kingsbury, 'Sovereignty and Inequality', European Journal of International Law, 9(1998), 599－625。

〔52〕 Allen Buchanan, 'Liberalism and Group Rights', 载于 In Harm's Way: Essays in Honour of Joel Feinberg, ed. Jules L. Coleman and Allen Buchanan (New York: Oxford University Press, 1994); Will Kymlicka, Liberalism, Community, and Culture (New York: Oxford University Press, 1989); The Rights of Minority Culture; 以及 Margaret Moore (ed.), Introduction to National Self-Determination and Seccession (New York: Oxford University Press, 1998)。

群体自治权，或者对于从事各种文化活动包括语言教学的权利，至少在一定语境下限制本群体以外其他语言的使用的权利，以及对于语言教学或者其他文化活动的享受补贴的权利。[53]

某些特定的国内少数人群体以及许多土著人群体声称，个人人权是不足够的，亦即，它们的合法性利益的有效保护需要各种（强意义上的）群体权利。在一些情形下，有关的少数群体坚执地认为，“单纯的少数人的文化权利”——包括自由地讲少数人语言和从事其独特的文化实践惯例的权利以及或许还有为了保护少数人文化而享受国家补贴的权利——是不足够的。它们坚持认为，它们需要自治的权利，其范围从国家内部的自治安排直到完全的独立。

一项权利是否属于一种（强意义上的）群体权利，这是一个涉及到谁有权支配该项权利的问题，群体权利在强意义上是由群体或其代表为了群体自己的利益而支配的，而个人权利则是个人为了个人自己的权利而支配的。这种对于（强意义上）群体权利的界定留下了这些群体权利的基础的问题没有解决，这种基础可能是个人主义的，也可能是集体主义的。（强意义上的）群体权利的个人主义理据诉诸于这些权利对于个人的价值。集体主义的理据则诉诸于这些权利对于群体的利益，而这些群体利益不可化约为组成该群体的个人的利益。

有些人认为，（强意义上的）群体权利是与构成自由主义政治理论精髓的个人主义所不相协调的。如果“个人主义”意味着正当的（justificatory）个人主义，那么，这显然不是这种（不相协调的）情形。不必诉诸作为不可化约的价值的群体善来论证（强意义上的）群体权利的正当性。相反，可以把一项（强意义上的）群体权利的基础落实到该项群体权利赋予个人的利益，例如（1）为他们的个人人权提供更好的保护，或者（2）作为对于过去的歧视对个人造成的正在持续的影响的改善机制。某些群体的自治权利能够履行这两项功能。以这种方式来理解，（强意义上的）群体权利是对于个人权利的制度性支持，而不是对于自由主义个人主义的挑战。

大部分少数人文化权利（有别于自治权利）所含盖的领域原则上都可以包括在更好执行一些最基本的个人人权的范畴，特别是宗教与良知自由权以及免于因种

〔53〕Kymlicka，The Rights of Minority Cultures.

族、族群或者宗教原因而受到歧视的权利。实际上，这些个人人权最初被援引在很大程度上就是要为少数人群体尤其是宗教少数群体提供保护。然而，作为一个实践问题，可能存在一些情形，其中，最有效保护一个少数人群体的个人权利的方式可能就是承认某些群体权利，包括有限的自治权。在一些情形下，这些自治权利的范围将包括对于文化活动——包括少数人语言的教学——的控制权；在其他情形下，它可能扩展到当地警力治安功能以及对于土地使用和开发的当地控制，如同美国和加拿大许多土著人群体那样。哪些自治权利是适当的，这取决于哪些是被需要用来保护群体成员的个人权利的。

至此，我们仅仅考察了(强意义上的)群体权利在保护个人权利或在改善过去侵犯个人权利的持续效应方面的地位。还有两个另外的理由支持土著人民的自治权。首先，在许多情形下，土著群体以前曾经拥有它们自己的政府，但后来却被殖民化过程中所犯下的不正义给毁掉了。在这些情形中，承认土著人自治权就仅仅是恢复它们的自治。其次，土著人民经常遭受他们的土地被不公正剥夺的命运，而这有时是通过违反其所属国家或者帝国所做的条约承诺的方式完成的。在一些情形下，适当的最初救济反应就是恢复这些土地或者大体相当的领土，或者对于这个群体提供金钱补偿，而且要确保这个群体拥有必要的自治权力来决定对于这些土地或者金钱补偿的最终处置。[54]

(强意义上)群体权利的这两个正当理据并不认为群体权利是对于个人权利侵犯或者是对于过去侵犯个人权利的持续恶性效应的适当回应。相反，它们认为需要矫正对于(强意义上的)群体权利——或者是自治权利或者是对于领地的集体权利——的过去侵犯。主要人权公约所列举的(至少就其被通常解释的那样)个人人权，也许不能为解决毁掉土著人自治的不正义或其土地被不公正剥夺提供足够的机制。然而，再次指出，这种分析并不意味着这些群体权利必须有一种集体主义而非个人主义的正当理据。自治权或者领地集体控制权本身可能来源于对个人利益

---

〔54〕 Anaya, Indigenous Peoples in International Law; Allen Buchanan, 'The Role of Rights in a Theory of Indigenous Peoples' Rights', Transnational Law & Contemporary Problems, 3(1993), 89 – 108; David Lyons, 'The New Indian Claims and Original Rights to Land', Social Theory and Practice, 4(1977), 249 – 272; 以及 Douglas Sanders, 'The Re-Emergence of Indigenous Questions in International Law', Canadian Human Rights Yearbook, 3(1983), 12 – 30。

有关的考虑。

土著人的例子可能提供了最清楚的暗示，即，跨国正义的非理想理论必须包括群体权利。换句话说，在一些情形下，国际法律秩序要求国家承认其内部某些群体的(强意义上的)群体权利。但是，在各国内部还有一些其他少数人群体，它们通常并不被认为是土著人，但它们也遭受了系统的歧视、领地被不公正剥夺以及它们的自治被摧毁，而且，它们也继续遭受着这些不正义行为的后果。其他群体也经历了一些与土著人民相同的问题，这一事实提出了这样的问题，即，在最深层次的理论上，土著民的权利是否构成了一类特别的权利。尽管并不试图假装回答这个复杂的问题，但是，必须多说几句的是，在此，适当的回应把握一种介于两者之间的过程：一者是假称所有最严重的土著人的冤屈都是绝对独一无二的，一者则是认定不论具体情形如何特殊其适当的救济性回应都必须总是完全相同的。

一些批评人士认为，传统的个人人权是不足够的，因为它们没有认识到群体成员身份对于个人的重要意义。这种分析并未切中要害。一些最核心的个人人权，诸如宗教或结社自由以及免于种族或宗教原因而受到歧视的权利，其价值主要都是指向个人作为群体成员身份的。相反，典型理解的个人人权的主要限度并不在于它们没有承认群体成员身份对于个人的重要意义，而是在于它们排他性地指向了现在和未来，它们不是为了解决过去的土地被不公正剥夺、群体间条约的违反或者恢复自治等问题。正如积极补偿行动(affirmative action)所表明的，也不能认为今天实施的个人人权原则在每种情形下都足以抵消过去的大规模个人人权侵犯的持续效应。鉴于所有这些理由，至少一种类型的(强意义上的)群体权利即自治权在非理想的正义理论中将具有重大意义，至少在土著人或其他产生与土著人类似的救济性和恢复性问题的群体的情形下是如此。

然而，批评人士的主张可以被重新表述，这样就可以对于将(强意义上的)群体权利排除在跨国正义的理想理论之外提出一个更加根本的挑战。在此，这种主张并不是个人权利没有承认群体成员身份对于个人的重要意义，相反，而是它们没有适当确保那些作为群体成员的利益。于是，一种适当的国际法规范理论就必须决定各种声称的群体权利在理想理论中是否应该享受与个人人权所被推定具有的那种同样的根本地位，抑或它们仅仅适合作为制度性救济而被放在非理想理论中，而制度性救济的适当性将取决于各种相关可能性(contingencies)。

有时,那些反对土著人民或其他少数人群体的自治权(或其他强意义上的群体权利)的人士错误地认定,仅仅因为它们是关于群体权利的建议,所以,这样的安排就是反个人主义的。言外之意,就是说,群体权利在某种意义上天生就是成问题的。但是,这种反应在根本上就是混乱的:从国家到地方,所有政府的所有权利都是强意义上的群体权利,它们是一些个人不能作为个人来支配而只能由群体或者群体的代表来支配的权利。于是,任何自由主义个人主义正义理论,只要其承认无论什么形式的任何规模的政治单位都具有合法性,存在一些群体权利亦即自治权利。目前国家中心主义的国际法律体系就是一种群体权利的体系;它将极大的尽管不再是无限的自治权利分配给了我们今天所谓的国家,其结果就是,非国家群体(诸如国内少数人和土著人民)在获得国际支持其努力实现自治方面就面临着严重的障碍。

在这种意义上,对于理想理论来说,问题不在于是否存在群体权利,因为只要存在任何自治的实体就存在着群体权利,相反,而是在于国际法应该承认什么种类的群体在什么条件下具有什么种类的自治权利?各国内部土著人民和其他少数人群体追求自治权利的渴望并不是试图用一种包括群体权利的体制取代一种只承认个人权利的体制,而是一种试图修正现有个人权利和群体权利体制的努力。

各国内部少数人群体的自治权问题对于跨国与国际正义之间的区分施加了重大的压力。一方面,自治权和其他群体权利得以正当化的理据在于它们是对于个人人权保护所存在的缺陷的补救,在这种意义上,它们适合被包括在跨国正义之中,假定保护人权是后面这个范畴(即跨国正义)的核心。然而,我们在支持土著人民自治权时所建议的第二类主张——即这些权利有时被需要用来恢复被不公正的摧毁的土著人自治制度或者用来作为补救土地被不公正剥夺的过程的一部分——则指向了这样的事实,即土著群体与殖民实体之间的关系事实上是或者过去曾是类似于国家之间的关系。(在许多情形下,欧洲殖民政府官员与土著群体缔结了条约,而且,在一些情形下,看起来是承认这些土著群体是主权国家。)在这种意义上,或许可以认为,土著群体的自治权应该被认为是落入了国际正义范畴。在美国正在变得越来越突出的部落主权话语支持这种概念转型。

**作为人权的分配正义。**历史上,关于个人人权范围最有争议的问题涉及到所谓经济权利或者分配正义的权利,尤其是那些超出生存权以外的分配权利。在与理论范畴相对的人权行动主义(activism)领域,一个近期的策略就是主张,与坚持乌托邦式平等至上主义的社会或世界财富分享权相比,对于自由结社权利的承认加之健康与安全之国际劳动标准可能是改善处境最恶劣的人民之物质福利的更加有效之道。〔55〕然而,在人权理论中,对于分配正义的权利存在着根本的分歧。

争论主要涉及到分配正义权利是否跨国正义的适当组成部分,亦即,国际法是否应该要求国家在其国内分配关系中满足某些标准。这是冷战时期关于人权公约是否应该既包括所谓的社会与经济权利也包括公民与政治权利的讨论的一个主要争议问题。然而,大致在 1970 年代开始,国际分配正义问题变得越来越突出了,主要是体现在地域不平等的话语之中,尤其是南北两半球之间的不平等,或者更一般地则是体现在包括主张发达国家对于不发达国家有哪些亏欠的话语之中。在这一节的剩余部分,我们考察关于跨国分配正义的主要理论立场。在下一节中,我们考察作为更加广阔的国际正义领域的一个组成要素的分配正义问题。

**对于跨国分配正义的怀疑。**至少有三种不同的立场导致许多理论家怀疑跨国分配正义在国际法中的重要意义:深分配多元主义(Deep Distributive Pluralism)(据此,不同社会之间对于分配正义的分歧是如此基本和如此坚执以至于使得对于跨国分配正义原则的广泛支持成为不可能);社会分配自治(Societal Distributive Antonomy)(据此,不同社会都应该可以自由发展它们自己的分配正义原则)以及制度无能力观点(Institutional Incapacity View)(据此,国际制度目前没有能力取代个体国家以作为分配正义的权威性的裁断者和执行者)。下面依次考察每一种立场。〔56〕

〔55〕例如,参见 David Montgomery, 'Labor Rights and Human Rights: A Historical Perspective',载于 Human Rights, Labor Rights, and International Trade, ed. Lance A. Compa and Stephen F. Diamond (Philadelphia: University of Pennsyvania Press, 1996)。

〔56〕在此,我们并不考察更一般的观点,即,在人权之中,不存在任何种类的"积极的"权利,因为就其性质而言,权利纯粹是消极性的,它们仅仅由对于针对权利持有人的其他人行为的限制所组成,而不包括任何行动的义务。对于这种观点的批判性考察,参见 Kristen Hessler and Allen Buchanan, 'Specifying the Human Rights to Health Care',载于 Care and Social Justice, ed. Margaret Battin, Rosalind Rhodes, and Anita Silvers (New York: Oxford University Press, forthcoming)。

深分配多元主义。这是前文所述道德最小主义立场的一个变种，在此，它具体集中在分配正义而非一般道德原则方面。根据深分配多元主义，不同社会之间对于如何分配国家内部的资源的分歧是如此基本和如此坚执以至于跨国分配正义的实体原则不可能获得足够广泛的支持以便作为国际法要素而实际运行。作为一种拒绝跨国分配正义在国际法中的重要地位的理由，深分配多元主义的最明显的困难在于，认为不同社会间对于分配正义的争执是独特的和永远不可解决的，这种结论为时过早。一旦我们放弃了把不同社会文化看作是内部单一同质的且外部是不受渗透的社会撞球(billiard balls)的不现实图景，那么，我们为什么应该假定在迈向更大的社会间共识方面关于分配正义的价值(不像关于其他人权的价值)是不受影响固定不变的呢？此外，这主要还将取决于所建议的跨国分配正义标准严苛到什么程度。就保障每个公民有权获得"体面的最低"(decent minimum)或者"适当的水平"的资源的最低标准达成共识可能要比就更慷慨大度的或者更平等至上主义的标准达成共识容易得多。事实上，已经有证据表明存在更广的共识，即，在各种人权之中，至少存在着生存权。[57] 最终，在理性的解决或者至少在观点的趋同方面，关于分配正义的争执是否要比关于人权的一般争执更加固执得多，这是一个事实问题，这将由跨文化经验研究或努力缔造全球共识的成败来回答。

目前，不可知论是更合理的立场。鉴于通过发展全球经济以及通过一个正在演进中的全球公民社会而进行的文化间相互渗透是如此晚近的和尚未完成的现象，而且鉴于对分配正义的系统理论化目前仍然处于不成熟阶段，声称对于分配正义的社会间争执永远不可解决则为时尚早。正确完整地看待这个问题就是：仅仅是在九十年前，认为国家将会同意彻底禁止侵略战争的观点都会遭到嘲笑；几乎是

---

〔57〕Charter of the United Nations，1945 年 6 月 26 日通过，1945 年 10 月 24 日生效：重印于 International Law：Selected Documents (Boston：Little，Brown and Company，1995)，1－28；Universal Declaration of Human Rights，联合国大会于 1948 年 12 月 10 日通过：重印于 International Law：Selected Documents，381－6；International Covenant on Civil and Political Rights，联合国大会于 1960 年 12 月 16 日通过，1976 年 3 月 23 日生效：重印于 International Law：Selected Documents，387－403；International Covenant on Economic，Social and Cultural Rights，联合国大会于 1966 年 12 月 16 日通过，1976 年 1 月 3 日生效：重印于 International Law：Selected Documents，410－418；Convention on the Prevention and Punishment of the Crime of Genocide，联合国大会于 1948 年 12 月 9 日通过，1951 年 1 月 12 日生效：重印于 International Law：Selected Documents，419－421。

在五十年前，任何熟悉国际事务的人都会觉得相信国家竟会根据人权公约公开同意限制其内部主权是天真可笑的。

对于跨国分配正义在国际法中可能具有重要地位的一种不同的怀疑主义来自于可见的国际法律体系对于整个分配正义领域的漠不关心。对于国际法律体系的一些批评观点指出，它宽容了甚至便利了不公正，进而得出结论认为几乎没有什么理由认为分配正义在国际法中会被赋予重要地位。然而，切近一看国际法的整个范围则显示，公正话语以及在一些情形下的分配正义诉求远不缺乏。在题为《国际法与制度中的公正》的权威论著中，托马斯·M. 弗兰克对分配考虑占有重要地位的晚近国际法诸领域提供了系统的考察。尤其显著的例子包括：(1)多边补偿性融资（例如富国补偿穷国贸易伙伴商品价格损害波动的条约承诺）；(2)为处境最恶劣国家的经济增长和削减贫困提供补贴性贷款和信用的多边贷款机构；(3)对于调整大陆架、海床及其底土开发的条约进行的国际司法解释，这些条约诉诸于资源配置应该结合公平因素来决定，而这里的公平则被理解为对更贫穷国家的利益给予特别考虑；(4)关于外层空间和南极的条约承认它们属于全人类都有权受益的“共同遗产”；以及(5)环境协定规定各国有义务为了一般人类包括未来世代而保护资源。[58]

弗兰克的分析结果是，存在着越来越多的共识——具体体现在许多不同领域国际法和法律话语的实体内容之中——表明，分配正义不仅重要，而且一些政策和制度安排具有不可接受的不公正性。尽管不可能预测就任何这些领域之中分配正义的实体标准将会出现多大程度共识以及确保服从这些已经达成协议的原则的努力将会多么有效，但是，这些发展至少对这样一种主张提出了质疑，即认为国际法律体系的性质无可避免地对分配正义考虑怀有敌意。

弗兰克的例子大部分涉及到国际正义而非跨国正义。然而，关于国际正义的重要共识应该正在形成，而关于跨国正义的重大共识却并不可能，这看似好像不太可能。通过贸易协定特别条款或者对严重依赖特定商品出口的穷国提供补偿性融

〔58〕 Thomas M. Franck, Fairness in International Law and Institutions (New York: Oxford University Press, 1998).

资而对处境最恶劣者的需求给予特别考虑，这这种努力可能反映了对于处境最恶劣个人而非财政收入更低国家的需求的更加一般性的关注。还是这样理解为好：出于实践上的理由，国际正义领域一直要比跨国正义领域对于分配正义的考虑更加友好。鉴于目前的制度能力，确保就跨国分配正义原则达成共识并确保遵守这些原则可能更加困难，这部分地是因为，与弗兰克所描述的国际分配安排相比，跨国正义对于国家的资源主权提出了更直接的挑战。

**社会分配自治。**根据这种在迈克尔·沃尔策(Michael Walzer)著作中可以找到的观点，在国际法中没有跨国分配正义的余地，因为各国应该决定其各自内部的分配安排。[59] 根据沃尔策的观点，每一个独特的社会都致力于一种不断发展和修正其共享社会意义的过程，这种过程构成了不同的分配正义原则的基础，而且个人的身份认同和福利取决于他们在这种文化事业中的参与。个人从此过程获得的好处取决于该过程的完整性，而且，这进而又要求他们共享的社会意义应该在没有施加外来标准的条件下在他们自己中间形成。于是，整个跨国分配正义的研究就是不具有合法性的，因为它试图施加一种外部的分配正义概念，其结果就是，本土过程的完整性将会被削弱。

这种立场有几个严重的困难。首先，最明显的是，现存的国家边界与不同社会的成员身份并不总是甚至并不经常完全重合：大部分国家包含了许多不同的群体，结果，沃尔策描绘的发展一个国家边界内部单一人民的共享意义的单一过程的图景就是极端不准确的。

其次，鉴于全球经济和全球通讯的事实，发展共享意义的过程已经而且不可避免的受制于实质性的外部影响。如果这些更少受到控制的影响并不包含对于发展共享社会意义过程的破坏性干涉，那么，也可以同样说，采纳最低全球标准对于国内分配正义也不会产生破坏性影响。一切都取决于跨国分配正义原则的内容以及它们将如何得到发展和适用。

第三，在许多国家，一些个人(以及在一些情形下的少数人群)被禁止有意义地

---

〔59〕 Walzer, Just and Unjust Wars 以及 Spheres of Justice: A Defense of Pluralism and Equality (New York: Basic Works, 1983).

参与表述关于正义的共享社会意义的过程，而且，有时他们被禁止恰恰是因为他们缺乏参与所需要的物质资源，乃至缺乏参与所要求必须达到的最低健康和寿命所需要的物质资源。在许多情形下，少数人群体是如此严重的被剥夺了资源以至于它们既不能有意义地参与该国更大的文化过程，也不能维持它们自身独特的文化和参与它们自己的意义生成过程。在这些情形下，跨国分配正义最低标准——它将确保每个人都能分享一定的资源分额——恰恰将会有助于沃尔策假定将会受到跨国正义标准威胁的那些人的利益。沃尔策对于文化完整性及其带给个人的诸种善(goods)的强调是一个有价值的洞见，但是，它最好被看作是一种防止在设定全球标准中的文化不敏感的警告，而不是作为一种将跨国分配正义排除在国际法之外的结论性理由。

**制度无能力。**这种观点不像前面两种观点，它在原则上并不排除跨国分配正义的最低要求。相反，它认为，在目前条件下，以及对于可以预见的未来而言，国际法律体系缺乏制度资源，以便作为主要行动者来决定在一国内部的人们应该获得哪些分配正义义务并确保这些决定得到遵守。[60] 相反，只有个体国家具有制度能力以便作为各国内部分配正义的主要裁断者和执行者。

所需要的制度能力并不仅仅在于没有能力执行跨国分配正义原则。同样重要的是对于一国内部要求什么样的分配正义做出权威判断并且裁判这些要求的适用。[61]

除非一个人愿意采取激进立场认为整个人权制度化的目标都是被误导的，否则，这种观点的倡导者就必须有效论证，目前国际法的制度能力更适合于表述和执行针对禁止种族灭绝、酷刑与宗教歧视的权利以及其他基本公民和政治权利，而不适合于规定和执行跨国分配正义原则。否则，制度无能力观点就不仅排除了跨国分配正义而且也排除了国际制度在确保任何种类正义中的任何重要地位。

为了令人信服地论证制度无能力排除了跨国分配正义而不排除对于其他人权的保护，就必须认为监督服从各国内部分配正义原则的任务极端令人畏惧，如果仅

---

〔60〕Thomas Christiano, 'Democracy and Distributive Justice', Arizona Law Review, 37(1995), 65-72.

〔61〕同上。

仅因为对作为整体的不同社会进行分配正义判断要求关于这些制度的运行的非常复杂的经济数据和细节知识。决定一个特定政府在过去一年里是否从事了五十例以上的酷刑，或者它是否监禁了持反对立场的媒体出版人士，这可能更加简单。国际法律秩序只是在近期才开始发展出这些相对更加简单的制度结构来监督基本公民和政治权利。它还远远不能确定全面的跨国分配正义原则是否正在被有效实施。

另一方面，制度能力观点的合理性可能取决于相关的分配正义原则的内容。这样，例如，一项要求社会所有成员都拥有充分资源以满足生存需要的原则，就不能象一项更强有力的原则那样遭受制度能力观点提出的那种反对。

不像深分配多元主义和社会分配自治，制度能力观点承认跨国分配正义原则最终可能在国际法中占具重要地位。因此，它承认跨国正义原则的推理是国际法理想道德理论的一个正当的组成部分（与此同时，也承认至少就目前而言跨国分配正义将不会在非理想理论中占有重要地位）。同样重要的是，仍然不像深分配多元主义和社会分配自治那样，制度能力观点与承诺努力试图建设为使跨国分配正义成为现实所需要的制度能力之间是可协调的。

在下一节中，我们考察在（涉及到适用于国家间关系之正义原则的）国际正义领域中可得的主要理论选择。这些包括分配正义原则，也包括其他类型的原则，包括那些确定哪些实体应该被承认为国家的原则，以及那些规定为了帮助确保各国遵守在对待自己公民方面的跨国正义要求而进行的人道主义干涉的可义务性或者可允许性。

## 五、国际正义

**国际分配正义。**我们早些时候指出，分配正义问题必须被置于国际法规范理论的两个主要分支——跨国正义和国际正义——的每一个之下进行考察。跨国分配正义涉及就其作为国际法适当考虑而言的同一国家的成员之间的资源正当分配问题。国际分配正义涉及国家之间或者生活在不同国家的人们或群体之间的资源正当分配问题。国际分配正义问题可以通过区分两种不同的国际分配正义义务基础的方式得到说明。

这种区分是在以跨国交往作为义务基础的国际分配正义理论与那些不以此为

基础的国际分配正义理论之间做出的。根据交往主义的观点，分配正义的义务仅仅产生于那些从事彼此合作的国家之间。[62] 这样，国家之间可能存在国际分配正义原则，这仅仅是因为，作为一个事实问题，它们之间存在跨国合作交往。

一个交往主义理论的变种则不仅强调在观念上存在着跨国合作，而且强调这种合作发生于全球基本结构——即罗尔斯所谓单个社会的基本结构[63]的国际类比物——内部。全球基本结构必须依据分配正义原则调整，其原因与罗尔斯所说个体国家基本结构必须受到分配正义调整的理由相同，亦即，因为它对个人和群体前景的影响是普遍的、深远的、持久的，而且，在很大程度上，这是一个不可以选择的问题。强调存在全球基本结构的交往主义者认为，最基本的分配正义原则必须包括用以调整全球基本结构的原则，或者，用罗尔斯的话说，全球基本结构是正义的首要主题(primary subject)。正如在单个国家情形下由于基本结构的影响是深远的和系统性的因而指导个人行为的原则将不足以实现分配正义一样，国际分配正义也需要包括调整全球基本结构的原则。

相反，非交往主义者(the Non-interactionist)则认为，即使不存在跨国交往，也依然存在国际分配义务。这种非交往主义分配正义领域观点的最明显的基础是一种强有力的罗尔斯版本的正义的自然义务(the Natural Duty of Justice)观点，即，认为存在着一般性的道德义务确保所有人都有机会使用正义的制度。如果存在这样一种义务，而且如果正义制度包括了分配正义原则的实施，那么，国际分配正义就并不取决于合作交往的事实或者不取决于全球基本结构的存在。

强有力的正义自然义务(the Robust Natural Duty of Justice)也许是基于某种更根本的人人有权得到平等考虑的原则。这种直觉性的观点认为，平等考虑不仅要求我们不得侵犯人的权利，而且，要求我们积极行为帮助确保所有人都有机会使用那些保护他们权利的制度。[64] 严格的自由至上主义(libertarianism)之外的所

---

〔62〕Beitz, 'International Liberalism and Distributive Justice'.

〔63〕Rawls, A Theory of Jusitice.

〔64〕对于强有力的正义自然义务的捍卫，参见 Allen Buchanan, 'The Morality of Inclusion', Social Philosophy and Policy, 10 (1993), 233 - 257 以及 'Justice, Charity, and the Idea of Moral Progress'，载于 Giving: Western Ideas of Philosophy, ed. J. B. Schneewind (Bloomington, Ind.: Indiana University Press, 1996)。

有自由主义理论都认为，平等考虑每个人，这要求所有人都有机会获得至少是为有意义选择或者有效行使基本权利所要求的少量资源。如果真是这样，那么，强有力的正义自然义务就要求我们有义务帮助创建为实现所有人的分配正义所需要的制度。这种做法的最好实现方式是通过对于跨国分配正义的国际支持还是通过国际分配正义制度，这将部分地取决于个体国家是否被认为仍然是分配正义的首要主体。如果国家被认为是分配正义的首要主体，而且如果情况表明一些国家不拥有足够的资源来满足跨国分配正义原则，那么，强有力的正义自然义务将要求建立一些制度从富国向穷国再分配资源，换句话说，就是创立一种国际分配正义机制。

查尔斯·贝茨(Charles Beitz)的观点综合了交往主义与非交往主义的成分。尽管他强调现有全球交往程度足以成为跨国分配正义义务的基础，但是，他也相信，即使不存在国际交往，正义也仍然要求进行国际再分配以改善不同国家的个人之间在资源上的不平等。然而，应该指出，尽管贝茨明确相信存在着并不取决于合作交往的分配正义义务，但是，他并未清楚地表明他在支持强有力的正义自然义务方面的观点。然而，除非假定一些类似强有力的正义自然义务的事物，否则，就很难看出在缺乏合作交往的情形下正义义务的基础是什么。

交往主义的另一个变种应该被区分开来。托马斯·博格(Thomas Pogge)没有将分配正义的义务建立在交往的事实或者全球基本结构存在的本身上，而是建立在不得伤害的义务上。[65] 根据这种观点，从国际正义的角度看，全球基本结构的存在是值得注意的，但这仅仅是因为它创造了通过我们参与其中而对他人造成伤害的机会。

博格明显相信，以这种方式为国际正义打基础是更好的，因为，防止伤害的义务是一种比施惠他人的义务更加严格的或者更加明显有效的义务。然而，这种论辩策略的选择是有其代价的。它的第一个困难就是，全球基本结构是如此极度复杂以至于说我们在与世界上所有其他人"交往"在程度上就相应地极其薄弱了。而且，因为"参与"全球基本结构是如此薄弱，所以，参与伤害的程度也就相应地更成问题了。于是，即使能够表明特定的个人正在受到全球结构运作的伤害，但是，作

〔65〕 Pogge, Realizing Rawls *以及*'An Egalitarian Law of Peoples'.

为发生在全球基本结构内的无数复杂交往的结果，要想证明任何特定个人要对其他人遭受的伤害负责，这就要更加困难得多。在一些情形下，也许可以合理地将伤害的原因归于那些在全球结构中处于巨大权力地位的人们，例如世界上最有权力的大国的领导人，或者诸如世界银行这样的全球金融机构或者多国公司的领导人，但是却更难主张普通人通过参与全球基本结构而给他人造成了伤害。其次，在现有全球基本结构是"唯一选择"(the only game in town)的程度上，说我们的参与是自愿的就可能是误导性的；然而，看起来自愿性却是责任的前提条件。第三，如果分配正义的义务纯粹是否定性的即不得伤害的义务，那么，分配义务的范围就可能非常有限。充其量，也就是境况好的有义务确保境况差的不比他们缺席全球基本结构情形下的境况更糟。[66]

博格观点的最后一个困难是值得注意的。在任何交往机制——无论多么公正——中，一些个人都将受到伤害。例如，仅仅是由于运气不好或者由于自身可怜的判断力或者由于市场需求的波动，我可能遭受了经济利益的挫折，这是因为我选择了错误的职业或者购买了错误的股票或者我可能丢掉了我的工作(而这个工作给了一个资质更好的人)。但是，并非所有这些伤害都是不正义(或者罪错)。因此，博格试图将国际分配正义建立在不得伤害的义务上就严重地不完整了，除非能够提供对于不公正伤害的描述。然而，要想在不公正伤害与那些并不构成罪错(wrongs)的伤害之间做出区分，就需要一种正义理论，这可能包括对于作为一个公正分配问题人们有资格主张什么的描述。于是，问题就产生了：如果这种对于分配正义的描述是可以做到的，那么，为什么不直接诉诸这种分配正义描述反倒诉诸更成问题的通过参与基本结构而引起伤害的概念呢？

把强有力的正义自然义务作为国际分配正义义务基础的非交往主义观点则避免了这些困难。它既不需要一种能够表明所有人都是——产生每个人对所有人的分配正义义务的——全球合作机制的某种有意义的参与者的参与理论；它也不需要一种把数十亿人之间的极其复杂的间接交往模式作为个人分配义务基础的伤害

〔66〕参见 Liam B. Murphy, 'Institutions and the Demands of Justice', Philosophy and Public Affairs, 274(1998),251－291。

责任描述。相反，对于非交往主义者而言，关键的任务是令人信服地论证，平等考虑每个人不仅要求不去侵犯他们的权利而且要求有所作为以确保所有人都有机会使用那些将确保他们权利得到保护的制度。这种观点的基础在于，它认为在如下两个方面存在着深刻的矛盾，即，既认为平等考虑每个人要求不得侵犯他们的权利——即使这样做要付出很大的代价，同时却又拒绝承认平等考虑要求做出任何努力以确保人的权利受到保护以免遭受他人侵害。

也许，国际分配正义的非交往主义进路的更为困难的任务是提供一种令人信服的对于强有力的正义自然义务范围的描述以便阐述其具体意义。特别是，必须深入说明，为了在建设国际分配正义制度的多代事业中与她的同伴公民合作，个人被要求做出什么亦即她必须承担什么成本。在缺乏国内与国际制度具体规定和公正分配为了给所有人提供使用公正制度的机会所承担的负担的情形下，或许就不可能具体确定这种自然义务的范围。任何特定个人在此方面应该做出什么，这将部分地取决于能够做出什么，而能够做出什么又将取决于现有的制度资源。如果对于发展有效的国际分配正义制度的前景极度悲观，那么，就可能得出结论认为，在可预见的未来，强有力的自然正义义务在国际层面并不适用，至少就分配正义而言是如此。相反，也许可以认为，实现平等考虑每个人的原则——强有力的正义自然义务以此原则为基础——的最好方式就是通过私人捐赠努力改善最贫穷人口(中的一些人)的境况。

**分离和自决。**早些时候，我们主张，至少就土著人民而言，当这些自治权利被需要用来恢复被不公正地摧毁了的自治制度或者帮助矫正过去对于土地的不公正的剥夺或者防止侵犯个人人权或者减少过去侵犯个人人权的持续有害效应的时候，就存在着令人信服的理由需要对于自治权的国际支持。在其最极端的形式上，自治意味着独立的国家。国际法道德理论的最基本最困难的问题之一就涉及到分离应该具有什么样的法律地位。如果国际共同体承认一个群体从现存国家分离的合法性，那么，分离主义的实体就被赋予了国家体系中的完全充分的成员地位，具有所有那些为国家所拥有的独特的权利、特权和义务特征，而且，有权与其他国家从事平等交往。由此，对于分离的国际法律反应提出了国际法道德理论的第二个主要分支领域——国际正义——的最根本的问题，国际正义就是指那些规定因其属于不同国家成员而在个人或实体之间产生的而且应该被国际法所承认的权利和义务的正义原则。

**现行国际法上分离的地位。**根据国际法学者中的多数观点，目前并不存在分离的国际法权利，除非是在两个相当具体的情形下：(1)可以称为殖民化的经典情形，亦即当一个海外殖民地获得自身解放而脱离了宗主国的控制时，以及(或许)(2)重申曾经通过侵略行为而被外国国家军事占领的领土主权。[67] 有人可能增加第三种情形：当一个种族的(或者宗教的)群体被拒绝有意义地使用和参与政府治理时。在此，所谓"权利"意味着一种"请求——权利"(claim-right)：说一个群体有权分离意味着(1)它们被允许在它们目前所在的国家领土的一部分上分离出去并试图建立它们自己的独立国家，以及(2)其他国家包括它们所在的国家有义务不去干涉这种努力。

在此，重要的是注意到，这种关于国际法上分离的地位的观点仅仅涉及所谓的单边(或者非协商共识的)分离。国际法上没有什么禁止经由自由谈判的协议允许在分离主义者与其所在国家之间的分离，正如 1905 年挪威从瑞典分离时的情形那样。国际法也不排除依据宪法条款进行的分离。[68]

有些法律学者最近主张，国际法尽管仅仅包含了一种在上述狭义情形下的分离(请求)权，但是，它也并没有包含对于分离的明确禁止。他们进一步认为，既然在国际法上不被禁止的就是被允许的，那么，分离就是可允许的，也就是说，存在着霍菲尔德(Hohfeld)所谓的分离自由权(liberty-right)，尽管不是一种分离请求权(claim-right)。[69] 根据这个观点，可以推论，如果国家抵制分离，它将不会违反任

---

〔67〕Antonio Cassese, Self-Determination of Peoples: A Legal Raappraisal (New York: Cambridge University Press, 1995)以及 Hannum, Autonomy, Sovereignty, and Self-Determination。

〔68〕参见 Constitution of the Federal Democratic Republic of Ethiopia, 1994. The Federal Democratic Republic of Ethiopia. 见于 http://www.ethiopar.net/English/cnstiotn/consttn.htm; ICL 2000 Constitution of the Former Soviet Union, 1977. Wuerzburg University and Charter 88. 见于 http://www.uni-wuerzburg.de/law/rl00000_.html; Political Database of the Americas 1999 Saint Kitts and Nevis Constitution, 1983. Georgetown University and the Organization of American States. 见于 http://www.georgetown.edu/LatAmerPolitical/Constitutions/Kitts/stkitts-nevis.html. 重要的是区分根据明示的宪法条款的分离、与宪法条款相协调的分离以及根据宪法修正的分离(正如一项近期的加拿大最高法院的参引判决所表明的)。参见 Reference re Secession of Quebed, 1998, 2 S.C.R。

〔69〕Franck, Fairness in International Law and Institutions.

何国际法要求，即使国际法并不禁止分离主义者从事分离活动。

国际法在经典去殖民化或者军事占领情形以外的分离情形上的模糊或沉默并不仅仅是一个理论上的缺陷。对于南斯拉夫解体以及晚近对于车臣分离战争的混乱的和无效的国际回应表明的不仅是缺乏政治意愿而且也是缺乏原则共识。在南斯拉夫的情形中，西方大国在下述两种情形之间摇摆不定：申明该冲突属于内部争端，因此，根据国家主权的面纱，受到保护免于干涉；试图通过把关于领地保有（ius possidetis）的国际法原则相当不合理地适用于完全不同于该原则以前被承认的情形来约束看起来不可避免的解体过程。领地保有原则——据此，边界只有根据协议才可改变——为现存国家的领土完整提供了国际法上的基础。这个原则在南美去殖民化过程之中被援引，而且，随后在 1960 年代和 1970 年代非洲去殖民化时期被非洲统一组织所重申。在南斯拉夫的例子中，该原则不是被适用于殖民国家的边界而是被适用于一个自治联盟的内部边界。[70]

一部杰出的论述南斯拉夫解体的著作的标题把国际反应描述为"意志失败的胜利"，而且，这毫无疑问是真实的。[71] 然而，假设其他一切不变，那么，一种由健全原则指导的意志以及，更加重要的，能够被给予好理由的原则，可能更加连续。

在过去十年里，论述分离的规范文献有了显著增加。[72] 这种作品绝大部分集中于作为单边道德请求权（claim-right）的分离权，而非集中于具体表述具体的分离

〔70〕Misha Glenny, The Fall of Yugoslavia: The Third Balkan War (New York: Penguin, 1992); James Gow, Triumph of the Lack of Will: International Diplomacy and the Yugoslavia War (London: Hrust, 1997)；以及 Susan L. Woodward, Balkan Tragedy: Chaos and Dissolution after the Cold War (Washington, D. C.: Brookings Institution, 1995)。

〔71〕Gow, Trumph of the Lack of Will.

〔72〕Beran, The Consent Theory of Obligation; 'A Liberal Theory of Secession'; Buchanan, Secession; 'Theories of Secession'; David Copp. 'Do Nations Have the Right of Self-Determination?' 载于 Philosophers Look at Canadian Confederation, ed. Stanley French (Montreal: Canadian Philosophical Association, 1979); Couture et el., Rethinking Nationalism; Omar Dahbour and Micheline R. Ishay (eds.), The Nationalism Reader (Atlantic Highlands, NJ: Humanities Press International, Inc., 1995); McKim and McMahan, The Morality of Nationalism; Moore, National Self-Determination and Secession; David Philpott, 'In Defense of Self-Determination', Ethics, 1052(1995), 352–385; Yael Tamir, Liberal Nationalism (Princeton University Press, 1993)；以及 Christopher Wellman, 'A Defense of Secession and Political Self-Determination', Philosophy and Public Affairs, 24(1995), 357–372。

权在什么条件下可以通过协议产生或者通过宪法条款创设。[73] 在绝大部分情形中,其对国际法的暗示则完全不清楚。[74]

**分离的理论。**(单边)分离的道德理论可以分成两种主要类型:单纯救济权理论和基础权利理论。[75] 单纯救济权理论把分离权理解为类似于革命权,正如后者在主流的自由主义革命理论所被理解的那样:作为一种对于持续的和大规模的不正义的最后诉诸的救济。革命旨在推翻政府;分离旨在把国家领土的一部分从其控制之中分裂出去。(单边)分离权的单纯救济权理论和主流革命权的自由主义描述的共同之处在于,在这两种情形下,权利仅仅存在于严重的不正义状况之中。不同的单纯救济权分离理论提供了对于在何种不正义的条件下分离是适当救济的不同描述。在这种理论中,一个主要的分歧在于如下两类理论之间:一类理论承认只有种族灭绝或者大规模践踏大部分基本人权才足以证明分离的合理性(除了经典的殖民化何不正当的军事占领或者吞并之外);一类理论也承认国家对于国内少数人群体或者土著人民内部自治的侵犯或者国家没有承认有效的内部自治请求也足以证明分离的合理性。

重要的是指出,单纯救济权理论仅仅涉及在什么条件下存在单边分离权。它们与对谈判或依据宪法分离的非常自由宽松的立场是协调的。在那种意义上,单纯救济权理论并不象其乍看起来那么保守。

相反,基础权利理论对于(单边)分离权则持一种更加自由宽松的观点。不同的基础权利理论的共同之处在于,它们都拒绝认为单边分离权仅仅作为一种对于不正义的救济而存在。基础救济权理论分为两种主要类型:归属主义理论(Ascriptive Theories)和全民投票理论(Plebiscitary Theories)。归属主义理论认

---

〔73〕 Buchanan, 'Theories of Secession'; Norman Wayne, 'Secession and Constitutional Democracy', 载于 Democracy and National Pluralism, ed. F. Requejo (New York: Routledge, forthcoming);以及 Cass Sunstein, 'Constitutionalism and Secession', University of Chicago Law Review, 58 (1991), 633-670。

〔74〕 布奇黑特(Buchheit)是一个较早的例外,但是,他的观点主要涉及到法律是什么而非提供一种系统的道德分析。参见 Lee C. Buchheit, Secession: The Legitimacy of Self-Determination (New Haven: Yale University Press, 1978)。

〔75〕 参见 Buchanan, 'Theories of Secession'. 对于采用不同术语但做出了类似的区分,参见 Moore, National Self-Determination and Secession 以及 Norman, 'Secession and Constitutional Democracy'。

为，某些其成员是按照有时所谓的归属特征予以界定的群体具有（单边）分离权，这仅仅是因为它们是这类群体。归属特征包括属于同一民族或族群或者属于一个"独特的人民"(distinct people)。（这些特征被称为归属性的，因为它们被归属于个人，而独立于他们的选择。）最普通的归属理论形式认为，民族具有自决权包括（单边）分离权。〔76〕

相反，全民投票（或者唯意志主义或群体联合）理论主张，如果居住在其中的多数人选择分离，那么，一个地区就可以分离，而不管它们是否被任何渴望独立以外的特征——包括任何归属性的特征——所统一起来。归属主义和全民投票理论的共同之处在于，它们并不要求不正义作为单边分离权的一个必要条件。然而，这两种基础权利理论都承认不正义也可能构成单边分离的一种正当理由。基础权利理论并不是唯基础权利理论；它们承认分离是一种救济。

在此，无法对主要类型的分离的道德权利理论做出全面性的比较评价。〔77〕相反，我们将仅仅试图找出这两种类型理论的优点和弱点，并且，假设这些理论被认定是为国际法律制度如何因应分离而提供了指导，特别是假设它们被认定是对"国际共同体应该在什么条件下承认一个分离主义实体为一个新国家"这个问题提供了答案。换句话说，我们把单纯救济权理论和首要权利理论作为对于国际法律秩序应该如何因应分离问题的规范描述而进行评价，并且假定它们提出的原则将在建构国际法全面规范理论的原则体系内得以制度化。

正如李·布里梅耶(Lea Brilmayer)所正确强调的，分离不仅是一个新的个人之间政治联合的形成，它是一种领土的取得，并且伴随着一种对于那个领土拥有主权的请求。〔78〕因此，各种竞争性的分离理论应该被看作是为一个群体要想对一块同时包括在现有国家领土范围内的领土拥有主权请求则需要符合什么条件提供了替代性的不同描述。正如我们将会看到的，一些对基础权利理论的最严肃的反对

〔76〕Couture et al., Rethinking Nationalism; Moore, National Self-Determination and Secession; Peerecy B. Lehning (ed.), Theories of Secession (New York: Routledge, 1998)；以及 McKim and McMahan, The Morality of Nationalism。

〔77〕Allen Buchanan, 1998 'The International Institutional Dimension of Secession'，载于 Theories of Secession, ed. Lehning and Moore, Introduction to National Self-Determination and Secession.

〔78〕Brilmayer, 'Secession and Self-Determination'。

意见质疑了它们所做描述的说服力，即，究竟是什么赋予了一个国内群体对该国领土的一部分拥有主权请求权。

**单纯救济权理论。**这种理路承认一个分离主义群体至少可以通过两种方式拥有必要的领土请求权：(1)重申对于它们原来拥有主权但却被不公正地剥夺了的领土的请求权(正如1991年波罗地海诸共和国从苏联的分离)；或者(2)作为利用最后诉诸的救济以反对严重和持续的不正义(诸如人权践踏或者该国违反了据以赋予特定群体某种形式的国内自治的协议)的结果而开始拥有了对于特定领土的主权请求权。在前者情形中，领土请求权的基础是直接的：分离主义者仅仅是在主张原本属于它们而且国际法也承认是它们的领土。然而，当考虑到如下两个问题时，这个问题就变的更加复杂了：(1)有关实体的主权在被吞并时是有争议的吗？(如果是这样，那么，鉴于缺乏权威的国际司法机构裁判这个问题，这里对于丧失了的领土的请求权在这种程度上就是成问题的了。)(2)正当性的稳定占有的利益支持对于主权领土不公正取得的时效法规吗？并且如果是这样，那么，如何确定它的持续期限？

在后者情形中，单纯救济权理论开始假定现有国家对于它们的领土具有有效的请求权，但是最后却认为在面对对于一个国内群体的持续性的严重不正义而且除非诉诸分离否则就不能得到救济的情形下该国对领土的请求权就必须是从属性的。这里直觉的观点就是，国际正义对国家施加了首要义务保护其所有公民的人权，而且，如果该国不能或不愿履行其义务，那么，即使其对自己领土的请求权也可能被废止。[79] 这样，当能够确保该国领土内一个受迫害群体的根本人权得到尊重的唯一救济就是分离的时候，国家领土请求权的有效性就不能被维持下去了。[80]

单纯救济权理论进路对于国家和政府做出了基本的区分。如果一个政府侵犯了一个生活在该国领土上的公民群体的根本人权，那么，作为一种最后诉诸的救济，那个群体就可以分离。但是，这仅仅意味着，这个政府对于该群体的深重的不正义可以使得该国对那部分领土的请求权无效。这个政府的不公正行为并不使得

---

〔79〕Buchanan, ‘Recognitional Legitimacy and the State System’.

〔80〕注意这里需要另外一个条件，即，该国也必须满足其在对外关系上的最低正义标准。同上。

该国对于其领土的其他部分的请求权无效。这种对于分离主义者的领土请求权基础的理解是有吸引力的，因为，它避免了这样的不可接受的印象，即，一个坏政府的行为损害了这个国家的合法性。这种看法是不合理的，因为，它将对作为整体的人民施加不公正的惩罚，即使他们反对这个政府的不公正的政策。领土分离的损失是对作为整体的该国人民的损失，但是，它的正当理由在于分离是对于那些已经遭受严重不正义的人们的最后诉诸的救济。受害群体利用这种救济的权利并不影响该国对其领土剩余部分的请求权。

鉴于分离将会激起大规模暴力和引起严重的政治不稳定的倾向，单纯救济权进路的优点就在于，它对单边分离施加了重大限制，即，要求存在对于分离主义者的严重的和持续的不公正。在这种程度上，它直觉地把握到，诸如革命之类的非协商共识的国家解体是一个严肃事件，它要求具有重大的正当理由。单纯救济权理论的另外一个优点在于，它看起来提供了正确的激励，即，公正的国家免遭法律允许的单边分离而且有权得到国际支持以便维持充分的领土完整而反对分离主义的威胁。另一方面，正如该理论所要求的，如果国际法承认作为对于严重和持续不正义的最后救济的单边分离权，那么，这将激励各国更加正当地行事。

然而，一些批评人士抱怨道，单纯救济权理论偏见性地支持现状，因为，它要求为了证明单边分离为正当则分离主义者必须遭受冤屈。如果单纯救济权理论能够与就什么给予了国家首先具有有效的领土请求权的有力描述相协调，那么，这个反对意见就能够得到回答。[81]

其他批评人士则抱怨道，单纯救济权理论令人困扰，它与大多数寻求自决的群体的问题无关，因为，在大部分情形中，是民族主义而非不正义的冤屈本身燃起了对于自决的追求。[82] 回应这种反对意见的关键在于指出，单纯救济权的分离理论仅仅是一种(单边)分离权理论而非一种全面的自决理论。除了成为独立国家之外，还有非常广泛的体现不同自治程度和自治维度的自决安排。最终，单纯救济权分离理论的合理性取决于把这种理论整合到一个全面的而且给予民族性诉求以适

---

〔81〕关于提供对有效的领土请求权的必要描述的努力，参见 Buchanan, 'Recognitional Legitimacy and the State System'。

〔82〕Moore, Introduction to National Self-Determination and Secession.

当地位的自决理论之中。

在我们看来，实现这种整合的最合理的努力涉及到把分离权与国家内部的自治问题分解开来。这种方法可以被称为"孤立和扩展策略"：单边分离权被孤立出来作为一种相当有限的权利，被理解为对于持续践踏基本权利的一种最后诉诸的救济；而对于扩展各种国内自治机制国际法将采纳一种更加宽松的和支持的立场，以适应于不同问题的紧急情势。[83] 根据这种孤立和扩展策略，对于所谓自决权的谈论就是误导性的和非建设性的，这部分地是因为它鼓励这样一种观点：如果一个群体有权获得某种形式的自决，那么，它因此也有权选择最极端形式的自决即独立国家。

将分离权与群体所具有的各种形式国内自治的合法性利益分解开来，这可能是解放性的。一方面，它可以允许有关群体得到它们想要得到的东西而又不存在卷入分离的风险。另一方面，它可能使得各国更愿意接受合法性的自治请求，如果它们相信它们能够回应这些请求而又不会隐含地支持分离权。

单纯救济权方法不必拒绝民族独立请求权，它仅仅拒绝更强的民族本身具有单边分离权的主张。在许多情况下，那些遭受最严重和持续不正义的群体事实上就是一些民族而且这些民族将被单纯救济权理论赋予分离权。在这种程度上，所谓单纯救济权理论忽视了民族主义自决运动的现实的说法就是不准确的。但是，或许更重要的是，当它被适当整合进入孤立和扩展策略的时候，单纯救济权理论就将为分离以外的各种民族自决模式提供原则支持。如果这能够得到实现，那么，单纯救济权理论就将避免一种对于归属主义理论的主要反对，亦即这样一种事实：由于将每个民族都有权建立自己国家的原则予以合法化所最可能产生的暴力，归属主义理论最可能产生不可接受的代价。然而，既要把单边分离权限制在救济性的情形，同时又要对各种群体包括那些作为民族的群体什么时候应该被国际法承认有权获得除了分离之外的自治权提供一种全面的原则描述，这样的理论目前还不存在。只有当它能够成功地与这样一种理论整合在一起，单边分离权的单纯救济权理论才能

---

[83] Buchanan, Secession; Morton H. Halperin, David Scheffer, and Patricia L. Smail, Self-Determination in the New World Order (Washington: Carnegie Endowment for International Peace, 1992); Hannum, Autonomy, Sovereignty, and Self-Determination 以及'Rethinking Self-Determination'。

够充分令人满意地回应这样的指控：它忽视了许多实际分离主义运动的民族主义品格。

**全民投票(基础权利)理论。** 全民投票理论的吸引人之处在于，它们看起来使得边界的确定成为一个选择问题或者更准确地说成为一种多数票决的问题；在这种程度上，它们蒙恩于流行的民主理论。然而，鉴于单边分离所蕴涵的危险之处，远不清楚的是，在没有任何冤屈遭遇的情形下，单纯居住在一国部分领土上的多数人渴望独立的事实是否应该足以给予它们单边分离权。更具体地，为什么应该认为单纯居住在一国部分领土之上的事实就赋予了这些人通过多数票决不仅决定改变他们自己的公民身份而且决定剥夺其他人(即非分离主义者)目前的公民身份进而在没有获得碰巧生活在该有关地域外的该国公民的任何同意的情形下就剥离了该国领土的这一组成部分。

根据居于自由民主的国家概念之核心的大众主权学说，国家领土被适当地理解为作为整体之该国人民的领土而不仅仅是在特定时刻碰巧居住在那里的人们的领土。但是，如果是这样的话，那么，就很难理解为何单纯居住在该国人民领土特定部分的公民多数渴望(建立)他们自己国家的事实就能够赋予这些人在没有任何冤屈遭遇的情形下就为了他们自己而单边将这块领土据为己有。那么，全民投票理论的弱点就在于它对于什么构成了分离主义者领土权基础的描述上。这是一个严重缺陷，而且，当回想到根据全民投票理论分离得以发生的国家可能是相当公正的的时候，这就变的更加明显了。作为一种对于什么构成了有效的领土请求权基础的一般描述，全民投票理论实际上看起来是不合理的：领土请求权将随着多数人的产生和消失而随之产生和消失。但是，除了该概念使得国家边界易于遭受非常之不稳定这样明显的问题之外，为什么碰巧属于现有国家之某一领土上的多数人的特定人民的渴望就应该产生一种领土请求权，这仍然是一个待解之谜。

另外一种对于全民投票版本的首要权利理论的反对意见(除了其他人之外)已经被艾伦·布坎南(Allen Buchanan)和唐纳德·霍洛维茨(Donald Horowitz)所提出。对于全民投票的单边分离权的国际法支持将最可能挫伤通过非集中化包括各种形式的联邦主义和联合主义(consociationalism)来减少国内冲突的策略。如果国家领导人知道对于任何能够聚集成为多数以支持该国领土任何部分的分离的群体而言分离都将被认定为国际法上的权利，那么，他们就不可能愿意接受任何非集中化的建议。他们将把非集中化看作是迈向分离的第一步，因为国内政治单位的创建会为将来的全民投票分离提供基础。[84] 此外，对于全民投票单边分离权的承认将会鼓励不合理的移民进入。那些不希望冒险失去部分领土的国家(包括大多数——如果不是全部——国家)将有强有力的理由限制那些可能导致一国部分领土上分离主义多数形成的移民进入(或者内部移民)。

我们早些时候指出：有人发现全民投票(基础权利)理论具有吸引力，因为它们看起来体现了民主原则。[85] 然而，认为忠于民主就要求接受全民投票理论的想法则是错误的。[86] 特定政治边界内部的民主治理的正当理据并不支持所谓边界可以仅仅因为多数票决而重新划分的主张。对于民主治理，有两个主要的正当理据。第一，从平等尊重每个人或者平等考虑每个人的利益的角度看，民主具有自身内在的价值。这里的核心思想就是，每个人的基本道德平等要求他们在那些决定其政体品格的最重要的决定上具有平等的发言权。[87] 然而，很明显，这种论证民主的理由并不意味着决定是否分离的决策应该由现有国家领土之一部分上支持分离的多数单边决定而反对由该国全体公民之多数来决定。

第一个论证民主的主要理由告诉我们，所有作为一个特定政体成员的人们——亦即所有那些必须生活在决定社会生活根本品格的规则体系之下的人们——在决定那些规则是什么的问题上都应该具有平等的发言权。但是，民主统治原则不能告诉我们该政体的边界应该是什么，因为，为了实施民主统治，我们就必须已经固定了该政体的边界。民主治理权是一项规定了同一政体成员之间平等关系的原则，而非一种决定政体成员身份或其边界的权利。

第二个论证民主的主要理由是工具性的：它认为民主治理往往促进重要的诸

---

〔84〕 Buchanan, 'Theories of Secession'; 'Federalism, Secession, and the Morality of Inclusion'; 以及 Donald L. Horowitz, 'Self-Determination: Politics, Philosophy, and Law', Nomos, 39(1997), 421 - 463.

〔85〕 Philpott, 'In Defense of Self-Determination'.

〔86〕 本段剩余部分和下一段的内容摘自 Buchanan, 'Democracy and Secession'。

〔87〕 Harry Brighouse, 'Against Nationalism', 载于 Rethinking Nationalism, ed. Couture et al.; 以及 Thomas Christiano, Rule of the Many: Fundamental Issues in Democratic Theory (Boulder, Colo.: Westview Press, 1996)。

多善(goods),包括和平、自由和幸福。再一次地,民主正当理由的力量在很大程度上取决于假定所谓被证明为正当的事物就是一个政体的决策过程,即经由多数票决来决定该政体的根本规则。特别地,这种主张就是,如果所有公民都被允许表达他们的偏好至少是对那些影响所有人的根本问题的偏好,那么,公民幸福就能得到最好的促进。这种论断明显不能支持所谓只有某些公民——亦即那些该政体特定组成部分上的公民——应该能够单边决定影响该政体所有公民的事务的主张。由此,它不能支持(单边)分离权的全民投票理论。

正如某些论者所指出的,更重要的是,对于全民投票(单边)分离权的承认事实上可能削弱民主并且进而损害那些为民主提供工具性理由的诸多善。[88] 正是这种宪政民主的思想强调民主决策并不适合于所有类型的决策,而且,宪法条款(包括固有权利、司法审查,等等)界分了民主决策的适当领域。一个重要的宪法设计目标就是帮助确保公民将会致力于真正的民主商谈,而且确保导致投票决策的公共讨论将尽可能体现为原则对话(principled dialogue),其中,策略行为和无原则的应对将被最小化。[89] 同样重要的是,宪法条款能够帮助确保公民有激励投入到艰难的商谈民主事业之中。然而,如果从国家"退出"能够为地理上集中的多数人在没有冤屈遭遇情形下通过多数决投票单边地实现,那么,就无法避免这样的倾向,即从事各种策略行为,而不再付出艰难努力来通过原则商谈说服他人。一个没有得到满足的少数就可能通过仅仅单边地重新划分政治边界,以排除那些他们与之有分歧的人们,来避免要求甚高的建设性地"呼吁"他们的不满的任务。或者,他们可能使用"退出"威胁作为一种令多数人的决策无效的策略交易工具。全民投票单边分离理论的实施(而非作为民主理论的适用)在某些情形下可能削弱民主的实践。

尚不清楚的是,这种宪政主义论辩是否表明全民投票(单边)分离权与商谈民

---

〔88〕 Buchanan, 'Theories of Secession';以及 Sunstein, 'Constitutionalism and Secession'。

〔89〕 Joshua Cohen, 'Deliberation and Democratic Legitimacy',载于 The Good Polity, ed. Alan Hamlin and Phillip Petit (London: Blackwell, 1989); 'Procedure and Sbustance in Deliberative Democracy',载于 Democracy and Difference: Changing Boundaries of the Political, ed. Seyla Benhabib (Princeton: Princeton University Press, 1996). Review of Political Liberalism, by John Rawls, Michigan Law Review, 92(1994), 1503-1546;以及 Amy Gutmann and Dennis Thompson, Demovracy and Disagreement (Cambridge, Mass.: Belknap Press of Harvard University, 1996)。

主存在矛盾之处。然而，它们看起来确实表明，全民投票理论所要求的将比简单的诉诸民主要多得多。

**归属主义(基础权利)理论。**[90] 这种单边分离的理路具有一个漫长的谱系，至少可以回溯到19世纪民族主义者，例如，马志尼(Mazzini)声称每个民族都应该有其自己的国家。对于这种归属主义的基础权利理论的批评人士认为，它将使得实际上不受限制的暴力性的边界改变得到合法化，因为它赋予每个民族(或者"人民"或独特社会)一种(建立)自己国家的资格。那些倡导该理论的人士回答说它并不要求每个民族(或独特人民)行使它的单边分离权，而且推测，即使归属主义理论被接受为国际法，也并非每个它赋予此种资格的群体都将选择分离。尽管如此，鉴于种族——民族主义冲突的历史记录，这种担心仍然在于，将每个民族都有权建立它们自己国家的原则予以制度化将会恶化种族——民族暴力，伴随着它所不可避免会引发的人权侵犯。这样，将这种归属主义版本的基础权利理论纳入国际法的道德代价可能看起来是太可怕了，尤其是，如果存在着更少风险的方式来容纳归属主义群体的合法性利益，例如，更好的遵从人权规范和诉诸国内自治安排。从非理想——它必须考虑转变的道德代价——理论来看，这是一个具有重大意义的考虑因素。

有一些归属主义理论的变种通过各种方式限制了民族(或独特人民)单边分离权，进一步缓和了所谓接受该理论就将燃起种族——民族冲突火焰的担忧。例如，归属主义者可能认为，存在着支持每个民族或独特人民具有——如果它渴望如此——建立自己国家的权利或者所有这些群体具有初步单边分离的权利的假定，但是，国际法律体系可以正当地要求某些群体作为替代接受完全独立之外的各种自治安排，以避免危险的不稳定或者以容纳同一领土内其他群体的类似请求。这种回应对于燃起种族——民族冲突火焰的担忧的方式是有其代价的：原本列为每个民族按照此种方式建立自己国家的单边权利现在看起来更像是一种支持民族独立的非常可能被废止的假定。而且，除非对于在什么条件下这个假定不能被废止

---

[90] 对于这种归属主义观点的更加详细的描述和更加全面的评论，参见 Harry Brighouse, 'Against Nationalism'以及 Allen Buchanan, 'What's So Special About Nations?'，二者都载于 Couture et al,. Rethinking Nationalism。

提供一种相当具体的描述，否则，就很难知道这种经过限定的归属主义观点的实践效果是什么。

早些时候，我们指出，这种归属主义版本基础权利理论的批评者往往集中关注这种观点被纳入国际法所可能产生的恶化种族——民族冲突的潜在代价。然而，仅仅指出接受这种归属主义理论及其被纳入国际法所产生的潜在成本是不够的。也有必要理解拥有这样一种每个民族有权建立自己国家的权利得到承认的体系所具有的推定性的收益。戴维·米勒(David Miller)已经有用地区分了归属主义理论能够得到支持的两种方式：通过论辩表明民族需要国家或者通过论辩表明国家需要单一民族。[91] 第一种类型的论辩有两个变种：人们能够主张每个民族都需要拥有它们自己的国家，或者(1)是为了能够保护它们自己免于遭受毁灭或者免于遭受威胁它们独特属性的力量，或者(2)是为了共处的民族能够拥有制度资源履行它们作为"种族共同体"成员所彼此负担的特别义务。在一定条件下，这两种考虑都重视支持每个民族的某种形式的政治自决，但是，不清楚的是，二者之中任何一个是否足以成为所有民族完全独立的一般权利以及由此产生的单边分离权的基础。实际上，米勒安排这两种论辩是为了支持一种更加弱化的结论：每个民族都拥有一种对于自决的"强请求权"。

而且，对于一个民族来说拥有自己的国家是多么重要，这取决于国家是多么重要以及跨国正义制度在为个人和群体提供保护以使它们不再如此依赖于拥有它们自己国家方面的效力如何。有趣的是，就我们所知，每个民族需要有其自己国家的归属主义观点的倡导者并没有考虑其观点在什么程度上要依赖于国家主义的假设。然而，这是另外一个未能区分理想理论和非理想理论的例子，也是另外一个未能历史地看待国际体系——它允许这样的可能即国家可能并不总是像它们现在那样具有重要性——的例子。在一个具有多重自决形式的世界中，对于拥有和不拥有自己国家的区分可能不仅具有更小的意义，而且甚至做出这种区分都很难了。在此，一种与财产权的类比或许是有用的：一些自由至上主义政治理论家错误地认为存在着一种具有确定内容的对于财产的自然权利，但是，他们所未能理解的是财

[91] David Miller, On Nationalism (New York: Clarendaon Press, 1995).

产权仅仅是对于物的各种形式的控制束。基于效率和/或公正的理由，某些控制形式的结合一般是比其他形式的要更为优越，但是，哪种形式的特定结合是最优的则可能随着情形变化而有所变化。类似地，主权——界定独立国家身份的权利、自由和特权束——也可以被“分解”。意识到唯一的选择并非整个传统束的全有或者全无是具有解放性的，但是，它也使得简单地主张每个民族由此都有权建立它们自己国家看起来更加不合理了。

第二种类型支持每个民族都有权建立自己国家的证成理由也有两个变种：第一个可以至少回溯至约翰·斯图亚特·密尔(John Stuart Mill)的作品《论代议制政府》，[92]认为民主只能在单一民族的国家中繁荣发展，因为具有一个以上民族的国家将缺乏团结、信任或者共同情操以及民主所需要的各种价值。第二种变种为戴维·米勒所提出，认为为了实现分配正义，国家就必须是单一民族的，因为分配正义要求公民之间重大的财富再分配而且境况更好的将只会愿意与他们看作是共处民族(co-nationals)的那些更为不幸的同胞公民分享他们的财富。[93] 两种形式的“国家应该是单一民族的”论辩提出了对于如果关键国家职能要想成功得到履行所必须的动机条件的有趣问题。

密尔明显把他对于多民族国家与民主不协调的判断建立在了历史经验的基础之上。然而，有人将会主张存在着多民族民主国家的例子：加拿大、比利时以及或许还有瑞士(取决于是否将后者看成是多民族的还是多族群的)。或许也可以加上美国，因为大多数印第安部落有着近于主权的法律地位。当然，密尔观点的现代支持者将会迅速指出，由于民族主义分离运动的存在，比利时和加拿大的持续存在是有争议的。另一方面，或许可以认为密尔的一般概括是不成熟地悲观性的：真正的民主国家是一种非常晚近的现象，而且，直到相当晚近的时候，即使就民主国家而言，也几乎没有通过各种形式自治安排承认国家内部的民族请求的严肃努力。[94]因此，作为一种对于每个民族有其独立国家原则的制度化的证成，伴随着由此可能

---

〔92〕John Stuart Mill, Considerations on Representative Government (Buffalo, NY: Prometheus Books, 1991; 1st pub. 1861).

〔93〕Miller, On Nationalism.

〔94〕这部分和下一段的内容摘自 Buchanan, ‘What's So Special About Nations?’。

导致的不稳定和暴力的风险，密尔对于多民族民主国家的悲观主义在某些人看起来是不成熟的。

第二种版本的"国家需要是单一民族的"论辩也面临严重的反对意见。首先，民族主义将便利还是阻碍大规模财富再分配，这将取决于有关的民族主义的品格。民族主义的团结可能不会扩展到愿意进行财富再分配。正如自马克思(Marx)以来的社会主义者所注意到的，掌握特权的少数人一直相当老练地诉诸民族主义来反对再分配冲动。其次，即使在民族主义情操便利了再分配的情形下，也必须质问：它还便利了别的什么？米勒看起来从道德纯洁的高度理想化的民族主义将会便利再分配正义(或民主)的事实得出结论认为，民族由此有权主张建立它们自己的国家或者至少由此得出了这样一种假定。但是，有许多历史事例表明，在其中，米勒假定将被用来追求分配正义的民族单位被残暴地导向征服并且攻击非民族成员和该民族本身的异议成员。此外，也似乎有理由质疑所谓让实现分配正义的动机取决于对于共处民族性(co-nationality)的承认的观点。主张境况更好者将仅仅愿意与他们承认为共处民族者(co-nationals)的那些人分享其财富的观点的代价是，它看起来排除了任何有意义的跨国再分配。实际上，如果米勒对于再分配动机的假设是正确的，那么，一个由单一民族国家所组成的体系事实上可能是国际分配正义的障碍。一个在只有共处民族成员才会有动机分配财富的假设基础上设计的国际体系将不可能培育对于国际分配正义的激励支持。

对于分配正义版本的"国家需要是单一民族的"论辩的最后一个质疑是值得思考的。应该予以怀疑的是对于关心他人——包括愿意与他人分享财富——的限度的大而化之的一般概括，因为，这种一般概括并未考虑制度安排对于此种动机的效应。民族主义的团结是否是唯一的甚或最有效的财富再分配激励，这可能不仅取决于有关民族主义的具体品格，而且取决于民族主义存在于其中的制度的种类。如果我们不知道人性和制度效应的边界位于何处，那么，卢梭(Rousseau)提出的如其所是的看待人类和如其应是的看待制度的建议就没有什么帮助。米勒的再分配团结论辩的一个危险在于，它认为仿佛存在着特定的自然的因而也是永久的动机限度，然后得出结论认为制度设计——特别是世界分为不同国家——应该承认那种限度，但却没有追问不同的制度安排是否可能影响这种动机限度。

我们对于自决和分离理论的讨论难免是不完全的；关于这些主题的文献增长的如此迅猛以至于我们不能在一个简明讨论中客观公正地对待所有的不同观点。相反，我们的目标始终是为这种讨论引入某种有用的结构并且指出各种主要的替代性理论的主要优点和弱点。

**人道主义干涉。**人道主义干涉将与人道主义援助区分开来。人道主义援助是一种为了缓解人类苦难并且是在援助运至其领土的国家的同意或者至少是不反对的条件下提供的外部援助。人道主义干涉一般被理解为意味着为了防止人权侵犯并且是在没有得到该国同意的条件下侵入通常属于受到保护的国家主权领域。

很明显，这种人道主义干涉概念把人权学说作为干涉的规范理论的基础。由此，人道主义干涉理论预设了对于哪些权利是人权的具体规定，其目的在于阐述(1)正当干涉的必要条件(人权的实际侵犯或者侵犯之威胁)；(2)干涉的目标(人权保护)以及(3)可能使用的干涉手段的限制。因此，人权理论在国际法道德理论的这两个主要分支领域就具有重要地位：正如我们已经看到的，在具体规定跨国正义的核心方面，即根据国际法国家在其国内事务中有义务满足的诸原则；以及，在国际正义的主题下，在具体规定在什么条件下国家可以(或者有义务)进行跨国干涉。

人道主义干涉问题与其道德上的紧迫性同样复杂。在此，我们只能指出为了回应最核心的问题，一个干涉理论家必须做出的一些主要选择。一个适当的干涉理论将不得不(1)具体指出为了正当干涉所必需的人权侵犯的种类；(2)确定对于证成干涉而言人权侵犯以外的其他条件(例如违反国家内部自治协议)是否能够具有重要意义；(3)在一切都得到考虑(诸如对于干涉将是有效的合理期待，干涉将不会产生更遭的权利侵犯的可能性，对于制度稳定性的影响，等等)的前提下，阐述其他什么条件必须被满足以后干涉才具有正当性；(4)确定是否并且如果是的话那么是在什么时候(以及在什么制度结构下)国际法应该使人道主义干涉成为义务性的而非仅仅是允许性的；以及(5)提供对于(如果有的话，那么)哪些实体具有首要干涉权利以及哪些实体只有在前者适当授权如此行为时才可以进行干涉的原则表述。

**干涉的基础。**可以根据哪些种类的人权与干涉的正当理由相关而对人道主义干涉理论进行区分。[95] 保守主义的(或者"严重侵犯")理论仅仅强调把最严重的侵犯作为干涉的理由,其极端的形式则是主张只有需要防止或者停止种族灭绝或者其他大规模杀戮时干涉才是正当的。自由主义的理论则承认更少极端的状况诸如持续的宗教迫害或者侵犯民主治理权也可以证明干涉的正当性。然而,人道主义干涉的保守理论和自由理论之间的分歧基础经常并不清楚。在某些情形下,保守主义者可能坚持认为只有最极端的人权侵犯才应该作为干涉的正当理由,这主要是出于纯粹的实践理由,因为她猜测任何更不严格的标准都将会太可能被滥用,从而成为在动机上除了人道主义之外什么都是(anyting but humanitarian)的那种干涉的借口,或者因为存在这样的风险,即,即使真诚的人道主义干涉也将会产生比它意欲防止的更加糟糕的后果或者干涉反倒是无效的。然而,其他保守主义者对于要求把极端的人权侵犯作为干涉的必要前提具有更加深刻的原则理由:他们可能是价值多元主义者或者社会伦理相对主义者,他们的真正人权清单是非常严格有限的。[96] 最后,一些对干涉持保守主义立场的人的理由可能是因为他们更重视政治自决,他们相信极端重要的是允许国家自己解决它们自己的困难并且摸索它们自己的正义之路,即使这意味着除了最令人震惊的人权侵犯之外不做任何干涉。这种尊重政治自决观点的一个变种要求把这种保守主义的干涉立场限制在民主国家。这种观点可能在于,对于民主过程的适当尊重意味着允许犯下一定的错误,只要它们没有达到"严重侵犯"基本人权诸如大规模杀戮或者群体灭绝的程度。

当保守主义与自由主义之间的分歧仅仅是对于采纳一种更加严格的或是更加宽泛的人权侵犯清单作为干涉的必要前提的实践后果的分歧而不是对于哪些权利才是真正的人权时,在这种程度上,这个问题是经验性的。然而,当争论涉及的是可实践性而非基本原则时,争论的任何一方都极少承担强有力的举证责任来为她的立场提供所需的经验证据。在分歧涉及到自决的价值而且涉及到对于干涉必然破坏一个社会的道德——政治发展的自然过程的担忧的意义上,一个潜在的困境

[95] Walzer, Just and Unjust War;以及 Randall Forsberg, 'Creating a Cooperative Security System: Randall Forsberg in debate with Hayward A lker, Jonathan Dean, Carl Kaysen, Joanne Landy, Steven Miller, and Stephen Van Evera', Boston Review, 17(1992),6-12。

[96] Walzer, Thick and Thin.

在于，保守主义者太少关注“自决”在许多社会中的实际行使条件。尽管诸如迈克尔·沃尔策（Michael Walzer）这样的作者看起来假定所有社会成员都是共同体身份形成过程的参与者而且他们都被正确地看作是支持通过这些过程达成的最终结果或者至少支持这些过程本身，但是，事实上，情形经常不是这样。需要更多关注的是在什么条件下所有甚或大多数个人能够被说成是该过程的参与者。仅仅是群体灭绝或者大规模杀戮的不存在——这是与侵犯其他人权相容的——看起来不足以为成功的本土道德——政治发展提供太大的前景，更不用说所有公民的有意义参与了。但是，如果是这样，那么，所谓为了避免破坏道德——政治发展的本土过程所以只有当存在大规模杀戮或群体灭绝时才能够进行干涉的论断看起来就大大弱化了。

重要的也在于指出，如果理由在于减少滥权性的或者不适当的干涉，那么，把群体灭绝或大规模杀戮作为干涉的必要条件也并不是仅有的实现手段。例如，如果承认其他的人权侵犯可以作为初步的干涉理由，但是，同时对于实行干涉要求更高的证据标准或者要求干涉将不产生更糟的人权侵犯，那么，这种干涉理论或许可以被证明是具有与“严重侵犯”同样功效的理论。类似地，滥权和不适当也可能通过要求一种复杂的对于干涉者的集体授权程序而得以最小化。尽管如此，沃尔策——密尔的观点还是具有不小的真实价值：那些倡导干涉的人往往经常低估为了产生一国临时中断人权侵犯以外的更好效果所必需的持续承诺的水平。建设尊重人权的制度要求的不仅仅是解除人权侵犯者的武装。它也要求政治文化的变迁，而这是不可能迅速地或者通过强制方法得到实现的。沃尔策——密尔观点的这种表述方式有其优点：它并不认为如果放任不管那么发生大规模人权侵犯的国家就将成功谈判道德——政治发展的道路；相反，它强调，除了其他因素之外，鉴于干涉所可能展示的承诺水平，维持权利尊重制度所需的政治文化变迁一般更可能通过国家内部力量而非通过这种类型的干涉得以发生。只有当一种在其他国家建设公正制度的更大持续努力承诺得到发展了，这种版本的保守主义论辩或许就与迈向更加宽允的（permissive）干涉条件相协调了。

**支持群体权利的干涉。**人道主义干涉的另外一个关键问题在于，在缺乏侵犯个人人权的情形下，侵犯某些群体权利是否能够作为干涉的正当理据。正如某些人所建议的那样，如果一国对于赋予族群的、宗教的、民族的或者土著少数人自治权的国内自治协议的遵守可以适当成为国际法律关注的问题的话，那么，有争议地，人道主义干涉理论也应该随之予以扩展。或许，支持如此行事的最有力观点在于，当国家违反了内部自治协议时，暴力分离主义冲突经常出现，伴随着大规模侵犯个人人权。[97] 一种允许或要求出于此种理由为了维持国内自治协议而进行干涉的理论将仍然是建立在尊重个人人权基础之上的，但是，它将不要求把实际的或迫近的个人人权侵犯作为启动干涉的理由。

把人道主义干涉的基础扩张到包括违反国内自治协议，这可能被作为我们早些时候讨论自决中所描绘的"孤立和扩展策略"的一种重要要素而得以证成。尤其是，可以认为，只有国际共同体愿意以此方式支持国内自治协议，才能合理预期没有得到满足的少数人群体会寻求有限自治的和解而非寻求完全独立。当有关群体的自治的正当理由在于是作为对于严重的过去不正义的救济和为了改善其持续效应之时，这种为了支持国内自治协议而进行干涉的理由将是最迫人的(compelling)。

另一方面，值得指出，对于在这种先发制人理论基础上的干涉权利(或义务)的承认可能会大大扩张正当进行干涉的情势的数量。例如，有人认为，非民主国家比民主国家更可能对外侵略和对内侵犯人权。那么，一种先发制人的理论就可能认为在一非民主体制可能做什么而非它目前正在做什么或者迫近威胁做什么的基础上对其进行干涉是正当的。然而，这样一种宽允规则将可能造成无法接受的高风险的滥用干涉。

**干涉的限制。**早些时候，在我们讨论文化帝国主义对于人权的挑战时，我们做出了对于人道主义干涉至关重要的三重区分：一国内部实践是否是侵犯人权，那些参与人权侵犯实践的人是否是有罪责的，以及停止人权侵犯的干涉是否具有正当理由。这三个问题的每一个都提出了其自己独特的问题。因此，任何合理的人道主义干涉理论都必须承认，即使某些人权侵犯对于人道主义干涉的正当化来说是必要的，但是，考虑到所有因素，在干涉得到正当化之前，还必须满足其他一些条

[97] 这实际上已经在许多情形下发生了，包括在苏丹、伊拉克(北部的库尔德人)、厄立特里亚和科索沃。

件。最明显的是，某种对于比例原则的解释是必要的：干涉不应该产生更加严重的人权侵犯。此外，应该选择的干涉时机和手段也要能够支持或者至少不损害本土的改革人权侵犯做法或者发展更加一般的文明政治制度的做法。这两项要求都是合乎常理的和没有争议的（至少就其抽象原则层面而言是如此）。然而，每一项又都被以人道的名义而经常被违反，而且通常带来灾难性的后果。一个更加发达的人道主义干涉理论将不得不更加确切地阐述这些原则，并且通过将它们适用于人道主义干涉问题实际产生或应该产生的具体情形来说明它们和支持它们。

**授权干涉与非授权干涉。**人道主义干涉的规范观点有时被分为要求集体形式的干涉和那些允许单边的干涉。然而，更根本的区分则在于——无论单边的或者多边的——国际授权的干涉和非授权的干涉之间，以及那些具有决定何时干涉的公共权威与公共执行机构的体制与那些只有前者而必须依靠——无论单一的或者集体的——私执行机构的体制之间。尽管如此，一个缺乏自身执行机构（一个国际军事力量）的体制却依然可能包括授权其他机构（单个国家或者国家联盟的军事力量）进行干涉。因此，私的执行和公的执行之间的区分是太愚钝的（blunt）。更大的区分在于所谓自由裁量的、超乎制度的私执行与公共授权的、制度约束的私执行之间。在前者，一个私实体（无论单个国家或者国家集团）具有执行规则的广泛自由裁量。在后者，一个私实体可能仅仅当它被公共权威授权如此行事时才执行规则，而且是在完善设计——为了制定规则、裁判规则的适用和规定公共授权的私执行者可以在其中运作的约束条件——的国际法律制度框架之内运作。目前，国际法律体制远远不能满足对于私自执行的公共授权的这些条件。

于是，一个根本的问题就是，在国际法之下，未经国际公共权威授权的执行活动是否应该被允许。很明显，当最根本人权正在受到大规模侵犯并且当既有集体授权体制无效时，支持非授权的执行的理由是最强有力的。那些支持北约（NATO）干涉科索沃的人认为，在此事例中，这两个条件都被满足了：塞尔维亚部队从事了针对科索沃阿尔巴尼亚人的种族清洗和大规模人权侵犯，而且联合国安理会两个常任成员俄罗斯和中国将不会支持授权干涉。

然而，这种支持非授权干涉的主张是不完全的。也必须考虑这种非授权干涉是否将会进一步削弱一个公认有缺陷的体制，而且也应考虑它们是否将会导致一种具有比现有授权体制的无效率更糟糕的人权(与其他重要价值)的后果的武力使用模式的出现。[98] 在国际法律体系的情形中,从事非授权的以及非法的干涉的倾向可能是特别强烈的,这不仅是因为现有授权体制是无效的,而且是因为在一些领域国际法只有有限的合法改革自身制度的资源。于是,例如,每个都有权否决可能授权诸如干涉科索沃的任何安理会决议的同样五个安理会成员,也同样可能有权力阻止可能限制或取消其否决权的《联合国宪章》的任何修正。一个全面的国际法道德理论将包括对于(如果有的话)在什么条件下非法人道主义干涉行为在道德上正当的描述,以及对于当这些非法行为发生时对这些非法行为的国际法律回应应该是什么的描述。

**体系合法性。**在第3节,我们指出,有时那些乍看起来是否定特定国际法律规范特别是关于人权的内容的,最好被理解为是对这些规范在其中得以表述、适用和执行的体系的合法性挑战。如同国内法律体系的合法性一样,国际法律体系的合法性可能持续受到质疑。然而,重要的是要非常清楚这里的"合法性"是什么含义。首先,我们的问题涉及的是如果国际法律体系想要被正确地(correctly)认为是具有合法性的则它必须满足什么条件,而非在什么条件下它实际上被认为(perceived)是具有合法性的。换句话说,道德理论家的任务是发展一种合法性的规范理论而非心理学理论。[99] 其次,与国内法律体系一样,应该区分更强的和更弱的合法性概念。尤其是,应该把我们所谓强意义上的合法性(或许最好称为政治权威)与弱意义上的合法性区分开来。根据强意义上的或者政治权威意义上的"合法性",当且仅当两个条件被满足时,一个法律体系才是具有合法性的,即(1)其制定、适用和执行法律的过程是道德上正当的,亦即,该体系的官员在努力善意诚信履行分派给他们的那些(立法、裁判、执行等等)过程职能方面是道德上正当的;以及(2)那些该体系生成的法律适用于其身的人们有义务服从该体系所构建的公共权力。第二个也是更弱的合法性概念只包含了(1)。为了清楚起见,我们把更严格地包含了(1)和(2)的概念指称为政治权威,而把仅仅包含(1)的概念指称为合

[98] Buchanan, 'From Nuremberg to Kosovo'.

[99] Franck, Fairness in International Law and Institutions.

法性。

在个体国家的规范理论中，一些当代政治哲学家集中关注国家或者特定种类的国家是否具有政治权威。他们的主要成见在于第二项条件——即要求那些法律施加于其上的人们服从政府——是否能够被满足，而且，公平地说，这种探寻一直并不成功。[100] 然而，并不完全清楚的是，为什么表明公民有义务遵从政府法律和政策应该被认为是政治哲学的必要条件(sine qua non)。一方面，政治哲学最基本的道德问题看起来是规则的制定、适用和执行是否是道德上正当的。另一方面，即使一个法律体系的官员努力对其实施规则的那些人们没有义务如此服从公共权力，尽管如此，他们依然可能有重要的审慎和道德理由遵从法律，如果这些法律不仅符合而且帮助促进了对于重要道德原则的遵守，以及如果这些法律得以构造、适用和执行的过程满足了适当的道德标准。最后，关键的是理解，更弱的、道德上正当的立法与执行意义上的合法性并不要求那些法律适用于其身的人们有义务服从公共权力。这个事实可能因为政治权威与义务的同意理论特别是在社会契约论传统发展起来的理论的永恒吸引力而被忽视了。因为，根据这些理论，制定、适用和执行法律的道德理由与服从公共权力的义务具有相同的渊源，即被治理者的同意。但是，鉴于诸同意理论的众所周知的困难(我们在此将不予复述)，就更加有理由探讨这样的可能性，即，合法性的规范理论应该集中于更弱而非更强意义上的合法性。因此，我们下文所述“合法性”仅仅意指更弱意义上的合法性。那么，我们的问题是，在什么条件下体系授权的行动者制定、适用和执行国际法才是道德上正当的。

令人惊讶的是，极少有明确的、系统性的对于国际法律体系合法性条件的理论化阐述。有大量文献指出了该体系的缺陷——诸如国家间政治权力尽管形式平等但其实并不平等——而且然后假设而非论证这些缺陷质疑了该体系的合法性。然而，在缺少对于体系合法性的明确阐述的情形下，所谓这些缺陷祛除了该体系的合法性就是更不令人信服了。实际上，几乎很少能够发现作为一个规范概念对于体

[100] A. John Simmons, Moral Principles and Political Obligations (Princeton: Princeton University Press, 1979).

系合法性的清楚阐释。相反，关注主要集中于两个其他问题：(1)在什么条件下作为整体的国际法律体系或者某些特定规范被认为是具有合法性的；(2)是什么使得国际法具有约束力？正如我们已经强调的，前者问题是一种描述性的而非规范性的。后者则集中于国际法主体遵从国际法的理由而非什么使得该体系内政治权力的行使具有道德上的正当性。

当然，有传统的观点认为国家同意既是国际法律体系内的规范的合法性的必要条件也是其充分条件。一些理论家明显认为，当结合了所谓该体系的合法性可以化约为其所包含的规范的合法性的假定时，规范合法性的国家同意理论产生的就是一种关于该体系合法性的适当理论。根据这种观点，对于作为超级规范的“国家同意”的遵守就是体系合法性的必要且充分的条件。

基于一些理由，所谓遵守“国家同意”的超级规范对体系合法性而言是充分的观念是值得怀疑的，尤其是如果它被认为是为如下说法——即国际法律体系在目前就是或者在可预见的未来将是具有合法性的——提供了基础的话就更是如此。首先，正如其在国际法律体系之中实际运行情形那样，所谓国家同意的超级规范在道德上是太过贫血的以至于不能赋予——个别规范或者整体体系——合法性。该体系所认为的同意并没受到任何自愿性的限定，而这种自愿性将给予所谓的同意以规范力量。国际法根本没有关注这些背景条件，例如，对于交易权力不平等的限制，要想让国家“同意”能够注定具有规范意义上的重要意义，这些背景条件将是必要的。要想主张这种无中介的国家“同意”概念本身赋予了合法性(被理解为执行的道德正当性)，就得采纳一种无法正当化的自由至上主义观点，而考虑到国际体系内实际存在的巨大不平等，这就更加成问题了。

其次，把目前体系描述为就其所有规范而言国家同意的超级规范都得到了满足，这是不准确的。在习惯法领域，实际上并不是规范获得了所有国家的同意，除非愿意把同意的概念扩展到它在规范上是如此非后果性的以至于并不能为行使政治权力提供道德证成的关联。强国对于习惯国际法的创立和修正施加了不成比例的影响，而弱国就其大部分而言则必须依据这种习惯规则进行游戏。排除——即公开且一贯地反对习惯规范——是弱国唯一可行的选择。因此，说习惯规范的存在证明它满足了国家同意的超级规范，就如同说留在一国边界之内证明个人已经给予了她的默示同意一样，都同样是不够合理的。

第三，在一个许多国家并不代表其公民利益或偏好的体系之中，假定国家同意规范就赋予了合法性，这就是沉溺于现已彻底名誉扫地的查尔斯·贝茨(Charles Beitz)所谓的“国家自主”的观点，即错误地把国家看成是具有自己权利能力的道德的个人而非仅仅是为其公民谋利益的制度资源。[101] 直到所有或至少大多数国家成为其国民的真正合法代表，否则，国家同意本身并不能帮助合法化特定规范或整个体系，即使是在同意是真正自愿的情形下也是如此。基于所有这些理由，国家同意该体系的规范看起来并不足以确保该体系的合法性。

所谓国家同意规范是体系合法性的必要条件的主张也是高度成问题的。因为，正如我们所看到的，在该体系中经由同意所通过的在道德上却是贫血的。然而，至少有两种支持国家同意作为体系合法性必要条件的论辩值得考虑。根据道德最小主义论辩，国家同意是合法性所要求的，因为在缺乏一套全球共享的实体目的或一个共享的核心概念情形下，唯有它能够使得跨国的规范执行在道德上具有正当理由。根据掠夺预防(the Predation Prevention)(工具主义)论辩，国家同意是体系合法性的必要条件，因为它减少了强国掠夺弱国的风险。

我们早些时候(在第1节中)遇到的作为发展一种令人满意的国际法道德理论研究事业的反对意见的道德最小主义立场预设了一种元伦理观点，根据这种观点，道德原则仅仅对那些共享这些原则所表达的价值的人们才是有效的，或者至少仅仅是对他们执行才是正当的。在目前的语境中，道德最小主义者认为所谓的国际共同体成员事实上是道德上的陌生人，并没有(或者也许只有有限数量的)共享价值能够成为跨国适用的可执行的原则的基础。道德最小主义论辩的下一步就是主张，在缺乏共享价值的情形下，坚持国家同意的超级规范是确保规范合法性的适当的次佳模式(而且如果该体系的规范是具有合法性的，那么，该体系也就是具有合法性的)。

我们不必复述所有能够被提出来反对道德最小主义的反对意见。最严肃的反对是这样两个反对意见。首先，可以认为，扩展中的全球人权文化——它部分地

[101] Beitz, Political Theory and International Relations.

(尽管是不完善地)在国际法中得以制度化——就是一个核心的正义概念正在广泛地得到共享的证据。《世界人权宣言》和其他核心的人权公约明确地支持所谓自由和平等的人的固有尊严使得他们有资格被以某些方式对待的观点,而且这支持了所谓存在着或可能存在着一个演进中的共享的核心正义概念的主张。但是,即使还没有能够为国际法律规范执行的正当化提供基础的一套共享价值,全球人权文化也是表明一套共享价值正在形成的证据。其次,道德最小主义者夸大了一个社会内部的价值的同质性。对于正义实质内容的深刻分歧既存在于国家边界内部也存在于跨国情形。然而,极少有人将会接受道德最小主义者的元伦理假设,即如果法律要想在道德上具有正当性那么每个公民的满意就是必须的。

道德最小主义立场典型地为传统主义者所援引,他们认为现有体系是具有合法性的但是他们却受到背离严格坚持国家同意的超级规范的思想所困扰。然而,注意,如果获得全球价值共识的问题被证明是如同道德最小主义者所认为的那样严重的和难以驾驭的,而且如果在缺乏共识的情形下真的只有国家同意能够赋予该体系以合法性,那么,它并不推论出该体系是或可能会是具有合法性的。相反,鉴于现有体系包含了许多没有被一些国家有意义地同意的规范,而且鉴于该体系并不保证同意能够在规范上是强有力的背景条件,那么,得出的适当结论就是该体系是不具有合法性的。进而,鉴于道德上贫血的同意概念在该体系中的运作,也没有理由相信:如果该体系如此转变以至于其所有规范事实上确实获得了国家同意,那么,这对合法性来说就是足够的了。因此,道德最小主义观点就不能被援引来支持传统主义者的主张,即现有体系是具有合法性的因为它是建立在同意基础上的。相反,如果道德最小主义是真的,就只能承认现有国际法律体系是不具有合法性的。这样的结果对于那些援引道德最小主义来表明(例如)人道主义干涉是非法的因为它违反了国家同意的超级规范而且因此也威胁着削弱该体系合法性的人们来说几乎不可能是愉快的。当结合了对于现有体系在一定程度上不是共识的而且在该体系中经由同意所通过的在规范上也虚弱无力的冷静承认时,道德最小主义就意味着没有合法性被削弱。

支持所谓国家同意规范为体系合法性所必要的结论的第二种、工具性的论辩可以概括如下。(1)要想是合法性的,国际法律体系就必须提供防止强国掠夺弱国的最低保护。(2)就现在以及就可以预见的未来而言,国家同意规范的要求是最低限度适当约束防止强国掠夺弱国的一个必要因素。(3)因此,国家同意规范是(在现在以及可以预见的未来)国际法律体系合法性的一个必要条件。

这种工具性论辩明显定位于非理想理论。这样,它就对那些支持国际法律体系的零敲碎打改革——这种改革进一步降低了国家同意的要求但却没有提供其他防止掠夺的机制——的人们提出了主要的挑战。然而,与此同时,即使作为一种非理想理论,也并不清楚对于掠夺的适当约束是否只能通过坚持国家同意的超级规范得以实现。在此,一种与国内宪法的类比可能是具有启发性的。更有力量的公民掠夺弱小公民的风险可以通过牢固确立的基本权利体系以及通过旨在接近法律之下平等保护的理想得到减少,而不必给予每个公民对于公共政策的否决权。类似地,严格坚持国家同意的超级规范的重要程度将取决于国际体系是否包括对于权力滥用的其他有效的宪法约束。例如,如果联合国大会决议被赋予对于一些重要问题领域的真正立法功能,鉴于弱小国家在该机构处于多数地位的事实,这可能为防止某些形式的强国掠夺行为提供某些保护。

进而,通过坚持国家同意的超级规范来实现对于掠夺的约束,其成本可能是过高的。国家同意的要求实际上就是每个国家都有否决权,对于改善一个其最大缺陷在于在创立和执行那些禁止一些国家错误行为的规范时恰恰又要求获得这些国家同意的体制来说,这提出了一个巨大可怕的障碍。因此,即使保护弱国免遭强国掠夺是体系合法性的一个必要条件,而且即使坚持国家同意的超级规范有助于对弱国提供保护,但是,这并不意味着只有坚持国家同意的超级规范该体系才是合法性的。只有国家同意是唯一的或者是成本最小的实现适当保护弱国的有效手段时,那个结论才是必然得出的。情形是否果真那样,这还有待观察。国家同意的超级规范是除了其他保护弱国条款以外的一种可能的宪法性条款。鉴于国际法律体系目前的制度资源,至于它是否是最好的实现这一目标的手段,这是一个复杂的宪法设计问题。但是,即使它是鉴于目前制度资源条件下减少掠夺风险的最佳手段,也不意味着它是理想的安排。至于是否可能而且应该开发现有制度资源以便国家同意规范被其他更优的宪法条款所取代,这个问题仍然是开放性的和没有固定答案的。

一种相当不同于坚持严格坚守国家同意超级规范的对于体系合法性问题的进路是主张，如果它更加民主，则该体系就将更具有合法性。然而，“民主化”国际法律体系的概念是含糊不清的。民主化该体系可能意味着下列任何含义：(1)增加通过多数国家票决进行决策的范围和重要性(即增加国家多数票决主义)；(2)使得各国更加民主，以便它们的政府实际上作为其公民的代理人而运作；或者(3)通过增加各种非国家行为体对于国际法制定、适用和执行的影响，使得国际制度更加具有代议性。(在此，非国家行为体包括为自己利益行事的个人以及各种跨国公民社会群体包括人权组织、土著民权利组织等等。)

先来考虑所谓赋予国家多数主义决策以更重要地位是体系合法性所需要的或者至少这将使得现有体系更具合法性的主张。可以假定，这种改革建议的吸引力在于它洞察到，目前体系相当不公正地为大国所主导。民主化——被理解为国家多数票决主义——被建议作为一种明显的减少道德上武断的国家权力不平等的机制而且因此也是一种增强该体系合法性的机制。

但是，在规范制定、适用和执行中扩张国家多数票决主义的地位仅仅是减少国家间政治不平等的一种方式。再一次，这个问题是一个宪法设计的问题，而且，宣称唯一可行的和道德上站得住脚的国际法律体系的宪法必须包含一条规则要求所有(或大多数)关于法律制定、适用和执行的决策都将经由国家多数票决主义所做出，这将是轻率的。国家多数票决主义与国家政治平等并不是一回事；它只是实现政治平等的一种可能的宪法安排。因此，即使假定国家间更大的政治平等是体系合法性的一个必要条件，国家多数票决主义是否是合法性的必要条件将取决于是否存在其他的成本更低的但却足够有效地减少国家间政治不平等的宪法安排。

还有另外一种理由淡化把国家多数票决主义作为增强体系合法性机制的热情：在国内个人之间的民主代议制与国家多数票决主义之间不存在直接的关联，因为各个国家都包容了巨大差别规模的人口。在各国准确表达了其公民偏好的理想条件下，一个其所有重要国际法律决定都经由国家间多数票决来做出的体制将给予一些个人——亦即那些人口小国的成员——的偏好以不平等的权重。于是，例如，一种国家多数票决主义的体制将赋予斯洛文尼亚与中国同等数量的投票权，其结果几乎不可能与个人的平等相协调。最低限度，国家多数票决主义将不得不被一个与人口更加紧密联系的加权投票体制所取代。或许,某种类似于联邦体制中常见的两院制将会提供一种模式。

建议采纳国家多数票决主义来民主化该体系的引人之处在于这样的事实,即,尽管国家间形式上平等,但是,目前的体系包含了国家间政治权力的极端不平等。然而,在某种程度上,偏重强调国家间不平等(而非个人间不平等),这或许可以归因于未经质疑的传统主义预设即国际法是(而且仍将是)国家间法律。一旦我们承认国际法现在包括了除国家以外的其他主体和行为体而且国家主权权力已经成功地受到了过去五十年间国际法变迁的约束,那么,就体系合法性而言,国家间平等是否应该是高于一切的迫切需要之物就不再清楚明确了。这主要取决于第二种和第三种意义上的民主化在多大程度上取得了成功:除非国家是更民主的而且除非该体系赋权给非国家行为体,否则,增强国家间政治平等对于增强体系合法性来说几乎没有什么帮助。然而,如果该体系继续在赋权个人和群体以帮助型塑国际法方面取得进步而又不如此依赖他们各自国家的代议制,那么,在这种程度上,国家间政治不平等就不再那么成问题了。结果,增强国家多数票决主义决策地位的建议的令人信服性就将取决于对该体系制度资源是并且可能是什么的非常复杂的预测了。

**自由个人主义与国家中心体系的合法性。**李·布里梅耶(Lea Brilmayer)表明,国际法律体系赋予国家在制定、适用和执行法律方面如此根本的地位,这一事实对于体系合法性的自由主义描述提出了特别的问题。[102] 她正确地注意到,因为自由主义预设了道德个人主义,即,预设道德原则的正当理由必须最终立基于个人福利和自由的诉求。但是,如果拥抱道德个人主义,那么,又如何能够证明一个赋予国家以支配地位的体系是合法性的呢?我们对于国际法道德理论家所面临的选择的分析将非常有助于阐明这个问题。一种国际法道德理论是否足够个人主义以至于可以在这种意义上被称为是个人主义的,这将取决于许多因素。请考虑一个包括了如下特征的理论:(1)跨国正义诸原则,这要求诸实体保护其人口的基本个人人权并且这也要求将这些实体受制于严重侵犯人权情形下的干涉;以及(2)一种

[102] Brilmayer, American Hegemony.

世界主义的(cosmopolitan)分配概念,据此,各国对资源就没有请求权了,但是,因其作为确保跨国正义分配维度——即确保其公民分配份额权利——的目前最有效的代理人而运作,所以,它们具有派生性的请求权;以及(3)一套规则与程序,作为对于持续侵犯某些聚居于一国部分领土上的少数人个人人权的最后诉诸的救济,它们允许通过分离而合法解体国家。这种理论几乎不可能被称为贬义的国家主义,因为它明确使得国家的特权地位完全取决于它们如何以及是否服务于个人的福利与自由。然而,就其分配给国家在国际法制定、适用和执行方面以压倒性的优势地位而言,一个满足了该理论这些要求的体系或许仍然可以被准确地描述为一个授予国家以特权的体系。

这个结论增强了我们早些时候(在第1节中)的一个推测,即,将国家的特权地位作为临时给定物的国际法道德理论不必是不可接受的保守主义性质的。然而,问题仍然在于,如果该体系要想具有合法性,那么,该理论应该要求该体系满足什么种类的限定条件呢?在此,我们只能简明考察一下如何着手发展一种合法性理论的一个建议。我们就国际法律体系合法性条件所说的大部分内容也适用于国内法律体系;在该意义上,我们的这些建议几乎没有什么新颖之处。对这一主题进一步研究的一个关键问题在于,在什么程度上国内类比是站得住脚的?在我们在第1节中所做对于现实主义和法律虚无主义挑战的批驳之中,我们主张,国内与国际法律制度之间的差别经常被那些非常怀疑整个国际法道德理论研究事业的人们所夸大其辞。如果我们的批驳是对的,那么,就至少有一些理由从尽可能的国内类比着手。

记住,问题仍然是这样的:在什么条件下,被授权的国际法律体系代理机构在制定、适用和执行法律方面是道德上正当的?从国内法律体系的例子来看,我们将假定,无论是就国家而言还是就个人而言,对于特定法律的同意都是不必要的。但是,我们也已经指出,对于整个体系的同意——即明显加入了国家间俱乐部并且因此加入了其现有规则——也不是赋予合法性的合理候选项。在此,国内类比也支持我们的结论:在对我执行法律方面国家当局是否具有正当性,这肯定不取决于我是否选择了加入该国。而且,我可能有决定性的道德、宗教或者审慎的理由遵从这些法律,而不必已经同意这些法律或者这整个体系。

鉴于我们早些时候指出了所谓国家同意是体系合法性的必要或充分条件的观点所存在的问题，相反，请考虑一下一种并不依赖于同意的合法性概念。假设国际法律体系满足了这些标准：(1)跨国正义诸规范，包括了所有国家必须尊重其境内所有人的人权的要求；(2)国际正义原则，包括从事战争和禁止侵略战争的规范，以及那些规定人道主义干涉条件的规范，这些也都反映了确保所有人基本人权的承诺；(3)国际法律规则得以构造、适用和执行的过程，该过程满足了国家间民主平等的要求，由此，大国不得在那些过程之中具有不成比例的权力；以及(4)这个体系，它接近于法治的首要形式标准：法律规则是适度一般性的，法律变迁是足够缓慢和可预测的以至于该法律能够成为作为理性计划者之个人期待的相对稳定的框架，正当程序的权利接近于法律面前一律平等的理想，以及，存在很强的假定反对溯及既往的刑事制裁。任何满足所有这些要求的法律体系都肯定能够强有力地声称具有弱意义上的合法性：那些在一个满足这些条件的制度框架内制定、适用和执行法律的代理人在如此行事时可以令人信赖地声称其在道德上是正当的。这样一种体系合法性概念或许可以更准确地被描述为“正义本位的”而非“同意本位的”。然而，在一个所有满足其条件的体系的宪法条款之中，国家同意——至少就某些种类的决策而言——可能具有重要地位。然而，问题在于，该体系的合法性将不会被根据国家同意来界定。

概括言之，我们的建议是，对于一个国内法律体系而言是重要的那些种类的条件在国际法律体系的情形下具有可类比之处。在我们看来，真正的困难与其说是如何具体阐明足以支持合法性的理想条件，还不如说是如何具体阐明非理想条件下的合法性。上述清单中的每一项要求都能够在或小或大的程度上得到满足。于是，问题就在于确定一个体系必须如何更密切地接近于这种理想以便能够具有合法性。一个值得考虑的建议是这样的：对于这个问题没有一般的答案；至少只要可以预期这个体系能够被改善而更密切地接近于这样的理想准则，那么，一个法律体系的体系授权的代理人在该体系中制定、适用和执行法律是否具有正当性，这将部分地取决于支持这个体系的替代性选择是哪些。当选择是发生在大规模人权侵犯实际上不可避免的无法状态与对于一个应该承认是有缺陷的但却可改善的体系的支持之间的情形时，合法性诸标准——即理想准则必须被满足的程度——将是相应较低的。

## 六、结论

这一章并不试图阐述一个具有一定规模的国际法道德理论分支。相反，我们的目标一直是给予国际法道德理论所必须处理的大量复杂的关联问题以某种结构，并且指出一些可供试图发展一种全面理论的人们开放的主要选项。因为国际法道德理论是如此的不够发达，所以，我们敏锐地意识到我们的探讨的诸多限度。然而，如果我们的分析帮助集中关注到这个为人忽视的、令人激动的领域，那么，我们就已经实现了某种程度上的成功。

# 第22章　法律与语言

Timothy A. O. Endicott 著　李立丰* 译

政体，由言辞砌构。

——德摩斯梯尼(Demosthenes XIX, 184)

……语言的力量足以摧城拔寨。

——德摩斯梯尼(Demosthenes, *First Poremium* 1.3)

德摩斯梯尼是目前所知最早热衷于语言文字的法律人。在他看来，不仅仅宪法，甚至包括大多数社会公共生活皆由公民的言辞所组成。基于这种认知，德摩斯梯尼发展出一整套通过语言征服立法者、说服司法者的能力。在诉讼过程中，他运用自身的语言表达能力彻底掌控、左右了陪审团对于自己代理的当事人及其对手的判断。

文字或者语言是法律人(律师、法官及立法者)用以达成自己美好、邪恶或者无所谓目的的工具。但这显然不是法律的专属特征。事实上我们每个人都在基于类似的目的使用语言。那么，针对法律和语言之间的关系，是否存在特殊之处？诚然，法律英语有其特殊之处，但这种特征的来源是英美法律文化与传统，而非法律的本质使然。德摩斯梯尼在如何向听众(数以百计的陪审员)表达自己观点方面走出了自己的路。在雅典，年满三十的公民即可出任所有类型审判的陪审员，因此，

* 吉林大学法学院教授，博士生导师，LLM，日本早稻田大学访问学者，主要从事刑法哲学研究。

法庭上使用的语言大部分和日常用语类似。即使在当今的英语语系国家，很多法律人也试图使用能让非法律专业人士听懂的语言——并且常常能够取得很好的效果。法律人需要使用语言，并且法律人对于语言的使用方式非常有趣，但这并不意味着对于语言本质的理解有助于我们对于法律的理解。与此类似，生物化学家需要使用语言文字，并且其使用语言的方式颇为有趣，但这并不意味着我们可以通过对于语言的某些解读获得对于生物化学的深入了解。对于法理学而言，通过研究语言的本质是否能够获得相较于生物化学更多的理解？

作者希望通过这一章节研究一个基本的法理学问题，即法律的本质与语言的本质之间的关系。作者的研究视角不同于当今很多对于法律和语言问题感兴趣的学者。对于法律和语言问题的研究，存在诸多研究进路。[1] 本文仅关注认为理解语言有助于解决法理学问题这一观点。事实上，在接下来的导言部分，作者将要解释对于研究范围加以限定的原因。本文的核心观点是如果要理解法律本质的话，法哲学学者需要理解语言的本质。这一观点看似简明，但却颇具争议，因此需要对其加以论证。

## 一、导言

关注语言问题存在若干好处，因为理解语言至少可以帮助我们澄清之前知名法哲学学者曲解语言所造成的困惑。法理学当中一个几乎毫无争议的论断是，任何关注法哲学学者所发表的关于语言问题看法的人都会发现当中的很多观点具有误导性。这一点十分重要，毕竟学者的职责之一就在于发现、消化他人所犯的错误。即使那些最具原创性的理论观点也往往需要建立在对于错误概念的认定基础上。当然，主张某种观点具有误导性颇具争议。本文的目的就在于揭示法理学者在研究语言问题时出现的几种十分重要，也十分有趣的错误。

但这就是问题的全部吗？难道法理学者关注语言问题仅仅是为了避免重蹈覆辙？最近约瑟夫·拉兹提出：

---

〔1〕参见本章附录部分的进阶阅读部分。

……或许语言学或者修辞学的作用主要在于帮助澄清对于语言的错误理解或者避免语言的适用出现错误。总体而言，只要学者在研究法律本质及其核心机制时语言表达没有出现错误，那么语言学在促进相关理解方面就无法发挥太大作用。[2]

这种观点看似奇怪，毕竟语言对于法律而言十分重要，很明显，通过研究语言可以说明法律的本质。但我们不能想当然地作出上述判断，而是应该追问下列问题：研究相关的语言表述是否是理解法律问题的最佳方法？笔者认为答案是肯定的。至少存在如下三种根据佐证语言理解问题对于法律本质研究的有用性：

1. 法律使用语言

法理学不同于生物化学，因为法律由语言所表达的含义构成的。我们或许可以想像一个不通过语言表述法律的社会轮廓：例如，在某个司法体系当中，法官审理案情为公众所熟知的案件，并作出具有约束力的判决结果。对于这种尊重先例的审判活动，不存在实质性的语言问题。但事实上目前任何的普通法体系都已经发展出了一整套关于案例报告、公布的工业化流程，以及赋予先前判例法律效力的厘定原则。就笔者所知，立法机构对于语言的使用在任何法律体系都是一种普遍的法律特征。因此，基本上语言是需要通过使用来加以建构的。法律人对于语言的使用方式有别于生物学家，而法律也是通过语言的含义加以表达的。如果不能理解语言的表述方式，就无法理解法律的本质。但是是否语言学有助于法理学的研究与争鸣仍然是个问题——这一问题自始至终存在，并且从未过时。

2. 法律类似语言

语言和法律属于人类社会当中最常见，也最复杂的社会规则体系。二者同时还是人类社会中最常见，也最复杂的互动机制。也就是说，二者共同作用，对于需要互助的人提供帮助，对于那些认知有限的人提供帮助。二者还可以为问题提供

---

[2] 'Two views of Nature of the Theory of Law', *Legal Theory*, 4(1998), 249 at 254. 哈特在 1983 年也曾提出过类似观点，参见 *Essays in Jurisprudence and Philosophy* (Oxford: Clarendon Press, 1981), 5. 但哈特的观点并非十分明确，并且和其一直主张的语言学对于法理学研究的有用性相矛盾。

新的解决思路。

除了这些意义不大，同时又十分抽象的评述之外，很难发现如何解构法律与语言之间高度类似性的方法。二者之间存在截然的区分，但就二者之间的相似性，却很少有人加以说明。甚至上述抽象的评述本身也颇具争议——究竟是法律还是语言才是主导政府行为的原则，也不清楚这属于不同种类的争议，还是同一争议的不同方面。

3. *法学研究者必须使用语言*

法学家的任务就在于理解（并将这种理解公之于众）、表述研究命题的概念范畴。很明显，在20世纪法理学当中，建构有用的语言工具不仅仅是一种简单的前期热身（就好像在从事物探学研究那样），而是属于法理学研究的核心问题。

基于上述三点原因，可以认为法律研究应当与语言研究相结合。其中，第一点原因体现为法律推理或者判决过程中法律语言所扮演的角色。第三点原因对于法理学研究方法研究至关重要。唯有第二点原因的作用并不十分明显：即认为语言学研究有助于解决法学家理解规则和规则体系时遇到的问题。以上三种观点都可以在哈特的著作当中觅到影踪。哈特主张应当将语言学研究纳入到法理学研究的范围之中。

对于以哈特为代表的法语言研究学派的体系性研究应当首先从边沁学说入手。边沁对于政治哲学理论的创新当中就包括新型语言学的建构。哈特对于边沁的观点虽然多有指摘，但却颇为惺惺相惜，而与此类似，也需要关注哈特的观点，从而理解对其学说持批评意见的约瑟夫·拉兹、约翰·菲尼斯（John Finnis）以及德沃金等人的观点。

笔者的讨论将关注上述五位学者相关理论当中针对法律与语言所提出的观点及误读。这五位学者都通过对于语言本身的探究来论证其他人对于法律本质的误读。通过考察这些学者的观点，可以帮助我们弄清楚理解语言本质如何帮助我们避免混淆，如何帮助我们理解法哲学需要语言学加功的其他根据。

限于篇幅，本文并未涉及建构在语言学研究基础上的法律怀疑论。这无疑是一种非常大胆的省略。如果法言法语是用来迷惑民众的废话，那么我们无疑可以通过对于语言的研究去除掉上述疑云，去除不必要的辞藻修饰。很多学者认为法律是通过语言来对于自身加以掩饰的压制形式。而这些怀疑论的观点其实非常值得关注。

毫无疑问,法律语言一直被用来作为掩盖、误导、欺骗或者蛊惑的工具。律师、法官及其他官员经常会滥用自己的修辞权,而法科学生所接受的法学教育当中深深烙印着语义模糊或者语焉不详的特殊表达方式。在法学院学生实习的第一个月,指导教师一般都会告诉他们,说话的时候千万不要简洁明了。如乔治·奥维尔(George Orwell)所言,"当真实的目标和宣称的目标之间存在差距的时候,人们一般会本能地选择繁冗的辞藻来对其加以表述,就好像墨斗鱼通过喷墨来保护自己那样。"[3]

非常重要的是要牢记这种倾向并非法律人所独有。奥维尔的观点其实针对的是政治人物。法律人和其他人在此方面区别不大,但却大多自诩从事的是一项具有悠久历史、高度专业性的职业。对于查尔斯·狄更斯(Charles Dickens)来说,法律语言就好像"街道上的烂泥,没有人知道这到底是什么,也没有人知道这是什么时候产生,以及怎么产生的,我们知道的仅仅是如果这种东西泛滥成灾的话,就有必要对其加以清除……"[4]

对于法律语言的怀疑论主要包括两种观点:(1)法律语言是压制被统治者的工具,以及(2)认为法律语言没有意义(或者是说其没有特别意义,或者是说总体上缺乏意义),因此无法作为统治工具。上述两种观点都包括认为法律语言是统治工具的观点,因为法律语言可以通过修辞来掩饰权力的滥用,以及自身意义的缺失。

相关的讨论颇多[5],笔者这里不想讨论对怀疑论对于法律语言的支持意见。更为重要的是,我认为怀疑论者的批评无法从律师或者其他法律人滥用法律,欺骗

---

〔3〕'Politics and English Language', in *Shooting an Elephant and Other Essays* (London: Secker & Warburg, 1950).

〔4〕Bleak House (1835).

〔5〕See Kent Greenawalt, *Law and Objectivity* (Oxford: Oxford University Press, 1992), esp. chs. 2-5; Endicott, 'Linguistic Indeterminacy', *Oxford Journal of Legal Studies*, 16(1996), 667-997; Lawrence B. Solum, 'Indeterminacy', in *A Companion to Philosophy of Law and Legal Theory* (Oxford: Blackwell, 1996), 488-502; Ken Kress, 'Legal Indeterminacy', *California Law Review*, 77(1989), 283; Brian Bix, Law, *Language and Legal Determinacy* (Oxford: Clarendon Press, 1993).

当事人的行为当中获得任何注释。的确，语言存在容易被滥用或者被操纵的特质，但这绝对不意味着语言的本质导致法律成为腐化或者欺诈的工具。法律人，无论是律师还是立法者，对于法律语言的使用既可以用来鱼肉乡里，也可以用来服务人民。

因此，笔者在这里将不会探讨除边沁之外其他学者针对法律和语言问题提出的怀疑论。边沁对于语言的论说为理解哈特的观点提供了铺垫——而边沁的误读十分具有代表性，因此该当更为系统深入的研究。

## 二、边沁与“无意义准则”（Nonsense Doctrine）

只有通过语言才能够将文字所代表的意味普遍地适用于具有不同特质的法律主体。[6]

尽管边沁对于语言问题的很多看法都来自于其对洛克观点的理解，但仍然可以毫不夸张地将其视为研究语言哲学的第一人。[7] 自柏拉图和亚里士多德开始，哲学家就已经开始关注文字含义的问题，但边沁尤为重视语言哲学的工具性特质：即认为如果人们不理解语言的工作原理，将会铸成大错。

边沁的某些看法明显是荒谬的。例如，他认为法律研究如果仅限于法律语言研究的话，那么其仅具有概括性。边沁认为描述派法理学总体上必须将自己限于语义学的研究。[8]

但这种观点并非一无是处。边沁希望讨论的概念范畴包括诸如*权力*、*权利*、*义务*以及*民主*、*法律*等。[9] 如果我们能够理解这些概念的含义，那么就可以解决某些法哲学学者所提出的重要问题，因为我们将因此使人们发表的法律观点具有意义。边沁法理学观点的荒谬性在于局限于对于概念范畴的研究。对于这些概念范畴含义的解说是其对于权利、义务、法律等等概念研究的一部分。这意味着在关注

〔6〕Jeremy Bentham, Pannomial Fragments, in J. Bowring (ed.), *the Works of Jeremy Bentham* (Edinburgh: Wm. Tait, 1843), vol. III, ch. III ‘Expositions), p. 217.

〔7〕洛克认为当代哲学的研究方向即在于“以易懂的方式进行交流”。See *An Essay Concerning Human Understanding* (Glasgow: Collins, 1977; 1st pub. 1960), book three ‘Of Woods’, and esp. ch. IV, ‘Of the Names of Simple Ideas’.

〔8〕*The Principle of Morals and Legislation* (1781), 323.

〔9〕笔者用斜体字代表言词性表达方式，用引号标注拟制或者真实的概念。

相应概念的时候,边沁并没有将自己*局限*在对于概念术语的考究之上,事实上没有人会真的这样做。

边沁所建构的法理学当然是一套关于法学的理论,而不仅仅只是研究*法律*概念的含义问题。但边沁在建构法理学的时候也用到了关于语言的相关研究。在其对于布莱克斯通观点的反驳过程中,边沁最为有力的观点并不是布莱克斯通本人对于普通法的保守主义观点,而是认为布式观点本身*毫无意义*。〔10〕边沁认为,如果要想表达的清晰,有意义,学者必须能够通过"简明"的术语〔11〕来对于理论概念加以阐述,也就是说,"可以产生实际观察到或者情感上能够体会到的具象型概念,同时概念的来源也应该较为清晰"〔12〕。"实体"是客观具象的,情感则属于上述实体可"感知"的特征。只有实体以及可感知的特质才具有清晰的可理解性,而只有物理以及心理术语才具有明确的意义。边沁最常使用的简明概念是*痛苦*与*快乐*——他认为没有比痛苦与快乐更为易懂的概念了。也就是可以通过这一概念表述明确地表达某种含义。"*痛苦*与*快乐*至少不需要求助于律师就可以获知其含义。"〔13〕

边沁主张的语言的工具性特征存在三点值得注意之处:将义务作为拟制概念的方式,语言的"适当含义",以及用情感表达作为使用语言,指代可感知实体的替代方案。

**(一) 意译、拟制实体与可感知客体**

不存在可以等同于核心法律概念的"简明术语"。因此,边沁创制了一种特别的解读抽象理论概念的方法,即所谓的"意译"(Paraphrasis)。〔14〕边沁认为,具体概念可以通过定义加以解读,而抽象概念则需要通过新方法解释:非但不是通过其他概念来解读像*义务*之类的概念,他提议通过用其他句子来解读包括*义务*的句子。

---

〔10〕*A Fragment on Government* (1776), ed. J. H. Burns and H. L. A. Hart (Cambridge: Cambridge University Press, 1988), 113.

〔11〕简明这个表述来自于边沁对于洛克观点的借鉴。(see n. 7 above)

〔12〕*Fragment*, 108 n. Cf. *Of Laws in General* (1782), ed. Hart (London: Athlone Press, 1970) (hereafter *OLG*), 283 n.:"……虽然要容忍很多情况下的抽象表达机制,但如果不降这些抽象的概念转化成可以直接感知的表述方式,显然无法对其加以理解。"

〔13〕*Fragment*, 28.

〔14〕*Fragment*, 108 n. OLG, 294 - 295.

意译可以帮助学者不再徒劳地通过寻找替代词汇来对于概念加以界定。而这也提醒学者不用去寻找用文字作为标签的对象。这也可以解释边沁通过*属加种差*(per genus et differentiam)的方式定义概念的问题。[15] 但更让边沁感兴趣的是意义对于揭示义务之类概念本质方面所具有的作用。如果你要界定*义务*这个概念，那么就好像是在说义务是什么。但如果你把*我承担某种义务*这段话翻译成另外一段话，那么所产生的结果就好像你所表达的是这些人在使用*义务*这个词的时候真的就是这样认为的。意译方法可以使得学者对于义务概念加以替换。因此边沁将*义务*定义为:“我需要承担作为的*义务*，如果我不这样做，就需要面对法律的惩罚:这就是*义务*这个词最本源、最普遍也最适当的意义。”[16]

意译方法所具有的“给赋意义”的能力对于边沁而言十分重要，因为在他看来，文字对于理念的表达存在“缺陷”。[17] 类似于*权利*以及*义务*之类的文字具有“虚幻的外表”[18]——看起来是一回事，实际上却是另外一回事！真正有意义的语言表述是指“那些实体概念，或者对于实体概念可以感知的效果”[19]。其他的概念因为没有参照系，从而根本无法界定。但是边沁所采用的意译方式可以通过将其纳入到与类似于痛苦和快乐之类的实体概念而加以解读。

“在不可以替换具体概念的情况下，可以通过意译的方法加以解读，即将其纳入到短语或者句子当中，并通过另外一个短语或者句子对其加以解读，用来作为解读参照的短语或者句子必须能够更为简明、更为直接地表达相关概念希望表达的含义。”[20]

---

〔15〕问题在于很多学者想界定的概念并不存在所谓的属种问题。*Fragment*, 108 n.

〔16〕Fragment, 109; cf. Austin, The Province of Jurisprudence Determined (1832), ed. Hart (London: Weidenfeld & Nicolson, 1954), 14. 提出边沁对于义务的界定并不属于所谓意译。但其的确提供了一种不仅可以替换义务这个概念，而且可以替换使用这个概念的短语的模式(而根据意译解读模式，*我有义务照顾自己的子女*可以被解读为*如果我不照顾自己的子女，将会根据法律承担责任*。)边沁所适用的方法实际上并没有关于句子，或者句子的“翻译”的实质性观点。

〔17〕*OLG*, 144.

〔18〕*OLG*, 251.

〔19〕Ibid. 252.

〔20〕'Two views of Nature of the Theory of Law', *Legal Theory*, 4(1998), 249 at 254. 哈特在1983年也曾提出过类似观点，参见 *Essays in Jurisprudence and Philosophy* (Oxford: Clarendon Press, 1981), 5. 但哈特的观点并非十分明确，并且和其一直主张的语言学对于法理学研究的有用性相矛盾。

抽象概念是拟制实体的伪名，但是在句子的语境当中，可以将其通过直接参照可感知对象的方式对其加以解读。

在边沁看来，*法理学*概念本身就是一个拟制实体的伪名。这让法理学者情何以堪?！边沁对于这一尴尬问题的解决方式多少有些奇异。他认为，*法理学*概念本身并没有任何含义，“除非能够将其具有实体意义的概念相连接”〔21〕。例如，“书”这个词就已足够。边沁认为，讨论*法理学*概念是没有意义的，但是讨论*法理书*则不然。

但和法理学不同，边沁认为，*法*是一个实体概念。〔22〕*法*这个词，至少可以通过其他概念，而不用通过意译的方式加以解读。法律是以国家刑罚权威后盾，由统治者所表达的一种可感知的意愿。〔23〕另外，边沁认为将注意力关注于与法伴生的痛苦与快乐是一大进步(以不同形式、在不同时间、社会存在)。

边沁对于*法律*的定义存在根本性缺陷，对于笔者来说，他对于*权利*与*义务*的论述用不同的关系替代了权利与义务本身:承担痛苦的责任，以及施加痛苦的权力。很多人都从不同的角度反驳了边沁的观点。然而边沁认为他对于字面含义问题的论述并无错误。他是如何得出因为*义务*一词存在本源、通常及适当含义，其对于义务的论述就是正确的这一结论的?

### (二) 神秘的面纱与文字的“适当含义”

边沁所主张的语义哲学具有的含义之一就是如果不同意他的义务理论，那么就无法获知*义务*概念的含义。即使边沁的义务理论是正确的，但这种看法显然也是荒谬的。导致这种荒谬性产生的根据在于虽然边沁是一位语义哲学家，但其却不是通常的语言学者——也就是说，他并没有试图通过语言一般适用方式来解决哲学问题。边沁认为人们所表达的关于法律的理解大多数无意义的，另外还有一些理解从分析角度而言是被错误建构的(因为这些概念具有创新性，不稳定)。

---

〔21〕Introduction to the Principle of Morals and Legislation (1780), ed. Burns and Hart (1970), 323 (hereafter *IPML*).

〔22〕“被称之为法律的拟制实体”是*法律*这个实体概念的抽象形式。*OLG*, 16.

〔23〕See *OLG*, 1.

首先使用语言的人所展现出来的开创性为每个学科都罩上了神秘的面纱，其中尤以法理学为甚……然而，我们已经知道需要在特定的情况下刺破这层面纱，从而获得对于事物清晰认知的乐趣。[24]

因为人们对于语言的适用往往会导致误解，因此对于法理学来说，语言十分重要，学者需要通过努力弄清楚事情的真相，即什么才可以被称之为*法律*。

继承边沁衣钵的奥斯汀则关注的是文字的适当含义，并且将“适当称谓”(properly so called)[25]这一短语作为其理论的核心方法论。对此，奥斯汀本人并未给出太多解释。在他看来，如果适用于某一对象的概念具有“此类实体的所有特征”，那么这样的一种表述就是“适当”的。但如果该概念仅仅具有“此类实体的某些特征”，那么这样的表述就是“不适当或者说类似的”。[26] 这样的一种解释试图说明构成“适当”这一概念的要素，但显然属于原地画圈。所谓“此类”的表述推定了其需要证明的结论成立：即首先类是存在的，所有类的组成部分都具有相同的特征，因此对于此类的概念表述就是适当的。但事实上，边沁和奥斯汀等人所建构的法理学当中存在的漏洞，即解释“适当称谓”这一短语本来是可以填补的。边沁等人的观点只有在推定痛苦和快乐的重要性使得他们所提出的*法律*认定方法是适当的这一前提成立的情况下才成立。因此，二者观点的错误性体现在(1)他们对于行为的实然性与应然性标准的评价；(2)他们认为不采取类似评价的其他观点都是无意义的。

对于边沁等人对文字适当含义的更为全面的解读或许可以总结如下：如果将某一概念适用于一类对象时可以通过参照某种可感知对象而获得对其明晰的感知，并且兼具功利价值概念，那么这样的一种表述就是适当的。如果无法做到上述要求，那么表述就是不适当的。

边沁对于不具有适当意义的表述问题进行了论述。

### (三) 文字的表达适用

我们知道边沁认为，对于实体概念(如法律)可以通过定义的方式加以解读。

---

〔24〕*IPML*, 98.

〔25〕参见 *The Province of Jurisprudence Determined*, see e. g. 122 - 124。

〔26〕*The Province of Jurisprudence Determined*, 120. Cf. Benthame：‘对于法律的宣告并不是对于法律的最佳阐述方式’，IPML, 330。

抽象的概念(如义务),并没有一个可具体感知的对象承载,而只能通过其他实体的关系存在。通过对于这种关系的认定,对于这些抽象概念可以通过意译的方法来加以解读。也就是说,*权利*与*义务*可以通过将其与法律连接,即所谓*法律义务*与*法律权利*,借由意译的方式来加以解读。这样可以使得国家通过施加导致痛苦惩罚的威胁手段,建立其与实体概念之间的联系。

然而,似乎只能得出以上这些结论。也就是说,如果无法发现上述联系,那么学者就必须认定某一概念毫无意义。例如,边沁曾提出过一个非常著名的论断:"所谓自然权利根本就是无稽之谈:自然权利或者说那些不可动摇的权利,属于修辞上的附会,缺乏根基的空白支票。"[27]无意义是指缺乏和可感知对象或者任何其他实体痛苦或者快乐感受的关联。自然权利甚至和可感知对象之间没有联系,因此根本无法对于*自然权利*进行解释——也即是说,任何类似的概念都是缺乏意义的。即使将自然权利放到句子当中,也无法通过其他可感知的话语对其加以说明。在边沁看来:

如果说人享有温饱权或者土地权,那么这样说的真实意思就应该是人应当享有相应的政治权利。在通过政府所具有的分配权力对其相关权利分配之后,其对于相关权利的享有及使用即受到保护:换句话说,情况应该是这样的,而我们乐见此种情况的出现,否则,将会让我们感到沮丧。[28]

思考如下的情况:

1. 人民应享有温饱权利。

2. 我们乐见于人民享有温饱的政治权利。

因为句子1的意义不能完全等同于句子2,因此边沁的观点无法成立。至少和句子1不同,句子2当中的权利概念具有某种含义。而句子2或许可以被视为是阐述句子1所导致的结果:因为发表了1那样的言论,因此才会获得取悦自己的效果。

---

〔27〕 Anarchical Fallacies, in J. Bowring (ed.), *the Works of Jeremy Bentham* (Edinburgh: Wm. Tait, 1843), vol. II. Art, II, p. 501.

〔28〕 *Pannomial Fragments*, in J. Bowring (ed.), *The Works of Jeremy Bentham* (Edinburg: Wm. Tait, 1843), p. 218, Cf. *Fragment*, 110 n.,在本文当中,边沁将话语者内在的情感作为对于规范性语言的一种剥离性质的不适当表述。

边沁思考的似乎是纯粹的规范性情感(在特定情况下事物的应然状态),即使用无意义的句子来表达话语者乐见的状态。然而,这样就混淆了施为主义与功利主义:边沁认为如果说某种行为*应该*完成,或者某件事情是*对*的,不是*错*的这样表述的意义满足有用性原则,那么这样说就是有意义的。根据这样的一种解读,像*应该*,*对*或者*错*这样的表述是有意义的,换句话说,如果不这样解释,就没有意义。〔29〕因此,像*应该*这样的词,只有通过与有意义的可感知对象——如痛苦或者快乐联系,才能获得意义。非功利理论的观点不能因此就被彻底推翻,如果无法用其表达痛苦或者快乐情感,才是无意义的。

边沁引领了20世纪的语义哲学研究。意译方法也成为这一时期非常重要的分析模式。他提出的适当含义观点虽然没有得到充分阐述,但也成为20世纪法理学研究的方法论路径。而其对于纯粹规范性表述的明示理论也预示了后期法理学研究试图通过语言来解释法律规范性的努力。哈特在自己的著作当中对于上述开创性思维进行了充分的阐述。在法律和语言之间错综复杂的关系问题研究方面,刚才所提到的边沁主张的最后一点创新就是一个非常重要,也非常明显的错误。

边沁对于法律和语言问题的态度无疑是不屑的——夹杂着对于普通法的蔑视,对于布莱克斯通的挖苦以及对于法律语言的嘲讽。然而,似乎边沁也应该有被嘲笑的感觉,因为任何对于法律和语言问题不感兴趣的人——任何"不清楚理解边沁在说些什么的人根本将一无所获,徒劳无功"〔30〕。

## 三、哈特之于文字的使用

如奥斯汀教授所言,这一研究领域中的一个真理就是"应当深化对于文字的使用的认识,从而深化我们对于现象的理解"〔31〕。

哈特将边沁的法理学观点发扬光大。同时,哈特也试图避免重蹈其覆辙。他并没有像边沁那样对于法律语言大放厥词,而是采取了一种非常独特的视角对其加以考察。例如边沁对于法律语言采取的解释方法可以使其去除法律人因循环定

〔29〕*Introduction*, 4.

〔30〕*Fragment*, 108 n.

〔31〕*The Concept of Law* (hereafter *CL*), 2nd edn. (Oxford: Clarendon Press, 1994), p. v.

义而导致的无意义状态，哈特却恰恰希望通过上述循环定义来帮助解决法理学问题。他最喜欢的一个词就是所谓*阐述*（Elucidate）。对于法律语言问题的研究，哈特采取了完全不同于边沁的进路。我们可以将其称之为“表面价值原则”（the face-value principle）：如果我们可以从行为人的角度理解他们对于语言的使用，那么我们就可以理解他们的行为（解决关于他们的哲学困惑）。哈特认为，“这就需要一种能够描绘行为参与者眼中受规制行为样态的解释学方法。”〔32〕

哈特的努力能够产生何种结果？在牛津大学的一次演讲当中，哈特对于语言问题曾做出过某些看似热情，但又不甚明晰的评价。〔33〕如果梳理哈特的总体研究成果，笔者认为可以发现围绕法律本质问题而对于语言本质问题所提出的四点看法，即（1）*语境原则*，（2）*多样态原则*，（3）*模糊性原则*以及（4）语言的具象化适用。边沁首先提出了原则（1）与（4），原则（3）对其研究而言不是十分重要，但边沁相关理论的不足在很大程度上是因为其没有关注原则（2）所导致的。〔34〕

对于法学理论来说，前三个原则无疑十分重要，但如果将最后一个原则也理解为至关紧要就大错特错了。笔者在下文当中将分别就上述原则进行简要介绍，并讨论针对哈特提出的上述原则，德沃金、菲尼斯、拉兹等学者所提出的批判。需要指出的是维根斯坦（Wittgenstein）曾就哈特的上述四点看法提出过颇具见地的讨论，甚至哈特本人也希望将维根斯坦的观点吸收进来为己所用，事实上，在我们对于每个原则进行探讨的时候，都可以引用维根斯坦的一些真知灼见。

### （一）语境原则

> 我们或许可以这样认为：当某件事物被命名的时候，其实还什么都没有发生。对于这件事物来说，除了获得一个文字游戏性质的称号之外，还一无所

---

〔32〕*Essay in Jurisprudence and Philosophy*（Oxford：Clarendon Press，1983），15.

〔33〕‘Definition and Theory in Jurisprudence’，ch. 1 in *Essays in Jurisprudence and Philosophy*.

〔34〕对于哈特就语言问题所提出的看法，当然可以做其他不同的归纳。例如，他在讨论刑法中的未遂问题时所提出的区分“广义客体”（Extensional Object）与“狭义客体”（Intensive Object）（*Essays in Jurisprudence and Philosophy*，ch. 17）。笔者认为，在此及与之类似的情况下，哈特对于语言的使用基于“哲学语义学”（philosophical semantics），因此其他与哈特有同感的法律人可以在不谈及语言问题的同时提出自己的看法。

有。诚如弗雷格所言，除非作为句子的一部分，否则单字毫无意义可言。[35]

（维根斯坦）

维根斯坦提出的上述原则引用了弗雷格(Gottlob Frege)[36]的观点作为支撑，首先获得了边沁的认同。该原则对于弗雷格来说十分重要，因为其开创性地将观点的含义与其真理价值联系起来，同样，该原则对于维根斯坦也十分重要，因为他将文字的使用视为语言游戏的一步，并将文字的含义与其适用联系在一起。

但弗雷格所将建构的原则模型是伪命题。超市货架以及电话号码簿上面充斥着没有放置在任何句子当中但却依然有意义的单字。但在上述情况下赋予这些单字意义的是赋予这些单字以有用性的东西——而所谓语境原则就是针对这一点提出的。文字的意义在于其在构成人们表达所需的句子中能够发挥作用。如果某个单字不具有这种作用，那么其就是没有任何意义的。边沁和弗雷格都夸大了句子的作用。是*表达*(utterance)的语境赋予语言以意义。单字只有在可以用于表达的时候才获得了意义，而我们要获得这一单字的意义，也为往往需要将其纳入到对于这个单字的某种类型化表达当中。

如果不理解单字是什么，以及可以用其表达什么，是无法对于这个单字的含义加以理解的。*Prune* 这个词的名词含义是*梅干*，而其动词含义是*修剪*。因为二者之间无论是词源还是含义都相去甚远，甚至都无法连接起来作为一句话的不同部分，因此我们只能说二者是完全不同的两个单词，*Prune* 和 *Prune*，也就是说，二者属于同音异义词(发音与拼写相同，除此之外，没有任何其他相同之处)。然而，还存在无法区分的单字成句的情况：*Prune*！如果你不清楚这句话的语境，就根本无法弄清楚这个字代表了什么含义——或者是想买梅干，或者是要求去修剪树枝。正如奥斯汀所言，"将整句话纳入到整个语境当中是我们能够进行解释的*唯一真正情况*"。某种表达的方式在很多方面需要取决于语境：即话语者与听者所处的情景。也就是说，只有在对于说者和听者有用的情况当中，文字才具有意义。

---

[35] *Philosophical Investigation* (Oxford: Blackwell, 1953), sect. 49.

[36] See Michael Beaney (ed.), *The Frege Reader* (Oxford: Blackwell, 1997), 15 - 20, 108 - 110.

我们可以看到对于边沁而言，语境原则十分重要——可以支持意译技巧，可以用来赋予自然权利以意义，赋予其他没有通过将包括拟制概念的概念参照具有“实体”意义的概念来加以转译的方式对其进行界定的法学理论以意义。哈特也通过语境原则来厘定法律概念的意义。但在哈特的观点当中，语境原则是以表面价值原则出现的：考察人们使用了存在问题概念所表达的观点，如果能够弄懂意思，那么就可以弄清这些概念的含义。这种方法借鉴了普通意义上语言学的观点，但又有所提高。哈特也籍此原则发展出来不同于边沁的法语言学说。

哈特从常识入手，赋予合作关系以人性化特征。他认为单纯关注*合作*一词，并思索其究竟代表什么显然是错误的做法。哈特用桥牌或者尤卡牌游戏中所谓的*骗术*一词来做类比论证。如果你发现自己在游戏中不知道对方究竟使用了什么骗术，那么你只会认为肯定有哪里不对劲。在这种情况下需要自问是否可以肯定有人在耍诈，并且要知道对方耍诈的结果。这样，因为你对于骗术的使用有了一个明确的认识，就会知道*骗术*是什么意思。

哈特试图解决的误解之一就在于认为单字的含义（至少是某个名词）必须有指代对象存在，也就是其所表征的实体。*Apple* 代表的是苹果，那么根据这种论断，*Right* 代表的是权利，但和苹果不同，权利没有颜色和形状，更不能被削皮吃掉，因此是否意味着权利肯定和苹果存在于不同星球呢？但将权利、合作等概念至于其他星球的做法显然大错特错。但这样的错误又十分常见，因为“法律语言通常具有异形的特质——我们往往需要通过日常生活中真实存在的对象来对于这些法律语言加以界定”[37]。

对于哈特而言，将法律语言视为具有异形的特征显然是一个非常奇怪的失误。笔者认为这反映出哈特对此问题的模式态度，而不仅仅是一种单纯的误解，因为他曾经用*骗术*一词对于这一特征进行过说明。这一特征并不是区分法律语言的标志，也并不会在任何情况下都出现变异的情况，甚至都算不上一种特殊的语言施为形式。[38] 任

---

〔37〕'Definition and Theory', 25.

〔38〕尽管哈特试图理解规则概念，但同时也在思索规则体系的含义。他倾向于认为规则体系对于理解法律概念而言至关重要：“关注与文字与不同法律规则连接的复杂多元体系将可以排除诸如拟制的权利或者伪学说的干扰”，*Essays in Jurisprudence and Philosophy*，3：cf. 276。

何抽象的名词都具有共同的特质：就好像和游戏相关的*骗术*那样的概念。除此之外，还存在大量像*能力*、*怀疑*、*爱*之类的抽象名词。但不可否认的是，具体的名词，如 *plate* 也具有与之相似的特点。[39] 这个词的表现形式多种多样（餐盘、金盘、书架横板、房梁）等，但其都是对于 *plate* 这个词的具体适用对象。所谓实际适用对象表明文字具有标签属性——在你思索 *plate* 这个词的时候，必须寻找到可以贴上这个标签的对象。事实上，如果要实现这一要求，就必须对于当前情况与其他可能被是当地称之为 *plate* 的对象之间的相似性进行评估。在某些情况下，这样的一种判断十分简洁明了，但在另外一些情况下，认为 *plate* 是 *plates* 的标签就会令人困惑。或许*所有*具体名词都具有同一特征：即使 *apple* 也不是 *apples* 的标签，尽管这样做的确可以起到标签的作用，的确也可以在很多表达语境中发挥作用。单字的意义不在于其代表了什么，而是在于这个单字的适用方式。因此，语境原则并不是法律语言的异化特质，而是表明像*权利*、*骗术*、*爱*、*苹果*等众多词语所具有的一种重要特征。

对于法学理论而言，语境原则具有何种重要性？其可以用来澄清误解——维根斯坦在后期就通过这一方法纠正自己早期研究当中针对语言问题研究所导致的某些误解。但哈特所提语境说的一大弱点在于尽管这一原则的根据相对充分，但却不够深入，流于形式。这个原则的意义在于不仅仅你会发现自己不需要思索合作的本质，即使你试图这样做，你也可以不用受到认为*合作*一词一定代表着某种和苹果不同的对象的错误影响。

维根斯坦需要澄清的误解对于法学理论来说有何重要意义？哈特认为，虽然边沁进行了大量的努力，但“法学家们仍然一直在纠缠于某个概念范畴的含义”，[40]但他并没有指出导致这种情况出现的罪魁祸首。而如果我们发现某人认为*法律*所代表的是某种对象的标签，只是这个对象不像苹果那样红脆可口罢了，那么语境原则将有助于我们澄清这种误解。我并不知道有人会真的这样认为，尽管某些研究合作的人性化特质的学者可能会遭遇异化的

---

〔39〕对于盘子以及其他为人所熟知类似概念的讨论，参见 B. Rundle, *Wittgenstein and Contemporary Philosophy of Language* (Oxford: Blackwell, 1990), 60 - 63。

〔40〕Ibid. 26.

问题。[41]

颇具讽刺意味的是，语境原则最为重要的作用就是反对边沁等人所持的观点。例如，边沁并没有认为像*法理学*之类的词代表了某种奇怪的对象。而是认为*因为*其并未代表某种可感知的对象，所代表的是某种拟制的对象，因此，除非能够将其与具有实体意义的概念，如*书*连接起来合并考虑，否则没有任何意义。同样，如果*权利*脱离了能够导致权利适用而产生出来的痛苦或者快乐的法律体系的话，也同样没有意义。与此相反，哈特认为，即使某个概念并不代表某种可被感知的对象，也不能说其因此就会丧失意义。也即是说，边沁认为抽象法律概念因为不存在供其表征、贴标签的对象而没有有意义，而哈特采用维根斯坦的思路，认为文字并不是标签。概念的含义需要通过其适用，而不是其和某个对象的关系来加以体现。因此，对于哈特而言，并不存在所谓权利的拟制问题，因为他不认为权利必须代表某个可感知或者拟制的对象。

或许，语境原则仅在澄清误解方面能够发挥作用。但这些误解在法学理论与法学实践中无疑都十分重要。语境原则对于法律人来说不可或缺。如果不考虑语境，人们或许就会一窝蜂地采用立法机构、司法判例或者命令指导当中的法律概念。而司法活动中也往往会出现鼓励法官不考虑语境，单纯从概念本身入手的现象。解读法律的合理技巧中应当包括语境原则。[42] 通过语境原则，我们甚至可以判断像麦勒普小姐(Mrs. Malaprop)那样的人什么时候心口不一、言不由衷。[43]

---

〔41〕“形而上学现实主义者”(metaphysical realists)与“语义现实主义者”(semantic realists)通常被认为会遭遇这样的问题。或许其中的某些学者的确如此。但在现实主义与反现实主义之间的哲学论证的复杂性远远超过了认为现实主义者无视情景原则所带来的问题。参见 David O. Brink, ‘Semantics and Legal Interpretation (Further Thoughts)’, *Canadian Journal of Law and Jurisprudence*, 2,(1989),181; Michael Morre, ‘The Semantic of Judging’, *Southern California Law Review*, 54 (1981), 151, and ‘A Natural Law Theory of Interpretation’, *Southern California Law Review*, 54(1985),277; and Nicos Stavropoulus, *Objectivity in Law* (Oxford: Clarendon Press, 1996)。

〔42〕例如，英国上议院在 *Prince of Hanover* 一案中指出，英国成文法的解读不仅在语言文字的通常含义存在不清楚之处时，而且需要在认定这些文字的通常含义时考虑语境。*Attorney General v. Prince Ernest Augustus of Hanover* [1957] AC 436. in *Arbuthmott v. Fagan*[1996] I. RLR 135, 斯特恩(Steyn I. J)用 *Hanover* 案作为支持自己观点的根据。他认为，在对于合同的解读过程中，文字的含义无法脱离合同的语境而单独成立。

〔43〕Lord Hoffmann in *Manmai Investment Co. Ltd v. Eagle Star Life Assurance Co. Ltd.* [1997] 3 ALL ER 352 at 375.

对于那些试图使自己提出的理论概念具有有用性的学者而言，语境原则也至关重要。对此，毋庸赘言——只不过要警惕不要对其一笑而过即可。但同时也需要提出，语境原则在理解理论概念方面所扮演的角色与多样态原则（diversity principle）密切相关，并应该合并起来加以思考。

**（二）多样态原则**

> ……如果对其加以考察，将不会发现具有完全共通性的特征，仅会发现某种类似性或者相关性……我们所发现的仅仅是交叉、重叠的相似性网络：某些相似性是总体性质的，某些是细枝末节性质的。〔44〕
>
> （维根斯坦）

哈特认为如果要适用某一概念的话，一定存在与之相关的某种或者某些共同特征的观念是僵化的，〔45〕同时，哈特援引了维根斯坦用于说明像*语言*或者*游戏*之类概念在不同情况下具有的类似性时关于游戏的评述，以及其所提出的“家族相似性”。这些情况具有多样态特质，从而可以使得特定概念以不同方式加以适用，而不是对于这些情况所具有的特征进行简单的合并。

语言适用的多样态原则和语境原则具有内在联系：语境的不同使得可以根据不同的类似性而将概念的适用性扩展到不同方面。而单字的适用情景可以明确在其适用过程中应该关注哪些地方。就具体单字而言，其适用根据或许单一、明确，仅根据语境的不同而不同（如*高*），也可能根据其适用语境的不同出现不同的属性。例如，*parent* 这个词如果出现在学校章程当中，可能仅适用于任何对于孩子尽到了监管、照顾责任的人，而如果这个孩子的生物学父母没有尽到上述责任，也不能被纳入其中；如果 *parent* 这个概念出现在基因学语境，那么只是指生物学意义

---

〔44〕Philosophical Investigation, sect. 66, CL, 280. Cf.“想象下工具箱中的工具：有锤子、锯子、凿子、钉子、胶水及螺丝刀——文字的功能和上面那些工具一样，多种多样。”*Philosophical Investigation*, sect. 11。

〔45〕*CL*. 15－16; see also ELP, 277，否定了认为“当某一概括性概念或者术语适用于不同场合的时候，所有的这些情况都必须具有某种一致性的共同特质。这种观念较为陈腐；因为除了这种简单方法之外，还存在其他不同的连接方式。在理解法学概念的时候，对于上述不同的连接方式的理解尤为重要”。

上的父母。[46] 在理想情况下,生物学父母会尽到监管和照顾孩子的责任。生物学上的亲缘关系与对于孩子的监管是 *parent* 这个词的两种不同适用方式,而这一概念的核心层面需要兼顾上述两种情况。

看起来在概念的适用过程中,一定会出现某种意义上的融合情况。否则,就不会存在一个单一的概念,而仅仅存在两个同形异义词,如之前提到的 *prune* 和 *prune*。在对于不同概念,如具不同样态含义的 *parent* 以及 *prune* 等词进行解读的过程中,我们必须具备掌握发现概念适用根据共同点的能力。我们姑且可以用意义(sense)这个词代表概念含义的某一方面。如果这个概念的不同意义之间(同一概念含义的不同方面)具有某种一致的模式,那么就可以说这个概念是"单义"(univocal)的。单义词这个概念本身是模糊的,因为一个概念在不同语境当中可以通过不同的方式融和其意义,或多或少。*Prune* 的不同意义之间没有关联性,*Bank* 这个词具有可以产生某种联系的不同的意义,但这种联系往往十分疏远,以至于这个词属于多义词(equivocality)。至于 *trick* 一词属于单义还是多义是存疑的。但一般可以肯定,*game* 和 *parent* 这两个词是单义的。[47]

维根斯坦认为在 *games* 这一概念相关类似性之间不具有共同基础。[48] 但如果是这样,我们如何能够将其视为单义词(像 *parent*),而不是多义词(如 *prune*)。笔者认为这似乎与类似性类型的解释方法有关。[49] 概念的扩展需要遵循原则。但从维根斯坦对于家族相似性的论述,似乎不承认存在这些原则。这些原则没有体现维根斯坦及所有人都应该接受的一点:人们对于文字的使用及对其含义的解释方式是有意义的。

应该将多样态原则置于法学理论的哪个位置?哈特在其对于法律解读及司法问题的论述过程当中都谈及了这一原则,同时还在论述法理学研究方法时对此进行更为详尽的讨论。如果我们要理解立法机构对于权利和义务的建构,或者真正

---

〔46〕So said Butler-Sloss LJ, in a statement of the context principle in Re C,[1993] 3 ALL ER 313 at 317-318 (CA)。

〔47〕尽管 *game* 一词具有相互联系的不同意义,如(1)指国际象棋或者橄榄球等,以及(2)猎鹿或者打野鸡等。但在上述任何一类含义中,其是具有单义性的。

〔48〕*Philosophical Investigations*, sect. 66.

〔49〕As Joseph Raz did in *Practical Reason and Norms* (London: Hutchinson, 1975),122-123.

理解司法判决的话，就需要牢记概念适用根据的多样态性。多样态的最典型范例莫过于*合理性*（reasonable）一词，哈特认为这个词被用来建构“不同的标准”，并且在存在判例的情况下由法院针对具体情况对其加以认定。[50] 在任何出现了合理性标准的法律准则当中，对于行为模式的合理性，需要考察很多与此相关的因素，根据情况的不同，合理性标准也会发生变化，但是在具体的语境下，认定行为是否具有合理性就需要考察一系列特定的因素。从这个意义上来讲，合理性这个词的统一性和在某些情况下认为需要考察某种实际因素的表述一样抽象。但所谓多样态原则的重要性不仅仅体现在这一类极度抽象的情况当中。和语境原则类似，多样态原则对于法律解读来说也至关重要，我们可以从大量关于概念解读的判例中寻找与之相关的有趣事例。

哈特还认为对于法理学研究方法而言，多样态原则也十分重要——因为它不仅适用于法理学基本概念范畴，而且还可以适用于法学概念。在对于法律概念进行说明的过程中，哈特成功地抵御了让奥斯汀、边沁及凯尔森等人屈服的诱惑，即认为共同特质是导致我们用同一概念说明不同对象的真正原因。[51] 相反，哈特建议学者应该界定某些具有迷惑性的特定问题，然后指出我们需要牢记可以解释上述问题的核心范例特征。后来，费恩斯详细阐述了哈特的所谓“核心范例”方法。

**费恩斯：理论概念的系统性多重意义**

维根斯坦当然不是第一位注意到不同情况下概括性术语所展现出来的不同类似性的学者。他将亚里士多德提出的概念分为一般概念与哲学概念，如*友谊*和*健康*。这一观点概括性地适用于语言问题。亚里士多德认为此类概念如此适用并非因为其属于单纯的同形异义（像 prune），而是因为这些词语在适用到具体情况时的根据具有类比性。[52] 有鉴于此，费恩斯通过要求解释*法律*之类概念适用根据的多元性及解释学者对于“概念选择”[53]的技术性根据来对于哈特的核心范例学说

〔50〕*CL*. 132.

〔51〕*CL*, 279, On Hart's central cases' method, see esp. *CL*. 81.

〔52〕可参见亚里士多德对于友谊、爱的讨论，参见 *Eudemian Ethics* H2，1235a16－23。

〔53〕*CL*, ch. I.

进行阐述。费恩斯认为学者可以仅仅通过关注通过类比加以解释的概念适用方式来获得对于诸如*法律*之类概念的有用信息：在"中心意义"层面，概念适用于"核心范例"，而学者的任务就是发掘具有概括性的术语（如宪法、朋友、法……）从核心向周遭发散，从核心意义到较低层及意义扩展的"根据或者原则"。[54] 而这样做的目的就在于通过充分解释核心范例的方式让每个人理解概念的外延，从而探索理论术语的系统性多重含义。

对于费恩斯所提观点的理解需要关注与其所具有的两大特征：(1)*核心范例*与*中心含义*的危险隐喻，以及(2)所有针对理论术语的解释或者适用的判断都建立在价值判断基础上。

(1) 核心范例与语境原则

费恩斯通过对于中心意义的强调以一种有助于理解其与哈特共同坚持目的的方式对于多样态原则进行了阐述：避免对于"单一共通性"的徒劳找寻。但这种做法的确看起来像是在核心范例的众多特质当中寻找某种"单一共通性"。费恩斯认同哈特的看法，即认为"将一概括性术语扩展到任何其他严肃的领域都必须遵守特定的原则和根据。"[55]但从*概括性*到*特殊性*的扩展是模糊的：哈特的本意可能是(i)对于任何一个理论术语而言，存在整合其所适用的任何情况的原则；或者(ii)对于概念在任何一种特定情境当中的适用，一直存在某种原则。从语境判断，似乎(ii)才是正确的，而且这种观点也显得更为谨慎。(i)想当然地认为概念是单义词。适用所谓"核心"与"中心"的隐喻在于某种单一的共通性：对于单一范式的某种可以界定其特性的联系（清晰或含混）。费恩斯似乎认为为了理解某种概念，就必须对于范式，或者范式的类型加以认定，并且认定任何在概念适用过程中与其外延产生限制区别的情况。然而，象棋和橄榄球都属于游戏的范畴，二者之间存在显著差异，但相比较而言，任何一种都不比另一种来的更"中心"。

以 *parent* 一词为例。对于这一概念，肯定存在核心范例，即存在生物学意义上的父母，并且父母尽到了监管、照顾孩子的义务——而一个尽到了抚养义务的继

---

〔54〕 *Natural Law and Natural Rights* (Oxford: Clarendon Press, 1980), 11.
〔55〕 *CL*, 210.

父，或者没有尽到抚养义务的生物学母亲，则都在边缘意义上可以归属于这一概念。也就是说，这个概念不同层面上的含义被整合在生物学父母基本上会尽到抚养义务这一特征基础之上。然而，从基因角度，抚养与否则不属于中心意义关注的问题。然而，如果说从抽象角度来看，*parent* 的核心范例是生物学上的血缘关系加上抚养行为。但对于 *game* 而言，就不存在这个意义上的核心范例。

在判断哪些情况属于核心范例，哪些情况属于边缘样态的时候，学者需要了解问题产生的情境。而不应该假定对于概念的扩展可以进行概括性的外延意义上的解释，也不能像维根斯坦那样认为这根本不可能。无论对于学者还是对于普通人，这都是一个没有确定答案的开放性问题。我们需要牢记亚里士多德所持的观点：语言的使用具有创造性，不仅因为语言使得我们在发表自己观点的时候可以使用隐喻，而且因为他们所讨论问题特征的类似性，人们可以赋予概念以意义。因为语言使用过程中所体现出来的创造性特征，通过语言形式途径所表达的意思也可以建立在语言所指代的类似性关系基础上。

对于学者而言，他们对于理论术语的适用即属于对于语言的创造性适用，而其也享有一定的自由：如费恩斯所提出的那样，可以选择自己的概念。事实上，学者也需要这样做。对于他们来说，能够发现可以整合所有概念适用情况的原则一直是学术研究的终极目标之一。对于概念必须加以选择的原因并不是像边沁所言对于通常语言的抽象没有任何意义，而是因为这些语言的适用方式建立在不同类型的类比基础上，而对于不同类型类比的判断取决于学者希望达成的目标。奥斯汀认为对于理论术语的类推性扩展是不正当的，而费恩斯则认为亚里士多德对于概念类比性扩展的看法属于概念含义的适当组成部分——因此学者应该关注的问题就应该是哪种类比才属于概念的适当适用方式。

费恩斯的观点可以被理解为多样态原则依赖于语境原则。这一点或许可以从其对于学者观点的不正当选择当中窥以一斑。这种看法在评价法学理论的过程中扮演了十分关键的作用。

(2) 理论术语的意义与评价

费恩斯认为，学者在赋予其理论术语含义时预设了价值判断。同理，我们可以认为这样一种观点也可以适用于法学理论与法学语言。

如果我们仅仅知道关于*父母*所具有的某些特征，那么法院如果不弄清楚立法目的的话，是无法确定我们是否享有规制*父母*的法律所规定的权利或者义务的。从某种表达方式来讲，我是父亲（或者母亲），以某种表达方式来讲，我不是。法院不能在不考虑立法目的的情况下仅凭询问"他是否是孩子的父亲"来对于这一概念加以界定。在此种情况下，如果不考虑为什么要对于父母设定权利和义务，是无法取得良好的判断结果的。法院的认定并不是改变标准，而是实际对其加以执行，但仍需决定针对法律目的的何种观点从法源的角度最为符合。

与此类似，在使用理论术语的过程中，学者需要通过法律标的来判断理论术语如何能够帮助区分类似的概念，同时不造成概念的混淆。和哈特相比，费恩斯更加公开地否定边沁与奥斯汀的研究方法，他认为边沁等人并未对于自己观点提出合理性解释。简单来看，这样的一种质疑看起来是不公平的：能够作为正当性根据的材料散见于边沁的著作当中。边沁或许也会十分渴望有机会能够回应费恩斯"关注实际"的方法论要求：他认为自己的定义对于理论术语进行了"适当意义"的解读，因为对于学者来说为了(i)清楚地表达，要限制对于可感知对象的关注；以及(ii)为了选择重要部分进行解释，关注痛苦与快乐的做法都是适当的。对此，费恩斯的反对意见应该认为（他的文章也反映了类似的观点）边沁对于明晰性的经验判断不连贯，而坚持的价值的功利主义解读方式对重要的价值进行了舍本求末的曲解。

然而，除了对于边沁评价的上述反对意见之外，有理由认为学者所要求的评价对于边沁法理学来说具有致命性。理论术语及通常术语的意义取决于针对作为术语适用正当性而*需要*被加以考量的类似性。这意味着即使对于那些参照实体概念的术语的解读也要建立在对于实体概念使用所推定的评价性判断基础上。边沁对于明晰性的方法论要求模糊了为可感知概念的内容进行价值判断所应扮演的角色。

### （三）模糊性

游戏这个概念如何加以限制？什么算是游戏，什么不算？你是否能够给出一个明确的答案？答案显然是否定的，因为到目前为止，还没有人能够提出一个明确的界限(但这一点在你使用“游戏”这个词之前似乎从未成为问题)。[56]

(维根斯坦)

维根斯坦用*游戏*一词来说明被其称之为模糊性(Vagueness)以及所谓的“家族类似性”的做法十分重要。二者之间具有一定联系。在某一概念究竟适用于否不清楚的情况下,就会产生所谓模糊性问题(即使我们知道这个单字的意义以及具体情景)。例如即使我们知道某人的实际年龄,也不会确切地知道其是否属于所谓的儿童。*游戏*这个词是模糊的,部分因为存在大量使得某种行为或多或少类似于游戏的行为方式——对于某种行为是否属于游戏存在大量相关的考量因素(就好像在界定儿童的时候往往需要考量大量相关要素一样)。将模糊性视为一种边缘状态的不清晰是具有误导性的,因为导致这种不清晰状况出现的原因可能是因为:

- 行为与游戏的典型范式在重要特征方面具有相似性的程度,而且因为
- 如何界定典型游戏范式,何种类似性才是相关的,各种关联性之间的关系为何?

因此,认为模糊性就是不清楚如何对于相关问题进行划分的观点是一种误解。哈特认为,模糊性是语言的特点之一,即在某些情况下(如哈特所言的所谓“核心”范例)是明晰的,在某些情况下(如哈特所言的外延情况)则不甚清晰。[57] 因为担心模糊性这种表述可能带来的不当隐喻,哈特选择了另外一个概念对其加以表述,即所谓的“开放结构”(open texture),而这个概念可以被认为是哈特理解的“模糊性”。[58]

哈特将模糊性作为支持自己将国家所制定的法律视为规则体系主张的根据,由此化解怀疑论者所提出的规则不一定决定结果的质疑。哈特对开放结构的论述也成为其对司法理论最为重要的贡献之一。[59] 如果说哈特对于语言问题的看法

---

〔56〕 *Philosophical Investigations*, 68.

〔57〕 对于哈特所提到的所谓“核心”和“边缘”情况,其本人并未详细揭示。相关问题的研讨参见 Endicott, Linguistic Indeterminacy', *Oxford Journal of Legal Studies*, 16(1996),667 at 668。

〔58〕 *CL*, ch. VII. 1: *Essays in Jurisprudence and Philosophy*, 274. see the Appendix to this chapter, on open texture.

〔59〕 司法并不是 *The Concept of Law* 所关注的重点,相关内容亦可参见 204 - 206, and sects. 3,4, and 6 of the ‘Postscipt’。

是正确的，那么对于法理学而言，理解语言本质的重要性就显而易见了。哈特认为，法律为很多行为作出了指引，但也在很多情况下造成了漏洞。在他看来，这属于法律必须承认的重要事实（不仅仅局限在例如1962年的英国法）。

任何一个法律体系当中都存在大量未有定论的空白地带，对此，只能由法院或者其他有权部门通过制定看起来具有模糊性的标准来对其加以界定，从而解决法律的不确定性，并对于之前判例中泛泛的司法观点和原则加以具体、丰富。〔60〕

德沃金在法学理论与司法理论方面所持观点与此迥异。而争论的焦点集中在围绕法律和语言的一个重要问题：在构成法律的语言与法律所规定的权利、义务之间具有何种联系？

**德沃金之于模糊性**

德沃金反对认为当事人所提法律观点为法官所享有的自由裁量权所左右的观点。哈特认为，当法官运用语言所赋予其的自由裁量权的时候……判决即使并不武断、理性客观……也从实质上属于其自由选择的结果。〔61〕但在德沃金看来，法官不应享有选择权——而仅能判断当事人所应享有的权利并对其加以执行。因此，他认为哈特的观点所描绘的是一幅*不受欢迎*的法律图景，如果法官对于当事人权利的判断根据来自法律之外，那么这些法官就没有严肃地对待当事人的权利。〔62〕法官这样做是以一种不民主且溯及既往的非法方式行使国家的强制权。

德沃金还认为哈特对于法律当中的语言问题的论述是不全面的：我们需要区分"模糊事实与其结果"。而法律解释原则可以通过要求仅在"语言含义毫无争议"的情况下才可以适用某种法律规则的方式避免模糊性。〔63〕但如果是这样的话，德沃金对于哈特观点的否定显然无法成立。首先，是否存在这样的规则存疑。或许在刑法等公法领域会存在含义确定无疑的法律，但是在私法领域，却很难将其适用于大量存在的所谓合理性原则。其次，虽然这样的一种解读原则或许会导致司法自由裁量，但法官的这种权力无法被剥夺。只有在模糊概念范畴适用案件与其他

---

〔60〕*CL*，136.

〔61〕*CL*，127.

〔62〕See Taking Rights Seriously，rev. edn.（1978），chs. 2and 4.

〔63〕Ronald Dworkin，'No Right Answer' in P. M. S. Hacker and Joseph Raz（eds）. *Law Morality and Society*（Oxford：Clarendon Press，1977），58 at 67－69.

案件之间存在明显界限的情况下才会如德沃金所希望的那样不适用法官的自由裁量。但正如拉兹所言,“即使概念不争的核心含义”也是模糊的。[64] 也就是说,在所谓明确无误的案件与适用模糊概念所导致的案件之间并不存在明显的界限。我们或许可以通过设定明确的血液酒精浓度标准来防止醉酒驾车行为,但我们却不能认为防止醉酒驾车的规则仅仅适用在事实明确的案件当中因此就不需要法官的自由裁量。

**文本之外**

围绕语言模糊性的争论似乎无法让人满意,甚至有些偏离要害,毕竟除了单纯地使用文字之外,法律还包括其他的内容。如果情况真的如此,那么或许作为法律缺陷之一的模糊性将不会导致法律的不确定性。德沃金,以及其他一些学者接受了这样一种看法。哈特在《法律的概念》(The Concept of Law)一书当中所作的某种让步似乎也对此表示赞成:

> ……具体**法律规则**适不适用于某种具体情况的问题不同于根据确定的语言规则判断该规则的内容是确定的或者不确定的。因为法律体系本身一般都在设定规则的过程当中具有除了文字之外其他确定规则内容的资源。[65]

这表明哈特对于语言规则与法律规则之间的关系采取了一种看似天真的观点。但这并不否定哈特所认为的语言的开放结构使得法律具有不确定性的观点。对于哈特在书中的让步,我们姑且可以将其理解为哈特承认自己并没有解释禁止停放机动车的规则并不会禁止救护车的停放,即使“机动车”这个词根据语言规则包括救护车。

但一旦哈特承认规则文本适用与规则适用之间存在差别,那么就意味着他认同了德沃金的观点。如果这样的区别存在,那么似乎*无法*再坚持法律语言的模糊

〔64〕*The Authority of Law* (Oxford: Clarendon Press, 1979), 73 - 74. See also Brian Bix, *Law, Language and Legal Determinacy* (Oxford: Clarendon Press, 1993), 31 - 32, and T. A. O. Endicott, '*Vagueness and Legal Theory*', Legal Theory, 3(1997), 37 - 63.

〔65〕Hart, *Essays in Jurisprudence and Philosophy*, 'Introduction', 7 - 8.

性会导致法律的不确定性。换句话说，语言的不确定性不能导致法律的不确定性。

当然，法官在使用模糊规则（如醉酒驾车）的时候可以有很多种材料作为判断的根据。或许存在要求对于刑法规则严格解释的规则，因此只有被确认醉酒的人才会被禁止驾车。还可能存在其他考量——例如法律保护自由的原则，以及对于公共安全的保护，刑法规则严格解释，和侵权法要求制造危险的行为人为其危险行为所导致的后果承担责任的规定的类比，以及驾驶员资格审查法与法律禁止未成年人驾车规定的类比，等等。法官的重要职责之一就是要将上述考量纳入到自己审理案件的活动当中。法律实践中普遍存在对于类似考量的应用。或许，法律体系一*直*都具有上述考量。

如德沃金所言，是否上述考量在既定的案件中会产生确定的结论不是一个语言学问题，而是一个*实体性*问题。认为法官具有选择权的主张具有内在的解读性：也即是说没有概括性的一般基础，而是从具体情况出发，在任何无罪的被告必须依法开释与任何有罪之人必须得到法律的审判之间进行取舍。

但认为与判决相关的解读性考量无法回答关于醉酒驾车指控所有问题的观点存在两大根据。认为法律需要考虑文本之外的其他因素无法使其与普通语言适用的情况相区分，另外，所谓法律需要考量的因素本身也不甚精确。

哈特认为，“语言的确定适用规则”表明适用于某一对象的*文字*需要依照这一规则，但文字的*使用*本身却可能因为需要考虑其他因素而不遵守这一规则。但认为“机动车”根据确定的语言规则适用于救护车这一对象又该如何理解？显然不能认为警察在说“我们必须把现场所有的机动车都清走，好让救护车进来”这样的表述是废话。如果这不是废话，那么语言的日常表述就并没有缺乏“文字之外”的其他考量。因此，哈特的退让是因为其完全没有将语境原则考虑进来，语境原则告诉我们是否救护车属于机动车之列需要根据*机动*车这个词所适用的具体环境来加以判断——而语境原则与语言使用规则之间没有任何冲突之处。任何语言表述都要符合语境原则。

如果对于类似*醉酒*这样含混词汇的适用导致了法律的不确定，那么与语言使用相伴随的其他考量因素也无法消除这种现象。如果情况如此，具有除了文字之外其他考量因素的法律也无法消除因为法律之外因素所引发的不确定性。

另外认为解读无法消除因为模糊而导致的不确定性的根据在于法律资源的本质属性。对我们而言似乎只能说这些资源可以或者不可以消除法律的不确定性。当然可以想见通过使用其他法律资源，可以在立法者使用模糊术语的情况下对于法律要求进行精准的认定。如果某项交通法规中禁止醉酒驾车的话，或许可以认为法院在司机血液酒精含量超过法律对于巴士司机血液中酒精含量水平的司机驾驶机动车。但是我认为存在充分的理由认为法律的其他资源无法消除法律的不确定性。对此，存在三点主张：(i)这些资源主要是原则性的考量；(ii)只有在这些考量具有精确性这一结构性特征的时候，才会消除不确定性；(iii)原则性考虑通常不具有精确性特征。

从我们上面提到的那些相关考量来看，和存在模糊性立法解读相关的要素诸如：严格解释、保护民主和其他部门的类比关系，等等。但这些因素没有一个是精确的。[66] 更为重要的是，导致这些因素不甚精确的原因也可以解释为什么这些因素是以概括状态出现的。和其他法律问题相一致的概括性规则也是模糊的，因为这些属于类推，类似性的充分性与相关程度也都是模糊的。保护民众原则是模糊的，因为这就需要解释和自由等价值发生紧张关系的其他利益。这不意味着不存在保护民主的精确立法技术。但这些技术并不属于原则——原则是推理的出发点，是可以用来处理不同类型行为的。德沃金自始至终认为所有原则都是含混的。没有理由认为可以从德沃金所坚持的模糊性论断当中得出一个对于法律精确要求的认知。

似乎好的解读理论将不会包括认为模糊性立法不会导致法律的不确定性的论断。但重要的问题在于这不仅仅是语言问题，或者立法问题。模糊性概念，像游戏、儿童或者醉酒等，在适用过程中仅仅有助于我们考察与大陆学者所坚持的作为法律组成部分的概括性原则的重要性相关。这些标准并非严格限制在适用效果，只不过是限于其适用方式的模糊性文字。即使包括德沃金在内的学者所提出的主张法律是司法机构所应依据的原则体系，也绝对不意味着对于任何一个法律争端只存在唯一的正解。

---

〔66〕推动公共福祉的概括性原则，或者其他利益、价值，都具有模糊性。需要注意的一点是，从本文的研究出发，我们不需要界定法律的外延。因此，对于模糊性问题的研究目的仅仅是法官必须考虑法律之外的其他因素，但法律与非法律要素都无法精确地厘定法律的内容。

如果这个争议是存在的，那么就要求解释德沃金认为哈特提出的司法理论图景缺乏吸引力这一观点。也就是说，如果法院必须认定非由法律所决定的判决，我们也就没有必要像德沃金那样主张行为是非民主或者有悖于法治了。我们只能将司法视为必要的恶，或者积极建构一种将法院的创造性视为法治有价值特征的理论。〔67〕

### (四) 语言的施为性适用

言即是行。〔68〕

(维根斯坦)

哈特指出，人们使用语言是用来做事，而不是用来夸夸其谈，而这种看法对于法理学研究来说十分重要。〔69〕哈特从奥斯汀那里移植了这一理念，奥斯汀认为这种看法将引发“哲学革命。”〔70〕和哈特一样，奥斯汀渴望对于语言的使用加以“说明”。〔71〕在他看来，语言不仅仅被用来表述事实。但哲学家，如边沁及艾亚尔(A. J. Ayer)〔72〕对于这种看法的最初反应往往是将不同声音视为伪命题。这些学者所坚持的是所谓“无意义原则”。奥斯汀认为上述哲学家的反应非常“教条”，于是提出了替代性观点：“作为哲学家的我们在承认自己表达的同时又为无意义状况设定了范围，因此可以非常自然地询问接下来的问题，是否很多看起来是‘伪命题’的命题真的属于‘命题’”。〔73〕为了避免因为讨论伪命题而陷入无意义的探讨，奥斯

---

〔67〕对此问题的讨论，参见 Endicott, ‘The Impossibility of the Rule of Law’, *Oxford Journal of Legal Studies*, 19(1999),1。

〔68〕Wittgenstein, Philosophische Bemerkungen (1933), in the Wittgenstein Archive, http://www.hit.uib.no/wab/sample/vw115-ad.htm#92, item 115 Verso Page 33.

〔69〕See Hart, Essays in Jursiprudence and Philosophy, 275：维根斯坦也曾说过，言也是行。

〔70〕How to Do Things with Words (Oxford: Clarendon Press, 1962),3. 用奥斯汀典型的表达方式来说，就是“如果有人认为这是历史上最为伟大、最为重要的成就，显然并非如此，但如果仔细想想，这种观点所产生的影响的确十分重大”。

〔71〕E. g. ibid. 147.

〔72〕See *Language Truth and Logic*, rev. edn. (London: Gollancz, 1950),22：“……因为价值判断并不属于观点，这里并不存在所谓真假命题的问题”，亦可参见 ch. VI, ‘Critique of Ethics and Theology’。

〔73〕How to Do Things with Words, 2.

汀提出很多表述都具有“施为性”——例如表示“道歉”，就无关对错，不是表达观点，而是意味着，也被理解为某种态度。这样的表述具有一种无关对错的“说明力”，而是一种姿态的展现。[74]

奥斯汀认为，通过关注人们的言行，可以解决与道德和价值有关的哲学问题，同时避免无意义原则的束缚。作为对于边沁观点的回应，他认为“道德观点”或许在某种程度上是用来表达情感，或者以特定的方式规制、影响行为。[75] 笔者将简要地对于道德哲学当中的这个问题及其扮演的角色进行讨论，因为其为哈特在法哲学领域语言施为性的观点提供背景。

**施为与道德**

奥斯汀关注评价，并暗示对于“善”感兴趣的哲学家也被认为“应该思考用善这个概念可以做些什么”。一旦选择了自己的立场，这些哲学家就会发展出相应的理论观点：

> 理想状态下，只有我们获得所有具有评价、划分机制的说明性行为的完整名单，只有我们知道存在多少此类行为以及这些行为之间的关系，我们才可以获得对于“善”及用这个概念的用途的全面理解。[76]

这一观点使得哲学家可以从两条路径规避对于价值哲学解释的需要。首先，奥斯汀没有要求回答什么是“善”。他没有谈及任何判断“善”、“恶”(或者对、错)的标准，而是建议我们考察对于人们从事行为的赞成或者不赞成态度。其次，因为他要求提出“完整名单”，因此实际上无限期地将这个问题搁置起来。奥斯汀将什么是“善”、什么是“对”的问题放到了一边。

对于笔者而言，对于无意义原则最佳的替代方案就是承认以规范性及评价性方式表述的所谓“伪命题”也是命题。“我道歉”这句话并不是通常用来作为命题出现的。“我应该道歉”才是通常意义上的命题(所谓命题，是指可以用来从事相关言

---

〔74〕如果言行一致，那么就是属于奥斯汀所言的“意味”，如果言行不一，就属于他所说的“表现”。

〔75〕Ibid，2－3.

〔76〕Ibid，162.

行来进行道歉)。而这种道德命题的观点使其可以在某种情况下为真。[77] 与此相反,对于价值与规范性的理解可以在客体将其自身局限在表明文字的施为性功能时揭示其具有的这种错误。当然,很多哲学家因为边沁的经验主义倾向,或者基于自然主义倾向开始选择批判价值及规范性。这些学者被称之为非认识主义者、主观主义者、非现实主义者、准现实主义者、印象派主义者等等。虽然限于篇幅无法对其加以详述,但笔者认为这种研究倾向限制了自身的研究方法:不能像奥斯汀所提出的那样,能不证自明地从对发表价值判断或者规范性判断的以言行事行为的关注出发。道德问题是如何生活的问题,而这些问题与文字的含义,或者某人或许会以言行事的力量无关。从以言行事这一焦点转移注意力不会让道德哲学获得什么好处,更不会让谁获得坏处。一旦学者有理由认为没什么可说的,那么还有机会将道德观点解释为观点以外的其他东西。[78] 完备的道德哲学可以解释道德命题(包括伪命题及非命题)。但这不意味着需要把道德语言作为对象来加以关注。[79]

为什么这种方法论原则具有合理性?

1. 因为评价或者规范性语言无法通过其在争论、抱怨、赞扬、坚持、评价、否定等以言行事行为中所发挥的作用加以区分。所有的这些行为可以通过描述性的语言("一整个赛季他都没有上靶")或者单纯的皱眉头等行为加以实现。因此我们无法仅仅通过指出做了什么而理解规范性或者评价性语言。

2. 的确,说"这是正确的"是支持某事的有力手段之一。但我们也可以称赞某事是好事,但同时对其不予支持。正如威廉姆斯所言,在评价与支持之间没有联系。[80] 因此仅仅指出从事某种言行的适当性并未解释价值语言的适用。

3. 指出人们支持某事并不足以作为*价值*或者*规范性*的解释。如果我们获得

---

〔77〕但这并不是意味着作出道德命题的行为人可能存在体系性错误。参见 J. L. Mackie: *Ethics: Inventing Right and Wrong* (Harmondsworth: Penguin, 1977)。

〔78〕威廉姆斯对于道德中的"语言架构"所持的反对意见。参见 Ethnics: *Ethnics and the Limits of Philosophy* (1993), ch. 7, 'The Linguistic Turn'。

〔79〕笔者并不认为其所提过的任何道德怀疑论违反了这一原则,因为这一原则主要针对的是研究重点的问题,因此在究竟哪种理论最为合适的问题上并没有明确。参见 C. L. Stevenson, *Ethics and Language* (London: Oxford University Press, 1944),以及 R. M. Hare, *the Language of Morals* (Oxford: Oxford University Press, 1952)。后者认为,"道德就是道德语言研究的逻辑结果。"

〔80〕参见其对于旅店优劣的讨论,Ethnics: *Ethnics and the Limits of Philosophy*, (London: Fontana, 1952), 125。

了奥斯汀想像中的那份关于价值语言施为性适用的完整名单，我们可能会遭遇根本无从掌握的通过态度、表达情感、掌控他人，体现个人倾向性的复杂方式。但我们仍旧需要弄清楚这些以言行事行为。如要理解其本身的意义及在人们所生活中所起到的作用（即所谓的道德哲学），我们将需要询问这样一个问题：人们这样做是否有什么根据？或者如弗吉尼亚·沃尔夫（Virginia Woolf）所言，这些以言行事的话语就好像风吟涛鸣，毫无意义？"……夹杂着闪电，只能听到忽远忽近的巨大噪鸣，风与浪撕扯着自己，就好象众多丧失理智、扭曲在一起的海中怪兽……"[81]

**施为性与法律**

对于道德生活而言，施为性十分重要，但是对于道德哲学而言，其作用就显得不甚重要了。如果问哈特如何将奥斯汀的观点纳入到法理学当中，笔者认为我们也能发现类似的限制。这并不是因为施为性本身不重要。在笔者看来，法律当中的施为性十分重要，但是其对于法学理论的意义却不大。遗嘱，卖据及其他的法律文件中充斥着施为性语言——这也是为什么这些东西被称之为*指令*（instrument）的原因。法官通过*宣判行为*对于当事人进行判决。而立法机构的行为则属于典型的言辞行为。等等。但笔者不认为通过关注法律当中的施为性可以获得任何的裨益，只要你承认存在上述功能，同时承认在考虑到特定语境（包括立法权通过言辞行为改变法律适用环境的情况）下施为性的说辞具有其所宣称的作用这一观点没有什么不妥。

除此之外，哈特通过提出人们以言行事观点试图达成何种目的？哈特认为，"关注语言的不同施为性使用模式有助于澄清法律权力、契约等理念……"[82]虽然还不能完全了解哈特此番话的真正用意，但可以认定这样的一种表述可以被用来反驳哈根斯托姆（Axel Hagerstrom）等现实主义者的观点。这些现实主义者认为，只有具有魔法的词汇才可能*真的*建构契约。如果我们不相信什么魔法词汇，那么就应该说这样的论断不成立，也即是说，我们根本没有形成所谓的契约。法律的执行受到来自难懂迷信的掣肘。

---

〔81〕 Virginia Woolf, *To the Lighthouse* (1927).

〔82〕 Essays in Jurisprudence and Philosophy, 4.

在清除上述误解方面，奥斯汀的观点发挥了很大的作用——通过阅读其所论述的作为以言代行是可以获得快乐的论断的基础条件，甚至可以使现实主义者相信其中并没有什么魔法。语言的施为性适用被证明只是具有高度的可感知性，可以帮助人与人之间进行交往。[83] 但在法学理论当中讨论施为主义的意义是有限的——只是可以用其来批驳所谓魔法词汇的看法。在可能的情况下，不需要对于施为性问题进行讨论，例如通过说"我保证"这句话承担义务也没有什么神秘可言。

从奥斯汀的论说当中能够感受得到他对于这一理念可能发挥作用的勃勃雄心。他十分隐晦地提出对于"对于'法律'的论断"是一种施为性论断，而不是一种"事实性论断。"[84]哈特似乎被奥斯汀这种隐含的观点所吸引——而这在哈特早期的研究当中十分明显，这种倾向也被视为是哈特晚期学术观点基础的"实践理论规则"的重要组成部分。语言的施为功能具有可以解决法理学最为基本问题的可能性：法律的规范性。

在牛津大学的就职演说中，哈特摒弃了边沁提出的对于像*权利*之类概念的意译方法，并且提出像"A 有权利要求 B 付给自己 10 英镑"这样的表述不是描述性的，而是可以被认为是一种法律论断。[85] *权利*概念的表达仅仅在其作为句子的一部分的时候才有意义，而句子的功能在于从特定法律规则中得出法律结论。虽然还不清楚哈特使用*结论*一词的真正用意。单这样的表示也揭示出施为主义的魅力：其不仅仅关注于权利含义的论断，更关注人们对于权利含义的适用。

三十年之后，哈特收回了这样观点。[86] 还不清楚他为什么要收回自己的观点，但是这表明他之前将"法律结论"理解为某种施为行为，后来他逐渐认识到这样一种观点混淆了论断含义与其所产生的效果，另外，他之前认为权利概念不具有描述性也具有误导性，因为这样说模糊了这一论断在规则体系中的语境。

---

〔83〕尽管奥斯汀的观点并未对于卡尔·奥利弗科罗纳(Karl Olivercrona)产生影响，后者也不认为表现性的言辞具有什么魔力，但是奥利弗科罗纳用"心理条件"(Physical conditioning)作为基础对于其在法律及日常生活当中的使用效果进行了初步的解释。参见 Law as Fact, 2nd. Edn. (London: Stevens, 1971)，其他关于道德及法律话语中的表现性言辞问题，参见 Paul Amselek (ed), Théorie des actes de langage, éthique et dorit (Paris: Presses universitaries de France, 1986)。

〔84〕*How to do with Words*, 4, n. 2.

〔85〕*Essays in Jurisprudence and Philosophy*, 28.

〔86〕Ibid, 5.

哈特用其在《法律的概念》一书中所使用的规则体系来阐述法律义务概念。他提出的“实践理论原则”将社会规则认定为是一种伴随着接受者“独特规范性态度”的常态行为，这种态度体现为个人将其用来作为指引自己未来行为以及评价标准的行为模式。[87]

笔者认为施为主义的魅力对于哈特法学理论的核心观点也有影响——但是这种影响体现的并不明显。他并没有支持奥斯汀提出的法律论断是施为性质的观点，同时他认为法律论断(不像“我道歉”之类的施为表述)可以正确，可以不正确。但是需要注意的是，哈特对于法律论断的兴趣并不在于其意味着什么，而在于人们用其做了些什么。在《法律的概念》一书当中他也会间或提出，规则是行为的根据[88]——这意味着法律论断表明了人们从事某种行为或者不从事某种行为的原因。但是如果合并起来看，他对于承诺的讨论体现了不同的观点：人们将规则“作为”、“视为”、“用作”理由。[89] 人们用规则作为指引，用其来互相批判，用其来*展现某种态度*。[90] 哈特实际上没有对于“A 有权利要求 B 付给自己 10 英镑”这样的规范性论断的意义做出任何表述——除了认为在法律和道德当中意义不同之外。他也没有对于这样一种区别加以解释。或许在哈特看来，二者在意义上一定应该存在差别。否则你将无法阐述你不赞成的法律论断。一定有人可以在使用英国法做出“A 有权利要求 B 付给自己 10 英镑”这个英语论断时不相信存在支付这笔款项的道德义务。哈特感到头疼的问题在于，如果在法律与道德的规范性论断之间存在区别，那么就不存在其试图需要避免的自然法理论的替代性观点。

### 拉兹之于规范性论断

……法律规范性问题的核心问题就是对于规范性语言的解释性。[91]

（维根斯坦）

---

[87] *CL*. 255；这一理论的表述选自而是二十世纪八十年代哈特个人简历学术成果当中的一部分。

[88] *CL*. 84.

[89] *CL*. 90.

[90] CL. 255.

[91] *Raz*, *Practical Reason and Norms*, 2nd edn (1990), 169, Cf. “法律的规范性问题是在描述法律问题时对于规范性语言的使用。”ibid, 170.

约瑟夫·拉兹不承认哈特认为规范性术语在法律论断的过程中具有独特意义的看法。在他看来,例如"A有权利要求B付给自己10英镑"这一规范性论断表明B有采取某种行动的理由。如果这是一种法律判断,那么就意味着B从法律角度有权从事某种行为。[92] 拉兹的理论部分属于实践推理理论,但是他对于规范性论断进行解释时认为在法律和道德具有相同的含义。并且,他通过指出规范性论断可以以一种分离的方式进行,从而解决了让哈特头疼不已的问题。也就是人们在进行论断的时候可以不必对于论断基础持有支持的态度。[93]

哈特针对法律规范性的工作放弃了施为主义的残存影响,而拉兹的观点则用替代性的做法规避了这样一种容易分散注意力的影响。在法学理论当中应用施为主义的情况十分有限,任何越界的行为都会导致灾难性的后果。如果要理解道德,理解法律,我们就需要关注人们在进行规范性论断的时候如何表述——不仅仅是人们在进行上述论断时所展现出来的态度。

是否拉兹指出的规范性论断的重要性否定了其所提出的"语义哲学很难促进人们对于法律的理解"?[94] 的确,如果我们将拉兹对于规范性论断的解释视为对于语义哲学的适用,那么的确如此。但是很少有人谈及其语义哲学对于语言学者所持观点的背离。这仅仅意味者语义哲学范围十分宽泛,因此其可以不仅仅包括专业的哲学语言。语言不是道德哲学的主体,但是有些语义哲学问题只能通过道德哲学来加以解决。

## 四、结论

边沁影响了20世纪法律与语言研究。导致这种情况出现的原因在于边沁影响了哈特,而哈特在这一领域作出了较大的贡献,同时也犯下了很大的错误。哈特的所发表的观点就好像承载着建构哲学结论的使命:他提出,当代语义哲学

〔92〕Ibid. 175. see also 'The Purity of the Pure Theory, in R. Tur and W. Twining (eds), *Essays on Kelsen* (Oxford: Clarendon Press, 1981)

〔93〕Ibid. 176-177. 对于哈特针对拉兹立法规范性观点的应对,参见 *Essays on Bentham* (Oxford: Clarendon Press, 1982),153-161。

〔94〕See above.

的看法建构了法律分析学派的基础。[95] 但是语义哲学并不是可以用来解决法理学问题的结果，就好像当代生物化学的研究成果可以用来解决医疗问题那样。而这一点在当代要比在 20 世纪 50 年代体现的更为清楚。语义哲学与语言学的研究结果往往争议很大。区分真知灼见与误解的时候可能要耗费一番力气，另外，法理学是否因为哈特所提出的关于语言问题的见解得到进步也是具有争议的。

我们是否应该认为法学理论需要谈及语言问题从而实现其研究目标？语境原则和多样态原则在理解法官使用法律语言方面也具有一定作用，也在确保其正确适用的过程中扮演着十分重要的作用。对于法律语言模糊性的理解，以及对于法律本身的模糊性理解，不能一直决定法律所要求的结果，而法官也必须解决法律所无法解决的问题。这三个原则对于理解法律，以及法官的角色都至关重要。在任何法学体系当中，法律准则的主要概念都是模糊的，并且依据法律适用情况的不同而具有不同的含义。而且，这些关于语言的原则不仅仅针对语言：在一个没有判例或者成文法的习惯法体系当中，法院仍然需要考察不同情况下不同案件的相似性，而在这一体系当中概括性的权利与义务无疑也是模糊的。

多样态原则与语境原则对于发展具有有用性的理论概念至关重要。

至于语言被用来作除了真假论断之外为以言代行作用的看法，在法理学中意义不大。法律当中的施为主义非常重要，但是学者通过关注这一问题很难得到什么实际的好处——除了可以用来替换不会经常出现的误解之外。

总之，对于语义哲学问题的某些明确理解对于法哲学家来说非常有帮助。但这并不是因为法律哲学是语言哲学的分支。而是因为语义哲学与法哲学是政治哲学的组成部分。

### 附录：开放结构

哈特从弗雷德里希·魏茨曼（Friedrich Waismann）那里借鉴了*开放结构*这一

---

〔95〕 *Essays in Jurisprudence and Philosophy*, 4.

概念，后者将其称之为“模糊可能性”。还有学者试图将开放结构与“实际模糊”情况相区分。[96] 笔者认为这样的区分缺乏法理学意义。

这一区分认为如果存在边缘样态，那么概念就是模糊的(也就是说开放结构)，如果没有边际样态，那么该概念就属于开放结构(而不是模糊)。但所谓的边际样态确实可以人为假定的。因此，*光子*这个概念可能并不模糊，因为这个世界的物质或者是光子，或者不是(或者是因为巧合，或者是因为物理法则中粒子或者具有光子的特征，或者不具有此类特征)。但我们可以想象一个不同的世界，在这个世界当中，粒子可能具有某些光子的特征，但是又与光子存在一定差别。在这个可能的世界当中，光子是模糊的。因此，在我们所处的世界，光子是具有开放结构的，但并不模糊。

对于笔者而言，这样的一种区别缺乏连贯性，因为模糊性是文字含义的特征。如果在那个可能的世界当中某些物质算不算做光子还不清楚，光子的词在这个世界当中是具有模糊性的(在这个世界当中，什么可以算作光子还不清楚，尽管在这个世界当中光子的概念是清楚的)。

在任何情况下，对于法理学来说，上述区分的唯一意义在于*开放结构*这一术语本身表明法律语言一定需要边缘样态的存在。即使如哈特所暗示的那样，我们使用精确的语言来规范人类行为，我们也总是可以想见存在模糊性的情况。而这样一种观点即使不在模糊性与开放性结构之间进行区分也可以合理提出。同时，在法理学研究过程中提出这一区分也没有什么直接的作用。法律需要像哈特曾经承认的那样以饶有趣味的方式具有模糊性，也就是说，法律需要使用我们在日常法律生活中所熟悉的那些关于货物销售、监管义务，配偶责任等高度模糊的标准。没有理由认为即使法律体系的法律都是精确的，还可以认为边缘样态的存在。在所有法律都是明确的情况下，这样的一种看法是多余的。

---

〔96〕 E. g. Anderi Marmor, *Interpretation and Legal Theory* (Oxford: Clarendon Press, 1992), 132; Michael Moore, 'The Semantics of Judging', *Southern California Law Review*, 54(1981), 151, 201; Frederick Schauer, *Playing by the Rules* (Oxford: Clarendon Press, 1991), 35.

## 进阶阅读

**On Philosophy of Language and Law**

Timothy Endicott, *Vagueness in Law* (Oxford: Oxford University Press, 2000).

Thomas Morawetz (ed.), *Law and Language* (Dartmouth: Ashgate, 2000)

Mark D. Greenberg and Harry Litman, 'The Meaning of Original Meaning', *Georgetown Law Journal*, 86(1998),569.

Brian Bix, *Law, Language and Legal Determinacy* (Oxford: Clarendon Press, 1996).

Nicos Stavropoulos, *Objectivity in Law* (Oxford: Clarendon Press, 1996).

Stanley Fish, *Doing What Games Naturally* (Oxford: Clarendon Press, 1989).

Michael Moore, 'A Natural Law Theory of Interpretation', *Southern California Law Review*, 58(1985),277.

Glanville Williams, 'Language and the Law', *Law Quarterly Review*, 61(1945), 71,179,293,384; Law Quarterly Review, 62(1946),387.

**On Linguistic analysis of legal language**

Peter M. Tiersma, *Legal Language* (Chicago: University of Chicago Press, 1999).

Northwestern University-Washington University Law and Linguistic Conference, *Washington University Law Quartly*, 73(1995).

Bernard S. Jackson, *Making Sense in Law: Linguistic, Psychological and Semiotic Perspectives* (Liverpool: Charles Publications, 1995).

John Gibbons (ed.), *Language and the Law* (London: Longman, 1994)

Lawrence M. Solan, *the Language of Judges* (Chicago: University of Chicago Press, 1993).

Judith N. Levi and Anne Graffam Walker, *Language in the Judicial Process* (New York: Plenum, 1990).

Frederick Bowers, *Linguistic Aspects of Legislative Expression* (Vancouver:

University of British Columbia Press, 1989).

**On the history of English and American legal Language**

David Mellinkoff, *The Language of the Law* (Boston: Little, Brown, 1963).

# 第23章　法律与客观性

布莱恩·莱特 著　刘红臻[*] 译

我们只有掌握了某些合适的哲学工具才能探讨法律的客观性问题。

关于客观性主要存在两类哲学议题：形而上学的和认识论的。*形而上学的*(metaphysical)客观性关注某类实体的存在和特性在何种程度上取决于人的心智状态(即他们的知识、判断、信念、感知、或反应)。*认识论的*(epistemological)客观性关注我们在何种程度上有能力获得关于那些在形而上学上是客观的事物的*知识*。沿袭英美传统的许多哲学家还烦恼于*语义的*(semantic)客观性，即某一话语(discourse)领域(物理学、心理学、伦理学、法学等)的命题是否能依据它们的真假(truth or falsity)来评价。如果某一话语要在语义上是客观的，如果该话语中的陈述要是真的，那么用该话语的术语(即夸克、欲念、正义、法律事实)所指称的东西就必须是在形而上学上客观的。

## 1. 形而上学的客观性 (METAPHYSICAL OBJECTIVITY)

如果一个实体(或一类实体)的存在和特性*独立于*人的心智，那么它就具有形而上学的客观性。这一"独立性要求"是形而上学客观性的核心(Brower 1993; Sober 1982)，尽管它的正确解释引发了两个重要问题：首先，一种具有形而上学客

* 吉林大学法学院、吉林大学理论法学研究中心副教授，主要从事人权法研究。

观性的东西必须*以何种方式*“独立于”人的心智；其次，这种独立性要求有*多大*？

### 1.1 何种独立性?

某一实体的存在和特性可能在三种意义上*独立于*人的心智：因果上的(causally)，构成上的(constitutionally)和认知上的(cognitively)。只有后两种与形而上学的客观性有关系。

一种实体在因果上是独立于人类心智的，只要产生它的因果轨迹不涉及人的心智。鞋子，举例来说，在因果上是依赖于人类心智的，因为任何某双鞋子的存在和特性都因果性地取决于鞋匠所持有的信念和愿望(例如，制作特定某种鞋子的心愿，以及关于需要做什么才能制成这种鞋子的真实信念)。相比之下，地球的存在和特性则是在因果上独立于人类心智的：在地球及其特性的产生过程中，没有人类意图扮演成因的角色。然而，形而上学的客观性并*不要求因果的独立性*。某些实体即使在因果上依赖于人类心智也可能在其他两种意义(见下述)的一种上是独立于心智的，从而仍具有形而上学的客观性。

一种实体在构成上是独立于人类心智的，如果它的存在和特性不是由心智所构成或者等同于心智活动。哲学“唯心主义”的某些历史形式(例如伯克莱主教和黑格尔)认为世界在构成上是依赖于心智(人类的心智，抑或上帝的心智)的。相反地，对某一实体形而上学客观性的主张几乎总是需要否认它在构成上对心智的依赖。心理实体(例如信念，欲望，感情)是个例外：这种事物不能在构成上独立于心智，因为它们就是心智的某些方面。但心理事实当然也可能具有形而上学的客观性。如果这样，它们就必定是在最后一种意义上“独立于”心智的。

一种实体在认知上是独立于人类心智的，如果它的存在和特性不依赖人的任何*认知*状态：例如，信念、感官知觉、判断、反应等(“认知”状态是这样的，它能接受世界的特征从而成为关于世界的知识的潜在来源)。相应，一种在形而上学上客观的事物，就是那种独立于任何人对它所持有或有理由持有的看法(任何人认为它是什么或在某些情况下会认为它是什么)的东西。按照这种解释，一个人的心理事实，因其不取决于他的观察者对他的心理状态所持有或有理由持有的看法，而在形而上学上是客观的(这假定心理内容是“窄的”，而非“宽的”，这涉及心理哲学的一个技术性争论，在此对其不做讨论)。

任何一种具有形而上学客观性的事实(除去心理事实)都必须无可避免地*在构成上*独立于心智。所有具有形而上学客观性的事实还必须在认知上是独立的。对自然世界的常识性描述在这一意义上假定它的内容具有形而上学的客观性:常人认为原子、斑马和硫磺不简单地等同于心智的臆想,它们自在地独立于人们对其所持有或有理由持有的看法。由此,科学,通过致力于准确地描述事物的(客观地)来龙去脉(the way things are),志在达到认识论的客观性。

### 2.2 多大的独立性?

*认知的独立性*有程度之分,因而可辨别的客观性也有程度之分;不是具有客观性的每一事物都能在普通常识把自然世界的构成要素理解为客观存在的意义上证明为客观的(正如我要简短论及的,这一点对于理解法律的客观性非常重要)。认知独立性的要义是独立于人的*认知*状态:信念、感官知觉、判断、反应等。从而,这一客观性概念假定在对事态"看来正确"的判断(what "seems right" about some state of affairs)和它实际上"真实"的情况(what actually "is right")之间总是存在着差别。比如说,可能在约翰看来(基于感官知觉)他面前真有一张桌子,但可能实际上那里真的没有桌子:这可能是一种错觉。因而,桌子在某种意义上是客观的,因为它的存在不依赖于在约翰"看来正确"的判断。

由此,可以区分出四种关于客观性的主张(Leiter 1993):

- 根据*主观主义*(subjectivism),在认知者看来正确的决定什么是正确的。
- 根据*最低限度的客观主义*(minimal objectivism),在认知者的共同体看来是正确的决定什么是正确的。
- 根据*适度的客观主义*(modest objectivism),认知者在适当或理想的条件下认为正确的决定什么是正确的。
- 根据*强客观主义*(strong objectivism),在认知者看来正确的从来不决定什么是正确的。

主观主义和强客观主义代表了两种经典且对立的古代哲学立场:普罗塔格拉(Protagoras)认为"人是万物的尺度"(主观主义)(Plato, Theaetetus, ∗15[2a], ∗166a-∗168b),而柏拉图(Plato)则信奉某种强客观主义(Plato, Phaedo, ∗74[1]-∗75[b], Republic, ∗475-∗480, ∗508d-e)。普罗塔格拉的立场否认世界及其万物的客观性：各人把什么当作事实，事实就是什么（对此人来说），从而任何事物的存在和本性都（认识地）取决于（个体的）人的心智。与之相反，柏拉图主义者肯定这个世界完全和绝对的客观性：世界的真实情况是什么从来就不由任何人或所有人所持有、有理由持有，或者可能有理由持有的看法来确定。错误，在柏拉图主义者看来，在世界范围内，即使在理想的认识条件下也是可能的。这后一种立场经常被描述为"唯实论"（或者"形而上学的唯实论"）。

最低限度的客观主义和适度的客观主义处在这两种熟悉的古典哲学立场之间的概念空间上。最低限度的客观主义主张认知者的共同体把什么当作事实事实就是什么。这一观点，像它纯粹的普罗塔格拉堂兄一样，导致了某种相对主义（事实是什么随特定的认知者共同体而定），但通过抽离于个体认知者的主观性，它引入了一种*最低限量*的客观性。它还是一种拥有某些适用领域的客观性。什么是和不是流行的，举例来说，或许就具有最低限度的客观性。关于什么是流行的，在约翰看来是正确的可能在客观上就是错误的：约翰可能与他所在社会的风尚不合拍，因此这么说可能是对的，"约翰认为格子呢衬衫与条纹裤子很搭调，他的这种想法是错误的"。但是整个社会对什么是流行的看法似乎是不会错的：在这一意义上，在社会看来是正确的决定真正流行的是什么。

然而，在大多数领域，最低限度的客观性会被认为令人不悦地过于接近主观主义。适度的客观性因而从对*实在的*（actual）认知者——个人或社会——的依赖中抽离得更远。某物具有适度的客观性，如果它的存在和本性只是依赖于认知者在某些理想化的认知条件——诸如完全的信息和证据，完善的理性等——下所持的看法（根据假设，在理想的条件下，所有的认知者都会对事物达成相同的看法）。世上每个人都可能在其对某种具有适度客观性的实体所持的看法中出错，而在理想的认知条件下形成的看法却永远不会出错。正是这后一点把适度的客观性与强客观性区别开来。

一些哲学家辩称真理最多具有适度的客观性（例如，希拉里·普特南（1981）称之为"内在实在论"的学说）：在任何领域中真理就是知识探究者在理想的认知条件下所达成的任何共识。这一思想的诸种版本自来就遭受着凌厉的批评（Johnston 1993），并且几无追随者。然而，适度的客观性，像其他几个概念一样，可能特别地适合于某些领域。思考一下，比如说，有关颜色的事实。说存在有关颜色的(适度的)客观事实似乎很自然，即使某物体的颜色并非完全独立于人的心智。例如，当且仅当正常的感知者在正常的观察条件下倾向于把某物看成红色时，我们可以说该物是红色的。颜色，基于此原因，依赖于人的心智——人的反应或感知——但只是在*适当的*条件下依赖于人的反应。一个重要的新思想认为评价性事实可能以相似的方式具有适度的客观性(例如，Pettit1991)：评价性事实在适当的条件下依赖于人们对具有道德重要性的情况所做的反应。然而，在这两个案例中，重要的是指明人的反应得以通过某种非循环论证的方式(in a non-question-begging way)确定概念基准的条件。比方说，按照使其得出那一正确结果的要求(即把所有且仅仅是红色的东西看作是红色的)来为感知者和观察条件定制“正常”的含义，显然是不行的。一些哲学家怀疑这些条件能否通过某种非循环论证的方式被具体指明(例如，Wright 1992)。下面我们将考虑法律具有适度客观性的可能性。

### 2. 认识论的客观性 (EPISTEMOLOGICAL OBJECTIVITY)

吁求认知的客观性就是吁求免除偏见和其他扭曲认知、阻碍认知对象真实地(在形而上学的意义上)自我呈现的因素。更确切地说，认识论的客观性要求认知过程和机制——关于世界的信念从中得以形成——的构成应至少趋向于产生对事物的正确呈现。注意，认识论的客观性并不要求认知过程总是产生出正确的呈现：那将需要满足更多无法达到甚至无法料想的条件。认识论的客观性可在下述两种情形的任何一种下获得：(1)所讨论的认知过程可靠地达成了精确的呈现，或者(2)认知过程中不存在据知会产生不精确呈现的因素。

认识论的客观性所遭遇的阻碍因所涉领域不同而有所不同。在法律领域，对某一方当事人的偏爱或成见，或者对相关规则与事实的无知，是达到认识论客观性的明显障碍。在科学、尤其是社会科学领域，“价值”经常被认为影响着研究课题的选择以及——更为严重地——证据的挑选和评估，从而为认识论的客观性设置了特殊的障碍。正如一个当代作家所阐释的：“价值被认为会认知地损害科学探究，因为它们被看作是主观的——它们来自于我们，而非这个世界。因此，容许价值影响对世界本性的探究就是容许这种探究受制于某种操控而非世界本身”(Railton 1985:818)。认识价值或规范——例如，关于证据何时证明信念的规范——当然必定在所有的科学探究中发挥作用；让人顾虑的是非认知价值或规范，比如探究者的政治意识形态或者科学探究所处的政治气候。

但是我们无需为了获得探究的客观性而要求免除所有的价值和偏见，因为“可能还存在某些信念形成机制，它们把客体的反馈纳入探究者的主观意识”(Railton 1985:818)。此处所说的这种机制是*因果性的*(causal)：具有形而上学客观性的事物使自身被因果地感知，而不管我们持有怎样的理论前见(preconceptions)和价值。无论何种偏见致使我否认面前的门是关闭着的，我尝试穿过它的企图将受到现实(因果性)的阻挠：这扇门会挡住我。

然而，现实(reality)的因果性影响只是给我们提供了客观性的*外部*标准，它仍然没有说明探究者怎样才能判断其知识探究是否具有形而上学的客观性。不过，探究者在此可以寻求形而上学客观性的某些常见的标志，比如裁判过程中主体间同意的存在，证据和证明标准的公开性，以及用于裁判的证据在不同探究者间的再现性：“当这些条件被满足时，主观因素和偏见就会被尽可能地排除”(Railton 1985:818)。物理学形成了一个跨文化的全球性探究者共同体，这一点强有力地表明了它具有形而上学的客观性：若非如此，我们就该看到导致物理学话语千差万别的(在旨趣、意识形态等方面的)地方性差异了。当然，缺乏主体间的同意*其本身*并不意味着缺乏认识论的客观性；问题永远是对于缺乏这种同意的最佳解释应该是什么。[1] 就社会科学来说，在客观真实可能与顽固的旨趣相冲突的地方，对某些社会科学问题不存在一致意见也不足为奇。然而，在其他情形下，这种怀疑就会很深重，即正是那些顽固的旨趣和价值扭曲了对社会世界的认知并相应阻碍了科学的探究。

---

〔1〕德沃金经常把某一拙劣的验证论归咎于怀疑其正确答案命题的人，该验证论的大意是“一个命题不可能是真的，除非存在某种一致同意的检验，通过它这个命题的真值性可以得到证实”(1977:282)。但是，如何正确阐释对疑难案件中存在正确答案的怀疑论，这像是一个“最佳解释”难题：在对正确答案存在深刻且不可调和的分歧的地方，对这一事实的最佳解释是什么？怀疑论者说在法律案件中最佳解释就是没有正确答案。

### 3. 语义的客观性
### (SEMANTIC OBJECTIVITY)

语义的客观性是陈述(statements)而非事物(things)或者认知机制(cognitive mechanism)所具有的一种属性。20世纪沿袭英美传统的哲学家——他们探讨大多数哲学问题的进路是首先将其型构(frame)为关于语言及其与世界关系的问题——最为关注的就是语义的客观性问题。通常,哲学家们关注体现某一话语分支(branch of discourse)——比如,物理学、心理学、伦理学或美学——典型特征的陈述类别。当某话语分支的陈述总体上适合于从真假的角度来评价时,它就享有语义的客观性(并不是话语的每一陈述都需要确定地非真即假——"二值"属性——因为除纯数学之外鲜有话语是二值性的)。*认知主义*(cognitivism)是主张某些话语分支具有语义的客观性的学说。[2]

因此,举例来说,自然科学的话语被假定为一种认知的话语:关于自然世界的科学陈述总体上是或真或假的。但是像"对资源的那种分配是不公正的"或者"伤害无防卫的动物在道德上是错误的"这样的伦理学陈述呢?许多哲学家认为,*作为一个形而上学的问题*,世上不存在对应于分配的"不公正"或者行为的"道德错误"的事实(Gibbard 1990; Mackie 1977; Stevenson 1944)。否认道德具有形而上学客观性的大多数哲学家断言它的语义学是非认知性的:根据*非认知主义*(non-cognitivism),伦理陈述不是陈述(那些或者得知或者没有得知的)事实而是表达各种态度或感觉(Stevenson 1944 和 Gibbard 1990 是这一观点最精良的版本)。于是,非认知主义者承担着自圆其说、把伦理学话语的那种造成其与一般经验性话语相混淆的表层语法(surface grammar)和逻辑结构解释过去的重负(比较:"这一分配是不公正的"和"那把椅子是红色的")。

然而,少数哲学家虽然同意道德不具有形而上学的客观性,但仍主张伦理话语的表层语法应当按其表面意思来解释:伦理话语意欲陈述事实,因而是一种认知性

---

〔2〕Wright (1992)怀疑适真性(truth-aptness)是否构成区分具有语义客观性之话语的适宜标准;大部分话语符合恰当使用真—谓词(truth-predicate)这一最低限度的句法要求。按照 Wright 的看法,话语客观性的问题必须在别处设置。

的话语。不幸的是，它是一种几乎其所有的陈述均为假的认知性话语（因为世上不存在具有形而上学客观性的道德事实）。（按照这种观点，唯一为真的伦理陈述将会是伦理判断的否定式："不，奴隶制不是真的在道德上错误的"。）这一学说被称为"错误论"（error theory）（Mackie 1977）。然而，任何话语的错误论使人困惑为什么该话语应当存续，更不要说占据伦理话语在人类生活中所占据的那种核心地位了：为什么人们还要继续从事一种从未成功陈述过任何事实的假定的事实陈述话语（fact-stating discourse）？非认知主义，作为一种语义学的学说，至少为伦理话语辨别出了一项重要作用：即，表达对关系到人类及其社会存在的重大事项的感觉和态度。

认可伦理话语认知性的哲学家中的大多数之所以这么做，是因为他们还相信道德（在某种意义上）具有形而上学的客观性（Brink 1989；Brower 1993；Pettit 1991；Railton 1986）：如果存在具有形而上学客观性的道德事实，那么道德陈述就不会像错误论所断定的那样系统性地为假。怎能存在这种事实呢？一脉重要的观点（它在法哲学中也很有影响力）预设克里普克—普特南的语义学（Kripke-Putnam semantics）是正确的，按照这种语义学，可能存在只能后验地（a posteriori）发现的必然真值（necessary truth）（例如，"水就是 $H_2O$"）（Kripke 1980；Putnam 1975）。[3] 对于那些认为道德事实具有*强*客观性的人（例如，Brink 1989；Railton 1986），最重要的观念是道德事实不过等同于（或伴随于）自然事实：正像存在着关于水的属性同一性的后验必然陈述，同样也存在着关于道德事实的此种陈述。[4]

---

〔3〕Brink（1988，2001）对与 Kripke 和 Putnam 相关的"新的"或者"因果的"指称理论（"new" or "causal" theory of reference）的主要议题提供了一个易于理解的导论。在法哲学的问题视域中对哲学语义学问题更详细的讨论，见于 Stavropoulos（1996），17–34，53–76。

〔4〕这使道德实在论者得以挡开莫尔（G. E. Moore）著名的"待决问题"论证（"open question" argument）。"水是 H2O"是否为真在 1400 年是个"待决问题"，这一点并不影响同一性关系的必然性，因为在这里必然的同一性是一个后验的发现。同样，"令人快乐的东西是善"是否为真可能是个"待决问题"，这一事实丝毫不能说明善的真正本性，因为构成善的东西也可以是只能后验发现的。

莫尔式的论证可用内在主义（internalism）的语言来重构从而获得新的发展：内在主义认为在判断"X 是善"和感到"某种动力去做或持有 X"之间存在必然的联系。即使在道德事实和自然事实之间存在着后验的必然联系，但似乎也不能担保后验地发现"善的东西是快乐"会必然地对判断主体（judging agent）施加动机上的影响力。"不错，快乐是善的东西。那又怎么样？为什么我应该在意快乐？"这似乎是做判断的人会提出的一个完全可理解的问题。大多数道德实在论者（例如 Railton 1986）回应这一难题的方式是断然否认内在主义的正确性。

例如,“在道德上正确”的属性或许等同于“使人类幸福最大化”的属性,在这里后者的含义可从纯粹的心理和生理的角度来理解。如果这样的话,某行动 X 是否在道德上正确就是一个具有强客观性的问题,因为它完全是一个关于行动 X 事实上是否会使世人相关类别的心理和生理状态得到最大化的科学问题。〔5〕很显然,最关键的主张是把道德事实等同于(或认为其伴随于)某种自然事实。再一次,许多哲学家不相信这一主张能站得住脚(例如 Gibbard 1990)。

## 4. 法律与客观性
## (LAW AND OBJECTIVITY)

在法律中,有关客观性的问题在各个向度上发生。〔6〕比如说:(1)在同等情况同等对待、不同情况不同对待的意义上,我们希望法律的内容是客观的。(2)在不对一方或另一方当事人存有偏见的意义上,我们希望法官是客观的。(3)在排除偏见或成见的干扰、达到法律所*真正*要求的结果的意义上,我们希望法律判决是客观的。(4)在某些法律领域,我们希望法律采用“客观的”行为标准(如“理性人”标准),它们不允许行为人以其彼时的主观感觉为借口为其行为辩解。

近来,关于法律客观性的文献大量涌现,基本上都在讨论(3)中所提出的问题。的确,正是在这里,尤其特别地,伦理客观性问题与法律问题相交合。我们可循下述思路对其中的核心问题进行思考。

法官必须判案。他们必须参阅和解释相关的法律渊源(法规、判例、习惯等),以便确定适用的法律原则和规则,并进而决定如何将其施用于案件事实。让我们把“法律理由集”(the class of legal reasons)称为法官判案时可以合法地予以考虑的理由集。〔7〕如果法律在某一点上是“理性地确定的”,那就意味着在这一点上法

〔5〕大多数自然主义的道德实在论之所以建立在各种版本的功利主义的基础上,就是因为在功利主义的方案中很容易看到道德属性的自然主义基础是什么。莫尔(Moore)(1992b)的道德实在论有一个很古怪的特征:它与义务论的道德理论相关联,但却仍旧恪守了据称是自然主义道德实在论者的基本理论框架。

〔6〕比如,一种尽管在对哲学问题的处理上略显单薄、但所涉范围广泛的全面考察,参阅 Greenawalt (1992)。

〔7〕这种对不确定性予以概念化的方式,参阅 Leiter (1995b)。

律理由集证成了某个唯一的答案：作为一个法律问题，正如通常所说的，存在唯一正确的答案。

现在我们可以在两个可能的向度上谈及法律的客观性：

1. 法律在形而上学上是客观的，只要作为一个法律问题存在正确的答案。

2. 法律在认识论上是客观的，只要正确答案的发现机制（例如判决，法律推理）免受将会遮蔽正确答案的扭曲性因素的影响。

在法律具有形而上学客观性的地方，我们可以说存在某种“法律事实”：如果作为一个法律问题，“莱特为其在这些情况下的过失负有责任”是理性地确定的，那么莱特有过失就是一个法律事实。

这些关于法律客观性的主张其范围可能有所不同。我们可能认为法律只在有限范围的案件中具有形而上学的客观性（像美国法律现实主义者所认为的那样），也可能认为在几乎所有的案件中法律都具有形而上学的客观性（像德沃金所认为的那样）。我们可能认为法律只是有时具有认识论的客观性，也可能认为几乎任何时候法律都不具有认识论的客观性。对客观性的主张同样可能岔道。法律可能在形而上学上是客观的，却不能获得认识论的客观性。另一方面，上文对认识论客观性的界定则为其可理解性预先假设法律具有形而上学的客观性：如果不参照我们试图认识的“事物”，我们就不能理解“扭曲性事实”的概念。[8]

经常地，法律的客观性涉及到伦理的客观性。法律的形而上学客观性，正如我们已经看到的，是一个关于其理性的确定性的问题（a matter of its rational determinacy），就是说，是一个证成唯一结果的法律理由集的问题。然而，如果法律理由集包括道德理由，那么法律就只有在道德（以及道德推理）具有客观性的条件下才能是客观的。法律理由集可经两条进路涵摄道德理由。

首先，也是最显而易见的，常见的法律渊源——像法规和宪法条款——可能包含道德性的概念或考虑。美国宪法是这一方面最广为人知的范例，因为它使用“平等保护”、“自由”和其他先天的道德概念。法庭对这些条款的适用就是它们必然地对混合其中的道德概念的适用。法律要在这些案件中具有形而上学的客观性就要

〔8〕不是所有作者都承认这一逻辑关系（例如 Postema 2001）。进一步的讨论见第 6 部分。

求这些道德概念具有客观的内容。当然，这一客观的内容无须借由道德自身所具有的客观性来确定：一种像“按照立法者的意图来解释每个条款”的解释原则可能足以让第十四修正案平等保护条款的适用具有确定性，而无需对“平等”的“客观”意义进行任何假定。然而，在某些案例中，在某些解释理论下，所要求的却正是认识清楚平等*真正*要求什么。[9]

其次，道德理由可能进入法律理由集，是因为它们构成法律效力判准的组成部分。自然法学家认为一项规范要成为法律规范就必须符合某些道德标准：[10]因而，当法官裁夺某项规范（与某案件相关）是否一项有效的法律规范时，他必须进行道德推理。某些法律实证主义者（“柔的”或“包容性”实证主义者）同意相似的观点：他们认为，作为一个偶然的问题，如果将道德考虑用作法律效力的判准在某一社会中构成法律官员的实践，那么道德就可以成为法律效力的判准。在这些实证主义者——其中包括该学说在本世纪的头号捍卫者，H. L. A. 哈特——看来，这类社会中的法律推理包含道德推理。

当然，即使是那些压根就否认道德堪任合法律性判准的实证主义者（“强的”或“排他性”实证主义者）也可能认为，达成在道德上正确的判决是在疑难案件中行使自由裁量权的法官的义务。因此，尽管道德的客观性，在这些实证主义者看来，不会影响法律的客观性，但它对于思考法官在疑难案件中应当如何作为还是非常重要的。

于是，在所有这些方面，道德的客观性都可能被牵连进我们对法律客观性（或者判决过程客观性）的思考中。

## 5. 法律的客观性有多强？
## (HOW OBJECTIVE IS LAW)

考虑过这个问题的作者大多主要在前面各部分所概述的哲学框架中对其进行思考（例如 Brink 1988 和 2001；Coleman 1995；Coleman and Leiter 1993；Moore

---

〔9〕这一进路的代表人包括 Brink (1988,2001)，Moore (1985)和 Stavropoulos (1996)。

〔10〕一项规范要成为法律规范，符合道德标准可能是其必要条件，或者可能既是必要条件又是充分条件。最强形式的自然法理论坚决主张后者。

1985和1992a；Stavropoulos 1996)。像Brink和Moore这样的作家，举例来说，把克里普克和普特南的实在论语义学(“新的”或“因果的”指称理论)适用于法律解释的问题，发展出了一种法的“强客观性”(Strongly Objective)理论。正如Stavropoulos对其所作的解释：

> 克里普克和普特南都抨击了他们所称呼的传统指称理论(traditional theory of reference)。该理论认为表达式(expression)指称言说者(speakers)用与之相关联的摹状词(description)所描述的任何对象。相关的摹状词……捕捉指涉物(referent)先验可知的必然属性，就像知道单身汉是未婚男子一样。这是不对的，克里普克和普特南辩称，因为表达式指称言说者所言传的同一对象(object)，而他们只能把表达式与模糊和错误的摹状词相关联。的确，不仅个体的言说者而且作为整体的社会都可能误解相关对象的真正属性。……克里普克和普特南所提的重要意见是指涉物是**对象依赖的**(object-dependent)。“亚里士多德”或“水”指称哪个对象并不是由与之相关联的摹状词决定的，而是取决于一个事实问题，即名称使用(name-using)或术语使用(term-using)的实践指向哪个对象(1996:8)。

由此，如果按照老的观点，某一表达式的“意义”(meaning)(言说者将其与之相关联的摹状词)确定(fix)这一表达式的指称，那么按照新的理论，就是指涉物确定意义。“水”专指在“术语使用实践”的起始阶段我们碰巧将之命名为“水”的那种物质。凑巧，这种物质具有一种独特的微观构成：它是$H_2O$。因此，“水”指称是$H_2O$的物质，而这一物质就是该术语所意谓(mean)的：是$H_2O$的物质。如果我们可以把这一新的指称理论适用于法律规则所包含的表达式，那么我们就能够证成一种法的“强客观性”理论：规则的意义决定它的适用，而意义具有强客观性，即法律规则中术语的*真实*(real)指涉物决定规则的意义，但对于该指涉物是什么整个社会可能会错误理解。

在对法律客观性的这一描述中，数个不同的层面都存在着问题，尽管所有这些问题都可溯源于对该新指称理论的信赖。首先，我们有理由怀疑该新指称理论是否正确(例如 Evans 1973；Blackburn 1988)。〔11〕不过，哲学语义学中的这场争论会把我们带离主题，尽管读者至少应当明白对 Brink，Moore 和其他人所表述理论的正确性抱持信心或许是没有道理的。

不过，即使承认这一新理论的正确性，它何以适用于法律领域也不是显而易见的。毕竟，这一新理论似乎最为适合于表达式的限定类别：专名(proper names)和自然类术语(natural kind terms)(即，辨识这个世界的自然特征的术语，而科学陈述关于这些自然特征的规律性概括)。其原因与新理论所必需的隐含的本质主义有关：如果指涉物不具有本质的特征——就像“水”具有独特和本质的分子构成——它们就不能确定意义。但是，“正当程序”和“平等保护”的本质是什么？在新指称理论能够对法律有所助益之前，我们需要先接受某个版本的道德实在论。〔12〕

最后，即使新指称理论对某些术语(如自然类术语)的意义做出了正确的描述，也不能说明它为了法律解释的目的而对意义做出了恰当的描述。〔13〕假设立法机关禁止在海岸线 100 英里内捕杀鱼类，其意图非常清楚(正如立法史所揭示的)就是要保护鲸鱼，但没有意识到“鱼”是一个外延不包括鲸鱼的自然类术语。新指称理论告诉我们这项法规保护黑鲈而不保护鲸鱼，但当法庭将其解释为也保护鲸鱼时，它当然并没有犯错。而且，人们可能认为反过来也一样：如果法庭不保护鲸鱼，它将违背立法机关的意志，从而间接地，违背人民的意志。这一范例所表明的是，法律解释的正确理论不仅是哲学语义学的问题：关于*政治合法性*(political legitimacy)的问题——关于法庭对强制力的行使在什么条件下能被证成的问题——必须注入法律解释的理论，而且这种考虑甚至可能超过语义学的考虑。〔14〕

---

〔11〕还存在更为一般的对语义实在论(semantic realism)的质疑，与之相关的有 Michael Dummett，Crispin Wright 的著述，以及 Saul Kripke 对 Wittgenstein 的解读。对这些问题的评论见 Coleman and Leiter (1993)，568－572，605－607。

〔12〕Brink (1989)和 Moore (1992b)确实接受道德实在论。也许对于法律的非道德术语而言，它们的本质特征是*功能性的*，而非*构成性的*：比如，汽车可由各种材料制成，对于“汽车性”(carhood)来说，具有本质意义的不是它的分子构成而是它独特的*功能*。Cf. Moore (1992b)，207－208。

〔13〕这一观点的一个版本最早由 Munzer (1985)在批评 Moore (1985)时提出。

〔14〕我认为文中的观点与 Stavropoulos 的意见相一致，他说真正的问题是“不存在把鲸鱼”剔出法规保护之外的“原则性排除”(principled exclusion)，而不只是一个关于“鱼是什么”的语义争论(1996：192)。他接着指出：“在法规制定之时对鱼之特性(fish-hood)存在的普遍误解*解释*了为什么‘鱼’这一语词被错误地用来辨识海洋生物……[但是]使立法者的‘鲸鱼不应被排除’的观点具有重要意义的，是证成该条款的原则(ibid.)。而证成原则当然不是任何关于意义或指称的哲学理论的表达。”

除去哲学语义学领域的问题(参阅 Coleman and Leiter 1993:612 - 16),法律事实的强客观性主张还引发了另一组问题。如果法律事实的存在和本性独立于律师和法官(即使在理想的条件下)的看法,那么法官怎能获得这些事实呢? 换言之,我们凭什么认为,按照强客观主义者的观点,普通的裁判实践在认识论上是客观的,即,包含发现强客观性法律事实的可靠机制?〔15〕 早前(第 2 部分)讨论过的那一关于认识论客观性的"外在主义"(externalism)在法律的语境中似乎不是一个适当的答案。回想一下,按照外在主义的观点,人的信念是*外在地*得到证成的,即,是独立于人自身对其正当性的体验和意识的。即使我们有理由认为裁判是一个可靠的机制能够产生关于法律事实的真实信念——但迄今为止我们还没有理由这么认为——妄作以下论断仍显得怪诞:

1. 一项法律判决可以是正当的,*即使没有律师或法官知道甚或可能知道它是正当的*;或者

2. 一项法律判决是不正当的,*即使所有律师和法官都认为它是正当的*。

虽然(1)和(2)源自法律事实的强客观论与证成(justification)的外在主义的合体,实际上,单是法律事实的强客观论就能衍推(entail)出反直觉的(counter-intuitive)主张,

(A)"莱特对其过失负有责任"是一个法律事实,*即使没有律师或法官相信甚或会相信这一点*;以及

(B)"莱特对其过失负有责任"不是一个法律事实,*即使所有律师和法官都相信莱特是有责任的,甚或即使所有律师和法官在理想的条件下都会相信莱特是有责任的*。

如果这些对直觉的诉诸是正确的,那就可能意味着法律只具有*适度的*或者*最低限度的*客观性。回想一下,法律具有适度的客观性,如果

X 是一个法律事实,如果*在理想的条件下*律师和法官认为它是一个法律事实。回想一下,法律具有最低限度的客观性,如果

---

〔15〕 Moore (1992b)拥护一种融贯主义者(coherentist)的认识论,尽管这与他的强客观性立场很不协调。为什么某套信念在某个法官那里是融贯一致的这一事实应当成为相信这些信念追踪到了这个世界的真实状况的理由?

X是一个法律事实，如果律师和法官的共同体认为它是一个法律事实。

按照这两种描述，法律是什么受到认识的限制。哪个关于法律客观性的观点——最低限度的或适度的——是正确的，反过来，取决于我们是否认为我们所持的法律概念允许法律职业者在特定时间内对法律"*真*"是什么的理解出现错误：如果我们认为这一想法是荒谬的，那我们就采取了法律最低限度客观性的立场；如果我们认为它很有道理，那我们就采取了法律适度客观性的立场。[16]

当然，任何认为法律具有适度客观性的论说都必须以某种非窃取论题的方式指明判决的理想条件。什么样的条件使从中产生的判决能够确定法律事实是什么？Coleman and Leiter 把理想的法官（即其判决在理想的认识条件下做出的法官）描述为：

(1) 完全知晓(a)所有相关的事实信息，以及(b)所有权威的法律渊源（法规，判例）；

(2) 完全理性，例如，严格遵守逻辑规则；

(3) 不对任何一方当事人持有个人的偏爱或成见；

(4) 最大限度地富于同情和想象，例如，当案情需要时，对相关利益的权衡；以及

(5) 精通和敏感于对类推推理——在其中，差异和区别必须被标识为"关联"和"不关联"——具有重要意义的非正式文化和社会知识。(1993:630)

我们可能担心"相关"的事实（在1中）、"最大限度的"同情和想象（在3中）、以及对"具有关联性"的判决很重要的"非正式"知识（在5中）等概念其自身并不能以某种非窃取论题的方式——即，不预设作为一个法律问题正确答案是什么——获得充实的内涵。

另外，我们还要面对被认为具有适度客观性的法律事实的*认识*获得问题(epistemic access)。让我们区分"*法理上的*不可获得性"("de jure inaccessibility")

---

[16] 在 Coleman and Leiter (1993)，616－632 和 Coleman (1995) 中，对最低限度和适度客观性的前景与问题进行了探讨。就正确答案是什么似乎由赫克里斯(Hercules)所认为的正确答案来确定，而赫克里斯正是一位理想的法官，即具有无限的时间、知识、以及理性和哲学反思的能力(Dworkin 1977:105)而言，德沃金的观点可以被诠释为适度客观论的一个版本。对德沃金的这种解读，参阅 Coleman and Leiter (1993)，633－4。不过，正如我们将在下一部分看到的，德沃金对这一解读进路中所包含的客观性的概念化方式提出了全面质疑。

和“*事实上的*不可获得性”（”de facto inaccessibility”）（Coleman and Leiter 1993：631）。一项事实是在法理上不可获得的，如果我们对该事实所持的那一概念指示在它的存在和我们关于它的知识之间没有概念上的关系。一项事实是*在事实上*不可获得的，如果在该事实和我们关于它的知识之间存在着概念上的关系，但是恰巧，作为某案件的一个偶然问题，我们不知道这一事实是什么。根据强客观论，法律事实是*在法理上*不可获得的，因为我们能够认识地（epistemically）获得的东西*从来就不*决定真实的情况是什么（当然，结果可能证明法律事实是*在事实上*可获得的）。相比之下，适度客观的法律事实只有当理论所指明的理想条件自身*在法理上*（即，在原则上或者根据理论）无法为人们所达到时，才可能是*在法理上*不可获得的。因此，适度客观论者必须声称判决的理想认知条件（假设它们能够通过某种非循环论证的方式来指明）是能够被像我们这样的生物实现的。当然，如果他们不能做此断言，那就意味着法律事实也是*在事实上*不可获得的。

但这引起了对强客观论和适度客观论进一步的担忧（参阅 Leiter 1993：207－8）。法律概念的要素涵括它是*规范性的*，或是*给予理由的*（reason-giving）。然而，如果不被知晓，法律就不能是规范性的。这就是为什么我们需要一个关于认知获得问题的答案，因为无法发现的法律事实不能给予理由，即不能是规范性的。任何强客观或适度客观的法律观都引发对法律不能实现其规范性功能的担忧，对*事实上的*不可获得性的恐惧似乎是当前重要的一项。看来只有最低限度客观的法律观能够确保与法律的规范性相兼容，就是因为（1）社会共识构成法律事实的组成部分，（2）这种共识对于该社会来说必然是可获得的。

## 6. 法律客观性的其他进路
## （OTHER APPROACHES TO THE OBJECTIVITY OF LAW）

一些哲学家最近对客观性概念化的传统方式是否适当提出了异议（Dworkin 1996；McDowell 1997；Negel 1997；Postema 2001；Putnam 1995b）。[17] 特别是，

〔17〕这些关于客观性的修正观点受到了广泛批评（参阅，例如，Leiter 2001b，Svavarsdottir 2001；Wright 1992）。

这些哲学家对早前客观性的特征界定提出了两种质疑。首先，这些哲学家(尤其是Dworkin和McDowell)怀疑形而上学的客观性(尤其是*强*形而上学的客观性)概念是否不对事物的“真正”本质(the way things “really” are)预设某个我们无法达到的有利视点(vantage point)。然而，这一点并不是明确无疑的，即对(比如说)道德客观性的怀疑需要这样一个有利视点：即使从我们的实践内部也能对道德的客观性提出质疑，因为(譬如)道德观点的明显多样化，或者因为道德事实似乎不在经验的因果解释中发挥作用(Leiter, 2001b)。[18]

其次，这些哲学家中的一些疑惑独立于心智的形而上学客观性概念是否不是一个与自然世界的客观性图像联系过于紧密，从而或者没有道理或者不应被用于描述像伦理学和美学这些领域的客观性的范式。在这些评价性领域，询问评价性事实是否真实地存在于这个世界是毫无意义的。评价性话语的客观性只是一个它对理由(reasons)的感受性(susceptibility)问题，以及我们使伦理立场服从理性审查和商讨的能力问题。

根据Dworkin的看法，例如，当我们断言存在关于某一解释是否好于另外一个，或者某一原则是否在道德上优于另外一个的客观事实时，我们并不是在提出某种*外在于*实质性道德的或解释的论证实践的主张，这些主张就产生于该论证实践之中。“奴隶制在客观上是错误的”只是一个内在于论证实践的道德主张，在其中我们为“奴隶制是错误的”这一命题提供理由。尽管形而上学已有两千多年，但绝不存在关于价值的外在的*形而上学*问题；只有伦理学，只有关于什么是正确的、什么是正义的、什么是善的、什么是恶的等的论证。正如Dworkin所说的：“任何成功的——事实上，任何可理解的——对于评价性命题既非为真亦非为假的论证都必须是内在于评价性领域的，而不能是阿基米德式[即外在于它]的”(1996:89)。Nagel，虽然不太同意德沃金的看法，言简意赅地表述了这一观点：“回应道德怀疑主义、相对主义和主观主义的唯一途径就是使用一阶(first-order)道德论证。[德沃金]认为怀疑论的立场本身必须被理解为道德主张——否则，它们就是不可理解

---

[18] 一些哲学家虽然同Dworkin和McDowell一样质疑客观性的概念化方式，但仍承认这最后一点(例如Postema 2001)。

的”(1997, p. vii)。

当我们为“客观性”忧心时,如果我们不是在从事形而上学(或者元伦理学),那我们是在做什么？根据 Dworkin 的观点,关于堕胎“客观”错误的话题,举例来说,实际上是一个变相的*道德*话题,“不过是对堕胎是错误的[这一内在的道德主张]所做的澄清的、强调的、或隐喻式的重述与阐释”(1996:97)。

这些论述似乎一看就是明显错误的。主张堕胎是*客观*错误的,按照正常的解读,并不是简单地“重复”或者“强调”堕胎是错的,而是在声言某个形而上学的命题:即,道德性错误固有一种属性,这是堕胎所具有的,并且它所具有的这一属性完全独立于我们碰巧对这个问题持有的看法。[19] 谈论“客观的”正确或者错误,就是谈论形而上学的或者本体论的问题,说的是世界本身具有的属性而不谈我们碰巧对这些属性的了解。但这似乎正是德沃金所要否定的。德沃金的观点已在别处受到广泛的批评(Leiter 2001b);这里我们集中讨论他的这一立场的症结所在。

Dworkin 承认,以不符合“科学认识论”(scientific epistemology)所强加的条件限制为由而否认道德的客观性,这*是*一个合理的*外在*观点,我们所谓的这一“科学认识论”说——囫囵半片地,并且非常粗略地——(a)只有对经验具有因果影响的才是可知的;以及(b)只有对经验具有因果影响的才是真实的。[20] Dwokin 的回应是,针对道德所提出的这种要求是循环论证的。Dworkin 反驳道,外在怀疑者的“层级认识论(hierarchical epistemology)……试图先验地确立可靠信念的标准,而忽视不同信念领域之间在内容上的差异,并且不考虑我们已经视之为可靠的信念的范围”(1996:118-19)。如果某种科学认识论“确实适合于关于物理世界的信念”(1996:119),它对道德信念就没有意义“因为道德和其他评价性领域并不提出因果主张”(1996:120)。如果我们接受道德事实必须算进对经验的“最佳解释”这一要求,那就意味着“没有什么道德(或者美学的、数学的、哲学的)信念是可靠的。

〔19〕参阅 Brink (1989),20(“……就其关注独立于任何人的是非观念而存在的事实来说,伦理是客观的”);Railton (1986),164(关于客观性的问题就是关于“道德属性的存在在哪些方面,如果有的话,依赖于人类真实的或者可能的心智状态”)。

〔20〕当然,除去致力于作为最佳解释的推理(inference as the best explanation),科学认识论还必须包含其他更多的要素。例如,我们需要某种基本的经验论信条——感觉可以作为知识的来源——和某些特定的既不符合经验(empiricist)标准也不符合溯因标准(abductive criteria)的认识规范。正如文中所论的,这些认识规范只容许*实用主义的*(pragmatic)辩护。

但是我们可以逆反那一判断：如果任何道德信念是可靠的，那'最佳解释'的检验就不是普遍合理的。两个方向的论证……都以同一种方式循环论证"(1996：119)。

但是，只有当我们承认德沃金的错误假定——即对符合科学认识论的强求果真是一项武断和先验的要求——时，我们才是在循环论证。[21] 然而，这一假定揭露了某种对激起外在实在论者(external realist)和怀疑论者之间道德论辩的动因的彻底误解。促成"外在"实在论和怀疑论的恰恰都是这一思想，即在后启蒙世界，真与不真(the real and the unreal)*唯一*立得住的指南就是科学，以及我们从成功的科学实践中所继承的认识论标准。科学(和与它相关联的认识论)凭借它*带来的好处*——送飞机上天、移植心脏、冷冻食品等——为自己挣得了这一荣耀地位。科学认识论——以像"证据至上"(evidence matters)(理论必须符合经验，而非权威)这样看似简单的理念为基础——是启蒙运动(the Enlightenment)最宝贵的遗产之一，而这一遗产正在遭受来自学术界那些被糟糕的哲学一手遮天的角落的攻击。

要求在科学认识论之中为道德事实寻找一席之地，既非武断的也非先验的、而只不过是鉴于科学的后验成功所提出的一个正常的问题。不是因为道德主张不涉及因果要求它们就简单地豁免于科学认识论；相反，是(粗略来说)因果能力(causal power)自过去几个世纪以来已表明自身是可知与真实之物的最佳标记，从而让任何推定事实(putative fact)接受它的检验也就是再自然不过的了。像 Brink 和 Railton 这样的自然主义道德实在论者不是"糟糕的形而上学者"(Dworkin 1996：126)；相反，他们认识到了(而德沃金显然没有)由那种授予科学认识论以荣光的经验性探究的成功所产生的认识论压力。既然我们手中已经握有现成的关于正确和真实的有用指南——即，科学和它的认识规范——为什么不看看，这些道德实在论者必然会问，"道德事实"是否能够达到这些要求(而不是遭受和女巫与以太相同的命运)。

如果我们拒绝科学认识论的要求就会得到一个充斥着道德事实、美学事实和神学事实等的混杂的本体论，对此现在应当没有人会感到诧异了。但是除非给我

[21] 我要顺便指出：*信念*，尤其是*数学*(区别于*关于*数学的信念)，是否算进对经验的最佳解释是一个待决问题——后者取决于，比如说，数学是否为科学所不可或缺。

们一个拒绝这种认识论的适当理由——除了为我们偏爱(迄今为止)的可疑事实(suspect facts)腾留余地这一明显循环论证的理由——任何推定事实的真正问题是它们能否符合我们裁量可知和真实之物的最佳标准。[22] 这就是挑起外在实在论者和外在怀疑论者之间论辩的动因。德沃金没有表明他们之间争论的莫名其妙,却只是暴露了他对他们在争论*什么*和他们*为什么*争论的双重误解。我们还有待在德沃金的理论中发现的是任何使道德领域绝缘于科学认识论的论证,而这种科学认识论原本可以很好地为我们服务。

最近,Postema (2001)在这一点上加入了德沃金的阵营。[23] 即使科学认识论在它自己的领域获得成功,但这不是我们希望它适用于所有语境的理由。他写道:

> 自然科学的"成功"至少部分地取决于这一事实,即它自觉地对大部分的人类经验(尤其是这一经验的规范性维度)不予考虑并从而对其保持沉默。再者,规范性话语的经营并不采用自然科学的基准通货——因果说明(causal explainations);那么,为什么我们应当承认在记述按照因果关系组织起来的世界方面取得的成功颁发了为我们在实践世界中的在世方式确定推理工具的特许权?(2001:134)

很不幸,这两个主张往好处说都是误导性的、往坏处说都是错误的。20 世纪科学进步的卓越之处不是它对某些人类经验领域"不予考虑"的旨趣,而是它扩展覆盖范围、对这些领域予以包摄的倾向。在规范领域,我们只需想想 20 世纪初期道德和道德动机的心理分析理论,或者当今 21 世纪初期在规范经验的科学研究中占据主导地位的进化论理论。科学和科学认识论的这种扩张的确是其在原初适用领域

---

〔22〕任何人若要拒绝科学认识论,还必须提供某种新的、关于真与不真之间区别的原则性说明,以此表明尽管它为,举例来说,道德事实腾留了空间,它仍把各种伪事实(pseudo-facts)排除在了我们关于这个世界的最佳图像之外。

〔23〕Postema (2001)维护一种法律所特有的客观性概念——他称之为"作为公共性的客观性(objectivity as publicity)"——它认为法律判决只要产生于一种公共实践推理的程序(a process of public practical reasoning)就是客观的。参阅 Coleman and Leiter (1993:595 – 597)中对"程序客观性"(procedural objectivity)观念的讨论,以及 Putnam (1995a)中对"民主的"(democratic)观念的论述。

中所获切实成功的一个可以想见的结果。

现在,如果说科学的“基准通货”是“因果说明”在某种意义上是正确的,那么提出“规范性话语”的经营根本不采用这种通货却是错误的。道德说明的文献(例如 Sturgeon 1985:243 - 5)中充斥着因果主张在普通规范性话语中所起作用的例证(例如,“当然,他背叛了他们,他是一个坏人”)。因此,追问这些说明对相关现象的解释是否适宜乃至最佳,即使按照规范性话语自身所确立的条件,也是完全合理的。[24] 但是,任何话语分支是否提出因果主张与科学认识论的适用性没有关系:要点正在于,迄今为止,*因果能力是我们在本体论中继续推进所唯一赖以为凭的东西*。

这把我们带到了 Postema 所说的“潘多拉的盒子论”,它对任何意欲提名取代因果说明、足以区分客观与非客观之替选项的[有关客观性的]方法论理论[例如非—形而上学的方法论理论]提出了挑战(2001:135)。令人诧异的是,Postema 承认,“我没有特殊的标准可以提供”(2001:136)。相反,他提出,一个自我指涉的悖论困扰着科学认识论:这种认识论按照它自身的标准不是客观的(2001:135)。[25] 然而,拥护科学认识论的真正理由,不在于它本身的认识性(epistemic)而在于它的实用性(pragmatic):这种认识论,如前所述,*带来了好处*。我们已经看到了 Postema 批驳实用主义主张的努力归于失败。于是,由于手中不握有客观性的替代性标准,潘多拉的盒子真的被打开了。最终,Postema 处在了一个与 Dworkin 同样脆弱的位置:他们都没有成功地说明当思考客观性问题时,离开形而上学我们能怎么办;也没有说明要充实这一形而上学,我们怎能避免对科学认识论的依赖。[26]

## REFERENCES

Blackburn, Thomas. 1988. ” The Elusiveness of Reference ”, *Midwest Studies in*

---

〔24〕对这一问题的否定性回答,参阅 Leiter (2001c)。

〔25〕对照 Putnam (1995b)71,与这一观点相关的一种反驳意见参阅 Leiter (1995a)。

〔26〕假设我们对法律事实所持的形而上学观是适度客观论或最低限度的客观论:这怎会与科学认识论相符? 当然,这样的事实并不在*与强客观事实相同的程度上* 独立于心智。就其(或者它们被等同于或所附随的心理事实)参与(比如说)对司法判决的说明而言,它们是在因果上有效的。诚然,我们没有表明结果证明情况就是这样,但也没有任何东西表明情况不是这样。这个问题需要进一步的考虑。

Philosophy, 12:179 - 194.
Brink, David. 1988. "Legal Interpretation, and Judicial Review", *Philosophy and Public Affairs*, 17:105 - 148.
—— 1989. *Moral Realism and the Foundation of Ethics*. New York: Cambridge University Press.
—— 2001, "LegalInterpretation, Objectivity and Morality", in Leiter (2001a).
Brower, Bruce. 1993. "Dispostional Ethical Realism", *Ethics*, 103:221 - 249.
Coleman, Jules L. 1995. "Truth and Objectivity in Law", *Legal Theory*, 1:33 - 68.
—— and Leiter, Brian. 1993. "Determinacy, Objectivity and Authority", *University of Pennsylvania Law Review*, 142:549 - 637. Also reprinted in A. Marmor (ed.) *Law and Interpretation*, Oxford: Clarendon Press, 1995.
Dworkin, Ronald. 1977. *Taking Rights Seriously*. Cambridge, Mass: Harvard University Press.
—— 1996. "Objectivity and Truth: You'd Better Believe It", *Philosophy and Public Affairs*, 25:87 - 139.
Evans, Gareth. 1973. "The Causal Theory of Names", reprinted in John McDowell (ed.) *The Varieties of Reference*. Oxford: Clarendon Press, 1982.
Gibbard, Allan. 1990. *Wise Choices, Apt Feelings: A Theory of Normative Judgement*. Cambridge, Mass: Harvard University Press.
Breenawalt, Kent. 1992. *Law and Objectivity*. New York: Oxford University Press.
Johnston, Mark. 1993. "Objectivity Refigured: Pragmatism without verificationism", in J. Haldane and C. Wright (eds.), *Reality, Representation and Projection*. Oxford: Oxford University Press.
Klipke, Saul. 1980. *Naming and Necessity*. Cambridge, Mass: Harvard University Press.
Leiter, Brian. 1993. "Objectivity and the Problems of Jurisprudence", *Texas Law Review*, 72:187 - 209.
—— 1995a. "The Middle Way", *Legal Theory*, 1:21 - 31.
—— 1995b. "Legal Indeterninacy", *Legal Theory*, 1:481 - 492.
—— (ed.). 2001a. *Objectivity in Law and Morals*. New York: Cambridge University Press.
—— 2001b. "Objectivity, Morality, and Adjudication", in Leiter (2001a).
—— 2001c. "Moral Facts and Best Explanations", *Social Philosophy and Policy*, 18:79 - 101.
McDowell, John. 1997. "Protection and Truth in Ethics", in S. Darwall, A. Gibbard, and P. Railton (ed.), *Moral Discourse and Practice: Some Philosophical Approaches*. New York: Oxford University Press.
Mackie, John. 1977. *Ethics: Inventing Right and Wrong*. London: Penguin.
Moore, Michael S. 1985. "A Natural Law Theory of Interpretation", *Southern California Law Review*, 58:277 - 398.

—— 1992a. "Law as a Funtional Kind", in R. George (ed.), *Natural Law Theory: Contemporary Essays*. Oxford: Clarendon Press.

—— 1992b. "Moral Reality Revisited", *Michigan Law Review*, 90:2424 - 2533.

Munzer, Stephen R. 1985. "Realistic Limits on Realist Interpretation", *Southern California Law Review*, 58:459 - 475.

Nagel, Thomas. 1997. *The Last Word*. New York: Oxford University Press.

Pettit, Philip. 1991. "Realism and Response-Dependence", *Mind*, 100:587 - 626.

Postema, Gerald. 2001. "Objectivity Fit for Law", in Leiter (2001a).

Putnam, Hilary. 1975. "The Meaning of Meaning", in *Mind, Language and Reality: Philosophical Papers*, ii. Cambridge: Cambridge University Press.

—— 1981. *Reason, Truth and History*. Cambridge: Cambridge University Press.

—— 1995a. "Are Moral and Legal Values Made or Discovered?", *Legal Theory*, 1:5 - 19.

—— 1995b. "Replies to Brian Leiter and Jules Coleman", *Legal Theory*, 1:69 - 80.

Railton, Peter. 1985. "Marx and the Objectivity of Science", in F. Suppe and P. Asquith (ed.), *PSA* 1984,,ii. Lansing, Mich: Philosophy of Science Association. Also reprinted in R. Boyd, P. Gasper, and J. D. Trout (eds.), *The Philosophy of Science*. Cambridge, Mass.: MIT Press, 1991.

—— 1986. "Moral Realism", *Philosophical Review*, 95:163 - 207.

Sayre-McCord, Geoffrey (ed.), 1988. *Essays on Moral Realism*. Ithaca, NY: Cornell University Press.

Sober, Elliott, 1982. "Realism and Independence", *Nous*, 16:369 - 385.

Stavroppoulos, Nicos. 1996. *Objectivity in Law*. Oxford: Clarendon Press.

Stevenson, Charles. 1944. *Ethics and Language*. New Hevean: Yale University Press.

Sturgeon, Nicholas. 1985. "Moral Explanations", reprinted in Sayre-McCord (1988).

Svavarsdottir, Sigrun,. 2001. "Objective Values: Does Metaethics Rest on a Mistake?", in Leiter (2001a).

Wright, Crispin. 1992. *Truth and Objectivity*. Cambridge, Mass.: Harvard University Press.

# 第 24 章　法律、性倾向与性别*

Edward Stein　著　王彦志**　译

## 一、导论

过去半个世纪以来，在世界许多地方，在各种不同语境下，关于同性恋的法律、政治与社会问题已经成为焦点问题。尤其是，关于同性之间性活动的可准允性(permissibility)、从事这种活动的欲求、同性恋关系的地位、同性恋社群制度的承认以及歧视同性恋者和其他性少数人的妥当性(appropriateness)的问题已经出现在法官、立法者和执法者所面对的最具挑战性的问题之列。

本章考察一些关于性倾向的理论问题并且审视与这些理论问题有关的支持同性恋者权利的两个重要法律和伦理论辩。在第 2 节，我考察了下述基本问题：什么是性倾向？性倾向与性别之间是什么关系？性倾向是社会建构的还是"真实"存在的？科学研究在人类性倾向问题上向我们表明了什么？在此，我的目的不是广泛考察这些问题，[1]而是把这些问题作为考察两个关于性倾向的法律论辩的起点。

---

* 感谢 Cheshire Calhoun，Jules Coleman，William Eskridge，Janet Halley，Elizabeth Hillman，Paul Fahn，Andrew Koppelman，Steve Lin，Morris Kaplan，Scott Shapiro，Reva Siegel 以及 Kenji Yoshino 在本章写作各个阶段的帮助。Romilda Crocamo 和 Lisa Tuntigian 提供了重要的研究帮助。

** 吉林大学法学院副教授，经济学博士，主要从事国际法、国际经济法、国际商法与国际私法的实证法学、社会科学与人文哲学研究。

〔1〕我在别处已经做了这个工作。参见 Edward Stein，The Mismeasure of Desire：The Science，*Theory and Ethics of Sexual Orientation* (New York：Oxford University Press，1999)。

我处理的支持同性恋权利的第一个法律[2]论辩是“天生如此”(born that way)论辩。这种论辩已经得到了法律理论家和其他对同性恋感兴趣人的有利关注，它诉求于这样的主张即性倾向不是被选择的或者说是不可易变的。直觉地，这个论辩就是，一个人不应该因为他(她)所没有选择的性征而受到惩罚或者无论如何不应该受到歧视。[3] 这种直觉论辩的倡导者诉诸被认为证明了性倾向是与生俱来的或者由生物性决定的科学研究。[4] 同情同性恋权利的法律学者和诉讼人士已经设法将这种直觉论辩纳入了美国宪法法理和其他国家的法律权利框架之中。[5]

---

〔2〕本章并不明确集中论述支持同性恋权利的一般道德与伦理论辩。然而，我确实通过支持同性恋权利的某些法律论辩讨论了道德与伦理问题以及更一般地讨论了与我所考察的具体法律论辩联系在一起的道德与伦理论辩。例如，参见 Edward Batchelor ed., Homosexuality and Ethics (New York: Pilgrim Press, 1980); Jeremy Bentham, 'An Essay on "Paederasty"' 载于 Philosophy and Ethics, ed. Robert Baker and Frederick Flliston, rev. edn. (Buffalo: Prometheus Books, 1984); John Finnis, 'Law, Morality and "Sexual Orientation"', *Notre Dame Law Review*, 69(1994), 1049; Andrew Koppetman, 'Homosexual Conduct: A Reply to the New Natural Lawyers', 载于 Same *Sex: Debating the Ethics, Science and Culture of Homosexuality*, ed. John Corvino (Lanham, MD: Rowman and Littlefield, 1997), 44; Richard Mohr, *Gays/Justice: A Study in Society, Ethics and Law* (New York: Columbia University Press, 1990); Gayle Rubin, 'Thinking Sex: Notes for a Radical Theory of the Politics of Sexuality', 载于 *Pleasure and Danger: Exploring Female Sexuality*, ed. Carol Vance (Boston: Routledge & Kegan Paul, 1984), 267; David Richards, *Identity and the Case for Gay Rights* (Chicago: University of Chicago Press, 1999); 以及 Michael Ruse, *Homosexuality: A Philosophical Inquiry* (New York: Blackwell, 1988)。

〔3〕例如，参见 Simon LeVay, *Queer Science: The Use and Abuse of Research into Homosexuality* (Cmbridge, Mass.: MIT Press, 1996), 231 - 54; Andrew Sullivan, *Virtually Normal: An Argument about Homosexuality* (New York: Knopf, 1995;) 以及 Bruce Bawer, *A Place at the Table: The Gay Individual in American Society* (New York: Poseidon, 1993)。

〔4〕关于性倾向起源的三个最广为引证的科学研究是 Simon LeVay, 'A Difference in Hypothalamic Structure Between Heterosecual and Homosexual Men', Science, 253(1991), 1034; J. Michael Bailey and Richard Piliard, 'A Genetic Study of Male Sexual Orientation', *Archives of General Psychiatry*, 48(1991), 1089; Dean Hamer, Stella Hu, Victoria Magnuson, Nan Hu and Angela Pattatucci, 'A Linkage Between DNA Markers on the X Chromosome and Male Sexual Orientation.', *Science*, 261(1993), 321. 关于更可理解的对性倾向的科学研究抗辩，参见 LeVay, 前述注释 3; Dean Hamer and Peter Copeland, *The Science of Desire: The Search for the Gay Gene and the Biology of Behavior* (New York: Simon & Schuster, 1994) 以及 Michael Bailey, 'Biological Perspectives on Sexual Orientation', 载于 *Lesbian, Gay and Bisexual Identities over the Lifespan*, ed. Anthony D'A ugelli and Charlotte Patterson (New York: Oxford University Press, 1995)。

〔5〕例如，参见 Richard Green, 'The Immutability of (Homo) sexual Orietation: Behaviour Science Implications for a Constitutional (Legal) Analysis', *Journal of Psychiatry & Law*, 16(1988), 537 以及 Robert Wintemute, *Sexual Orientation and Human Rights: The United States Constitution, the European Convention, and the Canadian Charter* (Oxford: Oxford （转下页）

我所考察的第二个论辩——我称之为“性歧视”论辩——也获得了某种有利的关注。根据这种论辩，对于同性恋者和双性恋者任何形式的歧视都构成了性歧视。[6] 例如，这种论辩的一个版本说，一种禁止两个男人或两个女人之间口交但不禁止一个男人与一个女人之间口交的法律是以性为基础的歧视，因为它禁止一个女人从事某些事情(亦即与一个女人进行口交)但却不禁止男人这么做。[7]

除了在第2节中考察的这些根本问题之外，为了确立我对同性恋权利的这两种法律论辩的批判考察，我在第2节中提供了关于同性恋者法律现状的一些背景，以便阐明为支持同性恋权利论辩所需进行的工作；我集中关注的支持同性恋权利的两个论辩在一种具体法律背景下得到了有用的评价。我强调美国的语境，但是，我的一般分析也适用于努力处理有关性倾向问题的世界其他民主国家。[8]

我接下来批判考察“天生如此”论辩。我表明这种论辩在法律上和伦理上是有缺陷的而且它的科学假设并没有得到充分支持。我然后批判考察性歧视论辩。我阐述了性歧视论辩而后我提供了三个相互联系的原则反对意见。我表明，作为支持同性恋权利的论辩，性歧视论辩在社会学上、理论上和道德上是有缺陷的。揭示了这两个论辩的原则缺陷之后，我表明这些缺陷如何导致了这两个论辩的实用层面的问题。因为这些论辩原则缺陷所伴生的实践困难，二者都没有为获得同性恋

---

(接上页)University Press, 1997)。也参见 Lisa Keen, Suzanne Goldberg, *Strangers to the law: Gay People On Trial* (Ann Arbor, MI: University of Michigan Press, 1998)(讨论了在 *Romer v. Evans* 517 US 620(1996)案中在初审法院的包括来自科学家证词的诉讼人决策)。

〔6〕对于这种论辩的各种版本的论述，参见，例如，Sylvia Law, 'Homosexuality and the Social Meaning of Gender', *Wisconsin Law Review* (1988), 187; Andrew Koppelman, 'The Miscegenation Analogy: Sodomy Law as Sex Discrimination', *Yale Law Journal*, 98(1988), 1145; 'Why Sexual Orietation Discrimination is Sex Discrimination', *New York University Law Review*, 69(1994), 197; Cass Sunstein, 'Homosexuality and the Constitution', *Indiana Law Journal*, 70(1994), 1; Wintemute，前述注释5；以及 William Eskridge, Jr., *Gaylaw: Challenging the Apartheid of the Closet* (Boston: Harvard University Press, 1999)。对于这种论辩的更详细的批判考察，参见 Edward Stein, 'Evaluating the Sex Discrimination Argument for Lesbian and Gay Rights', *University of California, Los Angeles Law Review*, 49 (forthcoming)。

〔7〕参见 *Statev. Walsh*, 713 SW 2d 508, 510 (Mo. 1986)(考察并拒绝将性歧视论辩适用于州鸡奸法)；*Lawrence v. State*, 41 SW 3d 349 (Tex. App. 2001)(same); *Picado v. Jegley*, No. CV-99-7048 (Ark. Cir. Ct 23 Mar. 2001)(基于性歧视理由和隐私理由裁定该州法违宪)；以及，*The Miscegenation Analogy*，上述注释6(将性歧视论辩适用于鸡奸法)。

〔8〕参见 Wintemute，上述注释5(讨论了在加拿大宪章、美国宪法和欧洲公约语境下的性歧视论辩和“天生如此”论辩)。

权利提供强有力的法律策略。

## 二、理论背景

在柏拉图《会饮篇》中，阿里斯托芬这个人物提供了一个神话，许多人将它解释为是关于人类性倾向起源问题的。[9] 根据这个神话，从前，人在解剖学构造上是完全不同的：每个人都是圆球形状的，长着……四条胳膊和四条腿，两张脸，……（在）一个脑袋（上），一张脸朝向这边，另一张脸朝向另一边，……两副生殖器……；[10]这种球状人有三种性别：男性、女性和"同时具有男女两性的第三性（被称为）……'阴阳人'，……一种半阴半阳的生命存在"。[11] 因为这些球状人威胁到了诸神的权力，所以，宙斯（Zeus）将他们从中间一劈两半，结果"每一半都非常渴望自己的另一半……"。[12] 一旦他们被分开之后，这三种人类原型就产生了根据他（她）所渴望的另一半的类型而界定的四种不同类型的人。对于这个故事的一种自然的（尽管是有争议的）[13]解释把阿里斯托芬看作是在谈论男女异性恋者（即那些从球状阴阳人劈成的人）、女同性恋者（即那些从球状女性劈成的女性）和男同性恋者（即那些从球状男性劈成的男性）。进而，阿里斯托芬的故事可以被理解为是在说一个人的性倾向是一种重要的、决定性的和天生的特征。这是否是对阿里斯托芬的神话的正确解释是一个超出本章范围的问题。就对于这个神话的这种解释而言，重要的是它提出了我现在要考察的关于人的性渴望的几个理论问题。

### 2.1 什么是性倾向？

隐含在阿里斯托芬的神话中的是这样的理念，即，可以根据他们想要与之缠绕的人的性而将人们群分成为不同的类型。隐含在我们当代的性倾向概念中的是一

---

〔9〕例如，参见 Boswell，'Concepts，Experience and Sexuality'，载于 *Forms of Desires：Sexual Orientation and the Social Constructionist Controversy*，ed. Edward Stein（New York：Routledge，1992），163－4；以及 John Boswell，'Revolutions，Universals and Sexual Catogories'，载于 *Hidden From History：Reclaiming the Gay and Lesbian Past*，M. Duberman，M. Vicinus，and G. Chauncey（New York：New American Library，1989），25。

〔10〕Plato，*Symposium*，at 189e－190，trans. Michael Joyce，1935.

〔11〕同上，第 189d-e。

〔12〕同上，第 191。

〔13〕例如，参见 David Halperin，*One Hundred Years of Homosexuality and Other Essays on Greek Love*（New York：Routledge，1990）。

种类似的理念：我们认为，一个人的性倾向是以某种方式与一个人的性（或性别）、那个人在性上所爱慕的人们的性（或性别）及（或）那个人与之从事性活动的人的性（或性别）联系起来的。[14] 作为理论和实践问题，很难说出什么构成了一个人的性而且很难确定每个人是什么性。这对于提供直接的性倾向描述提出了一个问题。[15]

请考虑一下性与性别之间的标准区分。典型地，这种区分是如此得出的：性（男性或女性）是在生物学意义上被决定的（也就是说与人的染色体、内和/或外生殖器，等等），而性别（男或女）是根据被一种文化的成员看作是与特定的性相联系的特征和品格（头发长度、衣着选择、个性特征，等等）所确定的。[16] 用一句口号表达，这个理念就是，性是在两腿之间、在内衣里面以及在基因之内，而性别则是在文化之中。法律与非法律学者已经基于不同理由批评了这种区分，最突出的就是通过如下主张进行的批评，即，我们关于什么生物特征是为区分男性与女性（或者反之）所必要的和/或充分的观点（科学的与非科学的）负载了我们对于性别与性别角色的文化预设，而其本身可能是错误的。[17] 一个关于什么区分了男性与女性的共同观点集中于生殖器上。[18] 然而，具有某种特定种类的生殖器（也就是睾丸和卵

〔14〕这是有点儿简单化了的描述，特别是如果有“真正的”双性人（即那些既爱慕男人又爱慕女人的人们）。这种双性人的性倾向有争议地可以无需知道他（她）的性就可以确定。然而，并不清楚是否所有或大多数双性人是真正的双性人。参见 Martin Weinberg, Colin Williams and Douglas Pryor, *Dual Attraction: Understanding Bisexuality* (New York: Oxford University Press, 1994)。对于双性人的法律和理论讨论，参见 Kenji Yoshino, ‘The Epistemic Contract of Bisexual Erasure’, *Stanford Law Review*, 52(2000), 353。

〔15〕参见 Stein，上述注释 1，at 1 - 38。

〔16〕例如，参见 Roger Brown, *Social Psychology: The Second Edition* (New York: Free Press, 1986)；以及 Stein，上述注释 1，at 24 - 38。当他说“‘性别’这个词……指称区分两性的……文化的或态度的特征（与身体物理特征相对）”时，Judith Butler Scalia 就是诉诸这种区分。参见 *J. E. B. v. Alabama ex rel* TB, 511 US 127, 157 n. 1(1994)(Scalia, J.，异议意见)。

〔17〕例如，参见 Anne Fausto-Sterling, *Myths of Gender: Biological Theories about Men and Women*, rev. ed. (New York: Basic Books, 1992); Suzanne Kessler and Wendy McKenna, *Gender: An Ethnomethodological Approach* (New York: Routledge, 1990)；以及 Katherine Franke, ‘The Central Mistake of Sex Discrimination Law: The Disaggregation of Sex from Gender’, *University of Pennsylvania Law Review*, 144(1995), 1, 9 - 10。

〔18〕除了内和外生殖器之外，所有其他标准之中被经常认为是有关区分男性与女性的是所谓的性染色体、生殖腺、出生前荷尔蒙含量、青春期荷尔蒙含量以及 H-Y 抗原体含量。例如，参见 John Money, *Gay, Straight and In-Between: The Sexology of Erotic Orientation* (New York: Oxford University Press, 1988), 28 - 29。

巢(内生殖器))和/或阴茎和阴蒂(外生殖器)既非作为男性或女性的必要的亦非充分的条件,特别是考虑到有的人同时有一个睾丸和一个卵巢[19]而且有的人有"模棱两可的"外生殖器。[20] 一般而言,中性(intersexed)人(即那些在解剖学上或生理学上部分是男性部分是女性的人或者那些具有介于典型男性生殖器和典型女性生殖器之间的生殖器的人)[21]的存在,以及变性别(transgendered)人(即那些觉得其身体的性不同于其对性归属的内心感受——被称为其性别认同——的人,无论他们是否已经或者可能计划进行"变性"手术——被分别称为术前变性人和术后变性人)[22]的存在对于法律内外的男性与女性的标准定义造成了困难。

作为一个与性定义有关所产生的法律问题的例子,可以考察一下一个得克萨斯州的近期案例。利特尔顿(Littleton)是一个术后从男性变成女性的变性人。(他出生时被认定为男性,但是做过变性手术之后成了女性。)后来,在肯塔基,利特尔顿依法将她出生证上标明的性改成了"女性",嫁给了一个男人,而且获得了一个有效的婚姻许可证明。利特尔顿的丈夫后来死了,据称是由于医生疏忽导致的,而且,利特尔顿在得克萨斯提起了过错死亡诉讼。得克萨斯法院裁定,利特尔顿不能对她丈夫的死主张过错死亡诉讼,因为根据得克萨斯州婚姻法——该法明确禁止同性婚姻——出生时的性是永久的和不可改变的。[23] 也许,具有讽刺性地,利特尔顿案至少引起两对由一个女性和一个从男性变成女性的变性人组成的夫妇在得克萨斯州结了婚。[24] 对于如何区分男性与女性的标准描述所面临的问题接着又引起了直接描述性倾向的问题。看起来清楚的是,一个人的性倾向是以某种方式与一个人的性(或性别)以及他(她)所爱慕的人的性(性别)联系在一起的,但是,特

[19] 有关的讨论,参见,例如 Anne Eausto-Sterling, 'The Five Sexes: Why Male and Female Are Not Enough', *The Science* (Mar. /Apr. 1993), at 20。

[20] 例如,参见 Suzanne Kessler, *Lessons from the Intersexed* (New Brunswick, NJ: Rutgers University Press, 1998)。

[21] 同上。

[22] 例如,参见 Holly Devor, *FTM: Female-to-Male Transsexuals* (Bloomington, IN: Indiana University Press, 1997);以及 Bernice Hansman, *Changing Sex: Transsexualism, Technology and the and the Idea of Gender* (Durham: Duke University Press, 1995)。

[23] *Littleton v. Prange*, 9 SW 3d 223 (Lex. App-San Antonio 1999), *cert. denied*, 121 S. Ct. 174 (2000). 有关的讨论,参见 Julie Greeberg, 'When is a Man a Man and When is a Woman a Woman?', *Florida Law Review*, 52(2000),745。

[24] 例如,参见'Marriage of Transsexual Draws Protest in Texas', *NY Times*, 18, Sept., 2000。

别是考虑到关于性的这些概念问题，它们之间是如何被联系起来的还不清楚。[25]

## 2.2 如何识别人的性倾向

对于阿里斯托芬的神话的直接解释也隐含了如何识别一个人的性倾向的观点。根据这种观点，很容易说出一个人的性倾向是什么，因为与一个人的性倾向有关的行为、欲望和认同特征（identities）都指向相同的方向。源自最初球状阴阳人的女性渴望与一个男性缠绕在一起，根据这种渴望而行事，做一些“追求男人”的事情，[26]而且将会认同她们自己具有这种渴望并且认同从事这种行为。问题并不这么简单，因为一个人的性行为、性渴望和性认同可能是不一致的。可以发展出来对于如何识别人的性倾向的三种不同描述，每一个都与阿里斯托芬对于性倾向的隐含描述的不同方面有联系。

### 2.2.1 行为观

考虑一下一种简单的对于性倾向的描述，根据这种描述，一个人的性倾向可以根据他（她）与之性交的人的性来确定：如果一个人与同性性交，那么，他（她）就是一个同性恋者；如果一个人与异性性交，那么，他（她）就是一个异性恋者。根据这种观点，一个人的行为决定了她的性倾向。为此，我把它称为性倾向的行为观。[27]这种行为观的好处在于它可以以客观的和科学上易于理解的方式来识别性倾向。这些行为可能并不为该人及其性伙伴之外的人所知悉，但是，它们原则上是可以被知道的。这种对于性倾向的描述与行为主义有联系，这种行为主义是20世纪早期流行的心理学和哲学观，根据这种行为主义，通过观察一个人的行为就可以发现关于她的在心理学上有趣的一切。[28] 尽管行为主义具有让一个人的心理对观察者

---

〔25〕例如，参见，Stein，上述注释1，at 61－64（批判考察了Money上述注释18）。

〔26〕参见Plato，上述注释10，at 191d。

〔27〕参见Janer Halley，‘Reasoning About Sodomy：Act and Identity in and after Bowers v. Hardwick’，Virginia Law Review，79（1993），1721（表明行为观以及类似下面讨论的性情观的观点隐含在了最高法院的*Bowers v. Hardwick*，478 US 186（1986）案的裁决中）。也参见Janet Halley，*Don't：A Reader's Guide to the Military's Anti-Gay Policy*（1999）。

〔28〕关于对行为主义的抗辩，参见John B. Watson，‘Psychology as the Behavioris Views It’，*Psychological Review*，20（1913），158；以及B. F. Skinner，*Science and Human Behavior*（New York：Free Press，1965）。关于对行为主义的经典批判，参见Noam Chomsky，‘A Review of B. F. Skinner's Verbal Behavior’，载于*Readings in Philosophy of Psychology*，ed. Ned Block（Cambridge，Mass.：Harvard University Press，1980），48。

透明可见的优点，但是，它存在着很多问题。最重要地，根据行为主义，他人将能典型地比我自己还更好地评估我的心理状态；然而，看起来，还是我自己对至少是我精神生活的实质部分具有特别的觉察。关于性倾向，行为观认为任何能够观察我的性活动的人都能对我的性倾向明察秋毫。事实上，我比我的观察者对我的性倾向知道的更多，因为我了解我的性渴望和那些未表达出来的性情感。这就足以严肃地削弱了行为主义的性倾向观。[29]

### 2.2.2 自我认同观

一种替代行为主义的观点是自我认同观，根据这种自我认同观，一个人的性倾向是建立在一个人对他（她）的性倾向的自我评估基础之上的。自我认同观认为，如果某人真地相信他是一个异性恋者，那么，他就是异性恋者。与行为观不同，自我认同观承认一个人能够具有与其性行为不一致的性倾向。然而，这种观点也存在着不承认自我欺骗的问题。某人可能是个男同性恋者，但甚至在他的内心深处却不相信他是一个同性恋者。一个年轻人可能爱慕同性的人，但却没有意识到这一点，或许是因为她生活在一个同性恋是看不见的和不被谈论的社会中。这样的人可能没有同性恋的概念或者没有与同性人性交的概念，而且，也不会自我认同为同性恋者。然而，事实上，看起来一个人可能就是一个同性恋者，如果他（她）对同性人具有性渴望和性幻想，即使这些渴望被深深压抑在这个人的潜意识之中。这是一种可能性，但是，自我认同观却不承认它。

### 2.2.3 性情观

一种看起来容纳了行为观和自我认同观的优点而又避免了它们的缺点的观点就是性倾向的性情观，根据这种性情观，一个人的性倾向是建立在她有意倾向于的性渴望、性幻想和性行为基础之上的。如果一个人具有主要与同性人性交的性渴望和性幻想，而且，当有性自由并且有许多吸引人的性伙伴可以得到时，她还有意倾向于主要与这些同性人性交，那么，这个人就是同性恋者。与行为观不同，性情观承认人们在发生实际的性关系之前可以有性倾向。与自我认同观不同，性情观承认，尽管人们通常对自己的性倾向具有某种特别的觉察，但是，一个人可能压抑

---

〔29〕参见 Stein，上述注释 1，at 41 - 44。

他的性倾向。这种性情观分享了行为观的优点，它考虑了人的性行为，尽管这种性情观更不那么直接地考虑行为：根据这种性情观，某些性行为是相关的，因为它们反映了一个人的性情。这种性情观分享了自我认同观的优点，它重视一个人对于自己性倾向的感受，尽管这种性情观没有给予这种感受以那么大的分量。基于这些以及其他理由，性情观最能满足当代的性倾向概念。[30]

### 2.3 性倾向是"自然人种"(natural human kinds)吗?

在过去的十年左右，一个致力于性倾向研究的新兴跨学科学术领域已经在人文学科和社会科学内发展起来。[31] 在这个名为"同性恋研究"的领域，对于性倾向的主导思维范式是建构主义，这种观点根植于米歇尔·福柯(Michel Foucault)的哲学著作以及各种社会学与人类学进路。[32] 性倾向的建构主义强调性倾向与性经验(sexuality)的历史与文化或然相关性(contingencies)。建构主义是与处于支配地位的性倾向的科学进路相冲突的，因为这种科学研究是与本质主义相联系的，根据这种本质主义我们当代的性倾向诸范畴可以适用于任何文化和任何历史时点的人们。

让我们再次回到《会饮篇》。一些学者把阿里斯托芬的言说解释成是在谈论同性恋者和异性恋者。其他人则说这种解释不正当地和错误地把我们的范畴强加给一种在其中性渴望是被完全相反地建构的文化。这种替代性的解读从历史证据获得了支持，古希腊人对于人的性欲的思考与我们完全不同。在希腊雅典，一个人的社会身份地位——亦即这个人是公民还是非公民、奴隶还是自由人、成年人还是儿童、女人还是男人——对于如何看待他(她)的性渴望来说是重要的。就法律与社

[30] 参见 Stein 上述注释 1，at 45 - 49。也参见 Alfred Kinsey 的经典研究，它隐含地采纳了性情观：Alfred Kinsey, Wardell Pomeroy, and Clyde Martin, *Sexual Behavior in the Human Male* (1948)；以及 Alfred Kinsey, Wardell Pomeroy, Clyde Martin, and Paul Gebhard, *Sexual Behavior in the Human Female* (Philadelphia: W. B. Saunders Co., 1953)。

[31] 例如，参见 Henry Avelove, Michele Aina Barale, and David Halperin, *The Lesbian and Gay Studies Reader* (1993)。

[32] 例如，参见 Michel Foucault, *History of Sexuality: An Introduction*, trans. Robert Hurley (New York: Random House, 1978; orig. publ. Paris: Editions Gallimard, 1976)；Mary McIntosh, 'The Homosexual Role', *Social Problems*, 16(1968), 182；以及 John Gagnon and William Simon, *Sexual Conduct* (Chicago Aldine, 1973)。关于反对的观点，参见，例如 Boswell，上述注释 9；以及 Richard Mohr, 'The Thing of It Is: Some Problems with Models for the Social Construction of Homosexuality'，载于 *Gay Ideas: Outing and other Controversies* (Boston: Beacon, 1992)。也参见 Forms of Desire，上述注释 9。

会习俗而言，一个公民被允许对非公民（非公民包括所有奴隶、儿童、妇女和外国人）发生性行为（penetrate）但却不允许被非公民发生性行为，而且不允许对另外一个公民发生性关系或者被另外一个公民发生性关系。这样，性渴望这个重要的范畴就围绕人的公民身份地位以及他是否想要发生或被发生性关系而展开。这种历史证据被认为是表明了：阿里斯托芬及其同时代人并没有任何我们这样的性倾向范畴，而且把阿里斯托芬解释成是在谈论异性恋者和同性恋者其实是个时代错误，因为这种解释强加给他的是他所不可能有的思想观念。〔33〕

本质主义与建构主义之间冲突的根本之处是关于自然种群（natural kinds）的问题。一个自然人种是指在正确的科学法则和解释中具有核心地位的实体群。一个群体是一个自然群体，这是根据其成员共享的属性或者发挥的功能界定的，而与我们如何看待他们无关。例如，如果目前的化学、物理和心理学理论是正确的，那么，金、电子、血红蛋白和心脏就是自然种类的，而椅子、玩具熊和减肥软饮料就不是。〔34〕一些我们认为是自然种类的群体可能被证明不是。作为一个历史实例，可以考虑一下燃素。〔35〕直到1700年代晚期，科学家们认为燃素是存在于高浓缩物质中的一种元素，当接触空气时会发生燃烧。我们现在知道了不存在燃素这种物质。尽管燃素被认为是自然种类的，但是，燃素在其中具有解释地位的科学法则却是错误的。

某些自然种类适用于人类。我把在科学解释和法则中具有核心地位的人群称为自然人种。〔36〕一个自然人种的例子就是那些AB血型人的群体。AB血型的人构成了一个自然人种，因为在关于一个人可以向什么人献血以及可以从什么人受血的法则上，具有AB血型具有解释地位。正如有许多事物种类不是自然种类的一样，也有许多人群种类不是自然人种；我把他们叫做社会人种。一个例子就是民

---

〔33〕参见Halperin，上述注释13；Morris Kaplan，*Sexual Justice*（New York，Routledge，1997）；以及Stein，上述注释1，at 94－99。

〔34〕Ian Hacking，'A Tradition of Natural Kinds'，*Philosophical Studies*，61（1991），109；Richard Boyd，'Realism，Anti-Foundationalism and the Enthusiasm for Natural Kinds'，*Philosophical Studies*，61（1991），127；Frank Kiel，*Concepts，Kinds and Cognitive Development*（Cambridge，Mass.：MIT Press，1989）；以及Stein，上述注释1，at 71－92。

〔35〕James Bryant Conant，*The Overthrow of Phlogiston Theory：The Chemical Revolution of* 1775－1789（Cambridge，Mass.：Harvard University Press，1950）.

〔36〕参见Stein，上述注释1，at 84－92。

主党的一个注册成员。这样一个群组在科学解释上不具有解释地位。类似地，正如有些群体被错误地识别为自然种类一样，也有些人群被认定为自然人种但他们实际却不是。作为一个例子，可以考虑一下歇斯底里女人，[37]即一个声称遭受了一种叫做歇斯底里症的女人，其症状包括失去控制的大怒、痉挛、瘫痪、身体肿胀、失明和失聪。最初被认为是由子宫"错乱"(wandering)引起的，但是，歇斯底里症后来被发现是某种特定的主要影响妇女的精神病症。许多人被诊断为患了歇斯底里症，事实上，当时他们是患了某种其他的无法确定的病症或者是情绪消沉、厌烦或神经过敏。今天，没有人相信歇斯底里症是一种病理状态。

相对直接的方式就是使用自然人种的概念确切地界定关于性倾向的建构主义和本质主义。[38] 关于性倾向的本质主义认为，性倾向是自然人种，而关于性倾向的建构主义则认为性倾向不是自然人种。[39] 关于性倾向的本质主义与建构主义之间的争论是一种关于性倾向是否是自然种类的争论，换句话说，是一种关于性倾向是否在科学法则和科学解释中起作用的争论。理解这种争论是回答关于性倾向的形而上学的、科学的和伦理问题的必要前提。

我们生活在这样一种在其中人的性倾向是关于人的重要事实——这个事实在科学解释上是深刻的和不确定的——的文化之中。关于性倾向的本质主义者试图在这种文化事实的基础上支持这样一种主张，即，异性恋者和同性恋者都是自然人种。反之，建构主义者则不认为我们的性倾向范畴属于自然人种。适当地理解，本质主义与建构主义之间关于性倾向的争论实际上是一个经验性的争论：如果我们

---

〔37〕Neil Micklem, *The Nature of Hysteria* (New York: Routledge, 1996).

〔38〕一些哲学家使用"本质主义"指称这样的观点，即，当且仅当所有人和仅仅该种群的成员分享了一种固有属性(或一套固有属性)，一个群组才是一个自然种类。我在这里使用这个本质主义这个术语的意义并不必然需要这种含义。遵循 Boyd，上述注释 34，我认为，一些自然种类是根据一组相关的因果条件定义的，这些条件没有哪些是必要的或充分的。

〔39〕一些哲学家认为没有自然种类。参见 Nelson Goodman, *Ways of Worldmaking* (Indianapolis: Hackett, 1978)。有关的讨论，参见 David Armstrong, *Universals: An Opinionated Introduction* (Boulder, CO: Westview, 1989)；Hacking，上述注释 34；以及 Boyd，上述注释 34。从这种观点，可以推论没有自然人种而且因此性倾向也不是自然人种。尽管这种所谓没有自然人种的立场是一种有趣的一般哲学立场，但是，它却不是有趣的性倾向立场。关于性倾向的建构主义至少隐含地包括了这样的主张，即，尽管性倾向不是自然人种，但是至少有一些自然种类。如果没有自然种类，那么，关于性倾向也就没有什么特别的；性倾向将不是自然种类的，但是，既不会有一个 Y 染色体，也不会是一个质子。只有存在某种自然种类，建构主义才是一种关于性倾向的有趣的立场。

想确定性倾向是否可以通过标准的科学工具来得到最好的理解，我们需要确定同性恋者和异性恋者是不是自然人种而且他们是否能够根据科学法则和科学解释来描述。这不是说本质主义与建构主义的争论化约成了天性与养育的争论，这一点我在下一节会予以强调。

### 2.4 性倾向是天赋的吗？

建构主义与本质主义之间的争论常常被混同于性倾向是天赋的（天性主义）还是环境因素影响的结果（环境主义）的问题。正如被典型讨论的，天性主义(nativism)与环境主义之间的问题是建立在一种虚假的二元论基础上的。实际上，没有任何人性特征在严格意义上是基因的结果或者环境因素的结果；所有的人性特征都是二者共同作用的结果。有一些基因和神经学因素影响着即使看似最环境主义的特征，例如，一个人在大学读什么专业。另一方面，环境因素也促进了即使看似最基因属性的特征的发展，例如，眼睛的颜色，具体而言，如果在成长的关键时期没有摄入足够的某些种类的维生素和矿物质，那么，即使我的基因与原来是相同的，我的眼睛也可能是与目前颜色不同的。然而，基因限制人的特性的范围幅度是有所变化的，例如，人的血型是受到更严格的基因限制的，而人的大学专业则不然。我具有某种基因，这使得我的血型肯定将是B型的，但是，我并没有一种将会使得我的专业肯定是哲学的基因。适当地理解，这种关于性倾向的天性主义与环境主义争论涉及的是性倾向适合定位在血型与大学专业连续统(continutum)之间的哪一点上。

许多人认为，如果关于性倾向的本质主义是对的，那么，关于性倾向的天性主义也就是对的，而如果关于性倾向的建构主义是对的，那么，关于性倾向的环境主义也就是对的。但实际却不是这样。即使环境主义是对的，本质主义也仍然可能是对的。例如，如果——尽管看似不可能[40]——一个人的性倾向与他同他父母的情绪互动有关[41]或者与他的第一个性伙伴的性格有关，[42]那么，性倾向仍然可能

---

〔40〕Alan Bell, Martin Weinberg, and Susan Hammesmith, *Sexual Preference: Its Development in Men and Women* (Bloomington, IN: Indiana University Press, 1981)；以及 Stein，上述注释1, at 229-257。

〔41〕例如，参见 Sigmund Freud, *Three Essays on the Theory os Sexuality*, trans. James Strachey (New York: Basic Books, 1975; orig. publ. 1905)。

〔42〕例如，参见 R. J. McGuire, J. M. Carlisle, and B. G. Young, 'Sexual Deviation: Is Conditioned Behavior A Hypothesis', *Behavior Reseach and Therapy*, 2(1965), 185。

是自然人种的。如果一旦环境因素起了作用，一个人具有一种自然主义的确定的性倾向而且她的大脑将一种——据此她自认为是一个异性恋者或同性恋者——特定的心理状态予以实例化了（instantiate），那么，某些特定的科学法则因此就适用于她而且性倾向也将是一种自然的人种，即使它主要不是基因性的。这同一个例子将足以表明，如果性倾向主要是被环境因素所型塑的，那么，建构主义并不必然因此而成立。[43] 这清楚表明，建构主义与本质主义是经验性的命题，它们都是一些只能根据观察和/或实验才能得以确立的。

在过去的若干年中，对于性倾向的科学研究已经积累了大量的对于各种不同领域的关注。一系列出版在领先的科学杂志上的科学研究已经论证性倾向是天赋的或者是在一个很早的年龄定型的。[44] 尽管这些研究就其大部分而言并没有被复制而且又已经遭到一些研究者和学者的批评，[45]但是，一些科学家和非科学评论家已经走得更远了，他们示意一个关于人类性活动研究的新科学范式正在兴起。[46] 这里不是详细讨论这种科学证据及其优缺点的地方。就目前而言，我提出自己对于这种性倾向的"新兴科学研究范式"的评论。

首先，这种新兴研究范式是以各种不同方式建立在动物（特别是鼠）与人的性行为和性渴望之间的类比基础之上的。[47] 然而，因为不同种类的动物的性行为之

---

〔43〕通常的观点认为，一方面，本质主义与建构主义之间具有联系，另一方面，天性主义与环境主义之间具有联系。然而，这种观点并不必然是完全错误的。如果性倾向是天赋的，那么，关于性倾向的建构主义就是错误的，而本质主义则是正确的。假定一个人的性倾向主要是由基因因素决定的。在这种情形下，性倾向就将是天赋的。由于基因因素——我断定它应该对性倾向负责，就会有自然种类的性倾向；性倾向看起来就将体现为有关基因的科学法则。如果是这样情况，那么，建构主义就会是错误的。

〔44〕参见上述注释 4。

〔45〕例如，参见 Stein 上述注释 1, at 104 – 228; Janet Halley, 'Sexual Orientation and the Politics of Biology: A Critique of the Argument from Immutability' *Stanford Law Review*, 46(1994), 503; Fausto-Sterling，上述注释 17；以及 William Byne, 'Biology and Sexual Orientation: Implications of Endocronological and Neuroanatomical Research'，载于 *Comprehensive Textbook of Homosexuality*, ed. R. Cabaj and T. Stein (Washington DC: American Psychiatric Press, 1996)。

〔46〕例如，参见 LeVay，上述注释 3；以及 Hamer and Copeland，上述注释 4。

〔47〕例如，参见 Stein，上述注释 1, at 164 – 179; Anne Fausto-sterling, 'Animal Models for the Development of Human Sexuality: A Critical Evaluation', *Journal of Homosexuality*, 28(1995), 217; William Byne, 'Science and Belief: Psychobiological Research on Sexual Orientation', *Journal of Homosexuality*, 28(1995), 303; Byne，上述注释 45。

间是非常不同的，[48]因此就没有强有力的理由认为任何特定种类的动物构成了人类性倾向的适当模式。除非具体证据证明了为什么一个动物物种比另一个动物物种在性行为方面更像人类，否则，与任何一种动物的类比的说服力都会因为动物性行为的多样性而遭到削弱。进而，许多把对动物性行为的研究适用到人类性欲望的尝试都是犯了把人类特征归到动物中的神人同形同性论(anthropomorphism)的错误。

其次，尽管那些被认为是支持了新兴研究范式的主要研究成果是被处置妥当的、广为引证的和广泛相信的，但是，它们中的每一个都面临着严重的方法论和解释上的问题。新兴科学范式的研究——明显的或含蓄的——拥抱了一种成问题的性倾向描述，很难找到合适的研究对象群，接受了对于同性恋活动几率的错误预设，而且对于同性恋活动做出了大量隐含的、广泛不同的、不正当的假设。[49] 由于篇幅所限，这里不能讨论所有这些问题，但是，我想提到这些问题中的两个。

作为新兴研究范式一部分而做出的一个具体假设——我称之为"逆转假设"(inversion assumption)——是，性倾向是一个体现为两种形式的特征：一个是引起对女性的性吸引的男性形式，这是异性恋的男人和女同性恋者所共同具有的；一种是引起对男性的性吸引的女性形式，这是异性恋的女人和男同性恋者所共同具有的。例如，这种假设在等同于女性化了的男人之间的同性性活动中是明显的。以逆转假设为前提的研究典型地是这样展开的：首先设法识别性差别，然后看看是否有任何声称的性差别在同性恋者中是被逆转的。存在着对于逆转假设的替代选择。从生理学观点看，或许男同性恋者和女同性恋者应该被完全分成一组，而异性恋男人和女人应该被完全分成一组。如果异性恋者的大脑结构或生理结构使得他们在性吸引上趋向于异性，而同性恋者的大脑结构则使得他们在性吸引上趋向于同性，那么，情形就是如此。或者，更合理地，可能不存在有意义的可一般化的与这些性倾向范畴相联系的脑差别。如果性倾向体现为两种以上的形式，[50]那么，情

[48] 例如，参见 Bruce Bagemihl, *Biological Exuberance*: *Animal Homosexuality and Human Diversity* (New York: St. Martin's Press, 1999)。

[49] 例如，参见 Stein，上述注释 1, at 190－228；以及 Byne，上述注释 45。

[50] 例如，参见 Stein，上述注释 1, at 49－67。

形就是如此。进而，即使只有两种性倾向，但是，与性吸引有关的有意识的和无意识的动机在具有相同的性和性倾向的个体之间是有差别的，也就是说，如果经验（或者对经验的主观解释）的互动导致不同个体在吸引男人、女人或者同时吸引男人和女人方面具有同样的相对程度，那么，情形就是如此。例如，因为对女性的性吸引可能是受到很多生理因素所驱使的，所以，没有理由预期所有喜欢女性的个人都应该具有任何特定生理结构，使之与喜欢男性的个人区分开来。[51]

新兴研究范式的另外一个具体假设关涉到性倾向的本质主义。我在前述表明本质主义是一个与性倾向的科学研究相关的经验命题。然而，为了证成本质主义，一项研究就不能不可质疑地预设本质主义。如果一项研究是为了有机会为一个经验命题提供支持，那么，这项研究就必须是可能产生证伪这个命题的结果的。[52]

我没有得出终局性的反驳新兴研究范式的论辩。正如某些科学家所建议的，可能在X染色体上有一个基因，该染色体编码决定了一定类型的蛋白质合成物，该蛋白质合成物又决定了一定类型的出生前荷尔蒙分泌物和/或对于某些种类的荷尔蒙的某些特定种类的反应，而这又决定了位于丘脑下部特定区域的一定心理机制的发展，这使得男人渴望与其他男人进行性活动。[53] 这个理论或许是真的，但是，基于我在前文以及别处所描述的理由，我并不认为它或者作为新兴科学研究范式组成部分的任何其他具体理论是特别合理的。[54] 事实上，至少同样合理的是，我们所理解的性倾向并不是自然种类的。

---

〔51〕我不是否认在我们的文化中对许多人来说逆转假设在直觉上是合理的，但是，我在表明这个假设的基础是不科学的。相反，这个假设是建立在一种特定文化图景上的，根据这种图景男同性恋者是女性化的而女同性恋者是男性化的。这种文化观点几乎不可能是普世性的。在一些文化中，男性之间的性活动是与武士身份联系起来的。例如，参见 T. Watanabe and J. Iwata, *The Love of the Samurai：A Thousand Years of Japanese Homosexuality*, trans. D. R. Roberts (London: Gay Men's Press, 1989)。而在其他文化中，被接受的同性性活动是所有男人之间的性活动，而且这被认为对他们的男性特征来说是关键的。例如，参见 Gil Herdt, 'Semen Transaction in Sambia Culture'，载于 *Ritualized Homosexuality in Melanesia*, (Berkeley: University of California Press, 1984)。逆转假设在有些文化中本不是合理的，这并不表明它是错误的。然而，总体上，用以支持这种逆转假设的科学证据的缺乏以及它不是文化普世性的事实则表明它主要是建立在我们的文化的偏见基础之上的。

〔52〕例如，参见 Stein，上述注释 1, at 205 - 206。

〔53〕例如，参见 Simon LeVay and Dean Hamer, 'Evidence for a Biological Influece in Male Homosexuality'，载于 *Scientific American*, 270(1994)，44。

〔54〕例如，参见 Stein，上述注释 1, at 225 - 228。

新兴科学研究范式具有一种尚未定型的研究范式的特征。托马斯·库恩在其经典著作《科学革命的结构》[55]中区分了"常规科学"时期与"科学革命"时期。在常规科学时期,一个科学领域的基本理论与形而上学假设得到了接受而且被认为是保持恒定不变的。在这个领域的实践人士使用牢固确立的框架进行实验。相反,在革命时期,某一领域范式的大量重要内容是悬而未决的。人的性欲望的科学研究充其量正在经历一个革命时期。这个领域的实践人士还没有确立起一种能够开展"常规科学"研究的范式。从现在开始的十年左右,在探寻人类性欲如何形成的描述方面,这个新兴研究范式或许能够被证明是一个错误的开端。

### 2.5 人的性倾向是一种选择吗?

关于性倾向的另外一个基本问题就是,人的性倾向是否是一种选择?这个主题存在着一个基本问题:基于什么可以说一种特征是一种选择,这既是模糊不清的也是摸棱两可的。首先,这是因为一个特征不是被选择的并不意味着这个特征就是由生理因素所决定的。例如,人们并没有选择他们的母语,但是,这并不意味着人的母语是由基因因素所决定的。其次,这是因为一个特征是由生理因素决定的并不意味着在这个特征的表达和形成方面选择不起作用。例如,或许是,我天生就具有一种别人所不具有的特殊音乐才能。但我仍然能够选择不去开发或表达这种才能。并非所有建立在生理学基础上的特征都是这样的——血型的发展就与选择因素无关——但是有些特征尽管是生理性的却要求做出选择然后才能够得到表达。第三,有些特征可以由选择所决定,尽管这些选择表面上看起来与它们所确定的特征无关。例如,我童年时期做出的经常看某个特定电视节目的决定可能无意中导致我养成了某种性格特征。我从未决定要具有这些性格特征,但是,我看那个电视节目的决定却可能导致了这些特征。"这能说是我选择了这些特征吗?"试想一下直接选择与间接选择之间的区分。如果一个人带着做 X 的自觉意图做了某事,那么,她就是做出了一个对于 X 的直接选择,而如果一个人并没有带着做 X 的自觉意图而做了某事,那么,她就是做出了一个对于 X 的间接选择。当我是一个

[55] Thomas Kuhn, *The Structure of Scientific Revolutions*, rev. edn. (Chicago: University of Chicago Press, 1970).

孩子的时候我做出了一个看那个电视节目的直接选择，但是，在这么做的时候，我做出了一个具有某些人格特征的间接选择。

现在，我转向关于性倾向的三个相互关联的要点。首先，关于性倾向的环境主义是与性倾向不是被选择的相一致的。这样，性倾向要想是固定不变的，那么，就不必是生理决定的。事实上，无论对于性倾向的科学研究的价值何在，压倒性的证据都表明成年人的性倾向几乎是不可能改变的。[56] 仅仅这个证据就足以确证就相关目的而言性倾向是固定不变的。其次，关于性倾向的天性主义是与在性倾向养成和表达中选择发挥重要作用相一致的。即使一个人根据生物学是男同性恋者，但是，一个人仍然不得不选择作为公开的男同性恋者、表露对于同性人的爱慕之情以及与同性人发生性关系或者建立家庭。第三，性倾向可能是间接选择的结果。就我们所知，性倾向可能是选择更经常地打篮球而非下棋、更经常地玩玩具士兵而非玩具娃娃、更经常地吃菠菜而非果冻甜点的结果或者某种一个人可能做出的其他各种选择的组合的结果。[57] 这不是说人们——就像一个人在一场选举中可能决定投票支持哪个候选人那样——仅仅是通过决定他们的性倾向是什么而养成他们的基本性欲望。[58] 我这里的观点是，关于性倾向与选择的问题是复杂的而且当考虑它们

---

〔56〕例如，参见 D. C. Haldeman，'Sexual Orietation Conversion Therapy for Gay Men and Lesbians：A Scientific Examination'，载于 *Homosexuality：Research Implications for Public Policy*，ed. J. C. Gonsiorek and James Weinrich (1991)；Haldeman，'The Practice and Ethics of Sexual Orientation Conversion Therapy'，*Journal of Consulting and Clinical Psychology*，62(1994)，221；Timothy Murphy，'Redirecting Sexual Orientation：Techniques and Justifications'，*Journal of Sex Research*，29(1992)，501；以及 Charles Silverstein，'Psychological and Medical Treatments of Homosexuality'，载于 *Homosexuality*. 注意，这个证据不必然是与许多女人和一些男人的感受不一致的，这些人觉得他们的性倾向是流动性的而且某种有意识的选择被包含在了性倾向的养成之中。例如，参见 Claudia Card，*Lesbian Choices* (New York：Columbia University Press，1995)，47-57；Carla Golden，'Diversity and Variability in Women's Sexual Identities'，载于 *Lesbian Psychologies：Explorations and Challenges*，ed. Boston Lesbian Psychologies Collective，(Urbana，IL：University of Illinois Press，1987)；Vera Whisman，*Queer By Choices：Lesbians，Gay Men and the Politics of Identity*，(New York：Routledge，1996)。

〔57〕例如，参见 Stein，上述注释 1，at 265-270。

〔58〕正如 Joyce Trebilcot，'Taking Responsibility for Sexuality'，载于 *Philosophy and Sex*，上述注释 2；Sandra Lee Bartky，'Feminine Masochism and the Politics of Personal Transformation'，载于 *Feminine and Domination*（第一次出版于 *Women's Studies International Forum* 7(1984)，323-324)(New York：Routledge，1990)所表明的，要想基于政治或哲学理由而成为一个女同性恋者（或男同性恋者）并不必人的性吸引的改变，一个女人即使她想成为一个女同性恋者但仍可能在性上喜欢男人而不喜欢女人。

的时候需要特别谨慎。即使性倾向的基因理论也不得不承认，至少对大多数人而言，性倾向是由于环境因素所导致的，这些环境因素即使是在一起长大的同卵孪生(identical twins)之间也是有差别的。[59] 个人做出的选择，无论是直接的还是间接的，都可能解释为什么至少一半成对同卵孪生人——至少他们中的一个是男同性恋者——在性倾向上是不一致的。

不同的思想家已经试图把人的性倾向是否是一种选择的问题与关于性倾向的本质主义与建构主义之间的争论以下述方式联系起来：建构主义者必须认为性倾向是被选择的(自愿论)而本质主义者则必须认为性倾向不是被选择的(决定论)。[60] 尽管可能证明许多建构主义者是自愿论者而许多本质主义者是决定论者，但是，建构主义与决定论是可协调的。[61] 试想一下这样的范畴，即成为一个农民还是成为一个皇室成员。这些肯定是社会人种的范式性的例子，但是，具有这些属性之一很可能不是一种选择。正如一个人或许不能选择成为任何一种社会或经济阶层的成员，尽管这个阶层的成员身份构成了一个社会种类，同样，性倾向也可能不是被选择的，即使性倾向是一个社会种类。进而，本质主义与自愿论也是可协调的；或许，性倾向是自然人种而在性倾向养成中选择却起了作用。一种既是本质主义又是自愿论的性倾向起源理论的例子就是第一次性伙伴理论，它的一个版本是说人的性倾向是根据其第一次性经验而定型的。[62] 根据这种观点，成为一个异性恋者或者同性恋者是一个自然种类，但是，一个人可以通过适当选择第一个性伙伴而有效选择他的性倾向。鉴于本质

---

〔59〕 Bailey and Pillard，上述注释 4；J. Michael Beiley，Richard Pillard，and Yvonne Agyei，'Heitable Factors Influece Sexual Orientation in Woman'，*Archives of General Psychiatry*，50(1993)，217；Bailey，M. P. Dunne，and M. P. Martin，'Genetic and Environmental Influences on Sexual Orietation and Its Correlates in an Australian Twin Sample'，*Journal of Personality & Social Psychiatry*，78(2000)，524；以及 Bailey，K. M. Kirk，G. Zhu，M. P. Dunne，and M. P. Martin，'Do Individual Differences in Sociosexuality Represent Genetic or Environmentally Contingent Strategies? Evidence from the Australian Twin Registry'，*Journal of Personality & Social Psychiatry*，78(2000)，537。有关的批判性讨论，参见 Stein，上述注释 1，at 140 - 153，191 - 195，201 - 216。

〔60〕 例如，参见 Steven Epstein，'Gay Politics，Ethnic Identity：The Limits of Social Constructionism'，载于 *Forms of Desire*，上述注释 9，at 239；以及 Robert Padgug，'Sexual Matters：On Conceptualizing Sexuality in History'，载于 *Forms of Desire*，at 43。

〔61〕 例如，参见 Halporin，上述注释 13，at 41 - 53。

〔62〕 参见上述注释 42。

主义和自愿论是可协调的而建构主义与决定论又是可协调的，那么，把建构主义与本质主义之间的区分化解为决定论与自愿论之间的区分或者反之，就是错误的。我们不能通过诉诸性倾向是否是自然人种的问题来确定性倾向是否是一种选择。

## 三、同性恋者的权利

在这部分，我讨论一些性倾向的法律问题，以便为评估同性恋权利的两个论辩提供具体语境。关于同性恋权利的主张可以适当地分为三种在某种程度上相互交叠的主张：支持同性恋活动非罪化的主张，支持提供保护和反对性倾向歧视的主张以及支持承认同性恋关系和制度的主张。〔63〕 我简要考察一下这三种主张在美国的地位。

在美国，十五个州以及军队——军队是一个单独的刑事辖区——具有将大多数形式的同性恋活动予以入罪的法律。〔64〕 非罪化涉及到对于调整自愿合宜同性性活动的这些法律（被统称为鸡奸法）和其他法律的废除。支持对于同性性活动非罪化的主张认为，这些法律违反了隐私权，它们是不应该被入罪的“无被害人犯罪”，而且这些法律即使未被执行也是以不正当的方式伤害了性少数群体。

第二种支持同性恋权利的主张涉及到提供保护来反对基于性倾向理由的歧视。目前，三十九个州缺乏提供保护来反对这种歧视的保护法，也就是说，一个非州实体（non-state entity）在雇佣和住房方面基于其性倾向而歧视一个人，在这些州是合法的。〔65〕 进而，联邦制定法第七章（Title VII）——基于种族、性和其他一些

〔63〕 例如，参见 Kaplan，上述注释 33，at 14 - 17；以及 Stein，上述注释 1，at 204。

〔64〕 在这些州中，有三个州的法律规定只有当它们被两个同性人所从事时某些特定的性行为才构成犯罪。尽管没有哪个州经常地执行这些法律，但是，这样的法律在有些州被选择性地执行了，特别是对同性恋者和双性恋者。即使是在并不普遍执行这些法律的州，仅仅是反对同性人之间性活动的法律的存在本身就被用来支持和证明有关同性恋活动的其他法律和社会惯例为正当了。例如，参见 Christopher Leslie，‘Creating Criminals：The Injuries Inflicted by “Unenforced” Sodomy Laws’ *Harvard Civil Rights-Civil Liberties Law Review*，35(2000)，103。

〔65〕 参见 Lambda，Legal Defense and Education Fund，Summary of States Which Prohibit Discrimination Based on Sexual Orientation，http://www. lambdalegal. org/cgi-bin/pages/documents/record? record = 185。

特征的雇佣歧视——并不禁止雇主基于性倾向理由而实施歧视。[66] 要言之，一个女同性恋者(或一个男同性恋者或一个双性恋者)——即使她能够证明性倾向是她不被雇佣或者被解雇的唯一理由——在大多数州都没有法律救助。同性恋权利的倡导者认为，如同州提供保护来反对基于种族以及其他不适当特征的歧视一样，州也应该作为"公民卫盾"(civil shield)[67]反对歧视同性恋的做法。[68]

第三个支持同性恋权利的范畴是不那么直接的。同性恋者认为，他们的关系和制度值得承认而且在目前法律体制下他们并没有得到这种承认。最值得注意的是，没有任何州允许同性夫妇结婚并且禁止因此获得广泛的与婚姻有关的权利、利益和特权。[69] 佛蒙特州现在确实允许同性夫妇结成公民结合(civil unions)，这提供了在佛蒙特州伴随婚姻的广泛权利、利益和责任。[70] 然而，即使某个州允许同性夫妇结婚，这样的夫妇的婚姻也不能在大多数州或联邦政府得到承认。[71] 就其大部分而言，除了不能使得他们的亲密关系被依法承认和实施之外，州机构的同性恋雇员以及政府投资的学校的同性恋学生的组织也经常被拒绝获得资助。这些不对称也出现在同性恋文化的各种表现方面以及同性恋者的言论表达方面。例如，

---

〔66〕例如，参见 *Smith v. Liberty Mutual Insurance Company*, 569 F. 2d 325 (5th Cir. 1978); *DeSantis v. Pacific Telephone and Telegraph Co*, 608 F 2d 327(9th Cir. 1979)以及 *Dillon v. Frank*, 1992, WL 5436(6TH Cir. 1992)。

〔67〕参考 Mohr，上述注释 2, at 137 - 187。

〔68〕一些对提供保护反对性倾向歧视的法律的批评人士认为，这些法律给了同性恋者以"特权"(special rights)。例如，参见 *Romer v. Evans*, 517 US 620, 626 - 34(1996)；以及同上 at 647 - 9 (Scalia 法官异议意见)(相同)。Romer 案裁决的多数意见拒绝了对于提供保护反对性倾向歧视的这种批评。

〔69〕例如，参见 William Eskridge, Jr., *The Case for Same-Sex Marriage: From Sexual Liberty to Civilized Commitment* (New York: Free Press, 1996)。

〔70〕一个关于公民伙伴的法案是 2000 Vt. Laws P. A. 91。这个法律是对这个案件的回应即 *Baker v. Vermont*, 744 A. 2d 864 (Vt. 1999)(裁定同性夫妇必须享有该州提供给男女夫妇同样的"利益和保护")。

〔71〕1996 年婚姻保卫法(DOMA)将同性婚姻问题豁免于充分诚意与信任条款，它规定，没有任何一个州"……应该被要求执行任何其他州的任何公共法案、记录或司法程序……关于在该其他州法律下被对待为婚姻的同性人之间关系方面……或者产生于此种关系的权利或请求方面"。28 USC § 1738C。三十多个州已经通过了州版本的 DOMA。一些人认为这些法律是不合宪的因为它们违反了美国宪法的充分诚意与信任条款(美国宪法第 6 条第 1 款)。例如，参见 Mark Strasser, 'Ex Post Facto Laws, Bills of Attainder, and the Definition of Punishment: On DOMA, the Hawaii Amendment, and Federal Constitutional Constraints', *Syracuse Law Review*, 48(1998), 227；以及 Andrew Koppelman, 'Dumb and DOMA: Why the Defense of Marriage Act is Unconstitutional', *Iowa Law Review*, 83(1997), 1。

反映同性恋文化的艺术表现方式被禁止获得政府支持，对于同性恋者(包括双性恋者)的艺术表现以及由同性恋者(包括双性恋者)所做出的艺术表现在关于艺术的政府资助和"得体"的公共标准的争论中具有核心的地位。进而，当州试图规制塞博空间的言论时，性少数人的言论也是在典型地受到限制的言论之列。

就其大部分而言，在美国，支持同性恋权利的法律论辩可以被分成两种类型：以平等为基础的论辩和以隐私为基础的论辩。始于 1965 年 Griswold 诉 Connecticut 案[72]并且包括 Roe v. Wade 案[73]的一系列案件在美国宪法中发现了隐私权。到了 1970 年代晚期和 1980 年代早期，受到这些裁决的支持，许多同性恋权利的倡导者预期：这些系列隐私权案例被扩展以包含与同性人进行性活动的权利而且隐私论辩将为一般性地支持同性恋权利率先提供支持理由，这只是个时间的问题。[74] 事实上，这是迈克尔·哈德维克(Michael Hardwick)的律师在最高法院所做的主要论辩，迈克尔·哈德维克是一个公开的男同性恋者，他因与另外一个男人在他自己的卧室从事自愿的鸡奸(特别是口交)而被逮捕。[75] 在一项以五比四做出的裁决中，最高法院拒绝了这种论辩，它裁定在早期案例中阐述的隐私权只有当存在着与"家庭、婚姻或生育"有关联时才得适用。[76] 根据 Bowers 案裁决的多数意见，出现在美国宪法中的隐私权既不要求"任何种类成人自愿的私人性行为在宪法上免受州法禁限"，[77]也不要求存在一项"根本的同性鸡奸权"。[78]

在 Bowers 案之后，倡导同性恋权利的诉讼人士和法律理论家大多数放弃了隐私论辩——尽管他们继续在州法院使用这些论辩——而且开始着手"论辩

---

〔72〕 *Griswold v. Connecticut*, 381 US 479(1965)(推翻了禁止出生控制工具的法律，认为它侵犯了已婚夫妇的隐私权)。

〔73〕 *Roe v. Wade*, 410 US 113(1973)(基于隐私理由而推翻了反堕胎法)。

〔74〕 例如，参见 Note, 'The Constitutionality of Laws Forbidding Private Homosexual Conduct', *Michigan Law Review*, 72 (1974), 1613; David Richards, 'Sexual Autonomy and the Constitutional Right to Privacy', *Hastings Law Journal*, 30(1979), 957；以及 Kenneth Karst, 'The Freedom in Intimate Association', *Yale Law Journal*, 89(1980), 624。

〔75〕 Brief for Respondent, *Bowers v. Hardwick*, 478 US 186(1986)(Nos. 85 - 140)(认为最高法院关于隐私权的先例要求对于宣称成年人之间在一个人的卧室发生自愿性亲密关系为刑事犯罪必须给出实质性正当理由)。

〔76〕 Bowers v. Hardwick, 478 US 186, 191.

〔77〕 同上。

〔78〕 同上。

(Bowers 诉)Hardwick 案”。[79][80] 为了这个论辩，他们转向了依据第十四修正案的平等保护条款的以平等为基础的论辩而背离了依据第五和第十四修正案的正当程序条款的以隐私为基础的论辩。[81] 这种动向伴随着从聚焦于废除入罪化同性恋活动的法律到聚焦于废除基于性倾向理由的歧视的法律。

最高法院已经把第十四条修正案解释为要求对于那些利用各种分类包括种族、族性、民族来源、正当性和性分类的法规持怀疑主义的立场。[82] 试图“论辩 Bowers 案”的诉讼人士和法律理论家说，利用性倾向分类的制定法——就像那些利用种族和其他可疑的分类一样——应该受到严格审查。[83] 这样的希望就是，如果法院对利用性倾向分类的制定法给予严格审查，那么，这样的制定法就将被裁定违反了平等保护。

就概念而论，正好落入了“天生如此”的论辩和性歧视论辩的适当结合之处。它们是试图创造以平等为基础的论辩来支持同性恋权利的尝试。“天生如此”的论辩建立在这样的观念之上，即，人不应该由于她所没有选择的特征而受到惩罚和歧视。性歧视论辩则建立在这样的观念之上，即，性倾向歧视必然包含性歧视。在美国语境，这两种论辩都试图切入现有的最高法院平等保护的裁判法理。最高法院

---

〔79〕参见 Melanie Price，‘The Privacy Paradox: The Divergent Paths of the United States Supreme Court and State Courts on Issues of Sexuality’，*Indiana Law Review*，33(2000)，863。

〔80〕Patricia Cain，‘Litigating for Lesbian and Gay Rights: A Legal History’，*Virginia Law Review*，79(1993)，1551，1640.

〔81〕一些人认为，即使撇开 Bowers 案不谈，以隐私为基础的论辩能够为同性恋者所提供的也很有限。例如，参见 Kendall Thomas，‘Beyond the Privacy Principle’，Columbia Law Review，92(1992)，1431；Kaplan，上述注释 33，at 17－46，211－227。

〔82〕例如，参见 *Yick Wo v. Hopkins*，118 US 356(1886)(解释第十四修正案为要求对族群分类进行严格审查)；*Hernandez v. Texas*，347 US 475(1954)(对于民族来源也同样如此)；*Plyler v. Doe*，457 US 202，218－223(1982)(外国人身份)；*Levy v. Louisiana*，391 US 68(1968)(正当性)；以及 *Mississippi University for Women v. Hogan*，458 US 718，723－724(1982)(性)。一些学者认为，国会立法的意图是希望第十四修正案适用于种族以外的其他分类。例如，参见 Nina Morais，‘Sex Discrimination and the Fourteenth Amendment: Lost History’，*Yale Law Journal*，97(1988)，1153。

〔83〕最高法院区分了严格审查与中度审查(intermediate scrutiny)。尽管它裁定种族分类需要严格审查，但是，它并未明确认为性分类需要严格审查。然而，在 *United States v. Virginia*，518 US 515(1996)案中，最高法院强力反对执行性别原型的法律而且在某种程度上模糊了严格审查与中度审查之间的界限。参考 Kenji Yoshino，‘Assimilationist Bias in Equal Protection: The Visibility Presumption and the Case of “Don't Ask, Don't Tell”’，*Yale Law Journal*，108(1998)，485，488 n. 6。我使用“严格”(heightened)审查这个术语既包括严格审查也包括中度审查。我这么做并不否认这两种层次的审查可以作出区分。

还没有直接裁定利用性倾向分类的制定法是否应该受到严格审查的问题。大部分已经考虑了这个问题的美国法院已经裁定性倾向分类不应该受到严格审查。〔84〕极少数裁定性倾向分类应该受到严格审查的法院驳回或撤销了它们的判决。〔85〕这种性歧视论辩试图表明性倾向分类应该——通过把支持同性恋权利的论辩建立在性歧视的裁判法理之上而——受到严格审查。"天生如此"的论辩则试图表明，性倾向分类应该——通过拿起最高法院在一些场合所支持的概念即一个群体是否应该根据一种不可变更的特征予以分类与它所应受到的审查程度相关——而受到严格审查。鉴于需要强有力的论辩来支持同性恋权利，性歧视论辩和"天生如此"论辩都有理由进行严肃的考察。在下述几节我转向这种考察。

## 四、主张同性恋权利的"天生如此"的论辩

### 4.1 该论辩

在过去的二三十年，关于性倾向如何形成的科学研究已经吸引了许多美国人的关注。一些研究者引证神经学、基因学和心理学的证据，声称性倾向或者是天生的或者是在早期年龄段固定成型的。〔86〕许多同性恋者和双性恋者欢迎这种论断，并且从中发现了它确认了他们的感受，即，他们并没有选择去渴慕同性人。一些同性恋者的父母也从这种研究中得到了安慰，因为它帮助确认了不是他们的所作所为使得他们的孩子成了同性恋。同性恋权利的倡导者试图把这个研究当成对于同性恋权利的利好消息。〔87〕他们的论辩是，如果人们并未选择成为同性恋者或双性

〔84〕例如，参见 *Ben-Shalom v. Marsh*, 881 F. 2d 454,464(7th Cir. 1989)(拒绝在军队同性恋政策语境下对性倾向分类施加严格审查)；*Padula v. Webster*, 822 F. 2d 97,103 (D. C. Cir. 1987)(在联邦调查局 FBI 语境下也同样如此)；以及 *Thomasson v. Perry*, 80 F. 3d 915(4th Cir. 1996)(全体合议)(裁定同性恋者是"怀疑推测分类的成员，对于他们来说不能给予某些特权和豁免")。

〔85〕例如，参见 *Watkins v. United States Army*, 847 F. 2d 1329(9th Cir. 1988)(裁定性倾向分类需要进行严格审查而且在这种评审标准下美国军队 1992 年以前的对待同性恋者的政策是违宪的)，基于其他理由的撤销和确认，参见 875 F. 2D 699(9TH Cir. 1987)(全体合议)；*High Tech Gays v. Defense Industry Security Clearance Office*, 668 F. Supp. 1361 (N. D. Cal. 1987)(裁定同性恋或那些被认为是同性恋者应该在平等保护之下进行严格审查)，被推翻，参见 895 F. ed 563(9th Cir. 1990)；以及 *Janta v. Muci*, 759 F. Supp. 1543,1546(1991)(相同)，被推翻，参见 976 F. 2D 623(10th Cir. 1992)。

〔86〕参见上述注释 4。

〔87〕参见上述注释 3 和 5。

恋者，那么，罪刑惩罚他们的性行为、歧视他们以及阻止他们享有对异性恋者而言为当然的利益和好处，这都是错误的。这种形式的"天生如此"的论辩具有直觉的吸引力而且越来越多地被那些认为科学将能确保同性恋权利的人们所运用。

尽管这种论辩可以在各种不同法域辖区提出，[88]但是，在美国的语境中，这种"天生如此"的论辩试图通过诉诸最高法院所说的在评价需要不只一个合理基础来评估涉及分类的制定法的合宪性时应予考虑的因素之一，以实现对于性倾向分类进行严格审查的目的。最高法院说，它将考虑一项分类是否在历史上被用来故意歧视某一特定群体，[89]这种分类的使用是否"与表现的能力或贡献社会的能力有关"，[90]根据这种分类界定的群体是否缺乏与歧视做斗争的政治权力，[91]以及根据这种分类界定的群体是否表现出明显的、不可变的或者突出的把它们定义为个别的和孤立的群体的特征。[92] 最高法院有时把一个特征是不是不可变的作为它考虑一个分类是否需要严格审查的组成部分，这被"天生如此"论辩的倡导者看作是创造了一个把性倾向的不可变更性与同性恋权利联系起来的一个开端。

### 4.2 该论辩的三个问题

#### 4.2.1 经验问题

我们在前文描述了对于各种形式"天生如此"论辩而言的几个经验问题。首先，性倾向是以生物学构造为基础的论断是远远尚未得到确立的。目前的性倾向科学研究大多数都面临着严重的方法论上的反驳而且它们是立足于一套对于一般性倾向特别是对于同性恋活动的缺乏正当根据的假设，例如，这种研究典型地假设男同性恋者在某种生物学构造的意义上说是与女性类似的而女同性恋者则是与男性类似的。其次，甚至连性倾向是不是自然种类的都是不甚清楚的。就我们所知，性倾向主要是社会范畴，这种范畴在科学解释上没有任何意义。而且，第三，尽管很明显人们并不是象在选举中选择如何投票那样来选择他们的性倾向，但是，还不清楚选择在性倾向的形成中是否没有任何作用。关于性倾向的决定论——至少在

---

〔88〕例如，参见 Wintemute 上述注释 5。

〔89〕*Frontiero v. Richardson*, 411 US 677(1973).

〔90〕*Frontiero v. Richardson*, 411 US 677(1973) at 686.

〔91〕*City of Cleburne v. Cleburne Living Center*, 473 US 432,441 V (1985).

〔92〕*Bowen v. Gilliard*, 483 US 587,602(1987).

这个术语的某种意义上——还远远没有得到确立。基于这些理由,“天生如此”论辩的经验假设——也就是说同性恋者和双性恋者的性倾向是天生的或者在性倾向形成中选择不起作用——充其量是可疑的。

#### 4.2.2 道德问题

更重要的是,“天生如此”论辩面临着一个严肃的道德反驳。即使一个人的性倾向主要是生物学构造导致的而不是选择的结果,但是,大部分在法律上和伦理上与成为同性恋者有关的问题既不是以生物学为基础的也不是生物学所决定的,而且,因此,这些作为同性恋者的核心问题就不能通过“天生如此”的论辩来解决。例如,即使性倾向是以基因为基础的,但是,从事同性性活动、自我认同为同性恋者以及决定与同性人建立家庭,这些都是选择,一个人对此是可以不选择的,换句话说,一个人可以选择独身主义、自闭于居室或者没有伴侣。一个相信性倾向是以生物学为基础的而不是选择的结果因此同性恋者都应该享有权利的人将会承认,人们可以基于与性渴望有关的选择而受到差别对待。一个相信同性恋者的性倾向是天生的人可能认为他们不应该因为具有对同性人的性欲望而受到歧视。然而,这完全可以与如下观点相协调,即,认为从事性行为的人是歧视、刑事惩罚和诸如此类的适当对象。例如,试想一下某些宗教保守主义者对于同性恋行为的态度。这些人主张,作为同性恋者——也就是说具有与同性人发生性关系的渴望——本身并不是罪孽,也不是不道德的而且也不应该受到偏见或歧视。但是,根据这种观点,通过与同性人发生性关系、与同性人形成浪漫关系或者倡导同性恋活动等来表达这种欲望则是在道德上成问题的。这种关于同性恋的态度——尽管肯定是与任何严格版本的同性恋权利观不相协调的——是可以与“天生如此”的论辩相协调的。那么,充其量,这种“天生如此”论辩只是具有保护人不受到基于具有与同性人发生性关系的渴望而受到歧视的潜力,这是一种相当有限的保护。[93]

---

〔93〕 Martha Nussbaum, ‘Millean Liberty and Sexual Orientation: A Discussion of Edward Stein's The Mismeasure of Desire, Law and Philosophy’(即将出版,2001),试图阐述一种更加繁复版本的“天生如此”论辩。这种论辩的一个关键假设——努斯鲍姆说这个假设是大多数美国人所接受的——是,社会不应该阻止一个人满足自己的性驱力(drive)。关于我对努斯鲍姆繁复版本“天生如此”论辩的回答,参见 Edward Stein, ‘Reply to Martha Nussbaum and Ian Hacking’, *Law and Philosophy*(即将出版,2001)。要言之,我认为,努斯鲍姆的假设并不为大多数美国人所接受而且她的更繁复版本的“天生如此”论辩面临着与标准版本“天生如此”论辩同样的反驳意见。

即使假设性倾向是不可变更的,同性恋者也需要受到保护以反对歧视而且他们就其行为和决定而非单纯的倾向有关的关系和制度也应该受到承认。正是在他们从事同性性行为、自我认同为同性恋者以及建立同性恋家庭的时候,他们才特别需要同性恋权利。“天生如此”的论辩不能为与选择有关的权利主张提供支持,即使这些选择——为了论辩的目的——涉及到的是或许天生如此的欲望。

例如,这种“天生如此”论辩所存在的问题可以被作为如下争议问题的一部分而被看见,即,同性恋者是否可以公开在美国军队服役?在现行法律以及国防部实施这些法律的指令[94]——被统称为“不要问,不要说”政策——之下,一个服役人员就可能被开除,如果他(她)说“他(她)是同性恋者或双性恋者”,[95]或者如果他(她)与一个同性人拉手或者从事任何其他“表明从事性接触的倾向或意图”的身体接触,[96]或者“试图与一个已知的生理上同性的人结婚”。[97] 即使这种政策被慷慨地解释为保护同性恋者不受基于其对同性人的性欲望而受到歧视,但是,一个人仍然可以基于下述理由而被开除:任何对于同性恋行为的公开表达,任何表明其与同性人之间浪漫关系的证据,以及与同性人之间极小的(remotely)亲密身体接触。这种“不要问,不要说”的政策实施和执行起来并没有保护同性恋者。这例证了可能被以“天生如此”论辩的名义而实施的那种法律。这些法律仅仅对人们的单纯具有的性倾向提供保护,但是,并不保护任何可能由此欲望所产生的行为。[98]

### 4.2.3 法律问题

一些同性恋权利倡导者在美国宪法语境下阐述了一种不可变更性(immutability)论辩版本。[99] 正如上述解释的,尽管最高法院还没有裁决性倾向

---

〔94〕10 USC §654(1994); Separation of Regular Commissioned Officers, Department of Defense Directive 1332. 30,(5 Feb. 1994); Qualification Standards for Enlistment, Appointment, and Induction, Department of Defense Directive 1304. 26(5 Feb. 1994);以及 Enlisted Administrative Separations, Department of Defense Directive 1304. 26(5 Feb. 1994)。

〔95〕Department of Defense Directive 1304. 26, H. 1. b. (2).

〔96〕10 USC §654 (f)(3)(b).

〔97〕同上,at §654 (b)(3)。

〔98〕有关同性恋的军队政策的进一步讨论,参见 Halley, *Don't*,上述注释 27。

〔99〕例如,参见 Green,上述注释 5。有关的批判性讨论,参见 Halley,上述注释 45;以及 Yoshino,上述注释 83。

分类是否是可疑的，但是，最高法院却阐述了一些——在评估需要一个以上理由以审查涉及分类的制定法的合宪性时——应该被考察的因素。这些因素之一就是，一个根据分类定义的群体是否展示了不可变更的特征，而根据这种特征该群体是个别的和孤立的。[100] 然而，在确定一项分类是否是可疑的时，不可变更性的重要性却是不清楚的。在有些场合，最高法院讨论了严格审查但却没有提到不可变更性。[101] 进而，许多法律学者认为，在确定一项分类是否是可疑的时，不可变更性不是也不应该是重要的。[102]

在 Romer 诉 Evans 案中，最高法院推翻了限制同性恋者和双性恋者权利的科罗拉多州宪法修正案。[103] 有趣的是，最高法院裁定，科罗拉多州宪法修正案违反了平等保护条款，但是它得出了这个结论却——至少在技术意义上——没有运用严格审查。最高法院认为，这个修正案违反了平等保护条款因为它与正当的州利益之间没有任何合理的关系。[104] 在 Romer 案中，性倾向的不可变更性与最高法院关于同性恋权利的裁定之间没有任何关系。这仅仅提供了一个晚近的例子表明法院裁决支持同性恋权利但却没有依据同性恋者是否"天生如此"。

## 五、主张同性恋权利的性歧视论辩

### 5.1 形式的性歧视论辩

性歧视论辩的基本思想在于，任何基于性倾向的歧视法律也必然是基于性的歧视。这种论辩是简单的、形式的和直接的。如果一个人的性倾向是一种——涉及到他（她）所渴慕的人的性——性情特征，那么，要想确定一个人的性倾向，就需要知道这个人的性和他（她）在性上主要渴慕的人的性。基于这种对于性倾向是什么的理解，看起来任何在性倾向基础上实施歧视的法律都必然是在性基础上的歧视。

---

[100] 例如，参见 Bowen v. Gilliard, 483 US 587,602(1987)。

[101] *Cleburne*, 473 US at 440 - 441; *Massachusetts Board of Retirement v. Murgia*, 427 US 307,313 (1976); *Plyler v. Doe*, 457 US 202,218 - 223(1982)。有关的讨论，参见 Yoshino，上述注释 83。

[102] 例如，参见 Halley，上述注释 43; Richards，上述注释 2；以及 Yoshino，上述注释 83。

[103] *Romer v. Evans*, 517 US 620(1996)。有关的修正案在保护同性恋或双性恋倾向、行为、实践和关系方面排除了州和地方立法、行政和司法行为。

[104] 同上，at 631 - 636。

要想看看实践中的这种性歧视论辩的形式版本，试想有两部影响到同性恋者的法律：一部法律禁止同性鸡奸而另一部法律只允许异性婚姻。首先，试想密苏里州鸡奸法，它规定一个人“与同性人之间进行不正常的性交”为犯罪。[105] 该法将“不正常的性交”定义为“任何形式的一方生殖器与另一方的嘴、舌或肛门接触的行为，或者任何包含男性或女性性器官的插入的——无论多么轻微——性行为，或者以手指、器具或者制作物体插入另一方的肛门，其目的在于唤起或满足性欲”。[106] 例如，在该法律下，一个女人将其手指插入另一个女人的肛门的行为就是违法的，而一个男人将其手指插入一个女人的肛门则是合法的。由于这部法律禁止妇女从事它所允许男人从事的活动，因此，该法在性的基础上实施了歧视。其次，试想夏威夷的婚姻法，该法将婚姻限制在由一个男人与一个女人所组成的夫妇。[107] 根据这种性歧视论辩，该法构成了在性基础上的歧视，因为它允许一个男人与一个女人结婚，而却禁止一个女人与一个女人结婚。这两个例子表明，在性倾向基础上歧视的法律如何能够被视为性歧视。

说服法院承认在性倾向基础上歧视的法律也因此构成了在性基础上的歧视，这并不足以说服法院推翻那些构成性倾向歧视的法律。有时，法院可能认定，一个法律在利用性分类方面是正当的。尽管我认为性歧视论辩不是那么强有力，但是，我承认，如果它能说服法官对那些构成性倾向歧视的法律进行严格审查，那么，这将是支持同性恋权利的一项重大成就。在这节，我对于性歧视论辩是否能成功实现对这些法律的严格审查提出了怀疑。

### 5.2 真的存在性歧视吗？

迄今所提出的性歧视论辩面临着一个直接的反驳。一个人可以否认构成性倾

---

[105] *Missouri Annorated Statutes* §566,090(1998)(1977年实施)。密苏里州鸡奸法仍然没被废止，尽管一个州上诉法院在 *State v. Cogshell*, 997 S. W. 2d 534 (Mo. APP. 1999)案中裁定该法不能被用来惩治自愿的性活动。

[106] *Missouri Annotated Statutes* §566,010(1998)(1977年实施)。

[107] *Hawaii Revied Statutes* §572-1(1994)。该法被 *Baehr v. Miike*, 65 USLW 2399 (Haw. Cir. Ct. 1996)案(裁定该州没有在其婚姻法中使用性分类上表明迫切利益)裁决宣布为违宪。然而，在一次宪法全民公决修订了夏威夷宪法而授权该州立法机关将婚姻限制在一个男人与一个女人之间的关系上(Hawii Constitution, art. 1, §23(1998))之后，夏威夷州最高法院在(Baehr v. Miike, No. 20371,1999 Haw. LEXIS 391 (Haw. 9 Dec. 1999))案中裁定，该修正案使得对夏威夷州婚姻法的宪法挑战成为了法庭模拟。

向歧视的制定法也构成了性歧视。根据这种反驳,构成性倾向歧视的法律是平等地适用于两性的。

作为这种反驳的一个例子,试想一下一个晚近直接处合理歧视论辩的欧洲法院裁决。[108] 几年前,利莎·格兰特(Lisa Grant)接受了一份西南铁路公司(SWT)——一家英国的铁路公司——的工作,她接替了一个在这个岗位上工作了好多年的男人,这个男人——作为一种利益——为他的非婚女性伴侣获得了一个旅行证。格兰特向SWT为她的非婚女性伴侣申请同样的旅行证。SWT拒绝授予格兰特这种好处,理由是格兰特和她的伴侣是同性。格兰特随后提起了诉讼,指控SWT违反了建立欧洲共同体(EC)条约的第119条,该条规定,部分地,"男女应该同工同酬"。[109] 特别是,格兰特声称,SWT没有给予她同等报酬,因为它拒绝授予她它曾授予一个相同工作的男人的利益。SWT为自己抗辩说,首先,EC条约没有规定禁止在性倾向基础上的歧视,而且,其次,它并没有实施性歧视,因为它的政策是性中立的:没有人——无论是什么性——有资格为其同性性伴侣获得旅行好处。这个案件最终到了欧洲法院(ECJ)由该法院确定EC条约的男女同工同酬原则是否禁止在雇员性倾向基础上的歧视。ECJ裁定,SWT的政策并不构成性歧视,因为它的政策"是以同样方式适用于女性和男性职工的(并且因此)不能被认为构成了直接在性基础上的歧视";[110]在严格相同的环境下即在只有他们具有异性伴侣的情形下,无论男人还是女人都可以为其伴侣获得同样的好处。[111] 通过做出这个裁决,ECJ否认性倾向歧视构成性歧视。

对于性歧视论辩的同样反应也可以被用来捍卫密苏里州鸡奸法。这里的观点是,密苏里州鸡奸法平等地适用于男人和女人;男女都被禁止从事与同性人之间的"不正当性交关系"而且男女都被允许从事与异性人之间的"不正当性交关系"。这恰恰是密苏里州最高法院在State诉Walsh案[112]中就针对该州鸡奸法提出的性歧

---

[108] *Gram v. Southwest Trains*, Cae C-249/96, ECJ (1998).

[109] EC Treaty, art. 119.

[110] *Grant*, at J 5.

[111] 该铁路公司随后改变了其政策,将利益扩展至雇员的同性性伴侣。例如,参见'Gay Rail Workers Win Travel Benefits', *Evening Standard* (England), 5 Oct. 1999, at 5。

[112] *State v. Walsh*, 713, S. W. 2d 508,510 (Mo. 1986).

视挑战做出裁决的方式:它裁决鸡奸法并没有构成性歧视因为它同样禁止男人和女人与同性人发生性关系而又同样允许男人和女人与各自的异性人发生性关系。[113]

支持同性恋权利的性歧视论辩所面临的问题在于,那些使用性分类来限制同性恋权利的制定法可以被以两种方式解释:它们可以被看作是平等地对待男人和女人,或者它们可以被看作是差别地对待男人和女人。[114] 例如,密苏里州鸡奸法可以被看作是禁止女人从事某些允许男人从事的性行为,或者它也可以被看作是同样禁止男人和女人从事某些与同性人的性行为。当在性歧视论辩中被提出时,许多法院——甚至是那些同情同性恋权利的法院——将会裁决限制同性恋权利的法律平等地适用于男人和女人因此就不构成性歧视。事实上,在 Baker 诉 Vermont 案中,尽管它裁定没有提供配偶利益给同性夫妇违反了佛蒙特州宪法,但是,佛蒙特州最高法院以与 Walsh 案法院相同的方式拒绝了性歧视论辩。[115] 该州最高法院处理了原告的性歧视论辩而且裁定佛蒙特州"婚姻法表面上是中立的;它们并没有单独挑出男人或女人作为差别对待的分类,而是相反,它平等地禁止男人和女人与同性人结婚"。[116] 除了一个以外的所有法官都认定,就分析性倾向歧视而言,性歧视不是"一个有用的分析框架"[117]。[118]

### 5.3 洛温(Loving)案类比

支持同性恋权利的性歧视论辩的倡导者意识到了其论辩所面临的问题而且他们具有强有力的回答:单纯是法律平等适用于两个不同群体并不能证明该法律不构成以该群体成员身份为基础的歧视。在美国,这种回答包含了这个原则,即,一个法律的单纯平等适用并不足以表明该法律符合美国宪法平等保护条款的审查标

---

[113] 一个华盛顿州上诉法院在 *Singer v. Hara* 案中就针对该州婚姻法提出的性歧视挑战采纳了同样的裁决方式。它裁定该婚姻法并不构成性歧视因为男人和女人都被禁止与同性人结婚而且男人和女人都被允许与异性人结婚。*Singer v. Walsh*, 55, P. 2d, 1187,1191 (Wash. App. 1974);也参见 *Baehr v. Lewin*, 852 P. 2d. 44,70-72 (Haw. 1993)。(法官 Heen 异议意见)。

[114] 参见 Stein,上述注释 1, at 54-61(在性倾向科学研究的语境中讨论了这个问题)。

[115] Baker v. Vermont, 744, A 2d 864,880 n. 13(引证了 Singer 案和 Walsh 案)。

[116] 同上,at 880, n. 13。

[117] 同上。

[118] 同上,at 889 (Dooley 法官的附和意见)(隐含地接受了多数法官对于性歧视论辩的拒绝);同上,at 897 (Johnson 法官的部分附和意见和部分异议意见)(适用性歧视论辩于佛蒙特州婚姻法而裁定该法是违宪的因为它构成了性歧视)。

准。性倾向歧视的法律是否真的包含了性歧视是一个一般问题的一种形式，而并不为有关性倾向的法律所独有。同样类型的问题也产生于种族歧视语境之中。在考察反对不同种族之间的婚姻以及各种形式的种族间“家庭的”和性的活动方面，法院——为了支持这些法律——不得不勉力论证这些法律平等地适用于所有种族，而且因此它们并不构成种族歧视。[119] 在 Loving 诉 Virginia 案中，最高法院考察了一项禁止不同种族间结婚的弗吉尼亚州法律。弗吉尼亚州捍卫它的法律，它辩称该法律平等地适用于所有个人，而无论其种族为何，也就是说，无论是白人还是非白人都被禁止在其本种族以外结婚。[120] 最高法院拒绝了这种推理并且裁定，即使禁止种族间婚姻的法律平等地适用于白人与非白人，它也是违宪的，因为它利用了种族分类，而这种分类并不能被给予压倒性的迫切正当理由。[121] 该法院的裁决包含两个主要部分。首先，该法院“拒绝(了)这样的观点，即，一项包含单纯种族歧视的制定法的单纯平等适用就使得这种分类豁免于第十四修正案对于令人反感的种族歧视的禁止。”[122]其次，该法院裁定“弗吉尼亚州的异族通婚制定法仅仅是建立在基于种族所做的区分基础之上的。这些制定法禁止了普遍承认的行为——如果它们是被不同种族的成员所从事的……”[123]即使承认弗吉尼亚州婚姻法是平等地适用于所有种族的，因为该法律利用了种族分类，该州就必须为该法提供特别强有力的正当理由。该法院裁定，该法律违反了平等保护条款，因为该州没有为其利用种族分类提供这种正当理由。

Loving 案部分地支持了这样的原则，即，一项利用可疑的分类的制定法的单纯平等适用不足以表明该制定法符合平等保护条款的审查标准。相反，就一项制

---

[119] 例如，参见 *Pade v. Alabama*, 106 US 583(1883)(支持一项禁止不同种族之间通奸的法律，理由是这个法律平等地适用于黑人和白人，而且因此它是与平等保护条款一致的)。但是，参见 *Loving v. Virginia*, 388 US 1(1967)(拒绝了这个论辩而且推翻了禁止不同种族间结婚的法律)；以及 *McLaughlin v. Florida*, 379 US 184(1965)(推翻了一项反对不同种族间同居的法律)。

[120] 这是一个有点简单化，因为该法仅仅禁止白人与“有色人种”结婚；具有不同种族的一个“有色”男人和一个“有色”女人在弗吉尼亚州法律下可以彼此结婚(例如一个“黑人”女人与一个“美州印地安人”男人之间可以结婚)。

[121] 同上，at 11。

[122] 同上，at 8(内部引证被省略)。

[123] 同上，at 11。

定法利用了可疑的分类而言，为了满足平等保护条款的要求，该州必须表明这种分类的使用存在着迫切的正当理由。支持同性恋权利的性歧视论辩的倡导者利用了来自 Loving 案的这项原则。这些倡导者指出，仅仅表明一项利用了性分类的法律平等地适用于男人和女人还不足以确证该法律在平等保护条款下是合宪的。单纯的平等适用不足以就对前述性歧视论辩的反驳提供答案，但是，性歧视论辩仍然面临着严肃的问题。

### 5.4 性歧视论辩的文化论证

比较性歧视论辩与诸如 Loving 案之类案件的核心论辩，[124]就可以发现一种潜在的不可类比性。在诸如 Loving 案这样的包含了利用种族分类的制定法的平等适用的案例中，被法律归类为不利地位的群体与该法律所使用的可疑的分类往往是一致的(fit)。[125] 弗吉尼亚禁止异族通婚法使用了种族分类而且使得黑人和其他非白人处于不利地位。类似地，在 Reed 诉 Reed 案[126]中有关的法律——其中选择男人——其他条件完全相同——凌驾于女人之上而作为不动产执行人——使用了性分类而且使女人处于不利地位。相反，性歧视论辩认为的性倾向歧视法律缺乏这种一致性：这些法律利用了性分类但是它们看起来使得同性恋者和双性恋者处于不利地位。表格 24.1 描绘了这种不可类比性：在前两行，在法律所使用的可疑的分类与该法律所使得处于不利地位的群体之间存在着一致关系；在第三行，则没有这种一致关系。[127]

---

[124] 例如，正如夏威夷最高法院在 *Baehr v. Lewin*, 852, P. 2d. 44 (Haw. 1993)中所做的那样，当它说这个结论——即夏威夷州婚姻法以一种要求具有从 Loving 案中简单调整过来的迫切的州正当理由的方式利用了性分类：用“性”替代了“种族”而用夏威夷宪法第 1 条第 5 节(明确禁止性歧视)替代了(在 Loving 案中的)第十四条修正案——时，它恰恰把这种情形连同我们所得出的结论摆在了我们面前。

[125] 这是一种对于 Loving 案的有点简单化的分析。有争议地，在 Loving 案中被有关法律做出不利分类的群体是那些——无论其种族为何——想要与其本族之外的人结婚的那种人。根据塞缪尔·马克森(Samuel A. Marxosson)的说法，这种人被称为“异族通婚杂性人”(miscegenosexuals)。Samuel A. Marxosson, ‘Harassment on the Basis of Sexual Orientation: A Claim of Sex Discrimination Under Titel VII’, *Georgia Law Journal*, 81(1992), 1, 6；也参见 Eskridge，上述注释 6, at 220。

[126] *Reed v. Reed*, 404 us 71(1971)。Reed 案是在合理评审基础上而非在严格审查标准下裁决的，但是，在接下来对于 Reed 案的使用中，我掩饰了这个事实。

[127] 表格 24.1 是一个对于 Eskridge(上述注释 6 at 220 和上述注释 69, at 167)所使用的表格的经过修改和简化的表格。

**表格 24.1　同性恋权利性歧视论辩的核心类比**

| 法律 | 法律使用的可疑的分类 | 法律分类使之处于不利地位的群体 |
| --- | --- | --- |
| 弗吉尼亚州禁止异族通婚法 | 种族 | 有色人种 |
| Reed 诉 Reed 案中争议的法律问题 | 性 | 女性 |
| 密苏里州的通奸法 | 性 | 男同性恋者、女同性恋者、双性恋者 |

性歧视论辩倡导者详细地处理了这种潜在不可类比性，他们认为，为了理解那些限制同性恋权利的法律所包含的歧视，我们必须考察一般歧视性法律尤其是性倾向歧视法律的理论基础。这种想法是：对于这些法律的基础的审视将揭示，歧视同性恋者和双性恋者的法律的基础理据是性主义（sexism），而与之相关的观念则是男人和女人在我们的社会中应该扮演不同角色。性歧视论辩的这个方面用文化证据增强了形式论辩。形式主张是，任何使用或包含性倾向的法律都必然包含性，因为一个人的性倾向是这个人的性的表征以及他（她）在性上渴慕的人的性的表征。而文化主张则是性主义与同性恐怖症（homo-phobia）是紧密关联的。

在一个对于性歧视论辩的详细阐述中，安德鲁・考普曼（Andrew Koppelman）提供了有关同性恐怖症及其起源的社会学、人类学、社会心理学以及历史学的证据，发展了禁止异族通婚法中种族分类与性倾向歧视法中性分类之间的可类比性。

> 性主义与（同性恐怖症）之间的关联主要在于众所周知的社会观念。从普通经验来看，这应该是清楚的：对于同性恋者的污名描述（stigmatization）与同性恋者被认定为背离了传统的性角色有关。……大多数美国人至迟在上高中时就知道，如果一个人背离了传统上被认为是适当的性行为，那么，其所招致的制裁之一就是背负不光彩的同性恋指责。……同性恋禁忌维护执行着传统的性角色。这种主张并不深奥而且在社会学意义上也不抽象。[128]

---

〔128〕 Koppelman, 'Why Sexual Orietation Discrimination is Sex Discrimination'，上述注释 6, at 234－235。

他得出结论：

> 同性恋禁忌……至关重要地依赖于性主义，如果没有性主义，同性恋禁忌可能本不会存在。……当州执行该禁忌时，它就是在给性主义以赞许。……在现代美国社会，这种禁止同性恋的禁忌所具有的主要效果就是维护不具有正当性的等级制：该禁忌是通过强化该等级制中优越者的身份地位实现这种效果的，而且这种效果至少在很大程度上是该禁忌得以维持的主要理由。歧视同性恋者的法律是一种具有性主义偏见的政治决策过程的产物。它们隐含地抨击污辱女人而强化着男人对女人的等级地位。[129]

考普曼的社会学主张——即限制同性恋权利的法律在社会学上是与性主义分不开的——是这种性歧视论辩的核心。表格 24.2 描绘了诉诸关于性主义和同性恐怖症社会学证据的性歧视论辩的结构。[130]

**表格 24.2 处于同性恋权利性歧视论辩核心的类比的复杂理解方式**

| 法律 | 行为受法律调整的群体 | 受法律不利影响的群体 | 正当化法律的信仰体系 |
| --- | --- | --- | --- |
| 弗吉尼亚州禁止异族通婚法 | 异族恋者（想要在其种族之外结婚的人） | 有色人种、异族恋者 | 种族主义 |
| Reed 诉 Reed 案中争议的法律 | 作为潜在的不动产执行人的女人 | 女性 | 性主义 |
| 密苏里州鸡奸法 | 与同性人有（或想有）性关系的人 | 女性、同性恋者双性恋者 | 性主义 |

表格 24.2 描绘了一项法律的三个特征：该法律调整其行为的群体、该法律对其不利的群体以及使该法律正当化的信仰体系。看第一行，其主张是 Loving 案中有关的法律调整了异族恋者（更确切地说是异性恋之异族恋者），它阻止他们与他

〔129〕 同上，at 255 – 257。

〔130〕 表格 24.2 一个对于 Eskridge（上述注释 69 at 171 和上述注释 6，at 220 – 1）表格的调整和修改。

们希望的人结婚，它对有色人种和异族恋者不利，而且它是基于种族主义而得到正当化的。尽管它平等地适用于白人和非白人，但是，Loving 案中的有关法律对有色人种是不利的，因为维护执行着种族分离和白人优于非白人的观念。看第二行，Reed 案中的有关法律调整了如何选择执行人（男人优于女人），它对女人不利，而且它是基于性主义得到正当化的。根据表格 24.2 第三行所描绘的性歧视论辩，密苏里州鸡奸法调整了同性恋者和双性恋者（也就是那些与同性人具有和/或想要发生性关系的人），它对女人、同性恋者和双性恋者不利，而且它是基于性主义而得到正当化的。密苏里州鸡奸法对女人是不利的，因为，即使该法平等地适用于男人和女人，它永固化了男人和女人应该扮演不同社会角色的观念，而且，也因此强化了性别原型；基于这个理由，这些法律应该受到严格审查。表格 24.2 揭示了最强形式的性歧视论辩的结构：性倾向歧视法律不仅形式上包含了性分类，而且更重要的是，作为一种文化事实，这些法律是基于性主义而得到正当化和维系的。

### 5.5 对性歧视论辩的三项反对意见

#### 5.5.1 一个主张种族平等的假想的性歧视论辩

为了阐明性歧视论辩存在的问题，试想一个反对禁止异族通婚法的假想论辩。许多学者指出，在禁止异族通婚法中存在着隐含的性等级，也就是说，这些法律的重要目的是为了保护白人女人而防范黑人男人。[131] 在禁止异族通婚法的形成和表述中，性分类明显发挥了作用。考虑到这个事实，一个人可以针对禁止异族通婚法提出性歧视论辩。[132] 这种论辩将指出，禁止异族通婚法使得女人处于不利地位而且这些法律是基于性主义而得到正当化的。表格 24.3 描绘了作为反对种族歧视的假想性歧视论辩的核心类比。

---

[131] 例如，参见 Eva Saks，'Representing Miscegenation Law'，*Rartitan*，8(1988)，39，42（指出美国第一部禁止异族通婚法规即马里兰州 1661 年通过的法律禁止黑人男人与白人女人结婚但不禁止白人男人与黑人女人结婚）。

[132] 我并不是在表明这种论辩在美国已经被针对禁止异族通婚法而实际提出来了。这在历史上本是不可能的，因为当 *Loving* 案和 McLaughlin 案被裁决时性歧视学说还没有像种族歧视学说那样得到很好确立。

**表格 24.3 反对禁止异族通婚法的假想性歧视论辩的核心类比**

| 法律 | 行为受该法调整的群体 | 受法律不利影响的群体 | 正当化法律的信仰体系 |
| --- | --- | --- | --- |
| Reed 诉 Reed 案中的有关法律 | 作为潜在不动产执行人的女人 | 女性 | 性主义 |
| 弗吉尼亚禁止异族通婚法 | 异族恋者 | 女人、有色人种、异族恋者 | 性主义 |

然而，表格 24.3 以及在此基础上的假想论辩存在着一些严重错误。因为它们以性为基础实施歧视而推翻禁止异族通婚法将会错解(mischaracterize)这些法律的问题本质。

更精致地表达我的论点，那就是，反对一般地反对种族歧视法特别是反对禁止异族通婚法的性歧视论辩存在着三个相互关联的问题。首先，这个论辩错误识别了受禁止异族通婚法不利影响的群体。该法律使得非白人(而不只是女人)处于不利地位。可以把这称为反对禁止异族通婚法的性歧视论辩的社会学错误。与这些法律使得有色人种受到不利影响的方式相比，反对禁止异族通婚法的性歧视论辩过分强调了这些法律使得女人受到不利影响的方式。请看表格 24.3。这种假想性歧视论辩的社会学错误在于，如果把“女人”这个词从最后一行第三列拿走，那么，对禁止异族通婚法的描绘才是更适当的。禁止异族通婚法被更准确地理解为主要使得有色人种受到不利影响。

其次，反对禁止异族通婚法的性歧视论辩错误识别了使得禁止异族通婚法得以正当化的信仰体系。即使承认种族主义和性主义在为禁止异族通婚法提供正当理由方面是相互补充的，构成禁止异族通婚法主要基础的信仰体系也不是性主义而是种族主义。可以把这称为反对禁止异族通婚法的性歧视论辩的理论错误。回到表格 24.3。如果“种族主义”而非“性主义”出现在最后一行第四列，那么，禁止异族通婚法就将得到更准确地理解。

第三，如果一个法院以性歧视为依据推翻禁止异族通婚法，那么，它在这么做时就未能在构成禁止异族通婚法法律问题基础的核心道德问题上表明其立场，亦即种族歧视在道德上时错误的。在推翻弗吉尼亚州禁止异族通婚法时，如果

Loving 案法院聚焦于正当化该法律的性主义而非种族主义假设,那么,它们将会犯的是一种道德错误而非理论错误。可以把这称为反对禁止异族通婚法性歧视论辩的道德错误。反对禁止异族通婚法性歧视论辩的这三个错误即社会学的、理论的和道德的错误是相互关联的。理论错误是建立在社会学错误基础上的:如果女人事实上受到禁止异族通婚法更大的不利影响,那么,所谓性主义在正当化这些法律方面发挥了作用的说法就是有意义的。道德错误建立在其他两个错误基础上:以对女人的错误的和不正当的观点来理解禁止异族通婚法的道德问题是吸引人的,因为社会学和理论主张把种族主义和性主义连结起来了。反对禁止异族通婚法性歧视论辩的这三个问题与适用于歧视同性恋者和双性恋者的法律的性歧视论辩所存在的问题相类似。我现在转向这些与同性恋权利的性歧视论辩类似的问题。

### 5.5.2 性歧视论辩的社会学和理论错误

最强有力的性歧视论辩不仅对于性与性倾向之间的关联提出形式主张,而且提出了社会学主张和理论主张。社会学主张是,以性倾向为基础的法律使得女人和同性恋者、双性恋者受到不利影响,因为这些法律永固化了一种女人扮演不同于男人社会角色的社会体制。理论主张是,这些法律是基于性主义而得以正当化的。在这节,我认为,社会学主张和理论主张都是错误的,因为性和性倾向在文化上和概念上是不同的。在如此论辩时,我依据的是关于性和性倾向之间关系的前文所述的理论讨论。

许多学者认为需要分别分析性倾向和性。[133] 例如,切希尔·卡尔霍恩(Cheshire Calhoun)在她的《把女同性恋理论与女性主义理论分开》的文章中说:

> 原则上,父权制与异性恋的支配地位是两套不同的体系。即使当它们一起发挥作用的时候,在概念上也是可能将男性与女性关系的父权主义问题与

[133] 例如,参见 Cheshire Calhoun, 'Separating Lesbian Theory from Feminist Theory', *Ethics*, 104 (1994), 558; Rubin, 上述注释 2; Eve Kosofsky Sedgwick, *Epistemology of the Closet*, (Berkeley: University of California Press, 1990), 27 - 35; Ruthamn Rovson, *Lesbian* (Out) Law (New York: Ithaca, 1992), 85; 以及 Halley, 上述注释 27, at 1724。

他们之间关系的异性恋维度区分开来。……即使异性恋支配地位和父权制在经验上和历史上是完全纠葛不清的，从这个事实也不能得出父权制的崩溃（或衰落）将带来异性恋支配地位的崩溃（或衰落）的结论。[134]

尽管性歧视论辩倡导者可能承认，即使真的存在性平等而不存在性主义，性倾向不平等和同性恋恐惧症也将可能继续存在，[135]但是，我想提出更强有力的辩驳。以卡尔霍恩和其他人的研究[136]为基础，我主张，在当代美国和其他“西方”社会，性主义与同性恋恐惧症之间存在着事实上的和重大的差别。简单来说，性主义与同性恋恐惧症正在分道扬镳。例如，试想，在大多数领域，所谓女人比男人差的说法已经越来越令人难以接受了，但是，说同性恋者是有缺陷的和不道德的而异性恋者则不然，这仍然是可以接受的。诸如此类的态度表明了同性恋恐惧症——即使它已经逐渐与性主义脱钩了——在我们的社会仍然是多么的强势。尽管许多性倾向歧视的法律起源于性主义，而且尽管许多性主义的法律被废止了，但是，这些法律得以维持却是因为同性恋恐惧症。同性恋恐惧症和性主义的分道扬镳对于性歧视论辩提出了一个严肃的问题。

根本上，这些差别的存在对于如下问题提出了质疑，即：性主义——而非同性恋恐惧症——是否处于限制同性恋权利的法律的核心以及这些法律是否如同对同性恋者和双性恋者一样对女人不利。尽管性主义在那些歧视同性恋者和双性恋者的法律的正当化中发挥了一定的作用，但是，同性恋恐惧症却起着更加核心的作用。性主义和同性恋恐惧症是相互支撑的但却并不相同的信仰体系。如果把这些法律看作是主要伤害女人（或者像伤害女人一样伤害同性恋者和双性恋者）而且认为它们主要是基于性主义而非同性恋恐惧症而得以正当化的，那么，这就是错误理解了这些法律的性质。

回顾一下第三节的表格24.2。性歧视论辩的社会学错误在于，“女人”不应该

---

[134] Calhoun，上述注释133，at 562。

[135] 参见Koppelman，‘Why Sexual Orientation Discrimination Is Sex Discrimination’，上述注释6 at 249。

[136] 参见，上述注释133。

出现在最后一行第三列。诸如密苏里州鸡奸法这样的法律使得同性恋者和双性恋者处于不利地位。这些法律禁止他们表达他们与其性渴慕的人的性亲密关系或者与其性渴慕的人发生性关系。与此相关，性歧视论辩的理论错误在于，“同性恋恐惧症”——而非——性主义才应该出现在最后一行的最后一列。诸如密苏里州鸡奸法这样的法律单独把同性性活动挑选出来作为禁止的对象，其主要动机在于同性恋恐惧症。尽管所谓性主义在这些法律的形成中发挥了作用是一种事实，但是，这些法律现在则主要是通过对同性恋者的憎恨以及对于他们及其所从事的性活动(以及对于一般的性活动)的反感来维持的。因此，例如，简单使用性歧视论辩来反对鸡奸法，就忽视了性渴望概念在这些法律中所发挥的核心作用。例如，性歧视论辩的做出也忽视了“私室秘密性”(“the closet”)[137]以及与此相关的同性恋者和双性恋者的不可看见性(invisibility)[138]在鸡奸法以及一般的性倾向歧视的正当化和维系中所发挥的独特作用。

一个性歧视论辩倡导者或许会这样回应这里所提出的社会学和理论反驳，即，他或许指出：仅仅因为一部法律具有一个成问题的特征，这并不意味着它没有其他问题。具体而言，一部法律可能对不只一个群体不利，而且，正当化一部法律的信仰体系也可能不只一套。特别是，在回应社会学反驳时，一个人可能说同性恋者、双性恋者和女人都受到了性倾向歧视法律的不利影响。[139] 类似地，在回应理论反驳时，一个人也可能说同性恋恐惧症和性主义两者都为诸如密苏里州鸡奸法这样的法律提供了理论上的正当依据。

我承认，一些对某个群体不利的法律也可能对另外一个群体不利，而且不只一套信仰体系可能从基础上支持这一些法律。然而，有时，一个群体可能比另一个群体更加不利，而一套信仰体系可能比另一套发挥更核心的作用。承认禁止异族通婚法使得女人比男人更不利，这并不意味着：因为它没有讨论禁止异族通婚法对于

---

[137] 关于私室秘密性对于同性恋者和双性恋者生活的核心地位的讨论，参见，例如，Sedgwick，上述注释 133；以及 Janet Halley，‘The Politics of the Closet: Towards Equal Protection for Gay, Lesbian and Bisexual Identity’，*UCLA Law Review*，36(1989)，915。

[138] 参见 Yoshino，上述注释 14；以及 Yoshino 上述注释 83。

[139] Andrew Koppelman，*The Gay Rights Question in Contemporary American Law*，第三章，确切做出了这种回答，指出“歧视可能同时基于性和性倾向的理由”。

女人带来的伤害，所以，Loving 案的裁决基础就是错误的。承认性主义在正当化禁止异族通婚法中发挥了作用也不意味着：因为它没有讨论隐含在禁止异族通婚法中的性主义，所以，最高法院在 Loving 案中的推理就是不完整的。相反，Loving 案法院正确地聚焦于对于有色人种的伤害以及种族等级（尤其是白人至上）在正当化弗吉尼亚州法律中所发挥的核心作用。关于同性恋权利的性歧视论辩，可以提出一个类似的观点：性倾向歧视的法律可能使得女人比男人处于更不利的地位，[140]但是，这些法律使得同性恋者和双性恋者受到的不利影响要比女人受到的不利影响更加重大。类似地，尽管性主义在维系有关性歧视的法律方面发挥了作用，但是，同性恋恐怖症则发挥着更加核心的作用。对于性歧视论辩的社会学和理论反驳都涉及到这样的观察：性主义和同性恋恐怖症已经开始分道扬镳。社会学的反驳是，作为一种文化事实，同性恋者而非女人遭受到了性倾向歧视法律的最大伤害。理论的反驳是，性倾向歧视的法律主要是通过同性恋恐怖症而非性主义而得以维系的。总之，这些社会学和理论反驳对性歧视论辩提出了严肃的问题。

5.5.3　性歧视论辩的道德错误

在一篇写于 Loving 案之前而在 Brown 诉 Board of Education[141] 之后的文章中，赫伯特·威切斯勒（Herbert Wechsler）认为，州实施的种族分离（无论是在教育还是在婚姻中）并非主要关涉歧视或平等保护，相反，而是主要涉及到自由结社权的问题。[142] 他认为，禁止异族通婚既影响了白人也影响了非白人：这种禁令如果适当理解则并不歧视黑人也不违反平等保护条款，相反，而是限制了每个人——无论种族如何——的结社自由。作为回应，查尔斯·布莱克（Charles Black）认为，威

---

[140] 作为一种经验主张，这远远并不明显是真实的。事实上，看起来，一些性倾向歧视的法律可能更伤害男同性恋者而非女同性恋者（例如鸡奸法；有关的讨论，参见 Robson，上述注释 133，at 47－59），而有些法律则可能更伤害女同性恋者而非男同性恋者（例如关于同性恋的各种军队政策）（参见 Michelle Benecke and Kristin Dodge，'Military Women in Nontraditional Fields：Casualties of the Armed Forces' War on Homosexual'，*Harvard Women's Law Journal*，13(1990)，215)，有些法律则大致相同地伤害男同性恋者和女同性恋者。

[141] *Brown v. Board of Education*，347 US 483(1957)（裁定被隔离的公共学校是违宪的）。

[142] Herbert Wechsler，'Towards Neutral Principle'，载于 *Principles，Politics and Fundamental Law* (Cambridge，Mass.：Harvard University Press，1961)，43－47。

切斯勒忽视了种族分离政策(在婚姻、教育和其他语境中)以明显的方式明显侵犯了平等。[143] 布莱克令人信服地——而且是赋有先见之明地(考虑到法院在Loving案的裁决)——主张,种族隔离法存在的理由是毫无疑问的,那就是,令非洲裔美国人"呆在原来的地方"而维系白人的至上地位。进而,既然理解了宪法,他就毫无疑义地认为,种族隔离违反了平等保护而且它仅仅是被种族主义所正当化了的。布莱克说,所谓这些法律之所以违宪乃是因为它们限制了自由结社权的说法是"可笑的"。

对于性歧视论辩的道德反驳类似于布莱克对于威切斯勒反对种族隔离论辩的反驳:歧视同性恋者和双性恋者的法律应该被推翻,其理由是它们做出了以性倾向为基础的令人反感的区分,而不是因为其他理由。因为它们实施了性歧视而推翻性倾向歧视的法律,这误解了这些法律的核心问题所在。[144] 限制同性恋权利的法律违反了平等保护原则,这主要是因为这些法律实施了性倾向歧视而不是因为它们实施了性歧视。由于没有涉及关于同性性行为是否道德以及同性恋者和双性恋者的道德品性的论辩,性歧视论辩"闭锁"而非"面对"同性恋恐怖症。尽管性歧视与限制同性恋和双性恋权利的法律之间的关联,要比种族隔离与限制结社自由之间的关联密切得多,但是,我对同性恋权利性歧视论辩的反驳是布莱克反驳威切斯勒的一种变体:例如,作为这个社会的成员,我们理解,夏威夷宪法修正案——将婚姻仅仅限制于异性夫妇之间[145]——的目的和鸡奸法——禁止同性而非异性性活动——的目标。这些法律限制了同性恋者和双性恋者的权利,而且基于这个理由而应该被推翻。

简而言之,同性恋权利的性歧视论辩——即使是其最强有力的形式——面临三个严肃的而且是相互关联的反驳。由于聚焦于对女人的伤害和性倾向歧视法律的性主义假设,这种论辩建立在了一种文化误读和理论错配(misalignment)的基础之上。这些错误导致性歧视论辩对性倾向歧视的法律提供了错误的分析。基于这

---

[143] Charles Black, 'The Lawfulness of the Segregation Decisions', *Yale Law Journal*, 69(1960), 421.

[144] 有关的类似论辩,参见 John Gardner, 'On the Ground of Her Sexuality', *Oxford Journal of Legal Studies*, 18(1998), 167。

[145] Hawaii Constitution, art. 1, §23, (1998).

些理由，表格 24.4——而非表格 24.2——正确地描绘了对于歧视同性恋者和双性恋者的法律所应做出的类比。正如表格 24.4 所表明的，同性恋者和双性恋者仍然是受到性倾向歧视法律不利影响的群体而同性恋恐怖症则是正当化这些法律的信仰体系。[146]

**表格 24.4 理解同性恋权利的更恰当的类比**

| 法律 | 法律中使用的可疑分类 | 受法律不利影响的群体 | 正当化法律的信仰体系 |
|---|---|---|---|
| 弗吉尼亚州禁止异族通婚法 | 种族 | 有色人种、异族恋者 | |
| Reed 诉 Reed 案中争议的法律 | 性 | 女性 | 性主义 |
| 密苏里州鸡奸法 | 性 | 同性恋者、双性恋者 | 同性恋恐怖症 |

## 六、对这两个论辩的实用评估

### 6.1 这两个论辩的实用优点

一些"天生如此"论辩和性歧视论辩的倡导者可能承认这些论辩存在着法律

[146] 依据性与性别的区分(参见上述第 2.1 节)而且立足一些美国法院广泛解释性歧视以包含性别歧视的趋势(例如，参见 *Price Waterhouse v. Hopkins*, 499 US 228(1989))(裁定第七章对于性歧视的禁止包含了对性原型"赋予信任和效果")，一个人可能试图发展一种性别歧视版本的性歧视论辩。根据这种论辩——我把它叫做同性恋权利的性别歧视论辩——一项性倾向歧视的法律——根据性别决定的原型(gender-rule stereotyes)的理解——构成了性别歧视(也就是说，男同性恋者和女同性恋者根据他们的性别偏差被差别对待了)。对于这种论辩的一种乐观主义的和简单的表述，参见，例如，Jess Bravin, 'Courts Open Alternate Route to Extend Job-Bias Laws to Homosexuals', *Wall Street Journal*, 22, Sept. 2000, at B1。这种论辩遭遇了与本章讨论的性歧视论辩所面临的同样的理论和实用问题。进而，这种论辩并没有对这样的实践反驳提供答案，即，并非所有的男同性恋者或女同性恋者都是分别女性化的或男性化的，而且，因此，一些同性恋者并没有被包括在这种性别歧视论辩之中。作为替代，一个性别歧视论辩的倡导者可能试图论证，一般而言，男同性恋者和女同性恋者是第三种或第四种性别的成员。尽管这种论辩可能具有某些理论上的和某些社会学上的支持[例如，参见 Stein，上述注释 1 at 34－35；以及 Gilvert Herdt, ed., *Third Sex: Third Gender Beyong Sexual Dimorphism in Culture and History* (New York: Zone Books, 1994)]，但是，要想让法官接受这种所谓同性恋者属于一种不同的性别而且在此基础上把性倾向歧视法律认为是一种类型的性别——因此也就是性——歧视。

的、伦理的和经验的问题，但是，他们仍然坚持认为存在着实用的理由来支持做出这些论辩。这种观点是，尽管它们的缺点，但是，这些论辩具有实用的优点；人们——特别是投票者、立法者、执法者和法官——将会被这些论辩所说服。各种民意测验已经显示，那些认为同性恋是以生物学构造为基础的或者认为人们并没有选择其性倾向的人比那些并不如此认为的人更可能支持同性恋权利。[147] 考虑到这种证据以及类似的逸闻证据，一些同性恋权利的倡导者声称，"天生如此"的论辩应该被支持，因为它说服了人们。[148]

类似地，性歧视论辩的倡导者可能会同意我对该论辩的批评，但却同时坚持认为该论辩应该是一种可行的同性恋权利诉讼策略的一个核心部分。特别是，性歧视论辩具有三个值得注意的实用优点。首先，该论辩有时确实说服了法官。[149] 其次，性歧视论辩——与其他为主张同性恋权利所提出的法律论辩相比——至少有潜力产生对于限制同性恋权利的法律的严格审查。第三，鉴于目前同性恋者和双性恋者所面临的法律和社会环境，法院和立法机构更容易通过保护女人和战胜性主义而非通过保护同性恋者、双性恋者和战胜同性恋恐怖症来组织裁决。在下一

---

〔147〕例如，参见 Kurt Ernulf, Sune Innala, and Frederick Whitam, 'Biological Explanation, Psychological Explanation and Tolerance of Homosexuals: A Cross-National Analysis of Beliefs and Attitudes', *Psychological Reports*, 65(1989), 1003; J. Piskur and D. Delegman, 'Effect of Reading a Summary of Research about Biological Bases of Homosexual Orietation on Attitudes Towards Homosexuals', *Psychological Reports*, 71 (1992), 1219; B. E. Whitley, 'The Relationship of Heterosexuals' Attributions for the Causes of Homosexuality ot Attitudes Towards Lesbians and Gay Men', *Personality and Social Psychiatry Bulletin*, 16(199-), 369。注意，这些民意测验提供了关联证据但是并没有解决因果关系问题。或许，这些研究结果将会被这样的事实所解释，即，那些同情同性恋权利的人更可能支持关于性倾向的天生主义理论。

〔148〕例如，参见 LeVay，上述注释 3，at 1-9。

〔149〕夏威夷州最高法院在 Baehr v. Lewin, 852 P. 2d 44 (Haw. 1993)案中接受了该论辩，尽管该论辩大部分内容并没有在原告挑战夏威夷州婚姻法的诉讼状中被提到（参见 *Baehr v. Miike*, No. 20371, 1999 Haw. LEXIS 391 (Haw. 9 Dec., 1999) at 10 n. 3 (Haw., 9 Dec. 1999)(Ramil 法官附和意见)），而且，联合国人权委员会在 *Toonen v. Australia*, Case 488/1992, UN GAOR, Hum. Rts. Comm., 49th Sess., Supp. No. 40, Vol. II at 226, UN Doc. A/49/40(1994)案中接受了该论辩，它考察了一项对塔斯马尼亚鸡奸法的挑战，尽管该论辩并没有被该案任何一方当事人所提及。也参见 *Brause v. Bureau of Vital Statistics*, 1998 WL 88743 (Alaska Super.); 以及 *Lawrence v. State*, 2000 WL 729417 (Tex. App.-Hous. (14th Dist.))。然而，注意，当性歧视论辩被这些法院所接受时，这种推理却经常被上诉审所推翻。Brause 案裁决——正如 Baehr 诉 Lewin 案（下述注释 175 及其相关文本）裁决那样——由于该州宪法修正案而成了法庭模拟。参见 Alaska Constitution, art. I, § 24。此外，Lawrence 案裁决也被高等法院在 *Lawrence v. State*, 41 S. W. 3D 349 (Tex. App. 2001)案的裁决所推翻。

节，我将考察两种论辩的实用困境。

### 6.2 “天生如此”论辩的实践问题

#### 6.2.1 它起作用吗？

首先，存在着怀疑“天生如此”论辩实用价值的历史证据。例如，在纳粹德国，性学家马格努斯·赫希菲尔德（Magnus Hirschfeld）为了法律保护同性恋者而做出基于如下理由的论辩，即，他们构成了第三性。赫希菲尔德对于性倾向生物学基础的强烈信奉导致他为了同性恋权利而奔走游说，但是，这也导致他建议一些同性恋男人通过手术以减少他们的“同性恋倾向”。[150] 在他去世之前，赫希菲尔德承认，他不仅没有证明他的生物学命题，而且通过污蔑同性恋为生物学缺陷他也无意之间造成了对于同性恋者的迫害。他心中可能记起了这样的事实，即，在德国，同性恋者和其他性少数人被监禁、被阉割、被以其他方式残害并且被送到死亡集中营把他们从育种群体（breeding stock）中消除、消灭。[151] 德国的例子表明，把性倾向看作是以生物学为基础的并没有保证产生对于同性恋者的积极结果。即使在当代美国，也远远不能表明诉诸天生性将会有什么说服力。例如，皮肤天然颜色的基因基础看起来并没有产生减少种族主义的效果。

#### 6.2.2 有风险的策略

把同性恋权利与科学研究的兴衰联系起来是有风险的，这特别是因为——正如我们上述主张的——这种研究充其量仍然处于其早期阶段，进而，这是因为性倾向生物学研究就其可靠性而言成绩可怜。[152] 把同性恋权利不确定地与特定科学发现联系起来，这简直是太有风险了。所谓人们被支持同性恋权利的生物学论辩所说服，这也许表明了一种在短期内成功的公共关系策略，但是，它并没有提供一种适于为同性恋权利——这些权利是特别重要的而且对人们的生活具有深远的影响——提供深厚基础的策略。

---

[150] Rainer Herrn, ‘On the History of Biological Theories of Homosexuality’, *Journal of Homosexuality*, 28(1995), 31.

[151] 例如，参见 Richard Plant, *The Pink Triangle*: *The Nazi War Against Homosexuals* (New York: Henry Holr, 1986)。纳粹也赞成同性恋社会理论。这样，同性恋者就被解除监禁而送往死亡集中营以防止德国青年因暴露在成人同性恋者面前而受到“玷污”。这特别表明，在存在对于同性恋者的憎恨的情形下，任何关于性倾向起源的理论都可能被用来作为反对同性恋权利的依据。

[152] 例如，参见 Byne 上述注释 47。

作为一个表明把特定科学理论与同性恋权利联系起来所具有的风险的例子，试想一下美国同性恋运动与精神病学之间的关系。[153] 在美国，从第二次世界大战到1960年代晚期，部分地建立在政治理由上，许多同性恋者欢迎精神病学理论及其语言。这种观点认为，精神病学能够帮助同性恋者及其组织获得正当性。[154] 但是，随着同性恋运动的成长，它开始质疑精神病学，最终抗议美国精神病学会把同性恋归类为一种心理疾病的做法。[155] 这个例子表明，科学充其量只是一把双刃剑，一种作为策略伎俩的伦理与政治武器。

6.2.3 基因工程

最后，即使对于同性恋生物学基础的信奉在短期内将会说服人们支持同性恋权利，但是，它也可能鼓动呼吁基因工程来防止同性恋以及呼吁开发治愈同性恋缺陷的技术以促成对于被认为具有发展成为同性恋者潜力的胎儿实施堕胎。[156] 许多以生物学为基础的特征（包括，在一些文化中，作为女人）[157]被看作是不好的甚至是可耻的。一些这样的特征被一些人看作是利用基因工程避免生育具有这样特征的孩子的正当理由。

甄别和选择避免同性恋的程序的可得性及其使用将表明，对于同性恋的甄别是一种合理的和被允许的医疗程序。这可能潜在地把公共意见的天平推回到视同性恋为一种心理/精神疾病的一端。进而，这些程序的可得性及其使用将会增加压力以隐藏人的同性恋活动而且减少同性恋者的集体力量。选择防止非异性恋者的基因工程程序可能引起并且永固化那些认为同性恋者是不好的和没有价值的态度、那些歧视同性恋者的政策、那些针对同性恋者的暴力以及产生偏好异性恋者而

---

[153] Ronald Bayer，*Homosexuality and American Psychiatry*，2nd. Edn. （Princeton：Princeton University Press，1987）.

[154] John D'Emilio，Sexual Politics，*Sexual Comunities*：：*The Making of a Homosexual Minority in the United States*，1940 - 1970.（Chicago：University of Chicago Press，1983），at 116 - 117.

[155] Bayer，上述注释 153。

[156] 例如，参见 Stein，上述注释 1，at 305 - 327；以及 Timothy Murphy，*Gay Science*：*The Ethics of Sexual Orietation Research*（New York：Columbia University，1997），103 - 136。

[157] 例如，参见 Mary Anne Warren，*Gendercide*：*The Implications of Sex Research*（Totowa，NJ：Rowman and Allenfeld，1985）；Owen Jones，'Sex Selection：Regulating Technology Enabling the Predetermination of a Child's Gender'，*Harvard Journal of Law and Technology*，6(1992)，1；以及 Joni Danis，'Sexism and "the Superfluous Female"：Arguments for Regulating Pre-implantation Sex Selection'，*Harvard Women's Law Journal*，18(1995)，219。

非非异性恋者的那种条件状况。[158]

总之，有些人认为"天生如此"的论辩尽管存在其问题，但是却应该被欢迎。我认为，即使实用主义地来看，这种论辩也不应该被欢迎，因为它可能是不起作用的，是有风险的，而且，事实上，它可能实际上引起它所要与之斗争的社会状况。[159]

### 6.3 性歧视论辩的实践问题

我现在转向评估性歧视论辩的实用考虑。尽管有人看起来认为性歧视论辩之中存在着狡猾的东西，但是，一些法院已经被这种论辩所说服了。我开始讨论做出这种性歧视论辩的一些实践问题。

#### 6.3.1 男女之间"事实差别"的问题

一些法院考虑了同性恋权利的性歧视论辩，它们对这种论辩做出了回应，它们说，在男人和女人之间存在着"事实差别"[160]，这种事实差别使得利用性分类具有正当性，特别是在有关性活动、婚姻、生育以及诸如此类的法律之中。[161] 尽管并不清楚男女之间究竟具有多少"事实差别"[162]以及对于这些存在的事实差别法院将愿意赋予多大意义，但是，清楚的是，法院将经常在面对性歧视论辩时诉诸男女差别来证明利用性分类的正当性。一些法院愿意承认男女之间的"事实差别"以证明利用性分类的正当性，这给性歧视论辩带来了实质性的实践问题。

---

[158] 参见上述注释156；以及 Fredrick Suppe, 'Curing Homosexuality'，载于 *Philosophy and Sex*，上述注释 2, at 401 - 414。

[159] 问题仍然是，为什么同性恋者不得不首先诉诸"天生如此"的论辩。所谓选择和不可变更性的问题看起来是被选择性地应用于同性恋者和其他边缘群体的。宗教少数人群体并不被要求表明他们的宗教皈依或者他们的宗教仪式是天生的或者是不可变更的。尽管存在这样的事实——即人的宗教皈依不是基因性的而且一个人能够改宗信奉另一宗教——但是，大多数现代民主国家保护宗教自由。

[160] 有关与同性恋权利无关但最高法院已经诉诸"事实差别"的案例，参见，例如 *Miller v. Albright*, 523 US 420(1998)；*Michael M. v. Superior Court*, 450 U. S. 464(1981)(复数意见)(plurality opinion)(在一个涉及强奸问题的制定法中支持使用性分类，该制定法规定18岁以下男女之间的性交对男性而言是犯罪而对女性而言则不是犯罪)；以及 *Rostker v. Goldberg*, 453 US 57(1981)(支持了只有男性需要兵役登记的体制)。

[161] 这种"事实差别"回应已经在各种案件中被用来反对各种版本的性歧视论辩。例如，参见 *Singer v. Hard*, 55 P. ed 1187 (Wash. App. 1974)(聚焦于与同性夫妇相比而言的男女夫妇的生育能力)；*Baker v. Nelson*, 191 N. W. 2d 185,186 (Minn. 1977)，上诉驳回，409 U. S. 810(1977)(支持了明尼苏达州婚姻法，理由是，"作为男女结合的婚姻制度独特地包含了家庭内部孩子的生育和培养")。

[162] 例如，参见 Fausto-Sterling 上述注释 17。

### 6.3.2 一些禁止同性恋法并未利用性分类

鉴于性和性倾向在概念上和文化上有所不同，并非所有性倾向歧视的法律实际上利用了性分类。威廉·埃斯克里奇(William Eskridge)有用地区分了三种不同类型的性倾向歧视的法律：(1)明确地以性倾向为基础歧视的法律(类型1法律；一个例子就是军队关于同性恋的政策)；(2)以性为基础实施歧视但主要效果指向同性恋者的法律(类型2法律；一个例子就是禁止同性夫妇结婚的婚姻法)；以及(3)其他表面上并未歧视性或性倾向但却对同性恋者具有歧视效果的法律(类型3法律；一个例子鸡奸法，它表面上同时适用于同性人之间的性行为和异性人之间的性行为但实施起来却只适用于同性人之间的性行为)。[163]

性歧视具有最大的潜力适用于类型2法律即那些性歧视的法律。然而，法官更难以接受的是性歧视论辩适用于类型1或类型3法律即那些并未利用性分类的性倾向歧视的法律。试想一下作为类型1法律的军队同性恋政策，[164]因为它表面上并未实施性歧视甚至也没有提到性分类。在这种政策下，同性恋者和双性恋者被指控的几种方式之一就是他们与同性人之间从事了性行为。然而，这种政策并没有指控——正如某些异性恋者所做的——从事同性性行为异性恋者。具体而言，该法律并没有规定指控这样的军队成员，即该成员“从事了同性恋行为……(即使)这种行为是一种对于该成员的通常和习惯行为的背离；这种行为……不可能再度发生；……而且该成员并没有从事同性恋行为的嗜好或意图”。[165] 换句话说，作为一条规则，异性恋者即使可能偶尔从事了同性性行为也不会因为从事了这种行为而被指控。只有同性恋者和双性恋者将会因从事同性性行为而被指控，因为，根据他们的性倾向，只有他们具有从事此种行为的嗜好。这部分军队政策是类型1法律的例子：它并不实施性歧视但是它实施性倾向歧视——它指控从事某种行为的同性恋者和双性恋者，但是，对于从事这种行为的异性恋者却并不提出指控。当涉及到类型1法律的时候，性歧视论辩将具有非常小的实践力量。这是性歧视论辩的一个严重的实践限度。

---

〔163〕 Eskridge，上述注释6，at 205。
〔164〕 参见上述注释94。
〔165〕 10 USC § 654 (b)(1).

### 6.3.3 豁免于性歧视论辩的禁止同性恋法

鉴于类型 2 法律和类型 1 法律之间的差别，希望限制同性恋权利的立法机构可能试图——通过不在有关性倾向的法律中使用性分类以及通过明确表明这些法律并不实施性歧视——使他们自己不受性歧视论辩的指控。换句话说，立法机构将会把类型 2 法律改变成类型 1(或类型 3)法律。作为一个示例，试想一下 1993 年 Baehr 诉 Lewin 案的复数意见(plurality opinion)。[166] 在其广泛受到同性恋权利倡导者赞扬的意见之中，该案法院区分了同性婚姻(即两个同性人之间的婚姻)与同性恋者婚姻(即同性恋者之间的婚姻)。

> "同性恋者"婚姻和"同性"婚姻不是同义的：所谓一庄"异性恋者"之间的同性婚姻在理论上并不是矛盾的说法……"一个男人和一个女人之间的结合"的当事人可能是也可能不是同性恋者。一庄同性婚姻的当事人在理论上可能是同性恋者或者也可能是异性恋者。[167]

从这种区分来看，Baehr 诉 Lewin 案可以被理解为认定，禁止同性婚姻需要强有力的理由，因为它实施了性歧视，而禁止同性恋婚姻则不需要此种强有力的理由。

与 1993 年 Baehr 诉 Lewin 案的裁决一致，一个立法机构也可能通过一个婚姻法，其中承认同性夫妇可以结婚但是禁止同性恋者结婚。这种假想法律的理由就是为了承认同性婚姻以避免性歧视论辩的指控，同时又能够依然禁止同性恋者之间的婚姻。尽管这看起来可能是异常的法律，但是，它实际上类似于所谓"不要问，不要说"的政策，这种政策允许异性恋者但却不允许同性恋者和双性恋者从事同性性活动。[168] 一个立法机构可能为此种法律找到的其他理由是，婚姻是与养育孩子

---

[166] *Baehr v. Lewin*, 852 P 2d. 44 (Haw. 1993).

[167] 同上，at 52 n. 11。

[168] 它也类似于佛罗里达州禁止同性恋者收养孩子的法律(Florida Statutes Annoteted §63. 042(3))以及某些法院在第七章下对于同性性骚扰的理解——这看起来在形式上已被 Oncale 诉 Sundowner Offshore Serv., Inc., 523 US 75(1998)案所推翻——由此同性性骚扰只有当骚扰者是同性恋者时才是可诉的。参见 McWilliams v. Fairfax County Bd. Of Supervisors, 72 F. 3d 1191(4th Cir. 1996); Wrightson v. Pizza Hut of Am., 99 F. 3d 138(4th Cir. 1996)。尽管最高法院在 Oncale 案中裁决当这种骚扰是"基于性"的歧视的时候同性性骚扰包含在了第七 (转下页)

有关的(而且它相信与异性恋者相比同性恋者是糟糕的父母),同性恋者更少能够维持该州对其公民所要求的那种长期奉献,以及鸡奸的发生和影响程度可以通过防止同性恋者结婚而得到减少。[169]

假设一个立法机构制定了这种假想的婚姻法,那么,就同性恋权利的性歧视论辩而言它将是合宪的,因为它并没有实施性歧视。[170] 一项性倾向歧视的法律可以豁免于性歧视论辩,这是从上述讨论的这样的事实推论出来的,即,性倾向和性在概念上是不同的。这种讨论表明,并非所有不利影响了同性恋者和双性恋者的法律都能够被分析为包含了性歧视。

这种假想婚姻法的道德性在于,立法机构制定一项法律(或者一个法院解释一项法律)可能是以这样一种方式,即,它实施的是性倾向歧视而非性歧视。这种假想表明了一项通过使用性分类实施性倾向歧视的法律如何能够容易地得以重新表述以便实施性倾向歧视但却不利用性分类。(换句话说,类型 2 法律可以被转换成类型 1 法律。)这表明,性歧视论辩所取得的任何胜利都可能是短命的。如果性歧视论辩被运用,那么,我们能够预期看到更多类似"不要问,不要说"政策的法律,亦即那些实施性倾向歧视但却不实施性歧视的法律。

夏威夷州最高法院支持该州婚姻法合宪性的近期裁决提供了一个更直率的使得性倾向歧视的法律豁免于性歧视挑战的方式。[171] 在 1998 年,通过一项该州的全民公决,夏威夷州修正了其宪法,允许该州立法机构将婚姻限制在男女夫妇之间。[172] 夏威夷州最高法院认定,这个修正案使得对于夏威夷州婚姻法的挑战成了法庭模拟。实际上,该法院裁决指出,宪法修正案宣布,一项性倾向歧视的法律即

---

(接上页)章之中,但是,该法院看起来为这样的可能性留下了不确定性,即,对于确定骚扰是否是可诉的而言,骚扰者的性倾向可能是相关的。

[169] 其中一些正是夏威夷州和弗吉尼亚州为捍卫其婚姻法而提出的理由。这些理由分别在 *Baehr v. Miike*, 95USLW 2399 (Haw. Cir. Ct. 1996)案发回重审中被初审法院和在 *Baker v. Vermont*, 744 A. 2d 864 (Vt. 1999)案中被佛蒙特州最高法院所拒绝。对于其中一些问题的讨论,参见,例如如下两位作者之间的探讨交流:Lynn Wardle, 'The Potential Impact of Homosexual Parenting on Children', *University of Illinois Law Review*, (1997), 833 和 Carles Ball and Janice Pea, 'Warring with Wardle: Morality, Social Science and Gay and Lesbian Parents', *University of Illinois Law Review*, (1998), 253。

[170] 然而,并不清楚最高法院在 *Romer v. Byans* 517 US 620(1996)案中的推理是否会推翻我的假想婚姻法。

[171] *Baehr v. Miike*, No. 20371, 1999 Haw. LEXIS 391, at *6 (Haw. 9 Dec. 1999).

[172] Hawii Constitution, art. 1, § 23(1998)。一幕类似的剧本也在阿拉斯加州得到彻底表演。

使在表面形式上利用了性分类也并不违反夏威夷州宪法，而且也是与该法院关于性歧视裁判法理相一致的。性歧视论辩的这种无能，再加上诸如“不要问，不要说”政策的法律的存在，表明了性歧视论辩作为一个实践问题是如何可能失败的。

### 6.3.4 反弹的风险

性歧视论辩的第四个问题在于，它的实践上的成功可能导致削弱通过反对性歧视而得到的保护，因为当同性恋者和双性恋者取得了法律上的和政治上的进步之时，一个强烈的反弹典型地出现了。[173] 事实上，有些人表明，与同性恋权利尤其是同性婚姻之间的联系对于平等权利修正案具有有害的影响。[174] 对于任何性歧视论辩成功所引起的反弹都将损害妇女权利和同性恋权利。实际上，这恰恰就是在夏威夷州所发生的情形。该州最高法院的 1999 年裁决解释了 1998 年宪法修正案，认为它把夏威夷州婚姻法“排除在了夏威夷州宪法平等保护条款的范围之外”，[175]从而削弱了夏威夷州的性歧视裁判法理。

总之，性歧视论辩仅仅在三种类型性倾向歧视法律中的一种类型之中具有说服法院的潜力。它是不可能说服法官即使是那些同情同性恋权利的法官的，[176]这尤其是因为法官可能诉诸男女之间的事实差别。进而，性歧视论辩所取得的任何胜利都可能是短命的，而且可能对性歧视裁判法理带来有害影响。考虑到这些实践问题和前文讨论的社会学、理论和道德问题，同性恋权利倡导者应该避免依赖性歧视论辩。

### 6.3.5 作为一种替代选择的性歧视论辩

有些同性恋权利的倡导者建议与同性恋权利的其他论辩结合起来把性歧视论辩作为可选择的论辩提出。[177] 鉴于性歧视论辩有时确实说服了法官，那么，为什

---

[173] 单纯的所谓夏威夷州或佛蒙特州可能承认同性夫妇结婚的可能性就激怒了许多人，以至于过半的州立法机构制定措施，旨在确保同性婚姻在它们辖区内不被承认，而且，国会也制定了婚姻捍卫法。参见上述注释 71。

[174] 例如，参见 Jane Mansbridge, *Why We Lost the ERA* (Chicago: University of Chicago Press, 1986)，128－129 以及 144－145。

[175] *Baehr v. Miike*, No. 20371, at * 6.

[176] 参见上述注释 115 至 118 的相关文本，讨论了 *Baker v. Vermont*, 744 A. ed 8641 (Vt. 1999)。

[177] 例如，参见 Eskridge，上述注释 69，at 182(倡导一种对于做出性歧视论辩的“双管齐下”的方法)；以及 Koppelman，上述注释 139(“性歧视论辩……仅仅是……箭筒中的一支箭”)。

么不把这个论辩作为一种可作为替代选择的论辩呢(尤其是当这种“双管齐下”的方法已被证明为有效的时候)?[178] 我已经论证,性歧视论辩既面临实践困境也面临原则反驳。然而,我并未主张,同性恋权利的性歧视论辩决不应该被提出。弱论辩有时确实说服了法官。特别是当一项性倾向歧视的法律明确利用了性分类(类型2法律)的时候和当包含在这项法律的性歧视论辩与性角色原型密切相关的时候,一些法官可能被说服以至推翻限制同性恋权利的法律。类似地,性歧视论辩可能为那些同情同性恋权利但却不敢打破教条建立新的学说基础的法官提供了一种值得欢迎的选择。尽管具有这些价值,但是,我的观点是,鉴于其实践上的和理论上的困境,性歧视论辩即使被提出来,也应该非常审慎地运用。把性歧视论辩与同性恋权利的其他论辩结合起来作为替代性选择,这可能减少某些性歧视论辩的实践问题,但是,一些严肃的担忧仍然存在。一项面对性歧视论辩而被推翻的性倾向歧视的法律可能以一种略微不同的方式重新出现,经过改头换面之后,它就不再使用性分类了。进而,当一项法律在面对性歧视论辩而被推翻时,关于同性恋的核心道德论辩却被排除在考虑之外了。或许,赫伯特·威切斯勒(Herbert Wechsler)诉诸自由结社权的论辩[179]可能会起到说服那些否则将支持种族隔离的法官,但是,这种论辩将缺乏最高法院在Loving案中裁决意见的道德力量。当涉及到的是一个被蔑视的少数人群体的基本人权的时候,法官需要以一种很强的道德语气说话。无论是性歧视论辩还是“天生如此”论辩都做不到这一点。

## 七、结论

十多年前,政治理论家迈克尔·桑德尔(Michael Sandel)表明了诉诸对同性恋的“自由主义宽容”的同性恋权利论辩如何能够避免有关同性恋的艰难的道德问题,[180]

---

[178] 例如,参见*Nabozny v. Podilesny*, 92 F 3d. 446(7th Cir. 1996)(裁定,当他们没有采取措施防止一个公开的男同性恋学生受到攻击的时候,他们的决定同时构成了基于性和性倾向的歧视,因此,学校管理者违反了平等保护条款);以及Baehr, 744 A. 2d. 864,其中,性歧视论辩无论是在诉讼状中还是在口头辩论中都是被作为选择性的论辩提出的,结果,五个法官中的一个被性歧视论辩所说服,而其余四个则被同性恋权利的其他论辩所说服,参见上述注释115-118有关文本。

[179] 参见Wechsler,上述注释142。

[180] Michael Sandel, ‘Moral Argument and Liberal Toleration: Abortion and Homosexuality’, *California Law Review*, 77(1989),521.

以及它充其量只能产生弱的、短期的支持同性恋权利的收效。[181] 我在本文所集中讨论的这两种同性恋权利论辩——性歧视论辩和"天生如此"论辩——都没有能够处理性倾向歧视的错误之处而且也没有能够更一般地承认同性恋权利的主张。在这个过程中，它们没有能够主张，同性性渴望应该具有与异性性渴望相同的法律和伦理地位，同性性行为应该具有与异性性行为相同的法律和伦理地位，以及同性人之间的关系应该具有与异性人之间关系相同的法律和伦理地位。要想获得并且维系双性恋者和同性恋者的坚固的权利，这些问题就必须被面对。[182] 由于没有做出必要的法律和伦理论辩，这两种论辩都回避了而非解决了同性恋权利的核心问题。

我已经论证，这两种论辩都具有其他一些失败之处。性歧视论辩犯了社会学错误，它没有承认性主义和同性恋恐怖症的文化差别以及性歧视和性倾向歧视的文化差别。"天生如此"论辩则根本上建立在了关于人的性倾向是如何形成的可疑的经验假设基础之上，当它在美国宪法语境下被提出时，则是建立在了可疑的平等保护裁判法理基础之上。这两种论辩所存在的这些原则问题涉及到本章第2节所讨论的理论问题，而且导致了将诉讼策略建立在其中任何一种论辩基础之上所存在的实践问题。

同性恋者的法律处境尽管比过去要好一些，但却几乎不可能说是光明美好的。鉴于这种情势，同性恋权利倡导者可能会被任何一种能够被证明成功获得了同性恋权利的论辩所吸引。"天生如此"论辩和性歧视论辩在不同意义上每个都是具有吸引力的论辩。但是，我已经表明，二者都面临严肃的问题。然而，还存在着其他可以作为支持同性恋权利提出的有力的法律和伦理论辩，而且，尽管试图表述同性恋权利的实践可行的论辩存在着困难，但是，我认为存在着一些具有希望前景的实践策略。然而，我并不认为存在着某种单一的同性恋权利论辩将会在所有语境中发挥作用。Bowers 诉 Hardwick 案十五年以后，隐私论辩继续具有某种可行性，特别是当它与某些以平等为基础的论辩结合运用的时候。[183] 进而，我认为，以平等

---

[181] 同上，at 537。

[182] 参见 Richards，上述注释 2。

[183] 例如，参见 Kaplan 上述注释 33。

为基础的论辩，特别是那些依据类比[184]——与种族、性（这不同于性歧视论辩，性歧视论辩认为性倾向歧视是性歧视的一个实例，而不是认为它是类似于性歧视）以及可能还有宗教自由[185]之间类比——的论辩。最高法院在 Romer 诉 Evans 案中的推理尽管在许多方面是有限度的，但是，却可能是迈向这种进路的第一步。[186]

---

[184] 例如，参见 Richards，上述注释 2。

[185] 作为美国宪法保护宗教自由（亦即良知自由、结社自由和自由言论权、自由集会权）之基础的诸基本原则也为同性恋权利提供了有力抗辩。例如，参见 David Richards，'Sexual Preference as a Suspect (Religious) Classification：An Alternative Perspective on the Unconstitutionality of Anti-Lesbian/Gay Initiatives'，*Ohio State Law Journal*，55（1994），491；以及 William Eskridge，'A Jurisprudence of "Coming Out"：Religion，Homosexuality，and Collisions of Liberty and Equality in American Public Law'，*Yale Law Journal*，106（1997），2411。

[186] 例如，参见 Cass Sunstein，'The Supreme Court 1995 Term：Foreword：Leaving Things Undecided'，*Harvard Law Review*，110（1996），6；Matt Coles，'The Meaning of Romer v. Evans'，*Hastings Law Journal*，48（1997），1343；以及 Lynn Baker，'The Missing Pages in the Majority Opinion'，载于 *Romer v. Evans*，*University of Colorado Law Review*，68，387。

# 译后记

毋庸置疑，大部头的《牛津法理学与法哲学手册》是现代英美法哲学（含部门法哲学）综述性研究的代表性成果。全书共分为24个主题，涵盖了主要的法哲学流派、法理论的重要论题和各部门法的哲学，卷内各章均由各领域头面人物或权威专家撰写。该书讨论主题的基础性和前沿性以及论述的深度和宽度均达到了很高的水平，很大程度上代表了此类研究的发展动向。事实上，该书自出版以来，在国际和国内学术界产生了很好的学术影响，引起了学人们的广泛关注，并成为国内外众多大学法学院研究生法哲学课程的教学参考书。

自教育部人文社会科学重点研究基地·吉林大学理论法学中心作为京外第一家法学理论博士点1999年正式招录法学理论专业博士研究生以来，为了保证博士生培养质量，导师组制定了在今天看来仍然称得上比较科学而前沿的博士生培养方案。其中一个重要方面就是要求导师组各成员结合自己的研究领域重点分享、讲解国内外法理学、法哲学（含部门法哲学）的研究前沿，而这本《牛津法理学与法哲学手册》则是基本的参考书，也是了解国外法理学最新研究现状与前景透视的重要窗口。本书的英文版是2002年出版的，而从2003年秋季学期开始就已作为吉林大学理论法学中心新入学的硕士和博士研究生法哲学课程的基本参考书。具体授课模式是：每位同学承担一章的内容，先由学生译为中文，并进行总结报告，然后再由老师讲解相关内容。因此，本书以及相关的授课模式对吉大法理中心的人才培养、科学研究、学科建设尤其是交叉学科建设均起到了很好的启发和引领作用。

翻译出版这本书首先缘起于吉大法理人多年来“赠人玫瑰、手留余香”的公益精神和学术情怀。其次则缘起于中国大百科全书出版社“外国法律文库编委会”的策划和动议，让我们真正行动起来。尽管后来因种种原因未能成功合作，但我们仍对中国大百科全书出版社心存感激。最后则缘起于上海三联书店的支持，让我们出版本书以贡献于中国法理学教学与科研的数年愿望得以实现。

本书是名副其实的集体智慧的结晶。如上所述，最先试译本书的是吉大理论法学研究中心历届的博士研究生，尽管翻译质量可能有些不尽如人意（其中一个很重要原因是，很多章节所涉主题代表了英美法理学的最新研究成果，可参考的资料少，所涉概念、术语也没有统一的译法），但他们的“敢啃硬骨头”的学术探究精神无疑端正了我们的翻译态度，优化了翻译队伍。本书几乎全是由吉林大学理论法学研究中心培养出来的、并有各自专长的教授、副教授主译，所译章节也是各自比较擅长的领域，尽管也有个别学生参与翻译，但主要从事校对和文字整理工作。具体而言，参加本书翻译的主要有（按所译章节先后为序）朱振、焦宝乾、杜宴林、于立深、刘红臻、韦洪发、李立丰、蔡立东、孙良国、王彦志。全书由杜宴林负责组织翻译和统稿工作，朱振协助并承担了相应的沟通联络工作。杜宴林、韦洪发、王彦志对一些章节进行了校对，中国政法大学 2015 级司法文明方向博士生张民全校对了第 5 章，吉林大学理论法学研究中心 2015 级司法文明方向博士生段卫利校对了第 14、20 章。冯静编辑详细审阅了全书，为本书的出版做了大量的工作，王笑红编辑也为本书的及早出版做了很多协调工作。感谢各位！

由于我们水平有限，译文错误及不妥之处恳请学界同仁指正，我们当感激不尽。这一点，对于吉林大学理论法学研究中心这样一个向上向善的学术共同体而言，绝非空话和套话。

**图书在版编目(CIP)数据**

牛津法理学与法哲学手册/[美]朱尔斯·科尔曼(Jules Coleman)等主编;朱振等译.—上海:上海三联书店,2020.6重印

ISBN 978-7-5426-5784-8

Ⅰ.①牛… Ⅱ.①朱…②朱… Ⅲ.①法理学—手册②法哲学—手册 Ⅳ.①D90-62

中国版本图书馆CIP数据核字(2016)第311911号

牛津法理学与法哲学手册

主　　编 / [美]朱尔斯·科尔曼　斯科特·夏皮罗
译　　者 / 杜宴林　朱　振　韦洪发等

责任编辑 / 冯　静
特约编辑 / 郑秀艳
装帧设计 / 一本好书
监　　制 / 姚　军
责任校对 / 张大伟

出版发行 / 上海三联书店
　　　　　(200030)中国上海市漕溪北路331号A座6楼
邮购电话 / 021-22895540
印　　刷 / 上海展强印刷有限公司

版　　次 / 2017年12月第1版
印　　次 / 2020年6月第3次印刷
开　　本 / 710×1000　1/16
字　　数 / 1000千字
印　　张 / 70.75
书　　号 / ISBN 978-7-5426-5784-8/D·346
定　　价 / 224.00元

敬启读者,如发现本书有印装质量问题,请与印刷厂联系 021-66366565